प्राचीन भारत में राजनीतिक विचार एवं संस्थाएँ

प्राचीन भारत में राजनीतिक विचार एवं संस्थाएँ

रामशरण शर्मा

राजकमल प्रकाशन

ISBN : 978-81-267-0758-4

मूल्य : ₹ 1295

पहला संस्करण : 1992
चौदहवाँ संस्करण : 2026

प्रकाशक : राजकमल प्रकाशन प्रा.लि.
1-बी, नेताजी सुभाष मार्ग, दरियागंज
नई दिल्ली-110 002
शाखाएँ : अशोक राजपथ, साइंस कॉलेज के सामने, पटना-800 006
पहली मंजिल, दरबारी बिल्डिंग, महात्मा गांधी मार्ग, प्रयागराज-211 001
1, अनमोल सोराबजी सन्तुक लेन, धोबी तलाव, मरीन लाइंस, मुम्बई-400 002
वेबसाइट : www.rajkamalprakashan.com
ई-मेल : info@rajkamalprakashan.com

मुद्रक : बी.के. ऑफसेट
नवीन शाहदरा, दिल्ली-110 032

PRACHEEN BHARAT MEIN RAJNEETIK VICHAR
EVAM SANSTHAYEN
by Prof. R.S. Sharma

प्रकाशकीय

समाज, संस्कृति, इतिहास, दर्शन और राजनीतिशास्त्र के प्रख्यात विद्वानों की कलम से लिखी गई पुस्तकों से हिंदी जगत को समृद्ध करने और एक ऐतिहासिक अवश्यकता की पूर्ति करने के लिए **राजकमल** ने जो विस्तृत योजना बनाई है, यह पुस्तक उसी की एक महत्वपूर्ण कड़ी है।

यह एक तथ्य है कि हिंदी में सामाजिक विज्ञान विषयक स्तरीय पाठ्य-पुस्तकों तथा संदर्भग्रंथों का अभाव है। यों इस अभाव को दूर करने के प्रयास भी हुए हैं, पर बहुत आगे वे नहीं बढ़ पाए। लेकिन अब, जबकि प्राय: सभी हिंदीभाषी राज्यों में हिंदी को उच्च शिक्षा का माध्यम स्वीकार कर लिया गया है, यह और जरूरी है कि हिंदी में ऐसी पुस्तकें उपलब्ध कराई जाएँ। इससे हिंदी की उपयोगी भूमिका में तो व्यापकता आएगी ही, उच्चाध्ययन और शोध के क्षेत्र में आनेवाली व्यावहारिक कठिनाइयाँ भी दूर होंगी।

उल्लेखनीय है कि इस योजना के अंतर्गत प्रकाशित की जा रही प्राय: सभी पुस्तकें अनूदित हैं, लेकिन ये अनुवाद मूल कृति के विषय और संबंधित भाषाओं पर गहरी पकड़ रखनेवाले विद्वान लेखकों द्वारा ही किए गए हैं। इसलिए विषयगत गंभीरता के बावजूद प्रत्येक अनुवाद सहज ग्राह्य है और प्रेरक भी, क्योंकि स्तरीय पुस्तकों के अच्छे अनुवाद संबद्ध विषय में अक्सर ही मूल लेखन की जमीन तैयार करते हैं।

राजकमल की यह प्रकाशन-योजना भारतीय इतिहास के विविध कालखंडों और पक्षों से जुड़ी पुस्तकों से आरंभ हुई है। योजना के पहले चरण में प्रो. राधाकुमुद मुखर्जी, प्रो. दामोदर धर्मानंद कोसंबी, प्रो. रोमिला थापर, प्रो. रामशरण शर्मा सरीखे इतिहासकारों के इतिहास-ग्रंथ और प्रो. इरफान हबीब द्वारा संपादित वार्षिकी *मध्यकालीन भारत* के तीन अंक एक साथ प्रकाशित किए जा रहे हैं। इनमें कुछ ग्रंथ एकदम नए हैं, और जो नए नहीं हैं उन्हें भी पूर्णतया संशोधित-परिवर्धित किया गया है।

प्रो. शर्मा ने अपनी इस पुस्तक में प्राचीन भारत की राजनीतिक विचारधाराओं-संस्थाओं के साम्राज्यवादी और राष्ट्रवादी स्वरूप का सर्वेक्षण किया है। उनका मानना है कि इस काल में जिन राजनीतिक विचारो का जन्म हुआ उनके पीछे जाति, वर्ण, धर्म और अर्थव्यवस्था की भूमिका को समझे बिना इन विचारों की तह तक पहुँचना संभव नहीं है। इस पुस्तक के प्रकाशन के पूर्व इन मुद्दों पर व्यापक रूप से विचार नहीं किया गया था।

प्रस्तावना

इस पुस्तक का दूसरा हिंदी संस्करण कई वर्षों के बाद निकल रहा है। अतएव इसमें कई ऐसे अध्याय जोड़े गए हैं जिन पर हाल में शोध हुआ है या चल रहा है। उदाहरणार्थ प्राचीन भारत में राज्य निर्माण के चरण और प्रक्रिया संबंधी अनेक पक्ष उजागर किए गए हैं। राजनीतिक संस्थाओं और विचारों का आर्थिक और सामाजिक परिवर्तनों से क्या संबंध है—इस प्रश्न पर अधिकांश लेखकों का ध्यान नहीं गया है—इस पुस्तक में इसे दर्शाने का प्रयास किया गया है। वैदिककाल में राजतंत्र का क्या रूप था, और फिर वह उत्तर वैदिककाल, प्राडमौर्यकाल, मौर्यकाल, सातवाहन-कुषाणकाल तथा गुप्तकाल में कैसे बदलता गया, इस पर भी प्रकाश डाला गया है।

प्रस्तुत पुस्तक में यह दिखलाने की भी चेष्टा की गई है कि वर्ण-व्यवस्था का राजतंत्र के विभिन्न अंगों पर, विशेषतः इसकी विधि-व्यवस्था पर, कैसा प्रभाव पड़ा था। साथ ही, अंधविश्वास को बढ़ावा देकर कैसे कर वसूला जाता था और राजशक्ति को मजबूत किया जाता था, यह भी बतलाया गया है।

इस संस्करण के तैयार करने में मुझे दिल्ली विश्वविद्यालय के डा. कृष्णदत्त शर्मा तथा पटना विश्वविद्यालय के प्रोफेसर राजेश्वर प्रसाद सिंह से बड़ी सहायता मिली है। श्री मोहन गुप्त ने प्रेस कॉपी तैयार की है। मैं इन सभी सज्जनों का आभारी हूँ।

वेस्ट बोरिंग कैनाल रोड, **रामशरण शर्मा**
पटना
1 दिसंबर, 1989

द्वितीय संस्करण का आमुख

पुस्तक के प्रथम संस्करण की समीक्षा और आलोचना का प्रस्तुत संस्करण में ध्यान रखा गया है। प्रथम संस्करण के जो अध्याय रखे गए हैं उनमें छोटे-मोटे परिवर्तन-परिवर्धन के अलावा कुछ बड़े परिवर्तन भी किए गए हैं। चूँकि पूर्वमौर्यकालीन भूराजस्व प्रणाली और सामंतवाद के उदय विषयक अध्यायों में बहुत सी सामग्री ऐसी है जिसका संबंध पूर्वकालीन अर्थव्यवस्था से है, इसलिए वे अध्याय निकाल दिए गए हैं। स्रोत और पद्धति, सभा और समिति, सातवाहन राज्यव्यवस्था, गुप्तकालीन राज्यव्यवस्था और प्राचीन भारतीय राज्यव्यवस्था के विभिन्न चरण नामक नए अध्याय जोड़ दिए गए हैं। उतना ही परिवर्धन किया गया है जितना नए सर्वेक्षण या अन्वेषण पर आधारित है।

मैं डाक्टर श्रीमती सुवीरा जायसवाल, श्री जगन्नाथ मिश्र, डा. सीताराम राय और श्री पी. सी. राय की सहायता का आभारी हूँ। डा. द्विजेंद्र नारायण झा ने प्रूफ संशोधन और अनुक्रमणिका तैयार करके मेरी सहायता की, अतः वे मेरे धन्यवाद के पात्र हैं।

इतिहास विभाग,
पटना विश्वविद्यालय
मई, 1968 ई.

रामशरण शर्मा

प्रथम संस्करण की प्रस्तावना

1951 ई. में जब पटना विश्वविद्यालय में इतिहास के एम. ए. के पाठ्यक्रम में एक विशेष पत्र के रूप में प्राचीन भारत की राजनीतिक विचारधारा और प्रशासन (पालिटिकल थाट ऐंट ऐडमिनिस्ट्रेशन इन एंशिएंट इंडिया) की पढ़ाई आरंभ की गई तब मैंने छात्रों को व्यांखान देने के लिए इस विषय का अधिक सावधानी से अध्ययन शुरू किया। इस अध्ययन के दौरान मैंने पाया कि इस विषय पर दो दर्जन शोधप्रबंधों के लिखे जाने के बावजूद नई दिशाओं में खोज की काफी गुंजाइश रहती है। इस पुस्तक में उसी खोज के परिणाम अंकित हैं, और इनका उद्देश्य केवल उन्हीं संस्थाओं पर प्रकाश डालना है जिन्हें या तो न्यूनाधिक दुरूह माना गया है या जिन पर नए सिरे से विचार करना आवश्यक था। इस पुस्तक का लगभग आधा हिस्सा लेखों कें रूप में प्रकाशित हो चुका है। लेकिन पुस्तक में शामिल करने के लिए उन्हें संशोधित और संपादित करके (रूपाकार और सार दोनों दृष्टियों से) उनमें नई सामग्री जोड़ दी गई है। विशुद्ध राजनीतिक चिंतनवाले अध्याय शुरू में रखे गए हैं तथा बाकी अध्यायों को कालानुक्रम के मुताबिक रखा गया है। सामंतवाद के उद्‍भव पर विचार करने के क्रम में उसके आर्थिक पहलुओं की भी चर्चा की गई है यद्यपि पुस्तक के प्रतिपाद्य से उनकी विशेष संगति नहीं है। पुस्तक जैसी बन पड़ी है, उसको देखते हुए यह तो नहीं कहा जा सकता कि यह इस विषय का सुसंगत अध्ययन प्रस्तुत करती है, फिर भी यह ऐसे सूत्रों और मान्यताओं से रहित भी नहीं है जो इसे एक संयोजित रूप प्रदान करते हों।

1955-57 ई. में पुस्तक की आधी से अधिक सामग्री का अवलोकन करके प्रोफेसर ए. एल. बैशम के इसके प्रणयन में मुझे बहुमूल्य सहायता और मार्गदर्शन प्रदान किया है। डा. योगेंद्र मिश्र ने पुस्तक की प्रेस कापी तैयार करने में मुझे अनेक चूकों और त्रुटियों से बचाया है। इसके लिए मैं उनका हृदय से आभारी हूँ। श्री सुरेंद्र गोपाल, श्री चंद्रशेखर प्रसाद सिंह, डा. उपेंद्र ठाकुर तथा अन्य अनेक मित्रों और छात्रों ने विभिन्न प्रकार से जो मेरी सहायता की है उसके लिए वे सब मेरे धन्यवाद के पात्र हैं। प्रूफ संशोधन में सहायता देने के लिए श्रीमती सुवीरा जायसवाल तथा अनुक्रमणिका तैयार करने में मदद देने के लिए डा. देवराज चानना का मैं कृतज्ञ हूँ। और अंत में मैं अपनी पत्नी श्रीमती मलिना शर्मा को धन्यवाद दूंगा, जिन्होंने प्रसंन्नतापूर्वक घर-गृहस्थी का झंझट झेलकर मुझे अपना समय प्रस्तुत अध्ययन में लगाने की सुविधा प्रदान की।

—रामशरण शर्मा

भवत्यधर्मो धर्मो हि धर्माधर्मावुभावपि।
कारणाद्देशकालस्य देशकालः स तादृशः।।

शांतिपर्व, 79/31

देशकाल का ऐसा प्रभाव होता है कि एक ही काम एक समय में धर्म हो सकता है और वही समय बदलने पर अधर्म भी बन सकता है।

अनुक्रम

1. प्राचीन भारतीय राज्यव्यवस्था पर इतिहासलेखन

1930 ई. तक

पाश्चात्य और भारतीय विद्वानों ने भी भारत के अतीत के अध्ययन का प्रथम गंभीर प्रयास 1857-59 ई. के विद्रोह के बाद ही आरंभ किया।[1] सैक्रेड बुक्स आफ दि ईस्ट की कुछेक भूमिकाओं के अवलोकन से प्रकट होता है कि वर्षों तक चलनेवाले इस महान कार्य के पीछे कौन-सी प्रेरणा काम कर रही थी। ब्रिटिश शासकों ने महसूस किया कि यह विद्रोह भारतीय धर्म, रीति-रिवाजों और इतिहास से उनकी अनभिज्ञता के कारण हुआ। उन्हें यह भी लगा कि जब तक मिशनरियों को भारतीय सामाजिक ढाँचे की कमजोरियों का पता नहीं चलेगा तब तक यहाँ के लोगों के मन में ईसाई धर्म के प्रति और उसके माध्यम से साम्राज्य के प्रति श्रद्धा नहीं जगाई जा सकती। मैक्समूलर के अनुसार ईसाई धर्मप्रचारकों के लिए भारतीय धर्मग्रंथों का सही ज्ञान प्राप्त करना उतना ही अनिवार्य था जितना किसी सेनापति के लिए शत्रु देश की जानकारी हासिल करना होता है।[2] भारत के प्राचीन इतिहास के अध्ययन से पाश्चात्य विद्वानों ने दो महत्त्वपूर्ण निष्कर्ष निकाले, जिनका सारांश मैक्समूलर के शब्दों में प्रस्तुत किया जा सकता है। 1859 ई. में उसने लिखा कि भारत दार्शनिकों का देश है और भारतीय मनीषियों में राजनीतिक या भौतिक चिंतन का अभाव है तथा भारतीयों में कभी भी राष्ट्रीयता की भावना नहीं रही।[3] हमें यह तो नहीं मालूम है कि मैक्समूलर के इस विचार के पीछे अरस्तू की इस प्रसिद्ध उक्ति की प्रेरणा थी या नहीं कि प्राच्य शासन का स्वरूप स्वेच्छाचारी है: लेकिन इसमें संदेह नहीं कि उनका यही विचार अठारहवीं और उन्नीसवीं शताब्दियों के यूरोप के बड़े-बड़े इतिहासकारों की रचनाओं का मुख्य आधार बना रहा। उदाहरण के लिए गिब्बन ने लिखा कि 'पूरा प्राच्य इतिहास पराक्रम, महानता, अपकर्ष और पतन का अविच्छिन्न अभिलेख है।' ग्रीन ने कहा: 'पूर्वी दुनिया के साम्राज्य मुख्यतः कर वसूल करनेवाली संस्थाएं हैं। वे अपनी प्रजा पर प्रचंडतम बल प्रयोग करते हैं, ⋯ (और) समय-समय पर जारी किए गए विशेष

आदेशों के सिवा किसी प्रकार का कानून लागू नहीं करते।[4] लब्धप्रतिष्ठ प्राच्यविदों की रचनाओं में भी ऐसे ही विचार बराबर व्यक्त होते रहे। सेनर्ट ने 1898 ई. में लिखते हुए कहा कि भारत में राज्य या स्वदेश का भाव कभी जगा ही नहीं[5] और किसी राजनीतिक संविधान का विकास तो वह वैचारिक धरातल पर भी नहीं कर पाया।[6]

भारत के अतीत के इतिहास और उसकी राज्यव्यवस्था के बारे में यह दृष्टि स्पष्टतः साम्राज्यवादी विचारधारा का परिणाम थी। उस समय की राजनीतिक परिस्थिति के संदर्भ में इस विचारधारा के फलितार्थ भारत में स्वशासन की मांग के लिए बड़े खतरनाक थे। इस विचारधारा का अर्थ अंततः यही था कि यदि भारतवासी तत्वतः आध्यात्मिक समस्याओं में खोए रहनेवाले दार्शनिक हैं तो उनके भौतिक मामलों का संबंध उनके साम्राज्यवादी प्रभुओं के हाथों में रहना ही चाहिए। यदि भारतवासी स्वेच्छाचारी शासन के अभ्यस्त हैं और उन्हें कभी भी राष्ट्र, राज्य या स्वशासन का बोध नहीं रहा तो यह उनकी परंपरा के अनुरूप ही है कि उन पर ब्रिटिश गवर्नर जनरल और वाइसराय का स्वेच्छाचारी शासन कायम रहे।

प्राचीन इतिहास, और खासकर प्रारंभिक भारतीय राज्यव्यवस्था, के स्वरूप के बारे में यह साम्राज्यवादी विचारधारा भारतीय विद्वानों और इस विचारधारा के प्रभाव से मुक्त कतिपय विदेशी विद्वानों के समक्ष भी चुनौती बनकर आई। मैक्समूलर ने कहा था : 'यूनानियों के लिए जीवन उमंग और वास्तविकता से परिपूर्ण है, हिंदुओं के लिए वह स्वप्न और माया है।'[7] 1889 ई. में इसका खंडन करते हुए महान अमरीकी मनीषी हॉपकिंस ने कहा कि विशाल पुरोहितेतर जनसमुदाय के जीवन पर धर्म का कोई गहरा प्रभाव नहीं था।[8] किंतु इस चुनौती का सबसे प्रबल उत्तर खुद भारतीय विद्वानों ने ही दिया। उन्नीसवीं शताब्दी के अंतिम तीन दशकों के दौरान भगवानलाल इंद्रजी, रामकृष्ण गोपाल भंडारकर, राजेंद्रलाल मित्र और बाल गंगाधर तिलक ने साम्राज्यवादी विचारधारा का खोखलापन साबित करने का प्रयास किया। इनमें से अधिकांश विद्वान अपने जमाने के राजनीतिक और सामाजिक आंदोलनों से सक्रिय रूप से जुड़े हुए थे। अपने देश के अतीत के इतिहास के विभिन्न पहलुओं पर शोध करके इन लोगों ने अपने समय में देश की राजनीतिक और सामाजिक प्रगति की जोरदार पैरवी की। तब से भारतीय अतीत का अध्ययन मुख्यतया राष्ट्रवादी विचारधारा से अनुप्राणित रहा। प्राचीन भारतीय राज्यव्यवस्था पर हुए शोधकार्यों पर एक सरसरी निगाह डालने से यह बात बिल्कुल साफ हो जाती है।

जिस प्रकार राष्ट्रवादी आंदोलन के विकास के कुछ समय तक नरम विचारधारा का जोर रहा और तत्पश्चात उग्रपंथ का बोलबाला हुआ, उसी प्रकार

प्राचीन भारतीय राज्यव्यवस्था संबंधी शोध भी प्रगति के ऐसे ही दो दौरों से गुजरा। प्रारंभ में भारतीय राष्ट्रवादी आंदोलन की मुख्य मांग यह थी कि केंद्र और प्रांतीय सरकारों में लोकतत्व का समावेश करके स्वेच्छाचारी वाइसराय के अधिकारों को मर्यादित किया जाए। अतः 1887 ई. में रमेशचंद्र दत्त ने ब्राह्मणकालीन सभ्यता पर एक लेख लिखकर यह दिखाने का प्रयत्न किया कि प्राचीन काल में राजा सभी के प्रति न्याय करता था।[9] पूर्णेंदुनारायणसिंह ने 1894 ई. में एक लेख लिखकर सर ऑकलैंड कॅलविन के इस कथन का जोरदार खंडन किया कि 'यह बात सबसे पहले ब्रिटेनवासियों ने ही सिखाई कि शासन का उद्देश्य और प्रयोजन शासक की निजी शक्ति का विवर्धन नहीं, बल्कि जनसामान्य का कल्याण है।' प्राचीन भारतीय शासनपद्धति को सीमित राजतंत्र घोषित करते हुए उन्होंने कहा कि इस धारणा का कारण प्राचीन भारतीय शासनतंत्र से लोगों की अनभिज्ञता है।[10]

1905 ई. में बंग-भंग के बाद राष्ट्रवादी आंदोलन की जो जबरदस्त लहर उठी उसने प्राचीन भारतीय राज्यव्यवस्था सबंधी शोधकार्य को और भी गति प्रदान की। पूर्वी दुनिया के लोगों के चरित्र के बारे में कर्जन के वक्तव्य, बंगाल को खंडित करने के लिए उसके द्वारा की गई स्वेच्छाचारपूर्ण कार्रवाइयों और कलकत्ता निगम में निर्वाचित प्रतिनिधियों पर किए गए उसके आक्षेपों से प्राचीन राज्यव्यवस्था संबंधी शोधकार्य का प्रभावित होना अनिवार्य था। 1907 ई. में लिखे अपने एक लेख में ए. सी. दास ने पूर्ववर्ती विद्वानों के इस मत को और भी जोर देकर दुहराया कि यह मानना गलत होगा कि हिंदू लोग स्वेच्छाचारी शासन के अभ्यस्त रहे हैं और इस देश में एक सुस्पष्ट शक्ति के रूप में लोकतंत्र का अस्तित्व कभी नहीं रहा। उन्होंने आगे कहा कि 'जो राजतंत्र प्राचीन भारत में फूला-फला, वह निरंकुश नहीं बल्कि सीमित राजतंत्र था।'[11] कदाचित प्रकारांतर से कलकत्ता निगम में निर्वाचित प्रतिनिधित्व के विरुद्ध कर्जन के आक्षेप का अनौचित्य बताने के लिए उसी वर्ष एक दूसरे लेख में दास ने लिखा कि 'आज ब्रिटिश शासन में हमें जैसा स्थानीय स्वशासन प्राप्त है, उससे कहीं बेहतर स्थानीय स्वशासन प्राचीन भारत में मौजूद था।'[12] चार वर्ष बाद चोल प्रशासन पर अपने एक शोधप्रबंध में प्रो. एस. के. अय्यंगार ने निर्वाचित ग्राम पंचायतों के कार्यकलाप पर प्रकाश डालते हुए दिखलाया कि किस प्रकार चोल राजाओं के अधीन पूर्व मध्यकाल में ये पंचायतें सभी कार्यों का संपादन करती थीं।[13]

राष्ट्रवादी आंदोलन के कारण प्राचीन पांडुलिपियों के अन्वेषण में तेजी आई और इसके फलस्वरूप 1905 ई. में कौटिलीय 'अर्थशास्त्र' का पता लगा, जिसे शामशास्त्री ने 1909 ई. में प्रकाशित किया। इस ग्रंथ की खोज प्राचीन भारतीय राज्यव्यवस्था के अध्ययन के इतिहास में एक युगांतरकारी घटना सिद्ध हुई, क्योंकि

इससे वह बहुमूल्य सामग्री उपलब्ध हुई जिसका उपयोग 'आधुनिक विवादों के संदर्भ में राजनीतिक नजीरें देने के लिए किया जा सकता था।'[14] यह महत्त्वपूर्ण ग्रंथ प्राचीन भारतीय राज्यव्यवस्था पर अनेक विवेचनात्मक और वर्णनात्मक कृतियों की रचना में सहायक और प्रेरणादायक रहा।[15]

1905 ई. से आगे का काल उग्रपंथी राजनीति का काल था। मंदगामी सुधारों की प्राप्ति के संवैधानिक तरीकों में उग्रपंथियों का विश्वास नहीं था। उन्होंने बंगाल और महाराष्ट्र में क्रांतिकारी संस्थाओं का जाल बिछा दिया। इस आंदोलन पर हिंदू पुनरुत्थानवाद का रंग चढ़ा हुआ था। इन संस्थाओं के नाम से ही अतीत संस्कृति के प्रति इनके प्रेम का भान होता है। दृष्टांतस्वरूप, 1905 ई. में जो अनुशीलन समिति स्थापित हुई, उसका अर्थ ही संस्कृति और शिक्षा को प्रोत्साहित करनेवाली समिति है। 1907 ई. तक इसकी 550 शाखाएं खुल गईं। यद्यपि यह समिति क्रांतिमार्गी थी, फिर भी ऐसा सोचना शायद गलत न होगा कि इसने कुछ शोध पुस्तिकाएं भी अवश्य प्रकाशित की होंगी, जिनकी हमें जानकारी नहीं है। इन संस्थाओं ने देश को एक क्रांतिकारी मिजाज दिया और अनेक बुद्धिजीवियों के मानस को मातृभूमि की पूर्ण स्वतंत्रता के लिए तैयार किया। इन्हीं संस्थाओं की मारफत 'स्वराज्य' शब्द का दूर-दूर तक प्रचार हुआ। एक वामपंथी पत्र द्वारा प्रस्तुत की गई व्याख्या के अनुसार इस शब्द का अर्थ है : 'स्व कराधान, स्ब विधान और स्व प्रशासन।'[16] इन संस्थाओं से काशीप्रसाद जायसवाल का कोई संबंध था या नहीं, यह तो हम नहीं जानते, किंतु बंगाल की सरकार ने उन्हें कलकत्ता विश्वविद्यालय के स्नातकोत्तर विभाग में अपने पद से त्यागपत्र देने को बाध्य कर दिया था, जिससे सूचित होता है कि वह उन्हें 'राजद्रोह की प्रचारशालाओं' का एक संभाव्य भावी सहयोगी मानती थी।[17] प्राचीन भारतीय राज्यव्यवस्था पर रची गई महानतम कृति के लिए भारत-विद्या (इंडोलॉजी) स्वर्गीय काशीप्रसाद जायसवाल की ही ऋणी है। जैसा कि डी. आर. भंडारकर, रमेशचंद्र मजुमदार, बी. के. सरकार आदि परवर्ती विद्वानों ने स्वीकार किया, 1912 और 1915 ई. के बीच 'माडर्न रिव्यू' में प्रकाशित उनके लेखों ने वास्तव में शोध के नए क्षेत्रों, नई दिशाओं का उन्मेष किया। यही लेख बाद में उनकी प्रसिद्ध पुस्तक 'हिंदू पालिटी' के रूप में 1924 ई. में प्रकाशित हुए। सर्वप्रथम उन्होंने ही प्राचीन भारतीय इतिहास में गणराज्यों का महत्व दिखलाया। उन्होंने यह सिद्ध करने का प्रयास किया कि प्राचीन हिंदू राजनीतिक ढांचा अंशतः एथेंस के गणतंत्रों और अंशतः ब्रिटेन के ढंग के संवैधानिक राजतंत्रों से बना हुआ था। इसमें पौर और जानपद जैसी जनसभाएं थीं, जो राज्यशक्ति पर अंकुश रखती थीं। उनके अनुसार, ये संस्थाएं उन संस्थाओं से अधिक उन्नत थीं जिन पर आधुनिक स्विट्जरलैंड या संयुक्त राज्य अमरीका गर्व कर सकता है। अपने अनुशीलन का उपसंहार उन्होंने

निम्नलिखित शब्दों में किया : 'हिंदुओं द्वारा की गई संवैधानिक प्रगति को मात देने की बात तो दूर, उसकी बराबरी भी संभवतः कोई प्राचीन राज्यव्यवस्था नहीं कर सकती ।' अंत में देशभक्ति की अदम्य आशा को स्वर देते हुए उन्होंने कहा, 'उनकी (हिंदुओं की) राज्यव्यवस्था का स्वर्णयुग मात्र अतीत की ही चीज नहीं है, बल्कि वह भविष्य में भी निहित है ।'[18] उनके शोध के निहितार्थ स्पष्ट हैं । उनके निष्कर्षों में हमें पहली बार इस बात का प्रबल वैचारिक आधार देखने को मिलता है कि भारत पूर्ण स्वतंत्रता और गणतंत्रात्मक शासनव्यवस्था का पात्र है । यही कारण है कि विभिन्न प्रसंगों पर जितना अधिक 'हिंदू पॉलिटी' को उद्धृत किया गया है उतना प्राचीन भारतीय इतिहास संबंधी अन्य किसी शोधग्रंथ को नहीं किया गया है । यह पुस्तक भारत के राष्ट्रवादियों के लिए वेद बन गई । जो ठीक पढ़ा-लिखा हो, ऐसे किसी भी वृद्ध आदमी से मिलकर आप देख लें, वह 'हिंदू पॉलिटी' से अवश्य परिचित होगा ।

जायसवाल के बाद अनेक विद्वानों ने 'मॉडर्न रिव्यू' 'हिंदुस्तान रिव्यू' और 'इंडियन ऐंटिक्वेरी' में राष्ट्रवादी दृष्टि से लिखे शोध-निबंधों की भरमार कर दी और बहुत-से शोधप्रबंध भी लिखे । प्रथम विश्वयुद्ध के बाद 1916 और 1925 ई. के बीच यूरोप और एशिया में राष्ट्रवादी और क्रांतिकारी आंदोलनों की जबरदस्त लहर उठी । यह काल अनेक दृष्टियों से हमारे राष्ट्रवादी आंदोलन के भी चरमोत्कर्ष का काल है । प्राचीन भारतीय राज्यव्यवस्था पर जितने शोधप्रबंध नौ वर्षों की इस अवधि में प्रकाशित हुए, उतने बीसवीं शताब्दी के किसी भी अन्य काल में नहीं हुए । हिंदू राजनीतिक सिद्धांतों और संस्थाओं पर लिखे गए लेखों को अलग रखें तो भी केवल प्रबंधों की संख्या एक दर्जन से अधिक होगी । सभी कृतियों के वैचारिक आधार की चर्चा करना तो यहां संभव नहीं है, किंतु प्रमुख प्रवृत्तियों की जानकारी हासिल करने के लिए कतिपय महत्त्वपूर्ण प्रबंधों का विवेचन किया जा सकता है ।

हम राज्यव्यवस्था पर लिखी सामान्य ढंग की पुस्तकों से प्रारंभ करें । 1916 ई. में प्रकाशित अपनी पुस्तक 'पब्लिक ऐडमिनिस्ट्रेशन इन एंशिएंट इंडिया' में पी. एन. बनर्जी का कहना है, 'इस प्रकार प्राचीन शासनपद्धति को संवैधानिक राजतंत्र की संज्ञा दी जा सकती है ।' यह 'सचिवतंत्र' था ।[19] वह आगे कहते हैं कि प्राचीन काल में राजतांत्रिक राज्यों में ही नहीं, वरन गणराज्यों में भी जनसभाओं का बड़ा महत्त्व था ।[20] उसी वर्ष के. बी. रंगस्वामी अय्यंगार की 'सम आस्पेक्ट्स आफ एंशिएंट इंडियन पालिटी' नाम की पुस्तक निकली, जो 1914 ई. में दिए गए उनके व्याख्यानों पर आधारित थी । इस पुस्तक में लेखक ने आधुनिक राजनीतिक विवादों के अखाड़े में लड़ने के लिए 'अपने प्राचीन राज्यव्यवस्था रूपी अस्त्रागार में हथियार ढूंढ़ने की प्रवृत्ति की निंदा की है ।'[21] किंतु साथ ही, उसने कहा है कि

प्राचीन भारतीय संस्थाएं और राजनीतिक सिद्धांत अप्रगतिशील थे, इस 'प्रचलित' मान्यता का खोखलापन साबित करना दीर्घकाल तक प्राचीन भारतीय राज्य-व्यवस्था के सफल ऐतिहासिक अध्ययन की अनिवार्य शर्त बना रहेगा।[22] 'कॉरपोरेट लाइफ इन एंशिएंट इंडिया' (1918) नामक अपने शोधप्रबंध मे रमेशचंद्र मजुमदार जैसे संतुलित दृष्टि वाले इतिहासकार ने भी स्वीकार किया है कि सभ्यता की इस अतिविकसित अवस्था में 'सहकारिता की भावना' का महत्त्व देखकर ही वह इस दिशा में अन्वेषण करने को प्रेरित हुए।[23] पुस्तक की भूमिका की प्रारंभिक पंक्तियों में ही वह कहते हैं कि 'संस्कृति के इस विशेष क्षेत्र में भारत अभी बहुत पिछड़ा हुआ है, किंतु अगले पृष्ठों का उद्देश्य यह दिखलाना है कि अतीत में स्थिति बिल्कुल भिन्न थी।' उन्हें इसका बड़ा दुःख था कि आज हमें सहज ही इस बात का विश्वास नहीं होगा कि जिन राजनीतिक संस्थाओं को 'हम पश्चिम की देन' समझने के अभ्यस्त हैं वे बहुत पहले भारत में भी फूली-फली थीं।[24] वह इस सामान्य धारणा का भी खंडन करते हैं कि भारत केवल धर्म में ही लीन था। उनके शोध का उद्देश्य यह दिखलाना था कि 'लोगों का ध्यान पूर्णतः या अनावश्यक रूप से धर्म में लीन नहीं था।' ऐसे ही विचार शामशास्त्री ने अपनी पुस्तक 'इवॉल्यूशन ऑफ इंडियन पॉलिटी' (1920) में व्यक्त किए हैं। उनका कहना है कि वैदिक काल अथवा कौटिल्य के युग में राजा की दैवी उत्पत्ति या उसके दैवी अधिकार की कल्पना की गई हो, ऐसा नहीं मालूम पड़ता।[25] अब एन. एन. लॉ (1927) की 'आस्पेक्ट्स आफ एंशिएंट इंडियन पॉलिटी' पर विचार करें। इसके प्राक्कथन में कीथ का कहना है, 'भारत में राजनीतिक आकांक्षाओं के उदय का एक शुभ परिणाम यह है कि विद्वानों में भारतीय राज्यव्यवस्था-विषयक सिद्धांतों के इतिहास के प्रति गहरी अभिरुचि पैदा हुई है।'[26] उक्त पुस्तक का सबसे बड़ा अध्याय (IX) 'दि रिलीजस आस्पेक्ट्स ऑफ एंशिएंट हिंदू पॉलिटी' (प्राचीन हिंदू राज्यव्यवस्था के धार्मिक पक्ष) है। इसका उपसंहार करते हुए लॉ कहते हैं कि 'राजनीतिक प्रवृत्तियों के अनेक व्यापक क्षेत्रों में हिंदुओं ने धार्मिक विश्वासों से असंपृक्त विवेक और प्रतिभा का परिचय दिया है।'[27] 1922 ई. तक बी. के. सरकार की 'पॉलिटिकल इंस्टिट्यूशंस ऐंड थीअरीज आफ दि हिंदूज' तैयार हो चुकी थी। इसके आमुख में उनका दावा है कि यह पुस्तक बुनियादी मुद्दों पर 'एशिया के संबंध में पश्चिमी दुनिया के उन परंपरागत पूर्वग्रहों पर सीधा प्रहार है, जिनके उदाहरणों से हीगैल, काजिअन, मैक्समूलर, मेन, जैने, स्मिथ, विलोबी और हंटिंगटन जैसे विचारकों की कृतियां भरी पड़ी हैं।[28] इन्हें इस बात का दुःख है कि 'आज के दास और विपन्न एशिया' और प्राचीन काल के उस एशिया के बीच कोई फर्क नहीं किया जाता जो मानवजाति की प्रगति का [illegible]आ था।[29] भारत में राजनीति पर धर्म के प्रभाव के आरोप का खंडन करते [illegible] स्पष्ट कहा है कि

'हिंदू राज्य पूर्णतः धर्मनिरपेक्ष थे।'[30] धर्मनिरपेक्षता संबंधी स्थापना को एन. सी. बंद्योपाध्याय ने भी जारी रखा। उनके अनुसार 'प्राचीन भारतीय राजा न तो देवत्व का दावा कर सकता था और न उसे कोई परमाधिकार ही प्राप्त था।'[31] उनके मतानुसार जिन चिंतकों ने अत्याचारी शासक की पदच्युति या विनाश को न्यायसंगत ठहराया है, उनके विचार वास्तव में दैवी सिद्धांत का खंडन करते हैं।[32]

1923 ई. में प्रकाशित अपनी पुस्तक 'ए हिस्टरी ऑफ हिंदू पॉलिटिकल थीअरीज'[33] में यू. एन. घोषाल ने बड़े कुशल ढंग से मैक्समूलर और ब्लूमफील्ड के इस मत का खंडन किया कि अपनी कुछ सहज चरित्रगत प्रवृत्तियों के कारण हिंदू लोग राज्य जैसी किसी चीज की परिकल्पना नहीं कर सके, और उनकी योजना में राज्य के हित की कोई व्यवस्था नहीं है। उन्होंने खासतौर से राजनीतिक विचारधारा का इतिहास लिखनेवाले जैने, डर्निंग और विलोबी जैसे पाश्चात्य लेखकों पर चोट की है। उन्होंने जैने के इस अनुमान को चुनौती दी कि भारतीय मनीषी जिस एकमात्र पुरराज्य के विषय में सोच पाए वह था स्वर्गपुरी का राज्य। घोषाल कहते हैं कि संतुलित तथ्यों की कसौटी पर परखने से यह अर्धसत्य ही लगेगा।[34] डर्निंग का कहना है कि भारतीय आर्य यूरोपीय आर्यों की तरह राजनीतिविज्ञान को एक स्वतंत्र विधा के रूप में विकसित नहीं कर पाए और उसे धर्मशास्त्र तथा अध्यात्म के पाश से कभी मुक्त नहीं कर सके। विलोबी का विचार है कि सारी सृष्टि दैवी कृतित्व है, इस बात में उनका विश्वास इतना प्रबल था कि अपनी संस्थाओं के वास्तविक हेतु की बुद्धिपूर्वक छानबीन करने को वे कभी प्रेरित ही नहीं हुए।[35] इस मत को अस्वीकार करते हुए घोषाल कहते हैं कि बौद्ध राजनीतिक विचारधारा की प्रमुख विशेषता यह है कि उसमें 'सारा चिंतन बड़ी निर्भीकता और स्पष्टता के साथ बुद्धि के धरातल पर प्रस्तुत किया गया है।'[36] इसके अतिरिक्त उन्होंने इस आम धारणा का भी खंडन किया कि सभी भारतीय राज्य एक ही सांचे में, यानी निरंकुश राजतंत्र के सांचे में, ढले हुए थे।[37]

'सम आस्पेक्ट्स ऑफ एंशिएंट हिंदू पॉलिटी' (प्राचीन हिंदू राज्यव्यवस्था के कुछ पहलुओं) पर दी गई अपनी व्याख्यानमाला में डी. आर. भंडारकर ने डर्निंग, मैक्समूलर और ब्लूमफील्ड के उपर्युक्त विचारों का खंडन करने के उद्देश्य से उन्हें फिर उद्धृत किया। डर्निंग को प्राच्यविद्या का प्रत्यक्ष ज्ञान नहीं था, इस बात को देखते हुए वह डर्निंग के विचार-दोष को किसी हद तक क्षम्य मानते हैं। लेकिन उन्हें मैक्समूलर और ब्लूमफील्ड जैसे प्राच्यविद्याविशारदों के इस कथन का कोई औचित्य दिखाई नहीं देता कि भारतीयों ने राष्ट्रीयता की भावना कभी नहीं जानी और राष्ट्र की महानता की कल्पना से उनका हृदय स्पंदित नहीं हुआ।[38] उनके अनुसार, खासतौर से 'अर्थशास्त्र' की खोज के बाद[39] ऐसा कहना सही नहीं रह जाता कि हिंदू मानस राजनीतिक सिद्धांतों के विकास के लिए अनुकूल नहीं था और

भारतीयों ने राजनीति को स्वतंत्र विधा के रूप में कभी प्रतिष्ठित नहीं किया। गणराज्यों की जनसभाओं की कार्य नियमावली पर विचार करते हुए उन्हें इस बात की बड़ी चिंता है कि कहीं उनके निष्कर्षों को 'देशप्रेम की भावना से प्रेरित' न मान लिया जाए।[40]

राज्यव्यवस्था संबंधी शोधकार्यों में प्रतिबिंबित राष्ट्रवादी विचारधारा की पराकाष्ठा बी. आर. आर. दीक्षितार की पुस्तक 'हिंदू ऐडमिनिस्ट्रेटिव इंस्टिट्यूशंस' में देखने को मिलती है। यह डाक्टरेट की उपाधि के लिए प्रस्तुत किया गया उनका शोधप्रबंध था जिसे उन्होंने 1923 ई. में प्रारंभ किया और 1927 ई. में पूरा किया। कह सकते हैं कि इसमें उन्होंने हमारी अतीत की संस्थाओं का गुणगान करने में कुछ अति कर दी। वह हिंदू राज्यव्यवस्था को लगभग आधुनिक मानते हैं। प्राचीन भारत को कभी भी देशभक्ति की भावना का भान नहीं हुआ, इस विचार का जोरदार खंडन करते हुए वह कहते हैं कि 'देश की भौगोलिक अखंडता तथा दिग्विजय के द्वारा कन्याकुमारी से हिमालय तक के भूभाग का चक्रवर्ती शासक बनने के प्रत्येक राजा के आदर्श को देखते हुए इस बात में कोई संदेह नहीं रह जाता कि इस देश में प्रबल राष्ट्रवादी भावना विद्यमान थी।' और फिर वह प्रसिद्ध श्लोक 'जननी जन्मभूमिश्च स्वर्गादपि गरीयसी' को उद्धृत करते हैं। उपसंहार में लिखी उनकी पंक्तियों में ठीक वही भाव व्यक्त हुआ है जो जायसवाल की कृति में मिलता है। वह कहते हैं: 'यद्यपि हर देश ने अपनी एक विशिष्ट राज्यव्यवस्था का विकास किया, किंतु जैसी सहज जीवनशक्ति हिंदू व्यवस्था में थी वैसी और किसी में नहीं थी।' अपनी कृति के अंत में वह जायसवाल की इस अदम्य आशावादिता को दुहराते हैं कि 'उनकी (हिंदुओं की) राज्यव्यवस्था का स्वर्णयुग अतीत में नहीं, बल्कि भविष्य में निहित है।'[42]

इस प्रकार 1916 ई. और 1925 ई. के बीच राज्यव्यवस्था के संबंध में लिखी गई सामान्य वर्ग की पुस्तकों के सिंहावलोकन से प्रकट होता है कि उनके पीछे भारतीय राष्ट्रवादियों के हाथों में एक वैचारिक अस्त्र देने की प्रवृत्ति काम कर रही थी। यही बात विशेष वर्गों की—जैसे प्राचीन भारतीय स्वशासन और अंतर्राष्ट्रीय कानून से संबंधित—कृतियों पर भी लागू होती है। राधाकुमुद मुखर्जी की पुस्तक 'लोकल गवर्नमेंट इन एंशिएंट इंडिया' में उन आलोचकों की राय के परिमार्जन का प्रयत्न किया गया है जो यह कहते हैं कि 'प्राचीन भारत में ग्राम और केंद्रीय शासन के बीच राजनीतिक संस्था जैसी कोई चीज ही नहीं थी।'[43] अन्य विद्वानों की तरह मुखर्जी भी महसूस करते हैं कि भारतीय इतिहास को स्वेच्छाचारी और धर्मतांत्रिक संस्थाओं की अंतहीन पुनरावृत्ति समझना ऐतिहासिक भ्रांति का एक बहुत बड़ा कारण है।[44] उनका दावा है कि प्राचीन भारत की स्थानीय संस्थाओं का अध्ययन हमें उनके विकास का वह मार्ग सूचित करेगा जिसका अनुसरण पुनर्निर्माण कार्य में

होना चाहिए; दूसरी ओर वह 'लोगों को एक नई प्रेरणा देगा, उन्हें राष्ट्रीय आत्मसम्मान का एक नया आधार प्रदान करेगा, और वे पीछे मुड़कर अपनी उन संस्थाओं के इतिहास की ओर गर्व के साथ दृष्टिपात करेंगे जिनके फलस्वरूप उन्हें न केवल स्वशासन का वरदान प्राप्त हुआ, वरन् वह साधन भी सुलभ हुआ जिसके सहारे प्रतिकूल राजनीतिक परिस्थितियों में भी वे अपना राष्ट्रीय चरित्र कायम रख सके।'[45]

पी. एन. बनर्जी की कृति 'इंटरनेशनल लॉ ऐंड कस्टम्स इन एंशिएंट इंडिया' (1920) में भी ऐसी ही भावना व्यक्त हुई है। बनर्जी का कहना है कि साम्राज्यवादी विचारों से प्रेरित होकर हॉल ने अंतर्राष्ट्रीय कानून को तो ऐसा विषय मान लिया है जिस पर मानो यूरोपीय राष्ट्र-परिवार का 'एकाधिकार' हो।[46] उनकी शिकायत है कि लारेंस जैसा विचारशील पत्रकार भी भारतीय फौज को 'अर्ध सभ्य' समझता है और ऐसा सुझाव देता है कि उसका उपयोग सीमावर्ती जनजातियों के विरुद्ध और उसी के जैसे संस्कारवाले लोगों के साथ होनेवाले युद्ध में किया जाए।[47] बनर्जी के शोधप्रबंध का उद्देश्य 'आपाततः अविश्वसनीय प्रतीत होनेवाले इस सत्य को प्रतिपादित करना है कि प्राचीन भारतीयों को अंतर्राष्ट्रीय विधि के नियमों का सुनिश्चित ज्ञान था और वे अपने अंतर्राष्ट्रीय व्यवहार को उसी के अनुसार परखते थे।'[48] 'इंटरनेशनल लॉ इन एंशिएंट इंडिया' में एस. वी. विश्वनाथ ने प्रथम विश्वयुद्ध और प्राचीन भारत के युद्धों के बीच तुलना करके दिखलाया है कि जहां प्रथम महायुद्ध में राष्ट्रों के पारस्परिक व्यवहार के समस्त स्वीकृत सिद्धांतों का उल्लंघन किया गया और अंतर्राष्ट्रीय नैतिकता को तिलांजलि देकर युद्ध करने और नहीं करनेवालों, दोनों को समान रूप से तबाह किया गया,[49] वहां प्राचीन भारत के युद्ध धर्मयुद्ध के नियमानुसार लड़े गए, जिनमें अंधाधुंध विनाश और विध्वंस वर्जित थे।

प्राचीन राज्यव्यवस्था पर 1925 ई. और 1930 ई. के बीच, 1916 ई. और 1925 ई. के काल की अपेक्षा कम कृतियां प्रकाशित हुईं। 1927 ई. में एन. सी. बंद्योपाध्याय की दो पुस्तकें प्रकाशित हुईं 'डेवलपमेंट ऑफ हिंदू पॉलिटी ऐंड पॉलिटिकल थीअरीज' और 'कौटिल्य'। पहली पुस्तक में उन्होंने इस मान्यता का खंडन करने का प्रयास किया कि भारत निरंकुश सत्ता की जन्मभूमि है और उसकी मिट्टी उसके लिए विशेष रूप से उपयुक्त रही है। दूसरी में उनका निष्कर्ष यह है कि कौटिल्य 'एक सच्चे राष्ट्रीय राजा' की कल्पना करता है—ऐसे राजा की जो राष्ट्रीय रीति-नीति और भाषा में अपने अस्तित्व को भी विलीन कर दे।'[50] किंतु बेनीप्रसाद ने लगभग उन्हीं दिनों प्रकाशित अपनी 'स्टेट इन एंशिएंट इंडिया' और 'गवर्नमेंट इन एंशिएंट इंडिया' नाम की पुस्तकों में प्राचीन संस्थाओं में बहुत ज्यादा आधुनिक विचार ढूंढ़ने के विरुद्ध चेतावनी दी। फिर भी, यूनान और रोम की

राजनीतिक संस्थाओं की तुलना में प्राचीन भारत की राजनीतिक संस्थाओं की श्रेष्ठता सिद्ध करने के लिए उन्होंने कहा कि प्राचीन भारत में कोई वैसा अभिजात वर्ग नहीं था जैसा यूनान और रोम में था।[51] पद, संपत्ति और जन्म पर आधारित प्रतिष्ठा, इन तीनों का जो सामजस्य अन्य देशों में पाया जाता था वह वर्णव्यवस्था के कारण भारत में संभव नहीं था।[52] 1931 ई. में एस. के. अय्यंगार ने 'इवॉल्यूशन ऑफ हिंदू ऐडमिनिस्ट्रेटिव सिस्टम इन साउथ इंडिया' नामक पुस्तक प्रकाशित की। इसका उद्देश्य 'शासन के विशुद्ध भारतीय सिद्धांत का बोध कराना' था, 'ताकि इस देश की सांविधानिक आवश्यकताओं को ठीक से समझा जा सके।'[53] वह एक प्रकार के आत्मसंतोष के भाव के साथ कहते हैं कि प्राचीन भारत में प्रचलित 'शासनप्रणाली उन आदर्शों के बहुत निकट पहुंची दिखाई देती है जिन्हें साकार करने के प्रयत्न में आधुनिक लोकतंत्र आज भी जुटा हुआ है।'[54] विशिष्ट श्रेणी की एक महत्त्वपूर्ण पुस्तक यू. एन. घोषाल की 'कंट्रीव्यूशंस टु द हिस्टरी ऑफ दि हिंदू रेवेन्यू सिस्टम' थी। यह 1929 में प्रकाशित हुई थी। इसमें लेखक का कहना है कि कराधान के जिन सिद्धांतों की रचना उन्होंने की, वे 'प्राचीन यूनान और रोम की तद्विषयक उपलब्धियों को बहुत पीछे छोड़कर अठारहवीं तथा प्रारंभिक उन्नीसवीं शताब्दियों के यूरोपीय चिंतकों के विचारों की ऊंचाई को छूते से प्रतीत होते हैं।'[55] उनकी राय में, 'कर को राजा से मिलनेवाले संरक्षण के एवज में उसे दिया जानेवाला पावना मानना सत्रहवीं और अठारहवीं शताब्दियों में यूरोप में प्रचलित ऐसे ही सिद्धांत से मेल खाता है।'[56]

इस प्रकार, 1929 में दीक्षितार की 'हिंदू ऐडमिनिस्ट्रेटिव इंस्टिट्यूशंस' के एक समीक्षक ने ठीक ही कहा कि 'पिछले पंद्रह वर्षों की कृतियों की सामान्य प्रवृत्ति यह दिखाने की रही है कि प्राचीन काल में देश का शासन गैरजिम्मेदार नहीं था, लोकमत और उसकी अभिव्यक्ति के स्वीकृत माध्यम विद्यमान थे, शासक करीब-करीब सभी मामलों में लोकमत का आदर करते थे, कभी-कभी लोकमत इतना प्रबल हो जाता था कि शासक को या तो सिंहासन त्यागना पड़ता था या उसे सिंहासन च्युत कर दिया जाता था, आदि-आदि।'[57] इसमें कोई संदेह नहीं कि राजनीतिक सिद्धांतों और संस्थाओं के इतिहास पर लिखी गई शोधपुस्तकों की इस पूरी शृंखला के पीछे एक निश्चित प्रयोजन था। इसका उद्देश्य राष्ट्रवादी लोगों के लिए खुराक जुटाना और राष्ट्रवादी आंदोलन को बल देना था। 1930 के बाद शोधकार्यों में गतिरोध आया और लगभग उसके बाद के 20 वर्षों में राज्यव्यवस्था पर बहुत थोड़ा-सा लेखनकार्य हुआ। जो पुस्तकें इस अवधि में निकलीं उनमें अधिकांशतः वही पुरानी बातें दुहराई गई थीं।

अब हम भारत के अतीत की राज्यव्यवस्था के अध्ययन में इस राष्ट्रवादी और पुनरुत्थानवादी दृष्टिकोण के गुण-दोषों पर तनिक विचार करें। इस अध्ययन का

एक बड़ा परिणाम यह हुआ कि अतीत की उत्साहवर्द्धक तसवीर सामने लाकर इसने लोगों में प्रबल आत्मविश्वास जगाया। जैसा कि 1902 ई. में हिंदू राज्यव्यवस्था के एक विद्वान ने कहा, 'तरुण भारत का राष्ट्रवादी आंदोलन, जो 7 अगस्त, 1905 ई. से अंतर्राष्ट्रीय राजनीति में एक विश्वशक्ति के रूप में मान्य हुआ है, प्राचीन काल के संबंध में किए जानेवाले असंदिग्ध अन्वेषणों के ठोस परिणामों से सचेत मार्गदर्शन और दिशानिर्देश प्राप्त कर रहा है।'[58] प्राचीन राज्यव्यवस्था संबंधी इस जानकारी ने उन लोगों को वाणी प्रदान की जो भारत के स्वशासन और स्वतंत्रता की हिमायत कर रहे थे। यदि उन्हें अतीत में स्वशासन प्राप्त था तो कोई कारण नहीं कि उन्हें वर्तमान में भी वह क्यों नहीं मिले। दूसरे, इस विचारधारा के कारण उत्कृष्ट शोधग्रंथ प्रकाशित हुए और प्राचीन भारत में सीमित राजतंत्र, गणतंत्र, स्थानीय स्वशासन और अंतर्राष्ट्रीय विधि के अस्तित्व के संबंध में कुछेक बातें करीब-करीब सभी विद्वानों ने स्वीकार कर लीं, हालांकि विंसेंट स्मिथ अपनी असहमति जाहिर करते हुए यह चेतावनी देते रहे कि आदर्श राजा के बारे में प्राचीन मनीषियों के प्रबोधनों पर भरोसा करना निरापद नहीं है।

परंतु इस राष्ट्रवादी विचारधारा की अपनी मर्यादाएं भी हैं। पहली बात तो यह कि जहां एक ओर इस विचारधारा ने विदेशी शासन के विरुद्ध शिक्षित मध्यम वर्ग में जागृति लाने का काम किया, वहीं दूसरी ओर, यह किसानों और मजदूरों के विशाल समुदाय के हितों की चिंता करनेवाले उन सजग बुद्धिजीवियों के मन को नहीं छू पाई जो 1920 ई. से ही राष्ट्रीय संग्राम की ओर आकृष्ट हो रहे थे। प्राचीन हिंदू संस्थाओं के अत्यधिक गुणगान का एक सहज परिणाम मुसलमानों में विरोधभाव पैदा करना हुआ, यद्यपि ऐसा जानबूझकर नहीं किया जा रहा था। दूसरे, इस विचारधारा ने हममें अतीत के मूल्यों के विषय में एक भ्रांत धारणा पैदा कर दी। इसमें इस तथ्य को नजरअंदाज कर दिया गया है कि चाहे राजतंत्र हो या गणतंत्र, ऊपर के दो वर्णों ने नीचे के दोनों वर्णों पर अपना प्रभुत्व कायम रखा और सामान्यतः उन्हें सभी राजनीतिक पदों से वंचित रखा। इस बात की ओर भी ध्यान नहीं दिया गया कि हमारे विधिनिर्माण की एक मूलभूत विशेषता उच्च वर्णों के हितों की रक्षा करनी थी। शासन वर्ग ने अपना राजनीतिक स्वार्थ सिद्ध करने के लिए जानबूझकर धर्म का दुरुपयोग किया, इस तथ्य से भी शोधकर्ता कतराकर निकल गए। इसमें कभी भी इस तथ्य पर विचार नहीं किया गया कि धन और राजनीतिक पद एक-दूसरे के सहगामी हैं।

तीसरे, अनेक भारतीय विद्वान प्राचीन भारतीय राज्यव्यवस्था के धार्मिक पहलुओं के विवेचन से बचते रहे और अपनी दोष-भावना छिपाने के लिए, काफी प्रयत्नपूर्वक भारतीय राज्य के धर्मनिरपेक्ष स्वरूप को सिद्ध करते रहे। उन्होंने यह नहीं सोचा कि पश्चिमी देशों में भी पूर्णतः धर्मनिरपेक्ष राज्य 1784 ई. के पहले

स्थापित नहीं हुआ और भारत के अलावा अन्य देशों में भी राजनीतिक विचारों और कार्यों पर धर्म का असर था।[59]

चौथी बात यह कि प्राचीन पाश्चात्य संस्थाओं की तुलना में अपनी संस्थाओं की श्रेष्ठता सिद्ध करने की धुन में इसने, नृतत्वशास्त्र (एंथ्रोपॅलॉजी) के माध्यम से आदिम जातियों के विकास की जो तसवीर सामने आती है, उसे ध्यान में रखकर अथवा अन्य भारोपीय (इंडोयूरोपियन) जातियों की प्राचीन संस्थाओं को दृष्टि में रखकर भारतीय संस्थाओं पर विचार करने की चेष्टा शायद ही कभी की।

इस समय तो इस विचारधारा की मुख्य मर्यादा इस बात में निहित है कि देश पर साम्राज्यवादी आधिपत्य समाप्त हो चुका है। आज हमारे सामने जो नई समस्याएं उपस्थित हैं उनका संबंध उन आम लोगों के उत्थान से है जिनके लिए राष्ट्रीय संग्राम छेड़ा गया। इन मर्यादाओं के कारण, ऐसा प्रतीत होता है कि विशुद्ध राष्ट्रवादी दृष्टिकोण से प्राचीन भारतीय राज्यव्यवस्था संबंधी शोधकार्य की संभावनाएं लगभग समाप्त हो चुकी हैं। इस समय तो हमें एक ऐसे वस्तुनिष्ठ दृष्टिकोण की आवश्यकता है जो सपाट किस्म के सामान्यीकरण से मुक्त हो। 1951 ई. में के. ए. नीलकंठ शास्त्री ने एक नई विचारधारा की ओर संकेत देते हुए कहा कि आपस्तंब और मनु में कल्याणकारी राज्य की व्यवस्था है।[60] इस बात का निर्णय तो भारतीय शासनव्यवस्था के अध्येताओं को ही करना होगा कि यह दृष्टिकोण अतिरिक्त शोध की संभावनाएं कहां तक प्रस्तुत करता है।

संदर्भ और टिप्पणियां

1. यद्यपि 1784 ई. में रॉयल एशियाटिक सोसाइटी ऑफ बंगाल की स्थापना के समय से ही प्राचीन भारतीय ज्ञान की ओर पाश्चात्यों की अभिरुचि जगी, फिर भी 1859 ई. तक प्रकाशित पुस्तकों की संख्या कम ही थी। मैक्समूलर : 'ए हिस्टरी ऑफ एंशिएंट संस्कृत लिट्रेचर', पृ. 1.
2. सै. बु. ई.,I भाग, खंड 1, आमुख, पृ. XI.
3. मैक्समूलर, उपरिवत्, पृ. 16.
4. बेनीप्रसाद : दि स्टेट इन एंशिएंट इंडिया, पृ. 498 पर उद्धृत.
5. कास्ट इन इंडिया, पृ. 198.
6. वही, पृ. 212.
7. ए हिस्टरी ऑफ एंशिएंट संस्कृत लिटरेचर, पृ. 18.
8. पोजीशन ऑफ द रूलिंग कास्ट, आदि ज. ए. ओ. एस., जिल्द 13, पृ. 182.
9. कलकत्ता रिव्यू, जिल्द 35 (1887), पृ. 266.
10. वही, जिल्द 98' (1894), पृ. 301.
11. लिमिटेड मौनार्की इन एंशिएंट इंडिया, मॉडर्न रिव्यू, II (1907), पृ. 346 और आगे.
12. वही.

13. एंशिएंट इंडिया, पृ. 158-191.
14. रंगस्वामी अय्यंगार, सम आस्पेक्ट्स ऑफ एंशिएंट इंडियन पॉलिटी, पृ. 87.
15. 1965 में बम्बई विश्वविद्यालय से प्रकाशित आर. पी. कांगले की कृति, द कौटिलीय अर्थशास्त्र, भाग 3, में उस समय तक इस विषय पर लिखी समस्त कृतियों की बृहत सूची दी गई है.
16. हीरेन मुखर्जी कृत : इंडिया स्ट्रगल्स फॉर फ्रीडम, पृ. 88 पर उद्धृत.
17. हिंदू पालिटी, प्रारंभिक पाठेतर सामग्री, पृ. 25.
18. वही, पृ. 366.
19. वही, पृ. 51.
20. वही, पृ. 97.
21. रंगस्वामी अय्यंगार, सम आस्पेक्ट्स ऑफ इंडियन पॉलिटी, पृ. 3-4. इस पुस्तक का 1935 का संस्करण देखा गया, लेकिन पाद टिप्पणी और परिशिष्ट को छोड़कर विषयवस्तु में कोई अंतर नहीं है.
22. रंगस्वामी अय्यंगार की पूर्वोद्धृत पुस्तक, पृ. 65.
23. भूमिका, पृ. 1.
24. कारपोरेट लाइफ इन एंशिएंट इंडिया, पृ. 122.
25. वही, पृ. 145.
26 वही, प्रा. पा. मा. पृ. 8.
27. वही, पृ. 218.
28. वही, प्रा. पा. सा. पृ. 8.
29. वही, पृ. 9.
30. वही, पृ. 13.
31. वही, पृ. 94.
32. वही, पृ. 294.
33. यही पुस्तक 1959 ई. में मूल से दुगुने से भी बड़े आकार में 'ए हिस्टरी ऑफ पालिटिकल आइडियाज' शीर्षक से पुनः निकली. ब्यौरों के लिए यह पुस्तक एक अच्छा संदर्भ ग्रंथ है, लेकिन सारतः मूल की अपेक्षा इसमें कुछ अधिक नहीं दिया गया है.
34. वही, पृ. 5.
35. वही, पृ. 8.
36. वही, पृ. 9.
37. वही, भूमिका, पृ. 2.
38. वही, पृ. 2.
39. वही, पृ. 3.
40. वही, पृ. 77.
41. वही, पृ. 78.
42. वही, पृ. 384, कोष्ठक का अंश हमारा है.
43. वही, पृ. 316.
44. वही, भूमिका, पृ. 13.
45. वही, पृ. 21-22.
46. ज. डि. ले, i (1920), पृ. 202.

47. वही, पृ. 203.
48. वही.
49. वही, पृ. 3-4.
50. वही, पृ. 126.
51. वही, पृ. 298.
52. द स्टेट इन एंशिएंट इंडिया, पृ. 7-8.
53. प्रा., पृ. 5.
54. वही, पृ. 379.
55. वही, पृ. 14.
56. वही, पृ. 17.
57. ज. इं. हि., VIII (1929), पृ. 405.
58. बी. के. सरकार : द पालिटिकल इंस्टिट्यूशंस एंड थीअरीज ऑफ द हिंदूज, पृ. 4.
59. हाल में चार्ल्स ड्रेकमायर ने 'कम्युनिटी ऐंड किंगशिप इन अर्ली इंडिया' (1962) में और जे. डब्ल्यू. स्पेलमैन ने 'पालिटिकल थीअरी ऑफ एंशिएंट इंडिया' (1963) में धार्मिक पहलू पर जोर दिया है.
60. प्रोसीडिंग्स ऑफ दि सिक्स्टींथ सेशन ऑफ दि आल इंडिया ओरिएंटल कान्फ्रेंस, लखनऊ, 1951, पृ. 67-68.

2. स्रोत और पद्धति

धर्मसूत्रों की कोटि में आनेवाले सबसे प्रारंभिक विधिग्रंथों के पूर्व प्राचीन भारतीय राजनीतिक विचारों और संस्थाओं के अध्ययन का प्रमुख स्रोत वैदिक साहित्य है। इस साहित्य की प्राचीनतम पांडुलिपियां भी ईसा की दसवीं शताब्दी से पहले की नहीं हैं तथा ईसापूर्व पंद्रहवीं और तीसरी शताब्दी के बीच भारत में लेखनकला का कोई अभिलेखगत साक्ष्य नहीं मिलता। किंतु ईसापूर्व चौदहवीं शताब्दी के मितानी अभिलेखों में ऋग्वैदिक देवताओं के उल्लेख मिलते हैं और ऋग्वेद के प्रति लोगों में जो अतिशय श्रद्धाभाव था उसको देखते हुए ऐसा प्रतीत होता है कि ईसापूर्व बारहवीं सदी के आसपास कम से कम इसका मौखिक संकलन संपन्न हो चुका होगा। दरअसल इस श्रद्धाभाव के कारण ही इस ग्रंथ के शुद्ध सस्वर पाठ पर विशेष आग्रह रखा जाता रहा और इससे यह लेखनकला के अभाव में भी सुरक्षित रह सका। लेकिन शुद्धता के आग्रह के बावजूद अन्य अनेक प्राचीन भारतीय ग्रंथों की तरह इसके भी आदि और अंत में अपनी ओर से बहुत कुछ जोड़ने से लोग बाज नहीं आए। अतः सभा, समिति, विदथ, गण आदि जनजातीय संस्थाओं, या ब्राह्मण, क्षत्रिय आदि सामाजिक वर्गों अथवा राजन् शब्द और इसके पर्यायों का अध्ययन करने के लिए 'ऋग्वेद' का उपयोग करने में इसके प्रथम और दशम मंडलों में इन शब्दों के उल्लेखों के प्रति सजग दृष्टि से काम लेना चाहिए। ये मंडल मुख्य ग्रंथ में बाद में जोड़े गए। आठवें और नवें मंडल भी बाद के मालूम पड़ते हैं। ऋग्वेदोत्तर काल के अध्ययन के लिए दशम मंडल का उपयोग करना शायद बेहतर होगा। 'ऋग्वेद' में कही गई बातों का जिस क्षेत्र से संबंध है वह आमतौर पर पंजाब या पंचनद प्रदेश माना जाता है, किंतु इस क्षेत्र में रहनेवाली जनजातियों के बीच प्रचलित कतिपय संस्थागत रीतिरिवाजों के प्रतिरूप उन अन्य प्राचीन भारोपीय ग्रंथों में भी मिल सकते हैं जिनकी रचना यूनान या ईरान में हुई। विभिन्न देशों में प्रचलित ऐसे समान संस्थागत रीतिरिवाजों के अध्ययन से हम पता लगा सकते हैं कि वैदिक जनों के सार्वजनिक जीवन के वे कौन से तत्व हैं जो उन्हें अन्य समुदायों के साथ अपने मूल निवासस्थान से विरासत में मिले।

उत्तर वैदिक ग्रंथों का संकलन पश्चिमी उत्तरप्रदेश, अर्थात कुरु और पांचाल

देश में हुआ। 'ऋग्वेद' में तो केवल प्रार्थनाएं हैं, पर उत्तर वैदिक रचनाओं में प्रार्थनाओं के साथ कर्मकांडों का भी समावेश है। ईसापूर्व करीब 1000 से लेकर 500 तक के काल की राज्यव्यवस्था का चित्र तैयार करने के लिए यह आवश्यक है कि कर्मकांड की छानबीन विवेकपूर्वक की जाए। विभिन्न कृष्ण और शुक्ल यजुर्वेदीय संहिताएं सामुदायिक और वैयक्तिक कर्मकांड के भंडार हैं। अथर्ववेद में कर्मकांड का उतना जोर नहीं है, पर इसमें बीमारी और विपत्तियों से बचने के लिए, राजपद पुनः प्राप्त करने के लिए और इसी प्रकार की अन्य मनोकामनाओं को पूरा करने के लिए इतने मंत्र दिए गए हैं कि उनसे तत्कालीन राज्यव्यवस्था पर काफी प्रकाश पड़ता है। किंतु इन संहिताओं का उपयोग करने में इस बात का ध्यान रखना होगा कि एक ही संहिता के विभिन्न अंशों की रचना अलग अलग कालों में हुई। उदाहरण के लिए, 'तैत्तिरीय संहिता' के 19 से 40 तक के अध्यायों की रचना काफी बाद में की गई।

ब्राह्मणों में कर्मकांड के साथ-साथ राजा की उत्पत्ति के संबंध में भी कुछ व्याख्याएं और परिकल्पनाएं प्रस्तुत की गई हैं। ये मुख्यतः 'ऐतरेयब्राह्मण' और 'शतपथब्राह्मण' में पाई जाती हैं। लेकिन इन ब्राह्मणों का रचनाकाल ईसापूर्व प्रायः 700-600 वर्ष से पीछे नहीं ले जाया जा सकता। 'शतपथब्राह्मण' के भौगोलिक क्षेत्र में पूर्वी उत्तरप्रदेश और उत्तर बिहार का गंडक से पश्चिम पड़ने वाला हिस्सा शामिल है। संहिताओं और ब्राह्मणों में उल्लिखित कर्मकांड से जिस प्रकार के राजनीतिक संगठन का पता चलता है वह सामान्यतया ई. पू. 1000-500 में, उत्तरप्रदेश में, विशेषकर इसके पश्चिमी भाग में, प्रचलित था, यद्यपि आर्य संस्कृति पूर्व में गंडक नदी तक और दक्षिण में नर्मदा नदी तक पहुंच गई थी। अतः शतपथब्राह्मण और ऐतरेयब्राह्मण में पाए गए शासन संबंधी उल्लेख एक अंश तक उत्तरप्रदेश के बाहर भी लागू हो सकते हैं।

उपनिषदें तत्वचिंतन विषयक ग्रंथ मानी गई हैं, किंतु राजा की उत्पत्ति और ऐसी ही अन्य बातों से इनका कोई संबंध नहीं है। इनमें समिति के और जनजातीय जीवन की कतिपय विशेषताओं के जो उल्लेख प्रसंगवश हुए हैं उनसे उत्तर वैदिक कालीन राज्यव्यवस्था पर थोड़ा प्रकाश पड़ता है, यद्यपि जिन ग्रंथांशों में इनका उल्लेख है वे ईसापूर्व पांच सौ वर्ष से पहले के नहीं हो सकते।

विश्वेश्वरानंद इंस्टिट्यूट (होशियारपुर) की ओर से वैदिक साहित्य की जो विशद शब्दानुक्रमणिका प्रकाशित हुई है उसके फलस्वरूप इस साहित्य में संस्थाद्योतक शब्दों को खोज निकालना अब कठिन नहीं रहा। किंतु इसमें उन ब्राह्मणों, उपनिषदों और श्रौतसूत्रों का भी उपयोग हुआ है जो ईसापूर्व 500 के बाद, और उसके भी बहुत बाद ईस्वी सन् की प्रारंभिक शताब्दियों में संकलित हुए। अतएव अनुक्रमणिका से जानकारी लेने में सतर्कता बरतने की जरूरत है।

चूंकि वैदिक साहित्य में प्रार्थनाओं और कर्मकांड का बाहुल्य है, उनमें से राज्यव्यवस्था संबंधी तथ्यों को अलग करना कठिन है। धर्मसूत्रों अर्थात प्रायः 500-200 ई. पू. के दौरान गद्य में रचित प्राचीनतम विधिग्रंथों के साथ यह कठिनाई नहीं है। चार धर्मसूत्रों में से गौतम का ग्रंथ सामान्यतया प्राचीनतम माना जाता है, किंतु वास्तव में सबसे पुराने आपस्तंब और बौधायन के ग्रंथ प्रतीत होते हैं। वसिष्ठ का धर्मसूत्र भी परवर्ती रचना है।

धर्मसूत्रों में राजा और चतुर्वर्णों के कर्तव्यों का प्राचीनतम विवेचन है और कराधान तथा संपत्ति, परिवार और व्यक्ति की रक्षा संबंधी सबसे पुरानी व्यवस्था है। सामाजिक और राजनीतिक व्यवस्था के संबंध में ब्राह्मण मत का क्रमबद्ध प्रतिपादन सबसे पहले इन्हीं में हुआ है। इनमें जो चित्र उपस्थित किया गया है वह वास्तविक नहीं वरन आदर्श स्थिति का वर्णन है। यूनानी विवरणों और प्रारंभिक पालि ग्रंथों की सहायता से इस चित्र को एक सीमा तक वास्तविक बनाया जा सकता है।

धर्मसूत्रों को धर्मशास्त्र भी कहा जाता है, और धर्मशास्त्र की संज्ञा स्मृतियों और विधिग्रंथों पर सभी प्रकार की टीकाओं को भी दी जाती है। धर्मसूत्र गद्य में लिखे गए थे। कालांतर से वे पद्यबद्ध स्मृतियों के रूप में विकसित हुए। सर्वाधिक प्राचीन और सुविख्यात स्मृति मनु की है, जिसे 'मनुस्मृति' या 'मानव धर्मशास्त्र' भी कहा जाता है। प्रायः एक सदी पूर्व ब्यूलर ने इसे 200 ई. पू. से 200 ईस्वी के बीच की रचना माना था। आगे चलकर जायसवाल ने इस आधार पर इसे मुगकालीन कृति माना कि इसमें ब्राह्मणों को बहुत उच्च स्थान दिया गया है और राजत्व को दैवी आधार प्रदान किया गया है। किंतु शैली और वर्ण्य विषय से प्रतीत है कि यह ईसा की पहली या दूसरी शताब्दी में संकलित हुई। इसका कुछ अंश, जिसमें वर्णसंकर जातियों का उल्लेख है, और भी बाद का मालूम पड़ता है। हमारे प्रयोजन के लिए इसके सातवें अध्याय में वर्णित विषय, अर्थात राजधर्म, सबसे अधिक महत्त्वपूर्ण है। इसमें राजा के कर्तव्य और कराधान के सिद्धांतों का विवेचन किया गया है, और साथ ही दंड—अर्थात बलप्रयोग—का महत्त्व बताया गया है। 'विष्णुस्मृति' ईसा की तीसरी शताब्दी की रचना प्रतीत होती है। उत्तराधिकार समस्या के विवेचन में यह ग्रंथ कानूनी चिंतन की विकसित अवस्था का परिचय देता है।

'याज्ञवल्क्य स्मृति' ईस्वी सन की प्रायः दूसरी से चौथी सदी के बीच की रचना मानी गई है। इसमें मनु की सामग्री को संक्षिप्त और क्रमबद्ध रूप में प्रस्तुत किया गया है। इसकी और कौटिल्य के 'अर्थशास्त्र' की, जिससे इसने स्पष्ट ही काफी सामग्री ली है, अनेक व्यवस्थाएं एक-सी हैं। 'याज्ञवल्क्य स्मृति' और पश्चिमी भारत में विज्ञानेश्वर द्वारा ग्यारहवीं शताब्दी में रचित इसकी 'मिताक्षरा' टीका,

दोनों मिलकर हिंदू सिविल विधि (सिविल लॉ) की आधारभूत सामग्री प्रस्तुत करती हैं।

किंतु पूर्णतया वैधानिक स्मृतियां तीन हैं : नारद, बृहस्पति और कात्यायन। प्रथम दो ईस्वी सन् की पांचवीं शताब्दी, और अंतिम संभवतः छठी शताब्दी, की रचना है। नारद 'दीनार' शब्द का प्रयोग करते हैं, जो ईस्वी सन् की दूसरी शताब्दी के अभिलेखों में मिलता है। रोम साम्राज्य से संपर्क होने के कारण इस शब्द का प्रयोग भारत में सोने के सिक्कों के लिए होने लगा। इस आधार पर नारद का कालनिर्धारण करने में सहायता मिलती है। बृहस्पति इससे कुछ परवर्ती हो सकते हैं। उनका ग्रंथ विधि के इतिहास में युगांतरकारी घटना है, क्योंकि उन्होंने 18 खंडों (शीर्षकों) के अंतर्गत विधि का विवेचन किया है। इसमें से 14 को सिविल विधि (दीवानी) और 4 को दंड विधि (फौजदारी) के अंतर्गत रखा जा सकता है। कात्यायन का केवल 'व्यवहार खंड' ही प्राप्त हुआ है, जिसको देखने से प्रकट होता है कि यह विशुद्ध रूप से सिविल विधि का ग्रंथ है। इसमें विस्तृत न्यायप्रक्रिया का भी विधान किया गया है।

स्मृतियों के अध्ययन में दो कठिनाइयां हैं। पहली यह है कि वे एक ही विचार और कथन को वे इतना अधिक दुहराती हैं कि पढ़नेवाला ऊब जाता है। अधिकांश परवर्ती स्मृतियां—जैसे कि याज्ञवल्क्य, नारद और बृहस्पति की—मनु पर आधारित हैं और विभिन्न विषयों पर उनके द्वारा दी गई व्यवस्था की ही व्याख्या और विस्तार करती हैं। इससे यह धारणा बंधती है कि ईसा की प्रथम छह शताब्दियों के दौरान प्राचीन भारतीय राज्यव्यवस्था का बहुत कम विकास हुआ। किंतु विभिन्न विषयों के संबंध में अलग-अलग स्मृतियों में यत्र-तत्र जो अंतर देखने को मिलते हैं उनकी सावधानी से छानबीन करने पर यह धारणा निश्चय ही मिट जाएगी। दूसरी कठिनाई यह है कि टीका लिखने का काम 16वीं शताब्दी या इसके बाद तक भी चलता रहा, और हर टीकाकार मूल रचनाकार पर अपना व्यक्तित्व थोपता रहा, नवीं से सोलहवीं सदी तक मनु पर सात लोगों ने टीकाएं लिखीं। स्वभावतः इनमें से प्रत्येक ने अपने देश-काल-समाज और पूर्वाग्रह के अनुसार मूल की व्याख्या की है। इससे मनुकाल की राज्यव्यवस्था या सामाजिक संरचना का सही चित्र सामने नहीं आता है। यह बात अन्य स्मृतियों के संबंध में भी लागू है।

यदि हम उपर्युक्त दो कठिनाइयों से बचकर चलें तो स्मृतियों में हमें राजा के दायित्वों और अधिकारों, मंत्री, सचिव, अमात्य, पार्षद और सभ्य नामक परामर्शदाताओं के स्थान और कर्तव्य तथा अंतःराज्य संबंधों की अच्छी जानकारी मिल सकती है। सबसे बढ़कर तो इन स्मृतियों में हमें न्यायतंत्र की जानकारी ठीक से मिलती है और पता चलता है कि यह तंत्र किस प्रकार के कानूनों से काम लेता था। मनु और याज्ञवल्क्य की स्मृतियों में प्रायश्चितों और आचारों की भी व्यवस्था

है। इन व्यवस्थाओं को आधुनिक दृष्टि से विधि (ला) नहीं कहा जा सकता; किंतु नारद, बृहस्पति और कात्यायन की स्मृतियां प्रायः पूर्ण रूप से विधिग्रंथ हैं।

स्मृतियों के अंश महाकाव्यों और पुराणों में भी मिलते हैं। सामाजिक तथा राजनीतिक विचारों और संगठनों का अध्ययन करने के लिए हमें इस मान्यता को त्यागकर चलना होगा कि महाकाव्य काल जैसा भी कोई काल था। 'महाभारत' से प्राप्त सामग्री का उपयोग किसी एक काल के लिए करना कठिन है। जहां इसके आख्यानात्मक अंश से दसवीं शताब्दी ई. पू. की झांकी मिलती है, वहीं इसके उपदेशात्मक तथा वर्णनात्मक अंशों का संबंध काफी परवर्ती काल से, यानी ईसा की चौथी शताब्दी से, मालूम होता है। मूलतः इस महाकाव्य में 8800 श्लोक थे और यह रचना 'जय' कहलाती थी। फिर वे बढ़कर 24 हजार हुए और रचना का नाम भारत पड़ा। बाद में बढ़कर वे एक लाख हो गए और यह ग्रंथ महाभारत कहलाया। गुप्तकालीन अभिलेखों में एक लाख का उल्लेख है, यद्यपि समीक्षित संस्करण में अभी प्रायः 82 हजार श्लोक मिलते हैं। 'सभा', 'शांति' और 'अनुशासन'—ये तीन पर्व राजनीतिक विचारों और व्यवहारों के इतिहास के लिए उपयोगी हैं। रचना की दृष्टि से सभापर्व सबसे पुराना मालूम पड़ता है, फिर भी इसके संकलन का काल ईसापूर्व पहली शताब्दी से पहले नहीं माना जा सकता। संभवतः 'अनुशासन पर्व' और 'शांतिपर्व' करीब-करीब एक ही समय संकलित हुए। निस्संदेह 'शांतिपर्व' का 'राजधर्म' प्रकरण हमारे प्रयोजन के लिए सबसे महत्त्वपूर्ण है। इसमें 'मनुस्मृति' से मिलते-जुलते अनेक श्लोक हैं; खासकर राजा की दैवी उत्पत्ति, ब्राह्मणों के दावे और दंड के महत्त्व के संबंध में यह प्रकरण मुख्यतः उपदेशात्मक है, और ऐसा प्रतीत होता है कि यह 'शांतिपर्व' में ईस्वी सन् की प्रथम और चौथी शताब्दियों के बीच किसी समय सन्निविष्ट किया गया। इसमें यूनानियों, शकों और खासकर ईस्वी सन् की पहली शताब्दी में पश्चिमोतर भारत में शासन करनेवाले पहलवों या पर्थियनों का भी उल्लेख है। अतः यह उक्त काल से अधिक प्राचीन नहीं माना जा सकता। इसलिए, उत्तर वैदिक काल या वेदोत्तर काल की राजनीतिक संस्थाओं के अध्ययन के लिए शांतिपर्व की सामग्री का उपयोग करना—जैसा कि अभी तक सामान्यतया किया गया है—गलत होगा। गण के गठन या काम-काज के संबंध में इसमें जो विवेचन है वह भी वेदोत्तर काल पर सामान्य ढंग से ही लागू हो सकता है। जहां तक इसमें वर्णित राज्य का सप्तांग सिद्धांत, राजा के अधिकार, कर्तव्य, मंत्रिपरिषद का गठन, युद्ध नियम, कर के स्रोत और सिद्धांत आदि का संबंध है, ये सभी ईस्वी सन की प्रारंभिक शताब्दियों की परिस्थितियों के द्योतक हैं। राजत्व की उत्पत्ति संबंधी परिकल्पना 'शांतिपर्व' के 'राजधर्म' प्रकरण का सर्वाधिक उर्वर और मौलिक अंश है। इस परिकल्पना में ब्राह्मणवादी दृष्टि से राजपद के औचित्य को बुद्धिपूर्वक सिद्ध करने का प्रथम

प्रयास किया गया है।

परवर्ती महाकाव्य 'रामायण' न तो उतना विशाल है और न हमारे अध्ययन के लिए उतना उपयोगी ही। इसका आलोचनात्मक संस्करण भी तैयार हो गया है। ईस्वी सन के प्रारंभिक काल में लिखे कुछ जैन और बौद्ध ग्रंथों में इसके श्लोकों की संख्या 12 हजार बताई गई है। आरंभ में केवल छह हजार श्लोक थे। गुप्तकाल तक यह संख्या 24 हजार हो गई, जो आज भी कायम है। इसके वर्ण्य विषयों में से जो बात हमारा ध्यान बलात आकृष्ट करती है, वह है अराजक (राजा रहित) राज्य का वर्णन। इसमें राजा के कर्तव्यों, राज्य के अधिकारियों और राजनीतिक संस्थाओं का वर्णन है। लेकिन ये सारे गुप्तकालीन राजनीतिक संस्थाओं के आदर्शगत और सरलीकृत रूप प्रतीत होते हैं।

पुराण भी महाकाव्यों की कोटि के ही हैं। इनमें भी काफी उपदेशात्मक प्रकरण हैं, जिनमें राजा के अधिकारों और कर्तव्यों और अन्य संबद्ध विषयों की चर्चा है। अनेक पुराण जैसे कि 'वायु' और 'मत्स्य' पुराण (जिनका उल्लेख 'महाभारत' में भी है) गुप्तकाल तक पूरे हो चुके थे। ये गुप्तकालीन राजनीतिक संस्थाओं की वैचारिक पृष्ठभूमि प्रस्तुत करते हैं।

इधर 'महाभारत' के राजनीतिक विचारों पर अनेक शोधप्रबंध लिखे गए हैं, और उनमें से कुछ प्रकाशित भी हुए हैं। किंतु इन शोधप्रबंधों में अधिकांशतः उसी पद्धति का अनुसरण किया गया है, जिसे महाभारत में शासक जाति की स्थिति पर लिखे गए निबंध में हॉपकिंस ने अपनाया था। फलतः इनसे कुछ अतिरिक्त ब्यौरे भले मिल जाएं, पर ज्ञानवर्द्धन नहीं होता है। इसी प्रकार यदि 'रामायण' से ज्ञात संस्थाओं को कोसल के प्रारंभिक इतिहास से जोड़ने या रामायण में वर्णित राज्यव्यवस्था के ऐतिहासिक परिवेश को ध्यान में न रखा जाए तो फिर इससे हमारी ज्ञानवृद्धि नहीं होगी। पुराणों में व्यक्त राजनीतिक विचारों की ओर लोगों का ध्यान थोड़ा-बहुत गया है, किंतु एकमात्र सार्थक प्रयास हाल में 'अग्निपुराण'[1] पर किया गया कार्य है। यह पुराण हमारे अध्ययनकाल के दायरे में नहीं पड़ता।

धर्मसूत्र, स्मृतियां, महाकाव्य और पुराण धार्मिक तथा पूर्णतः ब्राह्मणवादी परंपरा में लिखे गए ग्रंथ हैं। कौटिल्य के 'अर्थशास्त्र' में इससे कुछ भिन्न परंपरा प्रस्तुत की गई। यह ग्रंथ अधिक व्यावहारिक और धार्मिक विचारों से कम प्रभावित है। यह अपने ढंग का प्राचीनतम और आधारभूत ग्रंथ है, इसलिए इसको लेकर विशाल साहित्य की रचना हुई है। प्राचीन भारत से संबंधित कदाचित किसी भी प्रश्न पर इतना तीव्र विवाद नहीं हुआ जितना कि इस ग्रंथ के रचनाकाल और प्रामाणिकता को लेकर हुआ है। भारतीय विद्वान इसे मौर्यकालीन मानते हैं, जबकि यूरोपीय विद्वान इससे चार या पांच शताब्दी परवर्ती। किंतु किसी भी दशा में 'अर्थशास्त्र' की सामग्री का उपयोग मौर्यकाल के संदभ में नहीं किया जा सकता

है ।[2] इसका जैसा पाठ हमें अभी उपलब्ध है, इसको देखते हुए ऐसा नहीं लगता कि यह एक समय और स्थान पर लिखा गया समरूप पाठ है । पुस्तक का अधिकतर अंश ईसापूर्व प्रथम शताब्दी तक प्रचलित सूत्रशैली का अनुसरण करके गद्य में लिखा गया है । किंतु इसका पद्य (श्लोक) भाग बाद में सन्निविष्ट किया गया है । इसकी शैली पर विचार करना तो भाषाविदों का काम है, लेकिन शैली के आधार पर पाठ के विभिन्न स्तरों को एक-दूसरे से अलग करना हमारे लिए लाभदायक होगा । जहां तक भाषा का प्रश्न है, अशोककालीन प्राकृत और कौटिल्यकालीन संस्कृत का भेद तो स्पष्ट ही है । कौटिल्य ने जिन राजनीतिक संगठनों का उल्लेख किया है वे अशोककालीन अभिलेखों में निर्दिष्ट प्रणाली से भिन्न हैं । कौटिल्य केंद्रीकरण पर जोर देता है, तो अशोक विकेंद्रीकरण पर । 'महामात्र', 'राजुक', 'प्रादेशिक', 'प्रतिवेदक' आदि अशोककालीन विशिष्ट अधिकारियों का उल्लेख 'अर्थशास्त्र' में नहीं है । अशोक के अभिलेखों में 'महामात्र' सर्वाधिक महत्त्वपूर्ण अधिकारी प्रतीत होते हैं । 'अर्थशास्त्र' में मात्र उनके पद 'महामात्रीयम्' का एक बार उल्लेख हुआ है, लेकिन उनके अधिकारों और कर्तव्यों का कहीं कोई उल्लेख नहीं है । हां, अशोक के काल के 'युक्त' नाम एक छोटे अधिकारी की जानकारी कौटिल्य को थी, लेकिन इससे कोई खास बात साबित नहीं होती । इसी प्रकार अशोक की 'आहार' नामक प्रशासनिक इकाई की चर्चा कौटिल्य ने नहीं की है । दूसरी ओर 'अर्थशास्त्र' की कुछ राजस्विक तथा प्रशासनिक शब्दावली ईसा की पहली और दूसरी शताब्दियों के शासन अभिलेखों में मिलती है । 'भोग', 'प्रणय', 'विष्टि' और 'परिहार' (तथा तरदेय) दक्षिण और पश्चिम भारत के अभिलेखों में आए हैं और 'अर्थशास्त्र' में भी हैं । इनमें से 'परिहार' शब्द—जिसका मतलब है अनुदत्त भूमि में करों की माफी—बड़ा महत्त्वपूर्ण है । शक और सातवाहन के अभिलेखों में इसका बार-बार प्रयोग हुआ है । इसी प्रकार 'अमात्य' शक और सातवाहनकालीन पुरालेखों में सर्वाधिक महत्त्वपूर्ण अधिकारी के रूप में सामने आता है, और कौटिल्य के 'अर्थशास्त्र' में भी वैसे ही स्थान पर आसीन है । गरज यह कि पुरालेखिक साक्ष्यों से ऐसा संकेत मिलता है कि कौटिलीय 'अर्थशास्त्र' का कुछ अंश ईस्वी सन की प्रथम दो शताब्दियों में संकलित हुआ और इस ग्रंथ में उल्लिखित अनेक राजस्व स्रोत ईस्वी सन की दूसरी शताब्दी की वस्तुस्थिति को प्रतिबिंबित करते हैं ।

किंतु आर्थिक प्रवृत्तियों पर जिन राजकीय नियंत्रणों का उल्लेख मेगास्थनीज ने किया है उनसे कौटिल्य द्वारा सुझाए गए नियंत्रणों की आंशिक समानता को देखने से 'अर्थशास्त्र' के दूसरे अधिकरण पर, जिसमें अध्यक्षों के कर्तव्यों का विवेचन है, किंचित वास्तविक मौर्य प्रभाव परिलक्षित होता है । यही बात तीसरे और चौथे अधिकरणों पर भी लागू हो सकती है, जिनमें दीवानी कानूनों और दंडविधान पर

विचार किया गया है । जिन प्रकरणों में अंत:राज्य सबंध और युद्ध का विवेचन है वे काफी विकसित हैं और यह तय कर पाना बहुत कठिन है कि उन्हें कहां रखा जाए । इसमें संदेह नहीं कि सैनिक शिविर के पर्याय 'स्कंधावार' शब्द को, 'अर्थशास्त्र' के पहले अधिकरण में वही प्रमुख स्थान प्राप्त है जो सातवाहन-अभिलेखों में देखने को मिलता है ।

चूंकि 'अर्थशास्त्र' के सभी वर्ण्य विषय किसी एक काल से संबंधित प्रतीत नहीं होते, इसलिए उनका संक्षिप्त रूप प्रस्तुत करना इतिहासकार के लिए अधिक उपयोगी नहीं होगा । 15 अधिकरणों और 180 प्रकरणों में विभक्त इस ग्रंथ में करीब-करीब सभी विषय आ गए हैं—जैसे अर्थशास्त्र, समाजशास्त्र, राजनीति, आदि । किंतु इसके अधिकतर भाग में प्रशासनिक समस्याओं का विवेचन हुआ है । इसमें राज्य के सात अंगों, राजा के प्रशिक्षण, कर्तव्यों और दोषों, अमात्यों और मंत्रियों की नियुक्ति और उनके कर्तव्यों, दीवानी और फौजदारी कानूनों के प्रशासन तथा शिल्पिसंघों और निगमों का विवेचन है । गणतंत्र एक पूरे अध्याय में वर्णित है । इसके अतिरिक्त, इस ग्रंथ में अंत:राज्य संबंधों के सिद्धांतों का निरूपण और सैन्यसंगठन का वर्णन है । इसमें यह दिखलाया गया है कि किस प्रकार युद्ध जीता जा सकता है और जीते हुए क्षेत्र में लोकप्रियता पाई जा सकती है । किंतु इसके वर्ण्य विषयों की सबसे बड़ी विशेषता यह है कि राजसत्ता को अत्यंत उच्च स्थान प्रदान किया गया है और राजा को अनेक सामाजिक तथा आर्थिक दायित्व सौंपे गए हैं ।

वर्ण्य विषयों के आधार पर कौटिल्य के 'अर्थशास्त्र' को, आधुनिक अर्थों में, राजनीतिविज्ञान की पाठ्यपुस्तक नहीं माना जा सकता । यह ठीक-ठीक प्लेटो के 'रिपब्लिक' या अरस्तू के 'पॉलिटिक्स' जैसा भी नहीं है । इसके व्यावहारिक स्वरूप को देखें तो यह 'पॉलिटिक्स' से अधिक मिलता-जुलता लगता है । जिस प्रकार दोनों यूनानी कृतियाँ विशुद्ध रूप से राजनीतिविज्ञान के ग्रंथ नहीं हैं, उसी प्रकार कौटिलीय 'अर्थशास्त्र' भी मात्र राजनीतिशास्त्र की पुस्तक नहीं है । लेकिन इसमें कोई संदेह नहीं कि ग्रंथ का अच्छा-खासा भाग राजनीति से संबंधित है । और इससे भी अधिक महत्त्वपूर्ण बात यह है कि कौटिल्य ने राजनीति को धर्म और नैतिकता के प्रभाव से मुक्त करने का सजग प्रयास किया है । सच तो यह है कि राजनीतिक उद्देश्यों की पूर्ति के लिए उसने धर्म और नैतिकता को तिलांजलि देने का भी विधान किया है ।

इस प्रकार 'अर्थशास्त्र' केवल संपत्तिशास्त्र ही नहीं, वरन दंडनीति का शास्त्र, अर्थात राजनीतिविज्ञान भी है । कौटिल्य पांच स्कूलों और तेरह अलग-अलग लेखकों के उद्धरण देता है, जिनसे पता चलता है कि राजनीतिशास्त्र उसके काल में पूर्णरूपेण सुस्थापित हो चुका था । इनमें से कुछ लेखकों का उल्लेख 'शांतिपर्व' में

भी है । यह खेद का विषय है कि कौटिल्य के पूर्ववर्ती लेखकों के ग्रंथों का अभी तक पता नहीं चला है, और कौटिल्य ने जिन कुछेक अंशों को उनके चिंतन के रूप में प्रस्तुत किया है वे इतने थोड़े हैं कि उनसे कौटिल्य से पहले की राजनीतिक मान्यताओं का कोई साफ चित्र नहीं उभर पाता ।[3]

कौटिल्य के ठीक बाद उसका अनुगमन करनेवाले कौन-से दंडनीतिवेत्ता हुए, इसका तो पता नहीं चलता, किंतु पूर्वमध्यकाल में ऐसे कुछेक विचारक अवश्य हुए । यह काल इस अध्ययन का विषय नहीं है । फिर भी, हम 'कामंदक नीतिसार' का उल्लेख कर सकते हैं, जो 800 ई. के आसपास संकलित हुआ । कामंदक कौटिल्य का ऋण स्पष्ट शब्दों में स्वीकार करता है । उसने उसकी सामग्री को इतनी अच्छी तरह आत्मसात किया है कि उधार ली गई सामग्री मूल से अधिक सुव्यवस्थित रूप में सामने आई है । कौटिल्य के विचारों की पुनरावृत्ति से मात्र इतना संकेत मिलता है कि उसकी विचारधारा की प्रतिष्ठा और प्रभाव परवर्ती काल में कायम रहा । किंतु कामंदक के काल की नई बातों को जानने के लिए भिन्नताओं का ध्यान रखना होगा जो उसके ग्रंथ में देखने को मिलती हैं । इनमें से कुछ सेना और अंतःराज्य संबंधों के बारे में हैं ।

दूसरे 'नीतिसार' से, जो कि शुक्र का है, आधुनिक लेखकों[4] ने काफी सामग्री ली है, जिसके कारण प्रारंभिक काल की भारतीय राज्यव्यवस्था पर लिखी उनकी पुस्तकों के आकार में खूब वृद्धि हुई है । किंतु इस ग्रंथ का संकलन 19वीं शताब्दी के आरंभ में हुआ, इसके संबंध में बहुत से विश्वसनीय तर्क दिए गए हैं, और इसलिए प्राचीन भारत के राजनीतिक विचारों और संस्थाओं का इतिहास पढ़ने के निमित्त इस सामग्री का प्रयोग करने के प्रलोभन से बचना चाहिए ।

राज्यव्यवस्था विषयक साहित्य किसके लिए लिखा गया ? निश्चय ही यह न तो सर्वसाधारण के लिए था और न उस पुरोहित (ब्राह्मण) वर्ग के लिए, जिसने इसकी रचना की थी । शासन का प्रचलित रूप राजतंत्रात्मक होने के कारण राज्यव्यवस्था संबंधी ग्रंथ राजकुमारों को शासनकला का अनुदेश और प्रशिक्षण देने के लिए लिखे गए । कौटिल्य ने राजकुमारों की शिक्षा पर उसी प्रकार एक पूरा प्रकरण लिखा है जिस प्रकार 'रिपब्लिक' में प्लेटो ने अभिभावक वर्ग को शिक्षित करने के लिए पूरी शिक्षा योजना प्रस्तुत की है । कामंदक कहता है कि उसकी पुस्तक राजा को ('भूमीश्वरं प्रति') संबोधित है ।

चूंकि धर्मशास्त्र-साहित्य धर्म का, और अर्थशास्त्र अर्थ का ध्यान रखकर लिखा गया, इसलिए इन दोनों विचारधाराओं के अंतर की ओर दृष्टिपात करना स्वाभाविक है । धर्मशास्त्रों का रुझान सामान्यतः ब्राह्मणों के अधिकारों को बढ़ा-चढ़ाकर बताने की ओर है, और इनमें उन विधानों पर जोर दिया गया है जिनसे सामाजिक और राजनीतिक व्यवस्थाओं का नियमन होता है । दूसरी ओर,

अर्थशास्त्र राजा के अधिकारों को सुप्रतिष्ठित करता है और उन विधानों पर जोर देता है जिनका उद्देश्य राजनीतिक और आर्थिक ढांचे का नियमन है। प्रथम प्रकार के साहित्य का रूप सैद्धांतिक और दूसरे प्रकार का व्यावहारिक प्रतीत होना है। लेकिन दोनों कें अंतर को इससे आगे ले जाना संभव नहीं है, क्योंकि दोनों वर्णविभाजित समाज के बारे में एक सामान्य दृष्टि और आदर्श प्रस्तुत करते हैं तथा राजा को इसकी मर्यादा का रक्षक मानते हैं।

जहां तक राज्यव्यवस्था और राजनीतिक विचारों पर प्रकाश डालनेवाली बातों का संब्ंध है, प्रारंभिक पालि धर्मग्रंथ कुछ दूसरा ही चित्र प्रस्तुत करते हैं। यद्यपि उनका अंतिम रूप श्रीलंका में ईसापूर्व पहली शताब्दी में निश्चित हुआ, फिर भी उनमें राजतंत्रों और गणतंत्रों के विषय में जो बातें कही गई हैं उनका संबंध संभवतः बुद्धकालीन मगध और कोसल की वस्तुस्थिति से है। यही बात कदाचित विभिन्न राज्यों और उनके आपसी संबंधों के बारे में भी सही हो सकती है। लेकिन जहां तक राज्यों की शासनव्यवस्था के बारे में किए गए संकेतों का संबंध है, उन पर हठात विश्वास नहीं करना है। 'विनयपिटक' के 'महावग्ग' और 'चुल्लवग्ग' अंशों में बौद्ध धर्मसंस्था के गठनसंबंधी ढेर सारे आंकड़े प्रस्तुत किए गए हैं। यह कहा गया है कि जिन नियमों-विनियमों द्वारा बौद्ध भिक्षुकों का समष्टिगत आचरण शासित होता था वे बुद्धकालीन गणराज्यों से लिए गए हैं। यह अनुमान चाहे जितना युक्तियुक्त दीख पड़े, हमें यह पता लगाना होगा कि मूल नियमों में कहां तक परिवर्तन किए गए और उन्हें धार्मिक संगठन की आवश्यकताओं के अनुरूप किस सीमा तक ढाला गया।

यदि यूनानी विवरणों और पाणिनि का सहारा न लिया जाए तो मौर्यपूर्व गणतंत्रीय संस्थाओं के अध्ययन के लिए और कोई समसामयिक साक्ष्य नहीं मिलते हैं। जातकों के आधार पर विद्वानों ने लिच्छवि संविधान का स्वरूप प्रस्तुत किया है, पर अपने वर्तमान रूप में वे ईसापूर्व दूसरी शताब्दी से पहले के नहीं हैं। 'जातक' प्रधानतः लोककथाएं हैं। इनमें राजा के कर्तव्यों, न्याय-प्रशासन, वर्णों और जातियों तथा आर्थिक कार्यकलापों का उल्लेख हुआ है। इनके आख्यानात्मक अंश को और भी पहले की स्थिति की जानकारी का आधार बनाया जा सकता है, किंतु ईस्वी सन की पांचवीं शताब्दी में श्रीलंका में संकलित इनकी टीकाओं का उपभोग शाक्य-संविधान की रूपरेखा तैयार करने के लिए कदापि नहीं किया जा सकता। जैसे धर्मशास्त्र-साहित्य और उसकी टीकाओं में अंतर है, उसी प्रकार प्रारंभिक पालि पुस्तकों में प्रस्तुत किए गए ढांचे और परवर्ती टीकाकारों द्वारा उसके ऊपर रचे गए ढांचे के बीच अंतर है।

'दीर्घ निकाय' में, जिसमें बुद्ध के उपदेशों का संग्रह है, राजत्व या राज्य और समाजव्यवस्था की उत्पत्ति के संबंध में क्रमबद्ध चिंतन का सबसे पहला उदाहरण

सामने आता है। यह चिंतन 'अम्बट्ठसुत्त' में वर्णित सृष्टि-कथा के एक हिस्से के रूप में प्रस्तुत किया गया है। इस पूरे ग्रंथ को ईसापूर्व तीसरी शताब्दी में रखा जा सकता है, जिससे प्रकट होता है कि राज्य के उत्पत्तिविषयक क्रमबद्ध सिद्धांत तब प्रतिपादित हुए जब राज्य सुस्थापित संस्था बन चुका था। 'महावस्तु' जैसे परवर्ती बौद्ध ग्रंथ, जो ईसापूर्व प्रथम शताब्दी के हैं और सधुक्कड़ी संस्कृत (हाइब्रिड संस्कृत) में लिखे गए हैं, राजत्व की उत्पत्तिविषयक मूल कथा को ही साज-संवारकर और परिवर्द्धित रूप में रखते हैं, जबकि मूल कथासूत्र ज्यों का त्यों रह जाता है।

जैन प्राकृत ग्रंथों में, जो अंतिम रूप से ईस्वी सन् की छठी शताब्दी में बलभी में संकलित हुए, थोड़ी-बहुत उपयोगी सामग्री मिलती है, लेकिन इस सामग्री का कालक्रम ठीक से निश्चित नहीं हुआ है। सिद्धांतनिरूपण करनेवाले कतिपय प्राचीनतम जैन ग्रंथों में भाषावैज्ञानिक और साहित्यिक दृष्टि से 'उत्तराध्ययन सूत्र' सबसे पुराना ग्रंथ है। जैन आगमों के पद्यों में अन्योक्तियों, उपमाओं तथा कथोपकथनों के रूप में जिन विषयों का वर्णन हुआ है उनमें से कुछ की चर्चा में से कुछेक प्रतिरूप जातकों और 'शांतिपर्व' में भी मिलते हैं। इस प्रकार के साहित्य में हम प्रशासन पद्धति संबंधी प्रासंगिक उल्लेखों को यत्र-तत्र ढूंढ़ सकते हैं। आठवीं और नौवीं शताब्दियों में संगृहीत जैन पुराणों में सृष्टिकथा का वर्णन है, जिसमें राज्य और जातियों की उत्पत्ति के संबंध में भी अटकलें लगाई गई हैं। इन कृतियों में विशेष रूप से राज्यपूर्व समाज का चित्र किंचित विस्तार से दिया गया है। किंतु जैन धर्म के प्राकृत ग्रंथों में उपलब्ध सामग्री प्रारंभिक राज्यव्यवस्था-विषयक आधुनिक पाठ्य पुस्तकों में कोई स्थान नहीं पा सकी है। अभी तक जिस एकमात्र जैन ग्रंथ का उपयोग इस प्रयोजन से हुआ है, वह है 'नीतिवाक्यामृत', जिसे ईस्वी सन् की दसवीं शताब्दी में जैन ग्रंथकार सोमदेव सूरि ने लिखा। किंतु यह ग्रंथ उन पूर्ववर्ती ब्राह्मण-ग्रंथों का बहुत अधिक ऋणी है, जिन्हें इसमें उद्धृत किया गया है। तो भी यह नीतिसार की शृंखला में आता है, और पूर्व मध्यकाल की राज्यव्यवस्था पर प्रकाश डालनेवाले ग्रंथ के रूप में इसका उपयोग लाभकर हो सकता है।

देशी साहित्यिक स्रोतों के सर्वेक्षण में लगभग पांचवीं सदी ई. पू. के पाणिनि व्याकरण और लगभग दूसरी सदी ई. पू. के पातंजल महाभाष्य को शामिल किया जा सकता है। पाणिनि के व्याकरण में बहुत-से ऐसे उदाहरणों का प्रयोग किया गया है जिनमें समसामयिक गणराज्यों के उल्लेख हैं, और पतंजलि की अहमियत इस बात में समाई हुई है कि वह प्रकारांतर से मौर्योत्तर काल की प्रशासनिक रीति पर प्रकाश डालता है। गुप्तकाल के संबंध में वराहमिहिर की 'बृहत्संहिता' का भी ऐसा उपयोग किया जा सकता है। किंतु व्याकरण और गणित ज्योतिष या फलित

ज्योतिष के ग्रंथों में प्रसंगवश कही गई बातें किसी काल की राज्यव्यवस्था के अध्ययन का आधार नहीं बन सकतीं। वे हमारे ज्ञान की पूरक मात्र हो सकती हैं।

देशी साहित्यस्रोतों से प्राप्त सामग्री अनेक कठिनाइयां उपस्थित करती है। पहली कठिनाई यह है कि इनमें से किसी का, और खासकर जैन ग्रंथों का, आलोचनात्मक ढंग से संपादन नहीं हुआ है। अतः क्षेपकों के कारण हमारे भ्रम में पड़ जाने की गुंजाइश सदा बनी रहती है। दूसरी कठिनाई यह है कि ये ग्रंथ अधिकांशतः उपदेशात्मक हैं, जिसके कारण प्रशासन पद्धति की सही स्थिति का पता लगाना कठिन होता है, यद्यपि इनमें राजनीतिक विचार और सिद्धांत अवश्य प्रतिबिंबित हुए हैं। तीसरी यह है कि 'अर्थशास्त्र' जैसे ग्रंथ के भी देशकाल के बारे में हम निश्चित नहीं हैं। तथापि, कुल मिलाकर प्राचीन देशी साहित्यस्रोतों से हमें प्राचीन राजनीतिक संस्थाओं के सैद्धांतिक पक्ष की जानकारी तो मिलती ही है।

पुरातात्विक परिवेश तथा सिक्कों और अभिलेखों के अध्ययन से हमें राजनीतिक संस्थाओं के व्यावहारिक पहलू का पता चलता है। ये स्रोत ऊपर बताई गई कठिनाइयों से अपेक्षाकृत मुक्त हैं। किसी देश और काल के पुरातत्व को उसके राजनीतिक ढांचे के साथ बहुत परोक्ष रूप से ही जोड़ा जा सकता है। खेती के औजारों का पता पुरातत्व से लगता है। समाजशास्त्रियों का अनुमान है कि जिस समाज में ठीक से खेती न चल पड़ी हो, वहां की सरकार पांच लाख से अधिक लोगों पर शासन नहीं कर सकती है। यदि पुरातत्व के सहारे हमें स्थायी रूप से बसे ग्रामीण समुदायों या शहरी क्षेत्रों का पता चल जाता है तो इस ज्ञान की सहायता से हम साहित्यस्रोतों में विशाल और कुशल साम्राज्यीय संगठन की की गई कल्पना को मर्यादित करके उन्हें तथ्यों के अधिक निकट ला सकते हैं। इसके अतिरिक्त यदि किसी काल में बड़े पैमाने पर नगरों के अस्तित्व का साक्ष्य मिलता है तो वह इस बात का भी संकेत होगा कि उस काल में नगर प्रशासन की आवश्यकता रही होगी।

प्राचीनतम भारतीय मुद्राएं, जिन्हें आहत मुद्रा कहते हैं और जो ईसापूर्व छठी शताब्दी की बताई जाती हैं, राज्यव्यवस्था के अध्ययन में अधिक सहायक नहीं हैं। लेकिन मौर्योत्तर काल से सिक्के हमारे प्रयोजन के लिए उपयोगी बन जाते हैं। कुषाणकालीन सिक्कों पर उत्कीर्ण उपाधियों से राजपद पर—और विशेषतया उसके दैवी पहलुओं पर—कुछ प्रकाश पड़ता है। अनेक कुषाण सिक्कों पर शिव की आकृति से धर्म और राजनीति का आपसी संबंध स्पष्ट होता है। सिक्कों से पता चलता है कि कुछ राज्य, जैसे कि कुणींदों का राज्य, देवताओं को अर्पित थे। कुछेक समकालीन सिक्कों पर राजाओं के नहीं, बल्कि कबीलों या जनजातियों के नाम हैं, जैसे कि मालव और यौधेय, जिससे यह संकेत मिलता है कि ये गणराज्य थे। गुप्तकालीन सिक्कों से अधिक जानकारी नहीं मिलती, फिर भी इन पर उत्कीर्ण

कुछ उपाधियों और अभिलेखों से हम राजत्व और प्रशासन का स्वरूप निर्धारित कर सकते हैं। स्थानाभाव के कारण सिक्कों पर बहुत अधिक बातें नहीं अंकित की जा सकतीं, लेकिन उन पर थोड़ी-बहुत जो भी सामग्री अंकित है, वह प्रशासनिक इतिहास के लिए महत्त्व की है।

जो कुछ सिक्कों पर संक्षेप में अंकित है वही अभिलेखों में विस्तार से उत्कीर्ण किया गया है। जिन्हें पढ़ा जा सका है, ऐसे सबसे पहले भारतीय अभिलेख अशोक के हैं। साम्राज्य के एक छोर से दूसरे छोर तक शिलाखंडों और स्तंभों पर खुदे ये लेख सामाजिक, धार्मिक तथा प्रशासनिक आचरणों को विनियमित करने के निमित्त जारी किए गए राजकीय समादेश या उद्घोषणाएं हैं। ये सामान्यतः प्राकृतिक भाषा और ब्राह्मी लिपि में खुदे हैं पर कुछ अभिलेख खरोष्ठी लिपि और ग्रीक भाषा में भी पाए जाते हैं। अशोक की राजाज्ञाओं को धर्मलेख कहा गया है, लेकिन इनमें ऐसे विषयों का उल्लेख नहीं है जिन्हें विशुद्ध रूप से धार्मिक कहा जा सके। इसके विपरीत इनके विषय हैं राजा और परिसा (परिषद) के आपसी संबंध, न्याय प्रशासन, राजुकों और महापात्रों जैसे उच्चपदस्थ राज्याधिकारियों के अधिकार और कर्तव्य, तथा राजा के पितृवत आदर्श। यद्यपि कौटिलीय 'अर्थशास्त्र' में अशोककालीन अधिकांश अधिकारियों का उल्लेख नहीं है, किंतु मेगास्थनीज और कौटिल्य की कृतियों से मोटे तौर पर जिस व्यापक राजकीय नियंत्रण का संकेत मिलता है, अशोक द्वारा अपने राजत्वकाल के प्रारंभ में जारी किए गए आदेशों से सामान्यतः उसकी पुष्टि होती है।

मौर्योत्तर और गुप्तकालीन अभिलेख मोटे तौर पर गैरसरकारी और सरकारी, इन दो कोटियों में आते हैं। गैरसरकारी अभिलेख मुख्यतः अनुदान लेख हैं, जो छोटे होने पर भी सामान्यतः दाताओं की सरकारी हैसियत का वर्णन करते हैं। ब्राहमी और खरोष्ठी दोनों ही लिपियों में लिखे ये अभिलेख अपने काल के प्रशासनतंत्र पर काफी प्रकाश डालते हैं।

सरकारी अभिलेखों में कुछ तो प्रशस्तियां हैं, किंतु सामान्यतः शासन पत्र या भूमि अनुदान पत्र हैं। प्रशस्तियों में राजाओं की बहुमुखी उपलब्धियों, उनकी विजयों, उनके द्वारा दिए गए धार्मिक अनुदानों आदि का गुणगान है। इस कोटि में खारवेल का हाथिगुंफा अभिलेख और समुद्रगुप्त का इलाहाबाद अभिलेख आते हैं। पहले में खारवेल के राजत्व काल की वर्षवार घटनाएं दी गई हैं और उसकी शिक्षा, राजतिलक तथा नगरीय और ग्रामीण लोगों (पौर जानपदों) पर किए गए उसके अनुग्रहों की चर्चा है। दूसरे अभिलेखों से हमें विभिन्न कोटियों के उन राजाओं और गणों के साथ समुद्रगुप्त के संबंधों की जानकारी प्राप्त होती है जिन्हें उसने जीत लिया था और जिनके साथ अब अधीनस्थ सामंतों और करदों जैसा व्यवहार किया जाता था।

किंतु सर्वाधिक महत्त्वपूर्ण कोटि के सरकारी अभिलेख वे भूमि अनुदान पत्र हैं, जिन्हें जारी करने का क्रम सबसे पहले सातवाहनों ने आरंभ किया। यह सिलसिला काफी व्यापक पैमाने पर 13वीं-14वीं शताब्दी तक चलता रहा जिसके बाद तुर्क मुसलमानों की भारत-विजय और कागज के प्रचलन के फलस्वरूप यह प्रवृत्ति कमजोर पड़ती गई। वैसे ये अनुदान अधिकांशतः धार्मिक प्रयोजनों से दिए गए हैं, फिर भी इनमें राजस्विक और प्रशासनिक इकाइयों के उल्लेख हैं, राजस्व के स्रोतों का वर्णन है, और जिन अधिकारियों को भूमि दान की सूचना दी गई है उनके नाम हैं। अशोक की राजकीय उद्घोषणाएं सिर्फ एक-दो अधिकारियों को संबोधित हैं, जिनमें कुमार या आर्यपुत्र नामक प्रांतीय शासक तथा महाभात्र नामक उच्चाधिकारी आते हैं। सातवाहनों के राजकीय शासन पत्र सदा अमात्यों को ही संबोधित हैं। गुप्तकाल से शासन पत्रों में उल्लिखित अधिकारियों की संख्या में उत्तरोत्तर वृद्धि होती गई और पूर्व मध्यकाल में पाल राजाओं के शासन पत्र में इनकी संख्या तीन दर्जन तक पहुंच गई। इन अभिलेखों में प्रयुक्त राजस्विक और प्रशासनिक शब्दों का अर्थ लगाना आसान नहीं है, फिर भी ईस्वी सन् की प्रथम शताब्दी से यही शब्द हमें कराधान और शासनपद्धति की जानकारी सुलभ करानेवाले एकमात्र विश्वसनीय स्रोत का काम करते हैं। यदि गुप्तकालीन अभिलेखों का वाचन समकालीन स्मृतियों के साथ मिलाकर किया जाए तो इस काल की राज्यव्यवस्था का अच्छा-खासा चित्र हमारे सामने आ जाएगा।

जिन अभिलेखों में काल का उल्लेख किया गया है उन्हें भी पुरालिपिशास्त्र (पैलियोग्राफी) के आधार पर छोटे-छोटे क्रमिक कालखंडों में विभक्त किया जा सकता है, और इसलिए प्राचीन भारतीय राज्यव्यवस्था के अध्ययन में उनका महत्त्व विधिग्रंथों से कतई अधिक है। राजस्विक और प्रशासनिक अर्थ रखनेवाले पारिभाषिक पुरालेखीय (एपिग्राफिक) शब्दों की सहायता से हम कौटिल्य के 'अर्थशास्त्र', धर्मशास्त्रों और अन्य संबद्ध साहित्य के विभिन्न स्तरों का काल-निर्धारण कर सकते हैं। 'प्रणय', 'विष्टि', 'हिरण्य', 'परिहार', 'दीनार', 'सांधिविग्रहिक', 'कारणिक' आदि शब्दों का उपयोग हम कसौटी के रूप में कर सकते हैं और ऐसा मान सकते हैं कि यदि अमुक अभिलेखों में उल्लिखित शब्द अमुक ग्रंथों में भी आए हैं तो वे ग्रंथ उसी काल के आसपास के होंगे जिस काल के वे अभिलेख हैं। यद्यपि दिनेशचंद्र सरकार की पुस्तक 'इंडियन एपिग्राफिकल ग्लासरी' में सर्वत्र यह नहीं बताया गया है कि इन शब्दों का प्रथम प्रयोग कब और किस खास क्षेत्र में हुआ, फिर भी यह पुस्तक इनका पता लगाने के लिए एक सुविधाजनक और उपयोगी चयनिका (कंपेडियम) है। यदि पांडुरंग वामन काणे की पुस्तक 'हिस्टरी ऑफ धर्मशास्त्र' और लक्ष्मणशास्त्री जोशी की पुस्तक 'धर्मकोश' का अध्ययन उपर्युक्त 'ग्लॉसरी' से मिलाकर किया जाए तो भारत की

प्रारंभिक काल की राज्यव्यवस्था के अध्ययन के दो महत्त्वपूर्ण स्रोतों के बीच के अंतराल को दूर करने में सहायता मिलेगी।

सामग्री के स्रोतों का सर्वेक्षण तब तक पूर्ण नहीं होगा जब तक यूनानी और चीनी विवरणों का हवाला नहीं दिया जाए। इनमें प्रशासनपद्धति से संबंधित कतिपय महत्त्वपूर्ण तथ्य विद्यमान हैं। महान सिकंदर का उल्लेख भारत के समसामयिक स्रोतों में नहीं मिलता। पर उसके काल के यूनानी इतिहासकारों ने उसके भारतीय अभियान (ई. पू. 327-325) के विस्तृत ब्यौरे रख छोड़े हैं। इनमें से कुछ में उन राज्यों के आंतरिक गठन का वर्णन है जिनके साथ पंजाब और सिंध में मुकाबला हुआ। चूंकि यूनान में नगर राज्यों का प्रचलन था, इसलिए यूनानी लेखक कुछ राज्यों को नगर राज्य की पद्धति पर गठित बताते हैं; फिर भी इसमें संदेह नहीं कि ईसापूर्व चौथी शताब्दी में अनेक गणराज्य पश्चिमोत्तर भारत में फूले-फले थे। मौर्य शासन प्रणाली का अध्ययन करने के लिए मेगास्थनीज का विवरण अत्यंत महत्त्वपूर्ण है। यह पाटलिपुत्र में चंद्रगुप्त मौर्य के दरबार में राजदूत के रूप में रहा था। यद्यपि अभी तक उसकी सारी 'इंडिका' प्राप्त नहीं हो सकी है, और परवर्ती लेखकों ने उसके जो छिटपुट उद्धरण दिए हैं उन्हें एरियन जैसे यूनानी लेखकों ने हर प्रसंग में विश्वसनीय नहीं माना है, फिर भी एकमात्र उसी का विवरण ऐसा है जिसका काल निश्चित है। चूंकि कौटिलीय 'अर्थशास्त्र' का कालनिर्धारण संदेह से परे नहीं है, इसलिए मेगास्थनीज से लिए गए उद्धरण ही मौर्यसाम्राज्य के संस्थापक के प्रशासन के विषय में हमारी जानकारी के एकमात्र निश्चित और प्रत्यक्ष स्रोत हैं। इन उद्धरणों में राजा की दिनचर्या, पार्षदों के मुख्य कार्यों और साथ ही सिंचाई आदि कार्यकलापों पर नियंत्रण रखनेवाले दंडाधिकारियों (मजिस्ट्रेटों) के प्रमुख दायित्वों का भी वर्णन है। इनमें पाटलिपुत्र का नगर प्रशासन और साम्राज्य के सैन्यसंगठन का खाका तथा साथ ही राजतंत्र के पतन और लोकतंत्री राज्यों के उत्थान से संबंधित अनुश्रुतियां अभिलिखित हैं। मौर्योत्तर कालसंबंधी यूनानी और लातीनी विवरण आर्थिक इतिहास के लिए खासतौर से महत्त्वपूर्ण हैं।

गुप्त और गुप्तोत्तर कालों की जानकारी के लिए चीनी यात्रियों के विवरण उपयोगी हैं। यद्यपि फाहियान और ह्वेनत्सांग—दोनों भारत के बौद्ध धर्म की स्थिति का पता लगाना चाहते थे, फिर भी प्रशासन संबंधी कुछ बातों का उल्लेख उन्होंने किया है। फाहियान ने द्वितीय चंद्रगुप्त के शासनकाल में 399 से 414 ईस्वी के बीच भारत की यात्रा की और अपने विवरण में उसने मध्य देश, अर्थात आधुनिक उत्तरप्रदेश और पश्चिमी बिहार, की शासन-प्रणाली की चर्चा की है। उसने राजा के परिचरों और अंगरक्षकों को वेतन देने की रीति भी बतलाई है। किंतु इस चीनी यात्री ने गुप्त राजा या गुप्त साम्राज्य के बारे में उस प्रकार प्रत्यक्ष रूप से

कुछ नहीं कहा है जिस प्रकार ह्वेनत्सांग ने हर्षवर्धन के बारे में कहा है। ह्वेनत्साग ने ईस्वी सन् 629 और 641 के बीच में भारत का भ्रमण किया। उसका विवरण अधिक विस्तृत और सुनिश्चित है। उसने अपने संरक्षक की शासनपद्धति की प्रशंसा की है और उसकी सैन्य शक्ति का आंकड़ा बढ़ा-चढ़ाकर प्रस्तुत किया है। किंतु फिर भी, ह्वेनत्सांग ही वह एकमात्र महत्त्वपूर्ण स्रोत है जिसके माध्यम से हर्षवर्धन की राजस्वव्यवस्था और सैन्यपद्धति की जानकारी प्राप्त होती है।

यूनानी और चीनी भाषाओं से अनभिज्ञ रहने के कारण अधिकांश विद्वानों को अंगरेजी अनुवादों पर निर्भर रहना पड़ता है जो अब सौ वर्ष पुराने हो चुके हैं और जिनका पुनरीक्षण नितांत आवश्यक है। यूनानी विवरणों में मिलनेवाले भूस्वामित्व या उत्पादन में राजा के हिस्से से संबंधित अत्यंत महत्त्वपूर्ण अवतरणों का अनुवाद अनेक प्रकार से किया गया है। इसी प्रकार अधिकारियों को वेतन देने की विधि से संबंधित फाहियान के अवतरणों का भी तीन भिन्न-भिन्न प्रकार से अनुवाद किया गया है। अतः इस तरह के सभी प्रसंगों में यह तय करना होगा कि सही अनुवाद क्या होगा। यूनानी और चीनी लेखकों के बौद्धिक परिवेश का भी खयाल रखना होगा, क्योंकि भारतीय शासनपद्धति के वर्णन में उन्होंने अपने-अपने देश की प्रशासनिक रूढ़ियों का सहारा लिया है। हमे 19वीं शताब्दी के अनुवादकों और प्रस्तावना लेखकों की दृष्टियों के बारे में भी सावधान रहना होगा क्योंकि एक तो उस समय भारत के संबंध में बहुत सीमित ज्ञान उपलब्ध था और दूसरे वे भारतीय समाज और संस्थाओं को गतिहीन मानते थे।

उन्नीसवीं सदी में, बल्कि बीसवीं सदी के भी प्रारंभिक वर्षों में, जनगणना-अधीक्षकों, नृतत्वशास्त्रियों, मिशनरियों और अन्य लोगों ने हिंदू रियासतों की प्रशासनिक रूढ़ियों और रीतियों के संबंध में जो कुछ लिखा है उससे एक हद तक धर्मशास्त्रों के विधान पर प्रकाश पड़ सकता है। कुछेक प्राचीन रीतिरिवाज हाल तक कायम रहे हैं। उदाहरणस्वरूप नेपाल और उड़ीसा में हाल तक यह प्रथा प्रचलित थी कि वहां के हिंदू राजा लोगों को श्रेष्ठतर जाति में शामिल करते या निम्नतर जाति में च्युत करते थे। यह प्रथा हमें धर्मशास्त्रों के उस नियम की याद दिलाती है जिसमें राजा को वर्णव्यवस्था का रक्षक बताया गया है। इसी प्रकार यह हमें 'अर्थशास्त्र' का स्मरण कराती है, जिसके अनुसार राजा इस व्यवस्था का प्रवर्तक भी है। पुरानी प्रशासनिक उपाधियां और शब्द, जैसे अमात्य, नायक, सामंत, (चौरोद्धरणिक से) चौधरी, महामात्र, (दण्डपाशिक से) दंडौसी, (कोष्ठागारिक) कोठारी, (विष्टि से) बैठ, आदि जो अभी भी खासतौर से उन प्रांतों में प्रचलित हैं जिन पर भारत-फारसी प्रशासन पद्धति की गहरी छाप नहीं पड़ी, यदि अधिक पहले से नहीं तो कम-से-कम गुप्तकाल से तो चले ही आ रहे हैं। इन उपाधियों को धारण करनेवाले परिवारों में प्रचलित परंपरा की कुछ जानकारी

प्राप्त की जाए तो उससे इस बात के संकेत मिल सकते हैं कि मूलतः इन्हें कौन से कार्य सौंपे गए थे।

कुल मिलाकर प्राचीन भारतीय राजनीतिक विचारों और संस्थाओं के अध्येताओं की चिंता का विषय यह नहीं है कि सामग्री का अभाव है, बल्कि यह कि जो सामग्री है उसकी ठीक से छानबीन नहीं हुई है। दुर्भाग्यवश अधिकांश मूल सामग्री आंख मूंदकर ज्यों की त्यों स्वीकार कर ली गई है, यद्यपि ऐसी बहुत-सी सामग्री का देशकाल और प्रामाणिकता अनिश्चित है। साहित्यिक सामग्री का सावधानी से उपयोग करने की आवश्यकता है। यदि 'ब्राहमणों' का काल ईसापूर्व 1000 वर्ष रखा जाए, संपूर्ण 'महाभारत' का उपयोग मौर्यपूर्व काल के लिए और 'शुक्रनीतिसार' का 600 से 1200 ई. तक की स्थिति के लिए किया जाए[5], तो स्पष्ट है कि राजनीतिक विचारों और संस्थाओं का सही इतिहास तैयार नहीं हो पाएगा। राजनीतिक चिंतन तथा प्रशासन के विकास का स्पष्ट बोध प्राप्त करने के लिए यह निर्णय करना आवश्यक है कि कौन-से ग्रंथ कब रचे गए। अनेक प्राचीन ग्रंथ संग्रह के रूप में पाए जाते हैं; इसलिए एक धर्मशास्त्र और दूसरे धर्मशास्त्र के बीच तथा एक पुराण और दूसरे पुराण के बीच सरसरी निगाह से देखने से अंतर नहीं मालूम पड़ता है। ऐसे ग्रंथ का इतिहास के लिए ठीक से उपयोग तभी हो सकता है यदि यह पता चले कि इसका कौन-सा अंश बिलकुल अपना है जो और ग्रंथों में नहीं पाया जाता है। अभिलेखों से प्रस्तावना वाले हिस्सों को तथा जिन हिस्सों में वे पारंपरिक बातें कही गई हैं जो सामान्यतः सभी अभिलेखों में देखने को मिलती हैं, उनको हटाकर उनके अभिलक्षक (टिपिकल) अंशों का पता लगाना आसान है, किंतु किसी स्मृति, पुराण या नीतिसार के संबंध में ऐसा करना बहुत कठिन है, क्योंकि इनमें से अधिकांश अपने ढंग के पूर्ववर्ती साहित्य से प्रचुर सामग्री उधार लेकर तैयार की गई सार-संग्रह किस्म की रचनाएं हैं। जब तक ऐसे ग्रंथों के अभिलक्षक (टिपिकल) अंश अलग नहीं कर लिए जाते, जैसाकि 'अग्निपुराण' के संबंध में किया गया है, तब तक प्राचीन भारतीय राज्यव्यवस्था के अध्येता उनका सही उपयोग नहीं कर सकते। और अंत में हम यह स्पष्ट करना चाहेंगे कि धर्मशास्त्रों और साहित्यिक ग्रंथों का उपयोग मुख्यतः राजनीतिक सिद्धांतों के इतिहास के लिए किया जा सकता है, किंतु शासन प्रणाली के इतिहास की पुनर्रचना के लिए एक तो सिक्कों और अभिलेखों का सहारा लेना होगा, दूसरे विदेशी विवरणों का और तीसरे आधुनिक युग में दिखाई पड़नेवाले प्राचीन व्यवस्था के अवशेषों का।

संदर्भ और टिप्पणियां

1. बी. बी. मिश्र, पॉलिटी इन दि अग्निपुराण, कलकत्ता, 1965.
2. यू. एन. घोषाल ने 'ए हिस्टरी ऑफ इंडियन पब्लिक लाइफ' (आ. यू. प्रे., 1966) के दूसरे अध्याय में यही किया है.
3. यू. एन. घोषाल ने 'ए हिस्टरी ऑफ इंडियन पॉलिटिकल आइडियाज' के पांचवें अध्याय में इस पर प्रकाश डालने का प्रयास किया है.
4. एक महत्त्वपूर्ण दृष्टांत ए. एस. अल्तेकर कृत 'स्टेट एंड गवर्नमेंट इन एंशिएंट इंडिया' है.
5. अल्तेकर ने 'स्टेट एंड गवर्नमेंट इन एंशिएंट इंडिया' में सामान्यतः ऐसा ही किया है.

3. सप्तांग राज्य सिद्धांत

यद्यपि उत्तर वैदिक संहिताओं और ब्राह्मण ग्रंथों में विविध यज्ञों और विविध विधानों की सैद्धांतिक व्याख्या की गई है, तथापि हमें न तो वैदिक साहित्य में, और न प्रारंभिक विधि ग्रंथों अर्थात धर्मसूत्रों में ही राज्य की कोई परिभाषा मिलती है। कारण यह है कि तब तक राज्य की संस्था ठोस रूप से स्थापित नहीं हो पाई थी। बुद्ध के युग में कोसल और मगध जैसे सुसंगठित राज्यों के उत्थान के बाद सबसे पहले कौटिल्य के 'अर्थशास्त्र' में इसे सात अंगों से युक्त संस्था बतलाया गया। यह परिभाषा बाद के ग्रंथों के लिए सूत्ररूप बन गई। ईसा की सोलहवीं शताब्दी[1] में 'सरस्वतीविलास' नामक ग्रंथ के रचनाकार ने गौतम धर्मसूत्र को उद्धृत करते हुए इस सिद्धांत के प्रतिपादन का श्रेय गौतम को दिया है।[2] किंतु वस्तुतः इसका मूल उस ग्रंथ में नहीं ढूंढ़ा जा सकता। जैसा कि अन्यत्र बतलाया गया है, इस ग्रंथ में काफी हेर-फेर किया गया प्रतीत होता है, और इसलिए लगता है, यह एक परवर्ती संकलन है।[3] यद्यपि कुछ प्रारंभिक धर्मसूत्रों में भी 'राजा', 'अमात्य', 'विषय' आदि कतिपय अंगों का उल्लेख मिलता है, लेकिन हमें राज्य की पूर्ण परिभाषा सबसे पहले कौटिल्य से ही प्राप्त होती है।

कौटिल्य ने जिन सात अंगों का उल्लेख किया है : वे हैं, स्वामी, 'अमात्य', 'जनपद', 'दुर्ग', 'कोश', 'दंड' और 'मित्र'।[4] राज्य व्यवस्था संबंधी अधिकांश ग्रथों म इन सातों अंगों का उल्लेख मिलता है,[5] यद्यपि कुछेक में कुछ अंगों के भिन्न पर्यायों का प्रयोग हुआ है। 'विष्णुधर्मोत्तरपुराण' में, जो ईसा की करीब पांचवी शताब्दी की रचना है,[6] स्वामी और अमात्य के बदले क्रमशः साम (शांतिस्थापन) और दान नामक दो नए अंगों का उल्लेख है।[7] किंतु ध्यातव्य है कि यह उल्लेख अंतःराज्य संबंधों के संदर्भ में किया गया है और इस अंतर का कारण भी शायद यही है। स्पष्ट है कि इन दो अंगों का आपस में मेल नहीं बैठता, और इसमें कोई संदेह नहीं कि कौटिल्य ने राज्य की जो सप्तांग परिभाषा दी है उसे करीब-करीब सभी लेखकों ने राज्य के प्रामाणिक गुणनिर्देश के रूप में स्वीकार किया है। 'विष्णुधर्मोत्तरपुराण' में भी अन्यत्र सही परिभाषा उद्धृत की गई है।[8] हां, 'शांतिपर्व' की कुछेक पांडुलिपियों में एक अंतर मिलता है। इस पर्व के समीक्षित संस्करण[9] में 'अष्टांगिक राज्य' शब्दपद का प्रयोग मिलता है, लेकिन आठवें अंग

का उल्लेख कहीं नहीं है ।

'अर्थशास्त्र' में जहां पर सभी अंगों का विवेचन किया गया है, वहां दो अंगों, अमात्य और दुर्ग, की परिभाषा नहीं दी गई है । इन दो का विवेचन पृथक् रूप से किया गया है । किंतु कुल मिलाकर इसमें सप्तांग का विवेचन सांगोपांग और क्रमबद्ध है जो अन्यत्र दुर्लभ है । परवर्ती ग्रंथों में इन अंगों के पारस्परिक संबंधों के बारे में 'अर्थशास्त्र' से कुछ भिन्न बातें कही गई हैं, लेकिन कौटिल्य की परिभाषा में उन्होंने कोई महत्त्व का परिवर्तन नहीं किया है । अतः सप्तांग के विश्लेषण के लिए हमें कौटिल्य की परिभाषा पर निर्भर रहना है ।

स्वामी का अर्थ है प्रधान या अधिपति । इसका उल्लेख सभी स्रोत ग्रंथों में इसी रूप में हुआ है ।[10] संभवतः राजतंत्र और गणतंत्र, दोनों के प्रधान को राजा की संज्ञा दी गई है, क्योंकि कौटिल्य 'राजा' पर आनेवाली विपत्तियों पर विचार करते समय 'वैराज्य', अर्थात राजारहित राज्य, की कमजोरियों का भी उल्लेख करता है ।[11] जहां तक पुरालेखों का संबंध है, 'स्वामी' शब्द का प्रयोग सर्वप्रथम शक अभिलेखों में हुआ है । ध्यान देने की बात है कि सप्तांग सिद्धांत के प्रतिपादन के परिवेश में राज्य के प्रधान के लिए किसी भी ग्रंथ में राजा शब्द का प्रयोग नहीं हुआ है; इसके बजाय स्वामी[12] शब्द का प्रयोग किया गया है, जिसका अर्थ है अधिपति । चूंकि इस शब्द का प्रयोग सर्वप्रथम कौटिल्य ने किया है, इसलिए इसका सही अर्थ अर्थशास्त्र में व्यक्त किए गए अन्य विचारों के संदर्भ में अच्छी तरह समझा जा सकता है । इस शब्द के प्रयासों के द्वारा राज्य के प्रधान के आधिपत्य पर जोर दिया गया है क्योंकि कौटिल्य द्वारा वर्णित व्यवस्था में राज्यप्रधान को अत्यंत उच्च स्थिति प्रदान की गई है । अर्थशास्त्र में स्वाम्युचित गुणों का किंचित विस्तार से विवेचन किया गया है । उसके मतानुसार स्वामी को आभिजात्य, प्रज्ञा, उत्साह तथा वैयक्तिक गुणों से संपन्न होना चाहिए । आभिजात्य से उत्पन्न होनेवाले गुण पर जोर देने की यह बात सामान्य कुलों में उत्पन्न व्यक्तियों के राजपद पाने की कोई संभावना नहीं छोड़ती ।[13]

दूसरा अंग है 'अमात्य', इसका उल्लेख भी सभी ग्रंथों में इसी रूप में हुआ है । यहां यदि अमात्य के सामान्य पर्याय मंत्री शब्द का प्रयोग करें तो उससे यह भ्रम उत्पन्न हो सकता है कि अमात्य मंत्री के रूप में काम करने के लिए रखे जाते थे । मंत्रियों की संख्या थोड़ी होती थी जब कि 'शांतिपर्व' जैसी परवर्ती रचनाओं में भी अमात्यों की संख्या सैंतीस बताई गई है । वे मंत्रियों से, जिनकी संख्या आठ[14] विहित की गई है, भिन्न बताए गए हैं । 'अर्थशास्त्र' में अमात्य एक स्थायी सेवा-संवर्ग (सर्विस काडर) के सदस्य हैं । इसी संवर्ग से प्रधान पुरोहित, मंत्री, समाहर्ता, कोषपाल, दीवानी और फौजदारी मामलों की देख-रेख के लिए जिम्मेदार अधिकारी, अंतःपुर का प्रबंध करनेवाले अधिकारी, दूत, विभिन्न विभागों के

अधीक्षक आदि उच्च पदाधिकारियों की नियुक्ति की व्यवस्था की गई है।[15]

अमात्य परिषद पर विचार करते समय भी कौटिल्य मंत्रियों और अमात्यों के अंतर का ध्यान रखता है। वह मंत्रियों की संख्या तीन या चार तक सीमित रखता है, लेकिन अमात्यों के संबंध में कहता है कि इनकी संख्या इनके नियोक्ता की क्षमता पर निर्भर होनी चाहिए।[16] अमात्यों के लिए अपेक्षित योग्यता बताते हुए उसका कहना है कि देश, काल और कार्य की आवश्यकताओं को देखकर किसी को भी अमात्य नियुक्त किया जा सकता है। लेकिन यह बात मंत्रियों के साथ नहीं लागू की जा सकती।[17] यहां वह सात विचारकों के मतों को उद्धृत करता है, जिनमें से दो आनुवंशिकता और आभिजात्य पर आधारित पात्रता को अधिक महत्त्व देते हैं।[18]

चूंकि कौटिल्य का 'अमात्य' और पालि का 'अमच्च' दोनों एक ही हैं, इसीलिए प्रारंभिक पालि ग्रंथों के आधार पर हम उसके स्थान और कार्यों को अधिक अच्छी तरह समझ सकते हैं। जातकों से पता चलता है कि अमात्य सैकड़ों की संख्या में नियुक्त किए जाते थे, और ग्रामीण, विक्रय कार्यों के पर्यवेक्षक, न्यायाधीश, सांसारिक और आध्यात्मिक विषयों के मार्गदर्शक, सर्वेक्षक आदि के रूप में कार्य करते थे।[19] अधिकांश उल्लेखों से प्रकट होता है कि अमच्चों (अमात्यों) को व्यवहारों (वोहार)अर्थात कानूनी विवादों को निबटाने और विनिश्चय (विनिच्चय) अर्थात आरोपों की सुनवाई करने के लिए न्यायाधीशों और दंडाधिकारियों के रूप में नियुक्त किया जाता था।[20] प्रारंभिक बौद्ध ग्रंथों से इस मत की पुष्टि नहीं होती कि यूरोप के नाइटों की तरह अमात्यों का कोई विशेष वर्ग था।[21] इसके विपरीत ऐसा प्रतीत होता है कि अमात्य मंत्रियों या नाइटों अर्थात अभिजात वर्ग के लोगों के बजाय अक्सर सामान्य प्रकार के अधिकारी होते थे। शुरू में ये राजा के सखा, मित्र और सभासद प्रतीत होते हैं, जिनका शायद उससे कौटुम्बिक संबंध भी होता था, किंतु कालांतर में वे राज्याधिकारी बन गए। उनकी स्थिति में परिवर्तन का यह क्रम शायद प्राङ्मौर्य काल में शुरू हुआ और मौर्य काल में स्पष्ट दिखाई पड़ने लगा। अमात्यों के संबंध में कौटिल्य के विचार जातकों में इनके दिए गए स्थान से प्रायः संगत हैं। कौटिल्य ने इन्हें खेती-बाड़ी की निगरानी, दुर्ग-निर्माण की देख-रेख, जनपद-कल्याण, विपत्तियों के निवारण, अपराधियों को दंड देने और राजकीय पावनों की तहसील जैसे कार्य सौंपे हैं।[22] इससे प्रकट होता है कि अमात्य शब्द का प्रयोग शासन चलानेवाले विभिन्न प्रकार के अधिकारियों के लिए किया गया है। कामंदक ने भी अमात्य का प्रयोग जातिवाचक अर्थ में ही किया है लेकिन वह इसे सचिव के साथ मिला देते हैं, क्योंकि अमात्यों की योग्यता निश्चित करते समय वह अमात्य और सचिव दोनों शब्दों का प्रयोग बिना किसी भेद के करते हैं।[23] किंतु कामंदक के अमात्य मंत्रियों से भिन्न हैं। मंत्रियों का कर्तव्य राजा को परामर्श देना और मंत्र (मंत्रणा) की रक्षा करना है।[24] दोनों के बीच का अंतर एक

स्थान पर साफ कर दिया गया है, जहां कहा गया है कि राजधानी में रहते हुए राजा को, कोष और सेना से सज्जित होकर, अपने मंत्रियों और अमात्यों के साथ मिलकर अपने राज्य के कल्याण का विचार करना चाहिए।[25] मौर्योत्तर काल में अमात्यों को आमतौर पर सचिव कहते थे, और, जैसा कि रुद्रदामन के अभिलेख[26] में प्रयुक्त मंत्रिसचिव और कर्मसचिव शब्दों से स्पष्ट है, ये सरकारी अमलों के उस सामान्य संवर्ग (काडर) के सदस्य होते थे जिसमें से बड़े-बड़े पदाधिकारियों की नियुक्ति की जाती थी।

तीसरा अंग 'जनपद' है। इसका शाब्दिक अर्थ जनजातीय बस्ती है। दो मौर्योत्तर ग्रंथों[27] में इसका उल्लेख 'राष्ट्र' के रूप में और एक गुप्तकालीन विधिग्रंथ[28] में मात्र जन के रूप में हुआ है। राष्ट्र शब्द स्पष्टतया भूभाग का बोधक है, जबकि जनशब्द निःसंदेह जनसंख्या का बोधक है। 'अर्थशास्त्र' में परिभाषित जनपद शब्द से यह संकेत मिलता है कि इसमें भूभाग और जनसंख्या दोनों का समावेश है। उसमें कहा गया है कि भूभाग में अच्छी जलवायु, पशुओं के लिए चरागाह और कम मेहनत से उपज देनेवाली भूमि होनी चाहिए। इसमें ऐसे परिश्रमी कृषकों का निवास होना चाहिए जो कर और दंड का बोझ वहन करने की क्षमता रखते हों। इसमें बुद्धिमान मालिक होने चाहिए और निम्न वर्णों के लोगों की बहुलता रहनी चाहिए, तथा इसकी प्रजा स्वामिभक्त एवं निष्ठावान होनी चाहिए।[29] कामंदक इस कथन को और स्पष्ट करते हुए कहते हैं कि भूभाग में शूद्रों, कारीगरों, व्यापारियों तथा परिश्रमी और उद्यमी कृषकों का निवास होना चाहिए।[30] गुप्तकालीन दो पुराणों में कहा गया है कि राजा को ऐसे देश में रहना चाहिए जिसमें ज्यादातर वैश्य और शूद्र, थोड़े से ब्राह्मण और अधिक संख्या में भाड़े के श्रमिक हों। इस प्रकार जिन स्रोतों से जनसंख्या के स्वरूप का पता चलता है उन सबमें इस बात पर जोर दिया गया है कि उसमें उत्पादकों की संख्या प्रमुख होनी चाहिए।[31] सामान्यतः इनमें भूभाग का आकार या जनसंख्या निर्धारित नहीं की गई है, यद्यपि उस भूभाग को बसाने के संबंध में कौटिल्य का कहना है कि ग्राम में एक सौ से पांच सौ तक परिवार होने चाहिए, और 'स्थानीय' में, जो 'जनपद' की सबसे बड़ी इकाई है, आठ सौ ग्राम होने चाहिए।[32]

कौटिल्य द्वारा उल्लिखित चौथा अंग 'दुर्ग' है, जिसे मनु ने 'पुर' कहकर तीसरा स्थान दिया है।[33] दुर्ग से किले का बोध होता है।[34] लेकिन 'पुर' के पर्याय के रूप में 'दुर्ग' को किलाबंद राजधानी का बोधक मानना चाहिए, और यही अर्थ कौटिल्य के 'दुर्गविधान' और 'दुर्गनिवेश' नामक दो पृथक प्रकरणों से भी निकाला जा सकता है। 'दुर्गविधान' में किले के निर्माण[35] का वर्णन है और 'दुर्गनिवेश' में राजधानी की योजना और विन्यास बताया गया है।[36] 'शांतिपर्व' में 'जनपद' और 'पुर' का भेद किया गया मालूम होता है। जनपद से देहात का और पुर से राजधानी का बोध

होता है ।[37] अन्य अंगों की विशेषताओं की चर्चा करते हुए कौटिल्य ने दुर्ग का भी उल्लेख किया है, जिसकी विशेषताओं पर उन्होंने 'दुर्गनिवेश' प्रकरण में प्रकाश डाला है ।[38] राजधानी केंद्रीय स्थान पर बनाई जानी चाहिए । इसकी योजना बनाने में विभिन्न वर्णों के लोगों, कारीगरों और देवताओं के लिए अलग-अलग क्षेत्र छोड़े जाने चाहिए ।[39] यह ध्यातव्य है कि इस संबंध में ऊन, धागा, बांस, कच्चे चमड़े, हथियार आदि का काम करनेवाले कारीगरों, धातुकर्मियों और रत्नकर्मियों तथा विभिन्न प्रकार के शिल्पियों का विशेष रूप से उल्लेख किया गया है ।[40] इस प्रकार शिल्पिवर्ग को शायद महत्त्वपूर्ण समझा गया है कि वह प्रतिरक्षा की दृष्टि से विशेष उपयोगी था ।

कोष या खजाना कौटिल्य के ग्रंथ और अन्य स्रोतों में भी पांचवें अंग के रूप में आया है । कौटिल्य के अनुसार राजा को नेक और वैध उपायों से संचित कोष रखना चाहिए, या उसे इन्हीं उपायों से समृद्ध बनाना चाहिए ।[41] सोने-चांदी और रत्नादि से भरे-पूरे कोष को ऐसा समृद्ध होना चाहिए कि अकाल आदि विपत्तियों के समय वह खर्च का भार वहन कर सके । कौटिल्य का कहना है कि कोष के अभाव में सेना रखना और उसकी निष्ठा का भी पात्र बने रहना संभव नहीं ।[42] यह राज्य के दो अंगों के महत्त्वपूर्ण पारस्परिक संबंध की स्पष्ट स्वीकृति है, यद्यपि उसका यह व्यापकतर कथन भी हमें देखने को मिलता है कि समस्त प्रवृत्तियाँ वित्त पर ही आश्रित हैं ।[43]

दंड का अर्थात मुख्यतया सेना के रूप में सुलभ बल के प्रयोग की शक्ति का उल्लेख छठे अंग के रूप में हुआ है, और कभी-कभी दंड और कोष को समकक्ष माना गया है ।[44] कौटिल्य के अनुसार इस अंग में पुश्तैनी, भाड़े पर रखे गए, वन और निगम के सैनिक आते हैं, जो पदाति (पैदल), रथारोही, हस्तिसैनिक और अश्वारोही इन चार भागों में बंटे होते हैं । लेकिन 'शांतिपर्व' में दंड नामक विषय पर विचार करते हुए यह कहा गया है कि सेना में हाथी, घोड़े, रथ, पदाति (पैदल), नाव, बेगार, देशी और भाड़े के सैनिक होते हैं । इसीलिए इसे अष्टांग बल कहा गया है ।[45] कौटिल्य ने अनेक स्थलों पर दंड की विशेषता का उल्लेख किया है । क्षत्रियों को सेना के लिए सबसे उपयुक्त माना गया है ।[46] यह बात सभी ब्राह्मणवादी और बौद्ध ग्रंथों में उन्हें सौंपे गए युद्धकर्म के अनुरूप ही है । आपातिक (संकटकालीन) स्थितियों में मनु ने ब्राह्मणों और वैश्यों को भी शस्त्र धारण करने की अनुज्ञा दी है, लेकिन शूद्रों को नहीं ।[47] किंतु, कौटिल्य वैश्यों और शूद्रों के संख्या-बल का विचार करते हुए उन्हें सेना में भरती करने की सिफारिश करता है ।[48] इसके अलावा, उनके मतानुसार, सेना वंशानुगत और निष्ठावान होनी चाहिए । उनके बाल-बच्चों और पत्नियों के भरण-पोषण के लिए इतना दिया जाना चाहिए जिससे वे संतुष्ट रहें । आक्रमण के समय सेना को सभी

आवश्यक उपादानों से सज्जित होना चाहिए। उसे अपराजेय, धैर्यशाली, कार्यकुशल, हार-जीत के प्रति तटस्थ और राजा की इच्छानुसार कार्य करनेवाली होना चाहिए ।[49]

कौटिल्य द्वारा उल्लिखित सातवां और अंतिम अंग 'मित्र' है, जो अनेक अन्य ग्रंथों में सुहृद के रूप में भी अभिहित किया गया है । उसके अनुसार मित्र बनावटी नहीं, वंशानुगत होना चाहिए, जिसके साथ विभेद की गुंजाइश ही न हो, और जो अवसर आने पर सहायता के लिए तैयार रहे ।[50] इसके विपरीत शत्रु की परिभाषा लोभी, अन्यायी स्वेच्छाचारी और दुष्ट व्यक्ति के रूप में की गई है ।[51]

जितना सही यह कथन है कि राज्य का संविदा सिद्धांत (कंट्रैक्ट थीअरी) बौद्ध विचारधारा की देन है उससे कहीं अधिक उपयुक्त यह कहना होगा कि राज्य का उपर्युक्त सप्तांग सिद्धांत विशुद्ध रूप से ब्राह्मण विचारधारा की उपज है क्योंकि बौद्ध विचारधारा में सप्तांग सिद्धांत का उल्लेख कहीं नहीं है । बौद्ध चिंतन के अनुसार राज्य का एकमात्र विशिष्ट लक्षण कर हैं । यहां हम एक बौद्ध स्रोत को, जिसे मौर्यकालीन बताया जाता है, उद्धृत कर सकते हैं : 'मनुष्यों में जो कोई भी ग्राम से या भूमि से अपना लगान प्राप्त करता है उसके बारे में हे वासेठ्ठ, यह जानो कि वह ब्राह्मण नहीं, राजा है ।'[52] इस कथन से राजा के लिए कोष का महत्त्व तो परिलक्षित होता है किंतु इसमें अन्य पांच अंगों का उल्लेख नहीं है ।

बौद्ध विचारधारा में चाहे जो कमी हो, इसमें संदेह नहीं कि राज्य (जिसका शाब्दिक अर्थ शासनकार्य या प्रभुसत्ता है) की परिभाषा राजनीतिक सिद्धांतों के इतिहास को पूर्वकालीन भारतीय विचारधारा की एक विशिष्ट देन है । प्लेटो और अरस्तू को हम राज्य की उत्पत्ति पर विचार करते तो देखते हैं पर वे इसकी वैसी सुनिश्चित और सुस्पष्ट परिभाषा नहीं दे सके जैसी पूर्वकालीन भारतीय चिंतकों ने दी है । इस अर्थ में कौटिल्य ने राज्य की जैसी परिभाषा प्रस्तुत की है उससे अधिक पूर्ण परिभाषा देना प्राचीन काल में संभव नहीं था । यूनानी विचारकों ने राज्य के घटकों पर शायद ही कहीं विचार किया है । प्लेटो ने अपने 'रिपब्लिक' में इस दिशा में थोड़ा प्रयास किया है । उनके दार्शनिक की तुलना स्वामी से, योद्धा की दंड से तथा कारीगर और खेतिहर की (कुछ हद तक) जनपद से की जा सकती है । अरस्तू को पढ़ने से लगता है कि उनके गृहपति और नागरिक राज्य के घटक हैं । अपने आदर्श राज्य के भौतिक अंग विहित करते हुए वह नगर का आकार और जनसंख्या की सीमा बताते हैं । लेकिन इनमें से किसी में भी राज्य की परिभाषा उतनी पूर्णता से नहीं दी गई है जितनी कि कौटिल्य में पाई जाती है । कीथ का कहना है कि यदि भारत के पास प्लेटो की पुस्तक 'रिपब्लिक' या अरस्तू की पुस्तक 'पॉलिटिक्स' का मुकाबला करने के लिए 'अर्थशास्त्र' से श्रेष्ठतर कोई कृति न हो तो यह दुःख का विषय होगा,[54] लेकिन जहां तक राज्य की परिभाषा का प्रश्न है, ऐसी आलोचना का

कोई आधार नहीं दिखाई देता। इस क्षेत्र में कौटिल्य यूनानी विचारकों को पीछे छोड़ गए हैं।

सामान्यत: यह स्वीकार किया गया है कि आधुनिक काल में राज्य के जो चार घटक प्रभुसत्ता, सरकार, क्षेत्र और जनसंख्या माने जाते हैं, वे राज्य के सप्तांग सिद्धांत के क्रमश: चारों अंगों 'स्वामी', 'अमात्य' और 'जनपद' के अंतर्गत आ जाते हैं। इस प्रकार प्रभुसत्ता का 'स्वामी' में, सरकार का 'अमात्य' में तथा क्षेत्र और जनसंख्या का 'जनपद' में समावेश हो जाता है। प्रभुसत्ता और राज्याध्यक्ष को एक समझने में कठिनाई हो सकती है, क्योंकि राज्याध्यक्ष को धर्मशास्त्रों ने धर्मविधान के अनुसार शासन करने को कहा है। लेकिन अन्य अंगों के संबंध में ऐसा संदेह नहीं होना चाहिए। यहां हम यह भी कह सकते हैं कि आधुनिक काल में जब तक कोई राज्य अन्य राज्यों की मान्यता प्राप्त नहीं कर लेता है तब तक विधित: राज्य के रूप में प्रतिष्ठित नहीं हो पाता। आधुनिक राज्य के इस अंग की तुलना शायद मित्र के साथ की जा सकती है, यद्यपि प्राचीन काल में इसका उद्देश्य अन्य राज्यों की मान्यता प्राप्त करना नहीं, वरन उनकी मित्रता संपादित करना था। ऐसा कहा गया है कि सप्तांग सिद्धांत में जनसंख्या का इसलिए उल्लेख नहीं किया गया कि यह इतना प्रत्यक्ष अंग था कि इसका उल्लेख करना बेकार था।[53] लेकिन, जैसाकि हम पहले देख चुके हैं, कम-से-कम एक ग्रंथ में राज्यसंरचना के एक अंग के रूप में जन या जनसंख्या का उल्लेख साफ-साफ किया गया है।[54] अन्य ग्रंथों में जनपद शब्द स्पष्टतया बसे हुए भूभाग का द्योतक है। दूसरी ओर राज्य की आधुनिक परिभाषा में सेना, कराधान, राजधानी और मित्र का कहीं स्थान नहीं है। सेना और कराधान का समावेश कदाचित प्रभुसत्ता की परिकल्पना में हो जाता है, क्योंकि बलप्रयोग और करसंग्रह के अधिकार उस सत्ता में सहज समाहित हैं। आधुनिक परिभाषा में इन तत्वों का स्पष्ट उल्लेख नहीं है, इसीलिए यह प्राचीन परिभाषा की तुलना में अवास्तविक मालूम होती है। प्राचीन परिभाषा अधिक वास्तविक और अत्यंत व्यावहारिक है। प्राचीन परिभाषा में जानी-मानी बात को गूढ़ मुहावरों में, जो असली अर्थ को प्राय: दुर्बोध बना देते हैं, रखने का प्रयास नहीं किया गया।

जहां तक राज्य के व्यावहारिक और वास्तविक स्वरूप का प्रश्न है, इसकी प्राचीन भारतीय परिभाषा अनेक दृष्टियों से एंगेल्स की परिभाषा से, जिसमें राज्य के वर्गमूलक स्वरूप पर जोर दिया गया है, मेल खाती है। एंगेल्स की राय में राज्य का एक अंग सरकारी अधिकारी हैं, जिनका समाज से कोई संबंध नहीं होता और जो असाधारण कानूनों के जोर पर जनता से आज्ञा का पालन कराते हैं।[55] इन अधिकारियों को समाज का ऐसा अंग माना गया है जो उस पर ऊपर से थोप दिया गया है।[56] इनकी तुलना अमात्यों से की जा सकती है, जो ऐसे कुलीन लोगों के

संवर्ग के रूप में प्रस्तुत किए गए हैं जिसमें से सरकारी अधिकारियों की नियुक्ति का विधान है। जैसा कि अन्यत्र दिखाया जा चुका है, ब्राह्मण विधिग्रंथों में ऊंचे-ऊंचे सरकारी पदों पर सर्वसाधारण की नियुक्त की गुंजाइश शायद ही छोड़ी गई है।[57]

एंगेल्स के अनुसार, राज्य का दूसरा अंग सरकारी शक्ति (पब्लिक पावर) है, जो जनसाधारण की शक्ति से भिन्न है।[58] इस शक्ति का आधार केवल हथियारबंद लोग ही नहीं होते, बल्कि इससे संगठन में भौतिक उपादान भी—जैसे सरकारी जेलें और बलप्रयोग की अन्य सभी संस्थाएं—जिनका साधारण समाज को कोई बोध नहीं रहता—सहायक होते हैं।[59] प्राचीन भारतीय परिभाषा में इस शक्ति का प्रतिरूप दंड है, जिसका प्रयोग, जैसा कि पहले कहा गया है, सामान्यतया क्षत्रिय और असाधारण परिस्थितियों में, अन्य वर्णों के लोग कर सकते थे। कौटिल्य के इस दृष्टिकोण से, कि जिस क्षेत्र में हथियारबंद लोग बसे हुए हों, उसे सदोष माना जाए, स्पष्टतः यही व्यंजित होता है कि लोगों को निःशस्त्र रखा जाए। मेगास्थनीज से हमें मालूम होता है कि किसानों को, जो कि आबादी के प्रमुख अंग थे, हथियारों से कोई वास्ता नहीं था। इन्हें क्षत्रिय वर्ग ही धारण करता था।[60]

फिर, एंगेल्स के अनुसार, इस शक्ति को कायम रखने के लिए नागरिकों से अंशदान लेना आवश्यक है। इससे कराधान का जन्म हुआ।[61] इसकी तुलना कोष से की जा सकती है, जिसके बिना, कौटिल्य के मतानुसार, सेना का रखना संभव नहीं है। इस प्रकार हम देखते हैं कि कम-से-कम इन तीन बातों में राज्यविषयक कौटिल्य और मार्क्सवादी अवधारणाओं के बीच उल्लेखनीय साम्य है। इसका कारण यह है कि दोनों विचारपद्धतियों में इस बात पर जोर दिया गया है कि सिद्धांत में व्यवहार को प्रतिबिंबित होना चाहिए। ये राजनीतिक जीवन की वास्तविकताओं को पकड़कर चले हैं और खोखले सिद्धांतों के जाल में भटक गए हैं।

कौटिल्य वास्तविकता से केवल इतना भर हटे प्रतीत होते हैं कि उन्होंने राज्य के अंगों में पुरोहित को नहीं रखा है। पुरोहित को, जिसे हम उत्तर वैदिक राज्यव्यवस्था में महत्त्वपूर्ण भूमिका निभाते देखते हैं तथा अर्थशास्त्र और कौटिल्य के ग्रंथों में भी जिसका प्रभावशाली स्थान है, राज्य के अंगों में शामिल नहीं किया गया है। इसे राजनीतिक सिद्धांत में कौटिल्य का विशिष्ट योगदान माना गया है।[62] किंतु राज्य के सप्तांगों के विवरणवाले अध्याय में कामंदक मंत्रियों के ठीक बाद ही प्रधान पुरोहित और ज्योतिषी की योग्यता विहित कर देते हैं। इससे प्रकट होता है कि ये मंत्रियों के बीच प्रधान पुरोहित तथा ज्योतिषी का स्थान सर्वाधिक महत्त्वपूर्ण मानते हैं और उधर मंत्रियों, सचिवों या अमात्यों के बीच वैसा ही स्थान रखते हैं। सप्तांग सूची में पुरोहित का छोड़ दिया जाना कोई विशेष अर्थ नहीं रखता, क्योंकि जान पड़ता है 'अमात्य' शब्द में ब्राह्मण 'दंड' में क्षत्रिय तथा 'पुर' और 'राष्ट्र' शब्दों में वैश्य तथा शेष सामान्य जन आ जाते हैं।[63] परवर्ती काल में भी पुरोहितों

का अपना एक महत्त्वपूर्ण स्थान रहा, क्योंकि 'शांतिपर्व' में 'ऋत्विक', 'पुरोहित' और 'आचार्य' का उल्लेख राष्ट्र, राज्य, कोष, दंड, दुर्ग और मंत्री के साथ ही हुआ है। इसमें एक प्रश्न है, राजा और राज्य, पुरवासी और भृत्य (सेवक) की उन्नति कैसे हो सकती है तथा राजा को कोष, सेना (दंड), राजधानी (दुर्ग), मंत्री, पुरोहित और गुरु के संबंध में कैसा व्यवहार करना चाहिए ?[64]

राज्य के सात अंगों की चर्चा के सिलसिले में कौटिल्य की एक महत्त्वपूर्ण सैद्धांतिक देन विभिन्न प्रकृतियों (घटकों) को प्रभावित करनेवाली विपत्तियों का विवेचन है। वह किसी अनाम आचार्य का मत उद्धृत करते हैं, जिसके अनुसार स्वामी, अमात्य, जनपद, दुर्ग, कोष, दंड और मित्र इन सातों को प्रभावित करनेवाली विपत्तियों में से सबसे गंभीर स्वामी को प्रभावित करनेवाली विपत्ति है और आगे के अंगों को प्रभावित करनेवाली विपत्तियों का महत्त्व क्रमशः कम होता जाता है। वह उन आचार्यों के मत का भी उल्लेख करते हैं जिनके अनुसार स्थिति ठीक इसके विपरीत है। कौटिल्य इन दो आचार्यों में से प्रथम के मत का समर्थन करते हैं, जिसका अर्थ यह हुआ कि स्वामी की विपत्ति अमात्य की विपत्ति से, अमात्य की विपत्ति जनपद की विपत्ति से और इसी प्रकार अन्य अंगों में से प्रत्येक पहले की विपत्ति उससे बादवाले अंग की विपत्ति से अधिक महत्त्वपूर्ण है।[65] जैसा कि हम अभी आगे देखेंगे, इससे हमें कौटिल्य की दृष्टि में विभिन्न अंगों के पारस्परिक महत्व का पता भी लगता है। लेकिन इससे भी अधिक महत्त्वपूर्ण बात यह है कि इस संबंध में कौटिल्य स्वामी, जनपद दुर्ग, कोष, दंड और मित्र को प्रभावित करनेवाली विपत्तियों के स्वरूप पर प्रकाश डालते हैं। राजा की मदिरा, जुआ और स्त्रियों में आसक्ति हो सकती है, और इस तरह वह चरित्रगत दोषों का शिकार हो जाता है। जनपद की दुर्बलता मुख्यतः हथियारबंद लोगों से और दुर्ग की कमजोरी मुख्यतः खेतिहरों से आबाद होने में समाहित है।[66] कौटिल्य यह भी कहते हैं कि लोग (प्रकृति) आपसी कलह द्वारा कमजोर हो सकते हैं लेकिन नेताओं को बंदी बनाकर यह कलह समाप्त किया जा सकता है।[67]

सूखा, बाढ़, अकाल आदि दैवी विपत्तियों से तथा कर उगाहनेवालों द्वारा किए गए उत्पीड़न, नेताओं को दी गई कर संबंधी छूट, गलत हिसाब-किताब आदि मनुष्य द्वारा उत्पन्न विपत्तियों से वित्त (कोष) का ह्रास हो सकता है।[68] सेना निष्ठाहीन और विश्वासघाती तत्वों के समावेश से कमजोर पड़ सकती है, अथवा ऐसे सैनिकों के कारण तटस्थ हो जा सकती है जिन्हें या तो वेतन नहीं मिलता या जो अपनी पत्नियों के कहने में हों।[69] मित्र दूसरों द्वारा खरीदे जा सकते हैं या अपने मित्र की नियति के प्रति उदासीन हो सकते हैं।[70] इन विपत्तियों में से कुछ को दूर करने के लिए कौटिल्य ने उपाय भी सुझाए हैं। सामान्य निष्कर्ष से यह प्रतीत होता है कि राजा इन कमजोरियों के प्रति सजग रहे। विपत्ति किसी एक अंग को कहां प्रभावित

कर रही है या किन दो अंगों को प्रभावित कर रही है, यह बात उसे समझने की कोशिश करनी चाहिए। कौटिल्य के अनुसार, यदि विपत्ति दो अंगों को भी प्रभावित कर दे तो भी योजना पूरी की जा सकती है, बशर्ते कि अन्य अंग ठीक काम कर रहे हों। किंतु यदि एक ही अंग को प्रभावित करनेवाली विपत्ति ऐसी हो जो शेष अंगों को भी अभिभूत कर दे तो इसे बहुत गंभीर समझना चाहिए[71] और राजा को इस पर ध्यान देना चाहिए।

कौटिल्य ने विभिन्न अंगों को प्रभावित करनेवाली विपत्तियों का जो विवेचन किया है उससे हमें राज्य में अस्थिरता के कारणों की अरस्तू की व्याख्या का स्मरण हो जाता है। अरस्तू राज्य को समग्रतः प्रभावित करनेवाले कुछ सामान्य कारणों का, और विशेष प्रकार के शासन को प्रभावित करनेवाले विशिष्ट कारणों का भी जिक्र करते हैं। उनके अनुसार प्रमुख कारण धनी और गरीब के बीच का झगड़ा है। इसका कोई भी संकेत कौटिल्य के विवेचन में नहीं है। जहां तक उपाय का प्रश्न है, कौटिल्य राजा को सतर्क रहने का सुझाव देते हैं। यह उपाय उनकी व्यवस्था में राजा को प्रदत्त उच्च स्थान के सर्वथा उपयुक्त है। किंतु अरस्तू की सिफारिश है कि प्रजातंत्र और अल्पतंत्र (ऑलीगार्की) की शक्तियों के बीच संतुलन स्थापित किया जाए।

राज्य के विभिन्न अंगों को प्रभावित करनेवाली जिन विपत्तियों का वर्णन 'अर्थशास्त्र' में किया गया है उन्हें पद्यबद्ध और संक्षिप्त रूप में काफी हद तक नवीं सदी की कृति 'अग्निपुराण' में भी प्रस्तुत किया गया है।[72] यद्यपि इस विषय को जितना स्थान मिला है वह 'अर्थशास्त्र' में दिए गए स्थान से काफी कम है,[73] फिर भी इसकी विशेषता यह है कि इसमें सचिवों की कमजोरियों का जिक्र है। इस पुराण के अनुसार, सचिव में सुस्ती, अनिर्णय, अक्खड़पन, मदोन्मत्तता या पागलपन और दोरंगा व्यवहार आदि दुर्गुण हो सकते हैं।[74] हम देख सकते हैं कि कौटिल्य ने अमात्यों की कमजोरियों पर विचार नहीं किया है और न दुर्ग की कमजोरियां ही विस्तारपूर्वक बताई हैं। 'अग्निपुराण' में कहा गया है कि दुर्गबद्ध (किलाबंद) राजधानी दीवारों और खाइयों के ध्वस्त होने, यांत्रिक युक्तियों के बिगड़ने, प्रतिरक्षा का अभाव होने और सेना के अपूर्ण रहने के कारण कमजोर पड़ सकती है।[75] सेना की कमजोरियों के संबंध में यह पुराण मात्र कौटिल्य के कथन को श्लोकबद्ध करता है और अधिकांशतः उसी के शब्दों का प्रयोग करता है। किंतु[76] विभिन्न अंगों के दोषों पर विचार करते हुए यह पुराण सेना की कमजोरियों पर सबसे अधिक विस्तारपूर्वक लिखता है, जिससे ऐसा संकेत मिलता है कि 'अग्निपुराण' जिस देश-काल को प्रतिबिंबित करता है उसमें सबसे अधिक महत्त्व बलप्रयोग के साधन को दिया जाता था।

राज्यांगों की कमजोरियों के विषय में कौटिल्य की व्याख्या से इन अंगों के

पारस्परिक संबंध पर भी प्रकाश पड़ता है। यह ऐसा विषय है जिसका किसी भी प्राचीन विचारक ने इतना विस्तृत विवेचन नहीं किया है। भारद्वाज का कहना है कि मंत्रिगण शासन के मुख्य आधार हैं। वे ही सभी महत्त्वपूर्ण कार्यों को आरंभ करते हैं, अतः उन्हें सर्वाधिक महत्त्वपूर्ण समझना चाहिए।[77] लेकिन कौटिल्य की राय में राजा सभी अंगों (प्रकृतियों) में सर्वाधिक महत्त्वपूर्ण है। यदि राजा यथेष्ट गुणों से संपन्न है तो वह अन्य अंगों को भी उन गुणों से संपन्न बना सकता है। लेकिन यदि वह वांछित योग्यताओं से रहित हुआ तो अन्य अंगों (प्रकृतियों) के गुणों से किसी भी अर्थ की सिद्धि नहीं होगी[78]; बल्कि वे सब नष्ट हो जाएंगे। राजा मंत्रियों और अधीक्षकों (सुपरिंटेंडेंटों) की नियुक्ति करता है, जो अन्य अंगों (प्रकृतियों) पर आनेवाली विपत्तियों के प्रतिकार की व्यवस्था करते हैं।[79] शक्तिरहित होने पर भी राजा राज्य का प्रतीक होता है। वह प्रभुसत्ता का वह ध्वज है जो निष्ठा जगाने और राज्य को एक सूत्र में बांधे रखने का काम करता है।[80] पूरी स्थिति का समाहार कौटिल्य के इस एक सूक्ति-वाक्य में किया जा सकता है कि राजा ही राज्य है।[81] यह हमें चौदहवें लुई की उस प्रसिद्ध उक्ति की याद दिलाता है कि 'मैं ही राज्य हूँ और राज्य ही मैं हूं।' राजपद को ऐसा सर्वोपरि महत्त्व दिया जाना प्राचीन भारत की राजतंत्र-प्रधान शासनपद्धति की और विशेषकर कौटिल्य के सर्वथा राजतांत्रिक रुख की अपनी खास विशेषता है। परवर्ती काल में राजशक्ति के कमजोर पड़ते जाने के बावजूद गुप्तकालीन पुराणों में ऐसे कथन बार-बार आए हैं जिनमें राजा की महत्ता दिखाई गई है। इसमें जोर देकर कहा गया है कि राजा सप्तांग राज्य का आधार है और इसलिए सभी अंगों से अधिक उसी की रक्षा की जानी चाहिए, ताकि वह अन्य छहों अंगों की रक्षा कर सके।[82]

जहां तक अन्य अंगों का प्रश्न है, कौटिल्य का कहना है कि हर पूर्ववर्ती अंग परवर्ती अंग से अधिक महत्त्वपूर्ण है। दृष्टांतस्वरूप, अमात्य जनपद से,[83] तथा जनपद दुर्ग, कोष और दंड से अधिक महत्त्वपूर्ण है। लेकिन निस्संदेह कौटिल्य के अनुसार राजा सभी अंगों से अधिक महत्त्वपूर्ण और उनका आधार है।

मौर्योत्तर और गुप्त काल में हम राज्य के सात अंगों के पारस्परिक महत्त्व के बारे में राजनीतिक विचारकों के रुख में परिवर्तन देखते हैं। मनु के अनुसार, सातों अंगों में से किसी एक को अन्य अंगों की अपेक्षा स्पष्ट शब्दों में महत्त्वपूर्ण बताना असंभव है। इसके विपरीत, उनका विचार है कि अलग-अलग समय पर अलग-अलग अंग, अन्य अंगों की अपेक्षा, अधिक महत्त्वपूर्ण हो जाते हैं, क्योंकि उस परिस्थिति विशेष में वही एक अंग सामने आए प्रयोजन को पूरा करने में समर्थ होता है।[84] मनु के इस कथन में थोड़ा अंतर्विरोध है, क्योंकि इससे पहले वह कह चुके होते हैं कि पूर्ववर्ती अंग परवर्ती अंग से अधिक महत्त्व रखता है।[85] लेकिन यह अंतर्विरोध 'शांतिपर्व' में लक्षित नहीं होता। वह मनु के कथन की पुष्टि करता है।

कामंदक का भी यही मत है। वह कहते हैं कि सातों अंग एक-दूसरे के पूरक हैं। कौटिल्य के मत से कामंदक के विचार का अंतर स्पष्ट देखा जा सकता है, क्योंकि कौटिल्य अंग और आंगों का महत्त्व कम बताकर, स्वामी को सर्वाधिक महत्त्वपूर्ण स्थान देते हैं। जहां मनु का मत ऐसे संक्रमण काल की स्थिति का द्योतक है जब राजा महत्त्वपूर्ण भी है और महत्त्वहीन भी, वहां 'शांतिपर्व' और कामंदक ऐसी वस्तुस्थिति को प्रतिबिंबित करते हैं जब राजतांत्रिक शासनपद्धति के चलन के बावजूद राजशक्ति का महत्त्व बहुत-कुछ तिरोहित हो चुका था। राजा के प्रति दृष्टिकोण में इस परिवर्तन की व्याख्या मौर्योत्तर और गुप्तकाल की नई राजनीतिक और प्रशासनिक परिस्थितियों के आधार पर ही की जा सकती है। इस काल में छोटे-छोटे अधीनस्थ राजाओं या सामंतों का उदय होने लगा था और राज्य के यंत्रों का सामंतीकरण प्रारंभ हो गया था, जिसके फलस्वरूप अंततः राजशक्ति का पतन हुआ।[86]

संभवतः मौर्योत्तर काल में बढ़ते हुए विघटनकारी तत्त्वों को देखकर ही मनु की स्मृति और 'शांतिपर्व' में बलप्रयोग की शक्ति की महत्ता पर जोर दिया गया है। मनु दंड को ही वास्तविक राजा, नेता और प्रशासक (शासिता) कहते हैं; दंड ही लोगों का शासक, सभी का परित्राता और धर्म का संरक्षक है।[92] यदि राजा बलप्रयोग नहीं करे तो मत्स्यन्याय से बलशाली लोग बलहीनों को निगल जाएंगे।[93] 'शांतिपर्व' में कहा गया है कि दंड के बिना क्षत्रिय की शोभा नहीं, क्योंकि इसके बिना न वह और न उसकी प्रजा ही सुख-समृद्धि का उपभोग कर सकती है।[94] इसमें उदाहरण देते हुए आगे कहा गया है कि दंड से ही जंबुद्वीप, क्रौंचद्वीप, शकद्वीप, भद्राश्व और अन्य देश अधीन बनाए गए।[95] 'शांति पर्व' के पंद्रहवें अध्याय में कम-से-कम अड़तालिस श्लोकों में दंड का महत्त्व विस्तारपूर्वक बताया गया है, जिनमें से कुछ तो मनु से शब्दशः उद्धृत हैं। इनमें वर्णों, आश्रमों, वैवाहिक पद्धति, सिंचाईव्यवस्था, श्रमिकों, प्रजा आदि पर आधारित संपूर्ण सामाजिक व्यवस्था का हेतु दंड के पालन को ही बताया गया है। अनेक श्लोकों का आशय यह है कि यदि दंड का पालन न हो तो इससे समाज के उपर्युक्त सभी अंग अस्तव्यस्त हो जाएंगे।[96] अध्याय 121 में जहां, इस समस्या पर पुनः विचार हुआ है, इस बात पर जोर दिया गया है कि सात प्रकृतियों और आठ अंगों के रूप में अभिव्यक्त राज्य रूपी शरीर का स्रोत और अंग दंड ही है।[97] किंतु यहां आठ अंगों का अर्थ स्पष्ट नहीं है। दंडनीति अर्थात 'शक्ति अथवा दंड के प्रयोग की रीति' शब्द के प्रयोग से दंड का महत्त्व और भी स्पष्ट होता है। इस ग्रंथ के पूरे 70वें अध्याय में केवल इसी नीति का विवेचन किया गया है।[98] किंतु मनु और 'शांतिपर्व' दोनों का आदेश है कि बल का प्रयोग नियमानुसार होना चाहिए। मनु के अनुसार राजा को अपनी सत्ता का प्रयोग करने में शास्त्रों के निर्देश और मंत्रियों के परामर्श

पर चलना चाहिए, और 'शांतिपर्व' के अनुसार उसे वेद और धर्म पर आधारित व्यवहार पर ध्यान रखना चाहिए ।[99] यद्यपि इन दो ग्रंथों में सात तत्वों की चर्चा के संदर्भ में दंड पर विचार नहीं किया गया है, फिर भी इसमें संदेह नहीं कि इनमें इस तत्व (दंड) पर बहुत जोर दिया गया है । याज्ञवल्क्य ने भी, जिसकी स्मृति गुप्तकाल के प्रारंभ में संकलित की गई प्रतीत होती है, सात तत्वों के उल्लेख के तुरंत बाद दंड के महत्त्व पर जोर दिया है । इस ग्रंथ में कहा गया है कि सप्तांग राज्य को प्राप्त कर लेने पर राजा को दुष्टों को दंड देने में अपनी सत्ता (दंड) का प्रयोग करना चाहिए, क्योंकि पुराकाल में ब्रह्मा ने दंड के रूप में ही धर्म का निर्माण किया था ।[100] अगले पांच श्लोकों में दंडशक्ति की उपयोगिता का विवेचन किया गया है ।[101] इस प्रकार ऐसा प्रतीत होता है कि मौर्योत्तर काल में, जब कि विदेशी आक्रमणों और आंतरिक विद्रोहों के कारण अपकेन्द्री (सेंट्रीफ्युगल) शक्तियां सक्रिय हो उठी थीं, दंड का महत्त्व काफी बढ़ गया ।[102]

राज्य के शरीर सिद्धांत (ऑरगेनिक थीअरी ऑफ स्टेट), अर्थात राज्य को विभिन्न अंगों से युक्त सजीव शरीर के रूप में प्रस्तुत करनेवाले सिद्धांत के विकास के पीछे भी शायद यही चीज काम कर रही थी । कौटिल्य में यह सिद्धांत बहुत दिखाई नहीं देता । विभिन्न अंगों के अभिन्न माने जाने का एकमात्र संकेत उनके इस विचार में मिलता है कि एक अंग को प्रभावित करनेवाला कोई गंभीर संकट शेष अंगों को भी हानि पहुँचा सकता है । सामान्यतः तो दो अंगों के भी संकटग्रस्त होने पर, संभवतः स्वामी की दक्षता के कारण, राज्य ठीक से चलता रह सकता है । किंतु मनु विभिन्न अंगों के घनिष्ठ पारस्परिक संबंध को स्पष्ट शब्दों में व्यक्त करते हैं । पहली बात तो यह है कि अंग शब्द का प्रयोग सर्वप्रथम उनके ग्रंथ और 'शांतिपर्व' में ही हुआ है ।[103] इसका अर्थ यह हुआ कि राज्य के अंगों की तुलना शरीर के अंगों से की जा सकती है । दूसरी बात यह कि वह राज्य के अंगों की तुलना संन्यासी के तीन दंडों से करते हैं जो साथ मिलकर एक त्रिदंड का रूप लेते हैं ।[104] इस विषय पर अपेक्षाकृत अधिक सुस्पष्ट विचार कामंदक का है, जिनके अनुसार यदि एक भी अंग में दोष आया तो पूरे राज्य का सामान्य कार्य-व्यापार खतरे में पड़ जाएगा, और इसलिए क्षतिग्रस्त अंग को सुधार देना चाहिए ।[105] राज्य के शरीर-सिद्धांत का सबसे स्पष्ट प्रतिपादन शुक्र में पाया जाता है, जो राज्य के विभिन्न अंगों की तुलना मानव शरीर के अंगों से करता है ।[106] किंतु यह रचना बहुत परवर्ती काल की है, इसलिए प्राचीन काल के संदर्भ में इसका उपयोग नहीं किया जा सकता ।

प्राचीन भारतीय परिकल्पना और समाजशास्त्री हर्बर्ट स्पेंसर द्वारा उन्नीसवीं सदी में प्रतिपादित राज्य के आधुनिक शरीर सिद्धांत के बीच एक मूलभूत अंतर प्रतीत होता है । स्पेंसर का उद्देश्य औद्योगिक राज्य की एकता पर जोर देना प्रतीत

होता है; क्योंकि वह औद्योगिक संगठन की तुलना मानवशरीर के मूलभूत अंगों से, वाणिज्यिक (वितरण संबंधी) संगठन की तुलना परिसंचारक (सरकुलेटरी) अंग से, राजनीतिक संगठन की प्रेरक तंत्रिका (नर्वोमोटर) से और विधानमंडल की मस्तिष्क (सेरेब्रम) से करते हैं। दूसरी ओर, प्राचीन भारत में शरीर के रूप में राज्य की परिकल्पना करने का उद्देश्य राज्याध्यक्ष के संदर्भ में विभिन्न अंगों के महत्त्व पर जोर देना था। ऐसा प्रतीत होता है कि वंशागनुगत अमात्यों और दंडनायकों की बढ़ती हुई स्वतंत्रता के कारण ही अन्य अंगों के महत्त्व पर जोर दिया गया। चूंकि यह प्रवृत्ति मौर्यकाल में प्रबल नहीं थी, इसलिए कौटिल्य राज्य के शरीर सिद्धांत का प्रतिपादन स्पष्टरूप से नहीं करता। यह सिद्धांत कौटिल्य के प्रायः समकालीन यूनानी विचारक प्लेटो और अरस्तू द्वारा अधिक स्पष्टतापूर्वक प्रतिपादित किया गया है। प्लेटो राज्य की तुलना मानवशरीर से करते हैं। वह कहते हैं कि जिस प्रकार एक उंगली में चोट पहुँचने पर समस्त शरीर उसकी पीड़ा का अनुभव करने लगता है उसी प्रकार राज्य के एक अंग को चोट पहुंचने पर सभी अंगों को उसका कष्ट सहना पड़ता है। उनकी राय में वही राज्य सर्वोत्तम है जिसमें मानव अंगों जैसी एकता है। अरस्तू राज्य के किसी एक अंग की कल्पना राज्य रूपी उस संपूर्ण शरीर की कल्पना के बगैर नहीं कर सकते जिसकी वह एक ईकाई है। जिस प्रकार हाथ शरीर से जुड़ा न रहने पर हाथ नहीं रह जाता, उसी प्रकार कोई व्यक्ति राज्य का सदस्य न रहने पर व्यक्ति नहीं रह जाता। शरीर के साथ राज्य की तुलना करते हुए वह आगे कहते हैं कि राज्य के किसी एक अंग को अत्यधिक महत्त्व देना या उसका अतिविस्तार करना वैसा ही है जैसा कि शरीर के किसी एक अंग को अत्यधिक महत्त्व और विस्तार देना होगा। इस तरह यूनानी सिद्धांत यह हे कि राज्य के किसी एक अंग को अनुपात से अधिक नहीं बढ़ने देना चाहिए और राज्य के अंदर एक और राज्य के रूप में काम नहीं करने देना चाहिए। दरअसल इस सिद्धांत का उद्देश्य यूनानी नगर राज्यों के जनतांत्रिक और अल्पतांत्रिक, इन दोनों तत्त्वों के सतत पारस्परिक संघर्ष के फलस्वरूप खतरे में पड़ गए राज्य के एकत्व पर जोर देना है। दूसरी ओर यद्यपि कौटिल्य की व्यावहारिक योजना में काफी केंद्रीकृत और सुबद्ध राजव्यवस्था है, किंतु उसके सैद्धांतिक विवेचन में यह चीज उतनी स्पष्ट नहीं झलकती है।

राज्य के सप्तांग सिद्धांत के इस सिंहावलोकन से प्रकट होता है कि यह राज्य की आधुनिक परिभाषा से थोड़ा-बहुत साम्य रखता है। साथ ही इसमें कुछ ऐसे आधारभूत तत्व हैं जो एंगेल्स द्वारा प्रतिपादित राज्यविषयक सिद्धांत की विशेषताओं की याद दिलाते हैं। राज्य के आधुनिक शरीर सिद्धांत से इसके साम्य का कारण शायद यह है कि सभी युगों में शासक वर्ग की हितरक्षा के लिए राज्य के एकत्व पर जोर डालने के प्रयास किए गए हैं। किंतु सप्तांग सिद्धांत से युक्त राज्य

आधुनिक अवधारणा से कुछ भिन्न भी है। आधुनिक अवधारणा का निरूपण पाश्चात्य जनतंत्रों में पाए गए राज्य के स्वरूप के आधार पर हुआ है जबकि सप्तांग राज्य की परिकल्पना प्राचीन भारत में पाए गए राज्य के आधार पर की गई है। अतएव जो सूक्ष्मता और गूढ़ता आधुनिक परिभाषा में विद्यमान है, उसका प्राचीन परिकल्पना में अभाव है। अतः राज्यविषयक प्राचीन भारतीय परिकल्पना को 'आश्चर्यजनक रूप से आधुनिक'[107] कहना अत्युक्ति है।

संदर्भ और टिप्पणियां

1. काणे, हिस्ट्री ऑफ धर्मशास्त्राज़, i, 413.
2. वही, iii, पा. टि. 20.
3. शूद्राज़, पृ. 83-84.
4. अ. शा. VI. 1.
5. मनु IX, 294; शां. प.,69.62-63; संघटित पाठ में 'सप्तात्मकंराज्यम्' शब्दपद का प्रयोग हुआ है : विष्णु. III-33; याज्ञ. I-353; शु. नी. सा. i-61, जगदीश लाल शास्त्री की पुस्तक पॉलिटिकल थॉट इन दि पुराणाज, पृ. 48 में अग्निपुराण का उद्धरण, पूर्वोद्धृत पुस्तक, पृ. 115 पर का. पु. उद्धरण, पूर्वोद्ध पुस्तक, पृष्ठ 23 का मार्कण्डेय पु. का उद्धरण.
6. आर. सी. हजरा, स्टडीज इन दि उपपुराणाज़, i, 111.212.
7. ज. ला. शास्त्री की पूर्वोद्धृत पुस्तक, पृ. 163 पर उद्धृत अंश.
8. वही, पृष्ठ 153.
9. 122-81
10. अ. शा. प. VI-1 मनु, IX-294; विष्णु III-33; शां. प., 69-62; 63; याज्ञ. I-353.
11. अ. शा. प., VIII.2.
12. किंतु शां. पु., 69-62 में 'आत्मा' शब्द का प्रयोग हुआ है, जिसका मतलब 'राजा' है.
13. 'अभिगामिकागुणाः, प्रज्ञा-गुणाः उत्साहगुणाः–' और 'आत्मसंपत्' अ. शा. प..VI-1
14. जिस उद्धरण में 36 अमात्यों की व्यवस्था है वह कलकत्ता संस्करण (शा. प. 85-7-11) में हैं. समीक्षित संस्करण में आठ मंत्रियों का ही उल्लेख है (शा. प., 85-7-10).
15. I, 9-10, 16.
16. वही.
17. अ. शा. I 8.
18. कौणपदंत और बाहुदंतिपुत्र, वही.
19. फिक, सोशल ऑरगेनाइजेशन ऑफ नार्थईस्टर्न इंडिया, पृ. 144-149.
20. जातक, ii, 2,181; iii, 105; V. 228.
21. आर. एन. मेहता, प्रि-बुद्धिष्ट इंडिया, पृ. 136.

22. जनपदस्य कर्मसिद्धयः स्वतः परतश्च योगक्षेमसाधनम् व्यसनप्रतीकारः शून्यनिवेशोपचयौ दंडकरानुग्रहश्चेति. अ. शा., VIII. 1.
23. का. नी. सा., VI, 25-27, 34.
24. वही, 30-31.
25. वही, VIII-1.
26. से. इं II, सं 67, पंक्ति 17.
27. मनु. IX.294; विष्णु, III.33 शां. प., 69; 62-63 में, जहां सप्तांग राज्य की परिभाषा दी गई है, 'जनपद' शब्द का प्रयोग हुआ है. लेकिन दूसरे संदर्भ में, जहां अन्य छहों अंगों का उल्लेख है (शां. प., 60, 3-4) 'राष्ट्र' शब्द का प्रयोग हुआ है. कामंदक ने भी कहीं-कहीं राष्ट्र शब्द का प्रयोग किया है (IV-50).
28. याज्ञ., I-353.
29. दंडकरसहः कर्मशिल कर्षको बालिशस्वाभ्यवरवणप्रायो भक्तिशुचिमनुष्य इति जनपदसम्पत् अ. शा. VI.1.
30. शूद्रकारुवणिकप्रायो महारंभकृषीबल IV-54 ये शब्द हूबहू इसी रूप में अग्निपुराण, 239-26 में उद्धृत हैं.
31. वैश्यशूद्रजनप्रायमनाहार्यं तथा परैः, किंचिद्ब्राह्मणसंयुक्तं बहुकर्मकरं तथा जे. एल. शास्त्री की पूर्वोदधृत पुस्तक के पृष्ठ 11 पर उद्धृत मत्स्यपु. और पृ. 139 पर उद्धृत विष्णुधर्मोत्तर पु. यह उद्धरण अग्नि पु. 222-1-2 में हूबहू इसी रूप में आया है. तुलनीय मार्क. पु. 49-47.
32. अ. शा., II.1.
33. IX. 294/शां. प., 69-63 में इसे पुर भी कहा गया है.
34. अल्तेकर, स्टेट ऐंड गवर्नमेंट इन एंशिएंट इंडिया, पृ. 44.
35. अ. शा. II 3.
36. वही, II 4.
37. शा. प, 69, 63.
38. अ. शा, VI, 1.
39. वही, II, 4.
40. वही.
41. वही, VI, 1.
42. वही.
43. वही, VIII, 1.
44. वही.
45. का. नी. सा., VIII, 1.
46. शा. प., 121, 43.
47. अ. शा., VI, 1.
48. VIII, 348.
49. अ. शा. IX, 2.
50. वही, VI, 1.
51. वही.
52. वही.

53. ''यो हि कोचि मनस्सेसु गामम् रट्टण च भुंजति एवं वासेट्ठ जानाहि, राजा एसो, न ब्राह्मणो'' सुत्त निपात, सं. 619.
54. हिस्ट्री ऑफ संस्कृत लिटरेचर, आमुख, पृ. xviii.
55. अलतेकर, स्टेट ऐंड गवर्नमेंट इन एंशिएंट इंडिया, पृ. 45.
56. याज्ञ., 1,353.
57. ऑरिजन ऑफ फैमिली प्रोपर्टी ऐंड स्टेट, पृ. 244.
58. वही.
59. निम्नोद्धृत पुस्तक, अध्याय XII.
60. ऑरिजिन ऑफ फैमिली, प्रोपर्टी ऐंड स्टेट, पृ. 244.
61. वही, पृ. 242-43.
62. मेगास्थनीज, XXIII मैकक्रिंडल, मेगास्थनीज ऐंड एरियन, पृ. 83-85.
63. एंजेल्स, पूर्वोद्धृत पृ. 243.
64. घोषाल, हिंदू पॉलिटिकल थीअरीज, पृ. 88.
65. IV 31-34.
66. हॉपकिंस, म्युचुअल रिलेशन ऑफ दि फोर कास्ट्स इन मनु, पृ. 11-12.
67. केन स्विद् वर्द्धते राष्ट्रम, राजा केन विवर्द्धते ।
    केन पौरश्च भृत्यश्च वर्द्धते भरतर्षभ ।।
    कोष दंड च दुर्ग च सहायान्मंत्रिणस्तथा ।
    ऋत्विक्पुरहिताचार्यान् कीदृशान् वर्जयेन्नृपः ।। शा. प. 60, 3-4.
68. अ. शा. VIII, 1.
69. कर्षकप्राये तु दुर्गव्यसनम् आयुधप्राये तु जनपदे जनपदव्यसनमिति ।
    अ. शा. VIII. 1. इस अवतरण के प्रथम अंश का अर्थ थोड़ा अस्पष्ट है
70. अ. शा., VIII, 4.
71. वही
72. वही, VIII, 5.
73. वही.
74. वही, VIII, 1.
75. आर. सी. हाजरा, स्टडीज इन दि उपपुराणाज i, 209. मिलाइए बी. बी. मिश्र, पॉलिटी इन दि अग्निपुराण, पृ. 24.
76. अ. पु. (आनंदाश्रम संस्कृत सिरीज), 241, 26-34.
77. वही, 241, 26-27.
78. वही, 241 28.
79. वही, 241, 30-33.
80. अ. शा., VIII, 1.
81. अ. शा., VI, 1.
82. अ. शा., VIII,1.
83. अ. शा., V, 6.
84. 'राजा राज्यमिति प्रकृतिसंक्षेपः ।' अ. शा., VIII. 2 इस उद्धरण पर अपनी टिप्पणी देते हुए गणपति शास्त्री का कहना है कि इसका संबंध दो अंगों से है– 'राजा' और 'राज्य' (टी. ग. शा., iii) । इस मान्यता को घोषाल भी स्वीकार करते हैं (ए हिस्ट्री ऑफ पॉलिटिकल आइडियाज, पृ.

137, पाद टिप्पणी 7). किंतु जिस प्रकरण में यह अवतरण आया है उसकी विषयवस्तु से इस अर्थ की पुष्टि होती दिखाई नहीं देती.

85. 'सप्तांगस्यापि राज्यस्य मूलं स्वामी प्रकीर्तितः ।
तन्मूलत्वात्तथांगानां स तु रक्ष्य : प्रयत्नतः ।। जे. एल. शास्त्री की पूर्वोद्धृत कृति के पृ. 23 पर उद्धृत मा. पु. आर पृ. 153 पर उद्धृत वि. ध. पु.
86. अमात्यमूलाः सर्वारंभाः । अ. शा., VIII, 1.
87. मनु. IX, 297.
88. वही, IX, 295.
89. यह अवतरण काणे, हि. ध. शा., iii, 18, टिप्पणी 21 में उद्धृत किया गया है.
90. परस्परोपकारिदं सप्तांगं राज्यमुच्यते IV. यह अवतरण अग्नि पु., अध्याय 239 में तथा काणे, हि. ध. शा., ii, 18, पा. टि. 21 में उद्धृत मत्स्य पु. में शब्दशः दिया गया है.
91. आगे, अध्याय XVI.
92. मनु. VII, 17-18; शां. प. की पांडुलिपि डी. 7 एस., पुलिंदा 19, पृ. 620 में भी ऐसा ही है
93. वही, VII, 20. शां. प. की पांडुलिपि डी. 7 एस., पुलिंदा 10, पृ. 620 में भी ऐसा ही है.
94. नादंडः क्षत्रियो भान्ति नादंडो भूतिमश्नुते ।
नादंड्यस्य प्रजा राज्ञः सुखमेधन्ति भारत ।। शा. प., 14.14.
95. आ. प., 14, 21-25.
96. वही, 15, 37-45.
97. सप्त प्रकृति चाष्टांगम् शरीरमिह यद्विदुः ।
राज्यस्य दंड एवांगम् दंडः प्रभव एव च ।। शा. प.,121, 46.
98. पांडुलिपि डी. 7 एस. में शा. प., 14-14 (पुलिंदा 19, पृ. 619-20 के बाद सन्निविष्ट करीब 40 श्लोकों में और शा. प., 14-14 (पुलिंदा 19, पृ. 629-30) के बाद सन्निविष्ट 24 श्लोकों में दंड के महत्त्व पर फिर जोर दिया गया है.
99. मनु, VII. 31, शा. प., 121, 50-54.
100. तदवाप्य नृपोदंडम् दुर्वृत्तेषु निपातयेत् ।
धर्मो हि दंडरूपेण ब्रह्मणा निर्मितः पुरा ।। 1-353-54.
101. 1. 355-59.
102. चांडालम्लेच्छ जातीनां दंडेन च निवारणम् । शा. प., पांडुलिपि डी. 7 एस., पुलिंदा 19, पृ. 630.
103. मनु., IX-294 शा. प., पांडुलिपि डी. एस.
104. IX, 296.
105. IV, 2.
106. दृगमात्यः सुहृच्छोत्रम् मुखं केशो बलं मनः ।
हस्तौ पादौ दुर्गराष्ट्रौ राज्यांगानि स्मृतानि हि ।। शुक्र, 1-62.
107. हि. क. इं. पी. ii, 307.

4. राज्य की उत्पत्ति के संपत्ति, परिवार और वर्ण संबंधी सिद्धांत

राज्य की उत्पत्ति के अध्ययन में विद्वानों ने बौद्ध स्रोतों में वर्णित प्राकृतिक अवस्था का तो जिक्र किया है,[1] किंतु अभी तक पुराणों, महाभारत, जैन अनुश्रुतियों आदि सभी स्रोतों के आधार पर[2] उसका पूरा चित्र प्रस्तुत करने का प्रयास नहीं हुआ है। सारे स्रोतों की तुलनात्मक पड़ताल से न केवल राज्यपूर्व प्रारंभिक अवस्था की जानकारी मिलती है बल्कि इससे उन परिस्थितियों पर भी नया प्रकाश पड़ता है जिनके कारण राज्य की उत्पत्ति हुई।

यद्यपि राज्यपूर्व प्राकृतिक अवस्था की तस्वीरें ब्यौरों में एक-दूसरे से भिन्न हैं, फिर भी इस अवस्था की चार मूलभूत विशेषताएं स्पष्ट रूप से सामने आती हैं। एक तो यह कि सबसे प्रारंभिक काल में जीवननिर्वाह का साधन वृक्षों से प्राप्त फल-मूल थे। ब्राह्मण और जैन अनुश्रुतियों में जीवन यापन के मुख्य स्रोत के रूप में कल्पवृक्ष का वर्णन अनेक प्रसंगों में देखने को मिलता है।[3] बौद्ध अनुश्रुतियों में जीवननिर्वाह के आदिकालीन स्रोतों में वनलता और भूमिपर्पटक के नाम आए हैं।[4] स्वाभाविक ही है कि मानव जीवन की आदिम अवस्था में, जो पुराणों और महाकाव्यों में वर्णित कृतयुग के साथ सामान्यतः मेल खाती है, मनुष्य खाद्य-उत्पादक के रूप में नहीं, बल्कि खाद्य-संग्राहक के रूप में जीवन यापन करता होगा। इस बात का समर्थन मानवविज्ञान से होता है, और यही बात पुरापाषाण (पैलियोलिथिक) कालीन मानव के साथ भी लागू होती है।[5] मारगन के शब्दों में, 'सीमित क्षेत्र में पैदा होनेवाले फल-मूलों के प्राकृतिक आहार पर निर्वाह करना', यही मनुष्य के जीविका का प्रथम साधन था।[6] उस समय कोई भी ऐसा नहीं सोच सकता था कि फल और वृक्ष एकमात्र उसी के हैं। यह प्रकृतावस्था थी, जब 'इसे (संपत्ति को) कब्जे में रखने का लोभ उन (मनुष्यों) में शायद ही पैदा हुआ था, क्योंकि तब यह चीज (संपत्ति) प्रायः थी ही नहीं। परिग्रह की जो प्रवृत्ति आज मानवमन में सर्वोपरि शक्ति के रूप में छाई हुई है उसे पूरे ओज के साथ विकसित करने का काम तब सभ्यता के सुदूर अनागत चरण के लिए छोड़ दिया गया था।'[7]

दूसरी बात यह कि संभवतः तब स्त्री पर पुरुष के आधिपत्य पर आधारित

परिवार जैसी कोई संस्था नहीं थी। प्राकृतिक अवस्था के बारे में जितनी भी अनुश्रुतियां है उनमें महाभारत को छोड़कर और किसी में उस एकविवाही परिवार (मोनोगेमस फैमिली) की उत्पत्ति का कोई स्पष्ट संकेत नहीं मिलता जिसमें पिता का स्थान सर्वोपरि हो और सारे घरेलू कार्यकलाप का केंद्र पत्नी हो। शांतिपर्व में कहा गया है कि 'पुत्र-पौत्रों, पुत्रवधुओं और सेवकों से भरापूरा गृहस्थ का परिवार गृहिणी के अभाव में शून्य है। घर तब तक घर नहीं होता है जब तक उसमें पत्नी नहीं आती है।'[8] लेकिन इस प्रकार का परिवार कैसे उद्भूत हुआ? महाकाव्यों और पुराणों की अनुश्रुतियों में कहा गया है कि पहले स्वच्छंद यौनाचार की स्थिति विद्यमान थी और बच्चे संकल्प यानी संभोगेच्छा मात्र से उत्पन्न किए जा सकते थे। कृतयुग में न तो मैथुन था और न स्वीकृत एक विवाही प्रथा (द्वंद्व) थी।[9] शांतिपर्व में उल्लेख है कि उत्तरकुरुओं के देश में विवाह जैसी कोई संस्था नहीं थी। कुरु देश के बारे में दीघ निकाय के 'अटानटिय-सुत्त' में कहा गया है : 'यहाँ ऐसे लोग रहते हैं जो न तो किसी भी वस्तु को अपना कहते हैं और न किसी स्त्री को अपनी संपत्ति।[10]

तीसरी बात यह है कि पुराणों में स्पष्ट कहा गया है कि कृतयुग में कोई वर्ण नहीं था। मानव जाति की सबसे प्रारंभिक जीवनावस्था का वर्णन करते हुए बौद्ध स्रोतों में भी ऐसा उल्लेख कहीं नहीं किया गया है कि लोग सामाजिक श्रेणियों में विभक्त थे।[11]

चौथी बात यह है कि 'शांतिपर्व' के कथनों से यह स्पष्ट हो जाता है कि प्राकृतिक अवस्था के प्रारंभिक चरण में राज्य नामक संस्था नहीं थी।[12] कौटिल्य के अनुसार वैराज्य कहे जानेवाले कुछ देशों में राजपद नहीं था और इसके लोग अपना-पराया नहीं जानते थे।[13] इससे यह अर्थ निकलता है कि जब निजी संपत्ति नहीं थी तब राजा भी नहीं था।

हाल तक मौजूद आदिम समाजों को देखने से पता चलता है कि मानव जीवन की सबसे पुराकालीन अवस्था में संपत्ति, परिवार और वर्ग (या वर्ण) जैसी संस्थाओं का अस्तित्व शायद ही मिले। यह कोई संयोग की बात नहीं थी कि प्राचीन ग्रंथों के अनुसार, उपर्युक्त संस्थाओं का अभाव था। जैसा कि आगे दिखाया जाएगा, इन संस्थाओं के अस्तित्व और राज्य के जन्म के बीच गहरा संबंध है। यद्यपि इन संस्थाओं के बिना रहनेवाले लोगों को सभ्य नहीं कहा जाएगा, फिर भी ये चिंता और लोभ से मुक्त रहकर एक प्रकार का सहज-सुंदर जीवन व्यतीत करते थे।[14] जिस प्राकृतिक अवस्था का वर्णन प्रायः सभी प्राचीन स्रोतों में हुआ है और जिसका समर्थन मानव-वैज्ञानिक साक्ष्यों से भी होता है उसकी[15] मुख्य विशेषताओं का कुछ न कुछ संबंध वास्तविक स्थिति से अवश्य रहा होगा। अतः प्राकृतिक अवस्था को जिसमें जीवन बहुत सुखद बताया गया है—मनगढ़ंत कहकर खारिज कर देना सही

नहीं होगा।[16]

जीवन का यह सहज सुंदर प्रवाह कृषि कौशल के अन्वेषण[17] के साथ भंग हुआ। इस कौशल के सहारे मनुष्य, उसे उपभोग के लिए जितना चाहिए था, उससे अधिक उत्पादन करने में समर्थ हुआ। चावल इकट्ठा करके रखने की प्रवृत्ति बढ़ी[18] और लोग 'नदियों, खेतों, पहाड़ियों, वृक्षों, झाड़ियों और पौधों को शक्ति और हिंसा द्वारा हथियाने लगे।'[19] 'अब पहली बार उन्होंने अपने अलग-अलग घर बसाए, जिसके लिए कानून की अभिस्वीकृति और समर्थन अपेक्षित था। धान के खेत बांट दिए गए और उनके चारों ओर यह कहकर मेंडबंदी कर दी गई—यह मेरा है, यह तेरा है।'[20]

लेकिन जब लोग एक-दूसरे का धान-चावल छीनने लगे तब एक ऐसे पद की जरूरत महसूस हुई जो उनके खेतों की रक्षा कर सके। इससे महाखतिय या खेतरक्षक पद का सृजन हुआ।[21]

बौद्ध स्रोतों में राज्य की उत्पत्ति में न केवल निजी संपत्ति के उदय के महत्त्व पर जोर दिया गया है, बल्कि उस संदर्भ में कुछ अस्पष्ट रूप से परिवार की भूमिका का भी उल्लेख है। यह कहा गया है कि जब परनारी का यौन संबंध प्रारंभ हुआ तब अपने अपराध कर्म को छिपाने के लिए उन्होंने अपना घर (या झोंपड़ी) बनाया।[22] संभवतः एक जोड़े के लिए एक घर बनाने का चलन आरंभ हुआ। तिब्बती दुल्वों के अनुसार, संसार में घरों (या परिवारों ?) के आधार पर यह प्रथम विभाजन था। विभाजन को कानूनी या गैरकानूनी करार देना राजा पर निर्भर था।[23] 'शांतिपर्व' में एक स्थान पर कलियुग में द्वंद्व या एकविवाही परिवार के उदय का उल्लेख है, लेकिन राज्य के उदय से इसका संबंध नहीं दिखाया गया है।[24]

राज्य के उदय में वर्णों (सामाजिक वर्ग) की भूमिका का महत्त्व मुख्यतया पुराणों में वर्णित है। इनके अनुसार, जीवननिर्वाह के साधन जुट जाने पर लोगों को चार वर्णों में विभाजित किया गया। ब्राह्मणों का कर्म पूजा-प्रार्थना, क्षत्रियों का युद्ध, वैश्यों का उत्पादन तथा शूद्रों का शारीरिक श्रम निश्चित हुआ। जाहिर है कि यह विभाजन पूजा-प्रार्थना और युद्ध करनेवालों के पक्ष में था और उत्पादकों के सजग वर्गों के विरोध की आशंका बराबर बनी रहती थी। इसलिए 'वायु पुराण' में यह कहा गया है कि वर्णों के कर्तव्य तो नियत कर दिए गए, लेकिन इन्होंने इन्हें पूरा नहीं किया और ये एक-दूसरे का विरोध करने लगे।[25] इस बात की ओर ध्यान जाने पर ब्रह्मा ने क्षत्रियों के लिए दंड और युद्ध का कर्म नियत किया।[27] उसी ग्रंथ में एक दूसरी जगह राज्य की उत्पत्ति का ऐसा ही विवरण देते हुए कहा गया है कि ब्रह्मा ने वर्णाश्रम स्थापित किया, लेकिन लोगों ने स्वधर्म का पालन नहीं किया और वे एक-दूसरे से झगड़ने लगे। अतः वे मनु के पास गए, जिसने प्रियव्रत और उत्तानपाद नामक प्रथम दो राजाओं को उत्पन्न किया। तब से राजा दंडधारी होने

लगे ।[27] इस तरह पौराणिक दृष्टि के अनुसार विभिन्न वर्णों के आपसी संघर्ष को रोकने के लिए राज्य का उदय हुआ । स्पष्टतया, इसमें आधुनिक विचारधारा के इस सिद्धांत का पूर्वाभास मिलता है कि 'वर्ग संघर्षों को रोकने की आवश्यकता के फलस्वरूप राज्य का अस्तित्व कायम हुआ ।'[28]

शांतिपर्व में इन चिंतनों का समन्वय है । इसमें राज्य की उत्पत्ति में संपत्ति, परिवार और वर्ण इन तीनों संस्थाओं की भूमिका एक ही स्थल पर देखी जा सकती है । जिन परिस्थितियों में राज्य का सृजन हुआ, वे इसमें स्पष्ट रूप में वर्णित हैं : 'एक व्यक्ति का धन दो व्यक्ति छीनते हैं, उन दोनों का धन अनेक व्यक्ति मिलकर छीन लेते हैं । जो दास नहीं है वह दास बनाया जाता है । स्त्रियां बलात अपहृत की जाती हैं। इन कारणों से देवताओं ने लोगों के संरक्षणार्थ राजाओं का सृजन किया ।[29] और, जब लोगों ने ऐसी स्थिति को समाप्त करने के लिए आपस में समझौता और अनुबंध किया तब उसकी दो मुख्य शर्तें ये तय हुईं कि उन लोगों को समाज से निकाल बाहर करें जिन्होंने दूसरों की स्त्रियों का अपहरण किया हो या दूसरों की संपत्ति लूटी हो ।[30] इनके अलावा सभी वर्णों के बीच विश्वास उत्पन्न करने के उद्देश्य से भी यह अनुबंध किया गया ।[31] इस अनुबंध को स्थायित्व प्रदान करने के लिए वे लोग राजा की खोज में निकले । वे उसे अपनी संपत्ति का कुछ हिस्सा और विवाह में सुंदर कुमारियां देने को तैयार हुए ।[32] ऐसी व्यवस्था का परिणाम स्वभावतः यह होगा कि राजा को न केवल अपनी संपत्ति और परिवार की वरन अपनी प्रजा की संपत्ति और परिवार की भी रक्षा में प्रबल और स्थायी रुचि होगी । इन्हीं शर्तों पर मनु ने अंततः राजपद स्वीकार किया । पौराणिक अनुश्रुति में प्रथम आनुश्रुतिक राजा मनु स्वायंभुव को ही वर्ण और सदाचार के नियमों की स्थापना का भी श्रेय दिया गया है ।[33]

मनु के अलावा पृथु को भी महाकाव्यों और पुराणों की अनुश्रुतियों में प्रथम आनुश्रुतिक राजा के रूप में दिखलाया गया ।[34] इन अनुश्रुतियों से हमें ज्ञात होता है कि लोगों की मुख्य शिकायत यह थी कि बेईमान लोग पड़ोसियों की संपत्ति छीन लेते हैं । पृथु का अभिषेक होने पर उसने लोगों की शिकायत दूर की ।[35] अपने राज्याभिषेक के समय प्रथम राजा पृथु ने निम्नलिखित शब्दों में लोगों को आश्वस्त किया : 'मैं स्वधर्म, वर्णधर्म और आश्रमधर्म की स्थापना करूँगा और राजदंड से उन्हें कार्यान्वित करूँगा ।'[36] आगे कहा गया है कि चारों वर्ण समान रूप से प्रथम राजा का आदर करते थे ।[37]

इस संबंध में धर्मशास्त्रों में पाए गए दो छिटपुट उल्लेख इस समस्या के अध्ययन की दृष्टि से प्रासंगिक हो सकते हैं । नारद और बृहस्पति यद्यपि गुप्त काल के स्मृतिकार थे, किंतु पुरातन स्वर्णयुग, उसके विनाश और फलतः राजसत्ता के प्रमुख साधन 'व्यवहार' (न्याय या दंड) के उदय की स्मृतियां उनके मन में कायम

रहीं । नारद ने निम्नलिखित शब्दों में व्यवहार की उत्पत्ति के संबंध में अपना विचार व्यक्त किया है : 'जब मर्त्यजन केवल अपने कर्तव्य के पालन में प्रवृत्त थे और स्वभावतः सत्यवादी थे तब न तो व्यवहार था, न घृणा, न स्वार्थ । कर्तव्य का चलन लुप्त हो जाने पर व्यवहार (न्यायव्यवस्था) का चलन हुआ और मुकदमों का निर्णय करने के लिए राजा नियुक्त किया गया, क्योंकि उसे ही दंड देने की सत्ता है ।' बृहस्पति के विचार भी ऐसे ही हैं । उसके अनुसार, पूर्व काल में लोग नितांत सदाचारी थे और अनिष्टकारी प्रवृत्ति नहीं रखते थे । जब से वे लोभ और द्वेष के शिकार हुए तभी से व्यवहार स्थापित हुआ ।[38] हमारे विचार में नारद और बृहस्पति द्वारा वर्णित पुरातन स्वर्णयुग, जब सबकुछ आदर्श स्थिति में था, कृतयुग या बौद्ध तथा जैन स्रोतों में चित्रित प्राकृतिक अवस्था से मेल खाता है । यह तथ्य कि स्वार्थ, 'धनलोलुपता', 'घृणा' और 'द्वेष' के आगमन से स्वर्णयुग तिरोहित हो गया, संभवतः निजी संपत्ति, परिवार और जाति के उदय का संकेत देता है, जो स्वभावतः लोभ और पारस्परिक घृणा की भावना जगाते हैं । यदि इन उल्लेखों का यही अर्थ हो तो इसके आधार पर यह सिद्धांत निरूपित किया जा सकता है कि संपत्ति नामक संस्था की रक्षा करने तथा पारस्परिक घृणा और स्वार्थ की भावना पर अंकुश रखने के लिए राज्यशक्ति के प्रधान साधन, व्यवहार का उदय हुआ ।

राज्य की उत्पत्ति के संबंध में ऊपर जिन प्रत्यक्ष प्रसंगों पर विचार किया गया है वे इस दृष्टि से संपत्ति, परिवार और जाति की भूमिका पर काफी प्रकाश डालते हैं, लेकिन इस संबंध में कुछ अप्रत्यक्ष साक्ष्यों की भी जांच की जा सकती है । हम पूछ सकते हैं कि यदि राजसत्ता नहीं होती तो क्या होता ? अराजक राज्यों के विस्तृत वर्णन से भरे 'शांतिपर्व', 'अयोध्याकांड' और 'विष्णुधर्मोत्तर पुराण' में बार-बार कहा गया है कि अराजक अवस्था में परिवार और संपत्ति की सुरक्षा नहीं होती है ।[39] इनमें कहा गया है कि यदि राजा रक्षक के रूप में अपना कर्तव्य छोड़ दे तो 'कोई भी व्यक्ति अपने कब्जे की किसी वस्तु के बारे में यह नहीं कह सकता कि यह मेरी है । तब पत्नी, पुत्र, खाद्य पदार्थ और अन्य प्रकार की संपत्ति का अस्तित्व नहीं रह जाएगा ।'[40] एक बार जब ठोस आधार पर राज्य स्थापित हो गया तब यह (राज्य) लोगों की पत्नी और संपत्ति का सबसे बड़ा रक्षक समझा जाने लगा । अतः समझदारी के साथ यह निर्धारित किया गया कि पहले लोग ऐसे राजा का चुनाव कर लें जिसकी छत्रछाया में वे रहना चाहते हों और इसके बाद वे पत्नी का चुनाव तथा धनार्जन करें । यदि राजा नहीं हुआ तो पत्नी और संपत्ति का क्या होगा ?[41] यह स्वाभाविक है कि ऐसी स्थिति में बलशाली बलहीनों की संपत्ति को जबरदस्ती हथिया लेंगे ।[42] भंडारकर ने पांच उद्धरण दिए हैं, जिनसे यह पता चलता है कि राजपद का सृजन बलशाली से बलहीनों की रक्षा के लिए हुआ ।[48] बलहीन का अर्थ 'गरीब' और बलशाली का अर्थ 'धनी' लगाना शायद सही न हो । लेकिन

कहीं-कहीं ऐसी बातें कही गई हैं जिनसे यह धारणा बनती है कि राजपद निर्धनों के संयुक्त आक्रमण के विरुद्ध धनिकों की हिमायत करने के लिए रचा गया। ऐसी आशंका व्यक्त की गई है कि राजा के संरक्षण के बिना दुष्ट लोग अन्य लोगों के वाहन, वस्त्राभूषण, रत्न और अन्य प्रकार की संपत्ति लूट लेंगे।[44] यह स्पष्ट है कि केवल धनिकों के पास ही ये वस्तुएं हो सकती थीं। यह स्पष्ट है कि यदि राजा संरक्षण नहीं दे तो धनिकों को मृत्यु, परिरोध और अत्याचार का सामना करना पड़ेगा।[45] ऐसी परिस्थिति में दो व्यक्ति मिलकर एक का, और अनेक व्यक्ति मिलकर दो का धन छीन लेंगे।[46] 'अयोध्याकांड' से जानकारी मिलती है कि राजाविहीन राज्य में धनी लोगों में असुरक्षा का भाव रहता है, वे अपना दरवाजा खोलकर नहीं सो सकते।[47] इस संदर्भ में 'विष्णुपुराण' से वेन और पृथु की कथा के कुछ अंश का उल्लेख करना रुचिकर होगा। जब क्रुद्ध ऋषियों ने वेन को मार डाला तब समस्त वायुमंडल की सभी दिशाएं धूल से आवृत्त हो गईं। जब ऋषियों ने इसका कारण जानना चाहा तब लोगों ने कहा : 'चूंकि राज्य राजाविहीन हो गया है इसलिए गरीब लोग चोर बन गए हैं और अन्य लोगों की संपत्ति लूटने लगे हैं। हे ऋषियो ! अन्य लोगों का धन तेजी से अपहृत करनेवाले इन चोरों की लूटमार के कारण ही यह प्रचंड धूल भरी आंधी चलने लगी है।'[48]

इसके अलावा यह भी कहा गया है कि अराजक स्थिति में विवाह और यौनाचार संबंधी सारे प्रतिबंध समाप्त हो जाते हैं और विवाह नामक संस्था का अस्तित्व नहीं रह जाता,[49] राजाविहीन राज्य में विवाह में कन्यादान करना सामान्य रीति से संभव नहीं होता।[50] फिर, राजा के अभाव में वर्णव्यवस्था नष्ट हो जाती है और वर्णसंकरता आरंभ हो जाती है।[51] ठीक यही परिणाम अर्थात राज्य की दंड देने की सत्ता के लोप होने पर होते हैं। यह बताया गया है कि दंड ही वह माध्यम था जिसके द्वारा दूसरे की संपत्ति के अपहरण को रोका जा सका। इसी कारण इसे व्यवहार कहा गया। लेकिन जब एक बार यह लुप्त हो गया तब अनर्थकारी परिणाम हुए। यौनाचार के विषय में कोई प्रतिबंध नहीं रहा। संपत्ति की सारी कल्पना समाप्त हो गई। सभी प्राणी लूटमार करने लगे।[52] इस प्रकार यह कहा जा सकता है कि चूंकि प्राचीन परंपराओं में शासक या दंड के अभाव को संपत्ति, परिवार और वर्णव्यवस्था के लिए बहुत बड़ा खतरा समझा गया है, इसलिए राज्य इनकी रक्षा के निमित्त ही उदित हुआ।

राजा के मुख्य कर्तव्यों को देखने से भी, जिस प्रयोजन से उसका पद सृजित हुआ उस पर प्रकाश पड़ता है। राजा के मुख्य कर्तव्यों में से एक था चोरों को दंडित कर निजी संपत्ति की और परस्त्रीगामियों को दंडित कर परिवार की रक्षा करना। संपत्ति की रक्षा का उत्तरदायित्व इतना महत्त्वपूर्ण था कि प्रजा की चुराई गई संपत्ति, चाहे जैसे हो, उसे वापस दिलाना राजा के लिए आवश्यक था।[53] धन की

रक्षा और संभवतः इसके वितरण से भी राजा का गहरा संबंध था, ऐसा अनुमान 'पंचतंत्र' के एक श्लोक से लगाया जा सकता है। इसमें कहा गया है कि धन की इच्छा रखनेवाले व्यक्ति को राजा के पास जाना चाहिए।[54] तमिल रचना 'तिरुक्कुरल' में भी राजा उसे बताया गया है जो धन के अर्जन, रक्षण और वितरण की सामर्थ्य रखता है।[55] पुराने धर्मशास्त्रों में कहा गया है कि केवल राज्य की सत्ता ही ऐसी स्थिति कायम कर सकती है जिसमें संपत्ति अर्जित करने के 'सात उपाय' और संपत्ति पर 'तीन प्रकार के अधिकार' सुरक्षित रह सकें।[56] अशिथिल शासनवाला राजा उसे कहा गया है जिसके हृदय में गरीबों के लिए विशेष स्थान है।[57] लेकिन इसका उल्टा साक्ष्य भी मौजूद है, जिसमें विधान है कि राजा को सदा अपनी धनी प्रजा का आदर करना चाहिए, क्योंकि हर राज्य में धन ही संपदा है। यह भी कहा गया है कि निस्संदेह धनी व्यक्ति सभी लोगों में अग्रणी हैं।[58]

परिवार की रक्षा और जारकर्म रोकना राजा का दूसरा दायित्व था। मनु ऐसे अठारह अपराध गिनाता है, जिनकी ओर राजा को ध्यान देना चाहिए। इनमें से दस का संपत्ति से और दो का परिवार से संबंध है।[59] इसी प्रकार कात्यायन दस असत कार्य बतलाता है, जिनकी ओर राजा का ध्यान जाना चाहिए। इनमें पाँच का संपत्ति से और एक का परिवार से संबंध है।[60] यह स्वाभाविक ही है कि राज्यविरोधी अधिकांश अपराध संपत्ति विषयक प्रश्नों से संबद्ध हों, क्योंकि यह समझा जाता था कि गरीबी ही सभी पापों की जड़ है और गरीब सदा पापी होते हैं।[61] ऐसा माना जाता था कि निर्धन हर प्रकार का अपराध कर सकता है।[62] कात्यायन को खासतौर पर इस बात की चिंता है कि दरिद्रों के पास कहीं एकाएक धन न आ जाए।[63] बुद्ध ने वज्जिराज्य की सफलता के लिए जो सात शर्तें रखी थीं, उनमें से दो का संबंध संपत्ति और परिवार से माना जा सकता है। एक शर्त यह थी कि वज्जि लोग प्राचीन वज्जिधर्म का पालन करें। यदि वज्जिधर्म की व्याख्या 'दीघनिकाय' में उद्धृत 'अट्टकथा' से लिए गए अंश के आलोक में की जाए तो इसका यह अर्थ होगा कि चोरों को कानून के अनुसार दंडित किया जाए।[64] दूसरी शर्त में यह स्पष्ट आदेश है कि वे अपनी स्त्रियों या लड़कियों को बलपूर्वक या अपहरण करके अपने बीच नहीं रखें।[65] खासतौर से बौद्ध स्रोतों के अनुसार, चोरों को दंडित करना राजा के प्राथमिक कर्तव्यों में से था। चोरों को राजा की आज्ञा से फांसी पर लटकाकर या उसकी चमड़ी, मांस, हड्डी आदि उधेड़ काट कर तुरंत मार डाला जा सकता था।[66]

बौद्ध स्रोतों में वर्णव्यवस्था के अनुरक्षण का उल्लेख नहीं है, यद्यपि ब्राह्मण स्रोतों के अनुसार यह राजा के उल्लेखनीय कर्तव्यों में से था। करीब-करीब सभी महत्त्वपूर्ण स्रोतों में यह कहा गया है कि राजा का यह कर्तव्य है कि वह चतुर्वर्ण द्वारा स्वधर्म का पालन कराए।[67] 'रामायण' के अनुसार, दशरथ के आदर्श शासन में

विभिन्न जातियों के लोग अपना-अपना कर्म करते थे।[68] जैसा कि आगे दिखलाया जाएगा,[69] अभिलेखों में इस बात के ठोस प्रमाण मिलते हैं कि वर्णव्यवस्था बनाए रखना राजा का दायित्व था।

प्राचीन स्मृतिकारों में मनु ने राजा द्वारा वर्णव्यवस्था बनाए रखने पर विशेष जोर दिया है। उनके मतानुसार, राज्य तभी तक उन्नति कर सकता है जब तक वर्णों की शुद्धता बनी रहती है, अन्यथा यह समस्त निवासियों के साथ विनष्ट हो जाता है।[70] लगभग यही विचार प्लेटो के 'रिपब्लिक' में भी व्यक्त हुए हैं, जो इस प्रकार हैं : 'तीनों वर्गों द्वारा एक-दूसरे के मामले में किसी भी प्रकार का अनधिकृत हस्तक्षेप राज्य के लिए नितांत अनिष्टकर होगा, और इसे बुराई की पराकाष्ठा कहना उचित होगा।'[71] एक स्थल पर मनु की घोषणा है कि केवल वे ही राजा द्वारा रक्षित होने के पात्र हैं जो आर्यों की तरह रहते हैं।[72] इस मान्यता का समर्थन लगभग 9वीं सदी की रचना 'बृहन्नारदीय पुराण' में भी किया गया है।[73] इसमें प्रथम तीन वर्णों की रक्षा पर विशेष जोर दिया गया है।[74] सामान्यतः वर्णव्यवस्था का अनुरक्षण धर्म का अनिवार्य तत्व माना जाता था, क्योंकि कामंदक के अनुसार, यदि राज्य के लोग धर्म का उल्लंघन करने लगें तो संपूर्ण समाजव्यवस्था का 'प्रलय' होना अवश्यंभावी है।[75]

संपत्ति, परिवार और वर्णव्यवस्था के अनुरक्षण का वही महत्त्व था जो राज्य या शासक के अस्तित्व का था। 'शांतिपर्व' में गृहदाह, चोरी या वर्णसंकरता फैलाने वाले के लिए उसी दंड की व्यवस्था है जो राजा को मारने का षड्यंत्र करनेवाले के लिए निहित है।[76] राजधर्म संबंधी यह धारणा मध्यकाल तक कायम रही। सोमेश्वरदेव (ईस्वी सन की 12वीं शताब्दी का प्रारंभ)-रचित 'अभिलषितार्थ-चिंतामणि' में भी राजा के इसी प्रकार के कर्तव्यों पर—'जैसे कि चोरी और व्यभिचार रोकने[77] तथा वर्णाश्रम धर्म की रक्षा करने पर' जोर दिया गया है।[78]

राज्य के मूलभूत कृत्यों के संबंध में व्यक्त किए गए विचारों को देखते हुए यह स्वाभाविक था कि हिंदू राजनीतिक चिंतक संपत्ति और परिवार संबंधी नियमों के उल्लंघन की प्रवृत्ति को, जो मानव स्वभाव में सहज समाहित है, पाप घोषित करें। कामंदक के अनुसार मनुष्य स्वभावतः वासनाग्रस्त तथा दूसरे के धन और स्त्री का लोभी है।[79] मनु का कहना है कि शुद्ध और पापरहित व्यक्ति विरल ही हैं। उनकी राय में लोगों की प्रवृत्ति ही दूसरों के अधिकार में हस्तक्षेप करने तथा आचार और रीति का उल्लंघन करने की होती है।[80] अतः प्राचीन चिंतकों की दृष्टि में संपत्ति और परिवार संबंधी नियमों का उल्लंघन मनुष्य की सहज प्रवृत्ति थी जिसे रोकने के लिए राज्य का सृजन किया गया।

प्राचीन भारत में राजा का वर्णन सामान्यतया धर्मरक्षक के रूप में किया गया

है । बौद्ध स्रोत भी उसके समक्ष धर्मध्वज, धर्मकेतु और धर्माधिपति के आदर्श रखते हैं ।[81] वज्जियों के संदर्भ में धर्म का क्या अर्थ था, यह ऊपर बताया जा चुका है ।[82] लेकिन ब्राह्मण धर्म की वे कौन-सी ठोस और स्पष्ट मान्यताएं थीं जिनकी रक्षा की अपेक्षा राजा से की जाती थी । इसकी जानकारी हमें धर्मशास्त्रों से मिल सकती है । इनमें संपत्ति, वैवाहिक संबंध और वर्णप्रथा संबंधी कानूनों पर विस्तृत अध्याय हैं । 'शांतिपर्व' में धर्म को राजा पर आश्रित माना गया है[83] और इसके तिरोहित होने के परिणामों का वर्णन इन शब्दों में किया गया है : 'जब अधर्म को नहीं रोका जाता है तब कोई भी व्यक्ति, शास्त्रोक्त संपत्ति-अधिकार के अनुसार, यह नहीं कह सकता कि अमुक चीज मेरी है, अमुक चीज मेरी नहीं है । संसार में अधर्म के फैल जाने पर आदमी अपनी पत्नी, पशु, खेत खलिहान और घर का मालिक और उपभोक्ता नहीं रह सकता ।'[84] इसमें आगे यह भी कहा गया है कि धर्म से धन अर्जन और रक्षण होता है । अधर्म की वृद्धि से वर्णों में अस्तव्यस्तता आती है ।[85] अत्याचारी राजा वेन को संबोधित करते हुए ऋषियों ने भी धर्म की व्याख्या इसी रूप में की है । वे उसे चेतावनी देते हैं कि धर्म सभी वर्णों का सबसे बड़ा मित्र है । यदि राजा धर्मत्याग कर दे तो किसी की भी पत्नी, धन या घर उसका अपना नहीं रह जाएगा । कौटिल्य के अनुसार जब सभी धर्म नष्ट हो जाते हैं तब राजा चतुर्वर्ण की स्थापना और सदाचार की रक्षा करने के लिए धर्मप्रवर्तक बनता है ।[86] अतः यथार्थतः धर्मशास्त्र साहित्य में राजा द्वारा धर्म के अनुरक्षण का अभिप्राय परिवार, संपत्ति और वर्णों पर आधारित सामाजिक व्यवस्था की रक्षा है । राजोचित आदर्श से भी राजपद के प्रयोजन का आभास मिलता है । राजा का सबसे प्रमुख आदर्श धर्म, अर्थ और काम को सिद्ध करना था । यदि अर्थ का आशय विधिसम्मत व्यवस्था का अनुरक्षक माना जाए तो स्पष्ट है कि त्रिवर्ग में भी संपत्ति, परिवार और वर्ण की प्रमुखता थी । ध्यातव्य है कि कुछेक प्राचीन भारतीय अनुश्रुतियों के अनुसार अर्थ (संपत्ति) त्रिवर्ग आदर्श का आधार था और इसके बिना शेष दो उद्देश्यों की पूर्ति संभव नहीं थी ।[87]

गरज यह है कि राज्य की उत्पत्ति पर हम चाहे प्राकृतिक अवस्था में व्याप्त परिस्थितियों की दृष्टि से विचार करें या अराजक समाज की परिस्थितियों की दृष्टि से, राजा के मुख्य कर्तव्यों को ध्यान में रखकर सोचें अथवा राजा द्वारा धर्म की रक्षा के विधान के मर्म को ध्यान में रखकर या राजा द्वारा अनुसरणीय आदर्श को दृष्टिगत करके, हमारा निष्कर्ष यही होगा कि प्रारंभिक चिंतकों और स्मृतिकारों की राय में संपत्ति, परिवार और वर्ण की भूमिका राज्य की उत्पत्ति में बुनियादी और महत्त्वपूर्ण थी ।

संदर्भ और टिप्पणियां

1. घोषाल, हि. पॉ. थी., पृ. 118-20; भंडारकर, कारमाइकेल लेक्चर्स, 1918, पृ. 115-22; बंद्योपाध्याय, डेवलपमेंट ऑफ हिंदू पॉलिटी ऐंड पॉलिटिकल थीअरीज, पृ. 275-77; बनर्जी, पब्लिक ऐडमिनिस्ट्रेशन इन एंशंट इंडिया, पृ. 34 एवं आगे; बेनीप्रसाद, थियरी ऑफ गवर्नमेंट इन एंशंट इंडिया, पृ. 235-36; दीक्षितार, हिंदू ऐडमिनिस्ट्रेटिव इंस्टिट्यूशंस, पृ. 17-18; अल्तेकर, स्टेट ऐंड गवर्नमेंट इन एंशंट इंडिया, पृ. 12-14.
2. मा. पु, अध्याय 49; वा. पु. I, अध्याय 8; कू. पु., अध्याय 29; ब्र. पु., अध्याय 5; वि. पु., I, अध्याय 6; ब्रह्म. पु., अध्याय 19-31; पद्म चरित अध्याय 3; रॉकहिल द्वारा उद्धृत टिवेटन दुल्वा, दि लाइफ ऑफ दि बुद्ध, पृ. 2-9; महावस्तु I, 340-48; दीघ निकाय, अग्गं सुत्त; शा. प., अध्याय 59,67,69 और 206.
3. वा. पु. I. VIII, 84; पदम चरित्, III, 55.
4. महावस्तु, i, 340-41.
5. चाइल्ड, मैन मेक्स हिमसेल्फ, अध्याय IV.
6. मारगन, एंशंट सोसाइटी, पृ. 20.
7. वही, पृ. 27.
8. शा. प., 144.5-6; महाभारत, 1.4.9.12.
9. न चैषाम् मैथुनो धर्मो, बभूव भरतर्षभ। संकल्पादेव चैतेषाम् अपत्यं उपपद्यते।।
   द्वापरे मैथुनो धर्मस्तेषामपि जनाधिपः। तथा कलियगे राजन् द्वंद्वमावेदिरे जनः।।
   शा. प., 207. 38-41; तामां विशुद्धात् सकल्पाज्जायन्ते मिथुनाः प्रजाः। वा. पु., I. VIII-57
   'शांतिपर्व' के इस अंश का अर्थ लगाने में डांगे (इंडिया फ्राम प्रीमिटिव कम्युनिज्म टु स्लेवरी, पृ. 67) का अनुसरण किया गया है.
   ऐतिहासिक और धार्मिक अनुश्रुतियों में स्वच्छंद मैथुन के उल्लेखों पर प्रकाश डालनेवाला प्रथम आधुनिक विद्वान बेशोफेन था.
10. शा. प. (बंबई संस्करण), 102. 26; सै. बु. बु., IV, 192.
11. वा. पु. i, VIII, 60; महावस्तु, i, 340-46; सै. बु. बु., IV, 62-67; रॉकहिल दि लाइफ ऑफ दि बुद्ध, पृ. 2-6.
12. न वैराज्यं न राजासीन्न दंडो न च दांडिकः। शा. प., 59.14.
13. वैराज्यं तु जीवतः परस्याच्छिद्य "नैतन्मम" इति मन्यमान। अ. शा., VII, 1-2. इस अवतरण का उपर्युक्त आशय जायसवाल, हिंदू पॉलिटी, पृ. 83 के आधार पर दिया गया है.
14. वा. पु., i, VIII, 48-49, 52,62,65, विशकास्सत्वबहुला एकांत बहुलास्तथा। ता वै निष्कामचारिण्यो नित्यं मुदितमानसा ः।। कू. पु., अध्याय 19.
15. चाइल्ड, मैन मेक्स हिमसेल्फ, अध्याय VI.
16. बनर्जी, पब्लिक ऐडमिनिस्ट्रेशन इन एंशंट इंडिया, पृ. 33-34.
17. वा. पु., i, VIII, 128, 142-45, 154; मा. पु., अध्याय 49,51,60 और 74; 'तस्मिन् वनलते अंतर्हिते तम् शालिम् अकणम् अतुषम् सुरभितंडुलोफलम् आहारमाहरन्ता चिरम् दीर्घमध्वानम् तिष्ठेन्सु। महावस्तु, i, 342.
18. रॉकहिल, दि लाइफ ऑफ दि बुद्ध, पृ. 5; सै. बु. बु., IV, 86; महावस्तु, i, 343.
19. तत्स्ताः पर्य्यगृहणन्त नदीक्षेत्राणि पर्वतान्। वा. पु., I, VIII, 31; मा. पु., 49.62; कू. पु., अध्याय 29.

20. दि लाइफ ऑफ दि बुद्ध, पृ., 5-6; सै. बु. बु., IV-87.
21. दि लाइफ ऑफ दि बुद्ध, पृ. 6-7; सै. बु. बु., IV-88; महावस्तु, i, 347-48.
22. महावस्तु, i, 343; सै. बु. बु., iv, 85; दि लाइफ ऑफ दि बुद्ध, पृ. 4.
23. दि लाइफ ऑफ दि बुद्ध, पृ. 5.
24. 207-40.
25. वर्णधर्मैजीव्यंतो व्यरुध्यंत परस्परम्... वा. पु., i, VIII. 155-60; पद्म चरित, III, 240.
26. ब्रह्मा तमर्थम् बुध्वा याथातथ्येन वै प्रभुः ।
    क्षत्रियाणाम्बलम् दण्डं युद्धमाजीवमादिशत् ।। वा. पु., 1, VIII, 161.
27. वर्णाश्रम व्यवस्थानं तेषां ब्रह्मा तथाकरोत् ।
    पुनः प्रजास्तु तो मोहात्तान् धर्मान्न् ह्यपालयन् ।।
    परस्परं विरोधेन मनुन्ताः पुनरन्वयुः–
    प्रियव्रतोत्तानपादौ प्रथमन्तौ महीपती ।
    ततः प्रभृति राजान्न उत्पन्ना दण्डधारिणः ।। वा. पु., i, 57,55-58.
28. एफ. एंजेल्स, दि ऑरिजिन ऑफ फैमिली, प्राइवेट प्रोपर्टी एंड दि स्टेट, पृ. 244.
29. शा. प., 67, 14-15.
30. वही, 67, 17-18.
31. वही, 67,19.
32. वही, 67,23-24.
33. परंपरागतं धर्मं स्मार्तंचाचारलक्षणम् । वर्णाश्रमाचारयन्तं मनुः स्वायंभुवोऽब्रवीत् ।।
    वा. पु., i, 457, 41.
34. शा. प., 59. 125.
35. वि. पु., स्कंध I, अध्याय XIII.
36. समरांगण सूत्रधार, VIII.
37. ब्र. पु., V. 116-21.
38. धर्मैकतानाः पुरुषास्तदासन् सत्यवादिनः तदा न व्यवहारोऽभुन्न, द्वेषो नापिमत्सरः नष्टे धर्मे मनुष्येषु व्यवहारः प्रवर्तते । –नारद
    धर्मप्रधानाः पुरुषाः पूर्वमासन्न हिंसकाः । लोभद्वेषाभिभूतानां व्ययहारः प्रवर्तते ।। बृहस्पति वीरमित्रोदय, पृ. 4 में उद्धृत.
39. शा. प., अध्याय 68; 'अयोध्याकांड', अध्याय 67; विष्णुधर्मोत्तर पुराण, स्कन्ध II, अध्याय 11, जिसे जगदीशलाल शास्त्री ने पॉलिटिकल थॉट इन दि पुराणाज, पृ. 120-21 पर उद्धृत किया है.
40. शा. प., 68. 15, 33; मिलाएं 'अयोध्याकांड', 67. 10-11, 31; विष्णुधर्मोत्तर पुराण, स्कंध II, अध्याय 11, 14, जो पॉलिटिकल थॉट इन दि पुराणाज, पृ. 121 पर उद्धृत है.
41. राजानं प्रथमं विंदेत ततो भार्यां ततो धनम् । राजन्यसति लोकस्य कुतो भार्या कुतो धनम् ।। शा. प.,57, 46.
42. शा. प., 68, 14.
43. भंडारकर, पूर्वोद्धृत ग्रंथ, पृ.115-18.
44. शा. प., 68, 16.
45. शा. प., 68, 19.
46. शा. प., 90, 39-40.

46. 67, 18.
48. ततश्च मुनयो रेणुं ददृशुः सर्वतो द्विज।
किमेतदिति चासन्नानपाप्रच्छुस्ते जनांस्तदा ।।
आख्यातं च जनैस्तेषां चौरभूतैरराजके।
राष्ट्रे तु लोकैरारब्धम् परस्वादानामातुरैः ।।
तैषामुदीर्णवेगानां चौराणाम् मुनिसत्तमः ।
सुमहान् दृश्यते रेणुः परवित्तापहारिणाम् ।। वि. पु. स्कंध 9, अध्याय 13, 30.32.
49. शा. प., 68, 21-22.
50. अराजकेषु राष्ट्रेषु नैव कन्या प्रदीयते। पॉलिटिकल थॉट इन दि पुराणाज, पृ. 120 पर विष्णुधर्मोत्तर पुराण का उद्धरण.
51. शा. प., 68, 29.
52. शा. प., 121, 13; मिलाएं मनु., VII. 20.34.
53. शा. प.,75-10; आपस्तंब धर्मसूत्र, II. 10, 27. 4; पॉलिटिकल थॉट इन दि पुराणाज के पृ. 43 और 67 पर अ. पु. का, और पृ. 147-48 पर विष्णुधर्मोत्तर पुराण का उद्धरण.
54. पंचतंत्र, पृ. 104.
55. दीक्षितार का अनुवाद, पृ. 81.
56. वसिष्ठ, XVI, 10; मनु X, 115.
57. शा. प., 139, 97.
58. धनिनः पूजयेन्नित्यम् यानाच्छादनभोजनै ... अंगमेतन्महद्राज्ञं धनिनोनाम भारत, ककुदमं सर्वभूतानां धनस्थो नात्र संशयः ।
शा. प., 88, 26-30. मिलाएं परिशोधित संस्करण. 89, 25-26, जिसका यहां अनुसरण किया गया है.
59. मनु., VIII 4-7.
60. श्लोक 947-48.
61. मृच्छकटिक, I, 8-15, 36, 53; III, 24, 27; V, 8-9; IV. 5; X. 16 आदि.
62. किम् चित्रं यः निर्धनोऽपि पुरुषः पापं न कुर्यात् क्वचित् । ग. पु., पॉलिटिकल थॉट इन दि पुराणाज, पृ. 101 पर उद्धृत.
63. श्लोक 849-50.
64. दीघ निकाय (हिंदी), पृ. 118-19.
65. वही, पृ. 118.
66. वही, पृ. 201, 204. मिलाइए पृ. 236.
67. अ. शा., III. 1; का. नी., XIII, 41, 58; बृ. अ. शा., III, 18, मनु. VII, 17, 35; कात्यायन, श्लोक 949-50; शा. प. 57. 15, 53. 27, 56. 12, 77-11-17 ब्र. पु. 222-103; वि. पु. स्कंध III. अध्याय 8; पॉलिटिकल थॉट इन दि पुराणाज, पृ. 5 पर उद्धृत म. पु., पृ. 49 पर उद्धृत अ. पु., पृ. 81 पर उद्धृत मा. पु., और 153 पर उद्धृत वा. पु.
68. 'बालकांड', VI, 17, 19.
69. निम्नवत्, अध्याय XII.
70. मनु., X-61; मिलाइए शुक्रनीतिसार. IV, 1, 215, 16.
71. रिपब्लिक, iii. 434.
72. IX-253.

73. आर. सी. हजरा, स्टडीज इन दि उपपुराणाज, i, 344.
74. बृहन्नारदीय पुराण, 104-62.
75. 11.34.
76. 85.22.
77. चौरेभ्यो मान्यकेभ्यश्च तथैवार्थाधिकारितः। चोरैस्साहसिकैश्चाध्यैः दुराचारैस्तथा परैः।। श्लोक 157.
78. पूजनम् सुरविप्राणाम् वर्णाश्रमनिरीक्षणम्। मारणम् तस्करादीनामात्मरक्षाविधिक्रमम्।। श्लोक 710.11.
79. II.42.
80. VII. 21-22, 24.
81. दीघ निकाय (हिंदी), पृ. 234.
82. उपरिवत्, पृ. 59.
83. 90-5.
84. शा. प., 90, 9-10.
85. वही, 90, 17, 35.
86. अ. शा. III, 1.
87. धनवान् धर्ममाप्नोति धनवान् काममश्नुते। पॉलिटिकल थॉट इन दि पुराणाज के पृ. 42 पर अ. पु. और पृ. 145 पर वि. ध. पु. के उद्धरण-त्यजन्ति मित्राणि धनैर्विहीनम्, पुत्राश्च दाराश्च सुहृज्जनाश्च। पॉलिटिकल थॉट इन दि पुराणाज, पृ. 92 पर ग. पु. का उद्धरण।

5. राज्य की उत्पत्ति का अनुबंध सिद्धांत

ऐतिहासिक सर्वेक्षण

प्राचीन ग्रंथों में राज्य की उत्पत्ति विषयक पाश्चात्य सिद्धांतों के प्रतिरूप खोजने के प्रयास तो हुए हैं; लेकिन इसमें इन ग्रंथों के काल और ऐतिहासिक पृष्ठभूमि का ध्यान नहीं रखा गया है। ऐसे भी न केवल बहुत से प्राचीन ग्रंथों का काल अनिश्चित है, बल्कि उनकी वर्ण्य वस्तु के विषय में भी निश्चयपूर्वक कुछ नहीं कहा जा सकता। अनुबंध का प्रतिपादन जिन स्रोतों में किया गया है वे तिथिक्रम से इस प्रकार हैं: 'ब्राह्मण', 'दीघ निकाय', कौटिल्य विरचित 'अर्थशास्त्र', 'महावस्तु' और 'शांतिपर्व' का राजधर्म प्रकरण। कुछ विद्वान इस अनुक्रम का अनुसरण नहीं करते। वे पहले 'शांतिपर्व' का साक्ष्य ग्रहण करते हैं और फिर 'दीघ निकाय' और 'अर्थशास्त्र' की सामग्री की विवेचना करते हैं।[1] किंतु 'शांतिपर्व' का 'राजधर्म' प्रकरण ईसा की पहली शताब्दी से पहले नहीं रखा जा सकता। ध्यातव्य है कि इसके अध्याय 67 में राज्योत्पत्ति के अनुबंध सिद्धांत का विवेचन है और अध्याय 65 (श्लोक 13) में पहलवों (पार्थियनों) का उल्लेख हुआ है।

राज्य की उत्पत्ति के अनुबंध सिद्धांत का धुंधला-सा आभास सबसे पहले दो ब्राह्मणों में मिलता है। इनमें असुरों पर विजय प्राप्त करने के लिए देवताओं के बीच राजा के चुनाव का जिक्र है।[2] ऐतरेय ब्राह्मण में इंद्र के राज्याभिषेक के संदर्भ में इस विचार को पल्लवित किया गया है। इसके अनुसार प्रजापति के नेतृत्व में देवताओं ने आपस में कहा कि हमारे बीच इंद्र 'कार्य संपादन के लिए सर्वाधिक स्वस्थ, शक्तिशाली, सर्वरूपेण, पूर्ण और सर्वोत्तम है।' इसलिए उन्होंने उसे राजपद पर प्रतिष्ठित करने और तदनुसार उसका महाभिषेक करने का निश्चय किया। इस अभिषेक में उसके विभिन्न प्रकार के राजसंस्कार किए गए।[3] जाहिर है कि निर्वाचन में निर्वाचक और निर्वाचित के बीच एक प्रकार की सहमति होती है। लेकिन इस ग्रंथ में निर्वाचकों और निर्वाचित के पारस्परिक दायित्वों का उल्लेख नहीं है। फिर भी चूँकि युद्ध की आवश्यकताओं को ध्यान में रखकर यह निर्वाचन हुआ था, जिसमें सबसे अधिक जोर राजा के शारीरिक गुणों पर था,[4]

इसलिए ऐसा माना जा सकता है कि इस अनुबंध में प्रजा का आज्ञापालन का दायित्व और राजा का प्रजा को आदेश देने और उसकी रक्षा करने का दायित्व सहज समाहित है। हमारा यह अनुमान उत्तर वैदिक कालीन राजत्व के स्वरूप को कहा तक प्रतिबिंबित करता है, यह कहना कठिन है। देवसमाज का निर्वाचन पूर्व वैदिक काल के जनजातीय समाज में व्याप्त ऐसी ही प्रथा का द्योतक माना जा सकता है, क्योंकि राज्याभिषेक समारोहों से प्रकट होता है कि वैदिक काल के अंत तक राजा का पद आनुवंशिकता के आधार पर सुस्थापित हो गया था। कहा गया है कि ब्राह्मणों में, कुछ हद तक, परवर्ती काल के बहुश्रुत सामाजिक अनुबंध सिद्धांत का पूर्वाभास मिलता है।[5] लेकिन सामाजिक अनुबंध के अनुसार लोग एक-दूसरे के परिवार और संपत्ति की मर्यादा पालन करने का करार करते हैं तथा, इस तरह, वे संगठित समाज की नींव डालते हैं। ब्राह्मणों में ऐसा कोई विचार प्रस्तुत नहीं किया गया है; बल्कि इनमें एक प्रकार के राजनीतिक अनुबंध की झलक मिलती है।

राज्य की उत्पत्ति के अनुबंध सिद्धांत का प्रारंभिक ब्राह्मण साहित्य में आभास-मात्र मिलता है; इसका प्रथम स्पष्ट और विस्तृत प्रतिपादन बौद्ध-धार्मिक ग्रंथ 'दीघ निकाय' में प्राप्त होता है। इसकी सृष्टिकथा हमें रूसो की राज्यपूर्व आदर्श अवस्था की याद दिलाती है। इसके उपरांत जिस अवस्था का प्रादुर्भाव होता है, वह बहुत कुछ हॉब्स द्वारा वर्णित प्राकृतिक अवस्था से मेल खाती है। ब्राह्मणो के श्रेष्ठता के दावे का खंडन करने के लिए स्वयं बुद्ध ने इस कथा का सहारा लिया है। इस कथा के अनुसार, एक समय ऐसा था जब लोग सर्वथा दोषरहित और सर्वांगपूर्ण थे तथा सुख-शांति से रहते थे। यह सभी दृष्टियों से पूर्ण और निर्दोष अवस्था युगों तक चली। लेकिन अंततोगत्वा पुरातन पवित्रता अधोमुखी होने लगी और इसका क्षय प्रारंभ हुआ। स्त्री-पुरुष और वर्ण का भेद स्पष्ट होने लगा। संक्षेप में, स्वर्गिक जीवन पार्थिव जीवन में परिवर्तित हो गया। अब रहने की जगह, भोजन और पानी की जरूरत होने लगी। लोगों ने आपस में क्रमशः अनेक अनुबंध किए तथा परिवार और संपत्ति जैसी संस्थाएँ कायम कीं। लेकिन इससे नई-नई समस्याएँ पैदा हुईं, क्योंकि चोरी और अन्य प्रकार के असामाजिक आचरण सामने आने लगे। अतः लोग इकट्ठे हुए, और तय पाया कि एक ऐसे व्यक्ति को प्रधान के रूप में चुना जाए जो 'सर्वाधिक समर्थित, सर्वाधिक आकर्षक और सर्वाधिक योग्य हो।' उन लोगों के आग्रह पर उस व्यक्ति ने करार किया कि वह 'वहीं पर क्रोध करेगा जहां उसे क्रोध करना चाहिए, उसी की भर्त्सना करेगा जिसकी भर्त्सना होनी चाहिए, उसी को देशनिकाला देगा जिसे देश निकाला मिलना चाहिए।'[6] बदले में लोगों ने उसे अपनी संपत्ति का एक अंश देना स्वीकार किया। इस प्रकार जो व्यक्ति निर्वाचित हुआ उसने क्रमशः तीन उपाधियाँ धारण कीं (1) महासम्मत, (2) खत्तिय और (3) राजा। 'दीघ निकाय' के अनुसार पहले

का अर्थ सभी लोगों द्वारा चुना गया व्यक्ति, दूसरे का खेतों का मालिक, और तीसरे का वह व्यक्ति है जो धर्म द्वारा लोगों को मोहित करे।[7]

'दीघ निकाय' में वर्णित सृष्टिकथा में जो चिंतन मिलता है, वह सामाजिक विकास की काफी निखरी हुई अवस्था की देन है। इससे पता चलता है कि अब तक जनजातीय समाज टूट चुका था, और स्त्री-पुरुष के बीच, विभिन्न जातियों और वर्णों के बीच तथा असमान संपत्ति वाले लोगों के बीच संघर्ष होने लगा था। इन परिवर्तनों का संबंध पूर्वी उत्तर प्रदेश और बिहार की बदलती हुई भौतिक संस्कृति से है। ईसापूर्व चौथी सदी के आसपास खेती में लोहे के औजारों के उपयोग के कारण अनाज की पैदावार बढ़ी और कृषक समुदायों की संख्या बढ़ी। पूर्वी भारत में धान अर्थव्यवस्था का मुख्य आधार बना। यद्यपि सोनपुर (गया) के उत्खननों से ईसापूर्व करीब आठवीं शताब्दी में पूर्वोत्तर भारत में धान की खेती का पता चलता है, फिर भी व्यापक रूप से इसकी खेती बुद्ध के काल में ही शुरू हुई। महत्वपूर्ण बात यह है कि 'दीघ निकाय' में धान के सिवा किसी दूसरे अन्न का जिक्र नहीं है। स्पष्ट है कि धान पूर्वी अंचल की मुख्य फसल थी। इस सृष्टिकथा से ऐसी धारणा बंधती है कि झगड़े का एक मुख्य कारण यह था कि कुछ लोग अपने खाने से अधिक धान जमा कर लेते थे और इससे भी बुरी बात यह थी कि धनखेतों की छीनाझपटी होती थी।[8] इस प्रकार की घटनाओं की पुनरावृत्ति को राजा के चुनाव का प्रमुख कारण बताया गया है। साथ ही 'दीघ निकाय' की विचारधारा की विशेषता यह है कि इसके अनुसार राजनीतिक अनुबंध के पहले सामाजिक अनुबंध की स्थापना हुई, यह बात ब्राह्मणों में प्रतिबंधित अनुबंध सिद्धांत पर लागू नहीं है। सामाजिक अनुबंध का विकास 'दीघ निकाय' में कई चरणों में दिखाया गया है। पहले इसमें परिवार की रचना का संकेत है, फिर निजी संपत्ति के उदय का। दूसरों के परिवार और निजी धनखेतों पर हाथ न डालने का दायित्व केवल ध्वनित है, व्यक्त नहीं।[9] लेकिन निस्संदेह इस ग्रंथ में राजनीतिक अनुबंध की अपेक्षा सामाजिक अनुबंध की परिकल्पना का अधिक विस्तृत वर्णन है।[10]

'दीघ निकाय' में पल्लवित राजनीतिक अनुबंध में राजा के रूप में निर्धारित होने के लिए न केवल अलग ढंग की योग्यताओं पर जोर दिया गया है, बल्कि इसमें उभय पक्षों के उत्तरदायित्व भी स्पष्ट रूप से बता दिए गए हैं। 'ऐतरेय ब्राह्मण' में जहां ओज और बल जैसे गुणों पर जोर है, वहां 'दीघ निकाय' में सौंदर्य, जनप्रियता, आकर्षण और योग्यता पर बल दिया गया है। सौंदर्यबोधक शारीरिक गुणों के साथ हृदय और मस्तिष्क के गुण जोड़ दिए गए हैं। इसका स्पष्ट कारण बौद्धों की बलप्रयोग तथा हिंसाविरोधी प्रवृत्ति है। दुष्कृत्यों पर रोष प्रकट करके और उनकी भर्त्सना करके राजा अपनी नाराजगी व्यक्त करता है, लेकिन इस रोष और भर्त्सना के भाव को कार्यरूप में कैसे परिणत किया जाता है, यह नहीं बताया गया है।

अपराधियों को देशनिकाला देना एकमात्र ऐसा दंड है जिसका स्पष्ट उल्लेख हुआ है। इस तरह, कुल मिलाकर, राज्य के प्रधान का दायित्व अपराधों को रोकना है। वह तभी हस्तक्षेप करता है जब लोग प्रतिष्ठित कानूनों का उल्लंघन करते हैं। राजा की उपाधियों की जो व्युत्पत्तिमूलक व्याख्या की गई है, उससे भी पता चलता है कि राजा से किन उत्तरदायित्वों के निर्वाह की अपेक्षा की जाती थी। खत्तिय उपाधि का अर्थ खेतों का मालिक बतलाया गया है, जिससे पता चलता है कि राजा का प्रथम कर्तव्य लोगों के खेतों की एक दूसरे से रक्षा करना है। फिर, इस उपाधि से यह भी भासित होता है कि भूमि पर राजा को जो अधिकार प्राप्त है वह इस कारण कि वह समुदाय का, जो वैदिक काल में भूमि का स्वामी माना जाता था,[11] प्रतिनिधि है। भूमि पर प्रभावकारी राजकीय स्वामित्व का प्रथम संकेत प्राक् मौर्य काल में प्राप्त होता है। इस काल के प्रारंभिक पालि ग्रंथों में पूर्वोत्तर भारत में राजा द्वारा ब्राह्मणों को भूमिदान देने के दृष्टांत मिले हैं। इन अनुदानों को ध्यान में रखकर विचार करें तो कह सकते हैं कि राजा और जनसामान्य का पारस्परिक अनुबंधात्मक संबंध भूमि पर मुट्ठीभर उच्चकुलोत्पन्न शासक वर्ग के स्वत्वाधिकार को प्रतिबंधित करना है। 'राजा' उपाधि की व्याख्या से प्रकट होता है कि प्रजा को आकृष्ट और प्रसन्न करना उसका निश्चित दायित्व था। लेकिन प्रजा को आकृष्ट और प्रसन्न करने के लिए वह क्या करे, इसका कोई संकेत नहीं दिया गया है।[12] जहां राजा और प्रजा के पारस्परिक कर्तव्यों का निदेश किया गया है, वहां भी इसका कोई उल्लेख नहीं है।

जहां राजा के अनेक दायित्वों का उल्लेख है, वहीं प्रजा का केवल एक दायित्व बताया गया है—यह कि वह अपने धान का एक अंश राजा को दे। कर की दर तो निहित नहीं है, लेकिन समकालीन बौधायन धर्मसूत्र में बताया गया है कि राजा लोगों से उपज का छठा भाग लेकर बदले में लोगों की रक्षा करे।[13] इस प्रकार मौर्य पूर्व काल के ब्राह्मण परंपरा के चिंतकों के बीच भी यह मान्यता प्रचलित थी कि राजा प्रजा से कर प्राप्त करके बदले में उसकी रक्षा करे। लेकिन कहना कठिन है कि यह बात बौद्धों से ब्राह्मणों में आई या ब्राह्मणों से बौद्धों में। अनुबंधात्मक विचारधारा की संभावित उत्पत्ति उस समय के राजनीतिक संगठन में खोजी जानी चाहिए। बिना अनिवार्य कर प्रणाली के मगध तथा कोसल जैसे बड़े राज्य कायम नहीं हो सकते थे। इसके अतिरिक्त गौतम बुद्ध के समय पूर्वी उत्तर प्रदेश और उत्तर बिहार में अनेक छोटे-छोटे राज्य थे जिनमें क्षत्रिय शासक थे।

हम देखते हैं कि आरंभ में एक ओर केवल एक क्षत्रिय और दूसरी ओर सामान्य जनों के बीच करार होता है, लेकिन आगे चलकर प्रथम पक्ष में समस्त क्षत्रिय समुदाय को शामिल कर लिया जाता है। 'दीघ निकाय' की सृष्टिकथा के अंत में कहा गया है कि इस प्रकार खत्तिय मंडल, अर्थात क्षत्रियों के सामाजिक वर्ग का

उदय हुआ।[14] इस प्रकार यहां जिस चीज का वर्णन है वह केवल आदिम क्षत्रिय शासक और जनसामान्य के बीच का ही करार नहीं है, बल्कि यह एक ओर क्षत्रिय कुलतंत्र में समाविष्ट शासक वर्ग और दूसरी ओर गैर क्षत्रिय जन सामान्य के बीच का करार है। इसका स्पष्ट उद्देश्य बुद्ध के काल में पूर्वोत्तर भारत में प्रचलित अल्पतंत्रों (ऑलिगार्कीज) के शासन को जनसमर्थन का जामा पहनाकर और इस प्रकार लोगों द्वारा नियमित रूप से करों की अदायगी के कर्तव्य का विधान करके उनका औचित्य ठहराना और उनकी जड़ें मजबूत करना था। बौद्ध अनुबंध सिद्धांत की विशेषता है कि ब्राह्मणीय 'शांतिपर्व' में या रूसो की कृति में प्रतिपादित सिद्धांत के विपरीत, यह किसी एक व्यक्ति को राज्य का प्रधान नही बनाता है, बल्कि यह उन सभी व्यक्तियों को जो शासक श्रेणी में आते हैं, राजा मानता है।

'दीघ निकाय' में शासक पर डाले गए दायित्वों को देखकर हम सोच सकते हैं कि ये उस काल के गणतंत्रात्मक आदर्शों के तथा सामाजिक और धार्मिक विषयों में बौद्धों के सुधारवादी दृष्टि के अनुरूप हैं। लेकिन घोषाल का यह कहना ठीक ही है कि ऐसा कोई साक्ष्य नहीं मिलता कि इस सिद्धांत के सहारे राजकीय शक्ति पर किसी प्रकार का लोकनियंत्रण होता था।[15] इसके विपरीत, जनसामान्य के अशांत और दयनीय जीवन के लंबे वृत्तांत का प्रयोजन बुद्धकालीन क्षत्रिय शासन का—चाहे वह राजतंत्रात्मक रहा हो या कुलतंत्रात्मक—औचित्य ठहराना था।[16] बाकी पुस्तकों में कहा गया है कि राजा धर्म के अनुसार कार्य करे, लेकिन राजशक्ति पर नियंत्रण अनुबंध सिद्धांत का प्रत्यक्ष अंग नहीं है। एक स्थल पर कहा गया है कि राजा धर्म के अनुसार लोगों को प्रसन्न रखता है। 'दीघ निकाय' के वृत्तांत के अंत में बताया गया है कि खत्तिय मंडल अर्थात शासक कुलतंत्र का उद्भव धर्म, न्याय या सदाचार के अनुसार हुआ।[17] इस प्रकार प्लेटो के 'रिपब्लिक' की तरह राज्य की अवधारणा धर्म या न्याय की भावना के प्रतिफल के रूप में की गई है।

जहां तक ब्राह्मण चिंतनधारा का संबंध है, राज्य की उत्पत्ति के अनुबंध सिद्धांत का स्पष्ट प्रतिपादन सर्वप्रथम कौटिल्य के 'अर्थशास्त्र' में मिलता है। जिस प्रकार 'दीघ निकाय' में यह सिद्धांत ब्राह्मणों की सामाजिक प्रभुता का खंडन करने के सिलसिले में प्रसंगवश प्रतिपादित किया गया है, उसी प्रकार 'अर्थशास्त्र' में यह राजशक्ति के स्वरूप के बारे में गुप्तचरों के बीच हो रही चर्चा के दौरान आनुषंगिक रूप से निरूपित किया गया है।[18] राज्य के सप्तांगों के सैद्धांतिक विवेचन की तरह इसे सुविचारित और पूर्वचिंतित सिद्धांत निरूपण की कोटि में नहीं रखा जा सकता। फिर भी इसमें अनुबंध की शर्तों में कुछ ऐसे नए तत्वों का समावेश कराया गया है जो 'दीघ निकाय' में नहीं हैं। इसमें कहा गया है कि अराजक परिस्थिति में पड़कर लोगों ने मनु वैवस्वत को अपना राजा निर्वाचित किया और वचन दिया कि वे अपने

सोने का एक अंश देने के अलावा अनाज का छठा अंश और बिकाऊ वस्तुओं का दसवां अंश चुकाएंगे। इन करों के बदले उसने लोगों को वचन दिया कि वह अनिष्टकारी कार्यों का निरोध करेगा, तथा अपराधियों को करों और दंड से प्रताड़ित करेगा और इस प्रकार समाज का कल्याण साधेगा। वनवासियों के लिए भी वन के उत्पादनों का छठा भाग देना आवश्यक बनाया गया। राज्योत्पत्ति विषयक यह वृत्तांत इस नीति वचन के साथ समाप्त होता है कि राजा की उपेक्षा नहीं की जानी चाहिए।

कौटिल्य की सिद्धांत-परिकल्पना विकसित अर्थव्यवस्था के अनुरूप है, जिसमें विभिन्न प्रकार के अनाज पैदा किए जाते थे और राजा न केवल धान के एक अनिश्चित अंश का, बल्कि सभी प्रकार के अन्न के नियत अंश का दावेदार था। इसी प्रकार, व्यापार राज्य की आय का नियमित साधन बन चुका था, क्योंकि मैगास्थनीज और कौटिल्य दोनों इस काल में व्यापार और विनियमन करनेवाले अधिकारियों का उल्लेख करते हैं। इनके अलावा, मौर्य काल में खान उत्पादन उन्नतिशील उद्योग था। संभवतः इसी कारण से हिरण्य का एक अंश चुकाने की व्यवस्था है। हिरण्य में केवल सोना ही नहीं, बल्कि सोना तथा अन्य ऐसी ही कीमती धातुएँ भी आती हैं। और अंत में, यह बात कि वनवासियों को भी कर अदायगी से छूट नहीं मिली है, मौर्य राज्य के सर्वव्यापी स्वरूप का भान कराती है। अतः समग्र रूप में देखें तो प्रथम तीन कर, अर्थात अनाजों, सामग्री और धातुओं पर लगने वाले कर, मौर्य काल की विकसित अर्थव्यवस्था के द्योतक हैं। और मिथक चरित्र मनु और जनसामान्य के बीच हुए अनुबंध की शर्तों में जिन चार करों का उल्लेख है उनसे, एक हद तक, मौर्य राज्य की कराधान पद्धति और अपनी अधिकतर परिधि को उत्तरोत्तर बढ़ाते जाने वाले स्वरूप का परिचय मिलता है।

'अर्थशास्त्र' में राजत्व की जो अनुबंधात्मक उत्पत्ति बताई गई है, उसका प्रयोजन राजशक्ति पर अंकुश लगाना नहीं है। इसके विपरीत, लोगों पर जो दायित्व डाले गए हैं, वे भारी हैं और उनका उद्देश्य राजा की सत्ता को सबल बनाने का है। यह बात राजत्व की उत्पत्ति विषयक अनुबंध सिद्धांत का निरूपण करने वाले अवतरण के अंत में स्पष्ट रूप में रखी गई है। इसमें कहा गया है कि राजा, जो बल प्रयोग और करों द्वारा अनिष्टकारी कार्यों का निरोध करके अपनी प्रजा को सुरक्षा और कल्याण की स्थिति प्रदान करता है, कभी भी उपेक्षणीय नहीं है। अतः हॉब्स की तरह कौटिल्य के भी अनुबंध सिद्धांत का प्रयोजन राजशक्ति का संवर्धन है। इसमें उनका सिद्धांत लॉक के सिद्धांत से, जिसका प्रयोजन राजशक्ति को सीमित करना है, भिन्न है।

राज्य की उत्पत्ति के अनुबंध सिद्धांत के इतिहास का अगला चरण 'महावस्तु' में वर्णित है। ईसापूर्व प्रथम शताब्दी के लगभग (इसकी भाषा का वर्णन कुछ

विद्वानों ने जिन शब्दों में किया है उसका प्रयोग करें तो कहेंगे) बौद्धों की सधुक्कड़ी संस्कृत (पाणिनीतर संस्कृत) में लिखा गया यह बुद्ध का जीवन-चरित है। प्राचीन भारत में संप्रदायवादी परंपरा का ऐसा जोर था कि यद्यपि यह ग्रंथ 'दीघ निकाय' के करीब तीन सौ वर्ष बाद लिखा गया प्रतीत होता है, फिर भी राजत्व की उत्पत्ति के अनुबंध सिद्धांत का विवेचन करते हुए इसमें पूर्ववर्ती ग्रंथ की सृष्टिकथा का अधिकांश भाग पुनः उद्धृत कर दिया गया है। पूर्ववर्ती ग्रंथ की ही तरह पहले इसमें मानव जीवन की आदर्श अवस्था का जिक्र है। फिर, उसी तरह पतनावस्था का वर्णन है, जिसके परिणामस्वरूप अनेक करार करके परिवार और संपत्ति की स्थापना की गई। अंततः उसी प्रकार सर्वाधिक सुशोभन और शक्तिशाली व्यक्ति को हम राजा निर्वाचित होते देखते हैं, जिसे महासम्मत कहा गया है। राजा के चुनाव के फलस्वरूप राज्य की स्थापना होती है और इस तरह व्यवस्था ठोस बन जाती है[19] लेकिन 'महावस्तु' में निर्धारित अनुबंध की शर्तों में प्रत्यक्ष और परोक्ष रूप से कुछ परिवर्तन किए गए हैं। लोगों के आग्रह पर राजा न केवल दंडनीय को दंड देने का वचन देता है, वरन एक नए दायित्व के रूप में, उन लोगों का सम्मान करने का वादा करता है जो सम्मान योग्य हैं। सुपात्रों को पुरस्कृत करने की बात पहले की सिद्धांत परिकल्पनाओं में नहीं पाई जाती, हालांकि अशोक ने अपने अधिकारियों को स्पष्ट रूप से इस प्रकार का निर्देश दिया। संभवतः यह विचार बौद्ध शासकों से प्रारंभ हुआ, और इस विचार को व्यवहार में उतारने का अर्थ यह था कि विभिन्न धार्मिक संप्रदायों और पुरोहित, पुजारियों को अनुदान दिए जाएं। जो भी हो, सुपात्रों को पुरस्कृत करने का राजा का दायित्व 'महावस्तु' में स्पष्ट रूप से उल्लिखित है। फिर, इसमें राजा के साथ लगाई जाने वाली दो नई उपाधियों से उसके दूसरे दायित्वों का भी बोध होता है। राजा को 'मूर्धाभिषिक्त' नाम दिया गया है, और इसका अर्थ बतलाया गया है कि वह अपने लोगों की सम्यक रीति से रक्षा और परिपालन करता है।[20] उसे 'जनपदस्थामवीर्यप्राप्त' भी कहा गया है, जिसकी व्याख्या की गई है कि वह नगरीय और ग्रामीण लोगों के बीच उनके माता-पिता के रूप में स्थापित है।[21] इस ग्रंथ में 'राजा' की व्याख्या यह कह कर की गई है कि इस उपाधि को धारण करनेवाले व्यक्ति को धान की उपज में हिस्सा पाने का हक है।[22] अतः यह उपाधि जनता के प्रति राजा के दायित्वों की बनिस्बत उसके अधिकारों की द्योतक है। राजा के प्रति जनता के दायित्व पहले ही काफी स्पष्ट शब्दों में निर्दिष्ट कर दिए गए हैं। राजा द्वारा वचनरक्षा आदि का वचन दिए जाने पर जनता उसे अपने धान की उपज का छठा भाग देने की प्रतिज्ञा करती है। यह दर 'दीघ निकाय' में बताई गई दर और कौटिल्य द्वारा निर्दिष्ट दर के भी अनुरूप है। यद्यपि ईसा की प्रथम दो शताब्दियों में व्यापार उन्नत अवस्था में था और राजा को नगरीय और ग्रामीण, दोनों क्षेत्रों में रहने वालों की [illegible] में सन्नद्ध दिखलाया

गया है, फिर भी व्यापार की वस्तुओं पर कर लगाने का कोई उल्लेख नहीं है। संभवतः इस दृष्टि से बुद्ध के जीवनचरित के लेखक ने उस महान धर्मगुरु के काल का यथासंभव यथार्थ वर्णन करने का प्रयास किया है। लेकिन 'महावस्तु' में भी इसके संकलन काल की राजनीतिक प्रथाएं अनजाने ही प्रतिबिंबित हो गई हैं। इसमें प्रथम निर्वाचित राजा सम्मत के उत्तराधिकारी की वंशावली अनेक पीढ़ियों तक दी गई है,[23] जिससे प्रकट होता है कि राजा का पद साधारणतया आनुवंशिक माना जाता था। बुद्धकालीन स्थिति के यथार्थ वर्णन के प्रयास में ही ग्रंथ में निर्वाचन का तत्व भी कायम रखा गया है, क्योंकि ब्राह्मण चिंतनधारा के ग्रंथ 'मनुस्मृति' और 'शांतिपर्व' के राज्यव्यवस्था विषयक अध्यायों में, जो उस समय संकलित हुए जब आनुवंशिक राजतंत्र सुप्रतिष्ठित हो चुका था, राजा के निर्वाचन का उल्लेख नहीं मिलता।

राजपद की उत्पत्ति के बारे में 'शांतिपर्व' में दो सिद्धांत परिकल्पनाएं हैं। इन दोनों में राज्य की उत्पत्ति के अनुबंध सिद्धांत के तत्व समाविष्ट हैं, ऐसा दिखाया जा सकता है। यह कहना कठिन है कि इन दोनों को 'राजधर्म' प्रकरण में एक ही समय सम्मिलित किया गया या नहीं, क्योंकि जैसा कि आगे दिखलाया जाएगा, उनके उद्देश्य एक दूसरे से बहुत भिन्न हैं। पहली परिकल्पना 59वें अध्याय में प्रस्तुत की गई है, जो दंड और दंडनीति के महत्त्व के दीर्घ विवेचन से शुरू होती है। वहां बताया गया है कि प्रशासन का उत्तरदायित्व संभालने के लिए विष्णु ने एक मानस पुत्र पैदा किया। लेकिन उसने तथा उसके अनेक वंशजों ने संन्यास ले लिया जिसके फलस्वरूप अंततः वेन का अत्याचारी शासन प्रारंभ हुआ।[24] ऋषियों ने उसे मारकर उसकी दाईं जांघ से पृथु को उत्पन्न किया, जो विष्णु की आठवीं पीढ़ी में पड़ता था। एक अनुबंध करके ऋषियों ने स्पष्ट शब्दों में वे शर्तें निर्धारित कर दीं जिनका पालन करके ही पृथु वैन्य सिंहासनासीन रह सकता था। ऋषियों ने उससे प्रतिज्ञा कराई कि वह दंडनीति के अनुसार शासन करेगा, ब्राह्मणों को दंड से परे मानेगा, और संसार को वर्णसंकरता से बचाएगा।[25] इस पर पृथु ने ऋषियों के नेतृत्व में देवताओं को वचन दिया कि वह सदा नरों में वृषभ रूप महाभाग्य ब्राह्मणों की पूजा करेगा।[26] इसके पूर्व उसने आश्वासन दिया कि वह वही करेगा जो उचित और राज्यशास्त्र से सम्मत है।[27]

यद्यपि यह अनुबंध मूल शासक के साथ नहीं हुआ, फिर भी लेखक का आशय यह प्रतीत होता है कि वास्तविक राजपद पृथु से प्रारंभ हुआ, जिसके नाम पर इस जग का नाम पृथ्वी पड़ा। ध्यान देने की बात यह है कि अनुबंध जनसामान्य के साथ नहीं, बल्कि ब्राह्मणों के साथ हुआ, जो राजा से विशेषाधिकार और विशेष सुरक्षा पाने का दावा करते हैं। जायसवाल की इस मान्यता को सिद्ध करने वाला कोई साक्ष्य सामने नहीं आया है कि राजा की प्रतिज्ञा पर लोगों ने 'एवमस्तु' उच्चारित

किया।[28] प्रतिज्ञा स्पष्टतः देवताओं और परमर्षियों[29] ने दिलाई, और राजा द्वारा प्रतिज्ञा लिए जाने पर वही एवमस्तु कहते हैं।[30] किसी भी प्रकार से यह नहीं माना जा सकता कि वे समस्त जनों के प्रतिनिधि थे। राजा पृथु पूरी प्रतिज्ञा नहीं दुहराता, बल्कि स्पष्ट शब्दों में कहता है कि वह सदा ब्राह्मणों का आदर करेगा। अनुबंध में ब्राह्मणों की विशेष स्थिति की यह सैद्धांतिक मान्यता मौर्योत्तर काल और गुप्त काल में उनके बढ़ते महत्त्व की परिचायक है। यह वह काल था जब शुंग, कण्व, सातवाहन, आदि अनेक ब्राह्मण वंश देश में शासन कर रहे थे और ब्राह्मणवाद ने अपना वर्चस्व पुनः प्राप्त कर लिया था, जिसकी चरम परिणति हमें गुप्त शासन के अधीन देखने को मिलती है। इसी संदर्भ में हमें क्षत्रिय शब्द का एक विलक्षण व्युत्पत्यर्थ देखने को मिलता है, जिसमें इस शब्द का अर्थ क्षत (घाव) से ब्राह्मणों की रक्षा करना बताया गया है।[31] उस पर वैश्यों और शूद्रों की रक्षा की जिम्मेदारी नहीं दी गई है। जनसामान्य के प्रति राजा के एकमात्र दायित्व का आभास 'राजा शब्द की इस व्याख्या से मिलता है कि राजा वह है जो जनसामान्य को रंजित (आनंदित) करे।[32]

'शांतिपर्व' के 67वें अध्याय में राज्योत्पत्ति की जो दूसरी कल्पना है, उसे स्पष्टतः राज्य की उत्पत्ति का अनुबंध-सिद्धांत माना जा सकता है। इसमें सामाजिक और राजनीतिक दोनों प्रकार के अनुबंध सिद्धांत वर्णित हैं। कहा गया है कि प्राचीन काल में जब अराजकता व्याप्त थी तब लोगों ने आपस में करार किया। इसके अनुसार उन्होंने उन लोगों का बहिष्कार करने का निर्णय किया जो वाचाल थे, क्रूर थे, परधनहर्ता थे, और परस्त्रीगामी थे। साफ है कि यह परिवार और सम्पत्ति जैसी संस्थाओं के अनुरक्षण के लिए एक सामाजिक करार था, जो बौद्ध ग्रंथों में इतने प्रांजल शब्दों में लिपिबद्ध नहीं किया गया है।

राज्योदय की अगली अवस्था का संकेत राजनीतिक अनुबंध की स्थापना से मिलता है। कहा गया है कि लोगों ने अनुबंध (समय) का पालन नहीं किया, जिससे उनके दुर्दिन आए। अतः उन्होंने ब्रह्मा से जाकर एक ऐसा अधिपति (ईश्वर) मांगा जिसकी पूजा वे साथ मिलकर करेंगे और जो उनकी रक्षा करेगा। ब्रहमा ने मनु से इनका शासन संभालने को कहा, लेकिन उन्होंने इनकार कर दिया, क्योंकि दुष्ट और झूठे लोगों पर शासन करना दुष्कर कार्य था। परंतु लोगों ने मनु को यह प्रतिज्ञा करके तैयार किया कि वे उसके कोष की वृद्धि (कोषवर्धन) के लिए अपना 1/50 पशु, 1/50 सोना और 1/10 अन्न देंगे।[38] उन्होंने यह भी प्रतिज्ञा की कि जो लोग शस्त्रास्त्र प्रयोग में सबसे आगे होंगे, वे उसी तरह मनु का अनुसरण करेंगे जिस तरह देवगण इंद्र का करते हैं।[34] इसके बदले उन लोगों ने राजा से अपनी रक्षा की मांग की, और यह वचन भी दिया कि राजरक्षित प्रजा जो पुण्य अर्जित करेगी, उसका चौथा भाग राजा को मिलेगा। मनु ने सहमत होकर एक बड़ी सेना के साथ

दिग्विजय के लिए प्रस्थान किया।

'शांतिपर्व' के दोनों सिद्धांतों में महत्त्व की बात यह है कि बौद्ध सिद्धांत की तरह इनमें राजा के निर्वाचन का जिक्र नहीं है। इसके विपरीत, इनमें राजपद की उत्पत्ति का श्रेय विष्णु और ब्रह्मा जैसे देवताओं को दिया गया है। ब्राह्मणों, कौटिल्य के 'अर्थशास्त्र' और बौद्ध ग्रंथों में जो निर्वाचन तत्व देखने को मिलता है, वह 'शांतिपर्व' में नहीं रह गया है। इस अर्थ में शांतिपर्व में प्रतिपादित राजा की उत्पत्ति का सिद्धांत लोकविरोधी समझा जा सकता है।[35] साथ ही यह ध्यान देने का विषय है कि शांतिपर्व के दोनों सिद्धांतों के अलग-अलग उद्देश्य हैं। जहां पहले सिद्धांत का प्रयोजन पुरोहित (ब्राह्मण) वर्ग के हित में राजशक्ति पर अंकुश लगाना है, दूसरे का उद्देश्य राजाओं के हित में राजशक्ति की महत्ता पर जोर देना है। दूसरा सिद्धांत जिस प्रसंग में प्रस्तुत किया गया है, उससे राजशक्ति की महत्ता का पता चलता है। राजा के अभाव से उत्पन्न बुराइयों के विशद वर्णन से राजशक्ति की आवश्यकता पर जोर पड़ता है। इसके अलावा, प्रजा पर जो दायित्व डाले गए हैं, वे राजा पर डाले गए दायित्वों की तुलना में कतई अधिक हैं। जिन करों का उल्लेख है, उनमें से दो सोने और अन्न के रूप में लिए जाने वाले कर हैं जो कौटिल्य में भी हैं। किंतु कौटिल्य के वस्तु कर के स्थान पर इसमें पशु धन पर लगाया जाने वाला कर है।[36] साथ ही इसमें राजा को कर का भागी बनाया गया है; अर्थात प्रजा द्वारा अर्जित पुण्य में राजा को अंशदान देने की प्रतिज्ञा है। संभवतः इसका संबंध विशेष रूप से ब्राह्मणों द्वारा अर्जित पुण्य से है क्योंकि साधारणतः ब्राह्मण करमुक्त थे। अतएव दूसरी कल्पना में राजशक्ति का औचित्य सिद्ध किया गया प्रतीत होता है, जिससे पता चलता है कि यह क्षत्रिय विचारधारा की उपज है। पहली कल्पना में ब्राह्मणों की शक्ति पर जोर दिया गया है, जो बतलाता है कि यह ब्राह्मण विचारधारा की देन है।

'शांतिपर्व' में वर्णित दूसरे अनुबंध की विशिष्टता यह है कि करों के अतिरिक्त प्रजा पर यह जिम्मेदारी लादी गई है कि वह राजा को सर्वोत्तम योद्धा सैनिक सेवा के लिए दे। इस स्रोत के प्रासंगिक श्लोकों के कुछ अन्य पाठों में लोगों द्वारा राजा को सुंदर कन्या अर्पित किए जाने का उल्लेख है, हालांकि यह बात 'महाभारत' के समीक्षित संस्करण में नहीं है। ये श्लोक हमें समुद्रगुप्त के अधीनस्थ शासकों के दायित्वों की याद दिलाते हैं। जो भी हो, यह साफ है कि सैनिक सेवा की व्यवस्था में गुप्त काल की अर्द्ध सामंती प्रथा की झलक दिखाई देती है। राज्य विषयक प्राचीन भारतीय परिभाषा की दृष्टि से, दूसरा अनुबंध सिद्धांत राज्य की उत्पत्ति के संबंध में सर्वाधिक पूर्ण सिद्धांत माना जाना चाहिए। इसमें राजा और प्रजा दोनों शामिल हैं, जो क्रमशः स्वामी और जनपद से साम्य रखते हैं। लोगों के राजा को कर चुकाने और सैनिक सेवा देने के दायित्वों से प्रकट होता है कि कोष और दंड के तत्व

विद्यमान थे। इस प्रकार, 'शांतिपर्व' के 67वें अध्याय में राज्य की उत्पत्ति का जो अनुबंध सिद्धांत प्रस्तुत किया गया है, उसमें राज्य के सात अंगों में से चार महत्त्वपूर्ण अंग स्पष्टतः देखे जा सकते हैं।

यद्यपि गुप्तकाल विविध प्रकार के साहित्य का सृजनकाल था किंतु राज्य की उत्पत्ति के अनुबंध सिद्धांत में, संभवतः इसी काल में अंतिम रूप से संकलित 'शांतिपर्व' के तद्विषयक अध्यायों को छोड़कर, उसका कोई महत्त्वपूर्ण योगदान नहीं है। नारद और बृहस्पति ये दो स्मृतिकार प्रारंभिक आदर्शावस्था की बात कहते हैं, जिसके बाद सामाजिक अशांति फैली और अंततः शासन की स्थापना हुई।[37] लेकिन ये स्मृतिकार राज्योत्पत्ति के अनुबंध सिद्धांत पर कोई प्रकाश नहीं डालते।

हमारे इस सर्वेक्षण से दीख पड़ेगा कि बौद्ध ग्रंथों में राज्योत्पत्ति के अनुबंध सिद्धांत के प्रतिपादन पर अधिक ध्यान दिया गया है और उनमें इस विषय पर अधिक क्रमबद्ध रूप से विचार किया गया है। किंतु घोषाल का यह कथन समीचीन प्रतीत नहीं होता है कि 'अनुबंध संबंधी बौद्ध सिद्धांत राजनीतिक चिंतन के इतिहास में एक ऐसे अलग-थलग तथ्य के रूप में विद्यमान है जिसका किसी भी चिंतन-परंपरा से प्रायः कोई संबंध नहीं है।'[38] हम देख चुके हैं कि किसी प्रकार इस सिद्धांत का बीज रूप ब्राह्मणों में और विकसित रूप 'शांतिपर्व' में उपलब्ध है। घोषाल ने स्वयं स्वीकार किया है कि सुरक्षा के बदले कर चुकाने का सिद्धांत हिंदू राजनीति दर्शन की मूल अवधारणाओं में से है।[39] उनका कहना है कि कौटिल्य सिद्धांत, बौद्ध अनुबंध सिद्धांत का ब्राह्मणीकृत रूपांतर है।[40] इस सभावना को पूरी तरह अनदेखा तो नहीं किया जा सकता, किंतु दोनों चिंतनधाराओं के बीच विचारों के आदान-प्रदान का या कौटिल्य द्वारा 'दीघ निकाय' से कुछ विचार उधार लिए जाने का कोई प्रमाण उपलब्ध नहीं है। हमें यह भी मालूम नहीं कि 'शांतिपर्व' (अध्याय 67) में विवेचित सिद्धांत पर कोई बौद्ध प्रभाव है या नहीं, हालांकि 'शांतिपर्व' नाम से ही अहिंसा का भाव झलकता है। जो भी हो, यह स्पष्ट है कि इसमें अनुबंध सिद्धांत 'दीघ निकाय' की बनिस्बत अधिक क्रमबद्ध और विस्तारपूर्ण है, जिसके फलस्वरूप सामाजिक और राजनीतिक अनुबंध की दो अवस्थाएं इसमें स्पष्टतः परिभाषित हुई हैं। परंतु 'शांतिपर्व' में प्रतिपादित एक अनुबंध सिद्धांत से ऐसे राज्य की झलक मिलती है जिसका उदय अर्द्ध सामंती अवस्था में हुआ।

राज्योत्पत्ति का अनुबंध सिद्धांत राजनीतिक विचारधारा में प्राचीन भारतीय विचारकों का मौलिक योगदान माना जाना चाहिए। यद्यपि यूनानी विचारक प्लेटो और अरस्तू ने राजनीतिविज्ञान को प्रायः स्वतंत्र शास्त्र के रूप में प्रतिष्ठित किया, पर उन्होंने राजा और जनसामान्य के पारस्परिक अनुबंध की संभावना पर ध्यान

रखकर कभी विचार नहीं किया। प्लेटो अपनी 'रिपब्लिक' में बताते हैं कि यदि तीन-चार व्यक्ति भी अपनी आपसी जरूरतों की पूर्ति के लिए एक साथ आते हैं तो इससे राज्य का उदय होता है। इसमें सामाजिक अनुबंध की ध्वनि निकलती है। लेकिन अपनी दूसरी कृति 'लॉज' में अपनी इतिहास विषयक दृष्टि का प्रतिपादन करते हुए प्लेटो बतलाता है कि प्रारंभ के प्राकृतिक युग में लोग शांतिपूर्वक रहते थे। पुनः वह उस पतन की बात कहते हैं जिसके फलस्वरूप राज्य का उदय हुआ। लेकिन कानूनों के प्रतिष्ठित और राज्य के स्थापित हो जाने के बाद, प्रत्येक डोरियन राज्य में लोगों ने उन सामान्य कानूनो के अनुसार शपथ ली जो शासक और शासित दोनों के लिए समान रूप से बंधनकारी थे।[41] इस तरह यह शपथ राज्य के उदय की कोई पूर्व शर्त नहीं थी, वरन् यह राज्य के उदय के बाद ली गई। अतः इससे यह अर्थ नहीं निकाला जा सकता कि इसमें राज्योत्पत्ति का अनुबंध सिद्धांत अंतर्निहित है। भारत में अनुबंध सिद्धांत की उत्पत्ति का श्रेय कदाचित बुद्ध काल में प्रचलित कुलतंत्र (ओलिगार्की) -शासन को दिया जा सकता है। गुप्तकाल की अर्द्धसामंती व्यवस्था में राज्य का स्वरूप बदलने के कारण इसका विकास हुआ। हॉब्स, लॉक और रूसो के अनुबंध सिद्धांत से प्राचीन भारतीय अनुबंध सिद्धांत की तुलना की गई है, पर जिन अवस्थाओं में और जिन उद्देश्यों से इन तीन विचारकों ने अनुबंध सिद्धांत का प्रतिपादन किया वे बिलकुल भिन्न थे। ऐतिहासिक परिप्रेक्ष्य से जिसमें आर्थिक और सामाजिक तत्वों का प्रमुख स्थान है, अलग करके किसी सिद्धांत के उदय अथवा विकास का विवेचन नहीं किया जा सकता है।

संदर्भ और टिप्पणियां

1. अल्तेकर, स्टेट एंड गवर्नमेंट इन एंशंट इंडिया, पृ. 27 एवं आगे. बैनीप्रसाद, कृत थीअरी ऑफ गवर्नमेंट इन एंशंट इंडिया में ऐतिहासिक परिप्रेक्ष्य का नितांत अभाव है, क्योंकि इसमें पहले महाकाव्य की उपदेशात्मक सामग्री का विवेचन किया गया है और तब मनुस्मृति, अर्थशास्त्र, धर्मशास्त्रों, बौद्ध और जैन स्रोतों आदि का.
2. ऐ. ब्रा., 1.14. 23; तै. ब्रा., 1.5-9.
3. ऐ. ब्रा., VIII, 12-17.
4. मिलाइए, हि. पा. थी, पृ. 43.
5. वही.
6. दी. नि. iii 93; अनु., सै. बु.बु., iv, 88 और आगे.
7. वही.
8. दी. नि., iii, 89-92.
9. वही.
10. वही.

11. ऐसा प्रतीत होता है कि कोई भी भूमि विश (समुदाय) की सम्मत्ति के बिना किसी को नहीं दी जा सकती थी. कै. हि. इं., I, 118.
12. बौद्ध राजा अशोक अपने राजुकों को आदेश देता है कि वे प्रजा को न केवल दंड, बल्कि पुरस्कार भी दें.
13. 1.10. 18-19.
14. दी. नि., iii. 93; अनु. सै. बु. बु., iii, 88.
15. हि. पा. थी., पृ. 121.
16. दी. नि., iii, 93.
17. वही.
18. अ. शा. I, 13.
19. महावस्तु i. 343 और आगे.
20. सम्यक् रक्षति परिपालेति मूर्धाभिषिक्त :···संज्ञा उदपासि । वही, i, 348.
21. मातापितृसमो नैगमजानपदेषु इति जानपदस्थामवीर्य प्राप्तो ति संज्ञा उदपासि । वही.
22. वही.
23. वही.
24. शा. प., 59, 94-99.
25. वही, 59, 100-14.
26. वही, 59, 115.
27. वही, 59, 108.
28. हिंदू पॉलिटी, पृ. 225.
29. शा. प., 59, 109.
30. वही, 59, 128.
31. वही.
32. वही, 59, 127.
33. शा. प., 67, 19-23.
34. वही, 67, 24.
35. हि. ग. थी., पृ. 173.
36. सोना और पशु के बारे में दर वही है जो मनु में है, लेकिन दशांश अन्न की दर अर्थशास्त्र और महावस्तु से काफी कम है. इसलिए हो सकता है, यह दर पहले की स्थिति को प्रतिबिंबित करती हो.
37. नारद (सै. बु. इं.), 1, 1-2; बृहस्पति (सै. बु. ई.) i.1.
38. हि. पा. थी., पृ. 121.
39. वही, पृ. 120-21.
40. वही, पृ. 135.
41. लॉज (दि लोएब क्लासिकल लाइब्रेरी), 1, 191

6. विदथ : भारतीय आर्यों की सबसे पुरानी जनसभा

यद्यपि 'सभा' और 'समिति' नाम की वैदिक संस्थाओं के स्वरूप पर प्रकाश डालने के लिए काफी लिखा गया है, फिर भी एक महत्त्वपूर्ण वैदिक संस्था विदथ के अध्ययन की ओर बहुत कम ध्यान गया है ।[1] विदथ का महत्त्व इसी से आंका जा सकता है कि जहां 'ऋग्वेद' में सभा शब्द का उल्लेख आठ बार और 'समिति' का नौ बार हुआ है, वहीं विदथ का एक सौ बाईस बार हुआ है । इसी प्रकार 'अथर्ववेद' में 'सभा' शब्द सत्रह बार और 'समिति' शब्द तेरह बार आया है, जबकि विदथ बाईस बार ।

'वाजसनेयि संहिता' में विदथ शब्द का उल्लेख दस स्थानों पर, ब्राह्मण ग्रंथों में इक्कीस स्थानों पर और 'तैत्तिरीय आरणयक' में एक स्थान पर आया है । वैदिक साहित्य जहां विदथ के उल्लेखों से भरा पड़ा है, 'सभा' और 'समिति' का जिक्र कहीं-कहीं ही हुआ है । फिर, जिस तरह 'ऋग्वेद' में सभा और समिति का उल्लेख कम और 'अथर्ववेद' में अपेक्षाकृत अधिक है, उसी तरह विदथ शब्द का जिक्र 'ऋग्वेद' में अधिक और 'अथर्ववेद' में उसकी तुलना में कम है । इससे प्रकट होता है कि संस्था के रूप में विदथ ऋग्वैदिक काल में अधिक महत्त्वपूर्ण था, तथा 'सभा' और 'समिति' को उत्तर संहिता काल में प्रमुखता प्राप्त हुई । प्राचीनतम साहित्य में विदथ के उल्लेखों की यह बहुलता इस शब्द को सहज ही ऐसा महत्त्व प्रदान करती है जिस पर सावधानी से विचार करने की जरूरत है ।

विदथ शब्द के तात्पर्य और व्याख्या पर लगभग आधे दर्जन मत हैं ।[2] चूंकि यह शब्द मूलधातु 'विद्' से निकला माना जा सकता है और विद का अर्थ क्रमशः जानना, धारण करना, विचार करना और होना है,[3] इसलिए विदथ को ज्ञान, स्वत्व (या ब्लूमफील्ड के अनुसार गृह) और सभा ये तीन अर्थ देना संभव हो सका है । ओल्डेनबर्ग ने 'विदथ' शब्द का मूलधातु विधा माना है और इसका मूल अर्थ 'वितरण, निबटाना और अध्यादेश (धर्मविधि)' लगाया है तथा व्युत्पत्यर्थ 'यज्ञ' बताया है ।

वैदिक साहित्य के विद्वान विदथ का कोई एक अर्थ मानकर जहां भी यह शब्द

आया है, सर्वत्र उसी अर्थ को लागू करना चाहते हैं । किंतु आदिम सभाओं के कार्यों के संश्लिष्ट स्वरूप को देखते हुए उचित यही होगा कि हम रॉथ का अनुसरण करें, जिसके अनुसार विदथ धर्मेतर, धार्मिक तथा सैनिक, ये तीनों तरह के प्रयोजन सिद्ध करनेवाली सभा थी । उसका अनुसरण करते हुए जायसवाल ने यह विचार रखा है कि विदथ शायद वह 'मूल' जनसंस्था थी जिससे 'सभा', 'समिति' और 'सेना' का अलग-अलग संस्थाओं के रूप में विकास हुआ । यद्यपि ऐसा कोई प्रत्यक्ष साक्ष्य नहीं है जिससे विदथ के साथ 'सभा' और 'समिति' का संस्थात्मक संबंध सिद्ध किया जा सके, फिर भी विभिन्न संदर्भों में इस शब्द के जो प्रचुर उल्लेख हुए हैं, उनकी छानबीन करें तो पाएंगे कि विदथ में प्राचीनतम जनसभा के प्रमुख चिह्न विद्यमान थे । यदि हम यह मानकर चलें कि मानवविज्ञान (ऐंथ्रपोलॉजी) के सहारे आद्य मानव के जीवन का जो चित्र उभरता है उसका, इतिहास के सहारे गढ़ी जानेवाली, प्राचीन मानव के जीवन की तस्वीर से साम्य हो सकता है तो वैदिक साहित्य में विदथ के अस्पष्ट उल्लेखों को किसी हद तक स्पष्ट किया जा सकता है और इस संस्था के गठन और कार्य का लगभग सही चित्र प्रस्तुत किया जा सकता है ।

जहां तक इसके गठन का प्रश्न है, इसकी अपनी अलग विशिष्टता यह है कि इसमें स्त्रियां भी बैठती थीं । इस दृष्टि से यह 'सभा' और 'समिति' से भिन्न है । 'ऋग्वेद' में केवल एक प्रसंग में सभा के साथ स्त्री का संबंध दिखलाया गया है । उस प्रसंग में उसे 'सभा' में शामिल होने की योग्यता से संपन्न बताया गया है । लेकिन वह 'समिति' में भी बैठती थी, ऐसा कोई उल्लेख नहीं मिलता । 'सभा' के संबंध में भी 'मैत्रायणी संहिता' में दिखलाया गया है कि परवर्ती काल में स्त्रियों का 'सभा' में जाना बंद हो गया । लेकिन 'ऋक्' और 'अथर्व' संहिताओं को मिलाकर ऐसे कम से कम सात उल्लेख मिलते हैं जिनसे न केवल विदथ में स्त्रियों की उपस्थिति, बल्कि वाद-विवाद में उनके भाग लेने की चर्चा है; हालांकि ब्राह्मणों में ऐसा कोई उल्लेख नहीं है । 'ऋग्वेद' से जानकारी मिलती है कि योषा विदथ में शरीक हुई थी ।[7] एक प्रसंग में युवा लोगों द्वारा विदथ के कल्याणार्थ शक्तिशालिनी और सामाजिक कन्याओं के उस संस्था में स्थापित किए जाने का वर्णन हुआ है ।[8] ऐसा प्रतीत होता है कि इस संस्था में सदस्यों की हैसियत से शामिल होनेवाली स्त्रियां चुपचाप बैठी नहीं रहती थीं । सूर्या से विदथ में आगत लोगों के समक्ष बोलने को कहा गया है ।[9] हमें आगे यह भी ज्ञात होता है कि स्त्रियां विदथ के विचारविमर्श में भाग लेती थीं । विवाह समारोह में ऐसी कामना की गई है कि वधू केवल गृहिणी बनकर ही नहीं रहे, बल्कि, नियंत्रण रखकर, वह विदथ के समक्ष बोले भी ।[10] फिर यह भी कहा गया है कि वह बुढ़ापा आने पर विदथ में बोले ।[11]

इसका अर्थ यह नहीं लगाना चाहिए कि स्त्रियों को कोई अनुचित प्राथमिकता

दी जाती थी । पुरुष के बारे में भी यह कामना की गई है कि बुढ़ापा आने पर वह विदथ में बोले ।[12] इसलिए, जहां तक विदथ के विचारविमर्श से संबंधित कार्यों का प्रश्न है, जितना महत्त्व पुरुषों के स्वर का था, उतना ही स्त्रियों की आवाज का भी था । इसलिए इन उल्लेखों से यह स्पष्ट हो जाता है कि इस संस्था की बैठक में स्त्री भी भाग लेती थीं, और यह एक प्रकार की सभा थी । इन प्रसंगों में कभी-कभी विदथ शब्द का अर्थ घर भी माना गया है, लेकिन इसमें अधिक तुक नहीं दीखता है कि घर में स्त्रियों के बोलने की कामना की जाए । पुरुषों के लिए घर में बोलने की कामना करने में तो और भी कोई तुक नहीं दीखता । एक स्थान पर वधू से घर (गृह) में आने को, और विदथ में बोलने को कहा जाता है ।[13] जिससे दोनों का भेद स्पष्ट हो जाता है । अतः, संभवतः, इन सभी प्रसंगों में विदथ का अर्थ पारिवारिक सभा है । बड़ा परिवार होने के कारण सभी वयस्क स्त्री-पुरुष एक जगह इकट्ठे होकर जब तब अपनी समस्याओं पर विचार करते थे। इसकी तुलना आइरोक्वोइ[14] की सभा से की जा सकती है, जो सामान्यतः गोत्र (जेन) के सभी बालिग पुरुष और महिला सदस्यों की ऐसी जनतांत्रिक सभा का काम करती थी, जिसमें सभी का महत्त्व बराबर था ।[15] इस दृष्टि से विदथ उन प्राचीनतम यूनानी, रोमन और जर्मन जनसभाओं से बिल्कुल भिन्न था, जिनकी जानकारी हमें प्राप्त है, क्योंकि इनमें से किसी में स्त्रियों को कोई स्थान नहीं दिया गया था । किंतु पुराने वेल्स कानूनों से, जो ग्यारहवीं ईस्वी से बाद के नहीं माने जा सकते, प्रकट होता है कि जनसभाओं में स्त्रियों को मताधिकार प्राप्त था ।[16] जहां तक भारतीय आर्यों का प्रश्न है, यदि हम मान लें कि पितृतंत्र (पैट्रियार्की) से पहले समाज मातृतंत्र (मैट्रियार्की) के आधार पर खड़ा था तो यह स्वीकार करना होगा कि विदथ अत्यंत पुरानी संस्था है ।

'मैत्रायणी संहिता' (IV. 7.4 : 97.15) और 'ऐतरेय ब्राह्मण' (iii, 24-7-'गोपथ ब्राह्मण', ii, 3.22) से कुछेक उद्धरण देकर ब्लूमफील्ड ने यह सिद्ध करने का प्रयत्न किया है कि प्राचीन काल में भी स्त्रियों को जनसभाओं या जन-जीवन से कोई वास्ता नहीं था और वे सभा में सम्मिलित नहीं होती थीं ।[17] लेकिन ब्लूमफील्ड ने प्रमाणस्वरूप जो अंश उद्धृत किए हैं, वे परवर्ती काल के हैं, जब पितृमूलक समाज सुदृढ़ आधार ग्रहण कर चुका था और स्त्रियों का पुराना महत्त्व तीव्रता से नष्ट होने लगा था । अतः ये ऋचाएं उस काल की स्थिति की परिचायक नहीं मानी जा सकतीं जो ऋक् और अथर्व वैदिक संहिताओं में प्रतिबिंबित हुई है । आगे चलकर सार्वजनिक कार्यकलाप के संचालन में स्त्रियों का वर्चस्व समाप्त कर दिया गया । फिर भी, रत्निन सूची में स्त्रियों को जो स्थान दिया गया है, उससे पता चलता है कि सार्वजनिक मामलों में महिलाओं के शरीक होने की विदथ परंपरा उत्तर वैदिक काल के अंत तक भी लुप्त नहीं हुई थी । 'तैत्तिरीय ब्राह्मण' (1.

7-3) में उल्लिखित सूची में बारह रत्निन हैं, जिनमें से तीन अर्थात महिषी, वावाता और परिवृक्ति महिलाएं हैं । ऐसा प्रतीत होता है कि राजा के अभिषेक में जिन लोगों के मत और समर्थन को महत्त्व दिया जाता था, उनमें एक-चौथाई महिलाएं थीं ।

सामान्यतया यह स्वीकार किया जाता है कि सामाजिक विकास की आरंभिक अवस्था में अधिकांश संस्थाओं का स्वरूप जनजातीय था । 'सभा' और 'समिति' में भी जनजातीय तत्व देखे जा सकते हैं । यों तो अनेक भारोपीय भाषाओं में 'सभा' के मेल के जिन शब्दों का प्रयोग हुआ है उनका अर्थ कुलसभा है;[18] लेकिन एक स्थल पर 'समिति' में विश के बैठने का स्पष्ट उल्लेख है ।[19] विदथ के विषय में ऐसा कोई प्रत्यक्ष सबूत नहीं है जिससे इसका जनजातीय रूप सिद्ध हो सके । लेकिन एक स्थल पर विदथ में एकत्र लोग गणों में विद्यमान अग्नि की आभा और मरुतों के ओज की प्रशस्ति गाते हैं ।[20] इससे ऐसी ध्वनि निकलती है कि वहां लोग जनजातीय समूहों के रूप में एकत्र हुए थे । गण के जनजातीय रूप के विषय में संदेह नहीं है । मरुतों को रुद्र का पुत्र कहा गया है और ये मरुत 'ऋग्वेद' और 'अथर्ववेद' में बारंबार गण के रूप में उल्लिखित हुए हैं और एक परवर्ती स्रोत के अनुसार उनकी संख्या तिरसठ है ।[21] विदथ से गणों का संयोग अप्रत्यक्ष रूप में यह दिखलाता है कि विदथ का स्वरूप जनजातीय था, और यह ऐसी बात है जो इतिहास की पूर्वतम अवस्था में असंभव नहीं प्रतीत होती ।

सभा होने के कारण विदथ में विचारविमर्श किए जाने के उल्लेख भी उपलब्ध हैं । लोग उसमें ऊंची-ऊंची बातें करने की लालसा रखते थे ।[22] गृहस्वामी मृत्यु से निवारण के लिए प्रार्थना करता था, ताकि जीवित रहकर वह विदथ में बोल सके ।[23] ऐसा मालूम होता है कि विदथ के विचारविमर्श में बड़े-बूढ़ों को महत्त्व दिया जाता था । यह एक ऐसी विशेषता है जो आदिम सभाओं में आमतौर पर पाई जाती है । ध्यान देने की बात यह है कि विदथ, 'सभा और समिति' जैसी वैदिक संस्थाओं में तो लोग वादविवाद किया करते थे, लेकिन अन्य आदिम भारोपीय जनसभाओं में ऐसा होता था, इसका कोई प्रमाण नहीं मिलता ।

विचारविमर्श का विषय क्या होता था, इसकी धुंधली-सी तस्वीर ही मिलती है । ओल्डेनबर्ग के अनुसार विदथ शब्द का एक अर्थ 'कामकाज को निबटाना' या ऐसा ही कुछ होता है । इस अर्थ का औचित्य उन सुपरिचित अवतरणों में देखा जा सकता है जिनमें कहा गया है 'हम (विधि का) निश्चय करने में शूरों के माध्यम से अपना मत सशक्त रूप से व्यक्त करें ।'[24] इसमें थोड़ा तर्क दीख पड़ता है, क्योंकि मित्र-वरुण के बारे में कहा गया है कि वे आकाश, वायु और पृथ्वी पर होनेवाली तीन सभाओं के विचारनिर्देशक हैं; वे विधि को सबल बनाते हैं ।[25] एक अन्य स्थल पर विदथ में आगत अग्नि को विधिकर्ता कहा गया है ।[26] इससे पता चलता है कि सभा के रूप में यह संस्था संभवतः जनजातीय मामलों के विनियमन के लिए विधि

और नियम बनाती थी। अतः इससे हम अनुमान कर सकते हैं कि विदथ में जनजातीय कार्यों का संपादन होता था, जो आदिम सभाओं की अपनी खास विशेषता है।

फिर, ओल्डेनबर्ग के मतानुसार विदथ का एक दूसरा अर्थ वितरण होता है। वैदिक साहित्य में इस अर्थ की भी सार्थकता दिखलाने वाली कुछ बातें उपलब्ध हैं।[27] 'ऋग्वेद' के सार भाग के एक अवतरण में विदथ में बुलाए गए लोगों को उस अवसर पर उपस्थित रहने को कहा गया है जब प्रतिदिन जो कुछ भी उत्पादित किया जाता है, उसका सवितर द्वारा वितरण किया जा रहा हो।[28] एक अन्य स्थल पर अग्नि का वर्णन विदथ में उत्पादनों के उदार वितरक के रूप में किया गया है।[29] द्रष्टव्य है कि उपज का वितरण आदिम सभाओं का एक प्रमुख कार्य था। हाल तक जनजातियों में यह प्रथा विद्यमान थी कि एक व्यक्ति द्वारा किया गया सारा आखेट केवल उसी का नहीं होता था; बल्कि उसके पड़ोसी भी उसमें हिस्सा बंटाते थे।[30] अतः हम निस्संकोच ऐसा अनुमान लगा सकते हैं कि विदथ में इकट्ठे लोग खाद्यपदार्थ के रूप में प्राप्त सारी सामग्री बांटकर खाते थे। इस समय तक राज्यशक्ति की ऐसी स्थापना नहीं हुई थी जिससे लोग कर के रूप में अपनी उपज का कुछ हिस्सा राज्य को दें। राज्य और बड़े जनजातीय परिवार में कोई अंतर नहीं था। ऐसा लगता है कि खेती, आखेट, लड़ाई की लूट और पशुपालन से लोग जो कुछ प्राप्त करते थे, उसे वे विदथ को सौंप देते थे, और फिर वहां उसका सब सदस्यों के बीच वितरण होता था। नृतत्ववेत्ता इस प्रकार की अर्थव्यवस्था को पुनर्वितरण पद्धति की संज्ञा देते हैं। लगता है कि यही पद्धति विदथ में प्रचलित थी। साथ ही विदथ के कुछ सदस्यों के असमान भाग पाने और संग्रह करने का भी संकेत मिलता है। एक याज्ञिक के बारे में कहा गया है कि वह रथ पर चलता है, वह प्रथम कोटिं का है, धनवान और वदान्य तथा विदथों में प्रशंसित है।[31]

असमान वितरण कहां तक होता था, इसे जानने का हमारे पास कोई साधन नहीं है। पर इसमें संदेह नहीं कि विदथ में बांटने का काम होता था। इस दृष्टि से विदथ 'सभा' और 'समिति' से नितांत भिन्न था, क्योंकि इन दो संस्थाओं के वितरणात्मक कार्यों का हमें कोई उल्लेख नहीं मिलता। परंतु वैदिक गण संबंधी उल्लेख से संकेत मिलता है कि युद्ध में जीती हुई संपत्ति को पूरा समुदाय अधिकृत करता था।[32] विदथ में वितरण कैसे होता था, यह स्पष्ट नहीं है। एक उल्लेख में कहा गया है कि सभाओं में धीर लोग शक्तिशाली अग्नि को देय अंश में कमी नहीं करते।[33] इससे दो तरह के अनुमान लगाए जा सकते हैं। या तो वितरण के लिए उपलब्ध अंश पहले देवताओं को भेंट चढ़ाकर बाद में सदस्यों के बीच बांटे जाते थे, या फिर वे वहां उपस्थित देवताओं में वितरित कर दिए जाते थे। वितरण की चाहे जो भी रीति रही हो, ऐसा लगता है कि जो विदथ में शक्तिशाली था, वह अधिक

अंश प्राप्त करता था।

'ऋग्वेद' में विदथ के जितने भी उल्लेख हैं, उनमें संभवतः सबसे बड़ी संख्या अर्थात लगभग दो दर्जन—ऐसे उल्लेखों की है जिनसे इस संस्था के सामरिक स्वरूप का संकेत मिलता है। कुछेक से यह प्रकट होता है कि सभा में वीर्यवानों के पराक्रम की चर्चा जोर से होती थी। विदथ में अग्नि की विजयिनी शक्ति का बखान होता था।[34] और विभिन्न देवताओं के नाम किए गए आह्वानों में विदथ को वीरों से भरा हुआ बतलाया गया है। ऐसी कम से कम इक्कीस ऋचाएं 'ऋग्वेद' में आई हैं जिनका अंत निम्नलिखित से होता है—'वीर पुत्रों (या वीरों) से संपन्न होकर हम विदथ में जोर से बोलें।'[35] इनमें पुत्र के लिए सुवीर शब्द के प्रयोग से वैदिक जनजातियों के सैनिक स्वरूप का संकेत मिलता है। इन जनजातियों में पुत्रों का महत्त्व इसलिए था कि वे युद्ध में उपयोगी थे। विदथ का प्रमुख सामरिक कार्य शत्रु जनजातियों के विरुद्ध कबायली युद्धों का संचालन रहा होगा, जो भारतीय आर्यों के इतिहास की प्रारंभिक अवस्था में स्वाभाविक ही मालूम पड़ता है। यह सुविदित है कि आदिम जनजातियां उन जनजातियों के साथ अपने को सतत युद्ध की स्थिति में मानती हैं जिनके साथ उनकी शांतिसंधि नहीं हुई हो। यही कारण है कि आइरोक्वोइ गोत्रों (जेन) के लोग बाहरी लोगों द्वारा पहुंचाई गई किसी भी प्रकार की हानि का प्रतिकार करने के लिए एक-दूसरे को सहायता, संरक्षण और, खासतौर से, समर्थन देने को बंधे हुए थे।[36]

विदथ के सदस्य किसी के अधीन युद्ध में भाग लेते थे, ऐसा अनुमान अनेक अवतरणों से लगाया जा सकता है। इंद्र को विदथ की शक्ति कहा गया है, और लोगों को विदथ में ले जानेवाला सुवीरों का स्वामी।[37] पूषन को विदथ का वीर कहा गया है और अग्नि की इच्छा का वर्णन विदथ में उपस्थित अधिराट की इच्छा के रूप में किया गया है।[38] स्पष्टतः ये दैवी नेता मानवीय नेताओं के प्रतिबिंब थे। नेता की नियुक्ति कैसे होती थी, यह निश्चित करना कठिन है। फिर भी, दो उल्लेखों से प्रकट होता है कि अग्नि, जिसे अक्सर पुरोहित कहा गया है, विदथ में निर्वाचित हुआ था। एक अवतरण के अनुसार अग्नि, जो सभापूरक होतृपुरोहित है, यज्ञस्थल पर छोटे-बड़े सभी के द्वारा समान रूप से निर्वाचित होता है।[39] एक अन्य अवतरण में कहा गया है कि व्यवस्थापक लोग यज्ञसभाओं में अग्नि का वरण (निर्वाचन) पुरोहित के रूप में करते हैं।[40] एक दूसरे अवतरण से ध्वनि निकलती है कि लोगों की सहमति से अग्नि पुरोहित चुना जाता था। इसमें यह घोषणा है कि देवों और मनुष्यों ने अग्नि को अपना प्रधान समर्थक बनाया है।[41]

अतः लगता है कि अग्नि, जो प्रधान पुरोहित है, विदथ में वरण (निर्वाचित) किया जाता था। इस बात का कोई संकेत नहीं मिलता है कि इंद्र किस प्रकार विदथ का नायक या युद्ध नेता बनाया गया। लेकिन आदिम समाज में सामान्यतया

युद्धनेता और पुरोहित के बीच कोई भेद नहीं किया जा सकता। बहुधा एक ही व्यक्ति दोनों पदों पर आसीन रहता है। प्राचीन भारत से इसके पक्ष में ठोस साक्ष्य तो उपलब्ध नहीं होते, लेकिन ऐसा भी नहीं है कि ऐसे साक्ष्यों का नितांत अभाव हो। भरत और कौशिक वंशों के राजन्य विश्वामित्र[42] ने ही राजा सुदास[43] का पौरोहित्य किया और हरिश्चंद्र के यज्ञ में होतृपुरोहित का कार्य किया।[44] इसी प्रकार राजा शांतनु के पुरोहित देवापि[45] को यास्क[46] शांतनु का बड़ा भाई बताता है। इन सबसे ऐसा सोचना शायद गलत न होगा कि वैदिक भारत में भी किसी समय जनप्रधान और पुरोहित के कार्य एक ही व्यक्ति द्वारा संपादित किए जाते होंगे। अतः यह मानना भी अनुचित नहीं होगा कि युद्धनेता भी विदथ में एकत्र लोगों द्वारा निर्वाचित किया जाता था। इस बात की पुष्टि मानववैज्ञानिक साक्ष्यों से भी होती है। कारण, आइरोक्वोइ गोत्रों (जेंस) की परिषद जो इस जाति के सभी पुरुष और स्त्री सदस्यों की 'जनतांत्रिक सभा' थी, मुखियों (सेचेम) और प्रधानों को निर्वाचित और अपदस्थ करती थी, और धर्मपालकों (कीपर ऑफ फेथ) का भी निर्वाचन करती थी, जो धार्मिक कार्य संपादित करते थे।[47] यदि प्रारंभिक काल में विदथ में युद्धनेता का वस्तुतः निर्वाचन नहीं होता रहा होता तो यह प्रथा 'समितिकाल' तक नहीं चली आती और ब्राह्मणों में वर्णित राज्याभिषेक समारोहों में बरती जानेवाली विभिन्न औपचारिकताओं के रूप में कायम नहीं रहती।[48]

विदथ के सैनिक स्वरूप का निर्देशन करनेवाले उल्लेखों के बाद सबसे बड़ी संख्या इस शब्द के ऐसे उल्लेखों की है जिनसे इसका धार्मिक स्वरूप उजागर होता है। इसका धार्मिक पक्ष सायण को इतना प्रबल और व्यापक प्रतीत हुआ कि उसने विदथ शब्द का अर्थ यज्ञ मान लिया। लेकिन सायण के आधार पर वैदिक अवतरणों में विदथ के सभी उल्लेखों को यज्ञ का पर्याय मानना उतना ही अनुचित होगा[49] जितना कि यास्क के आधार पर 'समिति' को युद्ध या यज्ञ का समानार्थी मानना।[50] विदथ का अर्थ यज्ञ लगाना कुछेक ऋचाओं के संदर्भ में भले ही ठीक हो किंतु ऐसी ऋचाओं में जिनमें विदथ और यज्ञ शब्दों का प्रयोग दो अलग-अलग अर्थों में और स्वतंत्र रूप में हुआ है वह सटीक नहीं बैठता।[51] दृष्टांतस्वरूप एक ऋचा में द्यावा (स्वर्ग) और पृथ्वी की प्रशंसा विदथों में यज्ञ करके की गई है।[52] एक दूसरी ऋचा में 'विदथों में हमारा यज्ञ सुंदर बनाने' के लिए इंद्र और वरुण का आवाहन किया गया है।[53] विदथ और यज्ञ का अंतर स्पष्ट करनेवाली इसी तरह की कुछ और भी ऋचाएं मिलती हैं।[54] इस संबंध में हम उन तर्कों को भी ध्यान में रख सकते हैं जिनके द्वारा ब्लूमफील्ड ने इस स्थापना का खंडन किया है कि विदथ का अर्थ यज्ञ है।[55] किंतु जैसा कि आगे दिखलाया जाएगा, उसका यह दावा कि विदथ पितृतंत्रात्मक गृह था, सही नहीं प्रतीत होता। फिलहाल इतना कह देना उचित होगा कि सभी प्रसंगों में विदथ शब्द का अर्थ यज्ञ मानना सही नहीं होगा।

इस सबका मतलब विदथ के धार्मिक स्वरूप के विरुद्ध कोई तर्क देना नहीं है। दरअसल इसका धार्मिक पक्ष इसके भौतिक पहलू के साथ इस तरह घुला मिला है कि हम दोनों को एक-दूसरे से अलग नहीं कर सकते। इसमें संदेह नहीं कि यह संस्था समस्त जनसमुदाय के लिए सामूहिक देवोपासनास्थल का काम करती थी। स्वर्ग और पृथ्वी दोनों के विदथों के बीच विचरण करता दिखाया गया अग्निदेव इस उपासना का केंद्र जान पड़ते हैं।[56] विदथ स्थल पर उपस्थित लोग इंद्र, मित्रवरुण, विश्वेदेवों और अन्य देवों की भी उपासना करते थे।[57] ध्यान देने की बात है कि विदथ में उपासना सामूहिक रूप से की जाती थी और आशीर्वाद सभी लोगों के लिए मांगा जाता था। जान पड़ता है, लोग अपने यज्ञ में आने के लिए देवताओं का आवाहन सामूहिक रूप से करते थे। दृष्टांतस्वरूप मरुतों को 'हमारे' विदथ में आकर खाने-पीने के लिए निर्मंत्रित किया गया है।[58] कोई मनुष्य व्यक्तिगत रूप से अपने धन या अपनी संतान की वृद्धि की कामना नहीं करता है। उल्लेखों में एकवचन नहीं बल्कि बहुवचन पर जोर है। उदाहरणार्थ, सवितर को 'हमारी ऋचाओं' द्वारा 'हमारे सभी जनों' को खुश करने के लिए 'हमारी सभा' में आने के लिए आमंत्रित किया गया है।[59] इसी प्रकार जब विदथ में अग्नि की प्रशंसा की जाती है तो उससे कहा जाता है कि हमें सुवीरों से आपूरित भंडार के साथ धन दो तथा खाद्य और उत्कृष्ट संतानों के रूप में प्रचंड शक्ति दो।[60] एक दूसरी ऋचा में इंद्र का आह्वान विदथ में इकट्ठे लोगों को धन का वरदान देने के लिए किया गया है।[61]

'अथर्ववेद' में विदथ के अधिकांश उल्लेखों से प्रतीत होता है कि यह संस्था परवर्ती काल में मुख्यतया धार्मिक निकाय के रूप में कार्य करती रही। इस ग्रंथ में देवता इसके अनुरक्षक[62] माने गए हैं और इसकी सभाओं में उनका आह्वान किया गया है।[63] एक ऋचा में विदथ को स्वर्गप्राप्ति का साधन[64] माना गया है और अग्नि को इसके होतृपुरोहित का काम करता दिखाया गया है।[65]

देवताओं की उपासना के दो तरीके थे। एक तो यह सामान्य तरीका था कि देवताओं को पवित्र तृणासन पर बैठने के लिए आमंत्रित किया जाता था और तब उनसे सभा द्वारा प्रस्तुत भोजन और प्रीतिभोज में सम्मिलित होने का आग्रह किया जाता था। अग्नि से विदथ में पुरोडाश[66] और मरुतों से वहां अर्पित बलि[67] ग्रहण करने को कहा गया है। सामान्यतः यह देवताओं को अर्पित सामूहिक चढ़ावा होता था, और इस अर्थ में विदथ यज्ञशाला का काम करता था। देवताओं की आराधना का दूसरा तरीका विदथ में उनका गुणगान करना था। कुछेक प्रसंगों में देवताओं को हविष्य उनके गुणगान के रूप में ही अर्पित किया गया है।[68] उल्लेखों से पता चलता है कि विदथ गायनस्थल भी होता था; उद्‌गाता वहां जमा होकर देवताओं के सम्मान में स्तुति गाते थे। इंद्र का, जो विदथ का बल था, बहुत अधिक गुणगान

होता था।[69] अग्नि, जो विदथकक्ष को आपूरित करता था, उद्गाताओं के सत्कार्यों को संरक्षण प्रदान करता था।[70] विदथ में देवताओं का गुणगान इसलिए किया जाता था कि वे भक्तों पर कृपा रखें।[71] गान के इस महत्त्व के कारण विदथ में लोगों को उत्प्रेरित करने के लिए पुरोहितों को उद्गाता की भूमिका निभाने के लिए आहूत किया जाता था।[72]

विदथ केवल गायनस्थल ही नहीं, संभवतः सोम पान और क्रीड़ा का स्थल भी था। सोम का वर्णन 'हमारे विदथों में बूंदों के रूप में' किया गया है, जिससे मालूम होता है कि लोग विदथ में सोमपान का आनंद लेते थे।[73] कहा गया है कि मरुद्गण अपने विदथों में क्रीड़ा करते हैं।[74] इसकी कल्पना स्पष्टतः मानवीय विदथों के आधार पर की गई है। इससे संकेत मिलता है कि विदथ वहां एकत्र लोगों का क्रीड़ास्थल भी था। इसके अलावा, यह एक ऐसा मिलनस्थल था जहां सीधे-सादे लोग उसी प्रकार घोड़ों के गुणों की चर्चा करते थे[75] जिस प्रकार सभा में गायों के गुणों की करते थे। वे विभवन द्वारा निर्मित रथ का भी गुणगान करते थे।[76] इस सबसे प्रकट होता है कि विदथ की बैठक घरेलू वातावरण में हुआ करती थी, और यह संस्था आदिम जनजातीय सभाओं के ढंग की ही थी, जिनकी मुख्य विशेषता यह है कि उनमें गायन और क्रीड़ा होती है तथा त्यौहार और धार्मिक समारोह मनाए जाते हैं।

विदथ के धार्मिक स्वरूप को समझने के लिए हम, खासकर, भारोपीय जनों की आरंभिक सभाओं के धार्मिक कार्यकलापों का कुछ जायजा ले सकते हैं। जिन तीस क्यूरियों को मिलाकर रोम की प्रभुसत्तासंपन्न सभा बनती थी, उनमें से प्रत्येक की अपनी निजी पूजापद्धति और अलग पूजाघर था।[77] किंतु कालांतर में इनमें से कुछ जनजातीय सभाओं के भौतिक कार्य अन्य संस्थाओं के जिम्मे चले गए और केवल इनका धार्मिक स्वरूप ही शेष रह गया। स्वीडन की जनजातीय सभाओं के बारे में लिखते हुए चैडविक कहते हैं : 'जान पड़ता है, ये मुख्यतः धार्मिक सभाएं थीं, जो प्रधान राष्ट्रीय पूजनशाला में होने वाले विशाल वार्षिक यज्ञ के निमित्त एकत्र होती थीं। पूरी संभावना है कि प्राचीन जर्मनों की सभाओं के साथ भी यही बात थी।[78]

ब्लूमफील्ड विदथ से जुड़े यज्ञ के सामूहिक स्वरूप को स्वीकार नहीं करते और यह दिखलाने का प्रयास करते हैं कि ऐसे प्रसंगों में विदथ का अर्थ कुलपिता का घर है, जो वैदिक यज्ञशाला का काम करता था।[79] बार्थ[80] और कीथ[81] के निष्कर्षों को स्वीकार करते हुए वह यह मानते हैं कि वैदिक काल में यज्ञ नितांत निजी मामला था। अलग-अलग यजमान अपने-अपने घरों में यज्ञाग्नि प्रज्वलित कर यज्ञ किया करते थे। अतः उनका निष्कर्ष है कि विदथ के यज्ञ का सार्वजनिक स्वरूप वैयक्तिक यज्ञ के प्रचलन के तथ्य से संगत नहीं लगता। किंतु ब्लूमफील्ड की आधारभूत मान्यता केवल अंशतः ही सही है। प्रमाणपूर्वक ऐसा कहा जा सकता है

कि वैदिक काल में वैयक्तिक यज्ञ के साथ-साथ सार्वजनिक यज्ञ भी होते थे और सार्वजनिक यज्ञ वैयक्तिक यज्ञ से पुराना था। जैसा कि ऊपर दिखाया गया है, अन्य भारोपीय जनों के बीच भी (जनजातीय अर्थ में) सार्वजनिक यज्ञ का प्रचलन था। इसलिए वैदिक साहित्य में खासकर 'ऋग्वेद' में, जो कि भारोपीय साहित्य का प्राचीनतम उदाहरण है, ऐसे यज्ञ की अपेक्षा करना स्वाभाविक ही होगा। ऐसे यज्ञों के चलन की संभावना की पुष्टि उन मानव वैज्ञानिक साक्ष्यों से भी होती है जो सामाजिक विकास की पूर्वतम अवस्था में सामुदायिक (जनजातीय) यज्ञ का प्रचलन सिद्ध करते हैं।

जहां तक वैदिक साहित्य से प्राप्त आंतरिक साक्ष्यों का संबंध है, ऐसी अनेक ऋचाएं उद्धृत की जा सकती हैं जिनसे यह पता चलेगा कि लोग केवल भौतिक जीवन में ही नहीं,[82] धार्मिक जीवन में भी जनजातीय रूप से काम करते थे। 'ऋग्वेद' के सार भाग (मंडल 2 से मंडल 9 तक) में ऐसी अनेक ऋचाएं हैं, जिनमें उपासक सामूहिक रूप से देवताओं की स्तुति करते हैं। चूंकि वैदिक काल में यज्ञ के साथ तो स्तुति की ही जाती थी[83], इसलिए कोई कारण नहीं कि इसका स्वरूप सामूहिक नहीं होता होगा। आम यज्ञ के संबंध में हम 'ऋग्वेद' की ऐसी दो ऋचाओं का हवाला दे सकते हैं जिनसे इस बात का संकेत मिलता है कि यज्ञ का स्वरूप जनजातीय होता था। एक ऋचा के अनुसार लोग यज्ञ के सूचक (अग्नि) को प्रदीप्त करते हैं और मानवजाति (मानुषो जनः) पवित्र अनुष्ठान में अग्नि को आमंत्रित करती है।[84] इसी तरह, एक अन्य ऋचा में यह वर्णन है कि इंद्र के प्रिय जन उन्हें बलि अर्पित करते हैं और उसके मित्र हैं।[85] इन ऋचाओं में कहीं भी एक व्यक्ति द्वारा यज्ञ करने का उल्लेख नहीं है, और यह स्पष्ट है कि इनमें प्रयुक्त 'जन' शब्द का अर्थ जनजाति या प्रजाति है। 'ऋग्वेद' में अनेक स्थलों पर यजमान का प्रयोग बहुवचन में हुआ है, जिससे यह संकेत मिलता है कि एक से अधिक व्यक्ति धार्मिक अनुष्ठानों में सम्मिलित होते थे। एक ऋचा में सरस्वती से अनुरोध किया जाता है कि वह 'इन यज्ञकर्ताओं' को भोजन और धन दे।[86]

विशिष्ट वैदिक यज्ञों के संबंध में यह कहा जा सकता है कि गृह्य धर्मानुष्ठानों का स्वरूप नितांत वैयक्तिक था। लेकिन ऋचाओं के प्राचीनतम संग्रह में इसका कोई चिह्न शायद ही मिले। अधिकांश परवर्ती वैदिक यज्ञों में एक ही यजमान की व्यवस्था है, यद्यपि कुछेक के लिए पुरोहित एकाधिक रखे गए हैं। फिर भी सत्रयज्ञ के बारे में यह माना जा सकता है कि यह वैदिककालीन सामूहिक (जनजातीय) यज्ञ के प्रचलन का स्पष्ट और विशिष्ट रूप है। इसका संचालन एक नहीं, बल्कि अनेक यजमान करते थे और इसको करने से प्राप्त होने वाले पुण्य के भागी सभी यज्ञकर्ता सामूहिक रूप से होते थे।[87] तिलक के मतानुसार सत्रयज्ञ 'वैदिक यज्ञों में सबसे पुराना है।'[88]

यद्यपि प्रारंभिक वैदिक साहित्य में सत्र का कोई वर्णन नहीं है, फिर भी जो कुछ इसके बारे में परवर्ती स्रोतों से ज्ञात होता है, उससे तिलक के विचार की पुष्टि होती जान पड़ती है। पहली बात तो यह है कि इसमें अलग से पुरोहित नहीं होते थे, बल्कि यजमान स्वयं पुरोहित का कार्य करते थे।[89] यह सामाजिक विकास की उस प्रारंभिक अवस्था का द्योतक है जब श्रमविभाजन के अभाव में पुरोहितों का कोई पृथक वर्ग नहीं बना था। दूसरे, यज्ञकर्ताओं (याज्ञिकों) के बारे में सामान्यतः प्रचलित मत यह था कि एक ही गोत्र के सदस्य सत्रयज्ञ संपन्न कर सकते हैं।[90] यह आदिम जातियों के बीच प्रचलित गोत्रीय यज्ञों का स्पष्ट उदाहरण प्रस्तुत करता है। तीसरे, सत्र शब्द अनेक रूपों में 'ऋग्वेद' में पचास से अधिक बार प्रयुक्त हुआ है और तिलक के अनुसार इसका अर्थ यज्ञ है। सत्र के आदिम रूप को देखकर इसकी प्राचीनता के बारे में कोई संदेह नहीं रह जाता। यदि यह यज्ञ परवर्ती काल में पुरोहितों द्वारा आविष्कृत किया गया होता तो या तो इसमें कोई ऐसी युक्ति होती जिससे यज्ञकर्ताओं के धन से पुरोहित अपनी थैली भरते या अपना सामाजिक महत्त्व बढ़ाते। लेकिन इस यज्ञ में ऐसी किसी चीज का कोई संकेत नहीं मिलता।[91]

विचित्र बात है कि सत्रयज्ञ, जो अपने सामुदायिक स्वरूप और प्राचीनता के लिए विशेष उल्लेखनीय है, ब्लूमफील्ड की दृष्टि में नहीं आया। फिर भी उन्होंने ऐसा संदेह अवश्य व्यक्त किया है कि अश्वमेध की तहों में शायद किसी न किसी प्रकार की सामुदायिक या राष्ट्रीय पूजा-उपासना छिपी हुई हो।[92] हम अपनी ओर से यह कह सकते हैं कि वाजपेय और राजसूय यज्ञों के कुछेक समारोहों की छानबीन की जाए तो निश्चय ही उनके संदेह की किसी हद तक पुष्टि होगी। वाजपेय यज्ञ की रथप्रतियोगिता तथा राजसूय के गोहरण और द्यूतक्रीड़ा समारोहों में राजा भी अनेक प्रतियोगियों में एक प्रतियोगी के रूप में शामिल होता है और एक प्रसंग में तो प्रतियोगियों को स्पष्ट रूप से सजात अथवा स्वगोत्री कहा गया है।[93] इन समारोहों से साफ जाहिर होता है कि इन यज्ञों में सामुदायिक कार्यकलाप के तत्व विद्यमान थे। सामुदायिक यज्ञ के जो इस तरह के आभास यत्र-तत्र मिलते हैं, उनको ध्यान में रखकर विचार करें तो हिलब्रांट द्वारा वैदिक काल में गोत्रीय यज्ञों के पक्ष में प्रस्तुत किए गए प्रमाणों को यह कहकर खारिज करना अनुचित होगा कि ये 'साक्ष्य सर्वथा अपर्याप्त हैं और इस विषय में इनसे कहीं अधिक स्पष्ट साक्ष्य सामने आने चाहिए।'[94] इस दिशा में अधुनातन कार्य बी. एन. दत्त ने किया है। इसमें विभिन्न गोत्रों के ऋषियों द्वारा रचित ऋग्वैदिक ऋचाओं का विश्लेषण करके निष्कर्ष निकाला गया है कि जनजाति विशेष या गोत्र विशेष का देवता विशेष उपासक था।[95] यह अति प्रारंभिक काल में जनजातीय या सामुदायिक यज्ञ के चलन का बहुत प्रबल साक्ष्य है। इसलिए ब्लूमफील्ड की यह मान्यता, कि वैदिक काल में सामूहिक यज्ञ नहीं होता था, निस्संदेह विवादास्पद है।

सबसे महत्व की बात तो—जैसा कि पहले दर्शाया जा चुका है— यह है कि विदथ शब्द के जितने भी उल्लेख हुए हैं उनमें बहुत बड़ी संख्या ऐसे उल्लेखों की है जिनमें वीरपुत्रों और धन की आकांक्षा किसी एक व्यक्ति द्वारा नहीं, बल्कि विदथ में उपस्थित सभी लोगों द्वारा सामूहिक रूप से की गई है। और अंत में, यह भी ध्यातव्य है कि इस शब्द का ब्लूमफील्ड द्वारा लगाया गया अर्थ—अर्थात कुलपिता का घर—शब्दकोशों में दिए गए इसके अर्थ से मेल नहीं खाता। 'निघंटु' में इसकी व्याख्या यज्ञ के रूप में, तथा 'निरुक्त' में यज्ञ और सभा दोनों रूपों में की गई है,[96] पर कहीं भी इसका अर्थ घर नहीं किया गया है।

उपसंहारस्वरूप यह कहा जा सकता है कि पूर्व वैदिक काल में सामुदायिक और जनजातीय, धार्मिक और भौतिक दोनों ही प्रकार के जीवन का और, साथ ही, पितृसत्तात्मक पारिवारिक जीवन का भी साक्ष्य मौजूद है। किंतु, विदथ नाम की इस संस्था की संगति सामुदायिक ढंग के जीवन से ही बैठती है। 'ऋग्वेद' में प्रयुक्त शब्दों से नितांत एकविवाही पितृसत्तात्मक पारिवारिक जीवन का प्रत्यक्ष प्रमाण नहीं मिलता है। 'कुल' शब्द, जिससे एकविवाही पितृसत्तात्मक पारिवारिक जीवन का संकेत मिलता है, 'ऋग्वेद' में कहीं भी प्रयुक्त नहीं हुआ है। परिवारप्रधान के अर्थ में 'कुलपा' शब्द का प्रयोग सिर्फ एक स्थल पर हुआ है। दूसरी ओर, जनजाति के पर्याय, अर्थात जन और विश का प्रयोग उसमें क्रमशः करीब 275 और 271 बार हुआ है। इसे इस बात का पर्याप्त प्रमाण मानना चाहिए कि पूर्व वैदिककाल में जनजातीय और सामुदायिक जीवन का काफी महत्त्व था। और, संभवतः, जीवन का यही पहलू विदथ में अपने विविध रूपों में अभिव्यक्त हुआ है।

इस तरह, इस तथ्य पर जोर देना शायद ठीक नहीं होगा कि विदथ बुद्धिमान या आध्यात्मिक प्राधिकारियों की सभा थी। हां, इसके स्वरूप के इस पहलू का संकेत देने वाले कुछ उल्लेख अवश्य मिलते हैं। एक स्थल पर स्वर्ग में बुद्धिमानों के विदथों का उल्लेख देखने को मिलता है।[97] हमें यह मालूम नहीं है कि सभेय की तरह विदथ्य शब्द भी विशिष्टतासूचक उपाधि के रूप में प्रयुक्त हुआ है या नहीं।[98] किंतु एक दो छिटपुट उल्लेखों के आधार पर ही यह सिद्ध नहीं किया जा सकता है कि विदथ सामान्यतः बुद्धिमानों का परिषद हुआ करता था। अधिक संभावना इस बात की है कि शुरू में यह जनसभा था, किंतु कालांतर में यह कुछ ही लोगों तक सीमित रह गया और एंग्लोसैक्सन राष्ट्रीय सभा की तरह, इसकी सदस्यता भी विशिष्टतासूचक हो गई।

यह विचारणीय है कि राजन्य और ब्राह्मण, जिन्होंने उत्तर संहिताओं और ब्राह्मणों के काल में अपने को व्यवहारतः शासक वर्ग के रूप में प्रतिष्ठित कर लिया था, विदथ में सम्मिलित होते थे या नहीं। ऐसे उल्लेख तो अवश्य मिलते हैं

जिनसे प्रकट होता है कि सामान्यतया होतृ कहे जाने वाले पुरोहित इसमें उपस्थित रहते थे, किंतु वर्ग के रूप में पुरोहित या ब्राह्मण इस संस्था से संबद्ध नहीं दिखाई देते । यद्यपि विदथ में उपस्थित लोग इंद्र और वरुण को राजन के रूप में संबोधित करते पाए जाते हैं, लेकिन ऐसा कोई उल्लेख नहीं मिलता कि राजन भी इस सभा में उपस्थित होते थे । एक ऋचा में सम्राट के साथ विदथ शब्द का प्रयोग किया गया है, जिससे पता चलता है कि राजा भी विदथ में सम्मिलित होता था ।[99] एक अन्य ऋचा में हम 'विदथ में सम्राट (विदथेषु सम्राट्),' इन शब्दों का प्रयोग देखते हैं ।[100] विदथ में उपस्थित अग्नि के लिए अधिराट् शब्द भी आया है । किंतु राजन्य या ब्राह्मण विदथ के सदस्यों के रूप में शायद ही देखने को मिलें । लुडविग ने 'सभा' के सदस्यों की उच्च सामाजिक हैसियत सिद्ध करने के लिए अनेक उद्धरण दिए हैं । 'ऋग्वेद' (X—97.6) के आधार पर घोषाल का कहना है कि राजा लोग समिति के सबसे विशिष्ट सदस्य थे, जिसमें स्पष्टतः लोकतत्व का भी समावेश था ।[101] लेकिन इस मत को स्वीकार करना कठिन है कि विदथ का अर्थ मुख्यतया सभा है, खासतौर से 'मघवनों' (धनी लोगों) और ब्राह्मणों की सभा ।[102] 'ऋग्वैद', II.27-12 की व्याख्या करते हुए त्सिमर विदथ को 'समिति' से छोटी सभा मानते हैं, जिससे यह धारणा बन सकती है कि इसका स्वरूप अभिजातीय था । यह ठीक है कि उक्त ऋचा में रथारूढ़ होकर विदथ में आने वाले कुछ धनी और वदान्य लोगों का जिक्र है । लेकिन जब तक हमें कुछ और ऐसे उल्लेख नहीं मिल जाते तब तक इस संस्था के स्वरूप को अभिजातीय बताना संभव नहीं है । इसके अलावा न तो ऊपर उद्धृत ऋचा से 'समिति' और विदथ के सदस्यों की सापेक्ष संख्या पर कोई प्रकाश पड़ता है और न वैदिक साहित्य में अन्यत्र कहीं इसकी चर्चा है । सच तो यह है कि विदथ के मुकाबले 'सभा' और 'समिति' में, खासकर 'सभा' में, अभिजातीय तत्व के अधिक सबूत मिलते हैं । इसलिए यदि नकारात्मक साक्ष्य के आधार पर कोई अनुमान लगाया जा सकता हो तो यह कहा जा सकता है कि आरंभिक विदथ के समय संभवतः जनजाति टूटकर ब्राह्मण और क्षत्रिय जैसे वर्णों में विभाजित नहीं हुई थी, और इसलिए उसमें ऐसी विशिष्टताएं थीं जो वर्गहीन जनजातीय समाज में पाई जाती हैं ।

ऊपर जो कुछ कहा गया है, उसके आलोक में, दोनों अन्य वैदिक संस्थाओं, 'सभा' और 'समिति' के मुकाबले विदथ की प्राचीनता पर विचार करना दिलचस्प होगा । विदथ का आदिम स्वरूप इसके कार्यों के अपृथक्कृत रूप से जाहिर होता है । इस दृष्टि से विदथ तथा अन्य दोनों वैदिक संस्थाओं के बीच कोई मौलिक अंतर नहीं है । जिस तथ्य के कारण विदथ अधिक पुरातन प्रतीत होता है वह है इसका वितरणात्मक कार्य या उपज का सामूहिक उपभोग । जब उपभोग सामूहिक रूप से होता था तो उत्पादन भी सामूहिक तौर पर ही किया जाता होगा ।

मानववैज्ञानिक साक्ष्यों के अनुसार यह स्थिति केवल अत्यंत पुरातन जनजातीय संगठनों में ही पाई जा सकती है। संभवतः विदथ का प्रचलन तब था जब आर्य अधिकांशतः पशुपालन, आखेट और युद्ध में पाए लूट के माल के द्वारा अपना जीवन यापन करते थे। दूसरे, विदथ के विचारविमर्श में स्त्रियों का सम्मिलित होना भी अन्य वैदिक संस्थाओं की बनिस्बत इसे अधिक प्राचीन सिद्ध करता है। ऐसा माना जाता है कि आर्यों का समाज प्रारंभ से पितृसत्तात्मक था, पर विदथ में मातृसत्ता के कुछ तत्व दिखाई पड़ते हैं। तीसरे, विदथ में वर्गभेद के अस्तित्व क किसी स्पष्ट और निश्चित साक्ष्य का अभाव इसकी प्राचीनता का एक और आधार हो सकता है। और, अंत में हम इस समस्या पर तुलनात्मक भाषाविज्ञान की दृष्टि से भी विचार कर सकते हैं। जिस प्रकार कुछेक भारोपीय भाषाओं में 'सभा' शब्द के समांतर रूप मिलते हैं, उसी प्रकार विदथ शब्द का भी समांतर रूप गोथिक भाषा में मिल जाता है, जो भारोपीय भाषा परिवार की एक महत्त्वपूर्ण भाषा है। यद्यपि भाषावैज्ञानिक नियमों के अनुसार किसी भी शब्दकोश में इसके समांतर रूप को स्थान नहीं दिया गया है, फिर भी विदथ शब्द को गोथिक शब्द 'विटोथ' का समरूप माना जा सकता है, जिसका अर्थ है विधि (कानून)।[103] ध्यातव्य है कि ये दोनों ही शब्द 'विद्' धातु से निकल सकते हैं।[104] और हम देख ही चुके हैं कि ओल्डनबर्ग के मतानुसार विदथ शब्द का अर्थ धर्मविधि है। रॉथ ने इसका अर्थ आदेश लगाया है।[105] कोई आश्चर्य नहीं कि विदथ के विचारविमर्शात्मक कार्यों के कारण इसका अर्थ विधि लगाया जाए।

इस प्रकार, विदथ के गठन और कार्यों के स्वरूप पर विचार करने और इस बात की ओर ध्यान देने पर कि गोथिक भाषा में इसका समरूप शब्द उपलब्ध है, इस अनुमान की पुष्टि होती है कि विदथ भारतीय आर्यों की प्राचीनतम सामुदायिक संस्था है। चूंकि इसके कुछेक पहलू, जैसे कि स्त्रियों का इसमें भाग लेना और इसके वितरणात्मक कार्य, भारोपीय जनों की आरंभिक सभाओं में नहीं मिलते, इसलिए संभव है, इन लोगों के विभिन्न शाखाओं में बंटने के पूर्व विदथ इन सबके बीच विद्यमान सामुदायिक संगठन रहा हो।

उपलब्ध संदर्भों का अध्ययन करने से प्रकट होता है कि विदथ भारतीय आर्यों की प्राचीनतम जनसभा था, जिसमें पुरुष और स्त्रियां दोनों सम्मिलित होकर आर्थिक, सामरिक, धार्मिक और सामाजिक सभी प्रकार के कार्यों का संपादन करते थे। यह आदिम समाज की जरूरतें पूरी करता था। इस समाज में श्रम विभाजन का, या महिलाओं पर पुरुषों के आधिपत्य का चलन नहीं था, और यह संभवतः मिल-बांटकर उपज का उपभोग करता था। ऐसा प्रतीत होता है कि विदथ प्रणाली की आधारशिला सहकारिता की भावना थी। पुरुष-स्त्री का भेद बरते बिना इसमें सम्मिलित लोग साथ-साथ लड़ते, साथ-साथ गाते, साथ-साथ प्रार्थना करते,

साथ-साथ खेलते और साथ-साथ विचारविमर्श किया करते थे। विदथ किस हद तक शासनयंत्र का काम करता था, यह कहना कठिन है। आंतरिक साक्ष्य अपने आप में तो इतने छिटपुट हैं कि इनके सहारे इस समस्या का समाधान असंभव लगता है। लेकिन मानवविज्ञान द्वारा ज्ञात आदिम संस्थाओं के स्वरूप से इस प्रश्न पर थोड़ा प्रकाश पड़ सकता है। मॉरगन के अनुसार गोत्र (जेन) सभा 'एशिया, यूरोप और अमरीका, इन सबके प्राचीन समाज के गोत्रसंस्था की असभ्यावस्था से सभ्यावस्था को प्राप्त करने तक के दौर की एक प्रमुख विशेषता थी। यह शासनयंत्र भी थी तथा गोत्र, जनजाति और गोत्रसंघ पर अंकुश रखने वाली सर्वोच्च सत्ता भी।'[106] यही बात विदथ के संबंध में भी कही जा सकती है या नहीं, इसके लिए और अधिक अन्वेषण की आवश्यकता है।

संदर्भ और टिप्पणियां

1. हि. क. इं. पी. की जिल्द I, अर्थात दि वैदिक एज में, यह वैदिक काल पर लिखी गई नवीनतम पुस्तक है, विदथ शब्द का उल्लेख भी नहीं किया गया है.
2. इनका सार 'वैदिक इंडेक्स', ii, 296 और यू. एन. घोषाल की पुस्तक 'हिस्ट्री ऑफ हिंदू पब्लिक लाइफ', भाग I, पृ. 28 में दिया गया है.
3. विद् ज्ञाने, विद् चारणे, विद्लृ लाभे, विद् सत्तायाम्, शब्दकल्पद्रुम, iv, 286.
4. जायसवाल, हिंदू पॉलिटी, पृ. 21.
5. ऋग्वेद, 1. 167.3.
6. मै. सं. VI, 7.41.
7. गुहा चरन्ती मनुषो न योषा सभावती विदथ्येव सवाक्। ऋग्वेद, 1.167.3.
8. आस्थापयंत युवतीं युवानः शुभे निमिश्लां विदथेषु पज्राम। ऋग्वेद, 1. 167.6.
9. गृहान् गच्छ गृहपत्नीयथासो वशिनी त्वं विदथमा वदासिद। ऋग्वेद, X. 85.26.
10. अथर्ववेद, XIV, 1.20 में हू-ब-हू वही ऋचा आई है जो ऋग्वेद, X. 85. 26 में है.
11. एना पत्यातन्वं सं सृजस्वाधा जिव्रि विदथमा वदाथः ऋग्वेद, X. 85.27; अथर्व. XIV. 1.21. अथर्व. की ऋचा में थोड़ा अंतर है.
12. अथर्व. VIII, 1.6.
13. ऋग्वेद, X, 85.26.
14. न्यूयार्क राज्य में रहनेवाली पांच (बाद में छः) आदिम जातियों का संघ.
15. एफ. एंजेल्स, 'दि ऑरिजिन ऑफ दि फैमली, प्राइवेट प्रोपर्टी एंड दि स्टेट'. पृ. 126. अंडमन द्वीपवासियों में 'समुदाय का कार्यकलाप पूर्णतः बूढ़े पुरुष और महिलाओं द्वारा विनियमित होता है.' लैंडमैन, 'ऑरिजिन ऑफ दि इनइक्वलिटी ऑफ सोशल क्लासेज,' पृ. 312 में उद्धृत रैडक्लीफ ब्राउन की पुस्तक अंडमन आइलैंडर्स, पृ. 44.
16. एंजेल्स, पूर्वोद्धृत रचना, पृ. 188.
17. ज. अ. ओ. सो., XIX, 14.

18. ब्रूगमैन, 'कंपेरेटिव ग्रामर ऑफ दि इंडो-जर्मनक लैंग्वेजेज, i, 395.
19. ऋग्वेद, X. 173.1.
20. व्रातंव्रातं गणंगणं सुशस्तिभिरग्नेर्भामं मरुतामोज ईमहे। पृषदश्वासो अनवभ्रराधसो गंतारो यज्ञं विदथेषु धीराः। ऋग्वद, III, 26, 6.
21. श. ब्रा., II, 5.1.12.
22. अथर्व. XIII. 3.24.
23. अथर्व., XII, 2.30; VII. 1.6.
24. सै. बु. ई., XVII. 26.
25. निघटु, II,17.
26. III. 14.1.
27. सै. बु. ई., XVII, 26.
28. यदद्य देवः सविता सुवाति स्यामास्य रत्निनो विभागे। ऋग्वेद, VII, 40.1
29. त्वं अग्ने राजा वरुणो ··· त्वं अर्यमा सत्पतिर्यस्य संभुजं त्वं अंशो विदथे देव भाजयुः। ऋग्वेद, II. 1.4.
30. विल ड्यूरांट, दि स्टोरी ऑफ सिविलिजेशन, i, 17.
31. स रेवान्याति प्रथमो रथेन वसुदावा विदथेषु प्रशस्तः। ऋग्वेद, II, 27.12.
32. निम्नवत्, मंडल VIII.
33. अग्ने हयःवस्य तव भागधेयं न प्रमिनन्ति विदथेषु धीराः। ऋग्वेद, III, 28.4.
34. ऋग्वेद, VI. 8.1
35. बृहद् वदेम विदथे सुवीराः, ऋग्वेद. II, 1.16; 2.13; 11.21; 13.13; 14.12; 15.10; 16.9; 17.9; 18.9; 20.9; 23.19; 24.16; 27.17; 28.11; 29.7; 35.15; 33.15; I, 117.25, II, 22-15, VIII, 48.14.
36. एफ. एंजेल्स, पूर्वोद्धृत पुस्तक, पृ. 124.
37 पतिं दक्षस्य विदथस्य, ऋग्वेद, I-56. 2, 130.1
38. ऋग्वेद, VII, 36.8; IV, 21-2.
39 मेधाकारं विदथस्य प्रसादनमग्निं होतारं परिभूतमं मतिम्। तमिदर्भे हविष्या-समानमित्तमिन्महे वृणते नान्यं त्वत्।। ऋग्वेद, X, 91.8.
40. त्वामिदत्र वृणते त्वायवो होतारमग्ने विदथेषु वेधसः। ऋग्वेद, X, 91.9.
41. ऋग्वेद, X, 92.2.
42. ऋग्वेद, III. 53.9-12.
43. ऋग्वेद, III, 53.11.
44 ऐ. ब्रा., VII, 16.
45. ऋग्वेद, X, 98.7.
46. निरुक्त, II, 10.
47 लेविस एच. मॉर्गन, एंशिएंट सोसाइटी, पृ. 85.
48 निम्नवत्, अध्याय XI
49. निघंटु, II,17.
50. बंद्योपाध्याय, डेवलपमेंट ऑफ हिंदू पॉलिटी एंड पॉलिटिकल थीअरीज, पृ. 118-19 पर उद्धृत.
51. ग्रिफिथ ने, जिसका अनुवाद इस अध्याय में सामान्यतः स्वीकार किया गया है, विदथ का अनुवाद अनेक प्रकार से किया है—जैसे कि धर्मसभा (साइनॉड), सभा, जनसमूह और यज्ञ

ह्विटनी ने इसका अनुवाद परिषद किया है.

52. प्रद्यावा यज्ञैः पृथिवी ऋतावृधा महि स्तुषे विदथेषु प्रचेतसा। ऋग्वेद, I. 159.1.
53. कृतं नो यज्ञं विदथेषु. ऋग्वेद, VII, 84.3.
54. ऋग्वेद, III, 4.5; 26.6.
55. ज. अ. ओ. सो., XIi, 204.6.
56. ऋग्वेद, VIII. 39.1.
57. ऋग्वेद, III. 1.18; 14.1; I. 130.1; 153.3.
58. अस्माकं अद्य विदथेषु बर्हिः आ वीतये सदत पिप्रियाणाः, ऋग्वेद, VII. 57-2.
59. आ न इलाभिर्विदथे सुशस्ति विश्वानरः सविता देव एतु। अपि यथा युवानो मत्सथा नो विश्वं जगदभिपित्वे मनीषा। ऋग्वेद, I. 186.1.
60. विदथे मन्म शंसि, अस्मे अग्ने संयद्वीरम् बृहंतं क्षुमंतं बाजं स्वपत्यं रयिं दाः। ऋग्वेद, II. 4.8.
61. अस्मभ्यं तद्वसो दानाय राधः समर्थयस्व बहु ते वसव्यं। इन्द्र यच्चित्रंश्रवस्था अनुद्यून्वृहद्वदेम विदथे सुवीराः ।। ऋग्वेद, II-13.13.
62. अथर्व., VII, 73 (77). 4.
63. अथर्व. VIII. 3.19.
64. अथर्व., XVII, 1.15.
65. अथर्व, XVIII, 1.20
66. ऋग्वेद, III, 28.4.
67. ऋग्वेद, III, 26.4; I, 166.2.
68. ऋग्वेद, I, 186.1.
69. स्थूरस्य रायो बृहतो य ईशे तमुष्टवाम विदथेष्विंद्रम्। ऋग्वेद, IV, 21-4.
70. ऋग्वेद, X, 122.8, II, 4.8.
71. अथर्व., I, 13.4; V, 12.7.
72. ऋग्वेद, X, 110.7.
73. ऋग्वेद, IX, 97.56.
74. क्रीडन्ति क्रीडा विदथेषु धृष्वयः, नक्षन्ति रुद्रा अवसा नमस्विनम्. ऋग्वेद, I. 166.2
75. ऋग्वेद, I. 162.1.
76. विभवतष्टो विदथेषु प्रवाच्यो यं देवासोऽवथा स विचर्षणिः। ऋग्वेद, IV. 36.5.
77. विलियम स्मिथ, ए स्मॉलर हिस्ट्री आफ रोम फ्राम दि अर्लिएस्ट टाइम्स टु दि डेथ ऑफ ट्राजन, पृ. 18.
78. एच. मनरो चैडविक, दि हिरोइक एज, पृ. 169.
79. ज. अ. ओ. मो., XIX. 14 और आगे.
80. बार्थ, रिलीजंस आफ इंडिया, पृ. 50.
81. कीथ, रिलीजन एंड फिलॉसफी ऑफ दि वेदाज, पृ. 290.
82. प्राचीन भारत के सामुदायिक जीवन पर लिखे गए अपने ग्रंथों में के. पी. जायसवाल, आर. सी मजुमदार, एन. सी. बंद्योपाध्याय और यू. एन. घोषाल जैसे अनेक विद्वानों ने इस बात का प्रतिपादन किया है.
83. पी. एस. देशमुख, रिलीजन इन वैदिक लिटरेचर, पृ. 144.
84. सजोशस्त्वादिवो नरो यज्ञस्य केतुमिन्धते। योद्धस्य मानुषो जनः सुम्नायुर्जुह्वे अध्वरे। ऋग्वेद, VI. 2.3.

85. ऋग्वेद, VII. 20.8.
86. ऋग्वेद, X. 17.9.
87. कीथ की पूर्वोद्धृत पुस्तक, पृ. 290, 349. एस. ए. डांगे की पुस्तक इंडिया फ्राम प्रीमीटिव क़म्युनिज्म टु स्लेवरी, पृ. 41-43 पर सत्र के सामुदायिक स्वरूप का विश्लेषण नए ढंग से किया गया है.
88. बा. गं. तिलक, दि आर्कटिक होम इन दि वेदाज, पृ. 193.
89. जैमिनी पूर्वमीमांसा सूत्र, X, 6. 45.60.
90. काणे ने हिस्ट्री ऑफ धर्मशास्त्र, ii, पृ. 1241 में गांगारि, आश्वलायन और जैमिनी जैसे प्राचीन कर्मकांडियों के मत का उल्लेख किया है.
91. घोषाल की पूर्वोद्धृत पुस्तक, पृ. 3
92. ज. अ. ओ. सो. XI. viii, 200.
93. निम्नवत्, अध्याय XI.
94. कीथ, पूर्वोद्धृत पुस्तक, पृ. 290.
95. बी. एन. दत्त, डाइलेक्टिक्स ऑफ हिंदू रिचुअलिज्म, पृ. 110-14.
96. निरुक्त, IX, 3, निघंटु III.17
97. ऋग्वेद, III. 1.2.
98. सादन्यं विदथ्यं सभेयं पितृश्रवण यो ददाशदस्मै । ऋग्वेद, I. 91.20.
99. ऋग्वेद, IV. 21.2.
100. ऋग्वेद, III. 55.7.
101. घोषाल की पूर्वोद्धृत कृति, पृ. 17.
102. VI. ii. 296 में लुडविग का उद्धरण.
103. आगस्ट फिक, इंडोजर्मनीश्खेन वोर्टरबुक, पृ. 189. मैंने डॉ. सु. कु. चटर्जी और डॉ. तारापद चौधरी से इस विषय पर बात की है.
104. वही.
105. VI. ii.296 पर उद्धृत.
106. लेविस एच. मॉरगन की पूर्वोद्धृत पुस्तक, पृ. 84-85. विभिन्न दृष्टियों के लिए इस विषय पर निम्नलिखित कृतियाँ देखें, अलतेकर, स्टेट एंड गवर्नमेंट इन एंशिएंट इंडिया (1958), पृ. 141. पाद टिप्पणी 1. जे. पी. शर्मा 'दि क्वेश्चन ऑफ दि विदथ इन वैदिक इंडिया', ज. रा. ए. सो. 1965, भाग 1 और 2, और स्पेलमैन, पॉलिटिकल थीअरी ऑफ एंशिएंट इंडिया, पृ. 96.

7. सभा और समिति

सभा

'ऋग्वेद' में सभा शब्द का उल्लेख आठ बार हुआ है । यह सभा में इकट्ठे लोगों और सभाभवन, यानी सभास्थल, दोनों का द्योतक है । सभाभवन के अर्थ में यह परवर्ती ग्रंथों में भी प्रयुक्त मिलता है । यजु: संहिता में ग्राम, वन या सभा[1] में किए गए पापों का वर्णन है । स्पष्ट है कि इन प्रसंगों में यह शब्द स्थानवाचक है । एक स्थल पर [2] सभापाल का उल्लेख भी मिलता है जिससे सभाभवन के संरक्षक का बोध होता है ।

'सभा' में कौन लोग थे ? विप्र के साथ 'सभेय'[3] विशेषण के प्रयोग से यह संकेत मिलता है कि जब 'सभा' प्रशासनिक प्रयोजनों से बुलाई जाती थी तब यह गिने-चुने लोगों, अर्थात ब्राह्मणों और गुरुजनों की बैठक होती थी । एक परवर्ती ऋग्वैदिक उल्लेख[4] में स्त्री को 'सभावती' अर्थात सभा में जाने योग्य, कहा गया है, जिससे पता चलता है कि स्त्री सदस्य भी इस संस्था में भाग लेते थे ।

चूंकि अत्यंत आदिम सभाओं में ही स्त्रियों के सभागमन की प्रथा थी, इसलिए 'समिति' की तुलना में 'सभा' की पुरातनता सिद्ध होती है । इसकी पुरातनता का संकेत इस तथ्य से भी मिलता है कि 'समिति' शब्द के विपरीत 'सभा' शब्द के अनेक समरूप भारोपीय भाषाओं में उपलब्ध हैं । शायद सबसे पहले हॉपकिंस ने 'सभा' की प्राचीनता की ओर संकेत किया और इसकी तुलना जर्मन शब्द सिप्पे[5] से की । अब यह सिद्ध हो गया है कि सभा [तुलनीय भारतीय स (उ) एभौ] शब्द एक ऐसी मूल धातु से निकला है जिसका पुरानी यूरोपीय भाषा के 'सुब् (ब)', पुरानी जर्मन (हाई जर्मन) भाषा के 'सिप्प् (ए) अ', गोथिक 'सिब्ज'; और मध्य जर्मन 'सिप्पे' से निकट का संबंध है । इन सभी का अर्थ सगेसंबंधियों, जनजाति, परिवार या गोत्र का संघ है । बंद्योपाध्याय ने ठीक ही कहा है कि भारत की प्रारंभिक 'सभाएं' भी कुछ इसी प्रकार की रही होंगी ।[6] दूसरे शब्दों में ये जनजातीय सभाएं थीं । 'सभा' का लोकप्रिय और आदिम स्वरूप इसमें निबटाए जाने वाले सीधे सरल कार्यों से भी भासित होता है । कार्यविभाजन की प्रणाली से अपरिचित किसी भी आदिम सभा की तरह इसके सदस्य भी एकत्र होकर पासा खेलते थे, प्रार्थना तथा यज्ञ करते

थे, और पशुओं को पालतू बनाने के बारे में विचारविमर्श करते थे।

किंतु आगे चलकर 'सभा' का स्वरूप मुख्यतः पितृतंत्रात्मक और अभिजातीय हो गया। प्रारंभ में स्त्रियां इसमें सम्मिलित हुआ करती थीं, उत्तर वैदिककाल में यह चलन समाप्त हो गया।[7] द्रौपदीकांड के संदर्भ में कहा गया है कि अनादिकाल से स्त्रियां सभा में नहीं जाती थीं। कालांतर से सभा शब्द का अर्थ एक साथ चमकने वाले पुरुषों का निकाय हो गया। इससे यह संकेत मिलता है कि जो लोग इसमें बैठते थे वे विशिष्ट पुरुष माने जाते थे। 'सभा' के सदस्यों का सामाजिक दर्जा बहुत ऊंचा था, यह सिद्ध करने के लिए लुडविग ने अनेक ऋचाएं उद्धृत की हैं। 'ऋग्वेद' की एक ऋचा में घोड़ों, रथों और गौओं से संपन्न तथा धन प्राप्त करने वाले एवं सभा में जाने वाले इंद्रउपासकों का [8] उल्लेख है। एक दूसरी ऋचा में यशस् द्वारा सभासद को प्रदत्त प्रमुखता का जिक्र है;[9] और एक तीसरी ऋचा में अग्नि के चारों ओर उच्च कुलोत्पन्न लोगों (सुजातों) के ('सभा' से भिन्न संदर्भ में) जमावों[10] का वर्णन है। सायण के अनुसार इन सुजातों में पुरोहित और उनके यजमान सम्मिलित हैं, लेकिन पाठ से ज्ञात होता है कि ये सुवीर थे। बंद्योपाध्याय ने कुछ अन्य उल्लेख उद्धृत किए हैं। दृष्टांतस्वरूप, 'अथर्ववेद' में कहा गया है कि 'राजा लोग एकत्र होते हैं',[11] और हमारा अनुमान है कि वे शायद सभापूर्ति के लिए एकत्र होते थे। 'ऋग्वेद' की एक ऋचा[12] में उपासक लोग गृहकार्यकुशल तथा 'सभा' और यज्ञ में प्रमुखता रखने वाले पुत्रों की याचना करते हैं। यहां 'सभेय' शब्द का प्रयोग हुआ है, जिसका अर्थ सभा में बैठने का पात्र होता है। 'ऋग्वेद' की एक अन्य ऋचा में 'सभेय विप्रों' का उल्लेख है, जिससे प्रकट होता है कि सभा में पुरोहित भी सम्मिलित होते थे। अतः पूर्व वैदिक ग्रंथों में भी 'सभा' के जनजातीय स्वरूप को सिद्ध करने वाले अधिक साक्ष्य उपलब्ध नहीं हैं। इसके विपरीत, उनसे 'सभा' में उच्च सामाजिक दर्जे वाले लोगों की उपस्थिति का आभास मिलता है। विद्वान, प्रभावशाली और चरित्रवान लोग इसमें अपना प्रभाव रखते थे और इसलिए उन्हें सभेय या सभासद कहा जाता था। 'ऋग्वेद' की अनेक ऋचाओं में इस निकाय की गरिमा के अनुरूप भाषणों का उल्लेख है।[13] 'शतपथ ब्राह्मण' में सोम का वर्णन ऐसे राजाधिराज के रूप में किया गया है जिसके राजदरबार में अधीनस्थ राजाओं का समूह एकत्र होता था। इससे प्रकट होता है कि उत्तर वैदिककाल में सरदार लोग राजदरबार में उपस्थित होते थे। एक अनुमान यह है कि 'गुरुजन या पिता राजदरबार में उपस्थित होते थे,'[14] हालांकि वैदिक साहित्य से इस बात की पुष्टि नहीं होती।

'सभा' का मूल जनजातीय स्वरूप ऋग्वैदिक काल में ही क्षीण पड़ने लगा। जब सामाजिक वर्ग विकसित अवस्था में नहीं थे, अमीर-गरीब का अधिक भेद नहीं था और राजपद में स्थायित्व नहीं आया था, तब शायद यह जनजातीय सभा रही

होगी। लेकिन ज्यों-ज्यों आर्थिक असमानता बढ़ती गई और सामाजिक वर्ग विकसित होते गए और ज्यों-ज्यों राजा की प्रधानता उभरती गई, त्यों-त्यों वह उन हैसियतदार धनी लोगों और गुरुजनों से संपृक्त होता चला गया जिनकी बात समाज में मानी जाती थी।[15] जिनके पास गायें, घोड़े और रथ थे वे शासक वर्ग में आते थे, तथा वे अपने उन निःस्वत्व और गरीब गौत्रबंधुओं के ऊपर थे जो 'सभा' में नहीं बैठ सकते थे। स्पष्टतः सत्ता घोड़ों और रथ रखने वाले अभिजात वर्ग के पास थी, जिसके सदस्यों से 'सभा' गठित होती थी। 'यही लोग राजा के परामर्श-मंडल के सदस्य थे तथा राजा उनकी राय और परामर्श पर निर्भर हो गया। इस निकाय (सभा) का विकास उसी ढंग पर हुआ जिस ढंग पर ट्यूटनों की सरदार परिषद, रोमनों की सिनेट या एंग्लोसैक्सनों का विटनाजेमूट विकसित हुआ।'[16]

सबसे आरंभिक उल्लेखों से 'सभा' के राजनीतिक स्वरूप की प्रमुखता का आभास नहीं मिलता। इसके विपरीत 'ऋग्वेद' की एक ऋचा में 'सभा' को अक्ष (पासा) और जुआ खेलने का जमाव कहा गया है।[17] यदि परवर्ती परंपरा के आधार पर देखा जाए तो कहना होगा कि 'सभा' का उपयोग सामूहिक नृत्य, संगीत आदि क्रीड़ाओं के स्थल के रूप में भी किया जाता था। यह स्वाभाविक भी है, क्योंकि आदिम जन खेलकूद, राजनीति और धर्म के बीच कोई भेद नहीं बरतते हैं। सभा का संबंध जादूटोने आदि लोकप्रथाओं से भी था। दृष्टांतस्वरूप 'अथर्ववेद' की एक ऋचा[18] में कहा गया है कि 'इन लोगों ने 'सभा' में उसके लिए जो भी जादूटोने किए हैं, मैं उन्हें वापस लेता हूं।'

'सभा' में चारागाहों से संबंधित मामलों पर भी विचारविमर्श होता था। चूंकि पशु, लोगों के जीवनयापन का एक प्रमुख साधन थे, इसलिए 'सभा' को गायों की श्रेष्ठता पर विस्तारपूर्वक विचार करने में आनंद आता था।[19] लोग दुबली-पतली गायों को मोटी बनाने की चिंता व्यक्त करते थे। वे 'सभा' में गायों की प्रशंसा करते नहीं अघाते थे और बड़े ओज के साथ उनकी शक्ति का स्मरण करते थे।[20]

'सभा' धर्मसंबंधी कार्यकलाप से भी रहित नहीं थी। इसके सदस्य इंद्र से सभा और सभासदों की रक्षा की याचना करते थे। जब इसकी बैठक आरंभ होती थी, इसमें यज्ञ किया जाता था और इस यज्ञाग्नि को सभ्य कहा जाता था।

'सभा' में राजनीतिक और प्रशासनिक कार्यों का भी संपादन होता था। अनेक उल्लेखों से प्रकट होता है कि सभा न्यायकार्य भी करती थी। इस तथ्य पर अनेक लेखकों ने जोर दिया है। 'ऋग्वेद' की एक परवर्ती ऋचा के आधार पर सभा को ऐसी संस्था के रूप में दिखलाने की कोशिश की गई है जो अभियोग लगाकर लोगों का कलंक मिटाती थी।[21] पुरुषमेध में सभाचर के धर्मबलि के रूप में अर्पित किए जाने का उल्लेख है। धर्म का अर्थ है न्याय। अतः मैकडोनेल के अनुसार सभाचर

को न्यायालय का सदस्य या शायद उन लोगों में से एक मानना कठिन नहीं होना चाहिए जो मुकदमों में निर्णय देने के लिए बैठते थे ।[22] मैकडोनेल सभासद का भी संबंध उन परामर्शदाताओं से जोड़ते हैं जो सभा में कानूनी मामले निबटाते थे । वह आगे कहते हैं : 'यह भी संभव है कि सभासदों से, जो संभवतः परिवारों के प्रधान हुआ करते थे । यह आशा की जाती थी कि वे सर्वसामान्य लोगों से अधिक नियमितता से सभा में उपस्थित रहें । सामान्य विचार-विमर्श और निर्णय करने के उद्देश्य से होने वाली बैठकों की अपेक्षा न्याय करने के लिए सभा की अधिक बैठकें होती होंगी ।' मैकडोनेल का यह भी कहना है कि न्यायिक कार्य पूरी सभा नहीं, बल्कि उसकी स्थायी समिति संपन्न करती थी ।[23] सभा न्यायिक निकाय के रूप में कार्य करती थी, इसके संबंध में जायसवाल ने भी साक्ष्य प्रस्तुत किए हैं । 'सभा' को 'कष्ट' और 'प्रचंड'[24] कहा गया है, जिससे यह ध्वनित होता है कि जो विधि का उल्लंघन करता था, उसके लिए 'सभा' कष्टदायक थी । ऐसा उल्लेख मिलता है कि चोरों और अपराधियों को घसीटकर 'सभा' में लाए जाने पर कभी-कभी सभासद वक्रोक्तियों से भरे आक्रामक भाषण सुना देते थे; और जान पड़ता है, धनी से धनी और प्रभावशाली से प्रभावशाली लोगों को भी 'सभा' में एकत्र अपने समकक्ष जनों के निर्णय को स्वीकार करना पड़ता था ।[25] तमाम उल्लेखों से स्पष्ट प्रतीत होता है कि सभा में न्यायिक कार्य होते थे ।

'मैत्रयाणी संहिता' में सभा का उल्लेख ग्राम्यवादिन् (गांव के न्यायाधीश) के न्यायालय के अर्थ में हुआ है । ग्राम्यवादिन् का उल्लेख सभी यजुःसंहिताओं में आया है । इसके अतिरिक्त प्राचीन मिथकों में यम के बारे में, जो मृतकों का राजा और न्यायकर्ता है, कहा गया है कि उसकी 'सभा' और अनेक सभासद हैं । अथर्ववेद' की ऋचा में पृथ्वी पर पूरी की गई आशाओं या संपन्न किए गए सुकर्मों[26] का सोलहवां भाग यम के सभासदों द्वारा आपस में बांटे जाने का जिक्र है । अतः इसमें संदेह नहीं कि 'सभा' में न्यायिक कार्य होते थे, यद्यपि इस पहलू पर प्रकाश डालनेवाले अधिकांश उल्लेख उत्तर वैदिककाल के हैं । जो भी हो, जायसवाल का यह कथन कि 'सभा' राष्ट्रीय न्यायालय[27] थी, सही निष्कर्ष नहीं जान पड़ता ।

'सभा' का न्यायिक स्वरूप परवर्ती काल में भी कायम रहा । जातकों में एक पुरानी गाथा मिलती है, जिसमें कहा गया है कि वह 'सभा' नहीं जिसमें संत नहीं हों, जो लोग धर्म (न्याय) नहीं बोलते वे संत नहीं हैं और संत वही है जो वैयक्तिक राग-द्वेष छोड़कर धर्म बोले ।[28] इसके अतिरिक्त परामर्शदाता के अर्थ में सभासद शब्द का प्रयोग सूत्रों और स्मृतियों के काल तक होता रहा है । इन दोनों कोटियों के ग्रंथों में सभासदों के लिए अपेक्षित योग्यताएं नियत की गई हैं । 'विधिसाहित्य में सभा न्यायालय या न्यायिक सभा है, जिसकी अध्यक्षता, मुख्य न्यायाधीश के रूप में, राजा करता है, और जिसमें साक्षियों तथा अभियुक्तों पर सत्ता रखने वाले

अधिकारियों के रूप में केवल पार्षद, न्यायाधीश और पुलिस अधिकारी भाग लेते हैं।'[29]

पूर्ववर्ती और परवर्ती दोनों ही स्रोतों में प्रमाण मिलता है कि राजा 'सभा' में उपस्थित रहता था। यद्यपि कुछेक स्थलों पर समिति द्वारा राजा के निर्वाचन का संकेत मिलता है, लेकिन सभा द्वारा ऐसे निर्वाचन का हमें कोई भी उल्लेख नहीं मिलता। किंतु वैदिककाल में राजा सभा में निश्चय ही उपस्थित होता था। पूर्ववर्ती काल में संभवतः वह नियमित रूप से सभा की अध्यक्षता नहीं करता था, क्योंकि यजुःसंहिताओं में सभापति का पृथक उल्लेख है। पर परवर्ती काल में सभा की कार्यवाही उसकी अध्यक्षता में होती थी। 'छांदोग्य उपनिषद'[30] में ऐसे दो उल्लेख मिलते हैं जिनसे पता चलता है कि राजा की अपनी सभा होती थी। 'शतपथ ब्राह्मण'[31] में सोम का वर्णन ऐसे राजाधिराज के रूप में किया गया है जो अपनी सभा लगाता है और जिस सभा में अधीनस्थ राजाओं की एक साथ उपस्थिति होती है। यह हमें लिच्छवियों की सभा में बैठने वाले अनेक राजाओं की याद दिलाता है, जिनमें सभी बराबरी के ओहदा और हैसियत के दावेदार थे।

राजा 'सभा' के परामर्श को सर्वाधिक महत्त्वपूर्ण समझता था और इसके सदस्यों के समर्थन के बिना शायद काम नहीं चला सकता था। ये सदस्य प्रस्तावों पर बोलते और तीव्र विवाद करते थे। 'अथर्ववेद' की एक ऋचा[32] के स्वर और भावना से यह बात स्पष्ट हो जाती है। बंद्योपाध्याय के अनुसार यह ऋचा शायद राजा बोलता है।

> 'प्रजापति की दो पुत्रियां, 'सभा' और 'समिति', एक होकर मुझे संरक्षण प्रदान करें। जिस किसी से भी मैं मिलता हूं वह मेरा आदर करे और मुझे सहायता दे। हे पितरो, 'सभा' में मेरे शब्द न्याययुक्त हों।
> हे 'सभा', हम तेरा नाम जानते हैं, तेरा नाम परिसंवाद है। यहां 'सभा' में उपस्थित सभी लोग मुझसे सहमत हों।
> यहां बैठे लोगों की श्री और विद्या मेरी हो। इंद्र यहां एकत्र सभी लोगों में मुझे प्रमुखता प्रदान करें।'

यदि राजा ऐसी प्रार्थना करता था तो स्पष्ट है कि वह 'सभा' के समर्थन की उपेक्षा नहीं कर सकता था। 'सभा' में प्रार्थना इसलिए की जाती थी कि सहयोग बना रहे और कलह नहीं हो। ऐसा मालूम होता है कि 'सभा' द्वारा पारित संकल्प सभी के लिए बंधनकारी था। 'अथर्ववेद' इसे नरिष्टा[33] कहता है। सायण ने इस शब्द की व्याख्या अनेक लोगों के ऐसे संकल्प के रूप में की है जो तोड़ा नहीं जा सके या जिसका उल्लंघन नहीं हो सके। इससे जायसवाल ने यह अनुमान लगाया है कि 'सभा' का संकल्प सभी के लिए बंधनकारी और अनुल्लंघनीय था।[34] किंतु ग्रिफिथ ने 'नरिष्टा' का अर्थ परिसंवाद और ह्विटनी ने खेलकूद किया है।[35]

लेकिन होमरयुगीन सभाओं का जो स्वरूप था उसे देखते हुए सायण की व्याख्या अधिक समीचीन प्रतीत होती है। वीर युगीन (हिरोइक) यूनान में भी सभा का निर्णय सर्वोच्च और अंतिम होता था। शोमन अपनी पुस्तक 'एंटीक्विटीज आफ ग्रीस' में कहते हैं : 'जितने भी स्थलों पर हमें सभा में किसी ऐसे विषय की चर्चा का वर्णन देखने को मिलता है जिसके कार्यान्वयन के लिए जनता का सहयोग अपेक्षित था, उनमें से किसी भी स्थल पर होमर ने किसी भी ऐसे उपाय का संकेत नहीं किया है जिसके सहारे जनता को अपनी इच्छा के विरुद्ध उस विषय के कार्यान्वयन पर सहमत होने को विवश किया जा सकता हो।'[36]

भारतीय महाकाव्यगत अनुश्रुतियों में 'सभा' के स्वरूप पर विचार करते हुए हॉपकिंस बताते हैं : 'महाकाव्य' में हम 'सभा' को अनेक रूपों में पाते हैं। कहीं वह न्यायसभा, यानी न्यायालय है तो कहीं राजकीय सभा यानी राजदरबार है, कहीं आमोद-प्रमोद के लिए एकत्र सामाजिक सभा है तो कहीं, पुराने अर्थ में, राजनीतिक सभा[37] यद्यपि यह कहना कठिन है कि उपर्युक्त कथन में सभा के जिस स्वरूप का वर्णन हुआ है उसका संबंध किस कालविशेष से है, किंतु इससे इस बात का संकेत मिलता है कि उत्तर वैदिक परंपराएं आगे भी कायम रहीं।

समिति

ध्यातव्य है कि 'समिति' का उल्लेख 'ऋग्वेद' के उन्हीं भागों में हुआ है जो सबसे बाद के माने गए हैं। हमें इसके जो छह उल्लेख मिलते हैं, वे सबके सब मंडल 1 और 10 के हैं। इसका अर्थ यह हुआ कि समिति का महत्त्व ऋग्वैदिक काल के अंत में या उसके भी बाद हुआ। लेकिन 'सभा' के साथ बात दूसरी है। इसके चार उल्लेख 'ऋग्वेद' के प्रारंभिक अंशों में और चार बाद वाले अंशों में हैं। इसलिए 'समिति' 'सभा' से पुरानी नहीं दीखती। 'अथर्ववेद' में इन दोनों निकायों का साथ-साथ उल्लेख चार बार हुआ है और हर बार 'सभा' पहले और 'समिति' बाद में है। इससे भी संकेत मिलता है कि 'सभा' 'समिति' से पुरानी है। यह सामान्यतया स्वीकार किया जाता है कि प्रारंभिक 'समिति' ऐसी जनसभा थी जिसमें जनजाति के लोग जमा होकर अपना कामकाज करते थे। लुडविग के अनुसार 'समिति' अधिक व्यापक सभा थी, जिसमें न केवल सभी जनसामान्य (विशाः) वरन ब्राह्मण और मघवन् के रूप में ज्ञात धनीमानी लोग भी शामिल होते थे। संभवतः यह होमरकालीन अगोरा जैसी कोई सामान्य जनजातीय संस्था थी। 'अथर्ववेद' के संदर्भ में पता चलता है कि महिलाएं भी इसमें शामिल होती थीं।[38] लेकिन महिलाओं का 'सभा' में जाना जितना स्पष्ट है, उतना इस (समिति) में जाना नहीं।

परवर्ती काल में राजन या राजकुल के लोग भी 'समिति' में जाते थे। वे इस निकाय के अति विशिष्ट सदस्य थे, और सामान्य लोग तो इसमें शामिल होते ही थे।[39] जायसवाल का विचार है कि 'समिति' का गठन किसी न किसी प्रकार के प्रतिनिधित्व के सिद्धांत पर होता था और नगर तथा ग्राम का प्रतिनिधित्व संभवतः उसका ग्रामणी करता था।[40] लेकिन उपलब्ध साक्ष्य से इस अनुमान की पुष्टि नहीं होती।

'समिति' की कार्यवाही राजनीतिक विषयों तक ही सीमित नहीं थी। उत्तर वैदिककाल में इसमें दार्शनिक प्रश्नों की भी चर्चा होती थी। जब श्वेतकेतु ने विद्यार्जन के बाद पूरे दार्शनिक साहित्य का ज्ञाता होने का दावा किया तब वह पंचालों की 'समिति' के समक्ष प्रस्तुत हुआ। पंचालों की जनसभा के अध्यक्ष राजन्य प्रवाहण जैवलि ने उससे पांच दार्शनिक प्रश्न किए जिनमें से किसी का भी उत्तर वह धृष्ट युवक न दे सका। इस पर जैवलि ने कहा : 'इन बातों का ज्ञान न रखने वाला कोई भी व्यक्ति कैसे कह सकता है कि उसकी शिक्षा हुई है?[41] यहां 'समिति' ऐसी विद्वद्सभा के रूप में आती है जिसमें शिक्षितों की ज्ञानपरीक्षा की जाती थी।

'समिति' का संबंध धार्मिक अनुष्ठानों और प्रार्थनाओं से भी था। समिति में सब एकमत होकर निर्णय पर पहुंचें, इसके लिए भी प्रार्थनाएं की जाती थीं। देवताओं को अर्पित बलि से भी समिति का संबंध था। एक ऋचा में समिति में अग्नि का आवाहन किया गया है, ताकि वह बलि का अपना अंश ग्रहण करे। इसमें यह कामना व्यक्त की गई है कि देवताओं के बीच भी देवसमिति हो।[42]

बंद्योपाध्याय[43] का कहना है कि 'समिति' के कुछ सैनिक कार्य भी होते थे, क्योंकि टीकाकारों ने इस शब्द (समिति) का अर्थ युद्ध या व्यूह लगाया है। यास्क ने इसका अर्थ युद्ध बतलाया है।[44] क्लैसिकी साहित्य[45] में भी इस शब्द का ऐसा अर्थ बताया गया है। फिर, सायण ने समिति का अनुवाद युद्ध या संग्राम किया है।[46] और यहां हम अपनी ओर से इतना और कह सकते हैं कि 'अथर्ववेद' के एक उल्लेख से ऐसा संकेत मिलता है कि समिति और जनजातीय सैनिक इकाई ग्राम—जिनके समूह को संग्राम कहा जाता था—इन दोनों के बीच कोई अंतर नहीं था।[47] प्रारंभिक भारोपीय संस्थाओं के तुलनात्मक अध्ययन से भी समिति के सामरिक स्वरूप का समर्थन होता है। प्रारंभिक यूनानी, रोमन और जर्मन सभाओं में लड़ाई और मतदान साथ-साथ चलते थे। होमरकालीन स्वतंत्र जन सैन्यव्यूह में एकत्र होकर महत्त्वपूर्ण प्रश्नों का निर्णय करते थे।[48] टैसिटस का कहना है कि जर्मन जनजाति के सशस्त्र स्वतंत्र जन अपने प्रधान के अधीन इकट्ठे होकर युद्ध और शांति संबंधी निर्णय लिया करते थे। 'यदि वे प्रधान के विचारों से अप्रसन्न होते हैं तो बुदबुदाकर उन पर अस्वीकृति व्यक्त करते हैं; यदि प्रसन्न होते तो अपने

भाले भांज देते हैं। सहमति प्रकट करने का सर्वाधिक सम्मानजनक रूप अपने शस्त्रों से अपना अनुमोदन सूचित करना है।[49] प्राचीन रोम की जनसभा (कमिशिया सैंचुरियाटा) निश्चित रूप से सैनिक संस्था के रूप में काम करती थी। इन सबसे ध्वनित होता है कि सैनिक प्रयोजनों के लिए 'समिति' का उपयोग होता है।

'समिति' के राजनीतिक कार्य काफी स्पष्ट हैं। संदर्भों से संकेत मिलता है कि राजा 'समिति' द्वारा निर्वाचित और पुनर्निर्वाचित होता था। त्सिमर ने बहुत पहले ही कहा था कि जहां निर्वाची राजतंत्र था वहां समिति में इकट्ठे विश द्वारा ही राजा का निर्वाचन होता था। 'ऋग्वेद' के एक अवतरण (X.166.4) के संबंध में उनका ख्याल है कि उससे कुछ ऐसा संकेत मिलता है कि राजपद का कोई प्रभावशाली प्रत्याशी 'समिति' के विरोध के बावजूद अपनी इच्छा की पूर्ति की कामना कर रहा है। त्सिमर 'अथर्ववेद' की एक ऋचा[50] से समिति के निर्वाचनविषयक कार्यों का अनुमान लगाते हैं, जिसका समर्थन जायसवाल ने भी किया है। लेकिन उस ऋचा में दरअसल जनजाति के सदस्यों (विशः) द्वारा राजा के चुनाव का उल्लेख है। फिर भी, जैसा कि घोषाल का मत है, विशेष प्रसंगों में 'समिति' राजा का निर्वाचन करती रही हो, इसमें असंभव जैसा कुछ नहीं है।

'समिति' में जाना राजा का कर्तव्य था, यह बात इस उपमा के प्रयोग से स्पष्ट की जाती है–'समिति में जाते हुए किसी सच्चे राजा की भांति।' ऐसी अनेक ऋचाएं हैं जिनमें राजा को समिति में उपस्थित होते और उसकी कार्यवाहियों का मार्गदर्शन करते दिखलाया गया है।[51] पंचालों और विदेहों के राजा इसके प्रमुख दृष्टांत हैं। 'समिति' को राजा का बहुत बड़ा सहारा माना जाता था। एक राजा अपने विपक्षियों के विनाश के लिए प्रार्थना करता है और दावा करता है कि उसने उनके चित्त, उनकी जीवन पद्धति (व्रत) और उनकी 'समिति' पर आधिपत्य कायम कर लिया है।[52] 'समिति' पूर्व वैदिककाल की राज्यव्यवस्था का ऐसा अभिन्न अंग थी कि इसके बिना राजा की कल्पना भी नहीं की जा सकती थी। भैंस के लिए जिस तरह वन था, सोमरस के लिए जिस तरह घड़ा था, पुरोहितों के लिए जिस तरह याजक था, उसी तरह राजा के लिए 'समिति' थी।[53] इस मुख्य अवलंब के बिना राजशक्ति के अस्तित्व की कल्पना भी नहीं की जा सकती थी। राज्याभिषेक के बाद पुरोहित मंत्रोच्चार करता है कि राजा सिंहासन पर स्थापित हो और समिति उसके प्रति निष्ठावान रहे।[54] एक सूक्त में ब्राह्मण पुरोहित उन क्षत्रिय शासकों को शाप देता है जो ब्राह्मणों के पशुओं को नष्ट करते हैं। उस संदर्भ में वह अत्याचारी क्षत्रिय शासकों के राष्ट्र पर आई विपत्ति का उल्लेख करता है। कहा गया है कि मित्रवरुण पुरोहित का अहित करनेवालों पर वर्षा नहीं करता। 'समिति' (यानी जनसभा और इसलिए निष्ठा) उसकी वशवर्ती नहीं रहती, और

वह ऐसे मित्र प्राप्त नहीं करता जो उसकी इच्छानुसार काम करें।[55]

सार्वजनिक भूमि पर शायद जनजाति के सदस्यों (विश) का नियंत्रण होता था, जो 'समिति' जैसी सभाओं में एकत्र होते थे। 'शतपथ ब्राह्मण'[56] के एक उल्लेख में इस पर जनसभा के नियंत्रणाधिकार का स्पष्ट संकेत है। उसमें कहा गया है, 'यदि विश के अनुमोदन से क्षत्रिय किसी को कोई बस्ती प्रदान करता है, तो वह बस्ती उचित रूप से प्रदत्त है।' घोषाल के अनुसार, इसका अर्थ यह प्रतीत होता है कि लोगों की सहमति से जनभूमि या सार्वजनिक भूमि का राजा द्वारा अनुदान किया जाना जनजातीय या प्रथागत विधि के अनुरूप माना जाता था। यद्यपि इस उद्धरण से 'समिति' का उल्लेख कहीं नहीं हुआ है, लेकिन संभव है, जनजातीय लोग इस निकाय में एकत्र होने पर भूमि के वितरण पर विचारविमर्श करते रहे हों। 'होमरकालीन साक्ष्य से स्पष्ट दीख पड़ता है कि जहां शक्ति या विशेषाधिकार के अनुदान की सत्ता राजा को थी, वहीं भूमि के अनुदान का हक सामान्यजनों को था, जो अपने नेताओं को सैनिक सेवा के पुरस्कारस्वरूप भूसंपदाएं (इस्टेट) प्रदान करते थे। ये भूसंपदाएं अन्य भूसंपदाओं से इस मानी में भिन्न थीं किंतु ये भाग्यदा (लाटरी) की विधि से जनजाति या कुल को नहीं, बल्कि विशेष दान के रूप में व्यक्तिविशेष को दी ज़ाती थीं।[57]

'ऋग्वेद' और 'अथर्ववेद' दोनों में समिति में विचारों की एकता पर बहुत जोर दिया गया है। सभा में सहमति के लिए प्रार्थना करते हुए कवि कहता है, हमारा मंत्र एक हो, 'समिति' एक हो, मन एक हो और हमारे विचार (चित्त) एक हों। लोग 'समिति' में सहमति पर पहुंचने का प्रयत्न करते थे।[58] एक स्थल पर समान मंत्रों, समान 'समिति' और समान व्रत की प्राप्ति की कामना की गई है।[59] मतैक्य पर जोर दिया जाना आदिम समुदायों में प्रचलित प्रथा के अनुरूप ही है। उदाहरणार्थ, 'आइरोक्वोइ लोगों के बीच अंतिम निर्णय सर्वसम्मत होना आवश्यक था और यही बात जर्मन समुदायों के अधिकतर निश्चयों के साथ लागू थी।'[60] लेकिन 'समिति' में ऐसा मतैक्य काफी वादविवाद के उपरांत ही प्राप्त होता था। सभी प्रार्थनाओं और विधिविधानों, सभी तंत्रमंत्रों और उनकी काटों का केवल एक ही उद्देश्य था—वादविवाद में अपने प्रतिपक्षी को निरुत्तर करना, उपस्थित सदस्यों से विचाराधीन प्रश्न पर अपने मत को स्वीकृत करवाना, अपने वचनों को सदस्यों के लिए प्रीतिकर बनवाना, और प्रतिकूल विचार रखनेवालों की बुद्धि को अपने अनुकूल बनाना।[61]

'समिति' विचारविमर्श करने की बहुत महत्वपूर्ण संस्था थी। मतैक्य पर पहुंचने के लिए इसमें जोरदार वादविवाद होता था। एक प्रार्थना में कहा गया है, 'हमारे विचारविमर्श हमें एक ही बिंदु की ओर ले जाएं, हमारे वादविवाद का उद्देश्य एक हो, हमारे संकल्पों का परिणाम एक हो। हे राजा सोम, उनमें सहमति

के बीज बोओ।[62] वक्ता अपने को समिति में प्रतिभावान, जिसका कोई खंडन न करे, ऐसा सिद्ध करना चाहता था। स्पष्ट ही अध्यक्ष के रूप में राजा से आशा की जाती थी कि वह कार्यवाही का संचालन इस प्रकार से करे जिससे प्रत्येक प्रश्न पर आम राय बन सके। मतैक्य और मेलजोल करने के लिए जादूटोने और वशीकरण का भी सहारा लिया जाता था।[63]

अनेक उल्लेखों से प्रकट होता है कि 'समिति' अत्यधिक अधिकारों से संपन्न थी। लेकिन जायसवाल की तरह यह कहना कि संवैधानिक दृष्टि से 'समिति' एक प्रभुसत्तासंपन्न संस्था थी, साक्ष्यों की खींचतान माना जाएगा।[64] हो सकता है कि प्रारंभिक अवस्था में यह सर्वोच्च सत्तासंपन्न रही हो, लेकिन वैदिककाल के अंत तक इसकी वह सत्ता कायम नहीं रही। 'समिति' को प्राचीन जर्मन संविधान की उस प्रभुसत्तासंपन्न जनसभा का प्रतिरूप नहीं माना जा सकता जिसका वर्णन टैसिटस ने किया है।

सभा और समिति का पारस्परिक संबंध

सभा और समिति का भेद ठीक-ठीक नहीं बतलाया जा सकता। शुरू में, संभवतः, दोनों के गठन और कार्यों में कोई भेद नहीं था। यह बात होमरकालीन सभा और परिषद के आपसी संबंध पर भी लागू होती है। वैदिक लोगों की राय में दोनों का उद्गम एक ही है, क्योंकि दोनों ही प्रजापति की पुत्रियां हैं। 'अथर्ववेद' की एक ऋचा से ज्ञात होता है कि इन दोनों संस्थाओं की बैठक का कोई निश्चित स्थान नहीं था, बल्कि अपने दल-बल के साथ आवश्यकतानुसार इधर-उधर घूमते रहनेवाले अपने-अपने सरदारों के साथ-साथ इनकी बैठक के स्थान भी बदलते रहते थे।[65] चैडविक का कहना है कि ऐसे कुछ साक्ष्य मौजूद हैं जिनसे 'पता चलता है कि 'सभा' और 'समिति' में कोई स्पष्ट अंतर नहीं था।'[66] संभवतः एकमात्र अंतर यही था कि 'सभा' न्यायिक कार्य करती थी, जो 'समिति' नहीं करती थी। बाद में 'सभा' का रूप अभिजातीय होता चला गया और अंत में वह राजदरबार बन गई और 'समिति' का लोप हो गया। जायसवाल का विचार है कि परवर्ती काल में 'समिति' के स्थान पर परिषद आ गई। लेकिन यह बात तो 'सभा' पर भी लागू होती है। फिर, 'सभा' के विपरीत, 'समिति' लड़ाई में भाग लेती थी। दोनों संस्थाओं में कुछ धार्मिक कृत्य अवश्य होते थे, यद्यपि ये प्रमुख नहीं थे। चैडविक के अनुसार, स्वीडन की जनजातीय सभाएं मुख्यतः धार्मिक सभाएं प्रतीत होती हैं, जो प्रमुख राष्ट्रीय यज्ञमंडप (सैंक्चुअरी) पर महान वार्षिक बलि चढ़ाने के लिए एकत्र होती थीं। इसकी काफी संभावना है कि प्राचीन जर्मनों की सभाओं के साथ भी यही बात लागू होती हो।[67] एक हद तक यही बात सभा और समिति के बारे में भी कही जा सकती है।

'सभा' और 'समिति' के स्वरूप के संबंध में विद्वानों के बीच मतैक्य नहीं है। हिलब्रांट के अनुसार 'सभा' और 'समिति' में कोई भेद नहीं हो सकता; दोनों से एक ही चीज का संकेत मिलता है। लेकिन 'अथर्ववेद' में कम से कम चार बार 'सभा' और 'समिति' का प्रजापति की दो पुत्रियों के रूप में उल्लेख हुआ है। ब्लूमफील्ड[68] के अनुसार, 'सभा' एक सम्मिलन स्थल थी, जो सामाजिक समारोहों के केंद्र का भी काम करती थी। उसका यह भी विचार है कि 'सभा' का अर्थ आमतौर पर सार्वजनिक रूप से लोगों का कहीं एकत्र होना होता है। किंतु 'सभा' केवल एक स्थान विशेष रही हो, यह संभव नहीं लगता क्योंकि इसे न्यायिक कार्य भी संपन्न करने पड़ते थे। त्सिमर 'सभा' को ग्रामसभा मानते हैं। इसी आधार पर मजूमदार इसे स्थानीय संस्था मानते हैं, जबकि 'समिति' को केंद्रीय संगठन मानते हैं। लेकिन 'सभा' में तो राजा भी जाता था, और उससे हरेक ग्रामसभा में जाने की अपेक्षा करना बहुत अधिक होगा? इसके अतिरिक्त अनेक यजुर्वेदीय संहिताओं में 'सभा' का उल्लेख ग्राम और अरण्य के साथ हुआ है।[69] यदि इसे गांव के साथ जोड़ा जा सकता है तब तो वनों के साथ भी जोड़ने में कोई आपत्ति नहीं होनी चाहिए, और उस हालत में उसे वनसभा भी कहा जा सकता है।

इन दोनों वैदिक संस्थाओं के पारस्परिक संबंध के बारे में सामान्यतः लुडविग के विचार को स्वीकार्य माना गया है। उसके अनुसार 'समिति' समस्त जनसमुदाय की संस्था थी और 'सभा' होमरकालीन गुरुजनसभा जैसी संस्था थी। यह गिनेचुने लोगों की निकाय थी, जिसमें जनजाति के केवल श्रेष्ठ जन (मघवन्) ही राजा के साथ परामर्श करने के लिए जा सकते थे। जायसवाल इससे प्रायः सहमत हैं। उनका कहना है कि 'सभा' भी जननिकाय थी, लेकिन यह 'समिति' की सत्ता के अधीन कार्य करने वाले गिनेचुने लोगों की स्थायी और अचल निकाय थी।' नारायणचंद्र बंद्योपाध्याय का विचार भी करीब-करीब ऐसा ही है, लेकिन घोषाल का मत है कि 'समिति' की तरह 'सभा' भी जनसंस्था ही थी। इन दोनों निकायों के जनप्रिय रूप को स्वीकार करने में एक बड़ी कठिनाई है कि ऐसा मानना उचित नहीं जान पड़ता कि संपूर्ण वैदिककाल के दौरान—और वह बहुत लंबा काल है—इनका यही रूप कायम रहा। स्पष्टतया, 'सभा' शुरू में जनजातीय और सार्वजनिक संस्था थी और बाद में अभिजातीय बन गई, जब कि समिति ने उत्तर वैदिककाल का अपना जनरूप कायम रखा।

संदर्भ और टिप्पणियां

1. वा. सं., III. 45. XX. 17.
2. III, 7.4.5.
3. ऋग्वेद, II. 24.13.
4. I. 167.3.
5. 'पोजीशन ऑफ दि रूलिंग कास्ट्स एटसेटरा,' ज. अ. ओ. सो.,xiii. 148.
6. डेवलपमेंट ऑफ हिंदू पॉलिटी एंड पॉलिटिकल थीअरीज, पृ. 110.
7. VI, ii, 427.
8. VIII, 4.9.
9. X, 71.10.
10. VII, 1.4.
11. XIX, 57.2.
12. I, 91.20.
13. II, 24.13.
14. जायसवाल, हिंदू पॉलिटी (1924), पृ. 18.
15. बंद्योपाध्याय की पूर्वोद्धृत पुस्तक, पृ. 113.
16. वही.
17. X, 34.6.
18. V. 31.6.
19. ऋग्वेद, VI, 28.6.
20. अथर्व IV. 21.6.
21. ऋग्वेद, X. 71.10.
22. VI. ii. 427-28.
23. VI. ii. 428.
24. पारस्कर गृह्यसूत्र, अनु. एच. ओल्डनबर्ग, सै. बु. ई., xxix. 362.
25. अथर्व., VII. 12.3.
26. III, 29.1.
27. जायसवाल, हिंदू पॉलिटी, पृ. 18.
28. जातक, श्लोक 509, जिसे जायसवाल ने हिंदू पॉलिटी, पृ. 19, पादटिप्पणी 8 में उद्धृत और स्पष्ट किया है.
29. हॉपकिंस, ज.अ.ओ.सो., xiii, 148.
30. V, 3.6; VIII. 14.1.
31. तस्य राजानः सभागाः III, 3, 3.14.
32. VII, 12. 1-3 (ग्रिफिथ के अनुवाद के अनुसार).
33. अथर्व. VII, 12.2.
34. हिंदू पॉलिटी, पृ. 19.
35. हारवर्ड ओरिएंटल सिरीज, VII, 397.
36. एंजेल्स द्वारा ओरिजिन ऑफ फैमिली, प्रोपर्टी एंड स्टेट (मास्को संस्करण) के पृ. 150 पर उद्धृत.

37. ज. अ. ओ. सो., xiii. 148.
38. अथर्व., VIII, 10.5.
39. घोषाल, हिस्ट्री ऑफ पब्लिक लाइफ, i, 17.
40. उपरिवत, पृ. 15.
41. बृहदारण्यक उपनिषद, VI. 2, छांदोग्य उपनिषद, V, 3.
42. अथर्व. XVIII. 1.26.
43. पृ. 119.
44. निरुक्त, II, 107.
45. अमरकोश, II, 8.107.
46. ऋग्वेद, X, 97.6. का भाष्य (औषधियों के बीच जो स्थान वैद्य का है, वही 'समिति' का है).
47. '' संग्रामा समितयः (अथर्व XII, 1.56) का अर्थ जायसवाल ने समिति में एकत्र होनेवाले गांव से लगाया है (हिंदू पॉलिटी पृ. 15), लेकिन उनके दिए इस दृष्टांत (वही) से कि शर्यात मानव अपने ग्राम के साथ भटक रहा था (श. ब्रा, IV, 1.5.2.7), साफ जाहिर है कि आरंभ में ग्राम कोई एक स्थान पर बसी इकाई नहीं, बल्कि अपने सरदार के नेतृत्व में चलने वाली जनजातीय टोली था.
48. बंद्योपाध्याय, पूर्वोद्धृत कृति, पृ. 119 पर सिजविक का उद्धरण.
49. दि कंप्लीट वर्क्स ऑफ टैसिटस, अनु. ए. जे. चर्च तथा डब्ल्यू. जे. ब्रोडरिब, 'जर्मनी एंड इट्स ट्राइब्स,' फ्रैगमेंट II पृ. 714.
50. III, 4.2.
51. ऋग्वेद, IX, 92.6; छांदोग्य उपनिषद् V, 3.
52. ऋग्वेद, X, 196.4.
53. ऋग्वेद, IX, 92.6. इससे प्रसंगवश यह भी प्रकट होता है कि ऋग्वैदिक काल में भैंस नवागंतुकों द्वारा पालतू नहीं बनाई गई थी.
54. अथर्व., VI, 88.3.
55. वही, V, 19.15.
56. VII, 1.1.4.
57. टॉमसन, एस्काइलेज एंड एथेंस, पृ. 40, पर उद्धृत.
58. ऋग्वेद. X, 191.3.
59. अथर्व. VI, 64.2 (ह्विटनी का अनुवाद), पृ. 329
60. एंजेल्स, ओरिजिन ऑफ फैमिली, प्रापर्टी एंड स्टेट, पृ. 132.
61. आर. सी. मजुमदार, कॉर्पोरेट लाइफ इन एंशंट इंडिया, पृ. 125-26.
62. अथर्व. VI, 88.3.
63. वही, III, 30
64. हिंदू पॉलिटी, पृ. 12-13.
65. अथर्व., XV, 9.
66. दि हिरोइक एज, पृ. 384.
67. वही, पृ. 369.
68. ज. अ. ओ. सो., xix, 13.18
69. VI, II. 426, पा. टि. 4.

8. मौर्यपूर्व उत्तर भारत में करारोपण तथा राज्य संरचना

राज्य का प्रतीक राजा के रूप में एक व्यक्ति हो अथवा कुलीनतंत्र के रूप में अनेक व्यक्ति, प्रशासन तथा अधिक महत्व के मामलों में इसकी निर्णायक भूमिका होती है। इसमें लोगों से बलपूर्वक अपने निर्णय मनवाने की क्षमता होती है, इसलिए इसके फैसले कारगर होते हैं। फैसले को लागू करने की जिम्मेवारी राज्याधिकारियों की होती है जो अपनी योग्यता के कारण अथवा राजसत्ता के निकट होने के कारण नियुक्त होते हैं। कुल, कबीले, अथवा परिवार के प्रति आज्ञाकारिता की दीर्घ, सुस्थापित परंपरा के रहते हुए भी, अंततः राज्य को अपने निर्णय लागू करने के लिए सेना अथवा पुलिस जैसी बाध्यकारी शक्तियों का सहारा लेना पड़ता है। और जब तक कर की सुचारु रूप से व्यवस्था नहीं हो तब तक सेना और पुलिस को वेतनभोगी बनाकर नियमित रूप से नहीं रखा जा सकता है। जनजातीय अवस्था में वेतन देकर लोगों को युद्ध में नहीं लगाया जाता है। कबीलाई समाजों में पशु-आखेट के लिए सभी सक्षम व्यक्तियों को बुलाया जाता है। युद्ध के लिए, जो एक प्रकार का मानव-आखेट है, ऐसा ही किया जाता है। चूंकि प्राचीन एवं आदिम समाजों में युद्ध जीविका का वैध एवं महत्त्वपूर्ण साधन था, अतः कुछ नृतत्वशास्त्री इसे लूट के द्वारा माल पैदा करने का स्रोत मानते हैं। जनजातीय अवस्था में सरदार तथा बुजुर्गों को न्यायिक अधिकार होता है किंतु अपने आदेश को लागू करने के लिए उन्हें किसी व्यापक तंत्र की आवश्यकता नहीं होती। कबीले के सदस्य स्वयं अपनी इच्छा से सरदार या बड़े-बूढ़ों के फैसले को मानते हैं।

राज्य की परिभाषा करनेवाले प्राचीन भारतीय चिंतक क्षेत्र को इसका प्रमुख अंग मानते हैं। वे राष्ट्र अथवा जनपद तथा दुर्ग अर्थात् किलेबंदी की हुई राजधानी को महत्त्वपूर्ण मानते हैं।[1] इस प्रकार राज्य के क्षेत्रीय पक्ष पर वे उसी प्रकार का बल देते हैं जैसा इसकी आधुनिक परिभाषा में दिया जाता है। पर जनजातीय अवस्था में क्षेत्रीय पक्ष का स्थान नहीं के बराबर है। कुछ नृतत्ववेत्ता शिकारियों तथा अधिकांशतः पशु-पालकों के समूहों में अस्थायी भूभागीय सीमांकन देखते हैं। किंतु जीविका की ऐसी पद्धतियों में वस्तुतः समूह अथवा जनजातीय एकता के प्रति

ही निष्ठा होती है, क्षेत्र के प्रति निष्ठा बहुत कम होती है । क्षेत्र का वास्तविक महत्त्व तब उमड़कर आता है जब लोगों को इसमें नियमित रूप से भोजन-उत्पादन की संभावनाओं की पहचान होती है और जब वे इसमें स्थायी रूप से बस्तियां बसाते हैं । ऐसी अवस्था में, विभिन्न कबीलाई इकाइयों के प्रति निष्ठा के बावजूद भी एक जगह टिक जाने के कारण लोगों में अपनी भूमि के प्रति गहरा लगाव विकसित होने लगता है ।

वास्तव में, राज्य के विभिन्न तत्वों में राजस्व व्यवस्था सबसे महत्त्वपूर्ण है । विभिन्न प्रकार के संसाधनों के जुटाए बिना केंद्रीय व्यवस्था, जिसमें राजा अथवा शासन करनेवाला कुलीन वर्ग, नियमित सेना, तथा कार्यकारी एवं न्यायिक अधिकारी होते हैं, का रख-रखाव करना संभव नहीं है । अतः हमारे मत में कर-व्यवस्था का उद्भव तथा विकास राज्य के उदय एवं विकास को निर्धारित करता है । यह बात कौटिल्य भली-भांति जानता था । उसके अनुसार, वार्त्ता, जिसमें कृषि, पशुपालन तथा वाणिज्य सम्मिलित हैं, कल्याणकारी है क्योंकि यह अन्न, पशुधन, द्रव्य तथा श्रमशक्ति प्रदान करता है । इन संसाधनों की सहायता से कोष तथा सेना द्वारा राजा अपनी ही प्रजा को नहीं बल्कि अन्यों की प्रजा को भी वश में करता है ।[2] कौटिल्य का स्पष्ट कथन है कि कोष सेना का स्रोत है । उसके अनुसार इन दोनों का महत्त्व देश एवं काल के अनुसार बदलता रहता है । उसका मत है कि सेना के द्वारा कोष की प्राप्ति और रक्षा हो सकती है पर कोष भी स्वयं अपनी अभिवृद्धि एवं संरक्षण कर सकता है, तथा इसके द्वारा सेना एकत्रित की जा सकती है और कायम रखी जा सकती है ।[3] कौटिल्य अपनी मूल स्थापना पर यह कहकर पुनः बल देता है कि सेना का अस्तित्व कोष के कारण है, तथा जनपद, जिसका कोष आभूषण है, कोष तथा सेना के द्वारा जीता जाता है ।

कुछ लोगों का तर्क है कि सहमति राज्य-निर्माण में निर्णायक होती है ।[4] राज्य के इकरार वाले सिद्धांत बतलाते हैं कि राज्य संरक्षण देने के बदले कर वसूल करने का भागी होता है । किंतु राज्य संबंधी विचारकों ने भारत तथा अन्य देशों में ऐसे सिद्धांतों को इसलिए प्रस्तुत किया ताकि राज्य के कार्यों को उचित ठहराया जा सके और उसके कर वसूलने के अधिकार को मान्य और वैध घोषित किया जा सके । पालि एवं संस्कृत ग्रंथों में प्रतिपादित इकरार वाले सिद्धांतों में संकेत मिलता है कि संपत्ति की संस्थाओं तथा पितृ-सत्तात्मक कुटुंबों, जिनका महत्त्व उच्च वर्णों के लिए अधिक था, की सुरक्षा आवश्यक समझी गई । जो भी हो, इसमें संदेह नहीं कि प्राचीन भारत में विचारकों का ऐसा वर्ग था जो विभिन्न प्रकार से राज्याधिकार का औचित्य सिद्ध करते थे । 'लौकिक' औचित्य प्रस्तुत करने के साथ ही वे मिथक-निर्माण तथा धार्मिक प्रामाणिकता का सहारा भी लेते थे । उन्होंने राजा की शक्ति, मान-सम्मान तथा अत्यता से लोगों को आक्रांत करने के लिए राज्याभिषेक

के खर्चीले संस्कार आविष्कृत किए, तथा जन-सामान्य के मन में राजा के दैवी गुणों, यहां तक कि उसके अवतार होने की, बात बिठा दी। अतः कबीलाई उत्तराधिकार के रूप में सहमति की कुछ परंपरा भले ही मिली हो, सहमति तथा मान्यता प्राप्त करने के लिए जानबूझकर प्रयत्न किए जाते थे। प्रतीत होता है कि संपूर्ण पुरोहित वर्ग निरंतर इसी कार्य में लगा रहता था, जिसके फलस्वरूप उसे निरंतर लाभ की प्राप्ति होती थी। राजकोष को भरने के लिए पुरोहितों ने अंधविश्वासपूर्ण तरीकों को भी ढूंढ़ निकाला। वैचारिक स्तर पर राजा और वर्णविभाजित समाज के पक्षधर के रूप में प्रचार करने के बदले ब्राह्मणों को राजा उदार होकर दान-दक्षिणा देता था। स्पष्ट है कि जनजातीय अवस्था में संसाधन-हीन सरदार ब्राह्मणों अथवा जैन एवं बौद्ध भिक्षुओं जैसे लोगों का भरण-पोषण नहीं कर सकता था। वैदिकोत्तर काल में जब अन्न किसानों की जरूरत से अधिक पैदा होने लगा तो बड़े पैमाने पर विभिन्न प्रकार के धर्म प्रचारकों को खिलाना संभव हो गया। अब वे अपने प्रवचन के द्वारा 'सहमति' बढ़ाते थे और फलस्वरूप राज्य एवं समाज को मजबूत करते थे। अतः संसाधन जुटाना न केवल पेशेवर सेना तथा कार्यकारी एवं न्यायिक अधिकारियों के रख-रखाव के लिए अनिवार्य था अपितु उन लोगों के लिए भी जो 'सहमति' का संवर्धन करते थे। कम-से-कम, प्राचीन भारतीय राज्य का अनुभव तो यही दिखलाई पड़ता है।

चूंकि राज्य ने अपना वास्तविक स्वरूप बुद्ध के युग में, विशेषतः मध्य गंगा के मैदानों में, प्राप्त किया, अतः सर्वप्रथम हम कौटिल्य की वार्त्ता के परिवेश में उन भौतिक परिस्थितियों का परीक्षण करेंगे जिनसे अतिरिक्त उत्पादन की भूमिका तैयार हुई, तथा उन पद्धतियों को दर्शाएंगे जिनके द्वारा इस अतिरिक्त उत्पादन को विशेष करों के रूप में वसूल किया जाने लगा। फिर हम देखेंगे कि कर-व्यवस्था तथा राज्य के अन्य अवयवों जैसे सैन्य, क्षेत्र अफसरशाही इत्यादि के निर्माण के बीच किस प्रकार का संबंध है।

जिस युग की हम बात कर रहे हैं, वह युग अनेक जनपदीय राज्यों के उदय के लिए प्रसिद्ध है। उनमें से अधिकांश उत्तर भारत में स्थित थे तथा उनकी संख्या पचास से अधिक थी।[5] क्षेत्रीय लगाव की कुछ चेतना शिकारी और पशुचारी समाज में भी पाई जाती है। कबीलाई लोग विशिष्ट भूभागों को अपने प्रभाव एवं कार्य-कलापों का क्षेत्र समझते हैं। ऋग्वेद में पस्त्य[6] तथा वृजन[7] शब्दों का प्रयोग अनेक स्थानों पर हुआ है, तथा उनका तात्पर्य बाड़ों अथवा चरान क्षेत्रों से है। ऋग्वेद में 'राष्ट्र'[8] शब्द का भी प्रयोग हुआ है, तथा बाद के ग्रंथों में राज्य[9] शब्द आता है। उत्तर वैदिक ग्रंथों में भूभाग अथवा राष्ट्र[10] की बारंबार अभिव्यक्ति की गई है। किंतु वैदिक काल के बड़े भाग में लोग अपने चरागाहों अथवा खेतों की तुलना में अपने वंश अथवा जनजातीय संबंधों से अधिक जुड़े हुए प्रतीत होते हैं।

वैदिक काल की समाप्ति के साथ, तथा विशेष रूप से जब वैदिकोत्तर काल में लोह-फाल वाले हलों के द्वारा खेती होने लगी तो लोग एक स्थान पर खेत और घर बनाकर बस गए जिससे धरती के साथ उनका दृढ़ संबंध स्थापित हुआ।

कौटिल्य के अर्थशास्त्र में (II, I) जनपदनिवेश नामक शीर्षक में ग्रामीण बस्तियों अथवा विशाल भूभागीय इकाइयों की स्थापना का विवेचन है। यह प्रवास तथा उपनिवेशीकरण की प्रक्रिया को दर्शाता है तथा कृषि एवं भूमि वितरण के निर्णायक महत्व पर बल देता है। बस्तियां स्थापित करने का परम उद्देश्य कर वसूल करना था जो भूमि तथा कृषकों की उत्पादन क्षमता के अनुसार लगाया जाता था। महाभारत में यह बात अत्यंत स्पष्ट रूप से अभिव्यक्त की गई है जहाँ कहा गया है कि राज्य का आधार कोष है और कोष बस्तियों से आता है।[11] कौटिल्य के अनुसार जनपद में 3,200 गांव होते थे।[12] स्पष्ट है कि महाजनपद में अनेक जनपद होते थे और उसमें कई हजार गांव शामिल थे। बिंबिसार ने 80,000 ग्रामिकों[13] की सभा बुलाई थी, जो रूढ़ संख्या हो सकती है। ऐसी स्थिति में उसके राज्य को 250 जनपदों का राज्य माना जा सकता है। जो भी हो, महाजनपद एक विशाल क्षेत्रीय इकाई थी जो विभिन्न करों का भार वहन करती थी।

कुछ भौतिक परिस्थितियों ने महाजनपदों के उदय के लिए रास्ता तैयार किया। पंजाब तथा ऊपरी गंगा के मैदानों में वृहत स्तर पर बस्तियों की स्थापना का कार्य बहुत पहले आरंभ हो चुका था, किंतु मध्य गंगा के क्षेत्रों में बड़े राज्य उस भौतिक संस्कृति के कारण कायम हुए जिसका संबंध नार्थ ब्लैक पालिश्ड वेयर (उत्तरी काला पालिशदार बरतन) वाले चरण से था। अब तक उत्तर भारत, मध्य भारत तथा दक्कन में लगभग 570 स्थलों पर इस प्रकार के बरतन मिले हैं, किंतु उनमें से अधिकांश पूर्वी उत्तर प्रदेश एवं बिहार में स्थित हैं। ये इंगित करते हैं कि ईसा पूर्व छठी शती के लगभग बृहत स्तर पर दुर्मट मिट्टीवाली भूमि में बस्तियों का आरंभ हो चुका था। कृषि और कारीगरी के कामों में लोहे का प्रयोग खासे तौर पर चालू हो गया था। दो कारणों से लोहे का उपयोग बढ़ा। बड़ी मात्रा में लोहा मिलने लगा और उससे औजार बनाने में लुहारों ने तकनीकी कुशलता प्राप्त की। इन दोनों बातों के प्रमाण मिलते हैं। राजघाट (वाराणसी) की खुदाई में उपलब्ध लोहे के कुछ औजारों में पाई जानेवाली कच्चे लोहे की अशुद्धियां सिंहभूम तथा मयूरभंज में प्राप्त कच्ची धातु की अशुद्धियों से मिलती हैं।[14] इसमें कोई संदेह नहीं रह जाता कि मध्य गंगा के मैदानों में लोहे का प्रयोग करनेवाले अत्यंत समृद्ध लोहे की खान वाले क्षेत्रों से परिचित थे। साथ ही लगभग 600 ईसा पूर्व से 200 ई.पू. तक के लौह वस्तुओं का परीक्षण दर्शाता है कि लुहार लोहे में अधिक कार्बन मिलाने की तकनीक जानते थे जिससे औजार अधिक टिकाऊ एवं उपयोगी हो सकें।[15] यह भी महत्व का विषय है कि लगभग 500 ई. पू. धान की रोपाई का

आरंभ हुआ।[15क] मध्य गंगा के क्षेत्रों की अत्यंत उपजाऊ भूमि को बड़े स्तर पर कृषि योग्य बनाने तथा कृषि के नए तरीकों के प्रयोग ने प्रति हेक्टेयर उत्पाद दुगना कर दिया होगा। अतः कृषक अपने परिवार तथा आश्रितों का भरण पोषण करने के बाद कर चुका सकता था। पर करारोपण नियमित ढंग से कैसे होने लगा, इसे पता लगाना कठिन है।

पुरातत्व की दृष्टि से मध्य गंगा के क्षेत्र में महाजनपदों एवं अन्य राज्यों के अस्तित्व की पुष्टि एन बी पी की खोजों से होती है, आहत सिक्के तथा मानव निवास एवं कला-कौशल की गतिविधियों के अन्य चिह्न भी इस बात के प्रमाण हैं। लगभग आठ महाजनपदों के इलाकों में उत्तरी काले पालिशदार बरतन मिलते हैं जिनसे पालि ग्रंथों में उल्लिखित राज्यों के होने की पुष्टि होती है। इससे यह भी संकेत मिलता है कि मध्य गंगा के मैदानों में लगभग प्रत्येक राज्य में एक उच्च सामाजिक स्तर था जो मिट्टी के सुंदर पालिशदार बरतनों का इस्तेमाल करता था। इस स्तर में पुरोहितों, योद्धाओं तथा प्रमुख गृहपतियों को रखा जा सकता है; पालि तथा संस्कृत ग्रंथों में इनका ऊंचा स्थान है। प्राचीन भारतीय समाज की विशेषता है कि यहां एक ऐसी शासन-व्यवस्था की संरचना हुई जिसमें युद्ध, प्रशासन इत्यादि प्रकार्यों को धर्मसूत्रों ने वैधिक रूप से वंशानुगत बनाया। बाद वाले वैदिक ग्रंथों के अनुसार राजन्य, जो राजा के कुल का सदस्य था, छोटे राजा या सरदार के जैसा काम करता था। वह अपने कबीले के सदस्यों से कर वसूलता था। इसमें उसे ब्राह्मणों से सहायता मिलती थी जो संभवतः कबीले के बाहर थे पर पुरोहिती करते थे, और राज्याभिषेक अनुष्ठान के द्वारा यह सिद्ध करने की चेष्टा करते थे कि एक कुल के होने पर राजन्य का स्थान विश् से ऊंचा है और उसे विश् अथवा कबीलाई किसानों की कमाई खाने का अधिकार है। उत्तर वैदिक काल के धर्मसूत्रों से पता चलता है कि राजन्य का स्थान क्षत्रिय ने ले लिया; पालि ग्रंथों में क्षत्रिय को खत्तिय कहा जाता था। उत्तर वैदिक में कबीलाई कृषकों (अर्थात् विश्) से कर एकत्रित करने के लिए राजन्यों का जो उनसे लंबा संघर्ष आरंभ हुआ, वह विचारधारात्मक रूप से बुद्ध के समय तक क्षत्रियों के पक्ष में तय हुआ। क्षत्रियों के शासन-संबंधी प्रकार्य धर्मसूत्रों में स्पष्ट रूप से परिभाषित किए गए। निसंदेह, इसमें उन्हें पुरोहितों एवं ब्राह्मणों का समर्थन प्राप्त हुआ। जैन तथा बौद्ध भिक्षुओं ने, जिनके लिए ब्राह्मणवादी समाज व्यवस्था में कोई स्थान नहीं था, उमड़ते हुए राज्य व्यवस्था को अधिक समर्थन दिया क्योंकि वे खत्तियों को सामाजिक व्यवस्था में प्रथम स्थान देते थे। क्षत्रिय वर्ण की संरचना का विस्तृत वर्णन किए बिना कहा जा सकता है कि क्षत्रियों में मुख्यतः शासन करनेवाले सरदार तथा उन्हीं के वंश के मुखिया सम्मिलित थे। संभव है कि उनके कई दरिद्र भाई-बंधुओं को भी इस श्रेणी में सम्मिलित किया गया हो। किंतु क्षत्रिय वर्ण जैसे भी बना हो, धर्मशास्त्रों ने

उनके शासन करने का अधिकार घोषित किया; पालि ग्रंथों से खत्तियों के विषय में यही संकेत मिलता है। प्रशासन करने का मुख्य तात्पर्य करों को एकत्र करना तथा पितृसत्तात्मक परिवार एवं संपत्ति संबंधी विवादों में निर्णयों को लागू करना था। आंतरिक रूप से वर्णविभाजित समाज की रक्षा और बाह्य रूप से राज्य की सुरक्षा आवश्यक कर्तव्यों में आती थी। कालक्रम में क्षत्रियों के शासन करने के कार्य की वैधता इतनी सुस्थापित हो गई कि ब्राह्मण शासकों को क्षत्रिय उपाधियां एवं वेश-भूषा अपनानी पड़ी।

कब और कैसे जनजातीय समाज के थोड़े लोग कर वसूल करने लगे इस पर पालि ग्रंथों में सैद्धांतिक रूप से चिंतन किया गया है। उनमें राज्य के उदय के पूर्व एक ऐसे समष्टिवादी समाज का चित्र मिलता है जिसमें निजी भूमि और पितृसत्तात्मक परिवार नहीं रहने से लोग सुख और शांति का जीवन बिताते थे। जब खेतों को लोग अपनी अपनी संपत्ति समझने लगे और पितृसत्तात्मक परिवार में बंट गए तो पुरानी व्यवस्था विकृत हो गई और समाज में अशांति पैदा हुई। इस अशांति को दूर करने के लिए लोगों ने मिलकर राजा के पद का सृजन किया। सभव है कि यह चित्र कुछ सीमा तक वास्तविकता को प्रतिबिंबित करता हो। किंतु जनजातीय सदस्यों द्वारा सरदार को स्वैच्छिक भेंट-उपहार कब और कैसे दिए जानेवाले अनिवार्य शुल्क में बदल गए, इसका राज्य के उदय संबंधी इस चिंतन में कोई संकेत नहीं मिलता। इस प्रक्रिया पर आधुनिक विद्वानों, जिनमें उपेंद्रनाथ घोषाल भी सम्मिलित हैं, ने भी कोई प्रकाश नहीं डाला है। तथापि, रिचर्ड फ़िक तथा श्री एवं श्रीमती रिज़ डेविड्स ने इस दिशा में अग्रगामी किंतु श्रेष्ठ कार्य किया है, और उसमें विनयचंद्र सेन, अतींद्रनाथ बोस तथा रतिलाल मेहता की खोजों ने अभिवृद्धि की है। इन शोधों के फलस्वरूप मौर्य साम्राज्य की स्थापना से लगभग दो सौ वर्ष पूर्व प्रचलित भू-राजस्व की प्रणाली के संबंध में महत्वपूर्ण जानकारी मिलती है। फिर भी, कृषकों से एकत्रित किया जानेवाला राज्यांश, तथा राज्य द्वारा दिए जानेवाले भूमि अनुदान का वास्तविक स्वरूप क्या था इस पर उनके मतों पर विचार करना आवश्यक है। फ़िक तथा डेविड्स दंपति की मान्यता है कि राज्यांश वार्षिक आय पर लगाया जानेवाला जिन्सी शुल्क था। किंतु ब्यूलर का विचार है कि यह जमीन का लगान (ग्राउंड रेंट)[16] था जिसे कृषक परिवार के जोत की भूमि की नाप-जोख, तथा कुछ वर्षों की उपज के आधार पर निश्चित किया जाता था; शायद भूमि के उपजाऊ होने का भी ध्यान रखा जाता था। अतः प्रतीत होता है कि जमीन का लगान एक प्रकार का निश्चित शुल्क था जो कृषि योग्य भूमि के क्षेत्र पर आधारित होता था। आधुनिक अर्थ में जमीन का लगान उस शुल्क को कहते हैं जो जमींदार बाजार भाव के आधार पर निर्धारित करते हैं न कि फसल में उपज के आधार पर। किंतु 'जमीन के लगान (ग्राउंड रेंट)' से ब्यूलर का तात्पर्य

कदाचित् उस भूमि कर से है जो उपज के आधार पर निर्धारित किया जाता था तथा राज्य को चुकाया जाता था।

स्पष्टतः आरंभिक भारतवेत्ता राजस्व (टैक्स) तथा जमीन के लगान (रेंट) के बीच कोई अंतर नहीं मानते थे। यह सर्वविदित है कि आरियंटल डस्पाटिज़्म में मार्क्स राजस्व तथा जमीन के लगान को एक ही समझता है। उसका आधार बर्नियर की धारणा है कि सत्रहवीं सदी के भारत में राज्य का प्रतीक राजा ही समस्त भूमि का स्वामी होता था। किंतु मौर्य-पूर्व युग की परंपरा राजा को भूस्वामी के रूप में प्रस्तुत नहीं करती। अपितु आरंभिक धर्मशास्त्रों में उपज के अंश पर राजा के अधिकार को इसलिए उचित ठहराया गया है कि वह प्रजा का संरक्षण करता है। कृषकों से राज्य की मांग को राजस्व या राज्यांश के स्थान पर जमीन का लगान भी कहा जाए तो इसमें कोई संदेह नहीं कि बुद्ध के युग में वह नियमित एवं अनिवार्य बन गया था।

वैदिक काल में राजा या सरदार को मिलनेवाले स्वैच्छिक भेंट-उपहार बुद्ध का युग आते आते अनिवार्य कर में बदल गए, इसका पता पालि और संस्कृत में कर संबंधी शब्दों के परीक्षण से लगता है। ऐसा लगता है कि बुद्ध युग के आरंभ में राजा को उपज का एक भाग मिलता था जो उपज के अनुसार बदलता रहता था। इसे हम शुल्क कह सकते हैं। बाद में खेतीवाली जमीन की नाप के आधार पर वह किसानों से मालगुजारी वसूल करने लगा।

उपज का एक हिस्सा राजा को मिलता था, यह निष्कर्ष एक जातक कथा से निकाला जा सकता है जिसमें एक सेट्ठि (सेठ) ऐसे खेत से घास उखाड़ते हुए अपराध भाव का अनुभव करता है जिसकी उपज का भाग राजा के लिए नहीं निश्चित किया गया था।[17] दूसरी ओर मालगुजारी लगाने के लिए राज्याधिकारी भूमि नापते थे।[18]

ब्यूलर जातकों में उल्लिखित रज्जुगाहक अमच्च की तुलना ब्रिटिश भारत के भू-राजस्व निर्धारण अधिकारी से करता है तथा इस बात का संकेत करता है कि जमीन का लगान (ग्राउंड रेंट)[19] तय करने के लिए माप की जाती थी। फ़िक का अनुमान है कि भूमि की माप इसलिए की जाती थी कि जिससे प्रजा द्वारा राजा को दी जानेवाली मालगुजारी का ठीक अनुमान हो सके या राजा के भंडार-घर में लाई जानेवाली औसत उपज को निर्धारित किया जा सके।[20] पर नापी के समय रज्जुगाहक अमच्च सतर्क रहता था कि ऐसा कोई काम न हो जिससे राज्य अथवा कृषक (खेत्तसमिक या कुटुंब)[21] को कोई हानि न हो। इससे पता चलता है कि जमाबंदी या लगान लगाने के उद्देश्य से जमीन नापी जाती थी। किंतु यह कहना संभव नहीं है कि गंगा के संपूर्ण ऊपरी एवं मध्य क्षेत्रों में यह प्रणाली प्रचलित थी या नहीं। उत्तरी पूर्वी भारत में रहनेवाला पाणिनि क्षेत्रकर नामक अधिकारी की चर्चा

करता है, जो सर्वेक्षण एवं माप द्वारा कृषि-योग्य भूमि को भू-खंडों में विभाजित करता था तथा उनका क्षेत्र निर्धारित करता था।[22] ऐसा लगता है कि इन भूखंडों का सीमांकन कर-निर्धारण के लिए होता था, यद्यपि इसका उद्देश्य नए बसाए गए इलाकों में भूमि आबंटन भी हो सकता है। पाणिनि के एक अन्य संदर्भ (VI. 3.10) का अर्थ यह लगाया जाता है कि पूर्वी भारत में एक हल-जोत की भूमि पर तीन पद सिक्कों का कर लगाया जाता था।[23] करनाम्नि च प्राचाम् हलादौ की काशिका टीका की यह व्याख्या मौर्य युग के मध्य गांगेय क्षेत्रों पर लागू हो सकती है। किंतु इस संदर्भ में काशिका ने तीन अन्य करों की चर्चा की है जो घरों, व्यक्तियों तथा हाथ से चलाए जानेवाले चक्कों[24] पर क्रमशः लगाए जाते थे। हो सकता है कि इन करों का संबंध सातवीं शताब्दी की परिस्थितियों से थे जब यह टीका लिखी गई थी।

सिद्धांततः विश्, कुल अथवा वंश के प्रतीक के रूप में राजा समस्त जनसमुदाय की भूमि पर दावा कर सकता था। वैदिक काल में विश् की सहमति के बिना किसी भी भूमि का अनुदान नहीं कर सकता था। आरंभिक पालि ग्रंथों और धर्मसूत्रों के नाम से ज्ञात विधि-ग्रंथों में राजा के लिए ऐसे किसी भूमिस्वामित्व के अधिकार का दावा नहीं किया गया है। पर इसमें संदेह नहीं कि बुद्ध के युग में भूमि पर जनसमुदाय का स्वत्व कमजोर होने लगा। परिवारों में खेत बंट जाने के कारण कुल का प्रभाव कमजोर पड़ गया। और फिर राजा ने उपज के हिस्से पर दावा किया। उससे भी सामूहिक स्वत्व का क्षय हुआ। क्षेत्रकरों तथा राजकम्मिकों[25] जैसे अधिकारियों के प्रकार्यों से स्पष्ट है कि कई मामलों में राजा अपने जमाबंदी के अधिकार को कारगर ढंग से लागू करता था। पर करों के संबंध में आरंभिक पालि ग्रंथ यह कहीं नहीं कहते हैं कि राजा किसानों पर इसलिए कर लगाता है क्योंकि वह भूमि का स्वामी है। कर लेने का कारण दूसरा बतलाया गया है। गौतम धर्मसूत्र के अनुसार लोगों की सुरक्षा प्रदान करने के कारण राजा बलि का अधिकारी होता था।[26] जनजातीय अवस्था में अपने जन अथवा कबीले के सदस्यों की रक्षा करना राजा या कबीलाई सरदार का कर्तव्य था। पर इस कर्तव्य के नाम पर वैदिकोत्तर-कालीन राजा ने अपने राज्याधिकार को करों के द्वारा मजबूत और सर्वसम्मत बनाने की चेष्टा की। गौतम की टीका करते हुए मस्करिन् (12वीं शताब्दी) कहता है कि कृषकों को राजा से प्राप्त भूखंडों पर कर देना पड़ता है।[27] स्पष्टतः यह बहुत बाद की बात है क्योंकि आरंभिक मध्य युग के अनेक ग्रंथ राजा को भूस्वामी के रूप में प्रस्तुत करते हैं। गौतम का यह भी मत है कि बलि का अनुपात 1/6, 1/8, 1/10[28] होता है। बारहवीं सदी के टीकाकार, हरदत्त की व्याख्या में यह अंतर भूमि की उर्वरता पर निर्भर करता था। अतः यह स्पष्ट है कि उपज की प्रकृति को ध्यान में रखे बिना कर की एक सी दर नहीं रखी जाती थी।

किंतु ये विभिन्न दरें कृषकों की क्षमता के विकास की अवस्थाओं की सूचक भी हो सकती हैं। यह क्षमता स्पष्टतः उनके द्वारा प्रयुक्त औजारों की प्रकृति, उत्पन्न की जानेवाली फसलों तथा भूमि की उर्वरता पर निर्भर करती थी। संभवतः आरंभ में किसानों को उपज का दसवां हिस्सा, बाद में आठवां हिस्सा और अंत में छठा हिस्सा देना पड़ा हो। स्वाभाविक है कि जिस भूमि पर संपूर्ण उपज का 1/6 कर लगाया जाता था उसमें लोहे के हल-फलों के प्रयोग तथा धान की रोपाई के कारण पर्याप्त अतिरिक्त उपज होती थी, और उपज का छठा हिस्सा देने पर कृषकों के पास खाने-पीने और अन्य जरूरतों के लिए काफी पैदावार बच जाती थी।

आरंभ में बलि इस प्रकार की भेंट थी जिसे लोग स्वेच्छा से धर्म के कारण या अन्य कारणों से देवता या बड़ों को देते थे। बलि का धार्मिक रूप वैदिकोत्तर काल में भी वही बना रहा। पर पहले जो कुल या कबीले के मुखिया को स्वेच्छा से दिया जाता था अब बुद्ध के काल में राजा को उसका दिया जाना अनिवार्य बन गया। भाग शब्द दर्शाता है कि राजा अपने अंश का अधिकारी था, तथा कर शब्द बतलाता है कि वह लोगों से टैक्स वसूल कर सकता था। भाग की प्रथा कबीलाई अवस्था में प्रचलित थी। सभी सगोत्रियों का अपने-अपने अंश द्वारा एकत्रित अथवा उत्पादित संसाधनों में हिस्सा होता था। किंतु जो सगोत्र लोग रीति के अनुसार पाते थे, उसी पर राजा कबीलाई व्यवस्था न रह जाने पर भी दावा करने लगा। यही प्रक्रिया उन भेंट उपहारों पर भी लागू हुई जो कबीले के सदस्य अपने सरदार को देते थे। उल्लेखनीय है कि प्राचीन असीरिया में 'भेंट' शब्द नियमित करों के लिए प्रयुक्त किया जाता था जबकि जनता इन शुल्कों को चुकाने के लिए बाध्य थी। प्रतीत होता है कि प्रारंभ में सगोत्रियों द्वारा दी जानेवाली भेंटों ने ही आगे चलकर करों का रूप धारण कर लिया। मौर्य-पूर्व युग में यद्यपि कर अनिवार्य थे फिर भी जातकों में बलि शब्द का ही प्रयोग बहुधा हुआ है।[29] किंतु गौतम कर[30] शब्द का तथा पाणिनि अधिक निश्चित शब्द 'कार'[31] का प्रयोग करते हैं। बाद में, भाग एवं कर, दोनों शब्दों का प्रयोग प्रचलित हुआ। कालांतर में भाग को राज्यांश का मुख्य रूप माना जाने लगा तथा राजा को षड्भागिन् कहा जाने लगा। परिणामस्वरूप कौटिल्य के अर्थशास्त्र में बलि का कर के रूप में वह स्थान नहीं है जो जातकों में मिलता है; अब वह भूमि से संबद्ध अनेक करों में से एक का स्थान लेता है।[32]

इस बात का कोई अनुमान नहीं है कि वैदिक काल से चली आनेवाली बलि की दर परंपरा एवं रीति के अनुसार क्या थी; संभव है यह 1/16 से लेकर 1/10 के बीच रही हो। जैसे-जैसे शासक वर्ग की आवश्यकताएं बढ़ती गईं तथा कृषकों की उत्पादन-क्षमता विकसित हुई वैसे-वैसे कर की दर बढ़ा दी गई। इस सलाह के बावजूद कि राजा को धर्म[33] के अनुरूप कर लगाना चाहिए, जातकों[34] में अनेक

दमनकारी करों के उदाहरण मिलते हैं। इनसे संकेत मिलता है कि राजा अपने कोषागार भरने के लिए या प्रजा को पीड़ित करने के लिए करों को बढ़ा भी सकता था; वह टैक्सों को माफ भी कर सकता था।[35] राजा बलि बढ़ा सकता था या माफ कर सकता था, यह दर्शाता है कि बलि अब स्वैच्छिक अथवा पारंपरिक भेंट नहीं रह गई थी अपितु राजा द्वारा लोगों पर लगाया जाता था। इस प्रकार बलि का स्वरूप राजनीतिक हो गया।

आरंभ में बलि नकद पैसे के रूप में एकत्रित नहीं की जाती थी, यद्यपि गांवों की आय का आकलन सिक्कों के हिसाब से किया जाता था, तथा कभी-कभी श्रमिकों को भी पारिश्रमिक में सिक्के दिए जाते थे। किंतु आरंभिक पालि ग्रंथों में नकदी के रूप में राज्यांश चुकाए जाने की बात नहीं है। तथापि, जैसा कि पहले दर्शाया गया है; पाणिनि से यह अनुमान लगाया जा सकता है कि पूर्वी भारत में प्रत्येक हल की जोत की भूमि पर नकदी लगान लगाया जाता था। यद्यपि मध्य गांगेय क्षेत्र में अनेक स्थानों पर ईसापूर्व लगभग पांच सौ वर्ष पूर्व के चांदी के आहत सिक्के मिलते हैं, मुद्रा व्यवस्था इतनी विकसित नहीं थी कि जिन्सी टैक्स के स्थान पर नकदी टैक्स लगाया जाए। एक प्रसंग में, बलि तथा कहापण का साथ ही साथ उल्लेख दो विभिन्न करों के रूप में किया गया है।[36] कहापण (कार्षापण) का अर्थ चांदी या तांबे का सिक्का होता है जिससे स्पष्ट है कि बलि नकदी रूप में नहीं वसूल की जाती थी। एक जातक कथा में आनेवाले शब्द 'निवासवेतन' का तात्पर्य मकान-किराए से लिया जा सकता है, किंतु यहा भी अदायगी पैसे में नहीं बल्कि बैलों के रूप में है।

किंतु कर अथवा कार शब्दों का प्रयोग तथा पाणिनि का कहना है कि पूर्वी भारत में प्रत्येक हल-जोत की भूमि पर नकदी कर लगाया जाता था महत्त्वपूर्ण है। यह प्रथा ईसापूर्व लगभग चार सौ वर्ष अथवा उससे पूर्व प्रचलित रही होगी, और स्पष्टतः धातु मुद्रा के आगमन से जुड़ी हुई है जो प्रायः आहत रजत सिक्कों के रूप में आई। मुद्रा प्रचलन के कारण मालों का विनिमय आसान हो गया, दूर-दूर तक व्यापार करने की संभावना बढ़ी। जनजातीय अर्थव्यवस्था में परस्पर उधार और उपहार देकर लोग काम चलाते थे अथवा अदला-बदली का सहारा लेते थे। अब वह प्रथा कमजोर हो गई। धातु की मुद्रा के आरंभ के, विशेषतः तांबे की तुलना में सोने एवं चांदी की मुद्रा के, महत्त्व को कार्ल मार्क्स ने इन शब्दों में व्यक्त किया है :

> "मूल्यवान धातुएं टिकाऊ होती हैं, वे परिवर्तित नहीं होती हैं, उन्हें विभाजित करके पुनः जोड़ा जा सकता है, थोड़े स्थान में अधिक विनिमय मूल्य की संहति के कारण वे अपेक्षाकृत अधिक सरलता से ले जाई जा सकती हैं ··· फिर मूल्यवान धातुओं में जंग नहीं लगने के कारण वे शेष से पृथक् की जा सकती हैं, मानक गुणवत्तावाली होती हैं, तथा (आर्थिक जीवन की) उच्च अवस्था से उनका मेल इसलिए अधिक बैठता है क्योंकि उपभोग तथा

> उत्पादन में उनकी सीधी उपयोगिता कम होती है; साथ ही विरल होने के कारण वे शुद्ध विनिमय पर आधारित मूल्य का बेहतर प्रतिनिधित्व करती हैं।"[37]

इस प्रकार एक बार मुद्रा का प्रचलन हो जाने से निजी लाभ एवं संचय के तत्वों का प्रवेश हुआ जिनके कारण जनजातीय अवस्था में जो पारस्परिक आदान-प्रदान की प्रथा थी वह कमजोर होने लगी। मुद्रा प्रचलन ने केंद्रीकृत राजस्व-संग्रह को संभव बनाया तथा बिखरे हुए सत्ताधिकार को समन्वित सत्ता का रूप देने में सहायक हुआ। अतः केंद्रीय सत्ता के निर्माण को सुगम बनाने में आहत मुद्रा का, जो प्राचीन काल में कार्षापण अथवा कहापण कहलाती थी, बड़ा स्थान था। यह तथ्य कि पण को कर्ष (कृषि करने) से संबद्ध किया जाता था, दर्शाता है कि धातु-मुद्रा का उपयोग कृषि-उत्पादों का दाम लगाने के लिए होता था। इस उत्पाद का अंश राजा को जिंसी या नकदी रूप में देना पड़ता था।

वैदिक काल में राजस्व एकत्र करनेवाले किसी संयंत्र का हमें पता नहीं है। उत्तरवैदिक कालीन ग्रंथों में उल्लिखित शब्द भागदुघ को भाग उगाहने वाला अथवा कर-संग्राहक मानना कठिन है।[38] जनजातीय समाजों की वितरणात्मक व्यवस्था को यदि ध्यान में रखा जाए, तो बहुत संभव है कि भागदुघ हिस्सा बांटने का काम करता था। वह राजन् अथवा कबीलाई सरदार द्वारा प्राप्त लूट का माल, पशुधन, अन्न इत्यादि का बंटवारा कबीले के सदस्यों के बीच किया करता था। किंतु वैदिकोत्तर कालीन उत्तर भारत में, विशेषतः मध्य-गांगेय मैदानी इलाकों में लगभग आधे दर्जन अधिकारी कर-संग्राहक का कार्य करते थे। ग्रामभोजक (पालि में गामभोजक) तथा कुछ अन्य कर्मचारी जमाबंदी के काम में लगे थे, और राजकीय अन्नागार में भंडारण के लिए अन्न तौलने के काम से संबद्ध होते थे। ग्रामभोजक तथा राज्य के संग्राहकों का कार्य ठीक-ठीक क्या था और उनके आपसी संबंध क्या थे, यह स्पष्ट नहीं है। फ़िक की धारणा कि ग्रामभोजक राज्य की ओर से नियुक्त अधिकारी था जो गांव से राजस्व एकत्रित करता था, को संदेहास्पद माना गया है,[39] क्योंकि इसका आधार एक जातक कथा की प्रस्तावना की एकाकी घटना है।[40] पर चूंकि गामभोजक छोटे-मोटे झगड़ों[41] में तथा पियक्कड़ों द्वारा किए जानेवाली हत्याओं[42] एवं अन्य अपराधों के लिए ग्रामीणों पर दंड लगाकर उन्हें वसूल कर सकता था, अतः संभव है कि उसका मुख्य कार्य कानून और व्यवस्था बनाए रखना था। फिर भी आरंभिक अवस्था में प्रकार्यों में अधिक विभेदीकरण की अपेक्षा नहीं की जा सकती, और इसलिए कोई आश्चर्य नहीं जो व्यक्ति दंडाधिकारी और न्यायाधीश का काम करता था, वही कर-संग्रह भी करता था। राजस्व प्रशासन पूर्णरूपेण अधिकारियों के एक समूह को सौंप दिया गया था किंतु

ग्रामभोजक इसमें नहीं आता था। वह राज्य की ओर से वसूली करता था, पर साथ ही स्थानीय विवादों को निपटाता था, कानून और व्यवस्था बनाए रखता था,[43] कभी-कभी गौ-वध की निषेधाज्ञा भी जारी करता था,[44] तथा कठिनाई के समय गांव वालों की सहायता भी करता था।[45] ग्रामभोजक की प्रथा लगभग सर्वत्र व्याप्त थी, पर कर-संग्रह का काम वह कभी-कभी करता था। ग्रामभोजक को गांव का भोग करनेवाला नहीं समझना चाहिए। इस पद के द्वारा राजा अपने कृपा-पात्रों एवं ब्राह्मणों को राजस्व अनुदान नहीं करता था। प्रशासनिक सीढ़ी का सबसे निचला डंडा होने पर भी प्रशासन संयंत्र में इसका प्रमुख स्थान होता था।[46] ग्रामणियों का उल्लेख भी ग्राम-प्रधानों के रूप में किया गया है; ऐसा लगता है कि वे राजा के कृपा-पात्र थे,[47] और विलासी जीवन बिताते थे। किंतु इसका कोई प्रमाण नहीं है कि वे नियमित रूप से कर उगाहते थे अथवा गांवों से उगाहे जानेवाले राजस्व का उपभोग करते थे।[48] संभवतः आरंभ में ग्राम-प्रधान के पद का, चाहे उस पर ग्रामभोजक का हो अथवा ग्रामणी, निर्वाचन होता था, किंतु कालांतर में वह राज्याधिकारी हो गया; इससे वह ग्रामवासियों के हितों का अधिक ख्याल नहीं कर सकता था।

ग्रामभोजक गांव से बाहर रहनेवाला जमींदार नहीं होता था जैसा कि एक लेखक ने इंगित किया है।[49] यह सिद्ध नहीं किया जा सकता कि राजस्व का अनुदान ग्राम-प्रधान को दिया जाता था। ग्रामभोजक का शाब्दिक अर्थ उसके पद की वास्तविक स्थिति का परिचायक नहीं माना जा सकता। ऐत्तरेय ब्राह्मण के कई अंशों में भोज शब्द राजा की पदवी के रूप में प्रयुक्त हुआ प्रतीत होता है।[50] अतः ग्रामभोजक में भोज शब्द की प्रभुति से यह संकेत मिलता है कि यह अधिकारी गांव के कुछ अनिवार्य प्रशासनिक प्रकार्यों को संपन्न करने के लिए राजा द्वारा नियुक्त होता था। ग्रामभोजक का कृषकों से नियमित रूप से कर एकत्रित करने का प्रमाण ही दृढ़ नहीं है, फिर उसे गांव की भूमि का स्वामी मान लेना तो कल्पना की उड़ान है।

जातकों में उल्लिखित आधे दर्जन से अधिक कर संग्राहकों के विभिन्न पद होते थे किंतु वे अलग-अलग करों से संबंधित नहीं होते थे। इसके विपरीत वे सब बलि एकत्र करने से संबद्ध थे जो कि प्रमुख राज्य-कर होता था। इनमें से युत्त[51] नामक अधिकारी को पाणिनि के आयुक्त के समकक्ष रखा जा सकता है; आयुक्त[52] ऐसे सरकारी कर्मचारी थे जो प्रशासन के साधारण कामों में लगे रहते थे। जब उन्हें कोई विशेष कार्य सौंपा जाता था तो वे नियुक्त[53] कहलाते थे जिसका उल्लेख गौतम ने भी किया है।[54] नियुक्त के प्रकार्यों के संबंध में टीकाकारों की दो धारणाएं हैं। हरदत्त दर्शाता है कि उनकी बहाली कृषकों की रक्षा के लिए की जाती थी, किंतु औरों के आधार पर वह यह भी बतलाता है कि नियुक्त बलि तथा अन्य शुल्क एकत्रित करने के लिए नियुक्त होता था।[55] इन दोनों धारणाओं का समन्वय किया

जा सकता है क्योंकि कर तथा संरक्षण साथ-साथ चलते थे। बलिदान[56] शब्द की व्याख्या करते हुए मस्करिन् कहता है कि कृषि पर निर्भर रहनेवाले लोग[57] राजग्रहणम् अथवा बलिग्रहणम् नामक राजकीय देय प्रति वर्ष नियुक्त को चुकाएं। गौतम के नियुक्त तथा नित्युक्त में अंतर नहीं है। कर-संग्राहकों के रूप में नित्युक्त की व्याख्या युक्तिसंगत जान पड़ती है। कर-संग्राहकों का एक अन्य दल तुंडियों का था, जो नियमित कर अधिकारी न होकर विशेष रूप से बलि संग्रह के लिए नियुक्त किए जाते थे तथा जो लोगों की मारपीट कर बलि वसूल करते थे।[58] अकासिय भी कृषकों को सताकर उनकी कमाई छीन लेते थे।[59] अतः तुंडिय एवं अकासिय राजा की ओर से आपातकाल में अथवा अतिरिक्त कर उगाहने के लिए विशेष अधिकारी के रूप में नियुक्त किए जाते थे। किंतु बलिसाधकों[60] सर्व निग्गाहकों[61] की स्थिति भिन्न थी; इन दोनों में अंतर नहीं था क्योंकि जातक की टीका में निग्गाहक का अर्थ भी बलिसाधक लगाया गया है।[62] संभवतः ये दोनों कर-संग्राहक थे जो लोगों से सामान्य रूप से बलि एकत्रित करते थे। बलिपटिग्गाहक शब्द की व्याख्या भी कर-संग्राहक के रूप में की गई है।[63] किंतु मूलतः इसका तात्पर्य भेंट और चढ़ौआ स्वीकार करनेवाले पुरुष से रहा होगा।[64] राजकम्मिक नियमित कर-संग्राहक होते थे जिनका कार्य भूमि की माप करना एवं कर एकत्रित करना था।[65] पाणिनि कारकर नामक एक ऐसे अधिकारी वर्ग का उल्लेख करता है जिन्हें पूर्वी भारत में कर उगाहने का कार्य सौंपा गया था,[66] किंतु भूमि की माप का कार्य क्षेत्रकरों द्वारा किया जाता था। भू-राजस्व कार्य से संबंधित एक अन्य अधिकारी रज्जुगाहक अमच्च (रज्जुग्राहक अमात्य) होता था जिसके जिम्मे जमाबंदी का काम मालूम पड़ता है, कर-संग्रह का नहीं। इन अधिकारियों के ठीक-ठीक प्रकार्यों का हमें स्पष्ट ज्ञान नहीं है, किंतु बुद्ध के युग में एक पर्याप्त संगठित वित्त-व्यवस्था मिलती है जिसमें राजा के नातेदारों, भाई बंधुओं का प्रबल प्रभाव नहीं दिखाई पड़ता है। यह व्यवस्था निश्चय ही उत्तर वैदिक काल के तदर्थ, अनियमित तथा रीत्यानुसार कर-संग्रह की तुलना में महत्त्वपूर्ण प्रगति थी। उत्तर वैदिक काल में राजा के कुछ संबंधी मुख्य कर-संग्राहक तथा कुछ (कदाचित् दूर के संबधी) करदाता होते थे। पर बुद्ध के युग में कर-संग्राहकों में राजा के नातेदारों का जोर नहीं था, और करदाताओं में उन सभी कबीलों के लोग आते जो महाजनपद में बस गए थे और किसान बन गए थे।

मौर्य-पूर्व युग के कर-संग्राहकों की विभिन्न श्रेणियों के बीच संबंधों का परीक्षण अपेक्षित है। फ़िक का कहना है कि राजा की ओर से नियुक्त अधिकारी अपने आबंटित क्षेत्र में कर-संग्रह करता था।[67] किंतु वह यह स्पष्ट नहीं करता कि ये अधिकारी कौन थे तथा राज्य के कर-संग्राहकों से उनका क्या संबंध था। इसी प्रकार उसका कहना है कि गांव का राजस्व ग्रामभोजकों[68] को दिया जाता था।

किंतु यदि यही अधिकारी कृषकों से सदैव कर एकत्रित करता था तो फिर इसी कार्य के लिए तीन या चार अन्य अधिकारियों को नियुक्त करने की क्या आवश्यकता थी ? इसके अतिरिक्त ग्रामप्रधान से उनका क्या संबंध था ? दुर्भाग्यवश अधिक जानकारी के अभाव में इन प्रश्नों का संतोषजनक उत्तर देना संभव नहीं है।

यह पूछा जा सकता है कि क्या इस युग में भू-स्वामियों के किसी महत्त्वपूर्ण मध्यस्थ वर्ग का अस्तित्व था। ग्रामभोजकों को मध्यस्थों के एक शक्तिशाली वर्ग के रूप में माना गया है, और उनकी कुछ-कुछ तुलना आधुनिक जमींदारों[69] से की गई है। हमारे मत में, ग्रामभोजकों को भू-स्वामियों की श्रेणी में नहीं रखा जा सकता है। वे तो स्थानीय लोगों के प्रतिनिधि होते थे या राजा द्वारा नियुक्त अधिकारी होते थे जिन्हें राजा अवसर पड़ने पर अपदस्थ कर सकता था। भले ब्राह्मणों को जिन्हें राजस्व अथवा भूमि का अनुदान मिलता था एक सीमा तक भू-स्वामी कहा जा सकता है। लेकिन विचार करने से यह भी संदेहात्मक ही प्रतीत होता है।

बुद्ध के युग में किसानों के लगान पर जीनेवाले भू-स्वामी या जमींदार होते थे अथवा नहीं, इसका निश्चय ब्रह्मदेय्य तथा राज-भोग्गम् जैसे विशिष्ट शब्दों की ठीक-ठीक व्याख्या के द्वारा ही हो सकता है। आरंभिक पालि पुस्तकों में उल्लिखित अनुदानों की व्याख्या करते हुए ईसा की पांचवीं सदी में रहनेवाला बुद्धघोष बतलाता है कि अनुदानों के साथ प्रशासनिक एवं न्यायिक अधिकार[70] भी दिए जाते थे। यह धारणा पांचवी शताब्दी में विद्यमान परिस्थितियों के संबंध में ठीक हो सकती है, पर मौर्य-पूर्व युग की परिस्थितियों के अनुकूल नहीं है। अतः डेविड्स का अनुमान कि स्थानीय सरकार अनुदान के द्वारा स्थान-स्थान के बड़े लोगों के हाथ में बुद्ध के काल[71] में भी सौंप दी जाती थी प्रमाणित नहीं किया जा सकता है। चूंकि राज्य क्षेत्र में अपेक्षाकृत छोटे होते थे, अतः स्थानीय मामलों का प्रबंध भी राज्याधिकारी के लिए करना संभव था। यद्यपि कोसल एवं मगध में दिए गए अनेक ब्रह्मदेय्य अनुदानों के उल्लेख दीघनिकाय[72] में मिलते हैं, यह बात महत्त्वपूर्ण है कि अनुदान की भूमि के साथ संलग्न शर्तों की सूची में 'अकर' अथवा कोई ऐसा शब्द नहीं है जिससे उस भूमि के कर-मुक्त होने का संकेत मिलता हो। हो सकता है कि अनुदान भोगियों को कुछ कर भेंट[73] देना पड़ता है, यद्यपि सामान्यतः ब्राह्मण और पुरोहित कर मुक्त होते थे। अतः मौर्योत्तर तथा गुप्त-काल की तुलना में मौर्य-पूर्व काल में अनुदान पानेवालों को बहुत सीमित लाभ होता था। इस काल के ब्रह्मदेय्य अनुदानों के साथ वे विशेषाधिकार संलग्न नहीं थे जो ईसा की आरंभिक शतियों में मिलते हैं।

दीघनिकाय के अनुदानों में आनेवाला शब्द 'राजभोग्गम्' की विभिन्न प्रकार से व्याख्या की गई है। टी. डब्ल्यू रिज़ डेविड्स के अनुसार राजभोग्ग एक प्रकार की

जमीन पाने की प्रथा थी। राजभोग्ग पानेवाले को यह अधिकार था कि वह अनुदानित भूमि के भीतर जितने राजकीय देय थे, सबकी वसूली करे। वह अपना दरबार लगा सकता था, तथा कई अर्थों में जमींदार की भांति रहता था, यद्यपि उसे जमींदार के जैसा किसानों से उनकी भूमि के लिए[74] लगान लेने का हक नहीं था। किंतु ऐसे अनुदानों का वर्णन करनेवाले विशेषणों के समूह में राजभोग्गम् शब्द को 'राजसी' अथवा राजा द्वारा भोग्य के अर्थ में लिया जाना चाहिए न कि 'ऐसा अनुदान, जिसे पानेवाला उसी प्रकार इसका उपभोग करे जिस प्रकार कि राजा करता है,' के अर्थ में, जैसा कि रिज़ डेविड्स ने राजभोग्गम् की व्याख्या की है।[75] अतएव दीघनिकाय में उल्लिखित अनुदानों में प्रयुक्त राजभोग्गम् शब्द के द्वारा किसी प्रकार की भूमि रखने की प्रथा का बोध नहीं होता है। बल्कि 'ब्रह्मदेय्य' शब्द द्वारा भूमि पाने की प्रथा का अर्थ निकलता है। संस्कृत ग्रंथों तथा उत्तरवर्ती काल के अभिलेखों में ब्रह्मदेय्य का प्रयोग इसी अर्थ में होता है। फिक यह दर्शाने के लिए अनेक प्रसंगों के उदाहरण देता है राजभोग्ग राजा का एक वेतनभोगी वर्ग थे और वे राजन्यों के समान थे।[76] यह बात उन प्रसंगों के संदर्भ में ठीक लगती है जिनके उदाहरण वह देता है[77] किंतु दीघनिकाय में पाए जानेवाले सभी प्रसंगों पर यह लागू नहीं होती। टीका या अट्ठकथा में राजभोग्गम् की व्याख्या *राज लद्धम् भोग्गम्* के रूप में की गई है; उसका मतलब राजा द्वारा प्राप्त किया गया भोजन अथवा क्षेत्र[78] है जिससे स्पष्टतः राजसी स्वामित्व का बोध होता है। अपने उपभोग के लिए राजा को क्षेत्र अथवा भूसंपत्ति की प्राप्ति कैसे हुई, यह अनुमान का विषय है। प्राचीन यूनानी कबीलाई समाजों के दृष्टांत दर्शाते हैं कि कबीले के सरदार को अपने परिवार के भरण-पोषण के लिए बड़ा भू-भाग दिया जाता था; अथवा वह अपने निकट संबंधियों की सहायता से वह भूमि हथिया लेता था। जो भी हो, कबीले के सामान्य सदस्यों पर मुखिया का सत्ताधिकार स्थापित करने के लिए ऐसा स्वामित्व महत्त्वपूर्ण था। एक बार भू-भाग का स्वामी हो जाने के पश्चात् वह समर्थन प्राप्त करने के लिए अथवा अपना सत्ताधिकार सुदृढ़ करने के लिए उस भूमि में से अनुदान प्रदान कर सकता था। इस प्रकार ब्रह्मदेय्य राजा की भूमि में से जानेवाले अनुदान थे न कि कृषक समुदायों की भूमि में से। इन अनुदानों को पानेवाले, स्पष्ट रूप से पुरोहित होते थे, जो राज्यपक्षी सामाजिक एवं धार्मिक विचारों को पैदा करने वाले जनसाधारण में प्रचलित करके राज्यसत्ता को सुदृढ़ बनाते थे। इस बात का कोई प्रमाण नहीं मिलता कि अनुदान भोगी प्रशासनात्मक प्रकार्य करते थे।

जातकों में बहुधा आनेवाले 'भोगगाम' का तात्पर्य स्पष्टतः ऐसे गांव से है जो राजा अपने कृपापात्रों को उपभोग के लिए देता था। लोगों को ऐसा अनुदान राज्य के प्रति प्रशासनिक अथवा अन्य सेवाएं करने के लिए प्रदान नहीं किया जाता था।

एक बार तो एक नाई को ऐसा अनुदान मिला था।[79] जातक[80] के एक उद्धरण की व्याख्या इस प्रकार की गई है कि अमच्च अथवा अमात्य गाँव का भोजक होता था; राजा ने यह गांव उसे पारिश्रमिक के रूप में उपभोग के लिए प्रदान किया था।[81] किंतु इस उद्धरण से स्पष्ट है कि बात ऐसी नहीं थी। वास्तव में इस अमच्च विशेष को उस गांव से राजस्व (राजबलि) एकत्रित करने को कहा गया था। जब दस्युओं के साथ षड्यंत्र करके उसने राजा के लिए एकत्रित कर को लेकर भाग जाना चाहा, तो उसे कठोर दंड दिया गया। एक अन्य प्रसंग[82] के आधार पर कहा गया है कि नृपति गांवों[83] से मिलनेवाला अंश अपने मंत्री को प्रदान कर सकता था, पर इससे यह नहीं समझना चाहिए कि मंत्री को वह अनुदान उसकी प्रशासनिक सेवाओं के बदले प्रदान किया गया था। इस विशिष्ट प्रसंग में एक मंत्री को सोलह श्रेष्ठ गांव देने की बात है। यह अनुदान उस मंत्री को साधु की परिभाषा बतलाने के लिए पुरस्कार के रूप में दिया गया था। इतना ही नहीं, वह मंत्री बोधिसत्व स्वयं थे, और जिस जातक कथा में इसकी चर्चा है वह मौर्योत्तर काल की मालूम पड़ती है। यह धारणा कि मंत्रियों को पारिश्रमिक के रूप में गौओं, रथों एवं हाथियों सहित गांव[84] प्रदान किए जाते थे तथा कि वेतन एवं भोजन इसके अलावा[85] मिलता था, उचित प्रतीत नहीं होती। वास्तव में उन्हें पारिश्रमिक के रूप में भत्तवेतन मिलता था, तथा गांव आदि का अनुदान राजा अपनी प्रसन्नता से विशेष कृपा के फलस्वरूप देता था। जातकों में उल्लिखित अनुदान बोधिसत्व[86] को विवेकपूर्ण अथवा धार्मिक शिक्षा प्रदान करने के लिए पारितोषिक के रूप में दिया गया था, यद्यपि ऐसी शिक्षा का प्रयोग राजनीतिक लक्ष्यों के लिए किया जा सकता है। अधिकांश भोगगामों का उपभोग पुरोहित[87] तथा कुछ का उपभोग सेट्ठि करते थे। जातकों के अनुसार ऐसे गांवों का अनुदान राजा के प्रमुख सलाहकारों तथा धार्मिक शिक्षकों को दिया जाता था, *आमात्यों* को नहीं। यह तथ्य है कि अनुदानभोगी इन गांवों का राजस्व पाते थे, किंतु भोगगामों को जमींदारी समझना स्पष्टतः भ्रमपूर्ण है; जैसा कि अनेक जातक अनुवादों में समझा गया है क्योंकि अनुदानभोगियों को उन गांवों में किसी भी प्रकार के स्वामित्व के अधिकार प्राप्त नहीं होते थे।

समग्र रूप से विचार करने पर अनुदान कतिपय सामान्य बातों की ओर इंगित करते हैं। एक तो, भूमि अनुदान प्रदान करने की प्रथा बहुत सीमित थी; इसका विस्तार वैसा नहीं था जैसा गुप्तकाल के अभिलेखों से पता चलता है। दूसरे, राजा की भूमि का कोई भाग ही अनुदान में दिया जाता था। तीसरे, अनुदान धार्मिक एवं आध्यात्मिक सेवाओं के लिए प्रदान किए जाते थे। चौथे, ये शायद जीवन भर के लिए दिए जाते थे। हमारा यह अनुमान राउज़ के किए हुए जातक के भ्रामक अनुवाद[88] पर आधारित नहीं है। उसने 'गामवरम्' का अर्थ 'जीवन' भर के लिए लगाया है, पर इसका तात्पर्य समृद्ध गांव से है। इसके अतिरिक्त, अनुदान

आनुवंशिक नहीं होते थे । इस बात का कोई संकेत नहीं है कि अनुदान भोक्ताओं के वंशजों को अनुदान उत्तराधिकार के रूप में मिलता था। साथ ही राजा अपने उत्तराधिकारियों को शाप का भय दिखाकर अनुदानों को बनाए रखने के लिए बाध्य नहीं करता था। पांचवें, इस बात का कोई प्रमाण नहीं है कि भोगगाम राज्यकर से मुक्त होते थे । इस काल में क्षत्रियों के प्रभुत्व से इस बात का संकेत मिल सकता है कि वे कदाचित् अनुदान भोक्ताओं से भी कर वसूल करते थे । अंत में, जातकों में उल्लिखित भूमि अनुदानों को मौर्य-पूर्व मानना बहुत कठिन है । जातकों का समय ईसापूर्व दूसरी अथवा तीसरी शती निर्धारित किया जाता है । यह समय मानने पर भी वास्तव में कहां तक भूमि अनुदान की प्रथा प्रचलित थी कहना कठिन है । अशोक की राजाज्ञाएं (शासन) 44 अभिलेखों के रूप में पाई जाती हैं, पर किसी में भी भूमि अनुदान की चर्चा नहीं है, हाँ एक अभिलेख में बुद्ध के जन्मस्थान में सरकारी लगान घटाया गया है । अतः प्रतीत होता है कि मौर्य-पूर्व काल में राज्य-संयंत्र चलानेवाले अधिकारियों को राजा के लिए एकत्रित करों से ही वेतन दिया जाता था, न कि भूमि अथवा राजस्व के अनुदानों के रूप में ।

हमें राजा के अधिकारियों एवं अन्य कर्मचारियों को किए जानेवाले भुगतान के संबंध में कुछ ज्ञान है । अधिकांश भुगतान राज्याधिकारियों द्वारा एकत्रित करों की राशि से किए जाते थे । पारिश्रमिक के लिए सामान्य रूप से भत्तवेतन शब्द प्रयुक्त होता था । एक स्थान पर इसका अनुवाद भोजन-द्रव्य[89] के रूप में किया गया है । हार्नर 'रञ्ञो भत्तवेतनहारों' को 'राजा से प्राप्त वेतन एवं भोजन पर जीवन-यापन'[90] के रूप में प्रस्तुत करता है, जो संभवतः ठीक है । वेतन किस रूप में दिया जाता था, यह स्पष्ट नहीं है । यदि राज्याधिकारियों को रसद-पानी दिया जाता था तो फिर जिन्सी रूप में तनख़ाह देने की जरूरत नहीं थी । अतः जहाँ कहीं भी वेतन 'भत्त' शब्द के साथ जोड़ा गया है, वहाँ 'भत्त' या भात को रसद के रूप में और 'वेतन' को नकद भुगतान के रूप में लिया जा सकता है । इसलिए यह कथन कि गज-सेनाओं, सारथियों, राज रक्षकों तथा पदातियों को भत्तवेतन[91] दिया जाता था दर्शाता है कि जीवन-यापन के लिए रसद के अलावा राजा अपनी फौज को नकदी भुगतान करता था । राजा अपने महावत, अंगरक्षक, रथ-सैनिकों तथा पदाति के वेतन में वृद्धि की अनुमति देता है, जिससे संकेत मिलता है कि वेतन नकद ही दिए जाते थे । सैनिकों को भूमि-अनुदान के माध्यम से भुगतान नहीं किया जाता था, जैसा कि असीरिया में होता था । पालि पुस्तकों के अनुसार सैनिकों को जीविका के लिए भूमि आबंटित नहीं की जाती थी । कभी-कभी तो मजदूरों को भी नकद भुगतान[92] किया जाता था । इतना ही नहीं, चाहे गांव की आय की चर्चा हो, अथवा पदचिह्नों को खोजने में प्रवीण युवक को पारिश्रमिक देने का प्रश्न हो,[93] अथवा धनुर्धर को भुगतान करने की बात हो,[94] अथवा बोधिसत्व[95] के प्रति भेंट चढ़ाने का

विषय हो, प्रत्येक स्थिति में सहस्र मुद्राओं के देने की बात कही गई है। हजार की संख्या रूढ़ हो जाती है, जैसा कि लोक-साहित्य में होता है। पर ये सारे संदर्भ निश्चित रूप से राजा के अधिकारियों एवं कर्मचारियों को नकद भुगतान किए जाने की संभावना की ओर संकेत करते हैं। ईसा से लगभग पांच सौ और तीन सौ वर्ष पूर्व के आहत सिक्कों की खोज से अनुमान होता है कि धातु-मुद्रा के रूप में काफी कर एकत्रित किया जाता था तथा उन्हीं के माध्यम से भुगतान भी किया जाता था। इसने वित्तीय केंद्रीयकरण को सुगम बनाया जिससे विशाल एवं सुदृढ़ राज्यों के निर्माण में सहायता मिली। किंतु आरंभ में राजस्व मुख्यतः जिन्सी रूप में लिया जाता था, अतः अधिकारियों को जिन्स के साथ नकद पैसे भी दिए जाते थे।

यदि हम कौटिल्य के अर्थशास्त्र में दी गई कर व्यवस्था, जिसमें कर के स्रोत तथा खर्च की मदें दी हुई हैं, और प्रशासन व्यवस्था की तुलना पालि पोथियों में मिलनेवाले प्रमाणों से करें तो पता चलेगा कि मौर्य काल तक वित्तीय और प्रशासन व्यवस्था दोनों में तीव्र विकास हुआ। आरंभिक पालिग्रंथों, धर्मसूत्रों एवं अन्य स्रोतों से करों के प्रकार तथा उन्हें वसूल करने के संयंत्र के संबंध में पर्याप्त जानकारी मिलती है। किंतु उनमें उन मदों की चर्चा नहीं है जिन पर कर व्यय किए जाते थे। यह जानकारी हमें कौटिल्य से मिलती है जिसके बजट बनाने के सिद्धांतों का जन्म संभवतः मौर्य-पूर्व युग में हुआ हो। उसके अनुसार देवताओं तथा पितरों को चढ़ाई जानेवाली भेंटों तथा मंगल मंत्रों के गान पर व्यय होता था।[96] अतः राज्य के व्यय का एक बड़ा भाग पुरोहितों के भरण-पोषण पर खर्च होता था। व्यय की दूसरी महत्त्वपूर्ण मद थी राजा का अंतःपुर तथा रसोईशाला।[97] स्पष्ट है कि राज्य के व्यय तथा राजा के निजी व्यय के बीच भेद उस समय नहीं किया जाता था। भंडार, शस्त्रागार, वस्तुशाला, कच्चे माल के गोदाम, कारीगरों की कर्मशालाएं (कर्मान्त) तथा श्रमशक्ति का प्रयोग (विष्टि) खर्च की मदों के रूप में प्रकट होते हैं।[98] इससे अनुमान होता है कि वित्तीय, सैनिक तथा प्रशासनिक गतिविधियों में नियुक्त कर्मचारियों की बहुत बड़ी संख्या थी, और उनको वेतन राज्य की आय में से ही मिलता था। ग्यारह प्रकार के अध्यक्षों[99] पर इस प्रकार का व्यय होता था। किंतु यह आश्चर्य की बात है कि यद्यपि अनेक प्रकार के अधिकारियों को नकद वेतन देने की व्यवस्था कौटिल्य ने भृत्य-भरणीयम्[99क] के अंतर्गत की है, तो भी जहां व्यय की मदों में उन्हें जगह नहीं है। राजा के अभिकर्ताओं की विभिन्न श्रेणियों के भुगतान के लिए कौटिल्य दूतप्रवर्तिमम्,[100] अथवा दूतों की श्रेणी, शब्द का प्रयोग करता है। दूत न केवल राजा का प्रतिनिधि होता था, बल्कि संदेशवाहक तथा राज्याज्ञा को लागू करनेवाला भी होता था। कदाचित् वह गुप्तचर का कार्य भी करता था। निम्नतम श्रेणी के दूत को केवल दस पण वेतन मिलता था। फिर सबसे अधिक खर्च सेना पर होता था। सैन्य संगठन के चार पक्ष, जिनके लिए अर्थशास्त्र V.3 में

नकद भुगतान की व्यवस्था की गई है ।[101] गोवृंद, पशुओं, हरिणों तथा पक्षियों के बाड़ों, तथा ईंधन एवं चारे के भंडार के लिए भी व्यय की व्यवस्था[102] की गई है । व्यय की मदों का विश्लेषण दर्शाता है कि राज्य के अत्यावश्यक अवयवों का[103] रख-रखाव विभिन्न प्रकार के करों के माध्यम से किया था ।

अतः स्पष्ट है कि राज्य-संयंत्र का विकास विभिन्न करों के बढ़ते हुए संभरण से जुड़ा हुआ था । किंतु मौर्य-पूर्व युग में करों की संख्या कम थी जिस कारण राज्य संयंत्र इतना विकसित नहीं था जितना कि मौर्य काल में । पालि तथा अन्य ग्रंथों में अनेक राजस्व-अधिकारियों का उल्लेख मिलता है, जैसे अकासिय, बलिपटिग्गाहक, (बलि) निग्गाहक, बलिसाधक, कारकर, क्षेत्रकर, नित्युक्त अथवा निधुक्त, रज्जुगाहक अमच्च, तथा तुंडीय। राजकम्मिक इसी प्रकार का एक अन्य अधिकारी था, तथा ग्रामभोजक अथवा ग्रामकूट को भी वित्तीय प्रकार्य सौंपे जाते थे । उत्पादन पर शुल्क लगाने के लिए महापात्रों का एक वर्ग भी नियुक्त किया जाता था । यह स्पष्ट नहीं है कि बौद्ध काल के प्रत्येक राज्य में ये सब अधिकारी होते थे अथवा नहीं । किंतु बलि के आकलन एवं संग्रह से संबंधित अधिकारी प्रत्येक राज्य में रहे होंगे । इन अधिकारियों का अस्तित्व दर्शाता है कि शासकीय प्रकार्यों के भेदीकरण में महत्त्वपूर्ण प्रगति हुई थी, किंतु संभव है कि ये अधिकारी जज, पुलिस तथा मजिस्ट्रेट का काम भी करते रहे हों ।

राजस्व अधिकारियों की सहायता के लिए अन्य अनेक अधिकारी होते थे जिन्हें राजभट कहा जाता था ।[104] वे कार्यकारी, सैन्य तथा न्यायिक प्रकार्य संपन्न करते थे । इस प्रकार हम 'सब्बथक' अथवा आम मामलों के अधिकारी,[105] सेनानायक महामात्रों,[106] व्यावहारिक महामात्रों[107] (न्यायिक अधिकारियों) की बात सुनते हैं । महामात्रों का एक वर्ग शुल्क संग्रह के कार्य देखता था ।[108] इस प्रकार महामात्र का पद, जिसकी विभिन्न श्रेणियां अशोक ने नियुक्त की थीं, *विनयपिटक*[109] (ई.पू. 300 वर्ष) में मिलता है ।

पालि पुस्तकों में उभरनेवाले अमच्चों अथवा अमात्यों की चर्चा आरंभिक धर्मशास्त्रों एवं कौटिल्य के अर्थशास्त्र में तो मिलती है, किंतु अशोक के अभिलेखों में नहीं । विनयपिटक[110] तथा अशोक के अभिलेखों में वे परिसा या परिषद् के सदस्यों के रूप में कार्य करते हैं । वे सत्तारूढ़ राजा को अपदस्थ कर उसके स्थान पर नए राजा को चुन सकते थे ।[111] वे भूमि सर्वेक्षण से संबंधित न्यायिक अधिकारी[112] के रूप में भी कार्य करते थे । इस प्रकार विनयपिटक, जातकों और कौटिल्य के अर्थशास्त्र में अमात्य अधिकारियों का एक संवर्ग है जो विभिन्न प्रकार्यों के लिए अलग अलग पदों पर नियुक्त किए जाते थे। एक जातक में 80,000 अमात्यों का उल्लेख मिलता है ।[113] यह संख्या बहुत बढ़ा-चढ़ाकर दी हुई मालूम पड़ती है । पर एक जातक में कहा गया कि राजा ने सारे नगर में ढिंढोरा पिटवाकर

अपने अमात्यों को एकत्र किया ।[113क] इन संदर्भों से स्पष्ट है कि वेतन देकर हजारों कर्मचारियों की नियुक्ति की जाती थी, और सबके सब राजा के दूर के संबंधी भी नहीं हो सकते थे ।

परिसा अथवा परिषद् गणतंत्र[114] की सबसे महत्त्वपूर्ण संस्था मानी जाती है । स्पष्ट है कि यह राज्य की वही संस्था है जो उपनिषदों के अनुसार राजा के साथ काम करती थी; और उपनिषद कालीन प्रमुख राज्यों का समय आरंभिक पालि ग्रंथों के समय से दूर नहीं है । यदि हम कौटिल्य के अर्थशास्त्र तथा अशोक के अभिलेखों में उल्लिखित परिषद् (परिसा) को ध्यान में रखें[115] तो प्रतीत होगा कि पालि परिसा में, कम से कम नृपति वाले राज्यों में, पूर्णकालिक वेतनभोगी सदस्य होते थे । किंतु धर्मसूत्रों में वर्णित परिषद् के सदस्य केवल विप्र अथवा ब्राह्मण[116] ही होते थे । एक पालि उद्धरण का तात्पर्य लगाया गया है कि नृपति वाले[117] राज्यों में केवल अमात्य ही परिषद् में कार्य करते थे । जो भी हो, परिषद् जैसी संस्थाओं तथा उपर्युक्त विभिन्न प्रशासनात्मक पदों का रख-रखाव राजा द्वारा लगाए गए करों से ही किया जा सकता था ।

परिषद् की संरचना अथवा अमात्यों की नियुक्ति क्या ज्ञातिआधारित थी ? धर्मसूत्र के अनुसार परिषद् में ब्राह्मण होते थे । स्पष्ट है कि वे राजा के संबंधी नहीं होते थे अपितु धार्मिक एवं वैचारिक नेता होते थे, जिनकी नियुक्ति पुरोहित वर्ग से की जाती थीं । हो सकता है कुछ अमात्य (शाब्दिक अर्थ साथी) राजा के संबंधी होते हों । किंतु कौटिल्य के अर्थशास्त्र में इस संवर्ग के अधिकारियों की नियुक्ति के लिए अपेक्षित योग्यताओं में उच्च वंशीय होना भी सम्मिलित था, जिसके अंतर्गत ब्राह्मण आ जाते थे, अतः इन पदों पर नियुक्ति राजा के कुल-गोत्र वालों तक ही सीमित नहीं रहती थी, और फिर मगध अथवा कोसल जैसे महाजनपद में तो कई प्रमुख कुलों और गोत्रों का प्राधान्य था ।

मौर्य-पूर्व काल की साहित्यिक रचनाओं से कोसल एवं मगध के राजाओं के सलाहकारों के कुल का पता चलता है । सामान्यतः राजा से उनकी नातेदारी नहीं थी । कोसल नरेश प्रसेनजित् के दो प्रमुख अधिकारी बंधुल एवं दीर्घचारायण मल्ल[118] वंश के थे । कोसल के सेनापतियों में वहां के युवराज एवं कुछ मल्ल वंश के लोग प्रमुख थे ।[119] इससे पता चलता है कि विजयी राजा पराभूत राजाओं के साथ सहयोग और ऐक्य स्थापित करता था । यह सर्वविदित है कि मगध का प्रधानमंत्री वस्सकार, जिसने लिच्छिवियों की एकता को भंग किया और वैशाली का पराभव किया, ब्राह्मण[120] था । निसंदेह वैदिक काल में भी पुरोहित राजाओं/सरदारों की सहायता करते थे, किंतु वे विधिवत् मंत्री नहीं होते थे क्योंकि तब ऐसे पदों का अस्तित्व ही नहीं था । बड़े वैदिक राजा (सरदार) अपने ज्ञाति-संबंधियों की सहायता से कार्य करता था जिन्हें राजन्य कहा जाता था । उत्तर वैदिक काल में

राजन्य दंडाधिकारी एवं कर-संग्राहक दोनों का ही कार्य करते थे। मंत्रिगण तथा तरह-तरह के अनेक अधिकारियों का पद निर्माण वैदिकोत्तर काल में हुआ। वैदिक काल में सभा, समिति, गण, व्रात, विदथ इत्यादि जनसमूहों में जन, विश्, या कुल के सदस्य भाग लेते थे; अतएव इन आरंभिक संरचनाओं का आधार जनजातीय था। धीरे-धीरे कबीले असमान सामाजिक वर्गों में विघटित हो गए; अधिकांश लोग उत्पादन में लगाए गए, और थोड़े से लोग सामाजिक, आर्थिक, राजनीतिक एवं धार्मिक मामलों के प्रबंध में लगे। ऐसी अवस्था में पुरानी, सरल कबीलाई संस्थाओं से काम नहीं चल सकता था। बहुसंख्यक की कमाई पर जीनेवाले अल्पसंख्यक लोगों ने वर्ग विभाजित समाज को कायम रखने के लिए वर्णव्यवस्था का सिद्धांत चलाया। साथ ही नौकरशाही, पेशेवर सैन्य संगठन तथा राज्य संयंत्र के अन्य अवयवों का विकास किया गया ताकि नई व्यवस्था स्थायी बन सके। यह स्पष्ट है कि प्रत्येक ऐसी संस्था जो सीधे उत्पादन के द्वारा अपना निर्वाह आप नहीं कर सकती थी, उसे भेंट-उपहार, दान-दक्षिणा, और कर पर निर्भर करना पड़ता था। मार्क्सवादी धारणा के अनुसार वर्गों के आरंभ के साथ उनके बीच संघर्ष होने के कारण राज्य का जन्म हुआ, और राज्य संपत्तिधारी वर्ग के रक्षक के रूप में कायम किया गया; प्रभुता वाले वर्ग का अधिकार उत्पादन के साधनों पर होता है और सुविधाहीन वर्ग को इससे वंचित कर दिया जाता है। किंतु पूर्व मौर्य युग में सत्ता संपन्न वर्ग उत्पादन के साधनों के स्वामी नहीं थे, पर वर्ण के आधार पर समाज का ऐसा गठन हो गया था कि वे टैक्स और दान-दक्षिणा के रूप में बिना स्वयं पैदा किए पैदावार का हिस्सा खाते थे। कुछ बड़े भू-स्वामियों तथा करोड़पतियों के दर्शन भी होते हैं जो अस्सी करोड़ के स्वामी थे तथा जो दासों एवं श्रमिकों की सेवाएं प्राप्त करते थे। संभवतः ये धनी वैश्य गृहपति होते थे। संभव है इनमें कुछ समृद्ध अथवा महाशाल ब्राह्मण भी रहे हों। पर पुरोहितों एवं योद्धाओं के विशेषाधिकारों की बात ही अधिक सुनने में आती है; उनकी संपत्ति की नहीं। दोनों उच्च वर्गों के सदस्यों को करों से मुक्त रखा गया था। वैश्यों/गृहपतियों को ही प्रमुखतः टैक्स देना पड़ता था। ये विशेषाधिकार उस सामाजिक व्यवस्था का वरदान था जिसमें उत्पादन मुख्यतः वैश्यों एवं शूद्रों के जिम्मे दिया गया। पर वर्णव्यवस्था को स्थायी बनाने के लिए ऐसी सत्ता की आवश्यकता थी जिसका सशक्त वैचारिक समर्थन हो।

चूंकि हमने कर-व्यवस्था एवं राज्य के अन्य अवयवों का स्वरूप जातकों के साक्ष्य पर बतलाया है, मौर्य-पूर्व काल के लिए इसकी प्रामाणिकता पर संदेह किया जा सकता है। जातकों में कौन स्तर पहले का है और कौन बाद का यह अपने में विस्तार से विचार योग्य विषय है। प्रत्येक जातक कथा तीन भागों में पाई जाती है: वर्तमान (प्रत्युत्पन्न) कथा, अतीत कथा तथा गाथा अथवा पद में दिया गया उपदेश।

सिकंदर के इतिहासकारों द्वारा प्रस्तुत प्रमाणों को अधिक विश्वसनीय माना जा सकता है। वे कई राज्यों के सैन्य संगठन के संबंध में आंकड़े प्रदान करते हैं जिनमें नंदों का मगध राज्य भी शामिल है। कर्टियस का कहना है कि गंगरीडाए (GANGARIDAE) तथा प्रासी (PRASII) के राजा अग्रेमिस के पास, जिसकी राजधानी पालीबोथ्रा (PALIBOTHRA) अथवा पाटलिपुत्र में थी, अपने देश के प्रवेशद्वारों की सुरक्षा के लिए 2,000 चार घोड़ोंवाले रथ, 3,000 हाथियों की सेना, 20,000 अश्वारोही सेना, तथा 2,00,000 पैदल सेना थी। डाओडोरस तथा प्लूटार्क भी इसी प्रकार का विवरण देते हैं किंतु डाओडोरस, हाथियों की संख्या 4,000 तथा प्लूटार्क 6,000[121] कर देता है। यदि प्रत्येक घोड़े के साथ दो व्यक्ति लगाए जाएं, तो अश्वारोही सेना में 40,000 व्यक्ति होंगे। इसी प्रकार 2,000 चतुराश्व रथों के लिए 8,000 लोगों की आवश्यकता होगी, तथा 6,000 हाथियों के लिए कम से कम 12,000 व्यक्ति अपेक्षित होंगे। इस प्रकार अपने अमात्यों को एकत्र किया।[113क] इन संदर्भों से स्पष्ट है कि वेतन देकर हजारों पेशेवर सेना में नियुक्त लोगों की संख्या 2, 60, 000 के लगभग होगी। यदि 10 प्रतिशत लोग भी सेना में भरती हुए हो तो गंगरीडाए अर्थात् मध्य गांगेय मैदानों तथा प्रासी अर्थात् प्राच्य प्रदेश की कुल जनसंख्या लगभग 26,00,000 होगी। इस गणना की जाँच दूसरे ढंग से की जा सकती है। स्पष्ट है कि अतिरिक्त कृषि-उत्पादन का बड़ा भाग सेना पर खर्च किया जाता था जिसकी (कुल विशेषत: भारतीय संदर्भ में, मौखिक आदान-प्रदान अथवा श्रुति की परंपरा बहुत प्राचीन है तथा आज भी देश के अनेक भागों में प्रचलित है। निसंदेह जातकों के वे अंश जो दक्षिण भारत सहित विशाल भौगोलिक क्षितिज का दर्शन कराते हैं, विभिन्न समुद्री बंदरगाहों की चर्चा करते हैं तथा दूर-देशीय एवं व्यस्त वाणिज्यिक गतिविधियों की बात करते हैं, उनका समय मौर्य शासन के अंत का अथवा उससे भी बाद का हो सकता है। यही बात उन कथाओं पर भी प्रयुक्त होती है जिनमें मंत्रियों को गांवों के अनुदान दिए जाने की बात है। किंतु अनेक जातकों में प्रतिबिंबित वित्तीय एवं प्रशासनात्मक संरचना कौटिल्य द्वारा दी गई संरचना की तुलना में स्पष्ट रूप से पिछड़ी हुई है। यदि कौटिल्य को मौर्य काल में होना संदिग्ध भी माना जाए तो भी यूनानी वर्णनों तथा अशोक के अभिलेखों के आधार पर जिस राज्य-संगठन का अनुमान होता है वह जातकों में वर्णित संगठन से कहीं अधिक विकसित है। यद्यपि जातकों में प्रयुक्त वित्तीय, न्यायिक एवं प्रशासनात्मक महत्त्व के कतिपय शब्द अशोक के अभिलेखों में मिलते हैं, अन्य लुप्त हो गए हैं तथा उनके स्थान पर राज्य के अवयवों एवं उनके प्रकार्यों को दर्शाने के लिए नए शब्दों का प्रादुर्भाव हुआ है। अतः राज्य संगठन संबंधी जातक-सामग्री के बड़े अंश को मौर्य-पूर्व युग में स्थित कर सकते हैं।) संख्या 2,60,000 के लगभग थी। किंतु इसके अतिरिक्त 1,30,000 अन्य लोग भी थे जो स्वयं कुछ पैदा नहीं करते थे। इस

समूह में प्रशासनिक कर्मचारी, राजपरिवार के सदस्य तथा पुरोहित इत्यादि सम्मिलित थे। अतः अनुत्पादक लोगों की संख्या लगभग 4,00,000 मानी जा सकती है। प्राचीन भारत में पैदावार के छठे हिस्से से सेना, प्रशासन तथा पुरोहित वर्ग के लोगों का पालन होता था। यदि यह मान लिया जाए कि चार लाख ऐसे लोगों का समूह कुल जनसंख्या का छठा भाग था तो कुल जनसंख्या 24,00,000 के लगभग होगी। यह संख्या सेना की संख्या पर आधारित सूत्र से प्राप्त संख्या से बहुत भिन्न नहीं है। अकबर के समय कृषियोग्य भूमि के आधार पर की गई गणना के अनुसार बिहार की जनसंख्या तब 1,4/1,500,000[122] से अधिक नहीं रही होगी। अतः समग्र रूप में मध्य गांगेय मैदानों की आबादी के बारे में हमारा अंदाज गलत नहीं हो सकता। युद्ध के युग में प्रत्येक नगर की सीमा में कुछ न कुछ जंगल अवश्य होता था; ऐसा प्रतीत होता है कि मध्य गंगा के सारे मैदान आबाद नहीं थे। इस अवस्था में मगध राज्य के लिए 25 लाख की जनसंख्या ठीक मालूम पड़ती है।

स्पष्ट है कि कृषकों से उगाहे गए करों के ही कारण नंद राजा लंबे समय तक सेना रख सकते थे। नंदों का अपने राज्य में बाटों एवं मापों को मानकीकृत करने का कारण कर-संग्रह भी हो सकता है। "नंद राजाओं द्वारा प्रभूत मात्रा में धन-संग्रह करने में संभवतः पर्याप्त आर्थिक शोषण निहित है।"[123] करों के निर्धारण एवं संग्रह तथा कर-व्यवस्था का संगठन, जिसका विवेचन हमने पालि ग्रथों के आधार पर किया है, विजेता मगध राज्य के संदर्भ में ठीक मालूम पड़ता है। किंतु तुंडियों एवं अकासियों जैसे अत्याचारी कर-संग्राहकों की नियुक्ति नंदों तथा उन्हीं जैसे राजाओं ने अतिरिक्त आय प्राप्त करने के लिए की होगी। जो भी हो, बड़ी पेशेवर फौज सुसंगठित कर-व्यवस्था के कारण ही कायम हुई, ठीक उसी प्रकार जैसे बलप्रयोग करनेवाली सत्ता के कारण करों की वसूली में सुविधा हुई। कौटिल्य ने भी इस अंतर्संबंध पर बल दिया है।

उपमहाद्वीप के उत्तर-पूर्वी भाग में राज्य-व्यवस्था सुस्थापित हो चुकी थी। व्यास तथा झेलम के बीच नौ राष्ट्रों तथा 5,000[124] नगरों की बात हम सुनते हैं। इस क्षेत्र में पांच राज्यों की पेशेवर सेना के आंकड़े सिकंदर के इतिहासकारों से मिलते हैं। असकेनोस (ASSAKENOS) (स्वात तथा बुनेर का हिस्सा)[125] के राज्य के पास 20,000 घुड़सवार, 30,000 से अधिक पैदल सेना तथा 30 हाथी थे।[126] असकेनोस शब्द संभवतः संस्कृत के अश्वक 'अश्वों का देश' के समकक्ष है;[127] विशाल घुड़सवार सेना का यही कारण था। यदि हम कुल जनसंख्या की गणना के लिए पहलेवाले सूत्र का प्रयोग करें तो इस राज्य की आबादी 7,00,000 के लगभग होगी।

इसके अतिरिक्त झेलम तथा चेनाब के बीच स्थित बड़े पोरस (पुरु) का राज्य एक विस्तृत एवं उर्वर क्षेत्र था जिसमें लगभग 300 नगर थे।[128] डाओडोरस के

अनुसार पुरु के पास 50,000 से अधिक पैदल सेना, लगभग 3,000 घुड़सवार, 1,000 रथ तथा 130 हाथी थे ।[129] यहाँ भी उसी सूत्र के अनुसार पुरु के राज्य की कुल जनसंख्या 6,00,000 से अधिक नहीं होनी चाहिए । ध्यान देने योग्य है कि बड़े पुरु के राज्य में नगरीकरण अत्यंत महत्त्वपूर्ण तथ्य के रूप में प्रकट होता है । ग्लॉगनिकै (GLAUGANIKAI) नामक लोगों के राज्य में भी, जो चेनाब के पश्चिम और पुरु की सीमा से लगा हुआ था, नगरीकरण का जोर था ।[130] इसमें 37 नगर थे जिनमें सबसे छोटे नगर की न्यूनतम जनसंख्या 5,000 थी, और अनेक नगरों की आबादी तो 10,000 से अधिक थी ।[131] कहने की आवश्यकता नहीं कि सुदृढ़ कृषि-आधार के कारण ही नगरीकरण होता है जिससे समाज में विभेद तीव्र होता है और फलस्वरूप राज्य-संरचना की आवश्यकता बढ़ती है ।

सिबोई (SIBOI), जो झेलम तथा चेनाब के संगम[132] के नीचे रहते थे, के राज्य के पास अगलसोइ[133] (AGALASSOI) स्थित थे । वे 40,000 पैदल और 3,000 घुड़सवार जुटा सकते थे । यह स्पष्ट नहीं है कि यह सेना साल भर रखी जाती थी अथवा केवल युद्ध के समय कबीले के लोगों से जमा की जाती थी । यदि इस सेना को पेशेवर माना जाए तो हमारे सूत्र के अनुसार इसकी कुल आबादी 4,60,000 के लगभग होगी ।

उत्तर-पश्चिमी भारत में मालवों तथा क्षुद्रकों का राज्य संयुक्त रूप में सबसे बड़ा था । मालव रावी नदी के दाहिने किनारे बसे हुए थे,[134] तथा क्षुद्रक के कब्जे में झेलम एवं चेनाब के संगम के नीचे की भूमि थी ।[135] कर्टियस के अनुसार सुद्रकाय (SUDRACAI) तथा मलोई (MALLOI) की सेना में 90,000 पैदल, 10,000 घुड़सवार तथा 900 रथ थे ।[136] इसका तात्पर्य है कि दोनों कुलीनतंत्र शासक लगभग दस लाख लोगों से कर वसूल करते थे ।

अंत में, हम अबसटनोई (ABASTANOI) अथवा अंबष्ठों की सैन्य शक्ति की चर्चा करेंगे जो निचली चेनाब[137] के किनारे बसे हुए थे । ये लोग कृषक[138] थे, और संभवतः उनके शासन का रूप अल्पतंत्रात्मक था । उनकी सेना में 60,000 पैदल, 6,000 घुड़सवार तथा 500 रथ थे ।[139] उनकी कुल जनसंख्या 8,50,000 के लगभग रही होगी ।

इस प्रकार मगध में नंदों के अतिरिक्त भारतीय उपमहाद्वीप के उत्तर-पश्चिम में कम से कम पांच राज्य ऐसे थे जिनके पास सुसंगठित सैन्य व्यवस्था थी । इन सैन्य संगठनों को केवल सुस्थापित कर-व्यवस्थाओं के आधार पर ही रखा और चलाया जा सकता था । पालि ग्रंथों, विशेषतः जातकों, से हमें उत्तर-पूर्वी भारत के कर-संयंत्र की पर्याप्त जानकारी मिलती है । किंतु पाणिनि के व्याकरण, जिसकी रचना उत्तर-पश्चिमी भारत में हुई प्रतीत होती है, में न केवल टैक्स के अर्थ में 'कार' की बात कही गई है बल्कि क्षेत्रकरों की चर्चा भी है जो सर्वेक्षण तथा नापी

द्वारा खेती लायक जमीन को प्लाटों में बाँटते थे तथा उनका रकबा तय करते थे। मध्य गंगा के क्षेत्रों में लोहे के प्रयोग के फलस्वरूप लौकिक जीवन में होनेवाले परिवर्तनों ने उत्तर-पश्चिमी भागों को भी प्रभावित किया, यद्यपि भिन्न जलवायु के कारण वहां फसलों में फर्क रहा होगा। यद्यपि इस क्षेत्र में कुछ ही स्थानों पर खुदाई हुई है पर यूनानी विवरण में एक राज्य में तीन सौ नगरों तथा दूसरे में 37 नगरों का उल्लेख है; स्पष्ट है कि नगरों के पृष्ठप्रदेश में अच्छी खेती होती थी। अतः पूर्ववर्ती समय की तुलना में उत्पादन जोर से बढ़ा था जिसके परिणामस्वरूप लोगों के पास कर देने के लिए खाने-पीने के बाद भी पैदावार की कमी नहीं होती थी।

अतः मौर्य-पूर्व काल में करों के आरंभ तथा राज्य के उदय के बीच निकट का संबंध दिखाई पड़ता है। निसंदेह, कर-पद्धति, नौकरशाही, न्यायिक पद्धति जैसे राज्य के अंग जितने कि मौर्य काल में विकसित थे उतने मौर्य-पूर्व काल में नहीं थे। किंतु यह निर्विवाद है कि इस काल में राज्य-पद्धतियों का निर्माण हुआ। कुल मिलाकर हमें पचास राज्यों के नाम ज्ञात हैं जिनमें से कुछ विजयी अथवा संयुक्त राज्य रहे होंगे। इनमें से अधिकांश राज्यों, अल्पतंत्रों, अथवा राजतंत्रों, के नाम जनजातीय मालूम पड़ते हैं जिनका तात्पर्य है कि कबीले, कुल, गोत्र अथवा वंश के प्रभुत्वशाली लोगों ने राज्य का प्रमुख पद प्राप्त करने में सफलता पा ली थी। किंतु एक बार राज्य का निर्माण हो जाने पर, विभिन्न जनजातीय इकाइयां एक ही भूभागीय इकाई का भाग हो गई। शासकों ने अपने निकट एवं दूर के संबंधियों पर नियंत्रण स्थापित कर लिया जो समानता के घेरे से बाहर हो गए थे तथा जिनकी स्थिति हीन एवं अधीनस्थ की बन गई थी। इस प्रकार जहां मालव एवं क्षुद्रक शब्द से शासक और नागरिक का अर्थ बनता है वहीं मालव्य एवं क्षौद्रक्य शब्द से अनागरिकता[140] का भाव झलकता है। इसी प्रकार का भेद शासनारूढ़ साक्यों तथा कोलियों एवं उनके दासों एवं कामगारों के बीच भी वर्तमान[141] था।

इन स्थितियों में राज्य का निर्माण उन लोगों ने नहीं किया जो उत्पादन के साधनों के स्वामी थे। राज्य निर्माण में संपत्ति की सुरक्षा का महत्त्व अवश्य था, किंतु इसके अंतर्गत कम तथा अधिक दोनों ही प्रकार की संपत्ति के स्वामी आते हैं। उत्पादन के संसाधनों तक पहुंच में निश्चय ही विभेद दिखाई देता है। भूमि का अधिकार असमान था, तथा कुछ गांवों का राजस्व तो ब्राह्मणों एवं कभी-कभी सेट्ठियों को अनुदान में दे दिया जाता था। किंतु यह असमान वितरण बड़े पैमाने पर नहीं था। वास्तविक असमानता करों के संग्रह एवं वितरण में पाई जाती है। राज्य का निर्माण करों के संग्रह एवं वितरण के कारण हो रहा था। राज्य की संरचना एवं संचालन वे लोग करते थे जो कर के रूप में कृषकों से अतिरिक्त उत्पादन एकत्रित करते थे तथा उसका मुख्य अंश सिपाहियों, वित्तीय एवं प्रशासनिक अधिकारियों,

संन्यासियों तथा विचारकों के रख-रखाव पर व्यय करते थे। कर-वसूली में पक्षपात किया जाता था, ब्राह्मण एवं क्षत्रिय करों से मुक्त थे, किंतु बाकी करदाताओं की विभिन्न श्रेणियों के बीच विशेष अंतर नहीं किया जाता था। हां शिल्पियों, व्यापारियों तथा कृषकों के करों में भेद अवश्य था। इस संदर्भ में अधिक महत्त्वपूर्ण तथ्य यह है कि संरक्षण प्रदान करने के नाम पर लोगों से जो कर वसूला जाता था उसका अधिकांश भाग राज्य के उपभोग में जाता था तथा अत्यल्प अंश करदाताओं के बीच प्रतिपुष्टि के रूप में लौटकर जाता था।

राज्य की आय का अच्छा-खासा हिस्सा भिक्षुओं (जैन एवं बौद्ध) तथा ब्राह्मणों पर खर्च होता था जो पुरोहितों, संन्यासियों एवं विचारकों का रोल अदा करते थे। इनमें से कुछ जैन अथवा बौद्ध भिक्षु, या ब्राह्मण भी, समाज सुधार के लिए कभी-कभी राजा का विरोध करते थे, और कुछ ऐसे लोग तो राज्य संस्था के प्रबल समर्थक थे। पर सामान्यतः सारे प्रकार के धर्मप्रचारक और विचारक राजनीतिक व्यवस्था के हिमायती होते थे। धार्मिक लोगों को न केवल राज्याश्रय प्राप्त होता था, बल्कि शिल्पी, कृषक, व्यापारी तथा समाज के गण्यमान्य लोग भी इनका पोषण करते थे। वस्तुतः किसान दोहरा कर देते थे—एक तो राज्य को, दूसरा राज्य के समर्थक धार्मिक लोगों को। विभिन्न अवसरों पर गृहस्थों द्वारा भिक्षुओं एव पुरोहितों को दिए जानेवाली दान-दक्षिणा को कानूनन कर की श्रेणी में भले ही न रखा जा सके किंतु इस प्रथा को ऐसा सामाजिक समर्थन तथा धर्मसूत्र की मान्यता प्राप्त थी कि कोई गृहस्थ इसकी अवहेलना नहीं कर सकता था। द्विज के लिए धर्मसूत्रों का स्पष्ट निर्देश है कि वह यज्ञ करे तथा दान दे। निश्चय ही यह नियम ब्राह्मणों पर प्रयुक्त होता है, किंतु हमारे स्रोतों में वे दाता के रूप में शायद ही दिखाई देते हों; वे तो मुख्यतः दान ग्रहण करनेवालों के रूप में प्रकट होते हैं। कबीलाई समाज में लेन-देन की कैसी पद्धति होती है इसे ध्यान में रखते हुए हम वैदिक समाज का विवेचन कर सकते हैं। ऐसा लगता है कि सामाजिक विकास की आरंभिक अवस्था में ज्ञाति-आधारित संबंध तथा कर्तव्य सार्वजनिक रूप से आवश्यक थे; अतः ऐसी अवस्था में भेंट-उपहार द्विपक्षीय एवं बहुपक्षीय होते थे तथा समाज में पारस्परिक आदान-प्रदान का कार्य करते थे। किंतु अंततः भेंट-उपहार पाने का अधिकांश अधिकार सरदार या राजा के हाथ में चला गया, और दान-दक्षिणा पाने का अधिकार ब्राह्मणों और भिक्षुओं के हाथ। कैसे भिक्षुओं, ब्राह्मणों तथा उन्हीं जैसे लोगों का दान लेने का एकपक्षीय एकाधिकार हो गया, इसकी संतोषजनक व्याख्या अभी तक नहीं की जा सकी है। निसंदेह दान के बदले में ब्राह्मण आशीर्वाद देते एवं मंगलकामना तथा प्रार्थना करते थे। मंगलकामनाओं का मनोवैज्ञानिक मूल्य जो भी हो, उनसे गृहस्थों के हाथ में कुछ प्राप्ति नहीं होती थी। दूसरी ओर गृहस्थों को सामाजिक व्यवस्था तथा क्षत्रियों के

शासनाधिकार को स्वीकार करने के लिए कहा जाता था।

करों के उद्‌भव को समझने के लिए कई प्रश्नों पर विचार करना आवश्यक है। बलि कहे जानेवाले स्वैच्छिक उपहार कब और कैसे अनिवार्य हो गए? किसी खास सरदार के परिवार अथवा परिवार-समूह ने कब और कैसे विभिन्न उपहारों को हथिया लिया और बाद में करों के संग्राहक बन गए? उनके भाई-बंधुओं से उन्हें कर-संग्राहक की मान्यता कैसे मिली? भेंट-उपहारों का भोजों और यज्ञों के द्वारा भाई-बंधुओं के बीच पुनर्वितरण कब और कैसे घटने लगा, तथा अधिकारियों एवं सैनिकों जैसे थोड़े से व्यक्तियों ने अपने उपभोग के लिए भेंटों को कैसे संचय करना शुरू किया?

वैदिक काल के काफी बड़े भाग में सगे-संबंधी तथा हारे हुए कबीले बलि समर्पित किया करते थे। इस प्रथा को धार्मिक संस्कारों जैसे राज्याभिषेक संबंधी राजसूय यज्ञ से संबद्ध करके मान्य एवं औपचारिक बनाया गया। पुरोहितों ने इस धारणा का प्रचार किया कि कबीले के लोग (विट्‌ अथवा विश्‌) राजा के लिए भोजन के समान हैं। इसका अर्थ था कि अपने साधारण सगे-संबंधियों की कमाई पर राजा और उसके निकट के संबंधी राजन्य तथा दूसरे समर्थक अपना जीवनयापन करें। धार्मिक प्रचार के साथ चतुराईपूर्वक बल प्रयोग को भी जोड़ा गया। शतपथ ब्राह्मण के अनुष्ठान में इस बात पर जोर है कि विश्‌ क्षत्रिय को बलि दे।[142] किंतु ईसा पूर्व लगभग 600 वर्षों तक, जो शतपथ ब्राह्मण का समय माना जा सकता है, बलि का भुगतान निश्चित अथवा नियमित रूप से नहीं होता था। ग्रंथ में कहा गया है कि वैश्य (विश्‌ शब्द से व्युत्पन्न) गुप्त रूप से संपत्ति का संचय (निहित) करते हैं, तथा क्षत्रिय (सरदार अथवा शासक) जब चाहे वैश्य से संपत्ति ले सकता है।

गौतम बुद्ध के युग में लोहे के हल-फाल तथा कृषि के अन्य लौह-उपकरणों के प्रयोग तथा धान की रोपाई के फलस्वरूप उत्पादन में वृद्धि हुई, इससे पर्याप्त अतिरिक्त उत्पादन होने लगा; अब बलि का नियमित रूप से वसूल करना आसान हो गया। मध्य गांगेय क्षेत्रों में कृषि में हुई महान्‌ क्रांति के कारण अतिरिक्त उत्पादन का स्थायी रूप से उपलब्ध होना निश्चित हो गया। करव्यवस्था तब तक नियमित नहीं हो सकती थी जब तक किसानों के पास खाने-पीने के अलावा पैदावार का काफी हिस्सा नहीं बचता हो. पर कर प्राप्त करने के लिए अतिरिक्त उत्पादन का उलपब्ध होना ही काफी नहीं था। अतिरिक्त उत्पादन को प्राप्त करने के लिए बल प्रयोग करना आवश्यक था। शतपथ ब्राह्मण में अनिच्छुक कबीलाई कृषकों (विश्‌) तथा सामान्य लोगों (प्रजा) से निबटने के लिए बल प्रयोग तथा बाध्यताकारी तत्व दिखाई देते हैं। इस ग्रंथ में कहा गया है कि जब क्षत्रिय अथवा शासक प्रजा अथवा विश्‌ से किसी यज्ञ में नीचे आने को कहता है तो इसका अर्थ होता है वे उसकी अधीनता स्वीकार करते हैं।[143] स्पष्ट है कि उत्तर वैदिक काल में

संग्राहकों की नियुक्ति जबरदस्ती की गई, इसके पीछे कुछ पेशेवर योद्धाओं का जोर और पुरोहितों के प्रचार का बल था। शतपथ ब्राह्मण के सोमयाग अंश में अनिच्छुक विश् को नियंत्रण में करने के लिए अनेक अनुष्ठानों का उल्लेख है।

मौर्य-पूर्व युग में कर संग्रह करनेवाले क्षत्रिय होते थे। क्षत्रियों को टैक्स नहीं देना पड़ता था, पर सभी क्षत्रिय परिवारों को कर लगाने और संग्रह करने का अधिकार नहीं था। कुछ वंशों और परिवारों को जैसे कोसल में महाकोसल तथा मगध में बिंबिसार के वंश को यह अधिकार था। अनेक सपिंड अथवा सगोत्र परिवारों में से किसी परिवार-विशेष ने दूसरों के ऊपर कैसे मान्यता प्राप्त कर ली और अतिरिक्त उत्पादन के बड़े भाग का अधिकारी बन गया? कर संग्रह पर उसका एकाधिकार कैसे स्थापित हुआ? ऐसी धारणा है कि किसी बड़े वंश की सदस्यता के कारण व्यक्ति का सामाजिक पद ऊंचा हुआ और आर्थिक संसाधनों पर उसका नियंत्रण हुआ।[144] यह एक अंश तक ठीक मालूम पड़ता है। पर प्राचीन काल में बड़े वंश की परंपरा कैसे कायम हुई? ऐसा लगता है कि जब राज्य का उदय ठीक से नहीं हुआ था तब कुछ कुलपतियों ने अपनी उम्र, वरीयता, शारीरिक गुण तथा उत्पादन में अनुभवी होने के आधार पर समाज में उच्च पद प्राप्त किया और लूट के माल तथा किसानों की उपज में अपना अधिकांश हिस्सा हथिया लिया। बाद में ऐसे ही लोग या उनके वंशज बुद्ध के युग में कर लगाने और संग्रह करने का दावा करने लगे।

नृपति के कर लेने का अधिकार उसी प्रथा का अनुगमन था जिसके अनुसार सरदार अपने सगे-संबंधियों के स्वैच्छिक भेंट-उपहारों को ग्रहण करता था। किंतु सरदार के पद का आरंभ कैसे हुआ? इंद्र को देवताओं का प्रमुख अथवा राजा इसलिए चुना गया क्योंकि वह सर्वाधिक ओजस्वी, सर्वाधिक बलवान तथा कार्य संपन्न करने में सर्वोत्तम था।[145] स्पष्ट है कि शारीरिक एवं अन्य गुणों के कारण ही कबीले का कोई सदस्य सरदार चुना जाता था। प्रतीत होता है कि एक सफल मुखिया अपने मन एवं बुद्धि के गुणों के कारण, युद्ध में प्रभावशाली नेतृत्व के कारण, और गौओं तथा चरागाहों की सफल सुरक्षा के कारण लूट या पैदावार के बड़े अंश का अधिकारी हो सकता था। उत्पादन में वंशानुगत कुशलता एवं अनुभव प्राप्त करने तथा कबीले के मामलों को ठीक से संभालने के कारण मुखिया का बेटा भी बड़ा अंश मांग सकता था। अनेक पुत्र होने की स्थिति में ज्येष्ठ को वरीयता इसलिए मिलती थी क्योंकि बड़ा होने के कारण उसे अधिक बातों का ज्ञान तथा अनुभव होता था। फिर विशेष सुविधा मिलने के कारण सरदार के पद को हमेशा के लिए अपने परिवार में कायम रखने की प्रवृत्ति प्रबल होती गई। ऐसा लगता है कि परिवार के सदस्यों में सरदारी के गुण नहीं रहने पर भी परिस्थितियों को ऐसा ढाला जाता था जिससे इसके लोग सरदार के पद पर बने रहें। शतपथ

ब्राह्मण में दस पीढ़ीवाले दशपुरुष के शासन का उल्लेख मिलता है ।[146] किंतु इस ग्रंथ में भी ज्येष्ठाधिकार का नियम स्थापित नहीं किया गया है ।[147] अपने अनेक पुत्रों में से राजा ज्येष्ठ पुत्र को ही चुनता था इस आशा से कि वह अपने पिता के ओज को अमर करेगा ।[148] शतपथ ब्राह्मण में किसी ऐसी नियमित व्यवस्था का उल्लेख नहीं है जिसके अनुसार ज्येष्ठ पुत्र को ही स्वाभाविक रूप से 'राज्य' मिलता हो ।

प्राचीन समाजों में निहित स्वार्थों को स्थायी बनाने के लिए पदों, विशेषाधिकारों तथा संपत्ति को जन्म के आधार पर निर्धारित किया जाता था । प्राचीन भारत में वर्ण-व्यवस्था के द्वारा वंशानुगत अधिकार को और समाजों की अपेक्षा अधिक सुदृढ़ किया गया । पद के वंशानुगत हो जाने पर ज्येष्ठाधिकार का नियम चल पड़ा जैसा कि महाभारत के आदिपर्व के अनेक दृष्टांतों में लक्षित होता है । ज्येष्ठ भाई का पुत्र, भले ही वह छोटे भाई के पुत्र से कितना ही बड़ा क्यों न हो, मुखिया या सरदार का पद पाता था । परंपरा के बल एवं शोषण की सुविधा के कारण वंशानुगत उत्तराधिकार मजबूत हुआ । कर वसूल करने और राज्य चलाने में स्थायित्व हो इस कारण ज्येष्ठाधिकार की प्रथा का जन्म हुआ । ज्येष्ठाधिकार पहले विशाल परिवार के एक सदस्य तक सीमित था । जैसे-जैसे वह परिवार छोटे-छोटे परिवारों में बंट गया, प्रत्येक ऐसे परिवार में भी ज्येष्ठाधिकार की प्रथा चल पड़ी । यहां जो कहा गया है उसे परिकल्पना ही कहा जा सकता है जब तक कि इस प्रक्रिया की विभिन्न अवस्थाओं का परीक्षण अधिक लिखित प्रमाणों के प्रकाश में न कर लिया जाए ।

थोड़े से मुखिया परिवारों के प्रभुत्व के स्थायी होने के कारण जो भी रहे हों, स्वैच्छिक उपहारों का करों में परिवर्तित होना तथा उन परिवारों द्वारा उन्हें हड़प लेना तभी आरंभ हुआ जब वैदिकोत्तर काल में गंगा के मैदानों में अधिक उत्पादन की क्षमता बढ़ी । ऐसा लगता है कि वैदिक युग में मुखिया को यज्ञ के अवसर पर स्वैच्छिक भेंट-उपहार मिलते थे जो उन्हें भोज और बिदाई के द्वारा पुनः वितरित कर देता था; महान् भोजों का आयोजन होता था जिसमें सभी आमंत्रित होते थे ।[149]

अनेक हिंदू संस्कारों में अभी भी पुनर्वितरण प्रथा के अवशेष पाए जाते हैं । उत्तर वैदिक काल में अन्न उत्पादन के कारण यज्ञों की संख्या जोर से बढ़ी । शतपथ ब्राह्मण में यज्ञ को अनाज से भरी गाड़ी समझा गया है । विविध यज्ञों में बड़े पैमाने पर पशुहत्या होती थी, विशेषकर गौओं की । पर इन मौकों पर जो दान दिए जाते थे और भोज होते थे, उनसे सरदार और उसके साधारण सगे-संबंधियों के बीच की असमानता घटती थी । किंतु वैदिक काल के अंत होते होते कुछ क्षत्रिय राजे यज्ञों की उपयोगिता की आलोचना संभवतः इसलिए करने लगे क्योंकि इससे ब्राह्मणों को लाभ होता था । बौद्धों ने डटकर पशुहत्या का, विशेषतः गौहत्या का

विरोध किया। इन कारणों से यज्ञों की संख्या घट गई और साथ ही लोगों को खिलाने पिलाने के अवसर भी कम हो गए। जब तक सरदारों या राजाओं का चुनाव होता रहा तब तक यज्ञ बारंबार होते रहे और उनके साथ पुनर्वितरण की प्रथा खूब चलती रही। अपने सगे-संबंधियों को खिला-पिलाकर और उत्सव में उनका मन बहलाकर सरदार अपने लिए उनका समर्थन बारंबार प्राप्त करता था जिससे उसकी सत्ता बनी रहती थी। किंतु वैदिक काल के अंत तक सरदार का पद इस हद तक पुश्तैनी बन गया कि शतपथ ब्राह्मण में दश पीढ़ीवाले राजा की चर्चा है। बड़े सरदारतंत्रों में स्थायित्व का तत्व प्रमुख बन गया। अपने पद को कायम रखने और मजबूत करने के लिए उन्हें अनेक यज्ञों की जरूरत नहीं रही। अब सरदार या राजा के हाथ में जो भी आता था उसका उपभोग उसके ड्योढ़ीवाले अथवा उसके अधिकारी और सिपाही करते थे। ये सारे लोग उसके नातेदार नहीं होते थे, पर पाले-पोसे जाने के कारण राजा के हिमायती होते थे। राजा और उसके अधिकारियों तथा कर्मचारियों के बीच जो नए संबंध कायम हुए उनमें निजीपन का भाव बहुत घट गया। जब राजा ने लोगों को खिलाना-पिलाना घटा दिया तो जो कुछ भी उसके हाथ में कर के रूप में आता था उसका अधिकांश भाग शासन चलाने पर ही खर्च होता था। इस प्रकार राजा के संसाधन बहुत बढ़ने लगे, और राज्य संरचना का मार्ग प्रशस्त हुआ।

संदर्भ तथा टिप्पणिया

1. देखिए, इस पुस्तक का अध्याय 3.
2. अर्थशास्त्र, I.4.
3. वही, VIII. 1.
4. दि अर्ली स्टेट, हेनरी, जे.एम. क्लेजन एंड पीटर स्कालनिक, मान्टन द्वारा संपादित. 1978, पृ. 612-13
5. सोलह महाजनपदों, जिनमें गणतंत्र भी सम्मिलित है, का उल्लेख अंगुत्तर निकाय में मिलता है। पालि ग्रंथों की छः गणतांत्रिक राज्यों का उल्लेख है तथा सिकंदर के इतिहासकारों ने अट्ठाइस राज्यों का उल्लेख किया है। एच.सी. रायचौधरी, पालिटिकल हिस्ट्री आफ एंशिएंट इंडिया, युनीवर्सिटी ऑफ कलकत्ता, 1972, पृ. 85, 169-74, 216-29.
6. VI, i, 512-13.
7. VI, ii, 320.
8. VI, ii, 223.
9. VI, ii, 220-21.
10. VI, ii, 223.
11. ...राष्ट्र च कोषभूतम् स्यात् कोषो वेश्मगतस्तथा.

12. अर्थशास्त्र, II. I और II. 35.
13. एच.सी. रायचौधरी. आप शीट, पृ. 155.
14. इन वस्तुओं के परीक्षण के परिणाम एच.सी. भारद्वाज के आस्पेक्ट्स ऑफ एंशिएंट इंडियन टेक्नोलाजी, दिल्ली, 1983, में उपलब्ध हैं।
15. वही.
15क आर. एस. शर्मा, मेटेरियल कल्चर एं सोशल फारमेशंस इन एंशिएंट इंडिया, नई दिल्ली, 1983, पृ. 96-99.
16. रिचर्ड फिक, सोशल आरगनाइजेशन ऑफ नार्थ ईस्ट (एन.ई.) इंडिया आदि, कलकत्ता, 1920, पृ. 118-19.
17. जातक, ii, 378.
18. वही, ii, 376; iv, 169.
19. वही, ii, 378; जेड डी. एम. सी., xlvii, 468-70.
20. रिचर्ड फिक, सोशल आरगनाइजेशन ऑफ नार्थ ईस्ट इंडिया आदि, पृ. 149.
21. जातक, ii, 376.
22. वी.एस. अग्रवाल, इंडियन एज नोन टू पाणिनि, लखनऊ, 1953, पृ. 142, 197.
23. वही. पृ. 414-15.
24. वही.
25. जातक, iv, 169.
26. X. 28 विद दि कामम. ऑफ हरदत्त (ए एस एस संस्करण).
27. कामम. टू गौतम, X. 21.
28. X.24.
29. जातक, ii, 378
30. X. II.
31. अग्रवाल, आप शीट, पृ. 414.
32. II. 15.
33. जातक, iv, 399, 400.
34. वही, ii, 240; iv, 224; v. 98.
35. वही, iv, 169.
36. वही, ii, 378
37. कार्ल मार्क्स, ग्रोन्ड्रीस, अनुवाद, विद ए फोरवर्ड बाई मार्टिन निकोलस, पेलीकन बुक्स, 1973, पृ. 166.
38. वैदिक इंडेक्स, ii, 100.
39. बी.सी. सेन, जे डी एल, xx, 165.
40. जातक, i, 354.
41. वही, i, 483.
42. वही, i, 199.
43. वही, i, 199, 483.
44. वही, iv, 115.
45. वही, ii, 135.
46. वही, v, 484.

47. वही, iv, 310.
48. सी एफ, जे डी एल, xxiv, 16.
49. ए. एन. बोस, सोशल एंड रूरल इकोंनामी ऑफ नार्दर्न इंडिया, दो खंड, कलकत्ता, 1945, i, 39.
50. VIII. 12, 14, 17; VI. ii, 112.
51. जातक, v, 117.
52. अग्रवाल, आप शीट, पृ. 198.
53. वही.
54. x.29.
55. कामम. टू गौतम, X. 29.
56. वही, X.23: बलिदान शब्द का प्रयोग आज भी धार्मिक कार्यों में पशुबलि के लिए प्रयुक्त होता है।
57. धर्मकोश, सं. एल.एस. जोशी, i, भाग 3, 1661.
58. जातक, v,102-3, गाथा विद कामम.
59. वही, vi, 212. गाथा..
60. वही, v.106.
61. वही, iv, 362.
62. वही.
63. फिक, आप शीट, पृ. 120.
64. पी टी एस पालि-इंगलिश डिक्शनरी, एस.वी. बालिपतिधाका
65. जातक, vi, 169.
66. अग्रवाल, आप शीट, पृ. 415.
67. आप शीट, पृ. 120.
68. वही.
69. बोस, आप शीट, i,38.
70. सुमंगल विलासिनी, i, 246.
71. सी एच आई, i, 159.
72. i. 87, 111, 114, 131, 224.
73. सी. एफ. सेन, जे डी एल, XX, 106
74. सी एच आई, i, 159.
75. एस बी बी, ii, 108.
76. आप शीट, पृ. 158.
77. वही, पृ. 152.
78. सुमंगल विलासिनी, i, 245.
79. जातक, i, 138.
80. वही, i, 354.
81. बोस, आप शीट.
82. जातक, vi, 261.
83. सी एच आई, i, 177.
84. डे,जे डी एल, xxiv, 10; जातक, vi, 363.

85. वही.
86. जातक, 365, ii, 229; vi, 344.
87. वही, ii, 428-9 गाथा 117; iii, 105; iv, 473.
88. वही, ii, 428-9, गाथा 117.
89. वही, iv, 132; अनु. जातक, iv, 84.
90. दि बुक ऑफ डिसिप्लीन, ii, 67.
91. जातक, iv, 134, गाथा 100.
92. जातक, iii, 26.
93. वही, i, 138.
94. वही, iii, 505.
95. वही, v, 128.
96. यहाँ आर.पी. कांगले द्वारा बनाया गया टेक्स्ट (अर्थशास्त्र, II.6) को रखा गया है।
97. वही.
98. वही.
99. ये है अक्राध्यक्ष, कोष्टग्रध्यक्ष, पन्यध्यक्ष, कुपाध्यक्ष, आयुधाग्रध्यक्ष, गोध्यक्ष, अश्वाध्यक्ष, हस्तध्यक्ष, रथाध्यक्ष, पदाध्यक्ष, विविताध्यक्ष, वही. II.1.

99क. अर्थशास्त्र, V, 3.

100. आर.पी. कांगले (सं.), अर्थशास्त्र II, 6.11.
101. वही.
102. वही, शामशास्त्री ने पशुमृगपक्षीव्याल का अर्थ इन जंतुओं का संग्रहालय माना है परंतु इसे कुपाध्यक्ष के कर्तव्य के रूप में लेना चाहिए.
103. वही
104. वही
105. एच. ओल्डनबर्ग (सं.), विनय पत्तिका, 5 भाग, लंदन, 1879-93, 207.
106. वही, पृ. 74.
107. वही.
108. एच.सी. रायचौधरी, आप शीट, पृ. 184.
109. एच. ओल्डनबर्ग (सं.), आप शीट, पृ. 74.
110. वही, पृ. 348.
111. एच. सी. रायचौधरी, आप शीट, पृ. 155
112. वही, पृ. 184, फुट नोट[1].
113. जातक, V,178.

113क. वही, iii, 11

114. एच. सी. रायचौधरी, पालिटिकल हिस्ट्री ओफ एंशिएंट इंडिया, 1972, पृ. 173.
115. आर.एस. शर्मा, आस्पेक्ट्स ऑफ पोलिटिकल आइडियाज एंड इंस्टीट्यूशंस इन एंशिएंट इंडिया, दिल्ली, 1968, अध्याय IX.
116. वही.
117. वही
118. एच.सी. रायचौधरी, आप शीट, पृ. 176.
119. वही, पृ. 178.
120. वही, पृ. 186-189.

121. एच.सी. रायचौधरी, पॉलिटिकल हिस्ट्री ऑफ एंशिएंट इंडिया, यूनीवर्सिटी ऑफ कलकत्ता, 1972, पृ. 208-9.
122. मैंने इस गणना को चंद्र प्रकाश नारायण सिंह द्वारा प्राप्त किया है।
123. एच.सी. रायचौधरी, आप शीट, पृ. 209.
124. जान डब्ल्यू. मैक्रिंडल, एंशिएंट इंडिया एज डेस्क्राइब्ड इन क्लासिकल लिटरेचर, रिप्रिंट, नई दिल्ली, 1979, पृ. 39-40
125. एच.सी. रायचौधरी, आप शीट, पृ. 217.
126. वही
127. एच.सी. रायचौधरी, आप शीट, पृ. 217.
128. मैकक्रिडल, एंशिएंट इंडिया आदि, पृ. 25.
129. एच. सी. रायचौधरी, आप शीट, पृ. 220.
130. वही, पृ. 221.
131. वही
132. वही, पृ. 223.
133. वही, पृ. 224.
134. वही, पृ. 225.
135. वही, पृ. 224.
136. जे. डब्ल्यू. मैकक्रिडल, इनवेजन ऑफ एलेक्जेंडर, पृ. 234, उद्धृत ्च.सी. रायचौधरी, आप शीट, पृ. 225.
137. एच.सी. रायचौधरी, आप शीट, पृ. 225.
138. जातक, iv, 363, उद्धृत, वही, पृ. 226.
139. इनवेजन ऑफ अलेक्जेंडर, पृ. 252, एच. सी. रायचौधरी की ऊपर उल्लिखित पुस्तक, पृ. 226 में उद्धृत।
140. आर. एस. शर्मा, आप शीट, पृ. 109.
141. वही, पृ. 110.
142. शतपथ ब्राह्मण, I, 3.1.15.
143. वही
144. रोमिला थापर, अध्यक्षीय भाषण, 44, भारतीय इतिहास कांग्रेस, बर्दवान, 1983, पृ. 3.
145. ऐतरेय ब्राह्मण, VIII. 12-17
146. शतपथ ब्राह्मण, xii. 9.3.1. और 3.
7. दशपुराण के उदाहरण से यह प्राप्त होता है कि एक परिवार के दशवंशजों के शासन के बाद भी उनकी शक्ति का ह्रास हुआ। वही.
148. वही, V.4.2.8.
149. ये दृष्टांत रामायण एवं महाभारत में मिलते हैं

9. वैदिक गण और वैदिकोत्तर गणराज्यों की उत्पत्ति

भारतीय इतिहास-लेखन के ढांचे में प्राचीन भारतीय गणराज्यों को महत्त्व का स्थान दिलाने का श्रेय काशीप्रसाद जायसवाल को है। इनकी उत्पत्ति के संबंध में उनके निम्न विचार हैं : 'ऋग्वेद' और 'अथर्ववेद' की ऋचाओं, 'महाभारत' में व्यक्त विचार, और ईसापूर्व चौथी शताब्दी में मेगास्थनीज द्वारा सुनी गई भारत संबंधी अनुश्रुतियों, इन सबसे इस बात का संकेत मिलता है कि भारत में गणतंत्रात्मक शासन का उदय 'राजतंत्र के काफी बाद' और 'पूर्व वैदिककाल के पश्चात' हुआ।[1] यह मत वर्गविभाजित वैदिकोत्तर गणराज्यों के बाद में भले सही हो, लेकिन जहां तक वैदिककाल के जनजातीय गणराज्यों का प्रश्न है, यह सामान्यीकरण न तो पूर्व वैदिकसाहित्य में और न उत्तर वैदिकसाहित्य में ही उपलब्ध साक्ष्य से मेल खाता है।

गण का उल्लेख 'ऋग्वेद' में छियालीस बार, 'अथर्ववेद में नौ बार और ब्राह्मण ग्रंथों में अनेक बार हुआ है। अधिकांशतः इनका निर्वचन 'सभा' या 'सेना' के अर्थ में किया गया है। सन 1910 के बाद, कुछ वर्षों तक, इस शब्द के अर्थ को लेकर काफी विवाद चला। फ्लीट ने मालवगण की व्याख्या करते समय गण का अनुवाद जनजाति किया। जायसवाल ने इसका अनुवाद सभा या 'सभा द्वारा शासन' किया। जायसवाल का समर्थन एफ. डब्ल्यू टामस ने किया। वैसे, कालानुक्रम से विचार किया जाए तो दोनों निर्वचन सही हो सकते हैं। दृष्टव्य है कि वैदिक ग्रंथों में मरुतों का उल्लेख बार-बार गण के रूप में हुआ है।[2] चूंकि सभी मरुत रुद्र के पुत्र थे, इसलिए यहां गण शब्द को एक जनजातीय इकाई के अर्थ में प्रयुक्त हुआ माना जाएगा। आगे चलकर यह अर्थ उत्तरोत्तर अप्रचलित होता चला गया। 'मालवगण' में मालव शब्द से मालव राज्य के सभी जनों का बोध नहीं होता, और यही बात क्षुद्रकों के साथ भी लागू होती है।[3] पतंजलि का कथन है कि मालवों और क्षुद्रकों के दासों और कम्मियों (कर्मकर) को मालव्य और क्षौद्रक्य नहीं कहना चाहिए, बल्कि केवल मालव और क्षुद्रक जनजातियों (जिन्हें संभवतः सारे राजनीतिक अधिकार प्राप्त थे) की संतान के लिए इनका प्रयोग करना चाहिए।[4]

इससे स्पष्ट संकेत मिलता है कि मालव और क्षुद्रक गणराज्य दासता और कम्मीप्रथा पर आधारित थे। कुल मिलाकर इन दो उल्लेखों से यह ध्वनित होता है कि इन गणराज्यों के दास और कम्मी शूद्रों और वैश्यों के समरूप थे। हमें यह भी ज्ञात है कि मल्लों और कोलियों के गणराज्यों में दास और भाड़े के खेतिहर मजदूर (कृषिदास) राजनीतिक अधिकारों के उपभोग से वंचित थे। ये अधिकार सिर्फ अभिजात लोगों को प्राप्त थे। एक ही जनजाति के लोगों के बीच इतना तीव्र वर्गभेद वैदिकयुग के जनजातीय गणों में नहीं मिलता।

पूर्व तथा उत्तर वैदिक साहित्य में गण के उल्लेखों के अध्ययन से प्रकट होता है कि यह मुख्य रूप से भारतीय आर्यों का एक प्रकार का जातीय (जेंटाइल) संगठन था। यह सोचना गलत है कि किसी समान पूर्वज के पुरुषवंशक्रम से निकले परिवारों के समूह का सूचक लैटिन शब्द 'जेंस' और ग्रीक शब्द 'जनोस' संस्कृत के गण शब्द के भारोपीय पर्याय हैं।[5] गण शब्द 'जन' धातु से, जिसका अर्थ 'प्रजनन' होता है, व्युत्पन्न नहीं माना जा सकता, इसकी उत्पति 'गण' धातु से हुई है, जिसका अर्थ गिनना होता है। शाब्दिक रूप से यद्यपि 'गण' का अर्थ जनजाति नहीं, बल्कि ऐसे लोगों का कृत्रिम समूह है और इन लोगों का एक ही जनजाति का होना कोई जरूरी नहीं है, तथापि ऐसा प्रतीत होता है कि वैदिक साहित्य में अधिकांश स्थलों पर यह जनजातीय संगठन के अर्थ में प्रयुक्त हुआ है।

मरुतों के बारे में हमें जो कुछ मालूम है, उससे वैदिक गणों का जनजातीय स्वरूप स्पष्ट हो जाता है। उनका वर्णन रुद्र के उनचास पुत्रों[6] या नौ-नौ के समूहों में विभक्त तिरसठ पुत्रों[7] के रूप में हुआ है। वैदिक साहित्य में देवताओं के गणों के अनेक उल्लेख हैं।[8] पौराणिक और महाकाव्य साहित्य में, जिसमें हमारा प्राचीनतम आनुश्रुतिक इतिहास वर्णित है, देवों और असुरों के गणों के प्रचुर संकेत मिलते हैं। कहना नहीं होगा कि ये और कुछ नहीं, बल्कि मानवसमाज में विद्यमान गण संगठन के प्रतिबिंब हैं। हर प्रसंग में गणविशेष के सदस्य किसी एक पूर्वज के वंशज दिखाए गए हैं। ध्यातव्य है कि इन अनुश्रुतियों में वर्णित अनेक गण मातृनाम (मेट्रॉनिमिक्स) धारण करनेवाले हैं। दृष्टांतस्वरूप, आदित्यों का गण अदिति से निकला था।[9] फिर 'महाभारत' में स्कंद या कार्तिकेय के वर्णन में बताया गया है कि वह सात मातृगणों के साथ दैत्यों के विरुद्ध लड़ने गया।[10] एक दूसरे स्थान पर, जहां उसकी माताओं की प्रशस्ति की गई है, हमें कई गणों में विभक्त एक सौ से अधिक माताओं के नाम मिलते हैं।[11] शत्रुगणों का नाश करने में उनकी भूमिका के जो मिथकी (मिथिकल) उल्लेख मिलते हैं उनसे उनका योद्धारूप उजागर होता है।[12] यहां माताओं का शाब्दिक अर्थ लेना ठीक नहीं होगा। स्पष्ट ही यहां उनका मतलब ऐसी वयस्क स्त्रियों से है जो लड़ाई में भाग ले सकती थीं। यह धारणा कि केवल पुरुष ही लड़ सकते हैं, हमारे मन में इतनी गहरी बैठी हुई है

कि बहुत प्रयत्नपूर्वक ही हम यह सोच सकते हैं कि महिलाओं के भी ऐसे सैन्यसमूह हो सकते थे जो दैत्यों के विरुद्ध स्कंद के अभियान में उसके साथ गए थे। प्रागैतिहासिक काल में प्रचलित प्राचीनतम श्रमविभाजन स्त्री-पुरुष के आधार पर था, जिसमें पशुपालन, शिकार और युद्ध पुरुषों के मत्थे तथा पाकक्रिया और कृषि स्त्रियों के जिम्मे थी। लेकिन इस मिथक में संभवत: और अधिक आदिम समाज का रूप प्रतिबिंबित हुआ है, जब स्त्रियों के गण पुरुषों के गण के साथ मिलकर युद्ध करते थे। यद्यपि यह किसी ऐतिहासिक तथ्य का वर्णन नहीं है, फिर भी, ऐसे मिथक की कल्पना उस हालत में शायद संभव नहीं होती यदि पूर्ववर्तीकाल के जीवन में उसका थोड़ा आधार नहीं रहा होता। संभव है कि स्कंद, जिसके साथ स्त्री गणों का संबंध है, कोई परवर्ती देवता हो, लेकिन देवों और असुरों के युद्ध की कहानी उतनी ही पुरानी है जितना वैदिककाल। इसके अतिरिक्त, यद्यपि योद्धा के रूप में स्त्रियों के गणों का उल्लेख मुख्य आख्यान में नहीं पाया जाता है, तथापि गौण आख्यानों में भी पुरानी अनुश्रुतियों का प्रतिबिंब मिलता है। ये सारे तथ्य इस बात की ओर संकेत करते हैं कि वैदिक गण में स्त्री तत्व भी सम्मिलित था, यद्यपि वैदिक साहित्य में इसका कोई प्रत्यक्ष सबूत नहीं है। पूर्व वैदिकसाहित्य में विदथ के साथ स्त्रियों के संबंध होने का संकेत देनेवाले सात उल्लेख हैं,[13] लेकिन गण से उनका संबंध दिखलाने वाला एक भी नहीं है।

इसमें भी कोई संदेह नहीं कि जनजातीय गण सभा के रूप में भी कार्य करता था। ग्रिफिथ ने 'ऋग्वेद' के अनुवाद में अनेक स्थलों पर इसे देवताओं या मनुष्यों की सभा कहा है। वैदिक उल्लेखों से इस बात का शायद ही कोई संकेत मिलता हो कि गण में विचारविमर्श भी होता था। इसका अनुमान पौराणिक उल्लेखों से ही लगाया जा सकता है। एक बार मेरु पर्वत पर इकट्ठे ऋषियों ने एक संकल्प (समय) लिया, जिसके फलस्वरूप अपने गण के साथ सभी ऋषि किसी कार्य के संपादनार्थ एक स्थल पर जमा हुए।[14] इससे यह निष्कर्ष निकाला जा सकता है कि उक्त संकल्प पहले ऋषियों के गण द्वारा पारित किया गया होगा, यद्यपि उस संबंध में गण शब्द का प्रयोग नहीं हुआ है।

रोमन सभाओं में लड़ाई और मतदानकार्य साथ-साथ चलते थे। यह बात शायद गण के साथ भी रही हो, क्योंकि उसके सैनिक स्वरूप के अनेक उल्लेख मिलते हैं। ऋग और अथर्ववैदिक संहिताओं में मरुतों के बलशाली और ओजस्वी गणों की चर्चा बार-बार सेना के अर्थ में हुई है।[15] इस सेना का नेतृत्व करते हुए कभी-कभी सूर्य या इंद्र को भी दिखलाया गया है।[16] गणों के रूप में प्रयाण करते वीरों का भी वर्णन हुआ है।[17] यह भी देखने को मिलता है कि मरुतों के गण मनुष्यों की सहायता के लिए बुलाए जाते हैं।[18] गण द्रुतगामी अश्वों और अस्त्र-शस्त्र से सज्जित प्रतीत होते हैं।[19] लगता है, उनकी शस्त्रसज्जा में तीर-धनुष और तरकस

शामिल थे ।[20] आदिम जनजातियों के आपसी संबंधों के बारे में जो कुछ ज्ञात है, उसके आलोक में यह अनुमान लगाया जा सकता है कि ये जनजातीय गण एक-दूसरे के शत्रु थे और बराबर आपस में लड़ते थे । दृष्टांतस्वरूप, एक स्थल पर ऐसा बतलाया गया है कि बृहस्पति ने विघ्नकारी वल को गर्जनकारी गण की सहायता से नष्ट कर पशुओं को भगा दिया । एक दूसरे स्थल पर युद्ध में लूट की संपत्ति के रूप में गोधन की प्राप्ति की इच्छा रखने वाले मनुष्यों के गण का नेतृत्व करने के लिए पूषन को आहूत किया जाता है ।[21] आदिम और प्रारंभिक काल के लोगों के जातीय संगठन के सादृश्य के आधार पर यह कहा जा सकता है कि गण अपनी इच्छानुसार काम करने वाला सशस्त्र संगठन था, जिसका हर सदस्य शस्त्र धारण करता था । 'ऋग्वेद' और 'अथर्ववेद' से कोई ऐसा संकेत नहीं मिलता है कि युद्धकर्म केवल अभिजातवर्ग या उसके अनुचरों तक सीमित हो ।[22] इसलिए यह मानना स्वाभाविक ही है कि 'सभा', 'समिति', विदथ और गण जैसी जनसभाओं का हरेक सदस्य शस्त्र ग्रहण करता था । आगे चलकर हमें ऐसे संगठनों के अवशेष पाणिनि के दस 'आयुधजीवी संघों' और कौटिल्य के चार 'वार्ताशस्त्रोपजीवी संघों' में प्राप्त होते हैं । दूसरे शब्दसमुच्चय से संभवतः इस बात का संकेत मिलता है कि इन गणराज्यों में वैसा स्थायी वर्गविभाजन नहीं हुआ था जिसमें निःशस्त्र शासित लोगों के मुकाबले केवल शासक वर्ग को ही शस्त्र धारण करने का अधिकार था । इससे जान पड़ता है कि वैदिक गण समस्त जन समुदाय का सशस्त्र संगठन था ।

गण का नेता, जिसे एक स्थान पर गण का राजा कहा गया है, सामान्यतया गणपति कहलाता था । इंद्र,[23] मरुत,[24] बृहस्पति[25] और ब्रह्मणस्पति[26] को, खासकर अंतिम तीन को, बार-बार गणपति कहा गया है । 'ऋग्वेद' में कम से कम एक जगह गणनेता को राजन की उपाधि दी गई है । सो यज्ञ के सिलसिले में राजा को गणानांपति के रूप में आहूत किया गया है ।[27] ब्रह्मणस्पति को, जिसे अनेक स्थानों पर गणपति कहा गया है, प्रार्थनाओं का सर्वोच्च राजा भी कहा गया है ।[28] गणपति के साथ जुड़ी राजन की उपाधि से यह संकेत मिलता है कि कालांतर से गणपति ने अपने को राजा के रूप में परिवर्तित कर लिया । उल्लेखों से यह विदित नहीं होता कि गणपति का चुनाव गण द्वारा होता था या नहीं । विदथ अपना पुरोहित निर्वाचित करता था, लेकिन गण के संबंध में ऐसी कोई चर्चा नहीं है ।[29] किंतु, गणों में जनजातीय व्यवहारों के जो सादृश्य देखने को मिलते हैं, उनसे और यूनानी जनजातियों के बीच प्रचलित प्रथाओं से इस अनुमान की पुष्टि होती है कि गणपति का निर्वाचन होता था । कम से कम गणपति के पद के वंशानुगत स्वरूप का आभास देने वाला तो कोई उल्लेख नहीं मिलता । साफ है कि उसका सबसे महत्त्वपूर्ण कार्य गौओं का हरण करने के लिए अपनी टोली का नेतृत्व करना था । कहने की जरूरत नहीं कि उस काल में युद्ध में प्राप्त होनेवाला लूट का सबसे प्रमुख

धन गोधन ही था। एक स्थल पर ऐसा उल्लेख है कि गण अपने लिए धन जीतने को सदा उत्सुक रहते थे।[30]

सैनिक लड़ाई में जीते लूट के माल को वैयक्तिक हैसियत से लोग अपने पास नहीं रखते थे। गण के सदस्यों का यह कर्तव्य होता था कि वे ऐसी सभी संपत्ति जमा कर दें। एक व्यक्ति बलशाली सेना के महान सेनापति से, जो गण का राजनेता था, कहता है : 'उसे मैं अपनी दसों अंगुलियां फैलाकर दिखला देता हूं। मैं सत्य हूं। मैंने कोई धन छिपाकर अपने पास नहीं रखा है।'[31] ऐसा मालूम होता है कि गणपति उनके बीच लूट का माल बराबर बांट देता था। यह संकेत 'अथर्ववेद' की एक ऋचा से मिलता है, जो सायण के अनुसार, गणकर्माणि (गण के कर्तव्य) में सम्मिलित है। 'गुरुजनों (ज्यास्वन्त) से युक्त, दृढ़ संकल्प होकर, तू विभाजित न रह, वरन एक साथ कार्य संपादन करते हुए और संयुक्त श्रम (सधुर) से आगे बढ़ते हुए, एक-दूसरे को प्रिय लगनेवाले वचन बोलते हुए यहां आ। मैं तुझे संयुक्त (सध्रीचीन) और समान विचारोंवाला बनाता हूं। तेरा पेय (प्रपा) समान हो, भोजन का अंश समान हो, एक ही जुए (योक्तृ) में मैं तुझे संयुक्त (युज) करता हूं; जिस तरह पहिए के अरे चक्रनाभि से जुड़े रहते हैं, उसी तरह तू संयुक्त होकर अग्नि की उपासना कर।'[32] गण में क्या-क्या होता था, इस बात के लिए यदि इसे प्रमाण माना जाए तो इससे एक प्रकार के आदिम साम्यवाद की ध्वनि मिलेगी, जो साथ मिलकर श्रम करने वाले और अपने श्रमफल को बराबर-बराबर बांटकर उसका उपभोग करने वाले अन्य जनजातीय समाजों की विशेषता थी। हमें यह मालूम नहीं कि 'गणपति' को कोई विशेष अंश दिया जाता था या नहीं, यद्यपि प्रारंभिक यूनानी जनजातियों के मुखिया को 'जेरास' नामक विशेष अंश दिया जाता था।[33] यह संभव है कि विशेष अंश पाने के अधिकार के फलस्वरूप गणपति युद्ध में प्राप्त लूट की संपत्ति का अपने पास संग्रह करता जाता होगा, जिससे उसके पद की प्रतिष्ठा और प्रभाव में वृद्धि होती होगी और अंत में वह पुरोहितों और सरदारों की सहायता से शासन करनेवाला वंशानुगत राजा बन जाता होगा।

ऐसा प्रतीत होता है कि बुद्धकालीन गणराज्यों में शासन का सुसंगठित तंत्र था, जिसमें 'राजन्', 'उपराजन्', 'सेनापति', 'भांडागारिक', आदि होते थे। लेकिन वैदिक 'गण' में गणपति के सिवा कोई भी अधिकारी नहीं था। लूटपाट के माल में प्राप्य अंश के अलावा भी किसी प्रकार का पारिश्रमिक मिलता था, यह स्पष्ट नहीं है। गण के सदस्यों द्वारा अपने प्रधान को किसी प्रकार का अनिवार्य कर दिए जाने का भी कोई उल्लेख नहीं मिलता। उपासकों द्वारा स्वेच्छया अर्पित की गई बलि ग्रहण करने के लिए मरुतगण को आहूत किया गया है।[34] 'बोधायन ग्रह्यसूत्र' के 'बलिहरणम्' प्रकरण में बलि के संबंध में एक धार्मिक विधि है। 'गणेभ्यः स्वाहा' और 'गणपतिभ्यः स्वाहा' का उच्चारण कर गण और इसके नेता के नाम बलि

अर्पित की जाती है।[35] उसी प्रकार 'गणानां गणपतिं हवामहे' में गणपति को अर्पित बलि का प्रमाण मिलता है। यदि हम यह मानकर चलें कि इस कर्मकांड में समसामयिक सामाजिक प्रथाओं को ही धार्मिक परिधान में प्रस्तुत किया गया है तो ऐसा प्रतीत होगा कि मानव समाज का गणपति भी, युद्ध में वह जो नेतृत्व प्रदान करता था, उसके लिए लोगों द्वारा प्रेम तथा अनुराग के साथ स्वेच्छापूर्वक दिया गया कर प्राप्त करता थां। आदिम जनजातियों में प्रचलित प्रथा से भी इस बात का समर्थन होता है। जो बलि गण और गणपति को पहले स्वेच्छापूर्वक अर्पित की जाती होगी, वही जनजातीय गण के राजतंत्र में परिवर्तित हो जाने पर, अनिवार्य बन जाती होगी। 'ऋग्वेद' में राजा को 'बलिहृत्' कहा गया है, लेकिन गणपति के साथ ऐसी कोई उपाधि नहीं जोड़ी गई है।

वैदिकोत्तर गणों का संबंध उत्तर भारत के किसी न किसी निश्चित क्षेत्र से था, लेकिन ऋग्वैदिक गण खानाबदोशी और देशांतरगमन की अवस्था में थे, और पशुओं के लिए बराबर युद्धरत रहा करते थ। संभवतः ऋग्वैदिक गणों का आर्थिक आधार पशुपालन था, और पशु ही उनके धन का मुख्य रूप थे। इससे यह प्रतीत होता है कि ये गण किसी निश्चित भूभाग से जुड़े न होंकर अपने पशुओं के साथ एक जगह से दूसरी जगह भ्रमण करते रहते थे। लड़ाई में कृषि उत्पादन या भूमि पर कब्जा करने का कोई उल्लेख नहीं है, जबकि सुस्थिर अर्थव्यवस्था का निर्माण इन्हीं दो चीजों के आधार पर हो सकता था। आगे चलकर 'शतपथ ब्राह्मण' में मरुतों का वर्णन कृषका के रूप में हुआ है। फिर, 'तैत्तिरीय ब्राह्मण' में मरुत को अन्न कहा गया है, और उसके नाम पर अन्न को भी मरुत की संज्ञा दी गई है।[36] अतः ऐसा मालूम होता है कि जिस काल का चित्रण ब्राह्मणों में हुआ है, उस काल में गण खेतीबाड़ी करते थे।

उल्लेखों से प्रतीत होता है कि गण एक प्रकार की धार्मिक सभा का भी काम करता था। एक स्थल पर अग्नि से याचना की गई है कि वह इसके सदस्यों को, जो उसकी प्रार्थना और उपासना करते हैं, निराश न करे। उससे यह याचना भी की गई है कि वह साथ में सभी देवताओं को लाए ताकि वे गण के सदस्यों को धनधान्य दे सकें।[37]

गण में मद्यपान और गायन का भी उल्लेख मिलता है। मरुतों में गण को अति मद्यपायी कहा गया है।[38] इंद्र को देवसभा में सोमपान के लिए आहूत किया गया है।[39] एक उल्लेख से ज्ञात होता है कि बृहस्पति गण के लिए गाता था या गीत प्रस्तुत करता था।[40] मरुतों के गायन के अनेक उल्लेख हैं। एक स्थल पर उनके गणों को पर्जन्य के लिए गाने को कहा गया है।[41] एक अन्य स्थल पर उन्हें आनंद की मुद्रा में गाते और सोमरस का पान करते हुए वर्णित किया गया है।[42] यह भी कहा गया है कि सोम, गानेवाली पूरी टोली के हृदय में प्रविष्ट हो जाता है।[43] फिर

प्रार्थना पूजन करनेवालों से कहा गया है कि वे गण में बैठकर गाएं और इंद्र से याचना की गई है कि वह उद्गाता (गानेवाले) को यज्ञ के लिए शक्ति दे।[44] संभवतः गण के गायन कार्य से ही 'गणक' शब्द व्युत्पन्न हुआ है, जिसका अर्थ स्वर ज्ञान विशेषज्ञ (स्वरमण्डल, आदि) है।[45] गणिका शब्द शायद गणक से निकला हो। महाकाव्यों में मातृगणों के अस्तित्व के जो साक्ष्य मिलते हैं, उनसे ऐसा अनुमान लगाया जा सकता है कि प्रारंभिक काल में स्त्रियां भी गण में रहती थीं, और इसलिए परवर्तीकाल में वे गणिका के रूप में ज्ञात हुईं। लेकिन प्रारंभिक गण में गणिकाओं का उल्लेख नहीं मिलता, यद्यपि ईसा पूर्व छठी शताब्दी में ये लिच्छवियों के गणराज्य से संबद्ध थीं।[46]

वैदिक गण की विशिष्टता थी कि इसमें वर्गभेद नहीं था। मरुत, जो कि गणसमाज के विशेष दृष्टांत हैं, बिशः या जन के रूप में वर्णित हैं।[47] उनका वर्णन बार-बार कृषकों के रूप में हुआ है, जिनके गणों में से प्रत्येक सात-सात के समूह से बना हुआ है।[48] उनका जो प्राचीनतम उल्लेख मिलता है उसमें भी वे सात-सात के नौ समूहों में विभक्त दिखलाए गए हैं।[49] इस समूहीकरण के श्रम पर आधारित किसी वर्ग विभाजन का संकेत नहीं मिलता। पौराणिक अनुश्रुतियों में क्षत्रियों के गणों के उल्लेख मिलते हैं। एक उल्लेख से ज्ञात होता है कि धार्ष्टक क्षत्र तीन हजार क्षत्रियों से बना हुआ गण था,[50] और नाभाग शक्ति का स्रोत एक हजार क्षत्रियों का समर्थन था।[51] हैहय कुल के क्षत्रियों के पांच गण थे।[52] ये उल्लेख बतलाते हैं कि गणसंगठन क्षत्रियों की विशिष्टता थी, किंतु परवर्ती अनुश्रुतियों में कुछ वैदिक कुलों को, शायद उनकी युद्धप्रियता को देखते हुए, क्षत्रिय कहा गया। जो भी हो, इतना तो स्पष्ट है कि वैदिक काल में एक ही गण में क्षत्रिय और अन्य लोग भी नहीं होते थे। अतः इस बात की पूरी संभावना है कि वैदिक गण में वर्णभेद नहीं था। यदि पौराणिक अनुश्रुतियों पर विश्वास किया जाए तो वैदिक गण को कृतयुग का माना जाएगा, जब वर्णव्यवस्था नहीं थी। 'शांतिपर्व' में कहा गया है कि गण के सदस्य जन्म और कुल से बराबरी के हैं, किंतु शौर्य, बुद्धि और धन से नहीं।[53] समाज की जनजातीय अवस्था में असमानता, और खासतौर से धन की असमानता, किंचित ही रही होगी। अतः जन्मना समानता का भाव प्रारंभिक गणों का सबसे महत्त्वपूर्ण पहलू रहा होगा। परवर्ती विद्वान गण की परिभाषा परिवारसमूह करते हैं। लेकिन पूर्व वैदिककाल के गणों से ऐसा कोई संकेत नहीं मिलता। उत्तर वैदिक ग्रंथों में मरुतों को सात समूहों में विभक्त किया गया है, किंतु पूर्व वैदिककाल में गण संभवतः इससे बड़ा होता था। पहले दिखलाया जा चुका है कि 'कुल' शब्द 'ऋग्वेद' में केवल एक ही बार प्रयुक्त हुआ है।

गण प्राक् आर्य संस्था था या नहीं, यह विवादास्पद है। प्रारंभिक अनुश्रुतियों में इसका प्रयोग देवों और असुरों दोनों के लिए हुआ है। 'वायुपुराण' में देवगणों का

वर्णन और नामोल्लेख है।[54] 'आदिपर्व' में छह गणों का उल्लेख है, जो इस प्रकार है—रुद्रों, साध्यों, मरुतों, वसुओं, आदित्यों और गुह्यकों के गण। इनकी प्रार्थना-उपासना सभी प्रकार के पापों को नष्ट करनेवाली बताई गई है।[55] वैदिक साहित्य में बृहस्पति, इंद्र (जिसका जिक्र ईसापूर्व चौदहवीं शताब्दी के एक मितान्नि अभिलेख में है)[56] और खासकर मरुत (जो मरुत्तश नाम से ईसापूर्व अठारहवीं शताब्दी के एक कस्साइट अभिलेख में भी उल्लिखित है)।[57] जैसे सुपरिचित आर्य देवताओं के साथ प्रयुक्त गण शब्द से ऐसा भासित होता है कि इस प्रकार का जनजातीय संगठन आर्यों के बीच प्रचलित था। दूसरी ओर, अनेक महाकाव्यात्मक और पौराणिक उल्लेखों में इस संस्था (गण) का संबंध शिव से जुड़ा देखने को मिलता है। इनमें शिव को 'गणाध्यक्ष'[58] कहा गया है, जिसके गण में स्कंद, भूत,[59] और स्त्रियां भी शामिल हैं। 'वायुपुराण' में यक्षों, गंधर्वों, किन्नरों और विद्याधरों के गणों का उल्लेख है, जिन्हें कश्यप की संतति कहा गया है।[60] हमें दस हजार दैत्यों के सैंहिकेय नामक गण की भी जानकारी मिलती है।[61] म्लेच्छों के भी अनेक गणों के उल्लेख हैं। इनके गण जंबूद्वीप के अंग, शंख और वराह जैसे अनेक द्वीपों में बसे हुए थे।[62] इन बातों से यह अनुमान लगाया जा सकता है कि आर्येतर जातियों में भी गण जैसे संगठन विद्यमान थे। भारोपीय भाषाओं में इस शब्द के प्रतिरूप के सर्वथा अभाव से इस अनुमान की भी पुष्टि हो सकती है कि यह ठेठ भारतीय संस्था थी, जो आर्यों के प्रभाव से मुक्त थी। एक बात में गण विदथ के सर्वथा विपरीत पड़ता है। जहां विदथ संस्था और शब्द दोनों रूपों में वैदिकोत्तर काल में लुप्त हो गया, गण इन दोनों रूपों में उस काल में भी कायम रहा।

सभा, समिति आदि प्राचीन भारतीय संस्थाओं के सही स्वरूप के अध्ययन में बाधा पड़ती है यदि हम उनके विशुद्ध राजनीतिक पहलू पर अपना ध्यान केंद्रित करते हैं, और उसी पहलू को अपने आप में सर्वथा स्वतंत्र और दूसरे पक्षों से पृथक मानने लगते हैं। आदिम संस्थाओं में सामाजिक और राजनीतिक कार्यों के पृथक्करण की बहुत कम गुंजाइश है, इसलिए जब तक हम उनके विभिन्न पहलुओं को परस्पर संबद्ध मानकर उनकी जांच नहीं करते तब तक उनके स्वरूप का सही निरूपण नहीं हो सकता। इस दृष्टि से देखें तो पाएंगे कि वैदिक गण शायद आदियुग के जनजातीय लोकतंत्र जैसा कोई संगठन था, जिसमें आदिकालीन लोगों के सामरिक, वितरणात्मक, धार्मिक और सामाजिक सभी प्रकार के कार्यकलाप केंद्रीभूत थे। यद्यपि इस बात का कोई प्रत्यक्ष साक्ष्य उपलब्ध नहीं है कि गणपति का निर्वाचन होता था, फिर भी ऐसा प्रतीत होता है कि गण में न कोई सार्वजनिक अधिकारी था और न कोई अनिवार्य कर, न कोई वर्ग था और न गण सेना से भिन्न कोई भी सेना। दूसरे शब्दों में, वैदिक गण मुख्यतया जनजातीय गणतंत्र था।

ऋग्वैदिक काल के अंत तक आते-आते अन्य प्रकार के जनजातीय गणतंत्रों से भी हमारा परिचय होता है। एक ऋचा[63] का, जिसमें सभा में एक साथ बैठे राजाओं का उल्लेख है, यह अर्थ लगाया गया है कि कुछ जनजातियों में वंशानुगत सरदार नहीं होते थे और वे सीधे जनजातीय सभाओं द्वारा शासित होती थीं। यह अर्थ काफी समीचीन प्रतीत होता है। जैसा कतिपय अल्पतंत्रों (आलीगार्की) में होता था, जनजाति के सभी बड़े लोग राजा की उपाधि धारण करते थे और एक जनसभा (फोक-मूट) के माध्यम से शासन करते थे।[64] जायसवाल का यह मत कि गणतंत्र पूर्व वैदिक युग के बाद और राजतंत्र के काफी पश्चात आया, क्षेत्रीय और वर्गविभाजित वैदिकोत्तर गणतंत्रों के बारे में सही हो सकता है, लेकिन प्रारंभिक जनजातीय गणतंत्रों के संदर्भ में नहीं। ऐसा प्रतीत होता है कि गणपति के पद के राजन् में परिवर्तित होने के बाद जनजातीय गणतंत्र ही राजतंत्रात्मक अवस्था में पहुंच गया। इस तथ्य की पुष्टि मानववैज्ञानिक साक्ष्यों से भी होती है।[65]

शासनपद्धतियों के वर्गीकरण का सबसे पहला और सफल प्रयत्न 'ऐतरेय ब्राह्मण' में देखने को मिलता है, जिसमें 'स्वराज्य' और 'वैराज्य' शब्दों का प्रयोग गणतंत्रीय संगठनों के अर्थ में हुआ है। जिन क्षेत्रों में इन दो प्रकार के शासनसंगठनों का अस्तित्व बतलाया गया है,[66] उनसे यह संकेत मिलता है कि आर्य भारत, अर्थात् पश्चिमी और उत्तरी भारत के अधिकतर भाग, गणतंत्रीय संगठनों से आच्छादित थे और कालांतर से या तो सही गणतंत्र राजतंत्रों में परिवर्तित हो गए या इनको समाप्त करके राजतंत्रों ने इनके स्थानों पर अपने को प्रतिष्ठित कर लिया। इसका दृष्टांत दो हिमालयपारीय जनजातियां उत्तरकुरु और उत्तरमद्र हैं,[67] जो वैराज्य शासनप्रणाली से शासित बतलाए गए हैं।[68] किंतु मैदानी इलाकों में आने पर उन्होंने राजतंत्र स्थापित किए।[69] फिर, जब राजतंत्र समाप्त हुआ तब उनमें एक प्रकार का कृत्रिम गणतंत्र आया। एक ही क्षेत्र में बारी-बारी से राजतंत्र और गणतंत्र की स्थापना के इस चक्र का लिखित प्रमाण एरियन के विवरण में सुरक्षित है, जिसमें उन्होंने मेगास्थनीज की सुनी यह अनुश्रुति उद्धृत की है कि गणतंत्रात्मक शासनप्रणाली तीन बार स्थापित हुई।[70] यद्यपि पौराणिक अनुश्रुतियों में गणों के अस्तित्व का उल्लेख मिलता है, लेकिन उनमें यह नहीं बतलाया गया है कि बाद में उनके संगठन में कौन-कौन-से परिवर्तन हुए। उनमें एक हजार क्षत्रियों वाले एक गण का उल्लेख है, जिसका प्रधान नाभाग था। संभव है, वह 'ऋग्वेद' में वर्णित नाभाक ऋषि ही हो। लेकिन पुराणों में नाभाग के वंशजों का कोई जिक्र नहीं है। पाटिल का तर्क है कि चूंकि नाभाग गणतंत्री जनजाति थे, इसलिए पुराणों ने उनकी वंशावली सुरक्षित रखने की चिंता नहीं की।[71] फिर भी, यदि अशोक के एक अभिलेख[72] में आए एक उल्लेख से यह माना जाए कि इसमें नाभागों का ही जिक्र हुआ है तो ऐसा प्रतीत होगा कि ये दीर्घ काल तक गणतंत्री जनजाति के रूप में बने

रहे । इस सबसे यही निष्कर्ष निकलेगा कि राजतंत्र के बाद गणतंत्र की नहीं, बल्कि गणतंत्र के बाद राजतंत्र की स्थापना हुई ।

डी. आर. भंडारकर ने वैदिकोत्तर गणों के उद्भव के बारे में सामान्य ढंग से विचार किया है । उन्हें आर. सी. मजुमदार से सायण के भाष्य सहित 'बृहदारण्यक उपनिषद' के एक अवतरण का हवाला मिला । इस आधार पर उन्होंने कहा है कि 'चूंकि इस निर्णायक अवतरण में ब्राह्मणों, क्षत्रियों या शूद्रों के नहीं, केवल वैश्यों के ही गणों का उल्लेख है, इसलिए जान पड़ता है कि क्षत्रियों के राजनीतिक गणों की स्थापना के पूर्व हमारे देश में वैश्यों के बीच वाणिज्यिक गण (यानी श्रेणियां) विद्यमान थे ।[73] आगे उनका कथन है कि जिस प्रकार राजनीतिक गण कुलों या परिवारों में विभक्त थे, उसी प्रकार वाणिज्यिक गण भी कुलों में विभक्त थे, जैसा कि भीटा और बसाढ़ से प्राप्त मुहरों से ज्ञात हुआ है ।[74] जैसाकि पहले दिखलाया गया है, गण वैदिक काल में ही, जबकि इसके वाणिज्यिक स्वरूप का कहीं भी पता नहीं था, अपने राजनीतिक और सामाजिक पहलुओं के लिए सुविदित हो चुके थे । फिर, कहने की आवश्यकता नहीं कि प्रारंभ में केवल कृषि और पशुपालन ही वैश्यों के जिम्मे था, वाणिज्य का विकास तो परवर्ती काल में हुआ । अतः गण की उत्पत्ति के बारे में भंडारकर की परिकल्पना तथ्य पर आधारित नहीं है ।

वैदिकोत्तर काल के क्षेत्रीय और वर्गविभाजित गणों की उन्नति के वास्तविक कारण हमें उत्तर वैदिककाल में विकसित जीवनपद्धति के विरुद्ध उस प्रतिक्रिया में ढूंढ़ना चाहिए जिसका विस्फोट प्रायः समग्र समाज में हुआ था । सामाजिक धरातल पर इस आंदोलन का उद्देश्य बढ़ते हुए वर्गभेद और स्त्रीपुरुष भेद को समाप्त करना तथा बड़ी तादाद में पशुधन को नष्ट करने वाले व्ययसाध्य एवं अंधविश्वासयुक्त कर्मकांडों का अंत करना था । राजनीतिक स्तर पर इस आंदोलन का उद्देश्य ब्राह्मणीय आदर्शों पर आधारित आनुवंशिक राजपद से मुक्ति और जन साधारण को सभी अधिकारों से वंचित रखनेवाली व्यवस्था से छुटकारा पाना था । नए कार्यक्रम के अभाव में इन नए आंदोलनों के नेताओं ने उस अतीत को आधार मानकर अपने आदर्श निर्धारित किए जब कोई वर्णभेद नहीं था, ब्राह्मणों और क्षत्रियों का जनसाधारण पर प्रभुत्व नहीं था और राजा को बलप्रयोग की वह सत्ता प्राप्त नहीं थी जिसके जोर पर अब वह विराट जनसमुदाय को समस्त अधिकारों से वंचित रख रहा था ।

यदि हम ब्राह्मणीय और बौद्ध परंपराओं को मिलाकर विचार करें तो विदेह और वैशाली ऐसे दो प्रमुख दृष्टांत मिलेंगे जिनमें राजतंत्र गणतंत्र में परिवर्तित हो गए । इस अनुमान को स्वीकार करने में एकमात्र कठिनाई यह है कि ईसापूर्व छठी सदी में वैशाली के आबाद होने के प्रमाण का अभाव है । इस कठिनाई का निराकरण उस हालत में हो सकता है यदि हम यह मानकर चलें कि ये राज्य पूर्ववर्ती

काल में किन्हीं अन्य क्षेत्रों में बसे अपने मूल समाज से टूटकर बने थे ।[75] हो सकता है, अलगाव का कारण कृषकों से वसूल किए गए राजस्व में से शासकवर्ग के सभी सदस्यों द्वारा सीधा और समान हिस्सा मांगा जाता रहा हो । पूर्व वैदिककाल में इस वर्ग के सभी सदस्य आर्येतर लोगों से युद्ध में अधिकृत संपदा और कर का एक अंश प्राप्त करते थे । लेकिन जब विजेता कुलों के प्रधान स्थायी राजाओं की तरह स्थापित हो गए, तथा आर्य और आर्येतर दोनों प्रकार के बसे हुए कृषकों से सारा राजस्व पाने का दावा करने लगे, तब कुल के अन्य सदस्य सभी विशेषाधिकारों से वंचित और उपेक्षित रह गए । जब उन्होंने अपने ही एक सदस्य को समस्त करों का एकमात्र प्रापक और युद्धों का निर्विवाद संगठनकर्ता पाया तो स्वभावतः उन्हें यह स्थिति बुरी लगी । अतः कुल के प्रमुख सदस्यों ने कृषकों से कर उगाहने, शस्त्र धारण करने और अपनी सेना, चाहे वह कितनी भी छोटी क्यों न हो, रखने के अधिकार की मांग की । इस प्रतिक्रिया के फलस्वरूप जो राज्यव्यवस्था उदित हुई, वह केवल ऊपर से ही देखने में पुराने जनजातीय सैनिक प्रजातंत्र के ढंग की थी । सारतः, यह अल्पतंत्रात्मक (ऑलिगार्किक) थी,[76] क्योंकि लिच्छवि राज्य में दासों, किराए के श्रमिकों आदि गैर राजा लोगों के विराट समुदाय की कोई भी हस्ती गणसभा में नहीं थी ।[77]

जायसवाल का विचार है कि धार्मिक संघ राजनीतिक संघों के ढर्रे पर बनाए गए थे ।[78] लेकिन सत्य यह प्रतीत होता है कि दोनों उन आदिम गणों के ढर्रे पर बनाए गए थे जिनमें वर्गभेद का अभाव-सा था । यह बात प्रारंभिक जैन धर्मसंघ के संबंध में खासतौर से सही प्रतीत होती है । इस संघ का नाम भी गण ही है, और महावीर इसके गणी या नेता हैं, तथा उनके नौ प्रमुख शिष्य गणधर या शाखानेता हैं ।[79] सीधेसादे जनजातीय गणों में व्याप्त समत्व का अतीत गौरव पुनः प्राप्त करने के निमित्त ही राज्य और समाज के नए रूप को समाप्त करने की इच्छा जागृत हुई । ऐसा करने में, सदियों के सामाजिक-राजनीतिक विकासक्रम को बिलकुल मिटा देना संभव था और इसलिए सफलता आंशिक ही रही । राजपद तो समाप्त कर दिया गया और गणतंत्र स्थापित किए गए, लेकिन वर्गविभाजित पितृतंत्रात्मक (पैट्रियार्कल) समाज, नौकरशाही, करप्रणाली और जनसामान्य पर बल प्रयोग करनेवाली सेना बरकरार रही । वह जनजातीय राजव्यवस्था, जिसमें संभवतः इसके सभी सदस्य सुलभ खाद्यसामग्री के समान हिस्सेदार थे और समान अधिकारों के भोक्ता थे, अपनी संपूर्ण प्राचीन गरिमा के साथ पुनरुज्जीवित नहीं की जा सकी ।[80] इसका नया रूप लिच्छवियों, शाक्यों, आदि के 'विकृत' गणतंत्र थे, जिनमें क्षत्रियों और ब्राह्मणों के नियंत्रणाधीन राजतंत्री राज्यव्यवस्था के सारे उपादान और उपकरण बरकरार रहे ।

संदर्भ और टिप्पणियां

1. हिंदू पॉलिटी, पृ. 23.
2. ऋग्वेद, I, 64.12; V, 52. 13-4; 53.10; 56.1; 58.1-2; VI. 16.24; X, 36.7; 77.1. III, 32.2; VII.58.1, IX, 96.17, अथव., XIII, 4.8, IV, 13.4; श. ब्रा., V, 4.3.17.
3. पाणिनि पर काशिका V, 3.114.
4. इदं तर्हि क्षौद्रकानामपत्यं मालवानामपत्यम् इत्यत्रापि प्राप्नोति क्षौद्रक्यो मालव्य इति । नैतत् तेषां दासे वा भवति कर्मकरे वा । पाणिनि पर पतंजलि का भाष्य IV, 1 168.
5 श्रीपाद अमृत डांगे, इंडिया फ्रॉम प्रीमीटिव कम्युनिज्म टु स्लेवरी, पृ. 61.
6. एकोनपंचाशन्मरुतो विभक्ता अपि गणरूपेणैव वर्तन्ते। ताण्ड्य महाब्राह्मण, XIX, 14.2.
7. श. ब्रा., II, 5.1.12; ऋग्वेद, VIII, 96.9; तै. ब्रा. I, 6.2.3.
8. गणदेवानाम् ऋभवः सुहस्ताः । ऋग्वेद, IV, 35.3; तै. ब्रा., II, 8.6.4; श. ब्रा. XIII, 2.8.4.
9. आदिपर्व, 60.36-39.
10. सप्त मातृगणाश्चैव समाजग्मुर्विशांपते''' I शल्य पर्व (कुबकोनम संस्करण) 45.29; 47. 33-34.
11. शृणु मातृगणान् राजन्कुमारानुचरानिमान्, कीर्त्यमानान्मया वीरं सपत्नगणसूदमान् । यशश्विनीनां मातृणां शृणु नामानि भारत, याभिर्व्याप्तिस्त्रयोलोका कल्याणीभिश्चभागशः । वही, 47.1.2 और आगे.
12. वही.
13. उपरिवत्, पृ. 79.80.
14. वा. पु. (आनंदाश्रम संस्कृत सिरीज), 61.12.14; जब तक अन्यथा निर्दिष्ट नहीं हो तब तक 'वायु पुराण' का बिबिलिओथिका इंडिका संस्करण ही इसमें प्रयुक्त माना जाए.
15. युवा स मारुतो गणस्त्वेषरथो अनेद्यः, शुभं यावाप्रतिष्कुत. । ऋग्वेद, V, 61.13.
16. अथर्व., XIII, 4.8; याम् आभजो मरुतैन्द्रसोमेयेतिवाम् अवर्धन्नभवन्गणस्ते''' ऋग्वेद. III. 35.9.
17. रोदसि आ वदता गणश्रियो नृषाचः शूराः सवसाहिमन्यवः, आ बंधुरेष्वमतिर्ण दर्शता विद्युन्नतस्थौ मरुतो रथेषु वः । ऋग्वेद, I, 64.9.
18. त्रायंतामिमं देवास्त्रायन्ताम् मरुतां गणाः । अथर्व., IV, 13.4.
19 उभा स वरा प्रत्येति भाति च यदीं गणम् भजते सुप्रयावभिः । ऋग्वेद, V, 44.12; VI, 52.14.
20. ऋग्वेद, X, 103.3; अथर्व., XIX, 13.4.
21. इमं च नो गवेषणं सातये सिषधो गणं । ऋग्वेद, VI, 56.5.
22. VI, ii. 251.
23, ऋग्वेद, X, 113.9.
24. तै. ब्रा., III, 11-4-2.
25. गणानां त्वा गणपतिं हवामहे''' ज्येष्ठराजं ब्रह्मणां ब्रह्मणस्पत आ नः । ऋग्वेद, II.23.1.

26. ऐ. ब्रा., I, 21.
27. ऐ. ब्रा., IX, 6.
28. ऋग्वेद, II, 23.1.
29. उपरिवत्, पृ. 69.
30. यच्चिद्धि ते गणा इमे छदयन्ति मघत्तये, परिचिद्वष्टयो दधुर्ददतोराधो अहरयम् सुजाते अश्वसूनृते। ऋग्वेद, V, 79.5.
31. योवः सेनानीर्महतो गणस्य राजा व्रातस्य प्रथमों वभूव तस्मै कृणोमि न धना रुणध्मि दशाहं प्राचीस्तदृतं वदामि। ऋग्वेद, X, 34-12.
32. अथर्व. III, 30.5.6 (ह्विटनी का अनुवाद)। ब्लूमफील्ड थोड़ा भिन्न अनुवाद प्रस्तुत करते हैं। श्रीपाद अमृत डांगे (पूर्वोद्धृत पुस्तक, पृ. 140) इस ऋचा की ओर ध्यान दिलाते हैं.
33. जार्ज टामसन, स्टडीज इन एनशंट ग्रीक सोसाइटी, पृ. 329-33.
34 अच्छ ऋषे मारुतं गणम् दाना मित्रं न योषणा। ऋग्वेद, V, 52-14.
35. II, 8-9.
36. मारुत एष भवति। अन्नं वै मरुतः। तै. ब्रा., I, 7.7.3.
37. अग्ने याहि दूत्यं मा रिषन्यो देवां अच्छा ब्रह्मकृता गणेन ... देवान् रत्नधेयाय विश्वान्। ऋग्वेद, VII, 9.5.
38. आदित्यान् मारुतं गणं। प्र वो भ्रियन्त इन्दवो मत्सरा मादयिष्णवः द्रप्सा मध्वश्चमूषदः। I, ऋग्वेद, I, 14.3-4.
39. ऋग्वेद, VI, 41.1.
40. स सुष्टुभा स ऋक्वता गणेन वलं रुरोज फीलंग रवेण। ऋग्वेद IV, 50.5.
41. गणास्त्वोप गायन्तु मारुताः पर्जन्यघोषिणः पृथक। अथर्व., VI, 15.4.
42. अग्ने मरुद्भिः शुभयद्भिऋक्वभिः सोमं पिब मंदसानो गणश्रिभिः। ऋग्वेद, V, 60.8.
43. ऋग्वेद, IX, 32.3.
44. ऋग्वेद, VI, 41.1.
45. वीणावादकं गणकं गीताये। तै. ब्रा., III, 4.15.
46. लिच्छवि राज्य की प्रसिद्ध नर्तकी आम्रपाली राजाओं द्वारा अंगीकृत कर ली गई थी और इतना महत्व रखती थी कि बुद्ध उसके अतिथि बने थे.
47. श. ब्रा. II, 5.1.12
48. वही, V, 4.3.17.
49. ऋग्वेद, VIII, 96.8 सायण के भाष्य-सहित.
50. वा. पु. (आनंदाश्रम संस्कृत सीरीज), 88. 4-5.
51. वही, 86.3.
52. वही, 94.51-52.
53. जात्या च सदृशाः सर्वे कुलेन सदृशस्तथा न तु शौर्येण बुद्धयावा रूपद्रव्येणवा पुनः। भेदादच्चैव प्रमादाच्च नाभ्यन्ते रिपुभिर्गणः ... I शा. प. ; 108.30-31. जायसवाल द्वारा उद्धृत बंग संस्करण के अनुवाद को स्वीकार करना कठिन है। वस्तुतः दोनों श्लोकों को 'तु' और 'पुनः' शब्द से जोड़ा गया है, जबकि के. एम. गांगुली ने ऐसा अनुवाद किया है मानो दो शब्द दोनों श्लोकों को अलग करते हों.
54. II, 3.2-3.
55. त्रयस्त्रिंशत इत्येते देवास्तेषामहं तव, अन्वयं संप्रवक्ष्यामि पक्षैश्च कुलतो गणान्। आदि

पर्व, 60.36 एवं आगे.

56. एच. आर. हॉल, द एनशंट हिस्ट्री ऑफ द नीअर ईस्ट, पृ. 201.
57. वही, पृ. 202, पादटिप्पणी 1.
58. महाभारत (कुंभकोनम् संस्करण) X, 7.8.
59. भागवत पुराण, II, 6.13; XII, 10.14. सगर ने यवनों, पारदों, कांबाजों, पहलवों और शकों, इन पांच गणों को नष्ट किया, इस पौराणिक कथन में स्पष्ट ही काफी बाद के काल की अनुश्रुति का उल्लेख हुआ है.
60. वा. पु. ii, 8. 11 और आगे.
61. वही, 7.17.21.
62. वही, सं. 477 परि. पाटिल, कलचरल हिस्ट्री फ्रॉम द वायु पुराण, पृ. 174 पर उद्धृत.
63. ऋग्वेद, X, 97.6.
64. बैशम, द वंडर दैट वाज इंडिया, पृ. 33.
65. अत्यंत आदिम जातियों में प्रायः सर्वत्र जनजातीय सत्ता का प्रयोग लोकतांत्रिक ढंग से सभी लोगों की एक सामान्य सभा के माध्यम से किया जाता है, जबकि उन जातियों के बीच, जिन्हें निम्नतम वर्ग में डाल दिया गया है, राजतांत्रिक सिद्धांतों के आधार पर गठित शासन लगभग बिलकुल ही देखने को नहीं मिलते. इसे हम आदिम सामाजिक संगठन से संबद्ध एक बहुत ही महत्वपूर्ण तथ्य मानते हैं. और सिद्धांतसाहित्य में इसका उल्लेख सरसरी तौर पर ही किया गया है. जी. लैटमान, दि ऑरिजिन ऑफ दि इनइक्वालिटी ऑफ दि सोशल क्लासेज, पृ. 309-10, मिलाएं पृ. 310-16.
66. ऐ. ब्रा., VIII, 14.
67. बी. सी. ला. इंडिया ऐज डिस्क्राइब्ड इन अर्ली टेक्स्ट्स आफ बुद्धिज्म ऐंड जैनिज्म, पृ. 89.
68. ऐ. ब्रा. VIII, 14.
69. बी. सी. लॉ. पूर्वोद्धृत पुस्तक, पृ. 89. 93-96.
70. एरियन, IX, मैक्क्रिडल, इंडिया ऐज डिस्क्राइब्ड बाइ मेगास्थनीज ऐंड एरियन पृ. 208.
71. कलचरल हिस्ट्री फ्रॉम दि वायु पुराण, पृ. 53.
72. रॉक एडिक्ट (अशोक की राजाज्ञा) XIII.
73. डी. आर. भंडारकर, कामाईकेल, लेक्चर्स, 1918, पृ. 169-70.
74. वही, पृ. 170.
75. रोमिला थापर, ए हिस्ट्री ऑफ इंडिया (पेलिकन), I, 50-51.
76. र्यूबेन का विचार है कि अल्पतंत्र (ऑलिगार्की) का हर सदस्य भूसंपदा का मालिक था (कुंवर-मुहम्मद अशरफ, पृ. 23), लेकिन जहां तक वास्तविक स्वामित्व की बात है, अल्पतंत्र के सदस्य न तो इसके प्रति सजग हैं और न कार्य से ही ऐसा कोई साक्ष्य पेश करते हैं.
77. स्पष्ट ही बेदखल किए गए लोगों के लिए वैदिक सभाओं में भी कोई स्थान नहीं था, लेकिन उनकी संख्या बहुत कम थी और वर्गभेद प्रखर नहीं था.
78. के. पी. जायसवाल, पूर्वोद्धृत पुस्तक, पृ. 42.
79. श्रीमती एस. स्टीवेंसन, दि हार्ट ऑफ जैनिज्म, पृ. 79.
80. वैदिकोत्तर संघ-गण के संदर्भ में, 'क्षत्रिय अभिजाततंत्र का सामाजिक स्तर निम्नतर वर्गों की बात तो दूर, ब्राह्मणों और गृहपतियों से भी ऊपर था, घोषाल, इंडियन कलचर, xii, 6.

10. पूर्वकालीन परिषद

'अर्थशास्त्र', अशोक के अभिलेखों और धर्मशास्त्रों[1] में उल्लिखित परवर्ती परिषद के स्वरूप की तो अच्छी जानकारी है, किंतु पूर्वकालीन परिषद का हमारा ज्ञान अपूर्ण है। फिर भी, 'ऋग्वेद,' 'अथर्ववेद', उत्तर वैदिक साहित्य तथा 'महाभारत' और पुराणों के आख्यानअंशों में इसके प्रचुर उल्लेख से इसकी रूपरेखा का थोड़ा-सा अनुमान हम लगा सकते हैं। यद्यपि 'महाभारत' और पुराणों के साक्ष्य प्राचीनतम काल की संस्थाओं के अध्ययन में वैदिक साक्ष्यों की तरह विश्वसनीय नहीं माने जा सकते, किंतु उनकी सर्वथा उपेक्षा भी नहीं की जा सकती।

'ऋग्वेद' की एक पूर्ववर्ती ऋचा में बाधा पहुंचानेवाली असुरपरिषदों को अपने वज्र से नष्ट करने के लिए इंद्र का गुणगान किया गया है।[2] इससे इस बात का संकेत मिलता है कि इंद्र के नेतृत्व में आर्यों ने प्राक् आर्यों की संगठित टोलियों के विरुद्ध युद्ध किया। उसी ग्रंथ के एक परवर्ती अंश से पता चलता है कि वसु देवता के 'परिषदवान' (सहयोगी) नृषद् के पुत्र का बध करना चाहते थे।[3] इन उल्लेखों से आर्यों तथा अनार्यों दोनों की परिषद का आदिम सैनिक स्वरूप परिलक्षित होता है। दो अन्य उल्लेखों से उस संपत्ति के स्वरूप पर भी थोड़ा प्रकाश पड़ता है जिस पर इस संस्था के सदस्यों का सामूहिक स्वामित्व था। 'ऋग्वेद' के प्रारंभिक अंश की एक प्रार्थना में, जो 'अथर्ववेद' में भी उद्धृत की गई है, देवताओं का वर्णन 'हमें गौओं से परिषद संपन्न बनानेवालों' के रूप में किया गया है।[4] सायण ने 'गव्यं परिषदंतः' की व्याख्या 'गोसंघम्' के रूप में की है, और इसलिए ग्रिफिथ ने इसका अनुवाद 'पशुओं का झुंड' किया है। लेकिन चूंकि 'गव्यम्' शब्द परिषद के विशेषण के रूप में प्रयुक्त हुआ है, इसलिए इसका सही अर्थ 'गौओं से संपन्न सभा' है। गौओं से संपन्न होना पूर्वकालीन मानव संस्था की एक सामान्य विशेषता थी। उसी संहिता की दूसरी ऋचा में कहा गया है कि शत्रु का धन परिषद का है, और, इस संदर्भ में लोगों की 'स्थायी संपत्ति के स्वामी' बनने की इच्छा भी व्यक्त की गई है।[5] दूसरे शब्दों में लूट का माल केवल नेता का ही नहीं, बल्कि सामूहिक रूप में उस पूरी टोली का था, जिसका वह नेता था। इन सभी बातों से संकेत मिलता है कि परिषद को गायों और युद्ध में लूटी गई संपत्ति का सामूहिक स्वामित्व प्राप्त था।

'यजुर्वेद' में अग्नि के प्रयुक्त 'परिषद्य' विशेषण से परिषद में उसकी उपस्थिति का संकेत मिलता है।[6] इसकी पुष्टि एक पौराणिक उल्लेख से भी होती है, जिसमें अग्नि के एक वंशज का नाम परिषत्पवमान बताया गया है।[7] ऐसा प्रतीत होता है कि अग्निदेव से विदथ की तरह ही परिषद को भी अपनी उपस्थिति से सुशोभित करने की आशा की जाती थी। इससे ज्ञात होता है कि परिषद आर्यों के बीच धार्मिक सभा का भी कार्य करती थी, जिसमें वे अग्नि की उपासना करते थे। एक परवर्ती ब्राह्मण में सभा और समिति के साथ-साथ 'दैवी परिषद' का भी उल्लेख है।[8] जाहिर है कि यह दैवी परिषद आर्यों के बीच विद्यमान ऐसी ही सांसारिक संस्था की प्रतिबिंब थी। इसका समर्थन एक अन्य उल्लेख से होता है, जिसमें अहिर्बुध्न्य (जो रुद्र का एक रूप है और इसलिए जो शायद प्राक् आर्य है) को 'परिषद्य' के रूप में चित्रित किया गया है। सायण ने इसकी व्याख्या सभा में जाने की योग्यता रखनेवाला (सभायोग्य) की है।[9] एक परवर्ती ब्राह्मण के एक अवतरण से संकेत मिलता है कि परिषद कोई राजसभा थी, जिसमें सदस्यगण वादविवाद में अपने विपक्षी पर विजय पाने के लिए आतुर रहते थे। इसमें एक पक्ष घोषणा करता है, 'मैं राजा का समर्थक हूं और तुम राजाविहीन राज्य के।'[10] इससे ध्वनित होता है कि राजाविहीन राज्य का समर्थक कड़े मुकाबले के बाद ही राजतंत्र समर्थक के सामने झुका होगा। कदाचित इससे उस प्रक्रिया का संकेत मिलता है जिससे राजा, अपने समर्थकों के सहारे, प्रारंभिक परिषद में पैर जमा रहा था।

पूर्व वैदिक साहित्य में जो थोड़े से उल्लेख मिलते हैं उनसे प्रारंभिक परिषद के जनजातीय स्वरूप का कोई प्रत्यक्ष साक्ष्य उपलब्ध नहीं होता। लेकिन 'शतपथ ब्राह्मण' के उस बहुउद्धृत अवतरण से, जिसका संबंध उत्तर वैदिक साहित्य के पंचालों की परिषद से है, प्रकट होता है कि यह मूलतः उनकी कुलसभा थी, जिसका अध्यक्ष राजा होता था।[11] 'महाभारत' और पुराणों में उपलब्ध उल्लेखों से परिषद का न केवल जनजातीय बल्कि सैनिक और अंशतः मातृतंत्रात्मक (मैट्रियार्कल) स्वरूप भी परिलक्षित होता है। हम देख चुके हैं कि अहिर्बुध्न्य को, जो रुद्र का एक रूप है, परिषद्य कहा गया है। लेकिन 'महाभारत' में शिव के पुत्र स्कंद को अनेक स्थलों पर पारिषदों से (स्पष्टतः परिषद के सदस्य से) संबद्ध दिखलाया गया है। शिव, जो गणाध्यक्ष के रूप में वर्णित है, 'पारिषदप्रिय' अर्थात 'परिषद के सदस्यों की संगति का प्रेमी' भी कहा गया है।[12] ऐसे भी कुछ साक्ष्य हैं जिनसे पता चलता है कि पारिषद अपने नेता स्कंद के सगेसंबंधी थे। ये डरावने और विचित्र सखा सहचर, जिन्हें स्कंद की पुरुष संतान बताया गया है, उसके वज्रप्रहार से उत्पन्न हुए थे।[13] इस मिथक का सार यह प्रतीत होता है कि स्कंद और उसके अनुयायी एक ही कुल के थे। इस अर्थ में पारिषदों के साथ स्कंद का संबंध वही था जो मरुदगणों का अपने रुद्र से था। उनके जनजातीय स्वरूप का अनुमान इस कथन से भी लगाया

जा सकता है कि विभिन्न प्रकार के चर्मवस्त्रों से आवृत ये पारिषद विभिन्न भाषाएं और विभिन्न क्षेत्रीय बोलियां बोलते थे।[14] इस तरह इनकी तुलना उन आदिम लोगों से की जा सकती है जिनमें से हर जनजाति की अपनी अलग बोली होती है और पारिषदों के जनजातीय स्वरूप की पुष्टि इस बात से भी होती है कि उनकी मुखाकृतियों की तुलना मुर्गों, कुत्तों, भेड़ियों, खरगोशों, ऊंटों, भेड़ों, शृगालों आदि विभिन्न प्रकार के पशु-पक्षियों से की गई है।[15] पशु-पक्षियों से उनका ऐसा संबंध शायद उनके बीच टोटमों—अर्थात आदिम जनजातियों द्वारा प्रयुक्त विशिष्टता-सूचक प्रतीकों के चलन की ओर संकेत करता है। चूंकि आदिम जनजातियों ने अपने टोटम अपने खाद्यस्रोतों से ग्रहण किए,[16] इसलिए पारिषदों के साथ भक्ष्य पशु-पक्षियों के संबंध को इस बात का द्योतक माना जा सकता है कि उनके बीच टोटमों की प्रथा प्रचलित थी और इसलिए वे किसी न किसी रूप में जनजातीय ज़ीवन से भी जुड़े हुए थे। ध्यातव्य है कि पारिषदों से संबंधित पशु-पक्षियों की लंबी सूची में घोड़े का, जा सामान्यतया आर्यों से संबद्ध माना गया है, कहीं काई उल्लेख नहीं है।

वैदिक उल्लेखों से परिषद का जो सामरिक स्वरूप प्रकट होता है उसकी पुष्टि 'महाभारत' और पुराणों के साक्ष्यों से होती है। 'मत्स्य पुराण' में विचित्र आकृतियों वाले शिवगण, जो असुरों के विरुद्ध लड़े, पार्षद के रूप में वर्णित हैं।[17] 'महाभारत' में आए अनेक उल्लेखों में पारिषदों को विभिन्न प्रकार के उत्थित शस्त्रास्त्रों से सज्जित भयानक लोग कहा गया है।[18] 'पारिषदैर्घोरैर्नानाप्रहरणोद्यतैः' शब्द-समुच्चय का प्रयोग अनेक स्थलों पर हुआ है। असुरों के विरुद्ध लड़ने के लिए सेनाध्यक्ष के पद पर प्रतिष्ठित करते समय स्कंद या कार्तिकेय को ब्रह्मा, पूषन और विंध्य ने सबल पारिषद प्रदान किए।[19] निरपवाद रूप से सबल और प्रचंड योद्धाओं के रूप में वर्णित इन पारिषदों को, जो स्कंद को दिए गए थे, भयंकर शस्त्रधारी और बड़े-बड़े प्रस्तरखंडों से युद्ध करनेवाला (महापाषाणयोधिनः) चित्रित किया गया है।[20] युद्ध की उत्कट अभिलाषा रखनेवाले इन याद्धाओं का सर्वाधिक आनंददायक शौक युद्ध करना ही था। ये इतने वीर थे कि देवताओं का अग्रणी भी इनकी बराबरी नहीं कर सकता था।[21] कदाचित शांतिकाल में भी ये आर्य लोगों के विरुद्ध लूटमार जारी रखते थे, क्योंकि इनकी निंदा करते हुए कहा गया है कि ये छोटे-छोटे बच्चों का प्राणहरण करते थे।[22]

यद्यपि अनेक देवताओं के अपने-अपने पारिषद थे, जो दैत्यों से लड़ने के लिए स्कंद को दिए गए थे, फिर भी सामान्यतया शिव या स्कंद ने ही परिषद का नतृत्व किया। 'शल्य पर्व' के एक पूरे अध्याय में स्कंद के नेतृत्व मे पारिषदों का वर्णन है।[23] इसमें हम देखत हैं कि इन पारिषदों और मातृगणों के सदस्यों के साथ स्कंद दैत्यों के विनाशअभियान पर निकला।[24] स्कंद उनका नेता कैसे बना? कुछ बातों

से उसके निर्वाचन का संकेत मिलता है। पहली बात तो यह कि अपना नेता स्वीकार कर देवताओं ने उसे अपने-अपने पारिषद सुलभ कराए। दूसरे, स्कंद के जन्म लेने पर विभिन्न वर्णों के लोगों ने उसका संरक्षण चाहा और ब्राह्मणों ने इन लोगों को पारिषद कहा।[25] इन सारी चीजों से पता चलता है कि उसके अनुगामियों ने स्वेच्छापूर्वक उसका नेतृत्व स्वीकार किया। अलबत्ता, दूसरे उल्लेख से किसी ऐसे अराजक काल का भी आभास मिलता है जब लोगों ने वर्ण का विचार किए बिना किसी अधिपति के प्रति अपनी निष्ठा व्यक्त की, और इसलिए ऐसा अनुमान लगाया जा सकता है कि यह उल्लेख मिथक रचना की विकसित अवस्था--कदाचित् मौर्योत्तर काल--से संबंधित है। लेकिन परिषद के कुछ अन्य उल्लेखों के बारे में ऐसा नहीं कहा जा सकता कि उनका संबंध परवर्ती काल से है। परवर्ती काल में परिषद बराबर राजा से संबद्ध बताई गई है, जबकि महाभारत या पुराणों में उपलब्ध प्रारंभिक उल्लेखों में परिषदवाले राजा का जिक्र नहीं मिलता। अतः ऐसा अनुमान लगाया जा सकता है कि जब सेनापति ने अपने को राजपद पर आसीन कर लिया तब पारिषद, जिनकी संख्या तब तक घट गई होगी, युद्धसखा (कामरेड इन आर्म्स) न रहकर सभासद बन गए होंगे।

प्रारंभिक परिषद के आकार की भी थोड़ी-सी जानकारी हमें मिलती है। कौटिलीय 'अर्थशास्त्र' और 'रामायण', दोनों में हजार सदस्योंवाली बड़ी परिषद की परंपरा का उल्लेख देखने को मिलता है।[26] विभिन्न देवताओं द्वारा प्रस्तुत युद्धसखा सुलभ कराए जाने (पारिषद दान) के सिलसिले में कहा गया है कि हजारों की संख्या में आनेवाले ऐसे अन्य लोग उनमें शामिल हो गए।[27] एक प्रारंभिक धर्मशास्त्र में कहा गया है कि मंत्र और व्रत से रहित लोगों के साथ यदि हजारों सहचर भी रहें तो भी वे परिषद में चमक नहीं सकते।[28] इन कथनों से हमें पूर्ववर्ती काल में इस सभा के बड़े आकार का पर्याप्त संकेत मिलता है।

वेदोत्तर काल में मंत्रिपरिषद में--बल्कि सामान्यतया परिषद मात्र में--किसी महिला सदस्य का कोई संकेत नहीं मिलता। लेकिन परिषद शब्द के प्रयोग से प्रारंभिक परिषद के बारे में इससे उल्टा संकेत मिलता है। पितृतर्पण की विधियों में केवल ब्रह्मा, रुद्र, विघ्न, स्कंद, विष्णु, वैवस्वत (यम या मनु), और धन्वंतरि के पार्षदों का ही नहीं, वरन उनकी पत्नियों और पार्षदियों का भी तर्पण करने का विधान है।[29] इससे कोई संदेह नहीं रह जाता कि किसी समय महिलाएं भी परिषद सदस्या समझी जाती थीं। पार्षदियों से संबंधित तर्पणविधियों की प्राचीनता पर संदेह की गुंजाइश नहीं है, क्योंकि उनका उल्लेख बौधायन के ग्रंथ के दूसरे खंड में, जो मूल धर्मसूत्र का अंग माना गया है, हुआ है।[30] समय की दृष्टि से इसे वैदिक काल के अंत में व्याप्त स्थिति का द्योतक माना जा सकता है। बौधायन दक्षिण का निवासी था, और लगता है, महिलाएं शायद इसी क्षेत्र में परिषद सदस्या होती थीं।

इस क्षेत्र में परवर्ती काल में भी मातृतंत्र के चिह्न कायम रहे। इस प्रकार, परिषद से महिलाओं का संबंध अस्वीकार नहीं किया जा सकता, हालांकि यह मानना पड़ेगा कि इस तथ्य को प्रमाणित करनेवाले साक्ष्य उतने प्रबल नहीं हैं जितने प्रबल विदथ और सभा में उनकी सदस्यता की पुष्टि करनेवाले साक्ष्य हैं।

वैदिकोत्तर साक्ष्यों के आधार पर गण और परिषद के आपसी संबंधों पर कुछ प्रकाश पड़ता है। कुछेक उल्लेखों से इनके बीच किसी भिन्नता का संकेत नहीं मिलता। असुरों के विरुद्ध लड़ने वाले शिवगणों को पार्षद कहा गया है; इससे ध्वनित होता है कि इस प्रसंग में बाद के काल में गण और परिषद में अंतर नहीं था। महाकाव्यों और पुराणों में दोनों सामान्यतः शिव से संबद्ध दिखाए गए हैं, गण को बार-बार शिव के पुत्र मरुतों की परिषद कहा गया है। स्वेच्छया बलि के संदर्भ में परिषद और गण को एक ही स्तर पर रखा गया है। हम देखते हैं कि यह बलि गण और गणपति के बाद परिषद को ही अर्पित की जाती है।[31] फिर, करीब एक सौ मातृगणों का गिनाया जाना इस बात का संकेत हो सकता है कि गण में महिलाएं भी थीं।[32] यह बात शायद परिषद पर भी लागू होती है। स्कंद परिषदों और मातृगणों के साथ असुरों से लड़ने निकला,[33] यह कथन दोनों संस्थाओं के अंतर का थोड़ा संकेत अवश्य देता है, लेकिन इस अंतर का स्पष्ट उल्लेख कहीं नहीं किया गया है।

इन सारी बातों से यह संकेत मिलता है कि प्रारंभिक परिषद अंशतः पितृतंत्री और अंशतः मातृतंत्री जनजातीय सैनिक संस्था थी। राजा और ब्राह्मणों से, जिन्होंने आगे चलकर इसमें आधिपत्य स्थापित किया, पूर्ववर्ती काल में शायद ही इसका कोई वास्ता था। यदि हम यह मानकर चलें कि मातृतंत्र पितृतंत्र से पुराना है तथा राजा और वर्णों का विकास वैदिक काल के अंत में हुआ, तो प्रारंभिक परिषद वैदिक काल की संस्था मानी जा सकती है। तब क्या कारण है कि वेद में इसके बहुत कम उल्लेख हैं? पहली बात तो यह है कि इस संहिता में परिषद के जो चार उल्लेख मिलते हैं, उनमें से तीन उस भाग में आए हैं जो इसका सार भाग माना जाता है, जिससे इसकी प्राचीनता का सबूत मिलता है। दूसरे, वैदिक साहित्य में परिषद संबंधी सामग्री के अभाव का कारण परिषद का प्राक् आर्य स्वरूप भी हो सकता है। इसके आर्येतर स्वरूप का अनुमान हम इस बात से लगा सकते हैं कि इसका संबंध शिव और स्कंद से है, और इसके जनजातीय विशिष्टता-सूचक प्रतीकों (टोटम) में घोड़ों की चर्चा नहीं है। प्राक् आर्य प्रथाओं और संस्थाओं ने मौर्योत्तर और गुप्त कालों में महाकाव्य और पुराणों की अनुश्रुतियों में सहज ही अपना स्थान बना लिया, क्योंकि पूर्ववर्ती शताब्दियों के दौरान आर्येतर संस्कृति के तत्व आर्यों द्वारा पर्याप्त रूप में आत्मसात कर लिए गए थे। तीसरे 'महाभारत' में—मुख्यतः शिव या स्कंद के पराक्रमों के वर्णन के संदर्भ में परिषद के जो उल्लेख हुए हैं वे यद्यपि मुख्य आख्यान के अंग नहीं हैं, फिर भी इसमें कोई संदेह नहीं कि उनमें प्राचीनतम

अनुश्रुतियों को ही लिपिबद्ध किया गया है। 'महाभारत' और पुराणों के उपदेशात्मक या स्मृतिविषयक भागों में इनका उल्लेख शायद ही कहीं हुआ हो। यदि हमारे प्राचीनतम राजवंशीय इतिहास के निर्माण के लिए 'महाभारत' और पुराणों की अनुश्रुतियों का उपयोग किया जा सकता है तो कोई कारण नहीं कि हमारी प्राचीनतम सामाजिक और राजनीतिक संस्थाओं के अध्ययन के लिए उनका उपयोग नहीं किया जाए।

वैदिक और वैदिकोत्तर, इन दो प्रकार के साक्ष्यों के आधार पर प्रारंभिक परिषद के स्वरूपनिर्धारण में सदा कालक्रम संबंधी भ्रांति खड़ी हो सकती है। किंतु प्रासंगिक उल्लेखों का लाभ तभी उठाया जा सकता है जब हम उनका परीक्षण पार्जीटर की विधि के अनुसार करें, अर्थात वैदिक, पौराणिक और महाकाव्यगत सामग्री के बीच तालमेल बैठाने की चेष्टा करें। 'महाभारत' में परिषद के जो उल्लेख हुए हैं उनका अपना स्वतंत्र मूल्य तो है ही, साथ ही वे मोटे तौर पर परिषद के वैदिक उल्लेखों से मेल खाते हैं, जिससे उन्हें प्रामाणिक माना जा सकता है। इससे प्रकट होता है कि वैदिक परिषद और महाकाव्य की परिषद में शायद ही कोई तात्विक भिन्नता हो। दोनों स्रोतों से प्रकट होता है कि यह जनजातीय सैनिक सभा थी। लेकिन जैसा कि आगे दिखलाया जाएगा, वैदिक और महाकाव्यात्मक स्रोतों में वर्णित प्रारंभिक परिषद् तथा जातकों, कौटिलीय 'अर्थशास्त्र', अशोक के अभिलेखों और धर्मशास्त्रों से ज्ञात परवर्ती परिषद के बीच ढांचे और कार्यों की दृष्टि से जमीन और आसमान का अंतर था।

परिषद के इतिहास की संक्रांति अवस्था उपनिषदों और गृह्यसूत्रों में प्रतिबिंबित काल को माना जा सकता है। ऐसा प्रतीत होता है कि उत्तर वैदिक काल के अंत में वर्णों और राज्यशक्ति के विकास के कारण परिषद अंशतः विद्वानों की मंडली (एकेडेमी) और राजसभा बनती जा रही थी, और उसमें शिक्षकों और परामर्शदाताओं के रूप में पुरोहितों का प्रभाव बढ़ता जा रहा था। इस संस्था का विद्वत स्वरूप कुछ उपनिषदों और गृह्यसूत्रों में हुए उल्लेखों से भासित होता है। गृह्यसूत्रों के अनुसार,परिषद में शिष्य शिक्षक के समीप बैठता था।[34] यह राज्यपरिषद के रूप में कार्य करती थी, इसका साक्ष्य 'पारस्कर गृह्यसूत्र' से प्राप्त होता है, जिनमें परिषदें अपने ईशान (सभापति) की अध्यक्षता में वाद-विवाद करती दिखलाई गई हैं। वाद-विवाद के दौरान सदस्य न केवल अपने को दूसरे सदस्यों से श्रेष्ठ और प्रतिभावान सिद्ध करने को उत्सुक रहता था, वरन वह सभापति का क्रोध शांत कर उसे अपने पक्ष में लाने की चेष्टा करता था।[35] उसी स्रोत के एक अवतरण पर हरिहर की टीका से प्रतीत होता है कि इस संस्था में मुख्यतः ब्राह्मण ही उपस्थित रहते थे।[36] लेकिन इसमें संभवतः पारस्कर 'गृह्यसूत्र' के रचनाकाल की परिषद के बजाय टीकाकार के काल की परिषद का

गठन प्रतिबिंबित हुआ है ।

परिषद राजसभा के रूप में कार्य करती थी और इसके सदस्य राजा पर अत्यधिक प्रभाव रखते थे, यह बात पाणिनि के व्याकरण से ज्ञात होती है, जिसमें राजा को परिषदबल कहा गया है । इस व्याकरण से यह भी मालूम होता है कि परिषद एक ही प्रकार का कार्य नहीं करती थी, बल्कि सामाजिक, राजनीतिक और विद्याविषयक कार्यों का संपादन करती थी ।[37] यद्यपि पाणिनि न तो राजसभा और न विद्वत-परिषद के रूप में ही इसके गठन पर कोई प्रकाश डालता है, फिर भी यह एक छोटी और प्रतिष्ठित संस्था प्रतीत होती है । कोई भी व्यक्ति परिषद का सदस्य (पारिषद्य या पारिषद) तब तक नहीं हो सकता था जब तक वह सम्यक योग्यता या पात्रता न रखता हो ।[38] इस प्रकार वैदिक काल के अंत तक परिषद के स्वरूप में गुणात्मक परिवर्तन आ गया था । यद्यपि नाम वही रह गया, किंतु अर्थ बदल गया ।

परिषद का नया रूप मौर्यपूर्व काल में स्थिर हुआ । ब्राह्मण विचारधारा के प्रारंभिक धर्मशास्त्रों में इसका स्वरूप विधिविशेषज्ञों की संस्था जैसा हो गया । धर्मसूत्रों से परिषद के जिस स्वरूप का ज्ञान होता है उसके अनुसार यह शिक्षण और बौद्धिक चर्चा में व्यस्त संस्था है, लेकिन अब इसके विद्वान सदस्य शिक्षण से अधिक विधि की ओर उन्मुख थे । जहां तक इसके ढांचे का प्रश्न है, धर्मसूत्रों के प्रासंगिक अवतरणों से इस कथन की पुष्टि होती है कि यह तत्वतः एक पुरोहित सभा थी ।[39] बौधायन, गौतम और वशिष्ठ ने भी लगभग इसी रूप में इसके गठन का वर्णन किया है ।[40] बौधायन का स्पष्ट कथन है कि परिषद के सदस्य विप्र (ब्राह्मण) होने चाहिए ।[41] अन्य उल्लेखों में परिषद के सदस्यों के लिए विहित योग्यता के जो ब्योरे मिलते हैं, उनसे भी इस बात में कोई संदेह नहीं रह जाता कि इसका गठन मुख्यतया पुरोहितों को लेकर होता था ।

परिषद ऐसी छोटी संस्था क्यों बन गई और प्रमुख वर्ण के रूप में ब्राह्मणों का बोलबाला क्यों हुआ इसका कारण जनजातीय समाज के वर्णों में विघटन और प्रमुख वर्ग के रूप में ब्राह्मणों का उदय मालूम पड़ता है । वैदिक काल के अंत से ब्राह्मण जिस उच्च स्थिति का उपभोग करते रहे उसका सहज प्रतिबिंब उस परिषद के गठन में देखा जा सकता है जिसकी रूपरेखा ब्राह्मण विचारधारा के धर्मशास्त्रों में प्रस्तुत की गई ।

परिषद का आकार संभवतः धीरे-धीरे छोटा होता गया । हो सकता है कि धर्मसूत्रों, कौटिल्य के 'अर्थशास्त्र' और अशोक के अभिलेखों में वर्णित जो परिषद का लघुकाय रूप है, उसके पहले मध्यम आकार की परिषदें गठित होती रही हों । जातकों में वर्णित परिसा या 'शांतिपर्व' में वर्णित सैंतीस अमात्योंवाली परिषद की चर्चा है ।[44] कौटिल्य ने तीन पुराने विचारकों के मत उद्धृत किए हैं जिनके अनुसार पारिषद क्रमशः बीस, सोलह या बारह रहने चाहिए । परिषद का यह आकार

मध्यवर्ती स्थिति का सूचक है।[44] जो भी हो, कौटिल्य की कृति में उल्लिखित मंत्रिपरिषद या धर्मशास्त्रों में उल्लिखित विधि परिषद उस प्रारंभिक परिषद से बुनियादी तौर पर भिन्न थी जिसे हम, सभा और समिति की तरह, कोई संवैधानिक या राजनीतिक महत्त्व नहीं दे सकते।

संदर्भ और टिप्पणियां

का. प्र. जायसवाल, हिंदू पॉलिटी, अध्याय XXX, और XXXI; राधाकुमुद मुखर्जी, अशोक, पृ. 148; बी. आर. आर. दीक्षितार, मौर्यन पॉलिटी, पृ. 133-34; अ. स. अल्तेकर सोर्सेज ऑफ हिंदू धर्म, अध्याय VI.

2. विवज्रेण परिषदों जघान। ऋग्वेद, III, 33.7.
3. ऋग्वेद. X 61.13.
4. गव्यं परिषदन्तो अग्मन्। ऋग्वेद, V, 2.17; अथर्व., XVIII, 3.22.
5. परिषद्यं हि अरणस्य रेकूणो नित्यस्य रायः पतयः स्याम। ऋग्वेद, VII, 4.7. ऐसा प्रतीत होता है कि विलसन और ग्रिफिथ द्वारा 'परिषद्यम्' शब्द का अनुवाद त्रुटिपूर्ण हुआ है। इसका अर्थ 'परिषद का' होना चाहिए। यह अर्थ पूर्वकालीन सभा के सैनिक और जनजातीय स्वरूप के अनुरूप है.
6. वा. सं., V, 32.
7. ब्रह्मांड पु., II, 12.22.
8. जैमिनी उपनिषद् बृ. II, 11.13-14.
9. तै. ब्रा. III, 1.2.9.
10. पर्षदि राजनि चोत्तरवादी भवत्युत्तखादी भवति। सामंविधान बृ. II, 7.5. इसका निर्वचन सायण के भाष्य के आधार पर किया गया है.
11. छांदोग्य उप., V-3, बृहदा. उप., VI, 2, श. ब्रा., XIV, 9.1.1.
12. महाभारत, X, 7-8. यदि अन्यथा निर्दिष्ट नहीं हो तो इस अध्याय में व्यवहृत संस्करण से कुंबकोनम संस्करण समझना चाहिए।
13. स्कंद पारिषदान ··· वज्र प्रहारात् स्कंदस्य जज्ञुर्। ··· महाभारत (चित्रशाला प्रेस), III, 228.1.
14. महाभारत (कलकत्ता), IX, 45-102.
15. वही, IX, 46.79-88.
16. जार्ज टॉमसन, स्टडीज इन एंशंट ग्रीक सोसाइटी, पृ. 37.
17. बी. आर. आर. दीक्षितार, पुराणिक इंडेक्स. ii, 321. साथी के अर्थ में पार्षद और पारिषद दोनों शब्दों का प्रयोग हुआ है.
18. महाभारत, (चित्रशाला प्रेस), III, 109. 3. 272. 78.
19. महाभारत, IX, 46, 23-26, 44, 49, 51.
20. वही, IX, 46, 108, 111-14, 49-50.
21. वही, IX, 45.95.
22. महाभारत (चित्रशाला प्रेस), III, 228.2.
23. अध्याय 46.

24. महा. (कलकत्ता), IX, 47.53-54.
25. महाभारत (चित्रशाला प्रेस), III, 225.31.
26. जायसवाल की पूर्वोद्धृत पुस्तक, पृ. 302.
27. सहस्रसः पारिषदाः कुमारमुपतस्थिरे । महा. (कल.), ix 46.78.
28. बौधायान धर्मसूत्र, I, 1.16.
29. वही, II,5.12; परिशिष्ट I में दी गई पांडुलिपि 'ओ.' में भी.
30. वही; भूमिका, पृ. ix-x.
31. बौधायान ग्रह्यसूत्र, II, 8.9.
32. महाभारत, IX, 47.
33. वही, IX, 47.54.
34. खादिर गृह्यसूत्र, III, 1.25; गोभिल गृह्यसूत्र (सै. बु. ई.), III, 2.50.
35. पारस्कर गृह्यसूत्र, III, 13.4.5.
36. वही.
37. वासुदेव शरण अग्रवाल, इंडिया ऐज नोन टु पाणिनि, पृ. 339. परिषद् के विद्याविषयक कार्यों के लिए देखें पूर्वोद्धृत पुस्तक, पृ. 297-98.
38. वही, पृ. 899.
39. ई. हॉपकिंस, 'सोशल एंड मिलिटरी पोजीशन ऑफ दि रूलिंग कास्ट, एटसेटरा', ज. अ. ओ. सो. xiii, 148.
40. बौधायन. 1.1.8.9; गौतम., XVIII, 50-51; वासि. धर्म., III, 20.
41. बौधायन., 1.1.8.9.
42. मिलाएं यू. एन. घोषाल, 'दि स्टेटस ऑफ ब्राह्मणाज इन दि धर्मसूत्राज', इ. हि. क्वा., xxiii, पृ. 83-92; एच. सी. राय, 'पोजीशन ऑफ दि ब्राह्मणाज इन दि अर्थशास्त्र,' प्रोसिडिंग्स ऑफ दि ऑल इंडिया ओरियंटल कानफ्रेंस, 1924.
43. आर. एन. मेहता, प्रीबुद्धिष्ट इंडिया, पृ. 135.
44. अर्थशास्त्र, 1.15.

11. रत्नहवींषि संस्कार

उत्तर वैदिक काल में आर्यों के राजनीतिक संगठन पर जितना प्रकाश 'रत्नहवींषि' संस्कार से पड़ता है उतना शायद ही किसी एक अनुष्ठान से पड़ता हो। यह संस्कार 'राजसूय यज्ञ' का अंग था। इसके महत्व पर टिप्पणी करते हुए हमें वेबर, जायसवाल और घोषाल का आभार स्वीकार करना होगा। इन विद्वानों ने इस विषय पर प्रकाश डालने वाले उत्तर वैदिक ग्रंथों की जांच-पड़ताल की ओर काफी ध्यान दिया है।[1] किंतु अभी भी क्षेत्रीय भिन्नता, समकालीन आर्थिक पृष्ठभूमि, अन्य भारोपीय जनों की प्रारंभिक संस्थाओं को ध्यान में रखते हुए स्रोत-सामग्री के परीक्षण की गुंजाइश है और रत्नियों (रत्नधारकों) के वास्तविक कार्यों की व्याख्या की आवश्यकता है।

रत्नहवींषि संस्कार के अनुसार यजमान राजा हर रत्निन के घर जाता और वहां समुचित देवता को बलि अर्पित करता था। पांच ग्रंथों में इन रत्नियों के नाम आए हैं, जिनके आधार पर घोषाल ने एक सारिणी तैयार की है।[2] यह सारिणी पृष्ठ 138 पर, कुछेक सुधारों के साथ, उद्धृत की गई है।

जायसवाल ग्यारह रत्निन गिनाते हैं।[3] लेकिन जो नाम एक सूची में हैं वे दूसरी में नहीं हैं। फलतः, राजा जिन लोगों के घर जाकर विभिन्न देवताओं को बलि अर्पित करता है उनकी संख्या पंद्रह हो जाती है। जहां तक क्रमविन्यास और नामोल्लेख का संबंध है, हम अन्य यजुः संहिताओं तथा 'शतपथ ब्राह्मण' के बीच स्पष्ट अंतर देखते हैं। लेकिन 'तैत्तिरीय ब्राह्मण' में दी गई सूची में मिलने वाली भिन्नताओं पर हम आगे विचार करेंगे।

आगे दी गई सारिणी कुरु पंचाल देश में तैयार की गई जान पड़ती है। इस देश में राजसूय यज्ञ होता था, इसका साक्ष्य अभिषेकमंत्र में मिलता है। इसके अनुसार राजा भारत, कुरु और पंचाल इन तीन जनों पर शासन करता है।[4] अतः रत्नियों की संस्था शायद मध्यदेश में प्रचलित थी। जैसा कि 'शतपथ ब्राह्मण' में उपलब्ध साक्ष्यों से स्पष्ट है, आर्यों का प्रसार जब और भी पूर्व की ओर विदेह में हुआ तब इस संस्था में कुछेक परिवर्तन हुए।

यदि हम फान श्रोडर की यह मान्यता स्वीकार कर लें कि 'मैत्रायणी' और 'काठक' संहिताएँ पहले के काल की हैं'[5] तो ऐसा प्रतीत होगा कि प्राचीनतम सूची

रत्नहवींषि में रत्नियों की सूची

तैत्तिरीय संहिता 1.8.9	मैत्रयाणी संहिता 11.6.5, IV.3	काठक संहिता XV. 4	तैत्तिरीय ब्राह्मण 1.7.3 और आगे	शतपथ ब्राह्मण V.3.1 और आगे
1. ब्रह्मन	1. ब्रह्मन्	1. बृहस्पति के लिए पुरोहित	1. ब्रह्मन्	1. सेनानी
2. राजन्य	2. राजन्य	2. इन्द्र के लिए राजा	2. राजन्य	2. पुरोहित
3. महिषी	3. महिषी	3. अदिति के लिए महिषी	3. महिषी	3. याजक
4. परिवृक्ति	4. परिवृक्ति	4. नैऋत के लिए परिवृक्ति	4. वावाता	4. महिषि
5. सेनानी	5. सेनानी	5. अग्नि के लिए सेनानी	5. परिवृक्ति	5. सूत
6. सूत	6. संग्रहीतृ	6. अश्विनों के लिए संग्रहीतृ	6. सेनानी	6. ग्रामणी
7. ग्रामणी	7. क्षतृ	7. सवितर के लिए क्षतृ	7. सूत	7. क्षतृ
8. क्षतृ	8. सूत	8. वरुण के लिए सूत	8. ग्रामणी	8. संग्रहीतृ
9. संग्रहीतृ	9. वैश्यग्रामणी	9. मरुत के लिए वैश्यग्रामणी	9. क्षतृ	9. मागदुघ
10 भागदुघ	10. भागदुघ	10. पूषन् के लिए भागदुघ	10. संग्रहीतृ	10. अक्षावाप
11. अक्षावाप	11. और 12 तक्षन् तथा रथकार 13 और 14 आक्षावाप और गोविकर्त	11. अक्षावाप और	11. भागदुघ	11. गोनिकर्तन
		12. रुद्र के लिए गोव्यच्छ	12! अक्षावाप	12. पालागल
				13 परिवृक्ति (इसका उल्लेख रत्निन के रूप में नहीं हुआ है।)

में चौदह रत्निन हैं, क्योंकि 'मैत्रायणी संहिता' में इतने ही रत्निन बताए गए हैं। इस सूची में सबसे ऊपर ब्राह्मण है। तीन ग्रंथों में वह इस प्रथम स्थान पर आसीन है, और चौथे में भी पुरोहित के रूप में इसी स्थान पर विद्यमान है। पुरोहित की उपाधि उसे 'शतपथ ब्राह्मण' में दी गई है, जिसमें उसका स्थान दूसरा है। ब्राह्मण, जिसके घर जाकर राजा को प्रधान देव पुरोहित बृहस्पति को हवि अर्पित करनी है, नवसंगठित पुरोहित वर्ग का द्योतक है। बहुत ही जोरदार तर्क देकर यह कहा गया है कि ब्राह्मण आर्येतर याजक (पुरोहित) थे। फिर रत्नियों की सूची में उसका नाम सबसे ऊपर क्यों आया? संभवतः ब्राह्मण ने पटुता द्वारा विजेता की कृपा प्राप्त की जिन्होंने अपनी सहिष्णुता का प्रदर्शन किया।

चार ग्रंथों में दूसरा स्थान राजन्य को दिया गया है। फर्क इतना है कि एक ग्रंथ में उसका उल्लेख राजा के रूप में है। यदि हम 'शतपथ ब्राह्मण' और 'काठक संहिता' की व्याख्या स्वीकार कर लें तो मानना होगा कि यह रत्निन और कोई नहीं, स्वयं राजा है। लेकिन यह बात विचित्र-सी लगती है कि 'शतपथ ब्राह्मण' में राजा का स्थान तीसरा और अन्य ग्रंथों में दूसरा हो। संभवतः राजन्य, जिसके घर परम योद्धा इंद्र को हवि अर्पित की जानी है, क्षत्रियों के योद्धावर्ग को द्योतित करता है।

'शतपथ ब्राह्मण' के सिवा सभी ग्रंथों की सूचियों में तीसरा स्थान महिषी को प्राप्त है। इसका शाब्दिक अर्थ पटरानी (प्रधान रानी) है, जिससे प्रतीत होता है कि राजा अनेक रानियों से विवाह करता था। जायसवाल का कहना है कि रानी मनोनीत राजा की अर्धांगिनी का स्थान पूरा करती है।[6] लेकिन 'शतपथ ब्राह्मण' में जो व्याख्या दी गई है उससे इस अनुमान की पुष्टि नहीं होती है। ऐसा मालूम होता है कि महिषी, जिसके घर अदिति को हवि अर्पित की जाती है, पृथ्वी की द्योतिका है, जो दुधारू गाय और माता की तरह लोगों का भरणपोषण करती है और उनकी मनोकामनाएँ पूरी करती है।[7] इससे उत्तर वैदिक काल की राज्यव्यवस्था में मातृत्व के महत्व का संकेत मिलता है। रत्निन के रूप में दो अन्य रानियों के उल्लेख से भी इस तथ्य का समर्थन होता है।

तीन संहिताओं में चौथा और एक 'ब्राह्मण' में पांचवां नाम परिवृक्ति का है। 'शतपथ ब्राह्मण' की रत्निन सूची में उसे विधिवत शामिल नहीं किया गया है। रत्नियों की परिगणना के बाद परित्यक्ता पत्नी के रूप में उसका उल्लेख किया गया है। उसे कोई पुत्र नहीं है। राजा उसके पास इसलिए जाता है कि उसका (राजा का) कोई अनिष्ट न हो।[8] यद्यपि यहां जिस उद्देश्य का उल्लेख है उससे यह पता नहीं चलता है कि राजा ऐसी पत्नी का समर्थन प्राप्त करना चाहता है, किंतु इसमें संदेह नहीं है कि राजा का अनिष्ट करने की वह क्षमता रखती थी। अन्य रीतियों की तरह वह राजा की सहायता का स्रोत नहीं, बल्कि ऐसे विरोध का स्रोत

समझी जाती थी जिसे शमित रखना आवश्यक था। रत्निन के रूप में राजा की प्रिय पत्नी अर्थात् वावाता का उल्लेख केवल 'तैत्तिरीय ब्राह्मण' में है जिसमें इसका स्थान चौथा और परिवृक्ति का पांचवां है।

तीन संहिताओं में पांचवां, एक 'ब्राह्मण' में छठा, और दूसरे ब्राह्मण में प्रथम स्थान सेनानी को दिया गया है। जान पड़ता है, मूलतः यह दल का नेता था, किंतु 'शतपथ ब्राह्मण' में वह प्रधान सेनापति के रूप में कार्य करता प्रस्तुत होता है।[9] सायण ने सेनानी को शूद्र बतलाया है। इसका कारण योद्धा वर्ग के प्रति ब्राह्मणों का वैर-भाव हो सकता है। इसलिए सायण के कथन को अधिक महत्त्व नहीं दिया जा सकता।

हमारे उपर्युक्त विवेचन में पांच रत्नियों को उसी क्रम में रखा गया है जिस क्रम से वे अधिकांश ग्रंथों में रखे गए हैं। लेकिन शेष रत्नियों का स्थान पद और प्रधानता की दृष्टि से कैसे निश्चित हो, यह तय करना कठिन है। पहले सभी सूचियों में आने वाले छह रत्नियों के स्थान पर हम विचार करेंगे। वे हैं, 'सूत', 'ग्रामणी', 'क्षतृ', 'संग्रहीतृ', 'भागदुघ' और 'अक्षावाप'।

अनेक लेखकों ने सूत को दरबारी चारण या इतिवृत्तकार (क्रानिकलर) माना है।[10] यह अर्थ महाकाव्य में उल्लिखित सूत के साथ ठीक बैठता है। लेकिन राजा उसके घर जाकर वरुण को हवि अर्पित करता है, जिसके लिए दक्षिणा के रूप में घोड़ा देने का विधान किया गया है। इससे प्रतीत होता है कि यह विशिष्ट व्यक्ति सारथि था।[11] एक अन्य स्थल पर इसका जो उल्लेख है उसमें इस अधिकारी को और स्थपति को एक ही माना गया है।[12] स्थपति शब्द के शासक, वास्तुकार, प्रधान, प्रधान निर्माता, बढ़ई और चक्रनिर्माता आदि अनेक अर्थ संभव हैं।[13] इनमें से शासक[14] और प्रधान न्यायकर्ता[15], ये दो अर्थ अधिक ग्राह्य माने गए हैं। लेकिन रथ के साथ सूत के संबंध को देखते हुए चक्रनिर्माता अर्थ संदर्भ के शायद अधिक अनुकूल बैठेगा। सूत शायद सारथि और रथकार दोनों के कार्य करता था। चूंकि उसके कार्यों का संबंध शारीरिक श्रम से था, शायद इसीलिए परवर्ती काल में उसका सम्मान कम हो गया। किंतु पूर्ववर्ती काल में उसका काफी महत्त्व था, क्योंकि 'अथर्ववेद' में वह और ग्रामणी उन लोगों में थे जिन्हें नवअभिषिक्त राजा अपना समर्थक (उपस्तिन) बनाना चाहता है।[16]

दो संहिताओं में ग्रामणी का उल्लेख वैश्यग्रामणी के रूप में हुआ है। इससे पता चलता है कि वह गांव में रहने वाले लोगों (विश) का प्रधान होता था। एक अनुमान यह है कि वह राजधानी में रहने वाला वंशानुगत क्षेत्रस्वामी था।[17] लेकिन ऐसी कोई भी बात कहीं नहीं मिलती जिससे सिद्ध होता हो कि वह सदा राजधानी में ही रहता था। भारतों, कुरुओं और पंचालों के राज्य अब भी इतने बड़े नहीं हुए थे कि राजा अपने-अपने राज्य के सभी हिस्सों में आसानी से नहीं आ जा सकता हो। यह

निश्चित करना जरा कठिन है कि ग्रामणी का ठीक-ठीक कार्य क्या था। इस बात की पूरी संभावना है कि वह अब भी युद्धक्षेत्र में लोगों की छोटी-छोटी टोलियों का नेतृत्व करता था, और हो सकता है कि इसके साथ-साथ अब वह ग्रामीण लोगों की सामान्य देख-रेख का काम भी करने लगा हो। जायसवाल का कहना है कि ग्रामणी नगर क्षेत्र का भी प्रधान था,[18] लेकिन उत्तर वैदिक काल में शहरी जीवन किसी बड़े पैमाने पर शुरू हो गया होगा, यह संदेहास्पद है। इसी प्रकार, इस अनुमान का भी कोई सुदृढ़ आधार नहीं है कि ग्रामणी के जरिए राजस्व वसूल किया जाता था।[19]

क्षतृ के दो अर्थ बताए गए हैं--तक्षक (कार्वर) और क्षत्रधर (चैंबरलेन)।[20] लेकिन शायद पहला अर्थ उपयुक्त नहीं है, क्योंकि वह तक्षन नामक रत्नि पर अधिक लागू होता है, और इसीलिए क्षतृ के संबंध में यह अर्थ निष्प्रयोजन हो जाता है। अतएव इस शब्द को क्षत्रधर के अर्थ में स्वीकार करना अधिक समीचीन होगा। सूत की ही तरह परवर्ती काल में उसका स्थान भी नीचे आ गया और वह वर्णसंकर जाति के सदस्य के रूप में तिरस्कृत किया गया। क्षतृ का कुछ संबंध सविता से भी दिखलाया गया है, जो देवताओं का प्रेरक था किंतु इससे उसकी स्थिति पर कोई प्रकाश नहीं पड़ता।

संग्रहीतृ के स्थान के संबंध में भी मतभेद है। परवर्ती टीकाकारों के आधार पर जायसवाल उसे कोष का मालिक मानते हैं।[21] जायसवाल के अनुसार 'अर्थशास्त्र' में यह पदाधिकारी सन्निधाता कहा गया है। परंतु परवर्ती काल में इसके जो अर्थ प्रचलित हुए उन्हें खींचतान कर पूर्ववर्ती काल के संदर्भ में लागू करने का कोई औचित्य नहीं दीखता। इसका शाब्दिक अर्थ लगाम पकड़ने वाला या चालक है।[22] अतः यह रत्निन कोई निचली कोटि का सारथि था, जो मुख्य योद्धा के सारथि के रूप में कार्य करने वाले सूत से भिन्न था। गोहरण अनुष्ठान में रथ की भूमिका इतनी महत्त्वपूर्ण है[23] कि इसमें कोई आश्चर्य नहीं कि रथ का निर्माण या संचालन करने वाले विभिन्न प्रकार के लोगों को ऐसी प्रतिष्ठा प्रदान की जाए। संग्रहीतृ सारथि होता था, इसका अनुमान इस बात से भी लगाया जा सकता है कि उसके घर पर अश्विनों को हवि अर्पित की जाती है,[24] जो अपने वाहन घोड़े पर आरूढ़ होकर तेजी से आकाश में चलने वाले देवताओं के रूप में चित्रित किए गए हैं।

यद्यपि विभिन्न सूचियों में भागदुघ का स्थान थोड़ा नीचे है, फिर भी वह महत्त्वपूर्ण रत्निन है। एक स्थान पर इस शब्द का अर्थ भागों अथवा हिस्सों का वितरक लगाया गया है।[25] अर्थात भागदुघ वही काम करता था जो पूषन की विशेषता बताया गया है। चूंकि भागदुघ के घर पशु देवता पूषन को हवि अर्पित की जाती है[26] जिसका काम भागों को बांटना था इसलिए इसकी पूरी संभावना है कि अन्न के रूप में या पशुओं के रूप में जो लूट का माल राजा के पास आता था, वह

राजपदाधिकारियों के बीच बांटा जाता था। संभव है, उत्तर वैदिक काल में पशुपालकों और किसानों से अतिरिक्त खाद्य सामग्री वसूल की जाती हो और भागदुघ उसे राजा के सेवकों के बीच बांटने का काम करता रहा हो। ध्यान देने की बात है कि बांटने का काम वैदिक जनसभाओं में होता था पर धीरे-धीरे वितरण प्रथा का भी रूप बदलता जा रहा था।

सभी सूचियों में सम्मिलित ग्यारहवां रत्निन अक्षावाप है। इसका शाब्दिक अर्थ अक्ष (पांसा) फेंकने वाला है। लेकिन यह तर्क दिया गया है कि यह असाधारण बात है कि राजा ऐसे अधिकारी के पास जाए जो द्यूत विभाग का दायित्व संभालता हो। इसलिए कौटिल्य के 'अर्थशास्त्र' में आए अक्षशाला शब्द के आधार पर कहा गया है कि अक्षावाप राज्य लेखाविभाग का दायित्व संभालता था।[27] लेकिन जैसा कि पहले बतलाया गया है, उत्तर वैदिक काल के अधिकारियों के कार्यों का अनुमान लगाने के लिए परवर्ती साक्ष्यों का उपयोग सदैव नहीं किया जा सकता। निस्संदेह, अक्षावाप अक्ष (पांसा) फेंकने वाला अधिकारी ही था, क्योंकि इस प्रसंग में बिसात और पांसे का भी उल्लेख मिलता है।[28] अतः व्यापक अर्थ में अक्षावाप खेलकूद और मनोरंजन का प्रबंध करता था, क्योंकि वैदिक लोग जनसभाओं में एकत्रित होकर खेलकूद में भाग लेते थे।

अंत में हमें शेष चार रत्नियों पर विचार करना है, जिनमें से किसी का उल्लेख एक में तो किसी का दूसरी-सूची में हुआ है। इस तरह कुल मिलाकर पंद्रह रत्निन होते हैं। उन चार में से एक 'गोविकर्तन' है, जो थोड़े हेरफेर के साथ तीन सूचियों में उपलब्ध है। 'यजुर्वेद' की 'मैत्रायणी संहिता' में इसका रूप 'गाविकर्तन' और 'काठक संहिता' में 'गव्यच्छ' है। 'शतपथ ब्राह्मण' में यह 'गोविकर्तन' है। इसका शाब्दिक अर्थ कसाई या गाय मारने वाला है। इसलिए इस अधिकारी का अर्थ मुख्य आखेटक लगाया गया है।[29] एक अनुमान है गोविकर्तन मेगास्थनीज द्वारा वर्णित वही अधिकारी है जो भूमि को वन्य पशुओं तथा बीजों को खा जाने वाले पक्षियों से मुक्त रखने का काम करने वाले शिकारियों का प्रधान था।[30] किंतु यह अनुमान निराधार प्रतीत होता है। हो सकता है, यह शिकार और जंगलों की देखरेख करता रहा हो। शायद इसका कार्य राजपरिवार के लिए पर्याप्त शिकार सुलभ कराना रहा होगा। बात ऐसी रही हो तो उससे यह प्रकट होता है कि अभी भी आखेट लोगों का एक मुख्य पेशा था और गोमांस उनका एक मुख्य आहार।

'यजुर्वेद' की संहिताओं में दो अन्य रत्नियों, तक्षन और रथकार, के उल्लेख हैं। इनके अर्थ के संबंध में कोई मतभेद नहीं है। पहले का अर्थ बढ़ई और दूसरे का रथ बनाने वाला है। उनके घरों पर संपन्न संस्कारों में दक्षिणास्वरूप सभी प्रकार की धातुओं के दान का विधान है। इससे प्रकट होता है कि उन लोगों का महत्त्व उनके धातुकर्म से संबद्ध होने के कारण था।[31] 'अथर्ववेद' में रथकार और कर्मार

की चर्चा है, और वे स्पष्ट शब्दों में राजा के चतुर्दिक विद्यमान विश (जन) के अंग बतलाए गए हैं।[32] यजुर्वेद में कर्मकर की जगह तक्षन का उल्लेख है। इससे जान पड़ता है कि रथकार और तक्षन को जो प्रतिष्ठित स्थान प्राप्त थे उसका कारण यह था कि वे मूलतः उन आर्य जनजातियों के सदस्य थे जो कालांतर से वर्णों में विभाजित हो गईं। इसलिए यजुःसंहिताओं में इनका शामिल किया जाना राज्य के महत्त्वपूर्ण अंग के रूप में उनकी स्वीकृति का सूचक माना जाना चाहिए। इस बात से इनकार नहीं किया जा सकता कि आदिम समाज में शिल्पियों का स्थान बहुत ऊंचा था।[33]

रत्नियों की सूची में सबसे अंतिम नाम पालागल का समझना चाहिए, क्योंकि उनका नाम 'शतपथ ब्राह्मण' में आया है जो उत्तर वैदिक काल के अंत की रचना है। पालागल एक स्थान से दूसरे स्थान तक संदेश ले जाने वाले दूत का कार्य करता था।[34] ध्यान देने की बात है कि आस्ट्रेलिया की आदिम जनजातियों के राजनीतिक संगठन में संदेशवाहकों की भूमिका बहुत महत्त्वपूर्ण होती है। मुखिये, परिषदें तथा अन्य सत्ताधारी मंडल संदेशवाहकों का उपयोग खास-खास व्यक्तियों और स्थानीय समूहों या जनजातियों की बैठक, समारोह या सामुदायिक भोज अथवा प्रतिशोध अभियान की सूचना भेजने के लिए करते हैं।[35] इस साक्ष्य के आधार पर उत्तर वैदिक काल के राजनीतिक संगठन में पालागल के महत्त्व को स्वीकार करना होगा, यद्यपि वर्णतः उसे शूद्र माना जाता था। पालागल नाम आर्य जातीय नहीं प्रतीत होता। अधिक संभावना इस बात की है कि यह किसी आदिम जाति का नाम रहा होगा, जो 'शतपथ ब्राह्मण' में प्रतिबिंबित युग में शायद आर्यों के सुदूरपूर्वी प्रसार क्षेत्र विदेह में रहती थी। यह निष्कर्ष पालागली (अर्थात शूद्रपत्नी रूप में तिरस्कृत) शब्द के प्रयोग से निकाला जा सकता है।[36] पालागली शायद ऐसी पत्नी थी जो किसी आदिमजन में से ब्याह कर लाई जाती थी। प्रसंगवश, हरकारे को दक्षिणास्वरूप दिए जाने वाले चर्मावृत धनुष, चमड़े के तरकस और लाल पगड़ी[37] से संकेत मिलता है कि वह इन हथियारों से मार्ग में शत्रुओं से अपना बचाव करता था।

रत्नियों की सूची में पालागल का शामिल किया जाना 'शतपथ ब्राह्मण' की सूची की एक महत्त्वपूर्ण विशेषता है। इसी तरह इसकी दूसरी विशेषता है कि इसकी सूची में सेनानी को सर्वोच्च स्थान पर रखा गया है। इसका कारण भी क्षेत्रीय भिन्नता में ढूंढ़ा जा सकता है। यद्यपि 'शतपथ ब्राह्मण' द्वारा विदेह में आर्यों के प्रसार का श्रेय विदेघ माथव और जंगलों को जलाकर साफ करने वाले अग्नि वैश्वानर के प्रयासों को दिया गया है,[38] फिर भी ऐसा सोचना गलत न होगा कि इसके विस्तार के क्रम में बहुत से युद्ध हुए होंगे, जिनके परिणामस्वरूप सेनानी या युद्धनायक के महत्त्व में वृद्धि हुई होगी। 'शतपथ ब्राह्मण' में ऐसे अनेक अवतरण

हैं जिनमें ब्राह्मणों की श्रेष्ठता के दावे किए गए हैं…जैसे कि उनकी संपत्ति कोई स्पर्श नहीं कर सकता…परंतु इस ग्रंथ से ऐसी धारणा बनती है कि क्षत्रिय लोग न केवल राजनीति के क्षेत्र में वरन बौद्धिक क्षेत्र में भी, जिस पर अब तक ब्राह्मणों का एकाधिपत्य माना जाता था, अपना वर्चस्व स्थापित करने का प्रयास कर रहे थे। इस ग्रंथ में तथा औपनिषदिक आख्यानों में अश्वपति कैकेय प्रवाहण जैवलि, विदेह जनक और काशी के अजातशत्रु आदि ऐसे अनेक क्षत्रिय राजाओं के उल्लेख मिलते हैं जो अपनी दार्शनिक उपलब्धियों के लिए विख्यात हैं और जो ब्राह्मणों के साथ दार्शनिक चर्चा करते हैं तथा उन्हें दर्शन की शिक्षा देते हैं।[39] इसलिए इसमें कोई आश्चर्य नहीं कि इस ग्रंथ में सेनानी को, जो योद्धावर्ग का प्रतिनिधित्व करता है, रत्निनों की सूची में प्रथम स्थान और पुरोहित को द्वितीय स्थान दिया गया है। इस संबंध में 'शतपथ ब्राह्मण' में जो आंतरिक सुसंगति का अभाव दीख पड़ता है वह संभवतः इस कारण है कि ब्राह्मणों के हितों को ध्यान में रखकर परवर्ती काल में इस ग्रंथ में कुछ परिवर्तन कर दिए गए हों।

जिस बढ़ते हुए सैनिक और पितृतंत्रात्मक वातावरण में 'शतपथ ब्राह्मण' की रचना हुई जान पड़ती है, उसका संकेत इस बात से भी मिलता है कि उसकी रत्निन सूची में वावाता का पूर्ण लोप हो गया है और परिवृक्ति का उल्लेख भी नियमित रत्निन के रूप में नहीं, बल्कि रत्नियों की औपचारिक गणना कराने के बाद अंत में किया गया है। इससे महिलाओं की प्रतिष्ठा में क्रमिक ह्रास परिलक्षित होता है, जिसके और अधिक पुष्ट प्रमाण वैदिकोत्तर काल में मिलते हैं।

अब अंत में हम 'शतपथ ब्राह्मण' की रत्निन सूची से रथकार और तक्षन के लोप पर विचार कर सकते हैं। इसे हम शारीरिक श्रम करनेवाले शिल्पियों के प्रति ब्राह्मणों तथा क्षत्रियों के बढ़ते हुए तिरस्कारभाव का प्रमाण मान सकते हैं। इसके आगे की व्यवस्था हमें मौर्यपूर्व काल में देखने को मिलती है, जब धर्मपुत्रों में रथकारों को वर्णसंकर बताकर तथा प्रारंभिक बौधग्रंथों में 'हीन सिप्प' (अधम शिल्पी) कहकर उनका तिरस्कार किया गया। इस तिरस्कार भाव की शुरुआत 'शतपथ ब्राह्मण' के काल में हुई जब श्रमविभाजन पर आधारित सामाजिक वर्ग ऊंच-नीच के भाव से युक्त वर्णों में बंधने लगे। इस प्रकार, इस ग्रंथ में रत्नियों की जो सूची दी गई है, उसकी विषयवस्तु अपेक्षाकृत अधिक विस्तृत है और उसमें रत्नियों के कार्यों का निरूपण भी अधिक विस्तार से हुआ है। यह सूची आंशिक रूप से जनजातीय और मातृतंत्रात्मक समाज और पूर्ण रूप से वर्गविभाजित तथा पितृतंत्रात्मक समाज के बीच की संक्रमण अवस्था प्रतिबिंबित करती है।

रत्नहवींषि संस्कार की एक रोचक मानववैज्ञानिक व्याख्या हीस्टरमेन ने प्रस्तुत की है। वह इस संस्कार को आदिम मानव समाज में प्रचलित विवाह तथा पुनर्जन्म की परिकल्पना पर आधारित मानते हैं। उनकी राय में इस संस्कार से

राजा की पत्नियों का संबंध इस परिकल्पना का स्पष्ट संकेत देता है। उनका कहना है कि ये पत्नियां यहां गर्भाशयों का काम करती हैं।[40] उनके अनुसार सारथि और चतुर्वर्णों के प्रतिनिधियों का संबंध भ्रूणीय आवरणों से जोड़ा जा सकता है।[41] किंतु संहिताओं या ब्राह्मणों में पाए गए कर्मकांडों के जो स्पष्टीकरण दिए गए हैं, उन पर यह व्याख्या लागू नहीं की जा सकती। इसके अलावा वैदिक काल तक पत्नी और मां, ये दो संस्थाएं इतनी अच्छी तरह प्रतिष्ठित हो चुकी थीं कि अपनी पत्नियों के गर्भ में प्रवेश करने और उन्हें अपनी माताएं मानने का विचार न केवल यजमान राजा की दृष्टि में, वरन ब्राह्मण पुरोहितों की नजर में भी अत्यंत गर्हित और जुगुप्सामय माना जाना चाहिए। हीस्टरमेन का तर्क है कि रत्नियों के नाम से शासन के वास्तविक संगठन की जानकारी का कोई सूत्र हाथ में नहीं आता है।[42] उनका कहना है कि सूची में राज दंपतियों, शासन या राजपरिवार की व्यवस्था से संबंधित उच्च पदाधिकारियों और शिल्पियों का विचित्र गड्डमड्ड है।[43] किंतु प्रारंभिक काल में जब जीवन के विभिन्न विभाग एक दूसरे से सर्वथा अलग खंडों में नहीं बंट पाए थे और शुद्ध प्रशासकीय तथा अन्य कार्यों का पूर्णतः पृथक्करण नहीं हुआ था तब विभिन्न प्रकार के राजकाज करनेवाले लोगों का एक सूची में शामिल किया जाना किसी भी तरह असंगत था, ऐसा नहीं माना जा सकता। रत्नहवींषि संस्कार के सिलसिले में राजा जिन लोगों के द्वार पर जाता था, उनका राजनीतिक महत्त्व अनेक अवतरणों में बहुत स्पष्ट रूप से उजागर हुआ है। बार-बार यह कहा गया है कि राजा इन रत्नियों को अपने राज्य का आधारस्तंभ मानता है। इस बात पर अनेक लेखकों ने भी जोर दिया है।[44] रत्नियों को राज्य देने और लेने वाले (राष्ट्रस्य प्रदातारः, एते परदातारः) कहा गया है।[45] उन्हें राजशक्ति का अंग (क्षत्रस्य वा एतान्यंगानि)[46] कहा गया है, जो मनु और अन्य विचारकों द्वारा उल्लिखित राज्य के सात अंगों की याद दिलाता है। यह भी कहा गया है कि यदि रत्निन ओजस्वी और तेजस्वी हुए तो वह राष्ट्र भी ओजस्वी और तेजस्वी होगा।[47] अधिकांश रत्नियों के घर राजा जिस मंत्र का उच्चारण करता है, उसमें वह कहता है कि मैं रत्नियों के लिए ही अभिषिक्त हुआ हूं और मैं उन्हें अपना निष्ठावान अनुगामी बनाता हूं।[48] पुरोहित राजन्य, महिषी, सूत, ग्रामणी, क्षतृ और संग्रहीतृ ये सब विशिष्ट व्यक्ति थे, इस बात की पुष्टि ऐसे स्रोत से भी होती है जिसका रत्नहवींषि संस्कार से कोई संबंध नहीं है। इन्हें ऐसा व्यक्ति कहा गया है जो राजा का अभिषेक करते हैं और साथ मिलकर राजपद को संबल देते हैं।[49] इस संस्कार में जिन अधिकारियों को रत्निन कहा गया है वे राजसूय यज्ञ के ही एक अन्य संस्कार—यज्ञखड्ग के हस्तांतरण—में भी, जो द्यूत क्रीड़ा का एक अंग था, महत्त्वपूर्ण व्यक्ति माने गए हैं। शुक्लयजुर्वेदीय शाखा के एक अवतरण के अनुसार यह यज्ञखड्ग सूत और ग्रामणी को भी हस्तांतरित किया जाता है, ताकि वे

अंततः राजा के अधीनस्थ बन जाएं।[50] इस संदर्भ में कृष्णयजुर्वेदीय शाखा के एक अवतरण में यह खड्ग पुरोहित को दिया जाता है, जो इसे रत्नियों को हस्तांतरित कर देता है। अंत में यह अक्षावाप के हाथ जाता है जो इससे क्रीड़ाक्षेत्र तैयार करता है।[51] यद्यपि इस संदर्भ में केवल दो-तीन रत्नियों का स्पष्ट उल्लेख है, फिर भी समारोह के अंत में अन्य रत्निन भी, यानी संग्रहीतृ, भागदुघ और क्षतृ साक्षियों के रूप में राजा द्वारा आमंत्रित किए जाते हैं।[52]

हिंदू समाज में आज भी पुराने संस्कारों के अवशेष देखे जा सकते हैं। उपनयन संस्कार के अवसर पर लड़के को अपने कुम्हार के घर जाकर चाक की और तेली के घर जाकर कोल्हू की पूजा करनी होती है। ये बातें लड़की को भी अपने विवाह के अवसर पर करनी होती हैं। इस सबसे यह निष्कर्ष निकालना अनुचित होगा कि ये कारीगर अपने यजमानों के परिवारों के प्रबंध के लिए जिम्मेदार होते हैं। लेकिन साथ ही, यह भी काफी स्पष्ट है कि ये संस्कार केवल उन्हीं कारीगरों के घर जाकर संपन्न करने पड़ते हैं जिनसे परिवार को दैनिक जीवन में वास्ता पड़ता है, और यह तो निश्चित ही है कि प्रौद्योगिक ग्रामीण समाज में कोई भी कृषक अपना काम इन कारीगरों के बिना नहीं चला सकता है। वैदिक काल में प्रचलित संस्कारों से भी इस तरह का निष्कर्ष निकालना अनुचित नहीं होगा। राजा तथा उसके कर्मचारियों और आश्रितों के पारस्परिक संबंधों को रत्नहवींषि संस्कार द्वारा पुनीत बनाया जाता था और उन्हें धर्मसंस्कारों का रूप प्रदान किया जाता था। जिन रत्नियों के पास राजा इस अनुष्ठान के क्रम में जाता था, वे निश्चय ही उसके घरेलू परिचर और प्रशासनयंत्र के अंग थे, और उत्तर वैदिक काल की राज्यव्यवस्था में इन दो वर्गों के कर्मचारियों के बीच भेद की कोई स्पष्ट रेखा खींच पाना कठिन है।

लेकिन इन रत्नियों का सांविधानिक स्थान क्या था, यह कहना कठिन है,[53] क्योंकि जिस अर्थ में हम आज संविधान शब्द का प्रयोग करते हैं, उस अर्थ में उन दिनों संविधान जैसी कोई चीज ही नहीं थी। जायसवाल रत्नियों को उच्च राज्याधिकारी मानते हैं।[54] जहां तक रत्नहवींषि संस्कार का उद्देश्य राजा को इन रत्नियों का समर्थन और निष्ठा उपलब्ध कराना था, जायसवाल का मत सही जान पड़ता है। हम इसमें इतना और जोड़ सकते हैं कि इस अनुष्ठान में उन देवताओं का समर्थन भी पूर्वगृहीत माना जाता था जिन्हें रत्नियों के घर हवि अर्पित की जाती थी। परिवृक्ति के घर हवि अर्पित करने का उद्देश्य किसी देवता का समर्थन प्राप्त करना नहीं बल्कि उस रानी और निऋति देवता से संबद्ध अमंगलकारी शक्तियों का निवारण करना होता था। जो भी हो, इसमें कोई संदेह नहीं कि परित्यक्ता रानी का भी अपना एक नकारात्मक महत्त्व था। बड़े और छोटे अधिकारियों का भेद विशेष स्पष्टता के साथ बता पाना शायद संभव नहीं है,[55] क्योंकि हमारे स्रोतग्रंथों में राजा के लिए सबकी निष्ठा समान रूप से महत्त्वपूर्ण मानी गई है। फिर भी

राज्याधिकारियों की श्रेणी में किसी न किसी प्रकार की वरिष्ठता-कनिष्ठता का आभास अवश्य मिलता है।

ऐसा प्रतीत होता है कि ये रत्निन जिनमें से ग्यारह सभी सूचियों में और बारह अधिकांश में आए हैं, एक प्रकार की राजपरिषद[56] का कार्य करते थे। संभव है, विभिन्न राज्यों में उनकी संख्या में कुछ अंतर होता हो, क्योंकि राजसूय यज्ञ भारतों कुरुओं और पंचालों तीनों के राज्यों में होता था। 'शतपथ ब्राह्मण' के भौगोलिक क्षितिज की ओर ध्यान देने पर लगता है कि यह यज्ञ शायद विदेह में भी प्रचलित रहा होगा, जिसमें रत्नियों की संख्या बारह प्रतीत होती है, यद्यपि परिवृक्ति का समावेश नियमित सूची में नहीं है। यह ध्यान देने योग्य बात है कि बारह व्यक्तियों की परिषद की प्रथा अनेक भारोपीय समुदायों में विद्यमान थी। परिषद के सदस्यों की हैसियत राजदरबार के साधारण सदस्यों से कुछ भिन्न रही होगी। पुराने सैक्सन लोगों की परिषद में भी बारह सदस्य होते थे। इसकी वार्षिक बैठकें हुआ करती थीं, लेकिन उन लोगों का कोई राजा नहीं था। स्वीडन में भी आनुश्रुतिक और ऐतिहासिक युगों में ऐसी बारह सदस्यीय परिषद थी। कुछेक भारोपीय देवताओं को भी बारह सदस्यीय परिषद से युक्त होने का श्रेय दिया जाता था, और ऐसा माना जाता था कि उनकी परिषद न्यायिक और याज्ञिक कार्य करती है। बारह फ्रीसियन न्यायाधीशों का उपाख्यान काफी प्रसिद्ध है।[57] केल्टों और अन्य यूरोपीय लोगों के बीच भी बारह सदस्यों वाली परिषदों के चलन की जानकारी मिलती है।[58] होमरिक लोगों को छोड़कर बाकी कई आर्य-समुदायों में बारह सदस्यों वाली परिषदों का चलन था। इसलिए चैडविक का कहना है कि इस प्रकार की संख्या अत्यंत प्राचीन है।[59] बहुत संभव है कि आर्यों के अपने मूल स्थान से पूर्व और पश्चिम की ओर चलने के पूर्व यह संख्या उनके बीच विद्यमान रही हो, और यूरोप तथा भारत में एक-दूसरे से स्वतंत्र समुदायों के रूप में बस जाने के बाद भी उन्होंने इसे कायम रखा हो। अन्य आर्य-समुदायों के बीच इस तरह की प्रचलित संस्थाओं से अनुमान लगाया जा सकता है कि उत्तर वैदिक काल के ग्यारह—और अधिकांश स्रोतों के अनुसार बारह—रत्निन राजा को परामर्श देने और सहायता पहुंचाने वाली नियमित परिषद की तरह काम करते होंगे, क्योंकि सभा के गठन से लगता है कि उसका आकार इतना बड़ा था कि वह राजकाज के दैनिक संचालन में राजा को परामर्श नहीं दे सकती थी। 'ऐसी आशा करना स्वाभाविक ही है कि इस परिषद के प्रभाव को सबसे अधिक राजा की मृत्यु,' अर्थात् 'नए राजा के सिंहासनारोहण के अवसर पर अनुभव किया जाता होगा।' यही कारण है कि राजा अपने सिंहासनारोहण के समय रत्नियों के घर जाता था।

किंतु उन दिनों इसके परिषद सदस्यों और राज्य के उच्चपदस्थ अधिकारियों के बीच भेद करना कठिन था। स्पष्टतः रत्निन एक प्रकार की नौकरशाही के रूप

में गठित थे। इस नौकरशाही का सर्वाधिक विकसित रूप कौटिल्य के 'अर्थशास्त्र' में दिखलाई पड़ता है। लेकिन रत्नहवींषि से ज्ञात अधिकारियों की संख्या से यह संकेत मिलता है कि उत्तर वैदिक काल का शासन-संगठन ऋग्वैदिक काल की अपेक्षा बहुत अधिक विकसित था। 'ऋग्वेद' में रत्निन के रूप में नहीं पर स्वतंत्र रूप से राजन्य, पुरोहित, सेनानी, सूत, ग्रामणी आदि कतिपय उच्चपदस्थ व्यक्तियों का उल्लेख हुआ है। किंतु उत्तर वैदिक काल में कोई आधे दर्जन नए पदाधिकारी हमारे सामने आते हैं, जिनमें से कुछेक की भरती शायद आर्येतर जनों में से की जाती थी। प्रशासनिक दृष्टि से भागदुघ का पद महत्त्व का जान पड़ता है। वह हिस्से बांटता था जिससे संकेत मिलता है कि वितरण के लिए बलि और कर के रूप में संभवतः राजस्व इकट्ठा किया जाता था। यद्यपि धर्म क्रीड़ा पशुधन आदि की देखरेख के लिए जिम्मेदार कुछ अधिकारी शायद पूर्ववर्ती जनजातीय जीवन की विरासत थे, किंतु कुछ अन्य अधिकारी ऐसे कार्यों का दायित्व संभालते थे जिन्हें विशुद्ध शासनिक कार्य कहा जा सकता है। हम रत्नियों को शासन के पृथक्कृत अंग मान सकते हैं, जो पूर्ववर्ती काल में देखने को नहीं मिलते। ऐसा प्रतीत होता है कि पुरानी जनजातीय सभाएं उन समस्याओं के समाधान के लिए अपर्याप्त सिद्ध हुई हैं जो आर्यों के फैलाव और स्थिर जीवन के कारण उत्पन्न हुई थीं। परिणामस्वरूप राजकाज के लिए बहुत से नए-नए अधिकारी रखे जाने लगे जो सभाओं में शरीक होकर काम करनेवाले जनसामान्य से भिन्न थे।

कुछेक अधिकारी आर्येतर थे, जिससे सिद्ध होता है कि राज्य का स्वरूप अब जनजातीय नहीं रह गया था, बल्कि मुख्यता क्षेत्रीय हो गया था। राज्य के क्षेत्रबद्ध स्वरूप का अनुमान अनेक स्थलों पर राज्य के अर्थ में राष्ट्र शब्द के प्रयोग से लगाया जा सकता है।[60] हरेक रत्निन अपने घर में रहता था, जो राज्य के अंतर्गत सुस्थापित बस्तियों के अस्तित्व का एक अन्य संकेत है।

रत्नियों का निर्वाचन होता था या नहीं, यह कहना कठिन है। जायसवाल के अनुसार ये राज्य के उच्च पदाधिकारी होते थे, जिनका चयन वर्गगत और जातिगत प्रतिनिधित्व के सिद्धांत के अनुसार होता था।[61] हरेक जाति के लोग किस तरह अपने प्रतिनिधि का चयन करके भेजते थे, यह स्पष्ट नहीं है लेकिन इससे भी इनकार नहीं किया जा सकता कि लगभग सभी वर्ण और महत्त्वपूर्ण सामाजिक समुदाय शासनकार्य से संबद्ध थे। कुछेक मामलों में तो रत्नियों के प्रतिनिधिक स्वरूप का अनुमान भी लगाथा जा सकता है। उदाहरण के लिए, वैश्य ग्रामणी उस विश या गांव का प्रतिनिधि था जिसका वह मुखिया होता था। यदि हम आदिम समाज के दृष्टांत को स्वीकार करके चलें तो यह मालूम होगा कि मुखिया वैयक्तिक गुणों और अपनी उम्र के आधार पर चुना जाता होगा। क्षतृ, संग्रहीतृ, अक्षावाप, आदि अनेक रत्नियों के वर्ण निश्चयपूर्वक नहीं बताए जा सकते, इसलिए रत्नियों

के बीच वर्ण अनुपात का पता लगाना बहुत कठिन है । कुछ रत्निन निश्चय ही या तो शूद्र मूल के थे या बाद में उन्हें शूद्रों की श्रेणी में डाल दिया गया था । लेकिन, जैसा कि अन्यत्र दिखलाया गया है, सभी शूद्र रत्नियों को आर्येतर नहीं सिद्ध किया जा सकता,[62] और इसलिए जायसवाल का यह निष्कर्ष सही नहीं लगता कि शूद्र रत्निन केवल विजित दास थे ।[63]

रत्निन सूची में लक्ष्य करने योग्य बात यह है कि इसमें स्त्रियों का स्थान दिया गया है । कुछ सूचियों में दो और अन्य में तीन रत्निन स्त्रियां हैं । राजकीय संस्कार से संबद्ध लगभग एक दर्जन रत्नियों में से दो या तीन स्थान स्त्रियों को प्राप्त हैं, यह तथ्य ऋग्वैदिक काल की याद दिलाता है, जब महिलाएं विदथ की ओर कुछ हद तक सभा की कार्यवाहियों में भी भाग लिया करती थीं । वैदिकोत्तर काल में शनैः-शनैः उनका महत्त्व घटने लगा । ह्रास की यह प्रक्रिया उत्तर वैदिक काल में बहुविवाह प्रथा के प्रचलन से ही शुरू हुई थी । उत्तर वैदिक काल में राजा के कम से कम तीन पत्नियां होती थीं । कानून की दृष्टि से महिषी का स्थान सर्वोच्च था । वावाता का स्थान उसके प्रति राजा के प्रेम और विशेष कृपा पर निर्भर था। परिवृक्ति निस्संतान होने के कारण प्रायः परित्यक्ता होती थी । इस काल में कर्मकांड से पता चलता है कि महिषी का वैधानिक स्थान अभी सुस्थापित नहीं हुआ था, और राजा की अन्य पत्नियां उसकी स्थिति को चुनौती दे सकती थीं, क्योंकि हम देखते हैं कि इस अति महत्त्वपूर्ण राजनीतिक अवसर पर अन्य दो की उपेक्षा नहीं की जा सकती थी ।

हमारे इस विवेचन से प्रकट होता है कि रत्नहवींषि संस्कार एक ऐसे विकसित राजनीतिक, सामाजिक और आर्थिक संगठन की उपज था जिसमें जनजातीय और मातृतंत्रात्मक तत्वों का ह्रास और वर्गीय, क्षेत्रीय तथा पितृतंत्रात्मक तत्वों का तेजी से उदय हो रहा था । इसके फलस्वरूप उत्तर वैदिक काल में शासन के पृथक्कृत अंगों की स्थापना हो रही थी । पुरोहितों के समर्थन के बावजूद नए राज्य का स्वरूप मुख्यतः सैनिक था, क्योंकि आधे दर्जन उच्चपदाधिकारी सैनिक कार्यों से ही संबंधित दिखाई देते हैं ।

संदर्भ और टिप्पणियां

1. जायसवाल, हिंदू पॉलिटी, पृ. 200.205, घोषाल, हिस्टोरियोग्राफी ऐंड अदर एस्सेज, पृ., 249-54.
2. घोषाल की पूर्वोद्धृत पुस्तक में पृ. 249 के सामने. वस्तुतः का. सं. और तै. सं. में इनका उल्लेख रत्नियों के रूप में नहीं हुआ है । यह उपाधि बाद में तै. ब्रा. और श. ब्रा. में उनके साथ जोड़ी गई है.
3. पूर्वोद्धृत पुस्तक, पृ. 201.3.

4. तै. सं. I, 8.10; कीथ, ह. ओ. सि., xciii, पृ. xciii.
5. हा. ओ. सि. 9 xviii, पृ. xcvi-iv.
6. हिंदू पॉलिटी, पृ. 201.
7. V, 3.1.13.
8. V, 3.1.4.
9. V, 3.1.1.
10. घोषाल की पूर्वोद्धृत पुस्तक के पृ. 249 के सामने सारणी.
11. श. ब्रा., V, 3.1.5.
12. वही, V, 4.4.17-18.
13. मोनियर-बिलियम्स, संस्कृत-इंगलिश डिक्शनरी, प्रविष्टि 'स्थपति'.
14. एंगेलिग सै.बु.ई., xli, 111.
15. घोषाल, हिस्टोरियोग्राफी ऐंड अदर एस्सेज, पृ. 272.
16. अथर्व., III, 5.7.
17. एंगेलिग सै. बु. ई., Xli, पृ. 61, पादटिप्पणी.
18. हिंदू पॉलिटी, पृ. 202.
19. कै.हि.इं., i, 117.
20. कीथ, हा. ओ. सि. xviii, 120; जायसवाल की पूर्वोद्धृत पुस्तक, पृ. 202, घोषाल, हिस्टोरियोग्राफी ऐंड अदर एस्सेज, पृ.249 के सामने की सारणी इसके पालि पर्याय 'खत्त' के लिए देखें दी.नि., i, 112.
21. हिंदू पालिटी, पृ. 202.
22. वही, पादटिप्पणी 12.
23. श. ब्रा., V, 4.3.
24. वही, V, 3.1.8.
25. सै. बु. ई., xli, 63, श. ब्रा. I, 1.2.17 पर पा. टि. 1. रा (स्टाट ऐंड गेसेलशैफ्ट इम अलटर इंडिशेन, पृ. 110-11 और पा.टि.) का कहना है कि वह भोजन परोसने वाला था
26. श. ब्रा., V, 3.1.9.
27. जायसवाल, पूर्वोद्धृत पुस्तक, पृ. 202-3.
28. श. ब्रा., V, 3.1.10.
29. घोषाल, हिस्टोरियोग्राफी ऐंड अदर एस्सेज, पृ. 249 के सामने की सारणी.
30. जायसवाल की पूर्वोद्धृत पुस्तक, पृ. 203.
31. मै. सं., II, 6.5; आ. श्रौ. सू., XVIII, 10-17.
32. III, 5.6.
33. एलेक्जैंडर गोल्डनवाइजर, एंथ्रोपोलॉजी, पृ. 386.
34. श. ब्रा., V, 3.1.11.
35. एलेक्जैंडर गोल्डनवाइजर, पूर्वोद्धृत पुस्तक, पृ. 380.
36. शूद्राज. पृ. 50.
37. श. ब्रा., V, 3.1.11.
38. वही I, 4.1, 10-17; मिलाइए सै. बु. ई., xii, पृ. xli-iii
39. कै. हि. ई., i,113.
40. दि एंशंट इंडियन रॉयल कंसेक्रेशन, पृ. 55.

41. वही, पृ. 56.
42. वही, पृ. 53.
43. जायसवाल : हिंदू पॉलिटी, पृ. 203-4, घोषाल, हिस्टोरियोग्राफी ऐंड अदर एस्सेज, पृ. 250.51.
44. वही.
45. तै. ब्रा., 1.7.3.
46. मै. सं., IV, 9.8.
47. ···यस्य वा एतान्योजस्वीनि भवन्ति तद्राष्ट्रमोजस्वि भवति···यस्य वा तानि तेजस्वीनि भवन्ति तद्राष्ट्रं तजस्वी भवति । वही.
48. श. ब्रा., V, 3.1.12.
49. पं. ब्रा., XIX, 1.4.
50. श. ब्रा., V, 4.4, 15-19.
51. आप. श्रौ. सू. XVIII, 18, 14-16.
52. वही, XVIII, 19.6, भट्ट भास्कर मिश्र ने भी तै. सं., 1.8.16 पर अपनी टीका में इन तीन पदाधिकारियों का उल्लेख किया है.
53. घोषाल की पूर्वोद्धृत पुस्तक, पृ. 255, पादटिप्पणी.
54. पूर्वोद्धृत पुस्तक, पृ. 203.
55. तुलनीय, घोषाल की पूर्वोद्धृत पुस्तक, पृ. 255, पादटिप्पणी.
56. यहां परिषद का प्रयोग उस अर्थ में नहीं किया गया है जिस अर्थ में नवें अध्याय में किया गया है.
57. दि हिरोइक एज, पृ. 370.
58. वही.
59. वही, पृ. 371.
60. मै. सं., IV. 3.8; तै. ब्रा. I, 7.3.
61. हिंदू पालिटी, पृ. 203.
62. शूद्राज, पृ. 51.
63. हिंदू पालिटी, पृ. 204.

12. उत्तर वैदिक राज्यव्यवस्था के कुछ आदिम और जनजातीय पहलू

उत्तर वैदिक राज्यव्यवस्था का ढांचा राज्याभिषेक संबंधी संस्कारों का अध्ययन कर तैयार किया जा सकता है । किंतु वैदिक काल में अनुबंधात्मक या सांविधानिक राजतंत्र के तत्वों की खोज के चक्कर में राजसूय[1] और वाजपेय यज्ञों से संबंधित अनेक संस्कारों के असली मर्म को अभी तक कई विद्वान नहीं समझ पाए हैं । कर्मकांडो का अध्ययन करके घोषाल ने किसी हद तक इस भूल को सुधारा है ।[2] राजसूय के सामाजिक तथा राजनीतिक फलितार्थों पर सबसे पहले वेबर ने प्रकाश डाला और उनके बाद कई भारतीय विद्वानों ने भी उसका विवेचन किया । किंतु हाल में हीस्टरमेन ने इस यज्ञ का जो अध्ययन प्रस्तुत किया है, उसमें उन्होंने इन फलितार्थों को बहुत कम करके आंका है ।[3] उनका दावा है कि उन्होंने संसार के प्रति वैदिक दृष्टि को सामने रखकर इस समस्या का अध्ययन किया है । लेकिन अपनी नितांत मानववैज्ञानिक और आदर्शवादी दृष्टि के कारण वह पूरा चित्र प्रस्तुत करने में असफल रहे हैं । हमारी राय में तुलनात्मक मानवविज्ञान और भारोपीय लोगों की अन्य शाखाओं के बीच प्रचलित इसी प्रकार के संस्कारों को ध्यान में रखकर इन वैदिक संस्कारों का अध्ययन करने की गुंजाइश अभी शेष है । इसलिए यहां हम इन संस्कारों में प्रतिबिंबित वैदिक राज्यव्यवस्था के आदिम और जनजातीय पहलुओं पर विचार करेंगे, किंतु साथ ही यह दिखलाने की चेष्टा करेंगे कि किस अंश तक उनका संबंध उत्तर वैदिक समाज से है । 'रत्नहवींषि' संस्कार के अध्ययन से प्रकट होता है कि उसका प्रचलन विभिन्न प्रकार के कार्यों के पृथक्करण और निश्चित भूभाग में बसी आबादी पर आधारित विकसित समाज में ही हो सकता था । किंतु 'देवसूहवींषि' (अलौकिक शक्ति प्रदान करनेवाले देवताओं को हव्यार्पण), अभिषेक, प्रभुसत्ता विनियोजन, नकली गोहरण अभियान, रथ धावन, अक्षक्रीड़ा आदि ऐसे संस्कार हैं जिनकी व्याख्या तुलनात्मक मानवविज्ञान तथा भारोपीय लोगों की अन्य शाखाओं के बीच प्रचलित समांतर संस्कारों के आलोक में बखूबी की जा सकती है ।

देवसूहवींषि संस्कार में राजा विभिन्न प्रकार की सत्ता प्राप्त करने की

अभिलाषा प्रकट करता है। इनमें दो प्रकार की सत्ता, क्षेत्र और जनराज्य का उल्लेख सभी स्रोतग्रंथों में है।[4] क्षात्र का अर्थ तो किसी छोटे से समुदाय का प्रधानपद या लोगों के ऊपर साधारण अधिकार है। जानराज्य का अर्थ अलग-अलग विद्वानों ने अलग-अलग किया है। किसी ने इसका मतलब 'पुरुष शासन' (मैन रूल) लगाया है तो किसी ने 'जनपद शासन' और किसी ने 'राष्ट्रीय शासन'। घोषाल का विचार है कि इसका मतलब किसी एक जनजाति पर नहीं, बल्कि पूरे जन समाज पर शासन है।[5] किंतु यह सुविदित है कि वैदिक साहित्य में पांच जनजातियों के अर्थ में पंचजनाः शब्द का प्रयोग हुआ है। अतः संभवतया जानराज्य का मतलब शायद उस जनजाति पर शासन की अभिलाषा है जिसका कि राजा सदस्य है। इस संस्कार के दौरान सत्ता के कई अन्य रूपों की प्राप्ति की अभिलाषा भी व्यक्त की जाती है, लेकिन इन अन्य रूपों का संकेत देनेवाले शब्दों पर विचार करने की आवश्यकता हमें नहीं है। फिर भी यह बड़े महत्त्व की बात है कि कहीं भी क्षेत्रीय प्रमुखता की अभिलाषा व्यक्त नहीं की गई है। आवाहन मंत्र में राजा को अमुक पुरुष और अमुक स्त्री का पुत्र कहा गया है।[6] लेकिन एक अन्य ग्रंथ में वह केवल अमुक पुरुष के पुत्र के रूप में ही वर्णित है।[7] यद्यपि उक्त मंत्र वैदिक राजपद के मानवी उद्भव का संकेत देता है, किंतु साथ ही इससे वैदिक समाज में मातृवंशीय प्रभावों का भी आभास मिलता है। केवल पिता का ही नहीं, वरन माता का भी नाम दिया गया है। अतः इस मंत्र में प्रकट होता है कि माता भी उतनी ही महत्त्वपूर्ण थी जितना पिता। और अंत में यजमान को निम्नलिखित शब्दों के साथ उपस्थित जनसमूह के समक्ष प्रस्तुत करते हुए पुरोहितगण इस संस्कार का समापन करते हैं।

'हे लोगो, यह तुम्हारा राजा हुआ, हम ब्राह्मणों का राजा सोम है।'

कुरु, पंचाल, भरत आदि अलग-अलग जनों के अपने अलग-अलग राजा थे।[8] इससे प्रकट होता है कि राजपद का आधार पूर्णतः क्षेत्रीय नहीं, बल्कि जनजातीय था। ब्राह्मण राजा के नियंत्रण से बाहर बताए गए हैं, इससे यह ध्वनित होता है कि जनजाति का अंग होते हुए भी वे सामान्य लोगों से ऊपर हैं। या फिर, इससे यह संकेत भी मिल सकता है कि ब्राह्मणों को राजा के नियंत्रण से इसलिए बाहर रखा गया है कि वे मूल जनजाति के नहीं हैं। इससे ब्राह्मणों के आर्येतर मूल का भी संकेत मिल सकता है, जिसके पक्ष में अनेक विद्वानों ने तर्क दिए हैं।[10] इस मान्यता का कोई तथ्यपरक आधार नहीं जान पड़ता कि सोम और राजा दोनों एक ही थे और इसलिए उपर्युक्त महत्त्वपूर्ण अवतरण से ब्राह्मणों का कोई विशेष स्थान सूचित नहीं होता,[11] क्योंकि ब्राह्मणों की विशेष स्थिति का बोध अन्य अवतरणों से भी होता है। 'शतपथ ब्राह्मण' में कहा गया है कि राजा को ब्राह्मणजीवी नहीं होना चाहिए,[12] पर यह मानना गलत होगा कि इस उक्ति में

राजा का यशोगान है और इससे ब्राह्मणों की स्वतंत्रता ध्वनित नहीं होती है।[13]

राजसूय यज्ञ का एक महत्त्वपूर्ण संस्कार 'अभिषेचनीयम्' है, जिसमें तीनों उच्च वर्णों के प्रतिनिधि राजा का अभिषेचन करते हैं, और चौथा अभिषेचक है 'जन्य' जिसके अनेक अर्थ किए गए हैं—जैसे शूद्र, शत्रु जनजाति का सदस्य, राजा का प्रतिद्वंद्वी या अभिजात कुल में उत्पन्न व्यक्ति अथवा परराष्ट्रवासी कोई मित्र आदि।[14] अभिषेक प्रथा के उद्‌भव पर रहस्य का आवरण चढ़ा हुआ है।[15] किंतु यह संस्कार गृह्यसूत्र में बताए गए प्रायः सभी संस्कारों के लिए विहित शुद्धि क्रिया से बहुत कुछ मिलता-जुलता जान पड़ता है। हमें यह ज्ञात नहीं कि यह कल्पना कहां तक द्विजत्व की कल्पना से संबंधित है। जो भी हो, शुद्धीकरण की आदिम रीतियों के अनुसार नवदीक्षितों को जल या रक्त से अथवा सरिता या सागर में स्नान कराया जाता है या अग्नि के समक्ष तपाया जाता है।[16]

अभिषेक संस्कार के बाद प्रभुसत्ता-विनियोजनक्रिया संपन्न की जाती है। पुरोहित एक सुदृढ़ धनुष और तीन बाण देकर राजा से लोगों की रक्षा करने को कहता है।[17] धनुष को कुलीनों का बल कहा गया है, और 'शतपथ ब्राह्मण' के अनुसार यह अस्त्र राजा के हाथ में इसलिए दिया जाता है कि वह शक्तिसंपन्न होकर अभिषेक योग्य बन सके।[18] ध्यान देने की बात है कि आदिम जनजातियों के बीच जब मनुष्य धनुष-बाण के प्रयोग के योग्य हो जाता है तो पुरुषावस्था में प्रवेश कराने के लिए आखेटसंस्कार किया जाता है। ऐसा प्रतीत होता है कि आदिम मनुष्य की आजीविका का प्रतीक धनुष यहां राजपद पर प्रतिष्ठित किए जानेवाले यजमान के लिए शक्ति और संरक्षण का प्रतीक बन जाता है।

धनुष-बाण देने के बाद राजा का नाम तथा उसके माता-पिता और उसकी जनजाति के नाम लेकर देवताओं और फिर लोगों को उसका परिचय दिया जाता है।[19] जनजाति के नाम लेकर राजा का परिचय दिया जाना, कात्यायन के अनुसार, इस बात का द्योतक है कि उत्तर वैदिक काल में राजपद का आधार जनजाति थी। इस वार्तिककार की राय में चूंकि राजा का क्षेत्र निश्चित नहीं था, बल्कि वह बदलता रहता था, इसलिए राजा किसी देश का नहीं, बल्कि लोगों का राजा था।[20] घोषणा में कहा जाता था, 'हे लोगो, यह तुम्हारा राजा है,'[21] इससे भी इस बात की पुष्टि होती है कि वह देश का नहीं, लोगों का राजा था। इन सारी बातों से वैदिक राज्य के जनजातीय स्वरूप का संकेत मिलता है, किंतु 'तैत्तिरीय संहिता' के एक अवतरण में इस संबंध में जनजाति (विश्) और राष्ट्र दोनों की चर्चा है।[22] इसका मतलब शायद यह हो सकता है कि अब जनजाति और राज्य एक ही समझे जाने लगे थे। यद्यपि यह माना जाने लगा था कि राज्य का अपना एक क्षेत्र होता है, फिर भी इसका जनजातीय स्वरूप अब भी कायम था, क्योंकि शासक वर्ग उसी जनजाति का होता था जिस पर वह शासन करता था। यह बड़े महत्त्व की बात है

कि उत्तर वैदिक संहिताकारों को इस तथ्य का बोध था कि वैदिक राज्य का स्वरूप धीरे-धीरे जनजातीय से जानपदिक होता जा रहा था। इस अनुमान का आधार वह अवतरण है जिसमें कहा गया है कि किसी संस्कार के अपूर्ण संपादन से राजा लोगों (विश्) की प्राप्ति करता है, लेकिन राज्य की नहीं, किंतु पूर्ण संपादन द्वारा वह इन दोनों को प्राप्त करता है।[23] अगला संस्कार, जिसमें राजा चारों दिशाओं और शिरार्बिदु का आरोहण करता है, उन दिशाओं की ओर उसकी प्रभुसत्ता का संकेत देता है। इसमें से क्षेत्रीय प्रभुसत्ता की परिकल्पना ध्वनित होती है। इस प्रभुसत्ता के अतिरिक्त विभिन्न सामाजिक वर्गों पर भी राजसत्ता का दावा किया गया है, क्योंकि इसके साथ जो मंत्रोच्चार किया जाता है, उसमें ब्राह्मणों, क्षत्रियों, वैश्यों और कुछ अन्य लोगों से जिनकी पहचान कठिन है, कहा गया है कि वे यज्ञकर्ता को अपना संरक्षण प्रदान करें।[24] यह संस्कार उन तीनों उच्चतर वर्गों के राजनीतिक प्रभाव का स्पष्ट संकेत देता है जिनके उदय के फलस्वरूप उत्तर वैदिक कालीन राज्य की जनजातीय विशेषताएं बड़ी तेजी से शिथिल होती चली गईं।

राजसूय यज्ञ के एक संस्कार में पुरोहित राजा की पीठ पर चुपचाप दंडप्रहार करता है।[25] कुछ लेखक इसे पुरोहितों की सत्ता की पराकाष्ठा मानते हैं।[26] दूसरों की मान्यता यह है कि इसके द्वारा राजा कानून के अधीन लाया जाता था,[27] और कुछ अन्य विद्वानों का मत है कि इस विधि से राजा की शुद्धि की जाती थी या उसे विशेषाधिकार—जैसे यह विशेषाधिकार कि राजा दंड से परे है—प्रदान किया जाता था।[28] कुछेक स्रोतों से अंतिम अनुमान का समर्थन होता है। 'शतपथ ब्राह्मण' में स्पष्ट कहा गया है कि इस क्रिया द्वारा राजा को न्यायिक दंड से विमुक्त किया जाता है।[29] एक परवर्ती ग्रंथ में कहा गया है कि इस संस्कार द्वारा राजा को पापमुक्त कर उसे मरणातीत बनाया जाता है।[30] यदि हम आदिम लोगों में प्रचलित प्रथाओं की ओर ध्यान दें तो इस संस्कार का मर्म अधिक अच्छी तरह समझ सकते हैं। सिरेलियन की टिमिस नामक जंगली जाति को, जो अपने राजा का निर्वाचन करती है, राज्याभिषेक के पूर्व राजा को पीटने का अधिकार भी प्राप्त है। वह अपने इस सांविधानिक विशेषाधिकार का प्रयोग इतनी उदारता से करती है कि कभी-कभी बेचारा राजा सिंहासनारूढ़ होते-होते ही दम तोड़ देता है।[31] ऐसा प्रतीत होता है कि इस प्रथा का उद्देश्य राजा की सहनशक्ति की परीक्षा लेना था। हम स्पार्टा निवासियों के बीच प्रचलित एक ऐसी ही प्रथा का उल्लेख कर सकते हैं। उस प्राचीन नगरराज्य में लड़कों को पीटने की प्रथा के बारे में विनसन कहता है कि किसी जमाने में एक ऐसा संस्कार था जिसमें लड़कों पर पवित्र बेंत से प्रहार किए जाते थे और ऐसा समझा जाता था कि इससे उन्हें शक्ति और सौभाग्य प्राप्त होता है।[32] दूसरे शब्दों में, यह एक प्रकार की दीक्षा प्रतीत होती है। इस प्रकार यह ताड़नक्रिया मूलतः या तो कोई दीक्षा रही होगी या जनजातीय प्रधान की

सहनशक्ति परखने की कसौटी। आगे चलकर सिद्धांततः पुरोहितों ने राजा पर अपना अधिकार जताने के लिए इस संस्कार का उपयोग किया, किंतु व्यवहारतः इसका यह अर्थ लगाया गया है कि राजा कानून की कार्यवाही से बरी है।

गोहरण, अक्षक्रीड़ा और रथधावन प्रतियोगिता, इन तीन संस्कारों में कर्मकांडों का जनजातीय तथा आदिम स्वरूप और अधिक मुखर है। जान पड़ता है, मूलतः इसका विधान याजक की राजपद की योग्यताओं की कसौटी निर्धारित करने के उद्देश्य से किया गया होगा। गोहरण संस्कार में राजा को किसी के घर से गायों का एक झुंड हांककर ले जाने दिया जाता है। 'शतपथ-ब्राह्मण' में कहा गया है कि याजक राजा अपने रथ का उपयोग करके तथा 'मरुतों की प्रेरणा से विजय प्राप्त करके' अपने किसी गोतिया के यहां से सौ से अधिक गाएं ले आता है।[33] उक्त ग्रंथ में यह टिप्पणी की गई है कि मरुदगण आपके सगोत्री हैं और गोत्रप्रधान जो कुछ जीतना चाहता है, अपने गोत्र के सहयोग के बल पर ही जीतता है।[34] उसी स्रोत के अनुसार, राजा जितनी गाएं लेता है उतनी या उससे कुछ अधिक ही अपने गोतियों को दे देता है,[35] और याजक राजा गाएं इसलिए वापस कर देता है कि वह क्रूर कर्म नहीं कर सकता।[36] 'कृष्णयजुर्वेद' में एक जगह नकली युद्ध का विधान है, जिसमें राजा धनुष के साथ खड़े एक राजन्य पर बाण छोड़ता है और उसे पराजित करता है।[37] इस तरह पूरी क्रिया का अभिप्राय गोहरण में गोतियों पर विजय पाना और फिर विजितों पर कृपा करके उन्हें अपने स्थान पर पुनः प्रतिष्ठित कर देना है। गोहरण संस्कार जनजातियों में प्रचलित पुरानी परीक्षा की याद दिलाता है। मूलतः इसका मतलब शत्रुओं से गाय जीतने की योग्यता रहा होगा। वैदिक काल में इस तरह गाएं जीतने के अनेक दृष्टांत मिलते हैं—यहां तक कि गविष्टि शब्द का दूसरा अर्थ ही युद्ध हो गया। किंतु इस संस्कार में गाएं किसी विरोधी जनजाति से नहीं, बल्कि गोतियों से जीती जाती हैं। इसके मूल में जनजाति के अंदर के ही शत्रुओं को राजशक्ति का प्रताप दिखाने की परिकल्पना निहित है। स्पष्ट ही, यह एक नकली अभियान है, जिसमें अभियानकर्ता को जानबूझकर जीतने दिया जाता है। लेकिन इसमें संदेह नहीं कि मूलतः गोहरण-अभियान में राजा की सफलता उसमें उन गुणों को प्रकट करती थी जिनके बल पर प्रारंभिक काल की जनजातियों के सरदार इस तरह की लड़ाइयों में अपनी श्रेष्ठता सिद्ध करते थे।

राजसूय यज्ञ में विहित ऐसा एक अन्य संस्कार अक्षक्रीड़ा है, जिसमें राजा की जनजाति का कोई व्यक्ति खेल के मैदान में एक गाय दांव पर लगाता है और राजा उससे यह दांव जीतता है।[38] अनुमान किया गया है कि याजक राजा इस क्रिया के द्वारा स्वतंत्र सामान्य जन पर अपना शासन स्थापित करता है।[39] लेकिन अधिक संभावना इस बात की है कि अक्षक्रीड़ा के द्वारा चुनाव के समय जनजातीय प्रधान के

बुद्धिकौशल की परीक्षा ली जाती थी। पूर्ववर्ती काल में यह चुनाव जनजाति के सदस्यों में से ही करना पड़ता था, क्योंकि इस खेल में राजा के प्रतियोगी को सजात कहा गया है।[40] संभव है कि वास्तव में यह पूर्ववर्ती काल की ही स्थिति को प्रतिबिंबित करता हो। लेकिन अब यद्यपि राजा का पद वंशानुगत हो गया था, फिर भी राज्याभिषेक संस्कार के अवसर पर चुनाव का वह स्वांग किया जाता रहा।

लेकिन जो कठिन परीक्षाएं इस बात का संकेत देती हैं कि किसी पूर्ववर्ती अवस्था में राजा संभवतः निर्वाचित किया जाता था, उनमें रथधावन प्रतियोगिता का स्थान बहुत महत्त्वपूर्ण है। यह संस्कार वाजपेय यज्ञ का अंग था, जिसके संपादन से ब्राह्मण प्रधान पुरोहित का पद प्राप्त करता था और क्षत्रिय चक्रवर्ती राजा बनता था। इस दौड़ में याजक राजा अन्य सोलह प्रतियोगियों के साथ मैदान में उतरता था और रथों की संख्या सत्रह होती था।[41] नगाड़े पर चोट पड़ते ही युद्धघोष के बीच रथ चल पड़ते हैं। इस संस्कार के दौरान एक राजन्य प्रतियोगिता का लक्ष्यस्थल निश्चित करने के लिए तीर छोड़ता है। इस पर टिप्पणी करते हुए 'शतपथ ब्राह्मण' में कहा गया है कि राजन्य 'प्रजापति का सबसे अधिक व्यक्त रूप है', अतः एक होने पर भी वह अनेक पर शासन करता है।[42] इसे राजा की दैवी उत्पत्ति के सिद्धांत का आभास देनेवाले प्रारंभिक काल की एक उक्ति माना जा सकता है, यद्यपि अन्य वैदिक ग्रंथों से सामान्यतया इस सिद्धांत का समर्थन नहीं होता।

हीस्टरमेन का कहना है कि रथधावन प्रतियोगिता और अन्य खेलों के द्वारा वैदिक लोग ब्रह्मांड में उत्पादक शक्तियों का पुनरुज्जीवन और विश्व का नवीकरण चाहते थे।[43] हीस्टरमेन ने जो अवतरण उद्धृत किए, उनमें रथदौड़ के इस उद्देश्य का उल्लेख कहीं नहीं हुआ है, फिर भी यह सामान्य सिद्धांत कि आदिम समाज के अधिकांश संस्कार पुनर्जन्म संबंधी परिकल्पनाओं से ओतप्रोत हैं, रथदौड़ पर लागू किया जा सकता है। लेकिन यदि हम केवल इसी दृष्टि से इस पर विचार करेंगे तो कदाचित इसका वास्तविक मर्म समझने में चूक जाएंगे। यद्यपि यह प्रतियोगिता विकसित सामाजिक अवस्था की उपज है, फिर भी ऐसा जान पड़ता है कि यह राजा की वीरता और शारीरिक शक्ति को सिद्ध करने के लिए अपनाई गई पुरानी कसौटी थी। इसका उद्देश्य राजा या जनजातीय नेता के सामरिक गुणों का पता लगाना था। इस दौड़ के साथ किए जानेवाले जयघोष से स्पष्ट है कि यह सैनिक अभियान में वास्तव में जो कुछ होता था, उसी को प्रतिबिंबित करती थी।[44] ध्यान देने की बात है कि रथदौड़ केवल अनेक आदिम जनजातियों में नहीं, प्रागैतिहासिक यूनान में भी एक संस्कार के रूप में प्रचलित थी। वहां एक कठिन प्रतियोगिता परीक्षा लेकर राजा को पदप्रतिष्ठित किया जाता था। मूलतः इसमें पैदल दौड़ आयोजित की जाती थी, लेकिन बाद में उसका स्थान

रथदौड़ ने ले लिया। इस दौड़ का विजेता वर्ष के देव राजा के रूप में अभिनंदित किया जाता था।[45] अनुश्रुतियों के अनुसार ओलिंपिया में सबसे पहले खेलकूद का आयोजन एंडीमिअन ने किया, जिसने अपने पुत्रों को राज्य प्राप्त करने के लिए दौड़ प्रतियोगिता करने को कहा।[46] इस परंपरा का प्रभाव आगे भी कायम रहा। ऐतिहासिक काल में भी ओलिंपियाई विजेता अंध श्रद्धा का पात्र होता था और उसे राजोचित या देवोचित सम्मान दिया जाता था। ओलिंपिया में उसे जैतून का ताज पहनाया जाता था। जब वह अपने नगर वापस आता था तब उसे बैंगनी रंग के वस्त्रों से सज्जित करके सफेद घोड़े से जुते रथ में बिठाकर उसका भव्य जुलूस निकाला जाता था, जो दीवारों में बने दरार से होकर गुजरता था।[47] वैदिक आर्यों के बीच रथ प्रतियोगिता संस्कार शायद उनके भारोपीय पूर्वजों से आया जो इस तरीके से अपना सरदार चुनते थे। भारत में भी इसका यही प्रयोजन रहा होगा, क्योंकि वाजपेय यज्ञ के प्रारंभ में ही कहा जाता है कि राज्य उसी का होता है जो इस प्रतियोगिता में जीतता है।[48] आगे चलकर यह संस्कार प्रतियोगिता का स्वांग भर रह गया, जिसमें इसके असली तत्व तो समाप्त हो गए, सिर्फ बाहर का आवरण शेष रहा, क्योंकि इसमें राजा को जानबूझकर विजयी बना दिया जाता था।

वाजपेय यज्ञ के समापन अश से भी वैदिक राज्यव्यवस्था के जनजातीय पहलुओं पर प्रकाश पड़ता है। राजा के सिंहासनारूढ़ हो जाने पर उसे इन शब्दों से संबोधित किया जाता था, 'तू कृषि के लिए है। तू शांतिपूर्ण निवास के लिए है। तू धन के लिए है। तू मितव्ययिता के लिए है।'[49] 'शतपथ ब्राह्मण' के अनुसार इन सारी बातों से यह ध्वनित होता है कि राजा लोककल्याणार्थ सिंहासन पर बैठाया जाता है।[50] दूसरे शब्दों में सर्वोच्च सत्ता एक व्यक्ति में इसलिए निहित कर दी जाती थी कि कृषि की उन्नति और लोककल्याण हो। द्रष्टव्य है कि खेतीबारी करने वाले समाज के जनजातीय नेता से भी ऐसे ही कर्तव्यों की पूर्ति की आशा रखी जाती थी। कृषि क्रियाओं के मंथर, श्रमसाध्य और अनिश्चित स्वरूप के कारण जादू-टोने का व्यापक विकास कृषक समाज की खास विशेषता होती है। ऐसे ही समाज में अंततः देव-राजा (गॉड-किंग) का उदय होता है, जिसका विशेष कार्य अपने जादू-टोने के जोर से बुवाई से लेकर कटनी तक ऋतुक्रम को अनुकूल रखना माना जाता है। संभव है, वैदिक भारत में, जहां राजा को अब तक ईश्वर का दर्जा प्राप्त नहीं हो पाया था, ऐसी बात नहीं रही हो। किंतु कम से कम राजा के दायित्वों की हद तक हम दोनों में बहुत अधिक समानता देखते हैं, क्योंकि वैदिक राजा के दायित्व भी केवल शांति और व्यवस्था कायम रखने तक सीमित नहीं थे।

वाजपेय यज्ञ के अवसर पर राजा को संबोधित मंत्र हमें ऐंद्र महाभिषेक के समय ली जानेवाली शपथ की याद दिलाता है। इसमें राजा और पुरोहित, दोनों एक-दूसरे से एक निश्चित आचार संहिता का पालन करने की प्रतिज्ञा करते हैं।

राजा पुरोहित द्वारा दिलाई जाने वाली निम्नलिखित शपथ दुहराता है :

'यदि मैंने तेरे साथ कोई कपट किया तो जन्म की रात से मृत्यु की रात तक के मेरे सारे यज्ञ, मेरे सारे दान, मेरा स्थान, मेरे सब सुकर्म, मेरा जीवन और मेरे अपत्य (संतान) तू ले सकेगा।'[52]

जायसवाल ने ठीक ही कहा है कि इस शपथ का स्वरूप अनुबंधात्मक है।[53] लेकिन इसमें ऐसी कोई बात नहीं है जिससे प्रकट होता हो यह प्रतिज्ञा समस्त जनता से की जाती थी। जायसवाल का विचार है कि यह प्रतिज्ञा कार्यकारी पुरोहित से की जाती थी, जो समस्त समुदाय का प्रतिनिधित्व करता था।[54] किंतु चाहे जिस तरह से भी सोचें, यह बात बुद्धिसंगत नहीं जान पड़ती कि कोई एक वर्ग चाहे जितना प्रमुख और प्रबल हो, उसका एक सदस्य अन्य अभी सामाजिक वर्गों के हितों का प्रतिनिधित्व कर सकता है। हो सकता है, आरंभ में सरदार अपनी समस्त जनजाति से ऐसी प्रतिज्ञा करता हो। आदिम समाजों में हमें ऐसी शपथ के दृष्टांत मिलते हैं। मैक्सिको में जब राजा गद्दी पर बैठता था, तब प्रतिज्ञा करता था कि मैं सूर्य को चमकाऊंगा, बादलों से वर्षा कराऊंगा, नदियां प्रवाहित करूंगा और धरती से प्रचुर फल दिलाऊंगा।[55] यद्यपि ऊपर उद्धृत की गई प्रतिज्ञा इससे भिन्न है, फिर भी संभव है कि जनजाति अपने प्रधान से ऐसी प्रतिज्ञा करवाती रही हो। लेकिन जब जनजाति वर्गों में विभाजित हो गई और योद्धावर्ग के समान ही महत्त्वशाली वर्ग के रूप में पुरोहितों का उदय हुआ तब राजा यह प्रतिज्ञा जनजाति के बदले पुरोहितों से करने लगा, क्योंकि उसकी सत्ता उन्हीं के वैचारिक समर्थन पर निर्भर थी।

इन संस्कारों से राजपद के स्वरूप पर भी थोड़ा प्रकाश पड़ता है। 'ऐतरेय ब्राह्मण' कुछ विरोधी साक्ष्य प्रस्तुत करता है। एक विचार के अनुसार, यदि निर्वाचित राजा केवल अपने जीवन-भर के लिए राज्यभोग की इच्छा रखता हो तो वह सिर्फ प्रथम पद, अर्थात 'भूः' का उच्चार करे, यदि दो पीढ़ियों तक राज्यभोग को इच्छुक हो तो 'भूर्भुवः' का, और तीन पीढ़ियों तक भोगना चाहे तो 'भूर्भुवः स्वः,' अर्थात पूरे मंत्र का उच्चार करे।[56] उसी में 'राजानं राजपितरम्'[57] शब्द भी आए हैं, जिससे दो पीढ़ियों के आनुवंशिक राजपद का संकेत मिलता है। इस प्रकार, इस ब्राह्मण के अनुसार कोई राजवंश अधिक से अधिक तीन पीढ़ियों तक शासन कर सकता था। किंतु 'शतपथ ब्राह्मण' में लगातार दस-दस पीढ़ियों तक शासन करनेवाले राजवंशों के दृष्टांत भी उपलब्ध हैं। इन दो प्रकार के साक्ष्यों के बीच संगति बैठाने का एकमात्र उपाय यह मानकर ही चलना हो सकता है कि आरंभ में राजपद की अवधि सीमित थी, किंतु कालांतर से वह वंशानुगत हो गया। सीमित कालीन राजत्व का समर्थन आदिम और प्राचीन जनजातियों में प्रचलित प्रथा से भी होता है। अनेक जनजातियों में शासक की पदावधि मात्र एक वर्ष होती है। इस अवधि की समाप्ति पर राजा या प्रमुख (चीफ) का फिर से अभिषेक होता

हैं। एक ऐतिहासिक साक्ष्य बेबीलोन से मिल सकता है जिसका राजा प्रतिवर्ष वहां के प्रमुख देवता मार्डुक का हाथ पकड़ता था।[58] लेकिन यूनान में यह अवधि अपेक्षाकृत लंबी होती थी। वहां हर आठ वर्ष बाद देवसंपर्क द्वारा राजा की पवित्र शक्तियों का नवीकरण आवश्यक होता था, और इस संस्कार के बिना उसे सिंहासन के अधिकार से वंचित होना पड़ता था।[59] जो चीज परवर्ती काल में मात्र एक औपचारिक संस्कार बनकर रह गई, वही आरंभ में शायद एक वास्तविकता रही होगी। संभव है, 'ऐतरेय ब्राह्मण' के उद्धृत मंत्रों पर भी यही बात लागू होती हो।

राज्याभिषेक संस्कारों के सामान्य विवेचन से यह संकेत मिलता है कि राज्याभिषेक तत्वतः दीक्षा का एक रूप था—आदिम जनों के बीच प्रचलित पुरुषत्व या मुखियागिरी की दीक्षा का एक भव्यतर रूप। इन संस्कारों में बार-बार पुनर्जन्म की परिकल्पना अभिव्यक्त हुई है, जिससे प्रकट होता है कि राज्यारोहण के बाद राजा के जीवन का एक नया चरण आरंभ होता था, और पहले के जीवन से उसका संबंध पूर्णतः विच्छिन्न हो जाता था। फिर, राज्याभिषेक के अवसर पर जिन परीक्षाओं का विधान किया गया हैं, वे उसी तरह की हैं जैसी परीक्षाएं जनजाति के वयस्क पुरुष या मुखिया की शारीरिक शक्ति को परखने के लिए निर्धारित की गई हैं। जैसा कि हम जानते हैं, प्रारंभिक समाज में सिंहासन के लिए किसी व्यक्ति का चुनाव करने में उसकी शारीरिक शक्ति और सुंदरता को प्रमुख महत्त्व दिया जाता था।[60] रथदौड़ जैसी कुछ परीक्षाएं आर्यों की अन्य शाखाओं में भी प्रचलित दीख पड़ती हैं। ये लोग आरंभ में घोड़े का उपयोग चढ़ने के लिए नहीं, बल्कि रथ में जोतने के लिए करते थे। लेकिन गोहरण और अक्षक्रीड़ा का उद्गम भारतीय प्रतीत होता है। किसी भी हालत में इन परीक्षाओं को उत्तर वैदिककालीन राजपद के आदिम स्वरूप का सूचक नहीं माना जा सकता, क्योंकि तब तक इनका मात्र बाहरी रूप शेष रह गया था। लेकिन उनकी ओर ध्यान देने से इस बात में कोई संदेह नहीं रह जाता कि पूर्ववर्ती काल में राजा का निर्वाचन होता था।

चूंकि कुछेक परीक्षाओं में राजा के प्रतियोगी सजात ही होते थे, इसलिए हम यह अनुमान लगा सकते हैं कि आरंभ में राजा अपनी ही जनजाति के सदस्यों द्वारा चुना जाता होगा। राजपद के जनजातीय स्वरूप का एक साक्ष्य यह तथ्य भी है कि राजा का उल्लेख विश के नाम से होता है और विश के ही समक्ष राजा के रूप में उसे विधिवत प्रस्तुत किया जाता है। किंतु ऐसा प्रतीत होता है कि उत्तर वैदिक काल तक आते-आते राजपद का जनजातीय स्वरूप काफी क्षीण पड़ गया। अनेक संस्कारों से राजा का क्षेत्रीय अधिकार ध्वनित होता है, और दो संस्कारों में तो उत्तर वैदिक राजत्व के इस पहलू का स्पष्ट उल्लेख हुआ है। कार्यविभाजन पर आधारित सामाजिक वर्गों का उदय पुरानी जनजातीय व्यवस्था का प्रबल भंजक सिद्ध हुआ।

कई संस्कारों में भाग लेनेवाले लोगों का उल्लेख प्रतिनिधियों के रूप में नहीं, वरन ब्राह्मणों, क्षत्रियों, वैश्यों और कहीं-कहीं तो शूद्रों के रूप में भी हुआ है, और अंततः रत्नहवींषि संस्कार में जिन अधिकारियों के नामोल्लेख हैं उनसे संकेत मिलता है कि जनजाति के कुछ सदस्य अन्य लोगों की तुलना में ऊंचे पदों पर प्रतिष्ठित किए जा रहे थे और आर्येतर जातियों के लोग आर्य संगठनों में भरती हो रहे थे। इस प्रक्रिया के फलस्वरूप पुरानी जनजातीय समानता नष्ट होती जा रही थी। अतः यह सोचना कि उत्तर वैदिक काल में राजत्व का स्वरूप सामान्यतः जनजातीय था,[61] ठीक नहीं जान पड़ता है। राजत्व में जनजातीय तत्वों के अवशेष अवश्य थे, पर समाज में स्थिरता और वर्गविभाजन के प्रारंभ होने के कारण वह संक्रमण की स्थिति से गुजर रहा था, और राजा और प्रजा के बीच भेद बढ़ता चला जा रहा था।

संदर्भ और टिप्पणियां

1. जायसवाल, हिंदू पॉलिटी, पृ. 219-20.
2. हिस्टोरियोग्राफी ऐंड अदर एस्सेज, निबंध XIII.
3. जे. सी. हीस्टरमेन, दि एंशंट इंडियन रायल कंसिक्रेशन, पृ. 4-5 और पाद टिप्पणी 2.
4. वा. सं., IX, 40; मै. सं., II, 6-6; तै. सं., I, 8-10; का. सं., XV.5.
5. पूर्वोद्धृत पुस्तक, पृ. 257.
6. वा. सं., IX, 40; मै. सं., II, 6-6.
7. तै. सं., I, 8-10.
8. वा. सं., IX, 40; का. सं., XV, 7; मै. सं. II, 6-9; मिलाएं तै. सं., I, 8-10; तै. बा. I, 7.4 में 'भरत' शब्द का प्रयोग है.
9. पार्जीटर, एंशंट इंडियन हिस्टॉरिकल ट्रेडीशन, पृ. 306 आदि; कोसांबी, एन इंट्रोडक्शन टु दि स्टडी ऑफ इंडियन हिस्ट्री, पृ. 97-98.
10. हीस्टरमेन, पूर्वोद्धृत पुस्तक, पृ. 75-77.
11. V, 3.3.12.
12. हीस्टरमेन, पूर्वोद्धृत, पुस्तक, पृ. 77-78.
13. जायसवाल, हिंदू पॉलिटी, पृ. 208; घोषाल, पूर्वोद्धृत पुस्तक, पृ. 267.
14. बंद्योपाध्याय, डेवलपमेंट ऑफ हिंदू पॉलिटी ऐंड पॉलिटिकल थीअरीज, पृ. 174.
15. जार्ज टॉमसन, एस्काइलस ऐंड एथेंस, पृ. 99.
16. वा. सं. X, 8.9; श. ब्रा. V, 3.5.27-30.
17. श. ब्रा., V, 3.5-30.
18. तै. सं., I, 8.12; का. सं., XV, 7; मै. सं. II, 6.9; तै. ब्रा., I, 7.7; का. श्रौ. सू. XV, 94-96.
19. यस्याश्च जाते राजा भवति, देशस्यानवस्थितत्वात्। का. श्रौ. सू., XV, 96-97.
20. श. ब्रा., V, 3.3.12. यहां कुछ अन्य स्रोत-ग्रंथों में—जैसे आ.श्रौ. सू., में—जनों के नामों, अर्थात कुरुओं, पांचालों और भरतों का भी उल्लेख किया गया है.

21. I. 8.12.
22. ...उ भे एव विशं च राष्ट्रं चाडवगच्छति । तै. सं., II, 3.1.
23. वा. सं., X, 10-14; तै. सं. I, 8-13; का. सं. XV, 7; मै. सं., II, 6-10.
24. वही.
25. श. ब्रा., V, 4.4.7.
26. वेबर, ऊबर डेन राजसूय, पृ. 63, जो कि घोषाल की पूर्वोद्धृत पुस्तक के पृ. 2, पादटिप्पणी 37 में उद्धृत है.
27. जायसवाल, हिंदू पॉलिटी, पृ. 217.
28. घोषाल, पूवोद्धृत पुस्तक, पृ. 269.
29. V, 4.4.7.
30. का. श्रौ. सू., XV, 191-92.
31. फ्रेजर, दि गोल्डेन बाउ, पृ. 176.
32. टामसन, ए. ए., पृ. 437 पर उद्धृत.
33. V. 4.3.1.8.
34. V. 4.3.8.
35. V. 4.3.12.
36. वही.
37. सै. बु. ई., XII, 100, पा. टि. I.
38. हीस्टरमैन (पूर्वोद्धृत पुस्तक, पृ. 156) का विचार है कि इस खेल में वास्तव में राजा स्वयं दांव पर चढ़ा हुआ होता है; किंतु इस संस्कार का वर्णन देखने से इसमें कोई संदेह नहीं रह जाता कि असली दांव गाय ही है.
39. घोषाल, हिस्टोरियोग्राफी ऐंड अदर एस्सेज, पृ. 272.
40. वा. सं., X. 29; श. ब्रा., V. 4.4.19-23; का. श्रौ. सू. XV 197-205.
41. श. ब्रा. V. 1.5.6.10.
42. श. ब्रा. V. 1.5, 13-14.
43. दि एंशंट इंडियन रायल कांसिक्रेशन, पृ. 133.
44. हीस्टरमेन, पूर्वोद्धृत पुस्तक, पृ. 137.
45. टॉमसन, ए. ए., पृ. 118.
46. फ्रेजर, दि गोल्डेन बाउ, पृ. 156.
47. टॉमसन, ए. ए., पृ. 118.
48. एजिमेव अस्मिन् अजामहे । स यो न उज्जेष्यति तस्य न इदं भविष्यतीति । श. ब्रा., V. 1.1.3.
49. श. ब्रा., V. 2.1, 25.
50. वही.
51. टॉसमन, ए. ए., पृ. 22.
52. ऐ. ब्रा., VIII, 15 (कीथ का अनुवाद).
53. पूर्वोद्धृत पुस्तक, पृ. 210.
54. वही, पृ. 211.
55. फ्रेजर, पूर्वोद्धृत पुस्तक, पृ. 87.
56. ऐ. ब्रा. VIII.7; वेबर के अनुसार (इंडि. स्टडीज, ix, 335) इसमें यज्ञकर्ता, उसके पुत्र और पौत्र का उल्लेख है.

57. वही, VIII, 12.
58. फ्रेजर, दि गोल्डेन बाउ., पृ. 281.
59. वही, पृ. 279-80.
60. वही, पृ. 156.
61. तुल. घोषाल, हिस्टोरियाग्राफी ऐंड अदर एस्सेज, पृ. 289.

13. प्राचीन भारत में राज्यनिर्माण के चरण[1]

एंजेल्स के अनुसार राज्य के लक्षण हैं–कर, भूभाग, लोक बल तथा लोक अधिकारी।[2] पारिवारिक संस्थाओं एवं निजी संपत्ति की सुरक्षा के लिए राज्य की आवश्यकता होती है। जब संपत्ति की प्राप्ति और रक्षा के लिए परिवार जैसी संस्था कायम होती है, और ऐसे परिवार उत्पादन के साधनों के बड़े भाग तथा अतिरिक्त पैदावार का अधिकतर हिस्सा हथियाकर अपने आपको वर्ग के रूप में संगठित कर लेते हैं तो वे शक्ति का ऐसा संयंत्र विकसित करते हैं, जिसके द्वारा अपने विशेषाधिकारों को स्थायी और सुरक्षित रख सकें, तथा समाज के संपत्तिहीन एवं साधनहीन वर्गों को दबाकर रख सकें। बुर्जुवा जनतंत्रों अथवा अधिनायक तंत्रों में भी राज्य तथा सरकार के बीच स्पष्ट अंतर किया जाता है। "सरकारें आती और जाती रहती हैं, किंतु राज्य सदा बना रहता है।" दलगत राज, दलगत राजनीति, यहां तक कि व्यक्तिगत नीतियों को सरकार का रूप दिया जाता है, और यह माना जाता है कि वह राज्य के आधारभूत ढांचे अथवा उसके संविधान के अंतर्गत कार्य करती है। किंतु प्राचीन काल में ऐसे सूक्ष्म भेद नहीं किए जाते थे; यहां तक कि लोकप्रिय मान्यता के अनुसार राजा को ही राज्य, समाज तथा सरकार का प्रतीक माना जाता था। आजकल एंजेल्स द्वारा प्रतिपादित राज्य की अवधारणा राजनीतिक वैज्ञानिकों की राज्य की परिभाषा से बहुत कुछ मिलती है। अतः प्राचीन भारत में राज्य-निर्माण की प्रक्रिया को समझने में यह मार्गदर्शक हो सकती है। एंजेल्स के बताए हुए राज्य के लक्षण ऋग्वेद[3] के प्राचीनतम भाग में, जिसकी रचना ईसापूर्व 1500 वर्ष के लगभग पंजाब एवं अफ़गानिस्तान में निर्धारित की जाती है, नहीं पाए जाते हैं। तत्कालीन अर्थव्यवस्था के पशुपालन-प्रधान होने के कारण लोग अर्ध-घुमंतू जीवन व्यतीत करते थे। पशुपालन के लिए उन्होंने टोलियां बनाईं जो आगे चलकर पितरों के वंश में ज्ञाति-आधारित समूह बन गईं। इस प्रकार की टोली का एक नाम गोत्र है। गोत्र का मूल अर्थ है, ऐसा स्थान जहां गौओं को रखा जाता हो। ऐसा प्रतीत होता है कि पशुपालन में संलग्न टोली के लोगों ने आपस में एक प्रकार का नातेदारी का संबंध कायम किया, और इस प्रकार के समूह को गोत्र की संज्ञा दी गई।

ऋग्वेद में व्र, व्रात, व्रज सर्ध और ग्राम[4] जैसे कई शब्द हैं जो टोली अथवा यूथ

के अर्थ में प्रयुक्त हुए हैं। इन शब्दों से पता चलता है कि जीविका के दो महत्त्वपूर्ण साधन थे। एक तो युद्ध था जिसके द्वारा बलपूर्वक भोज्य-सामग्री जुटाई जाती थी। दूसरा पशुपालन था जिससे मांस एवं दूध मिलता था। शिकार एवं भोजन जुटाने वाली क्रियाओं ने युद्ध का रूप भी धारण किया। ऋग्वेद के युग में युद्ध गौओं के लिए लड़े जाते थे। एक मान्यता के अनुसार ऋग्वेद एवं अथर्ववेद में व्र शब्द का अर्थ है सेना। स्पष्टतः ऐसे झुंड का उदय जीविका के संघर्ष के लिए हुआ, तथा जब इसने स्थायी स्वरूप धारण कर लिया तब व्र को ज्ञाति-समूह माना जाने लगा। इसी प्रकार व्रात शब्द व्रत से निकला है, तथा ऋग्वेद में व्रत उन लोगों के लिए प्रयुक्त किया गया है जो दूध पर जीते थे। ऋग्वेद में व्रत का अर्थ रीति, आचरण, रूढ़ि अथवा ढंग भी हैं। स्पष्ट है कि दूध पर जीने की रीति पशुपालन के बिना संभव नहीं थी। व्रत से व्रात शब्द बना, तथा ऋग्वेद में व्रात का अर्थ है यूथ, टोली, दल, समूह, बहुसंख्या, संगम इत्यादि। अतः प्रतीत होता है कि व्रात के सदस्य पशुचारी थे और इकट्ठे होकर पशुधन के लिए लड़ाई करते थे। कालक्रम में इस प्रकार के झुंडों ने ज्ञाति-आधारित इकाइयों का रूप धारण कर लिया, क्योंकि पुरुषों की पांच जातियों की बात कही जाती है—अर्थात् पंचव्रातों की। पंचव्रात शब्द इसी प्रकार का है जैसे पञ्चजन या पञ्चकृष्टि।

व्राज शब्द की बात थोड़ी भिन्न है। यह कदाचित् उन पशुपालकों को दर्शाता है जो पशुपालन करते थे तथा कबीलों के आक्रमण से गोधन की रक्षा करते थे। ऋग्वेद में व्राजपति की बात कही गई है जो स्पष्टतः पशुचारी झुंड का सरदार है। किंतु यह ठीक-ठीक पता नहीं चलता है कि व्राज ज्ञाति-समूह के रूप में विकसित हुआ अथवा नहीं। सर्ध शब्द का अर्थ है टोली, समूह, भीड़, जो इसके योद्धा होने के लक्षण को इंगित करता है। ऋग्वेद में इसे मरुतों के दल को इंगित करने के लिए प्रयुक्त किया गया है जो स्पष्टतः बड़े परिवार के सदस्य थे। इसलिए सर्ध योद्धाओं की टोली के रूप में आरंभ हुआ और अंततः पारिवारिक इकाई के रूप में विकसित हुआ।

अंत में हम ग्राम शब्द का परीक्षण करेंगे, जिसे सामान्यतः गांव के अर्थ मे प्रयुक्त किया जाता है। किंतु आरंभ में इसका अर्थ था लोगों का समूह। ऋग्वेद के एक संदर्भ में ग्राम और कबीले (जन) में अंतर नहीं है। गोधन की खोज में भटकते हुए ग्राम की बात कही गई है। अतः ग्राम पशुपालन एवं युद्ध से भी संबद्ध था। बाद में इसने भी अपनी एक ज्ञाति-आधारित पहचान बना ली। जब ग्राम के सदस्य खेती में लग गए और एक स्थान पर टिककर रहने लगे, तो यह शब्द गांव के अर्थ में रूढ़ हो गया। ऋग्वेद में ग्राम का अर्थ गांव नहीं है। इन उदाहरणों से ज्ञात होता है कि युद्ध, आखेट एवं पशुपालन की आवश्यकताओं के कारण विभिन्न वंशमूलों के लोग एक-दूसरे के संपर्क में आए तथा आगे चलकर जीविकोपार्जन की

सुविधा के लिए ये लोग आपस में नातेदार बन गए और इस प्रकार ज्ञाति-समूहों की स्थापना हुई। नातेदारों की इन छोटी-छोटी बिरादरियों का जीविकोपार्जन तथा संसाधनों एवं लूट के माल के बंटवारे में बड़ा हाथ रहा होगा। अतः ऋग्वेद से ऐसा संकेत मिलता प्रतीत होता है कि टोलियां या बरादरियां जैसी छोटी टुकड़ियां सबसे पहले संगठित हुईं। प्रत्येक टोली अपने मुखिया के नेतृत्व में कार्य करती थी किंतु यह ज्ञात नहीं है कि इसका आंतरिक ढांचा कैसा था। यदि गण को, जो कि ऐसे लोगों का समूह होता था जिसके सदस्य अनिवार्यतः एक ही कबीले के नहीं होते थे, आरंभिक अवस्था का समूह मान लिया जाए तो आंतरिक ढांचे की कुछ जानकारी हो सकती है। इसका नेता गणपति अथवा राजा होता था जो पशुओं को पकड़ने के कार्य का नेतृत्व करता था। टोली के सभी सदस्य अपना भाग लाकर गण के नेता को समर्पित करते थे।[5] गण के श्रेष्ठ लोग ज्यस्वंत अर्थात् वयोवृद्ध कहलाते थे। किंतु भोजन और पान में बड़े और छोटे समान रूप से सम्मिलित होते थे।[6] इस प्रकार के दल या समूह में जो लोग भोजन जुटाते थे वे उसका उपयोग भी करते थे। जुटानेवाले और खानेवाले का एक ही समूह था; उनके बीच बिचौलिये हिस्सा नहीं मारते थे। टोलीवाली अवस्था का काल-निर्धारण करना संभव नहीं है किंतु ऋग्वेद में इसके अवशेष की झांकी मिलती है। इसे समाज के विकास का प्रथम चरण माना जा सकता है।

विकास के दूसरे चरण का संकेत वंश पर आधारित अधिक व्यापक समूह के उदय में मिलता है जिसे कबीला अथवा जनजाति कहा जाता है। इसका सरदार अपने कबीले के सदस्यों से स्वैच्छिक भेंट तथा विजित कबीलों के सरदारों से संधि उपहार पाता था। दोनों ही स्थितियों में इस भेंट को 'बलि' कहा जाता था। ऋग्वेद कालीन समाज में टोली के संबंधों के अवशेष भले ही रहे हों, किंतु अधिकांशतः वह जनजातीय समाज था। नातेदारी और रिश्तेदारी पर कायम समाज में कबीले को सबसे बड़ी संरचना माना जाता है, किंतु इसे गोत्रों में, गोत्रों को वंशों में तथा वंशों को परिवारों एवं छोटे उपवंशों में विभाजित किया जाता है। इस समय हम इस स्थिति में नहीं हैं कि नातेदारी पर आधारित ऋग्वेद कालीन समाज की इन विभिन्न इकाइयों को पहचान करके प्रत्येक के लिए वैदिक नाम का प्रयोग कर सकें।[7]

जन, विश्, गृह आदि पद ऋग्वेद कालीन समाज का जनजातीय स्वरूप व्यक्त करते हैं। ऋग्वेद में जन शब्द 225 बार, तथा विश् शब्द 171 बार आता है। भरत जन, यदुजन तथा त्रिस्त्सु विश् की चर्चा है। जन शब्द को अनु, तुर्वस, द्रह्यु तथा पुरु इत्यादि पांच जनजातियों से जोड़ा जाता है। यह ठीक हो या नहीं, पर इसमें संदेह नहीं कि ऋग्वेद के समय में अनेक कबीले थे। जन (कबीला) को पितृसत्तात्मक संबंधों पर आधारित सबसे बड़ी इकाई माना जा सकता है। जब ऐसा जन किसी भूभाग पर बस गया तो उसे जनपद कहा जाने लगा जो वैदिकोत्तर

काल में सबसे बड़ी क्षेत्रीय इकाई के रूप में उमड़कर आया। जो जन से संबद्ध नहीं होते थे, उन्हें वैदिक काल में जन्य कहा जाता था। ऐसा प्रतीत होता है कि ग्राम निम्न श्रेणी की इकाई थी जो गृह्यों में बंटी हुई थी। गृह्य सबसे छोटी और निचली इकाई थी, पर इससे विशाल परिवार का बोध होता था जिसमें चार पीढ़ियों के सदस्य सम्मिलित होते थे।[9] कभी कभी इसे विदथ से एकाकार माना जाता है।[10] ऋग्वेद काल में लोग प्रथमतः जनजाति पर आधारित इकाई के प्रति निष्ठावान् होते थे जिसका नेतृत्व विभिन्न कोटि के सरदार करते थे। 'वैदिक इंडेक्स' के लेखकों की यह मान्यता भ्रमपूर्ण है कि ऋग्वेद के काल में जाति-व्यवस्था विकास की ओर अग्रसर थी।[11] वर्ण अथवा जाति-व्यवस्था जब बनी तो पुरोहित एवं कुलीन योद्धा उत्पादन के संचालक बने, पैदावार का काफी हिस्सा वसूल करने लगे और उसे अपने ढंग से बांटने लगे। कृषकों, कारीगरों, तथा कृषि-मजदूरों जैसे निम्नतर वर्गों को उत्पादन में लगाया गया। ऋग्वेद के संबद्ध संदर्भों से ऐसे सामाजिक वर्गीकरण का पता नहीं चलता है। वसिष्ठ एवं विश्वामित्र जैसे पुरोहितों ने युद्धों में अपने संरक्षकों का मनोबल बढ़ाया था। किंतु ऋग्वेद में ब्राह्मण की चर्चा केवल चौदह बार हुई है।[12] कुछ पुरोहितों को उनके आश्रयदाता पशुधन तथा दासियां भी प्रदान करते थे। किंतु न तो कबीले के सरदार और न तो उस समाज के पुरोहित वर्ण-व्यवस्था के आधार पर कर, भेंट, दक्षिणा तथा अन्य सुविधाएं पाने का दावा करते थे। न ही उन्हें भूमि अथवा चरागाह दिए जाते थे।

क्षत्रिय शब्द की चर्चा ऋग्वेद में नौ बार मिलती है।[13] अपने कबीले अथवा वंश के लोगों का नेतृत्व करने वाले सिपाही सरदार राजन् या राजा कहलाते थे। बहुत आरंभ में सरदार अथवा राजाओं का चुनाव जनजाति के लोग समिति में एकत्रित होकर करते थे।[14] अतः उन्हें जनस्य गोप कहा जाता था। उन्हें कर नहीं अपितु बलि (स्वैच्छिक भेंट इत्यादि) प्राप्त होती थी जिससे उनके पास आय का निश्चित और नियमित साधन नहीं था। उनके पास पेशेवर फौज नहीं थी, जरूरत पड़ने पर कबीले के लोगों को इकट्ठा किया जाता था। संभवतः युद्ध में भाग लेने वाले कबीले के सदस्यों को लूट के माल का समान हिस्सा मिलता था; सरदार को शायद बड़ा हिस्सा मिलता था। होमर के यूनान में भी सरदार को विशेष भाग मिलता था,[15] किंतु यह हिस्सा उसके कबीले के लोगों की राय और मर्जी से मिलता था। स्पष्ट है कि यह विशेष भाग उसे उसके पराक्रम तथा मन और बुद्धि के गुणों के सम्मान-स्वरूप दिया जाता था। वैदिकोत्तर काल में राजा को सर्वोत्तम गज एवं सर्वोत्तम अश्व देने की प्रथा जनजातीय समाज की उस प्रथा का अवशेष है जिसके अनुसार समुदाय की ओर से सर्वोत्तम वस्तु को सरदार को भेंट चढ़ाई जाती थी।

ऋग्वेदकालीन अर्थव्यवस्था में अन्न उत्पादन की व्यवस्था कमजोर थी। पशुपालन कृषि से कहीं अधिक महत्त्वपूर्ण था। अतः पशुधन का ही वितरण

सबसे अधिक होता था। लगता है कि पशुओं का स्वामित्व सामूहिक तथा निजी दोनों ही प्रकार का होता था। समूह (परिषद) के गोधन के स्वामित्व की बात सुनने में आती है।[16] किंतु कबीले का सरदार अधिक पशुधन का स्वामी होता था। ऋग्वेद के दानस्तुति अध्याय को प्रमाण माना जाए तो अनेक पुरोहित भी प्रभूत पशुधन से संपन्न होते थे।[17] उन्हें गौएं, दासियां एवं अन्य वस्तुएं प्रदान की जाती थीं। ऐसे धनी लोगों का वर्णन मिलता है जिनके पास रथ होते थे तथा जो विदथ में भाग लेते थे।[18] संभवतः वे कबीलाई सरदार के अंतरंग मित्र अथवा उसके सगे-संबंधी थे जो उसके कबीले के सामान्य सदस्यों से कुछ भिन्न होते थे। अर्थव्यवस्था में अन्न उत्पादन का प्राधान्य नहीं होने के कारण केवल गौओं और लूट के माल के वितरण के कारण अधिक सामाजिक असमानता पैदा नहीं हो सकती थी। सरदारों एवं पुरोहितों को विशेष स्थान मिल रहा था किंतु ऋग्वेद में इनके विशेषाधिकारों का न तो वर्णन है न ही उनकी स्थापना।

गृहपति के पास ऐसे संसाधन नहीं थे जो उसके परिवार के सदस्यों के श्रम से परे हों। ऋग्वेद में मजदूरी अथवा चेतना अर्जन के लिए कोई शब्द नहीं मिलता। न ही उसमें भिखारी के लिए कोई शब्द है। वेतन-अर्जन की प्रथा तब शुरू होती है जब कोई परिवार बलपूर्वक अथवा अन्य साधनों से इतनी भूमि हथिया ले कि उसकी देखभाल वह अपने श्रम से नहीं कर सके। इसी प्रकार वेतनभोगी मजदूर और भिखारी तब उत्पन्न होते हैं जब वर्ग विभेद के कारण लोग निर्धन और साधनहीन हो जाते हैं। ऋग्वेद काल में ऐसी स्थिति नहीं मिलती। असमान भागों के कारण ऋग्वेद कालीन समाज समतावादी नहीं था। किंतु इस पशुचारी कबीलाई समाज में अतिरिक्त पैदावार के अभाव ने वर्ग-विभेद उत्पन्न नहीं होने दिया। विभिन्न दरजे के लोग अवश्य दिखाई पड़ते हैं। कबीले के सरदारों को जनस्यगोप, विश्पति, विशाम्पति, गणस्यराजा, गणानां गणपति, ग्रामणी तथा संभवतः गृहपति कहा गया है।[19] लूट में अधिक हिस्सा मिलने पर भी वे अपने सगे-संबंधियों के श्रम पर नहीं जीते थे; कम से कम ऋग्वेद के आरंभिक अंश तो ऐसा ही दर्शाते हैं। विश् के साधारण सदस्य पशुपालक तथा योद्धा होते थे जो पुरोहितों एवं कुलीन योद्धाओं के भरण-पोषण के साधन जुटाते थे, जैसा कि ऋग्वेद के बाद वाले भागों से संकेत मिलते हैं। कर्मकांडवादी और वैचारिक दृष्टि से ऋग्वेद के दसवें मंडल में इस व्यवस्था का औचित्य मिलता है। इसी स्थल पर प्रथम एवं अंतिम बार शूद्र तथा वैश्य की चर्चा की गई है।[20] यह स्पष्ट है कि संगठित समुदाय के प्रमुख के रूप में राजा पर वर्णविभाजित समाज की सुरक्षा का दायित्व नहीं था, क्योंकि तब तक ऐसा विभाजन उभरकर नहीं आया था।

ऋग्वेद काल में प्रभुता का जो स्वरूप है उसे कबीलाई सरदारतंत्र कहा जा सकता है पर कबीलों के सरदार राजन् कहलाते थे। राजन् का अर्थ है—चमकने

वाला—अनुमानतः अपने गुणों के कारण। ऋग्वेद[21] तथा बाद की अन्य वैदिक रचनाओं[22] में राजा के चुनाव के संदर्भों से यह स्पष्ट हो जाता है कि किसी भी व्यक्ति को प्रमुख का पद अपने शारीरिक एवं अन्य गुणों[23] के कारण मिलता था। आरंभिक चरण में राजा के चुनाव के लिए ये गुण अधिक महत्वपूर्ण मालूम पड़ते हैं। कभी-कभी किसी परिवार में प्रमुख का पद तीन पीढ़ियों तक चलता था, फिर भी राजा बहुत मजबूत नहीं हो सकता था क्योंकि उसके पास न तो नियमित सेना होती थी न ही कर की कोई प्रणाली थी। प्रशासनिक कार्यों में लगे हुए अधिकारियों की संख्या छः से अधिक नहीं होती थी। क्षेत्रीयता का विचार भी, जो कि प्रायः कृषक-बस्तियों से संबद्ध माना जाता है, ऋग्वेद में प्रबल नहीं है।[24] इन सब बातों को देखते हुए ऋग्वेद कालीन प्रभुता की संरचना को राज्य नहीं कहा जा सकता। अधिक से अधिक सरदारी कहा जा सकता है जो लूटमार करने एवं पशुपालन करने वाले झुंड के प्रमुख पद से कहीं अधिक विकसित था। अतः कबीले की सरदारी को राज्य-निर्माण का दूसरा चरण माना जा सकता है।

तीसरी अवस्था सिंधु-गंगा के विभाजन तथा उपरी गंगा की घाटी में मिलती है। ईसापूर्व सहस्राब्दी के प्रथम अर्ध काल में इस क्षेत्र में सात सौ से अधिक ऐसे स्थान मिलते हैं जहां भूरे रंग के चित्रित बरतन या उनके टुकड़े मिले हैं। उनसे पता चलता है कि इन स्थानों पर लोग तीन शताब्दियों अथवा इससे भी अधिक समय तक बने रहे। ये क्षेत्र उन क्षेत्रों से अधिक मिलते हैं जो मद्रों, पांचालों, शूरसेनों तथा मत्स्यों के अधीन थे; इनकी चर्चा उत्तर वैदिक रचनाओं तथा महाभारत में मिलती है। ये बस्तियां दर्शाती हैं कि समाज कृषिप्रधान हो गया था। यद्यपि इस काल में लोहे की खोज हो चुकी थी, फिर भी उसका प्रयोग मुख्यतः युद्ध अथवा शिकार के लिए ही किया जाता था। आरंभिक अवस्था में लोहे के कृषि-उपकरणों का अभाव सा है। भूमि जोतने के लिए लकड़ी के फाल वाले हल प्रयोग में लाए जाते थे। किंतु इन सीमाओं के बावजूद ऋग्वेद कालीन पशुचारी अर्थव्यवस्था की तुलना में उत्तर वैदिक काल के लोगों ने अन्नोत्पादक अर्थव्यवस्था विकसित कर ली थी। वे गेहूं, जौ, चावल, तथा विभिन्न प्रकार की दालें उगाते थे जैसे मुग्द और उड़द।[25] पशुपालन का अब पहले जैसा महत्त्व नहीं रहा। नई परिस्थिति के परिणामस्वरूप राजा को दिए जानेवाले उपहारों में वृद्धि हुई, और समाज भी विभिन्न व्यवसायों में बंट गया। इस विभाजन से ही सामाजिक विभेद का आरंभ हुआ। उत्तर वैदिक रचनाओं में ब्राह्मण, राजन्य/क्षत्रिय, वैश्य तथा शूद्र की बात कही गई है। ये चारों विभिन्न विधि-विधानों के संदर्भ में परिलक्षित होते हैं। ऐतरेय ब्राह्मण, जो कि बाद की रचना है, में ब्राह्मण को भेंट स्वीकार करनेवाला, सोमपायी, जीविका ढूंढ़नेवाला तथा ऐसा व्यक्ति कहा गया है जिसे राजा की इच्छा से हटाया जा सकता है। वैश्य को दूसरे का करदाता, दूसरों द्वारा भोग्य तथा इच्छानुसार सताया

जानेवाला बताया गया है। शूद्र उसे कहा गया है, जो दूसरों का संदेशवाहक हो, जिसे इच्छा होने पर ताड़न दिया जाए तथा जिसे किसी भी समय कार्य करने पर बाध्य किया जाए।[26] यद्यपि सामाजिक दरजों[27] के संदर्भ में एक स्थान पर वर्ण शब्द का प्रयोग हुआ है, वर्ण-व्यवस्था का वर्णन नहीं मिलता तथा चातुर्वर्ण्य के कार्यों को निर्धारित नहीं किया गया है। वर्ण-व्यवस्था की वास्तविकताएं ईसा से लगभग 600 वर्ष पूर्व स्पष्ट होती प्रतीत होती हैं, तथापि समन्वित व्यवस्था के रूप में इसकी पूर्ण अभिव्यक्ति नहीं होती है। राज्य के प्रमुख के रूप में राजा वर्ण-व्यवस्था के समर्थक के रूप में प्रकट नहीं होता। उत्तर वैदिक काल में भूमि उत्पादन का मुख्य साधन थी। किंतु इस बात का प्रमाण नहीं मिलता कि राजाओं अथवा पुरोहितों के पास खेत का अधिक हिस्सा होता था। इसी प्रकार चरागाहों तथा बंजर भूमि एवं वनों के वितरण के संबंध में भी कोई प्रमाण नहीं मिलते। हाँ, कृषि-उत्पादों के असमान वितरण का आरंभ दिखाई पड़ता है। ब्राह्मण-समर्थित राजन्य अर्थात् राजा के निकट के सगे-संबंधी, वैश्यों से अन्न के हिस्से का दावा करते थे; आरंभ में वैश्य कृषक का ही काम करते थे। अथर्ववेद तथा ब्राह्मण ग्रंथों से ज्ञात होता है कि केवल कृषक ही कर देते थे। राजा अथवा सरदार को विशमत्ता अर्थात् कृषकों का भक्षण करनेवाला बताया गया है।[28] विश् अर्थात् जनजातीय किसानों पर राजन्य के नियंत्रण को स्थापित और सुनिश्चित करने के लिए विभिन्न विधि-विधानों की व्यवस्था की गई थी।[29] कर अथवा बलि किसी भूभाग अथवा खेत पर नहीं लगाई जाती थी अपितु लोगों (विश्) से वसूल की जाती थी। सजात् (राजा का सपिंड) जो योद्धा वर्ग का प्रतीक था, बलिहृत् अथवा उपहारों को लानेवाला होता था। किंतु ये सजात स्वयं बलि नहीं देते थे। ब्राह्मण एवं शूद्र पर कर नहीं लगाया जाता था तथा राजन्य/क्षत्रियों को कर से छूट दी हुई प्रतीत होती है। राजा या सरदार को ब्राह्मणों[30] का रक्षक बताया गया है, और ब्राह्मण की पत्नी एवं गौओं को सर्वोपरि संरक्षण प्राप्त था।[31] एक प्रकार से ब्राह्मणों तथा राजन्यों की प्रवृत्ति शासक बनने की थी। वे वैश्यों के ऊपर अपनी प्रभुता स्थापित करने एवं उसे बनाए रखने का प्रयत्न कर रहे थे और वैश्य कमाने वाले कृषक वर्ग में सम्मिलित हो रहे थे। प्रतीत होता है कि इस अवस्था में शूद्र घरेलू दास वर्ग था जिसकी संख्या थोड़ी थी। ऐसे अनुष्ठानों का आविष्कार हुआ तथा उन्हें विस्मृत किया गया जिससे कबीले के सरदार एवं उसके पुरोहितों का अपने सगे-संबंधियों पर राजस्वाधिकार एवं प्रशासनिक नियंत्रण स्थापित हो जाए; कबीले के अधिकांश सदस्य उत्तर वैदिक काल में कृषक हो गए थे। पुरोहित विधि-विधानों को विकसित करके तथा स्तुतियों की रचना करके सामाजिक एवं राजनीतिक व्यवस्था को सुदृढ़ बनाते थे। इसके बदले में राजा तथा राजन्य ब्राह्मणों को लूट के माल अथवा बलि का कुछ हिस्सा देते थे। उत्तर वैदिक काल का समाज होमर

अथवा अवेस्ता के समाज की भाँति कृषिप्रधान समाज था जिस पर कुलीन योद्धाओं का प्रभुत्व था, किंतु यूनान अथवा ईरान की तुलना में वैदिक समाज में शासक वर्ग को पुरोहितों का कहीं अधिक प्रबल समर्थन प्राप्त था। कुछ लोग पुरोहितों के प्रबल समर्थन को सरदारी की विशेषता मानते हैं। यही बात उत्तर वैदिक काल पर भी लागू होती है। राज्यारोहण के अनेक अनुष्ठान मिलते हैं जैसे वाजपेय, अश्वमेध, राजसूय, इंद्रमहाभिषेक इत्यादि। ये सरदार की सत्ता को सुदृढ़ तथा विधिसम्मत बनाने के साथ ही लोगों के लिए उसे स्वीकार्य भी बनाते थे। इन अनुष्ठानों को संपन्न करने में पुरोहितों का सबसे बड़ा हाथ था।

राज्याभिषेक संबंधी अनुष्ठानों के विवरण से स्पष्ट हो जाता है कि अत्यंत आरंभिक काल में राजा या सरदार लोगों द्वारा चुना जाता था। गौओं के लिए किए गए आक्रमणों, अश्वरथ की दौड़ तथा द्यूत-क्रीड़ा संबंधी अनुष्ठानों में चुनाव के अवशेष मिलते हैं। ये सारी कार्रवाइयां राजपद के प्रत्याशितों की बुद्धि, मस्तिष्क और शारीरिक शक्ति की जांच के निमित्त होती थीं। अनुष्ठानों को स्वांग समझना चाहिए क्योंकि इसमें अपने सजातों के साथ राजा की असली प्रतियोगिता नहीं होती थी; उसे जानबूझकर जिताया जाता था। पर प्रारंभ में जो प्रत्याशी प्रतियोगिता में सफल होता था वह सरदारी करता रहा होगा। प्रतीत होता है कि जब कुछ परिवारों के प्रमुख बलपूर्वक अपने गुणों के कारण कबीले के सरदार बन गए तो अपनी सत्ता को बनाए रखने के लिए उन्होंने पुरोहितों के रचे हुए अनुष्ठान की सहायता ली। अनुवंशिकता का तत्व आगे बढ़ रहा था, किंतु राजपद 'कभी कभी अनुवंशिक' होता था,[32] और उत्तर वैदिक युग में ज्येष्ठाधिकार की प्रथा प्रचलित नहीं थी।[33] राजा और सरदार के पद वैदिक युग के अंत होते-होते कई प्रकार के हो गए। ऐसे पद की दस श्रेणियों का उल्लेख ऐतरेय ब्राह्मण[34] में मिलता है। इनमें प्रमुख हैं राज्य, साम्राज्य, भौज्य, स्वराज्य, वैराज्य, महाराज्य इत्यादि। इससे ऐसा लगेगा कि ईसापूर्व सातवीं शताब्दी अथवा उससे कुछ पश्चात् राज्यों अथवा सरकारों के विभिन्न प्रकार भलीभांति स्थापित हो चुके थे। सामान्य धारणा के अनुसार 'साम्राज्य' अंग्रेज़ी एंपायर-के समतुल्य होगा। यद्यपि इसे राज्य से ऊंचा माना गया है पर राजा को सरदार मानना चाहिए और राज्य को सरदारी। महत्त्व की बात तो यह है कि साम्राज्य को एक स्थल पर किसानों के ऊपर शासन (साम्राज्यम् चर्षणिनाम्) कहा गया है।[35] पुरोहितों ने भी राज-प्रमुख को दैवी तत्व से जोड़कर राज्य को सुदृढ़ करने का प्रयास किया। ऋग्वेद में इन बातों का प्रमाण कदाचित् ही मिले। किंतु उत्तरवर्ती वैदिक रचनाओं के अभिषेक अनुष्ठानों में विभिन्न देवी-देवताओं से स्तुति की गई है कि वे राजा को अपने-अपने गुण से संपन्न करें। कभी-कभी राजा को देवता के रूप में भी प्रस्तुत किया गया है।[36]

आरंभिक वैदिक काल की सरदारी का कबीला पक्ष उत्तरवर्ती वैदिक काल में

क्षेत्रीय तत्व के उदय के कारण ढीला पड़ गया। 'राष्ट्र' अथवा राजा के अधीन रहनेवाले क्षेत्र के संबंध में अनेक संदर्भ मिलते हैं। राजा को न केवल कबीले (विश्) बल्कि राज्य (राष्ट्र) में भी घोषित किया जाता था। कहा गया है कि आंशिक अनुष्ठान से राजा को विश् की प्राप्ति होती है, और संपूर्ण अनुष्ठान से 'राष्ट्र' की।[37] शतपथ ब्राह्मण (लगभग 600 वर्ष ईसापूर्व) में राजा को राष्ट्रभृत अर्थात् राज्य का पोषण करनेवाला कहा गया है।[38] राजा न केवल युद्ध से प्राप्त लूट का माल, पशुधन तथा दासियां पुरोहितों में बांटता था, अपितु अपने कुल की सहमति से भूमि अनुदान करने का भी दावा करता था।[39] क्षेत्रीय तत्व के उदय से स्वभावतः राजा एवं उसके नातेदारों का कुल या कबीले से जो लगाव था वह घटने लगा। अब यह लगाव कबीलाई समुदाय तक ही सीमित न रहा बल्कि बढ़कर उस समस्त क्षेत्र के साथ हो गया जहां कबीला बसा हुआ था। क्षेत्रीय प्रमुख-पद या सरदारी के उदय के कारण सभा, समिति, विदथ जैसे लोकप्रिय जनजातीय संस्थाओं के लिए पुरानी पद्धतियों से कार्य करना कठिन हो गया। क्षेत्र बढ़ने के कारण दूरी बढ़ी जिससे विभिन्न स्थानों से आकर एकत्र होने में कठिनाई होने लगी। केवल वही लोग सरलता से एकत्र हो सकते थे जो राजधानी में रहते थे। पहले जहाँ अधिकांश भाईबंद इकट्ठे होते थे, वहां अब थोड़े से लोग ही आ सकते थे। ऐसे लोगों में स्त्रियों का आना बंद सा हो गया; केवल पुरुष आते थे। क्षेत्र के विस्तार के कारण उसमें केवल वैदिक जनजातियों के वंशज नहीं रहते थे बल्कि अवैदिक जनजातियाँ भी थीं। पुरानी वैदिक जनजातिप्रधान सभाओं में अवैदिक कबीलों को स्थान मिलना कठिन हो गया होगा।

स्पष्ट है कि उत्तर वैदिक काल तक राज्य भली प्रकार स्थापित नहीं हो पाया था। इसमें ठोस भौतिक आधार, सुस्पष्ट वर्ग-समर्थन तथा सार्वजनिक सामाजिक मान्यता का अभाव था। वैदिक समुदायों में नियमित कर-व्यवस्था नहीं थी। राजा के भाईबंदों के अलावा कर वसूल करनेवाले अन्य अधिकारी नहीं थे, तथा भेंट-पूजा जिसे बलि कहा जाता था एवं टैक्स के बीच का अंतर पूर्णतः मिटा नहीं था। बलि की जमाबंदी और वसूली की कोई व्यवस्था नहीं थी। भागदुघ को करसंग्राहक माना जाता है पर वास्तव में वह भोजन एवं भागों का वितरण करता था।[40] दूसरे, उत्तर वैदिक कालीन समाज में कोई पेशेवर सेना नहीं होती थी। पशुपालक समाज की सैन्य व्यवस्था कृषिप्रधान समाज की सैन्य व्यवस्था से बहुत भिन्न नहीं थी। युद्ध छिड़ने पर कबीले के लोगों को एकजुट किया जाता था, तथा सेनानायकों एवं साधारण सैनिकों के आपसी संबंध भाईचारे पर कायम था।[41] नियमित कर-व्यवस्था के अभाव में नियमित सेना को रखना संभव नहीं था। सेना, सेनानी तथा सेनापति शब्द अनेक स्थलों पर आते हैं, तथा शतपथ ब्राह्मण में सेनानी को उन लोगों में सर्वोच्च माना गया है जिनसे राजा राज्याभिषेक के समय

संपर्क करता था। किंतु 'सेना' का अर्थ केवल समूह से है। इस बात का कोई संकेत नहीं मिलता कि उत्तर वैदिक काल में राजा वर्ष भर पेशेवर सेना रखता था। विश् का संबंध सेना अथवा सशस्त्र समूह से था। 'बल' अथवा सेना को विश् अथवा कृषक-वर्ग ही माना जाता था। राजा के दूर के भाईबंद होने के कारण किसानों को भी युद्ध की लूट का कुछ अंश मिलता था। कुरुओं का राजा सदैव तत्पर 64 योद्धाओं से घिरा रहता था जो उसके पुत्र और पौत्र होते थे।[42] जब पांचाल राजा कोई अनुष्ठान करता था तो 6,033 कवचधारी तुर्वस योद्धा उठ खड़े होते थे; तुर्वस पांचालों के पांच कुलों में से ही एक थे।[43] सैनिकों की इन संख्याओं को रूढ़ माना जा सकता है किंतु राजाओं के साथ उनके वंशगत संबंधों पर संदेह नहीं किया जा सकता। अश्वमेध के अश्व की रक्षा करनेवाली सेना में क्षत्रिय तथा विश् दोनों ही होते थे। धनुष-बाण तथा ढालों से लैस राजन्य सेनानायकों के रूप में कार्य करते थे; लाठियों से लैस होकर विश् साधारण सिपाही बनकर लड़ते थे। शतपथ ब्राह्मण के एक अनुष्ठान में राजा को सलाह दी गई है कि विजय के लिए वह विट् अर्थात् अपने बहुसंख्यक भाईबंदों के साथ एक ही बरतन में भोजन करे क्योंकि उनके स्वस्थ नहीं रहने से वह सफल नहीं हो सकता था।[44]

उत्तर वैदिक काल के राज्य इस अर्थ में क्षेत्रीय थे कि लोग राजा के अधीन एक इलाके में टिककर अन्न उपजा कर खाते थे। ऊपरी गंगा के मैदानों में पाए गए ईसापूर्व लगभग हज़ार अथवा पांच सौ वर्ष पूर्व के बरतन दो या तीन शताब्दियों तक लगातार रहनेवाली बस्तियों का प्रमाण देते हैं। किंतु कुल या कबीले से लगाव अब भी प्रबल था, तथा क्षेत्र के प्रति लोगों की निष्ठा अभी उतनी मजबूत नहीं थी। यद्यपि राजाओं और पुरोहितों को समुदाय में विशिष्ट स्थान मिलने लगा था, पर कृषक अभी तक उनसे पूर्णतः पृथक नहीं हुए थे। वैदिक काल की समाप्ति तक कृषक कुलीनों एवं योद्धाओं को शुल्क देते थे जो पुरोहितों को उदारतापूर्वक दान देते थे; इसके अतिरिक्त कृषक पुरोहितों को अलग से बलि और दान-दक्षिणा भी देते थे।

लुहार, रथकार और सुतार जैसे कारीगर मुख्य रूप से उदीयमान योद्धा वर्ग के लिए ही काम करते थे। ऐसा प्रतीत होता है कि वस्तुओं का वितरण उतना व्यापार द्वारा नहीं होता था जितना पारस्परिक भेंटों और उपहारों के आदान-प्रदान के द्वारा। बलपूर्वक गोग्रहण के अनुष्ठान से राजपद के आकांक्षी सरदार के शारीरिक बल के परीक्षण का संकेत मिलता है; साथ ही यह भी पता चलता है कि राजा तथा उसके सगे-संबंधियों के बीच गौओं का आदान-प्रदान होता था। यजमान राजा अपने सजातों से सौ अथवा अधिक गाएं लेता तथा बदले में फिर उन्हें उतनी ही या अधिक गाएं भेंट करता था।[45] कबीलाई समानता के आधार पर यह आदान-प्रदान अधिक व्यापक भी हो सकता है। उत्तर वैदिककालीन कृषक को

नगरों अथवा व्यापारियों का पोषण नहीं करना पड़ता था, क्योंकि तब तक वे उभरकर नहीं आए थे। उसका समाज छोटा, मुद्रा रहित कृषक समाज था न कि पूर्ण विकसित वर्ग-समाज। निष्क तथा शतमान भेंट वस्तुओं में प्रतिष्ठा सूचक माने जाते थे। अधिकांश लोग खेती में लगे थे पर उनमें कबीले के स्पष्ट लक्षण भी पाए जाते थे। यद्यपि पुरोहित वर्ग का सतत प्रयास था कि कृषकों अर्थात् वैश्यों को कुलीनों एवं योद्धाओं के अधीन रखा जाए, पर इसमें वे पूरा सफल नहीं हुए। जहां लकड़ी के फाल वाले हलों से खेती होती थी और यज्ञ में गौओं की अंधाधुंध बलि दी जाती थी वहां किसानों की पैदावार सीमित थी; खाने-पीने के बाद उनके पास काफी अनाज नहीं बच सकता था। ऐसी स्थिति में वर्ग-निर्माण में अधिक प्रगति नहीं हो पाई। इतना ही नहीं, जनजातीय परंपरा के अनुसार राजा पर केवल कृषिप्रसार का ही दायित्व नहीं था बल्कि कभी कभी उसे हल भी चलाना पड़ता था। परिणामस्वरूप कृषकों तथा राजन्यों के बीच का अंतर बहुत नहीं बढ़ा। सार्वजनिक यज्ञों तथा अन्य अवसरों पर राजा से अपेक्षा की जाती थी कि वह अपने लोगों के साथ मिल जुलकर खाए।[46] उपहार बांटना सरदार का महत्त्वपूर्ण कार्य होता था,[47] जिससे असमानता कम होती थी। यद्यपि कुलीन एवं योद्धा अपने कृषक बंधुओं पर शासन करते थे, किंतु शत्रु से युद्ध के समय उन्हें कृषक-बल पर निर्भर करना पड़ता था तथा कबीले के कृषकों की सहमति के बिना वे किसी को भूमि अनुदान नहीं कर सकते थे। इन सब बातों के कारण उनकी स्थिति विषम थी। ऐसी सामाजिक संरचना के लिए नृतत्वशास्त्रियों ने 'सरदारी' पद प्रयुक्त किया है, यद्यपि अब इसे त्यागा जा रहा है। उत्तर वैदिक काल में सरदारी एक ऐसे परिवर्तन से गुजर रही थी जिसमें अपेक्षाकृत समतावादी कबीलाई समाज के लक्षण कमजोर पड़ रहे थे, और समाज का स्वरूप ऐसा बन रहा था जिसमें हमें वर्गों की शैशवावस्था तथा आदि-राज्य का आरंभ दिखाई पड़ता है। इस प्रकार के परिवर्तन में प्रबल पौहोहित्य के तत्व से भी सहायता मिल रही थी।

राज्य-निर्माण का अंतिम चरण ईसापूर्व प्रथम सहस्राब्दि के मध्य में निर्धारित किया जा सकता है जब वैदिक लोग गंगा के मध्य के मैदानों अर्थात् पूर्वी उत्तर प्रदेश तथा बिहार आए। उन्होंने छोटा नागपुर पठारी क्षेत्र में उपलब्ध समृद्ध लोहे की खानों से लोहा निकालना आरंभ किया तथा लोहे की तकनीक विकसित की जिसके फलस्वरूप एक प्रकार का इस्पात बनने लगा। हलों के लौह-फाल तथा अन्य कृषि उपकरण के इस्तेमाल के कारण उत्पादन में आमूल परिवर्तन आया।[48] धान की रोपाई भी इसी काल में आरंभ हुई प्रतीत होती है।[49] गंगा के उपजाऊ मैदानों में पैदावार में बहुत अधिक वृद्धि हुई। इन नई परिस्थितियों में योद्धा, पुरोहित, भिक्षु, व्यापारी एवं कारीगर इत्यादि कृषकों के बढ़े हुए अतिरिक्त उत्पादन पर निर्भर रह सकते थे। इस काल में प्रथम बार धातु की मुद्रा का प्रचलन

हुआ, तथा वस्तुओं की खरीद-बिक्री में इसका प्रयोग होने लगा। संभवतः लिपि का विकास हुआ जिससे लिखित हिसाब रखना संभव हुआ। मुद्रा प्रचलन तथा लेखन पद्धति के कारण शासकों को कर निर्धारित करने तथा वसूलने में और व्यापारियों को वाणिज्य व्यवसाय चलाने में विशेष लाभ हुआ।

कुछ परिवारों ने इतनी भूमि पर कब्जा कर लिया कि उन्हें दासों तथा भाड़े के श्रमिकों की आवश्यकता होने लगी। उत्तर वैदिक काल में मुख्यतः दासियों की चर्चा आती है जो संभवतः गृहकार्य में लगाई जाती थीं। किंतु इस युग में दास भी मिलते हैं, जिनमें से अनेक उत्पादन कार्य में लगाए जाते थे। बुद्ध के काल में प्रथम बार बहुत बड़ी संख्या में मजदूरी पानेवाले श्रमिक भी दिखाई पड़ते हैं; उन्हें कर्मकर कहा जाता था।[50] वैदिक काल में कर्मकर शब्द से पारिश्रमिक पानेवाले श्रमिक का बोध नहीं होता था। वैदिकोत्तर काल में सामाजिक असमानताएं अत्यंत स्पष्ट हो गईं। इन्हें दूर करने के लिए गौतम बुद्ध ने अनेक उपायों का विधान किया जिनका प्रभाव बौद्धों पर पड़ा।[51] अशोक लोगों को दासों, श्रमिकों एवं अन्य लोगों के प्रति सदय होने की सलाह देता है। इन बातों से पता चलता है कि समाज में तनाव एवं संघर्ष आरंभ हो चुका था। इस नई परिस्थिति में पुरोहितों एवं विशेष रूप से योद्धाओं को एक ऐसी प्रबल प्रभुता की आवश्यकता थी जो सामाजिक संघर्षों को नियंत्रित करे तथा बाहरी आक्रमणों से लोगों की रक्षा करे। ऐसा प्रतीत होता है कि इस स्थिति से लाभ उठाकर राजाओं के पुराने अनुभवी एवं उद्यमी परिवारों ने विशाल क्षेत्रीय राज्यों, जिन्हें महाजनपद कहा जाता था, की प्रभुसत्ता हथिया ली। कुल मिलाकर पचास राज्यों के नाम ज्ञात हैं जिनमें से कुछ विजयी थे और अन्य राज्यों को जीतकर अपने में मिला लेते थे। बुद्धयुगीन राज्य, चाहे राजतंत्र हों या कुलीनतंत्र, जनजातीय नामों से जाने जाते थे। तात्पर्य यह हुआ कि कबीले, कुल, वंश अथवा परिवार की किसी शाखा ने राज्य की प्रभुसत्ता प्राप्त करके इस पर सारे कबीले या कुल का नाम रख दिया।[52] किंतु एक बार राज्य के स्थापित हो जाने पर विभिन्न जनजातियां, जिनकी शासक परिवार से कोई नातेदारी नहीं थी और जिन पर ऐसा राजा शासन करता था जो उनके वंश या कबीले का नहीं था, क्षेत्रीय ईकाई में सम्मिलित हो गईं जिसकी अध्यक्षता राज्य का प्रमुख ही करता था। साथ ही शासकों ने अपने निकट और दूर के सगे-संबंधियों पर आधिपत्य स्थापित कर लिया था जो समानता के घेरे से निकलकर अधीनता की स्थिति में आ पड़े थे। इस प्रकार जहां मालव एवं क्षुद्रक शब्द शासक पद को इंगित करते हैं, वहीं मालव्य एवं क्षौद्रक्य से शासितों का बोध होता है।[53] इसी प्रकार का भेद शाक्यों एवं कोलियों तथा उनके दासों एवं कामगारों के बीच भी पाया जाता है।

ऐसी परिस्थितियों में राज्य का निर्माण उन लोगों से नहीं हुआ जिनके पास

उत्पादन के साधन थे। शासकों ने केवल अपनी संपत्ति की सुरक्षा के लिए राज्य का निर्माण नहीं किया। चोरी से संपत्ति की सुरक्षा का महत्त्व केवल शासकों के लिए ही नहीं था बल्कि कृषकों के समस्त समुदाय के लिए था। तथापि, उच्च वर्गीय लोगों के परिवार एवं संपत्तियों की रक्षा राज्य के लिए अधिक चिंता का विषय थी। निस्संदेह उत्पादन के संसाधनों तक सब की पहुंच एक प्रकार की नहीं थी। भूमि का स्वामित्व असमान था। कुछ गांवों के राजस्व का अनुदान ब्राह्मणों तथा यहां तक कि श्रेष्ठियों को भी मिला हुआ था।[54] भूमि के वितरण की असमानता बहुत अधिक नहीं थी। वास्तविक असमानता तो करों को वसूलने एवं बांटने में थी। राज्य के निर्माता एवं संचालक वे लोग थे जो कृषकों से उनका अतिरिक्त उत्पादन एकत्र करते थे तथा उसे सेना, आर्थिक एवं प्रशासनिक अधिकारियों, पुरोहितों, भिक्षुओं एवं वैचारिक प्रचारकों पर खर्च करते थे। करों की वसूली में भी बहुत भेदभाव बरता जाता था। ब्राह्मणों एवं क्षत्रियों को कर से मुक्त रखा गया था। वैश्य अथवा गृहपति ही मुख्य करदाता[55] होते थे। करदाताओं में मुख्य रूप से कृषक होते थे जिनके सहायक होते थे कारीगर तथा व्यापारी; और इन तीनों की गिनती वैश्यों, अथवा गृहपतियों में ही होती थी। लोगों से कर उनकी संपत्ति की सुरक्षा के नाम पर लिया जाता था। किंतु वास्तव में उसका अधिकांश भाग राज्य ही खर्च कर डालता था तथा उसका बहुत कम अंश करदाता के निमित्त लगाया जाता था। राज्य की आय का अच्छा-खासा भाग ब्राह्मणों तथा जैन एवं बौद्ध भिक्षुओं के ऊपर खर्च होता था। इनमें से कुछ सक्रिय राज्य होते थे। पुरोहितों और धर्मप्रचारकों को न केवल राज्य बल्कि कारीगर, कृषक, व्यापारी तथा समाज के संपन्न लोग भी आश्रय देते थे। वास्तव में कृषकों को दोहरा कर देना पड़ता था--एक तो राज्य को, फिर उन लोगों को जो राज्याधिकार के पोषक थे। भिक्षुओं तथा पुरोहितों को दिए जानेवाले दान को भले ही टैक्स न माना जाए, किंतु इस प्रथा के पीछे समाज एवं धर्मशास्त्रों का इतना प्रबल समर्थन था कि कोई भी गृहस्थ इसकी अवहेलना नहीं कर सकता था। विधि की पुस्तकों अर्थात् धर्मशास्त्रों मे ब्राह्मणों को यज्ञ करने तथा दान देने का स्पष्ट निर्देश है। किंतु ब्राह्मण कहीं दाता के रूप में परिलक्षित नहीं होते। वे तो दान ग्रहण करनेवालों के रूप में ही सामने आते हैं। कबीलाई उदाहरणों से पता चलता है कि सामाजिक विकास की आरंभिक अवस्था में जनजातीय लगाव पर आधारित संबंध एवं कर्तव्य सामान्य रूप से प्रचलित थे, वैदिक भेंट-उपहार पारस्परिक तथा बहुपक्षी हुआ करते थे, तथा समाज में पारस्परिक आदान-प्रदान तथा वस्तु विनिमय इस प्रथा से चलता था। किंतु अब भेंट-उपहार पाने पर ऊपर के दो वर्णों का एक तरह से एकाधिकार हो गया था। क्षत्रिय ने इस पर कर के रूप में और ब्राह्मण ने यज्ञादि की दक्षिणा के रूप में इस पर एकाधिपत्य कर लिया। पहले राजाओं को जो उपहारादि मिलते थे उन्हें

वे विभिन्न यज्ञों में अपने कबीले के भाईबंदों तथा अन्य लोगों में बांट दिया करते थे। किंतु बड़े बड़े यज्ञों की संख्या घटने लगी। उपहार अथवा कर राज्य के अधिकारियों अथवा सेना के रख-रखाव पर खर्च होने लगे। यह समस्त परिघटना कैसे विकसित हुई इसका संतोषजनक समाधान मिलना अभी शेष है। कैसे कुछ परिवारों ने युद्ध एवं कर-संचय पर, कुछ अन्य परिवारों ने धर्म तथा उपहारादि लेने पर अपना एकाधिकार जमा लिया। ये दोनों धीरे धीरे उत्पादन से अलग हो गए और दोनों ने मिलकर बहुसंख्यक परिवारों को जो उत्पादन में लगे थे, कर देने पर बाध्य किया, कैसे समुदाय के सामान्य जन को युद्ध के अधिकार से वंचित किया गया तथा कैसे सेना क्षत्रियों के हाथ में आ गई, इस गुत्थी को सुलझाना अभी शेष है। यह गवेषणा का विषय है कि कैसे गण, विदथ, सभा तथा समिति, एवं परिषद् के ह्रास के साथ जन-मामलों में आम लोगों की सहभागिता समाप्त हुई।

किंतु इसमें संदेह नहीं कि नई व्यवस्था के कारण थोड़े से लोगों को विशेषाधिकार प्राप्त हुए। वे अतिरिक्त उत्पादन का उपभोग करते थे तथा सामाजिक एवं राजनीतिक क्षेत्र में अपना प्रभुत्व बनाए हुए थे। इसे बनाए रखने के लिए एक तंत्र का निर्माण किया गया तथा उसे विधि-ग्रंथों अथवा धर्मशास्त्रों में व्यक्त किया गया। पैदावार और कभी-कभी उसके साधन तक पहुंचने में जो असमानता आई उसको कानूनी जामा पहनाने के लिए वर्णों की स्थापना की गई। उच्च वर्ण के लोग उत्पादन का संचालन करते थे तथा इसका अच्छा अंश पाते थे। निम्न वर्ग सीधे उत्पादक होते थे। इस व्यवस्था को स्थायी रूप देने के लिए ही मुख्यतः राज्य का निर्माण किया गया। जो लोग कृषकों से कर तथा व्यापारियों से चुंगी लेते थे और उसके द्वारा अपना तथा भिक्षुओं एवं परोहितों का खर्च चलाते थे वे क्षत्रिय कहलाए। वे सैनिकों, अधिकारियों तथा अन्य राज्य कर्मचारियों को वेतन देते थे जिनके द्वारा वे समाज में शांति व्यवस्था बनाए रखते थे। कृषक, जो मुख्य करदाता थे, वैश्यों की कोटि में रखे गए तथा जो लोग दासों, घरेलू नौकर अथवा मजदूरी पानेवाले श्रमिक के रूप में कार्य करते थे शूद्र कहलाए। भारत के संपत्तिशाली वर्ग यूनान अथवा रोम के समकक्ष वर्गों की भांति नहीं थे; न ही प्राचीन भारतीय समाज में यूनान और रोम के समान दासों को बड़े पैमाने पर पैदावार चलाने में लगाया जाता था। किंतु वर्णों को वर्गों के पर्याय मानना चाहिए; वर्णव्यवस्था को बनाए रखने के लिए राज्य की स्थापना हुई।

बुद्ध के समय तक राज्याधिपत्य लगभग आनुवंशिक हो चुका था। यद्यपि जातकों[56] में राजवंशों के बाहर से भी राजा को चुनने के अनेक उदाहरण मिलते हैं, किंतु इस समय तक अतिरिक्त उत्पादन एवं सत्ता के असमान वितरण पर आधारित वर्ग-विशेषाधिकार इतनी दृढ़ता से स्थापित हो चुके थे कि उन्हें सुरक्षित रखने के लिए आनुवंशिकता के तत्त्व को व्यापक रूप से लागू किया जाने लगा।

प्रतीत होता है कि प्रथम चरण में सरदार अथवा राजा का चुनाव विश् के सदस्य समिति में एकत्रित होकर करते थे। दूसरे चरण में राजा का चुनाव नृपति निर्माता अथवा राजकर्तृ करते थे। तीसरे चरण में इन नृपनिर्माताओं में सूत तथा ग्रामीण का समावेश हुआ।[57] चौथे चरण में चुनाव राज-परिवारों अथवा प्रमुख परिवारों तक सीमित हो गया। अंत में चुनाव राज्याभिषेक के रूप में रीति बनकर रह गया; वास्तव में राज्यारोहण आनुवंशिकता के आधार पर होने लगा।

किंतु इसमें कोई संदेह नहीं कि बुद्ध के युग में भारतीय राज्य में वे सारे तत्त्व उपस्थित थे जिनके रहने से राज्य की पूरी पहचान होती है। इसके क्षेत्रीय लक्षण को जनपद तथा महाजनपद जैसे शब्दों द्वारा अभिव्यक्त किया गया है। विशाल भूभागवाले राज्यों में कोसल एवं मगध सर्वाधिक शक्तिशाली राज्यों के रूप में उभरे। उनमें राज्य के सामान्य अंग अत्यंत स्पष्ट रूप से परिलक्षित होते हैं। पाणिनि के एक उद्धरण से स्पष्ट होता है कि लोगों की निष्ठा 'जनपद' अथवा उस भूभाग के प्रति होती थी जिससे वे संबद्ध होते थे। बाद में, कौटिल्य के अर्थशास्त्र में जानपद होने अर्थात् जनपद में जन्म लेना उच्चाधिकारी होने के लिए महत्त्वपूर्ण योग्यता बतलाई गई है। सिकंदर के इतिहासकारों से ज्ञात होता है कि पूरब में नंदों के राज्य के अतिरिक्त भारत उपमहाद्वीप के पश्चिमी भाग में कम से कम पांच राज्यों के पास सुव्यवस्थित सैन्य-संगठन थे। मगध के नंद शासकों के पास 20,000 अश्वारोही, 2,000 चतुराहण रथ, तथा 3,000-6,000 हाथी बताए गए हैं। स्पष्ट है कि ऐसी सुसंगठित सैन्य-व्यवस्था का भरण-पोषण तथा संचालन सुस्थापित कर-व्यवस्था द्वारा ही संभव था।

कई पदों के प्रयोग से पता चलता है कि कर-व्यवस्था सुस्थापित थी तथा करों का संचय नियमित रूप से होता था। पालि के पद हैं बलिसाधक, बलिपटिग्गाहक, बलिनिग्गाहक, और संस्कृत के पद हैं कारकर, क्षेत्रकर इत्यादि।[58] वैदिक काल के बहुत बड़े भाग में बलि स्वैच्छिक भेंट मानी गई है। किंतु अब यह अनिवार्य कर हो गई थी जिसे लोगों को राज्य के प्रति भरना पड़ता था।

उच्च तथा निम्न, दोनों ही कोटि के अधिकारियों की चर्चा मिलती है। उच्चाधिकारियों को महामात्र कहा जाता था। वे विभिन्न पदों पर कार्य करते थे जैसे मंत्री, सेनानायक, न्यायाधीश, गणक (मुख्य लेखाधिकारी) तथा अंतपुर के प्रमुख के रूप में।[59] अमात्यों अथवा अमच्चों की चर्चा मुख्यतः पालि ग्रंथों अथवा विधि के आरंभिक ग्रंथों अर्थात् धर्मसूत्रों में मिलती है। वे विभिन्न प्रकार के अधिकारियों की भूमिका निभाते थे। आयुक्तों अथवा मजिस्ट्रेट की बात भी कही गई है। ध्यान देने योग्य है कि राजा के महत्त्वपूर्ण सलाहकार जैसे मगध का वर्षकार अथवा कोसल का दीर्घचारायण अपने अपने राजा के कुल के नहीं थे। कई स्थानों पर ये अधिकारी पुरोहित समुदाय से लिए जाते थे। अतः प्रतीत होता है कि

ईसा से 500 वर्ष पूर्व गंगा के मध्य क्षेत्र में राज्य की संपूर्ण प्रणाली का उदय हो चुका था। यह प्रणाली उत्तर वैदिक युग की बड़े सरदारतंत्र अथवा आद्य-राज्य के विकसित रूप में आई। शतपथ ब्राह्मण तथा ऐतरेय ब्राह्मण में मिलनेवाली सत्ता संरचना बुद्धकालीन राज्य के अधिक समीप बैठती है। किंतु निश्चित रूप से, इसी युग में सिद्धांत एवं प्रयुक्ति दोनों ही दृष्टियों से राज्य की स्पष्ट अभिव्यक्ति मिलती है। निर्वैयक्तिक संस्थाएं जैसे कर, सेना, अधिकार इत्यादि सरदारी एवं कबीलाई सत्ता की कीमत पर विकसित हुईं। अब सत्ता किसी को शारीरिक गुणों तथा कबीले के समर्थन के बल पर नहीं मिलती थी बल्कि जोर-जबरदस्ती, मजबूरी, दबाव और इंतजाम के बल पर मिलती थी। बुद्ध के युग में ऐसी संस्थाएं कायम हो चुकी थीं जिनमें ये सारी चीजें पाई जाती हैं। फिर धर्म और वैचारिक प्रचार से इन्हें मजबूत किया जाता था। एक बार राज्य के अस्तित्व में आ जाने पर कर-संचय, बल-प्रयोग एवं दंड-विधान को उचित ठहराने के लिए अनेक सिद्धांत प्रस्तुत किए गए। ऐतरेय ब्राह्मण में बलप्रयोग के सिद्धांत का प्रतिपादन किया गया है जिसके अनुसार राज्य का जन्म युद्ध की आवश्यकताओं के कारण हुआ।[60] किंतु अब ऐसे सिद्धांत निकले जो राज्य के उद्भव की व्याख्या इकरार[61] तथा दैवी कारणों के आधार पर करने लगे; इस प्रकार राज्य को समाज की सहमति पाने का रूप दिया गया। फिर भी कुछ अन्य सिद्धांतों ने राज्य के उद्भव को परिवार, संपत्ति तथा वर्णव्यवस्था की सुरक्षा से जोड़ा,[62] और इस प्रकार वास्तविकता की ओर इंगित किया।

एंजेल्स के अनुसार प्राचीन इतिहास में राज्य का उदय तीन प्रमुख रूपों में होता है, पर तीनों में समता यह है कि राज्य कबीलाई संरचना के अवशेषों पर कायम होता है। एथेंस में शूद्र शास्त्रीय (क्लासिकल) रूप मिलता है; यहां राज्य सीधे तथा मुख्य रूप से वर्ग-विरोधों से उत्पन्न होता है जो कबीलाई समाज के अपने भीतर विकसित हुए। रोम में कबीलाई समाज बहुसंख्यक जनसाधारण (प्लेब) के बीच संकीर्ण अभिजात समाज में बदल गया जिसमें जन-सामान्य को स्थान न था तथा जिनमें केवल कर्तव्य ही थे अधिकार नहीं; जनसाधारण की विजय ने नातेदारी पर आधारित पुरानी संरचना को तोड़कर उसके ध्वंस पर राज्य का निर्माण किया जिसमें शीघ्र ही कबीलाई अभिजन तथा सर्वसाधारण दोनों ही पूर्णतः एकाकार हो गए। अंत में, रोमन साम्राज्य के जर्मन विजेताओं के मामले में, राज्य सीधे विशाल विदेशी क्षेत्रों की विजय से उत्पन्न होता है जहां कबीलाई संरचना शासन का कोई साधन उपलब्ध नहीं कराती।[63]

भारत में राज्य के उद्भव पर कोई सामान्य टिप्पणी देना कठिन है, उससे भी कठिन है, उसके कारणों की समीक्षा करना, जैसा कि एंजेल्स उपर्युक्त तीन स्थितियों में करता है। राज्य का संयंत्र आंशिक रूप से वैदिक काल के अंत में तथा

पूर्ण रूप से ईसा से 500 वर्ष पूर्व स्थापित हुआ। लोहे के प्रयोग तथा धान-रोपाई ने उन अनिवार्य परिस्थितियों को उत्पन्न किया जिन्होंने बुद्ध के युग में मध्य गांगेय क्षेत्रों तथा गंगा की सहायक नदियों के तटवर्ती इलाकों में कामचलाऊ अतिरिक्त कृषि-उत्पाद उपलब्ध कराया। इस परिघटना ने स्थानबद्ध जीवन और फलस्वरूप क्षेत्रीय तत्व को बहुत बल दिया, जिससे वह राज्य-व्यवस्था का एक अभिन्न अंग बना। किसानों के खाने-पीने के बाद जो फाजिल बचता था उससे कारीगरों, व्यापारियों तथा उत्पादन न करनेवालों का पोषण संभव हुआ। इसी से धन तथा वस्तु के रूप में दान-दक्षिणा देना संभव हुआ जिस पर भिक्षुक तथा पुरोहित जीते थे; इसी से कर देना संभव हुआ जिस पर योद्धा, कुलीन जन, सेना तथा अधिकारी निर्भर करते थे; और इसी से विनिमय व्यवस्था तथा कच्चे माल का मिलना संभव हुआ जो कारीगरों एवं व्यापारियों की जीविका का आधार बना।

राज्य का उदय किस वस्तुस्थिति में हुआ इसकी व्याख्या की जा सकती है। पर इसके उदय के व्यक्तिपरक कारण क्या थे इसका पता लगाना कठिन मालूम पड़ता है। कैसे ब्राह्मणों ने धार्मिक आधारों पर तथा क्षत्रियों ने राजनीतिक आधारों पर अतिरिक्त उपज पर अपना दावा किया, इसका संतोषजनक समाधान अभी मिलना शेष है। स्वैच्छिक उपहार करों में, तथा स्वैच्छिक श्रम राजा के लिए बलपूर्वक लिए जानेवाले श्रम में बदल गया। पहले कबीलाई समाज में समुदाय की समृद्धि के लिए सगे-संबंधी एक-दूसरे के लिए श्रम किया करते थे। आज भी एक कुल के लोग मकान बनाने एवं खेत जोतने में एक-दूसरे की सहायता करते हैं। जब आदिम समाज का ह्रास हुआ तो समुदाय के प्रमुख प्रतिनिधि के रूप में राजा उन श्रम-सेवाओं को प्राप्त करने लगा। इसी कारण जातकों में राजा के प्रति किसी-न-किसी प्रकार की श्रम-सेवा समर्पित करने की बात कही गई है। एक जनजाति के लोग सभाओं में संगठित होकर युद्ध करते थे तथा लूट के माल में हिस्सा पाते थे। वैदिकोत्तर काल में ये सभाएं लुप्त हो ही गईं। जनजाति के सदस्य जब विशाल कृषक-परिवारों में संगठित हुए तो वे अपने सामान्य अधिकारों से वंचित कर दिए गए। कृषक परिवारों का युद्ध में लड़ने का अधिकार समाप्त हो गया और साथ ही समाप्त हुआ युद्ध की लूट में मिलनेवाला उनका हिस्सा। इतना ही नहीं, उनका अनुष्ठान करने का अधिकार भी घट गया तथा उनके एवं दोनों उच्च वर्गों के बीच दरार उत्पन्न हो गई। विवादों को निपटाने का अधिकार भी उनके पास नहीं रह गया। कबीलाई सभा, जिसमें स्त्री एवं पुरुष दोनों ही इकट्ठे होते थे, स्पष्टत: पंचायत जैसी थी जिसका फैसला सर्वमान्य था। अब न्यायिक अधिकार या तो अभिजनों की एक छोटी-सी संस्था के पास चला गया अथवा उच्च कुलीन अधिकारियों के पास, जिनकी नियुक्ति राजा करता था। निजी संपत्ति की संख्या के उदय से तथा विशाल भूभाग वाले राज्यों में अवैदिक तथा अन्य कबीलों के लोगों के

सम्मिलित हो जाने से ऐसे वर्ण तथा संपत्ति संबंधी विवाद उत्पन्न होने लगे जिनके समाधान के लिए कबीलाई प्रथा अपर्याप्त थी। अतः विधि ग्रंथों अथवा धर्मसूत्रों को लिखने की आवश्यकता हुई।

इस प्रकार वैदिकोत्तर काल में कबीले अथवा कुल के सदस्यों की शक्ति क्षीण हो गई तथा अंततः समाप्त हो गई; वे अपना हिस्सा पाने, युद्ध लड़ने, राजा या सरदार का चुनाव करने, सभा, समिति, विदथ, गण तथा परिषद जैसी सभाओं में बैठने के अधिकारी नहीं रहे; इन्हीं परिस्थितियों के कारण राज्य प्रणाली का जन्म हुआ। प्रभुता, परंपरा तथा अनुभव के बल पर कतिपय परिवारों ने कर वसूलने, युद्ध लड़ने तथा कानून और व्यवस्था बनाए रखने का अधिकार हथिया लिया। इन्हें समर्थन मिला उन परिवारों से जिन्होंने धार्मिक दान लेने तथा अपने यजमानों के अनुष्ठान करने का एकाधिकार हस्तगत कर लिया था। यह कहना कठिन है कि ये दोनों प्रकार के लोग एक ही कुल या कबीले के सदस्य थे। ऐसा माना जाता है कि ब्राह्मण समुदाय में अवैदिक तत्व सम्मिलित हो गए थे। जो भी हो, ये दो श्रेणियां राज्य के नेताओं के रूप में सामने आईं। सरदारों की, जिन्हें राजन्य अथवा क्षत्रिय कहा जाता था, तथा पुरोहितों की, जिन्हें ब्राह्मण कहा जाता था, सत्ता के उदय ने कबीलाई सत्ता को कमजोर किया और परिपूर्ण राज्य की स्थापना का मार्ग प्रशस्त किया। जनजातीय समाज का पतन तथा वर्गविभाजित समाज की बढ़ती हुई प्रभुता एक ही सिक्के के दो पहलू हैं। एक को दूसरे से पृथक नहीं किया जा सकता। किंतु आरंभिक अवस्था में वर्ग वर्ण के रूप में प्रकट हुआ। वर्ण से उन लोगों का बोध होता था जो या तो अतिरिक्त उपज पर जीते थे या उसे उत्पन्न करते थे। वर्ग-व्यवस्था का अर्थ यह नहीं था कि उत्पादन के संसाधन केवल थोड़े से लोगों के हाथों में हों तथा बहुसंख्यक लोग उनसे वंचित हों। पुरोहितों (ब्राह्मणों) तथा योद्धाओं (क्षत्रियों) को भूमि तथा पशुओं के स्वामित्व से उतना लाभ नहीं था जितना कि पदों पर एकाधिकार तथा करों से मुक्त होने से था। मुख्य भार कृषक वर्ग (वैश्यों अथवा गृहपतियों पर) पड़ता था जो कमोबेश पुरानी जनजातियों के वंशज थे और अब कृषि-कार्य करते थे। स्पष्टतः, प्रत्येक कृषक परिवार के कब्जे में कुछ जमीन होती थी, भले ही उस पर कुल अथवा जनजाति के अधिकार का स्वरूप जो भी रहा हो। किंतु गृहपतियों को, जिनमें से कुछ दास रखते थे तथा अपनी भूमि पर कृषि के लिए कर्मकर (मजदूर) रखते थे और व्यापार करते थे, अपनी संपत्ति की सुरक्षा के लिए राज्य के संरक्षण की अत्यंत आवश्यकता थी। वैश्य और गृहपति यज्ञ करने तथा यज्ञोपवीत धारण करने के अधिकारी थे किंतु उन्हें कर देना पड़ता था, तथा युद्धों एवं प्रशासन से स्वयं को दूर रखना होता था। राजा अपनी प्रजा अथवा कृषक वर्ग का भक्षक (विशमत्ता) तथा रक्षक (विशाम्पति) दोनों ही होता था। ब्राह्मणों ने राजा को कुल के मुखिया के रूप में

प्रस्तुत किया जो सारे कुल के सदस्यों से श्रम तथा उत्पादन की मांग करता है तथा बदले में उन्हें संरक्षण प्रदान करता है। उल्लेखनीय है कि कुछ अन्य आरंभिक समाजों में भी संप्रभु को अपनी प्रजा के 'भक्षण' का अधिकार प्राप्त था।[64] यद्यपि चारों वर्णों (जिनमें शूद्र भी सम्मिलित हैं, जो आरंभ में एक छोटा समूह थे) को एक ही पितृवंश का वंशज माना गया, फिर भी पुरोहितों एवं योद्धाओं ने क्रमशः कृषकों अथवा विश् को उसके पारंपरिक अधिकारों यहां तक कि उनके अपने उत्पादन के एक अंश से भी वंचित कर दिया। वे दोनों इस अर्थ में राज्य के प्रतिनिधि थे कि उन्हें उपहार तथा कर लेने का अधिकार प्राप्त था। वे भूमि के स्वामी नहीं होते थे जैसा कि यूनान और रोम की प्रथा थी। भारत में राज्य अंततः उन संघर्षों के कारण पैदा हुआ जो कबीलाई कृषिप्रधान समाज में एक ओर पुरोहित एवं योद्धा वर्गों तथा दूसरी ओर कृषक वर्गों के बीच उत्तर वैदिक काल से फूट पड़े थे। वैदिक काल के अंत में, एंजेल्स के शब्दों में, 'सैन्य प्रजातंत्र' ऐसे अभिजात्य में परिवर्तित हो गया जिसमें पुरोहित भी सम्मिलित थे। किंतु क्यों और कैसे प्राथमिक उत्पादकों में कुछ लोग पूर्णरूपेण पुरोहित तथा कुलीन योद्धा हो गए तथा कृषकों की कमाई खाने के लिए अपने को विशेषाधिकारों से सम्पन्न किया, इसके लिए और गवेषणा आवश्यक है। मार्क्सवादी नृतत्वशास्त्री भी राज्य के उदय होने की प्रक्रिया की व्याख्या करने में कठिनाई अनुभव करते हैं। पहले नातेदारी के आधार पर लोग इकट्ठे होकर सामुदायिक कार्यों का संपादन करते थे। फिर ऐसे संकीर्ण समूह कायम हुए जो आपस में श्रम और संसाधन पर आधिपत्य जमाने के लिए स्पर्द्धा करने लगे। यह परिवर्तन कैसे हुआ, इसकी पूरी व्याख्या करना अभी बाकी है।[65]

संदर्भ और टिप्पणियां

1. यह पेपर 'बेसिक प्राब्लम्स ऑफ़ प्रि-कैपिटलिस्ट सोशल इनफारमेशंस' पर एक अंतर्राष्ट्रीय कांफ्रेंस में प्रस्तुत किया गया था, जो ड्रेस्डन में नवंबर 1984 को फ्रेडरिक एंजेल्स के ग्रंथ 'दि ओरिजिन ऑफ दि फेमिली, प्राइवेट प्रापर्टी एंड दि स्टेट' के प्रकाशन के सौवें वर्ष के उपलक्ष्य में बुलाई गई थी।
2. फ्रेडरिक एंजेल्स, 'दि ओरिजिन ऑफ दि फैमिली, प्राइवेट प्रापर्टी एंड स्टेट', प्रस्तावना सहित, एलीनोर बी. लीकाक, न्यूयार्क द्वारा संपादित, 1972, पृ. 223-30. हाल में प्राचीन समय में राज्य-निर्माण से संबंधित कुछ रचनाएं प्रकाशित हुई हैं। इनमें उल्लेखनीय हैं—हेनरी, जे. एम., केसेन और पीटर स्कालिनिक की 'दि अर्ली स्टेट', मांटन, दि हेग, 1978.
3. आर. एस. शर्मा, पालिटिकल आइडियाज एंड इंस्टीट्यूशंस इन एंशियंट इंडिया, द्वितीय संस्करण, दिल्ली, 1968, पृ. 265-71.
4. मेरन शब्दों की व्याख्या आर. एस. शर्मा के 'मेटेरियल कल्चर एंड सोशल फारमेशंस इन एंशियंट इंडिया, दिल्ली, 1983, पृ. 46-48 में की गई है।
5. ऋग्वेद, X. 34.12.

6. अथर्ववेद, III, 30.56 (अनु. व्हिट्नेज)
7. वैदिक तथा उत्तर वैदिक काल के संदर्भ में जाति पर आधारित पारिभाषिक शब्दावली के लिए देखिए आर. एस. शर्मा, 'टैक्सेशन एंड स्टेट फारमेशन इन नार्दर्न इंडिया प्रि-मौर्य टाइम्स', सोशल साइंस प्रोबिग्स, 1, 1984, पृ. 6, फुटनोट 19.
8. शर्मा, मेटेरियल कल्चर आदि, पृ. 48.
9. वही, पृ. 48.
10. विदथ के लिए देखिए, शर्मा, एस्पेक्ट्स ऑफ पालिटिकल आइडियाज, आदि, अध्याय VI.
11. ए. ए. मैक्डानल एवं ए. बी. कीथ, वैदिक इंडेक्स ऑफ नेम्ज एंड सब्जेक्ट्स, ii, रिप्रिंट, दिल्ली, पृ. 250.
12. वैदिक इंडैक्स ऑफ नेम्ज एंड सब्जेक्ट्स, पृ. 80-81, 91, 248.
13. वही, पृ. 248.
14. ऋग्वेद, X. 166.4. अथर्ववेद III, 4.2.
15. जार्ज थामसन, एश्च्यूलस एंड एथेंस, लंदन, 1973, पृ. 38-39, 41, 49, 282.
16. गव्यं परिषदन्तो अगमन् 2.17; 3.22 ऋग्वेद में परिषद् का जाति-आधारित लक्षण स्पष्ट नहीं है, किंतु वैश-सभा अपना पांचालों की परिषद शतपथ ब्राह्मण में ज्ञात थी।
17. मंडल, VIII.
18. ऋग्वेद II, 1,4.
19. शर्मा, मेटेरियल कल्चर, आदि, पृ. 51.
20. ऋग्वेद, X. 90.12
21. X. 166.4
22. अथर्ववेद III, 4.2. इंद्र को महाभिषेक के लिए इसलिए चुना गया था कि वह "सबसे बलशाली, सबसे संपूर्ण तथा किसी भी कार्य को करने के लिए सर्वोत्तम था," ऐतरेय ब्राह्मण, VIII. 12-17.
23. ओजिष्ठ, बलिष्ठ, सातिष्ठ (7), परयिण्णुत्तम ? सात्वमह ? धर्मज्ज ? वह उन्हें मुख्यतः नैतिक गुण मानता है (वही), किंतु अंतिम दो को छोड़कर, अन्य सभी शारीरिक बल से संबंधित हैं।
24. शर्मा, पालिटिकल आइडियाज, आदि, पृ. 269-71
25. शर्मा, मेटेरियल कल्चर, आदि, पृ. 69-73.
26. ऐतरेय ब्राह्मण, VII, 27 और 28 विवेचित —आर. एस. शर्मा, शूद्राज इन एंशियंट इंडिया, द्वितीय संस्करण, दिल्ली, पृ. 65-66.
27. ऐतरेय ब्राह्मण, VII, 29.
28. वही, VII, 29.
29. तैतिरीय संहिता, 11. 2. 11. 2; ऐतरेय ब्राह्मण, VII, 29; शतपथ ब्राह्मण, IX 4. 3. 3, XII 7. 3. 12; XIII 2. 9. 6.
30. अथर्ववेद, XI. 1. 6. 31. ब्राह्मणानाम् गोप, ऐतरेय ब्राह्मण, VIII उद्धृत रायचौधरी, पालिटिकल हिस्ट्री ऑफ एंशियंट इंडिया, पृ. 151.
31. अथर्ववेद, V. 17. 19.
32. रायचौधरी, आप. शीट., पृ. 143.
33. राजपरिवार के बाहर से लोकप्रिय व्यक्ति को वरीयता देने के अनेक उदाहरण जातकों (देखिए वही, पृ. 144) में मिलते हैं, जो संभवतः पूर्वकाल की रीति का स्मरण कराते हैं।
34. ऐतरेय ब्राह्मण, VIII. 6.

35. ऐतरेय ब्राह्मण, VIII. 7. उद्धृत एच. सी. रायचौधरी, आप. शीट., पृ. 150.
36. शतपथ ब्राह्मण, V 1.5.14;अथर्ववेद, XX 127. 1. 10.
37. तैतिरीय संहिता, 11.3.1.
38. IX. 4. 1. 1. 40. शर्मा, मेटेरियल कल्चर, आदि।
39. वही।
40. वही, पृ. 76.
41. वही, पृ. 83-84
42. ऐतरेय ब्राह्मण, III. 48.
43. एच. सी. रायचौधरी, आप. शीट., पृ. 67
44. शतपथ ब्राह्मण, IV. 3. 3. 15; V. 4. 3. 8.
45. शतपथ ब्राह्मण, V. 4. 3. 1. 8.
46. एक कहावत अभी तक चलती है, 'मिल जुल खाय, राजा घर जाए'।
47. ऐतरेय ब्राह्मण, VIII. 15.
48. शर्मा, मेटेरियल कल्चर, आदि, पृ. 89-96.
49. वही, पृ. 96-99.
50. आर. एस. शर्मा, शूद्राज इन एंशियंट इंडिया, द्वितीय संस्करण, दिल्ली, 1980, पृ. 102-12
51. शर्मा, मेटेरियल कल्चर, आदि, पृ. 109-10
52. किसी 'वंश' की सदस्यता सामाजिक पद तथा संसाधनों पर नियंत्रण निधारित करती है। रोमिला थापर, सभापति, भाषण, इंडियन हिस्ट्री कांग्रेस, बर्दवान, 1983, पृ. 3. इस विचार को उसकी पुस्तक 'फ्राम लिन्येज टू स्टेट' में और विकसित किया गया है। ओ. यू. पी., दिल्ली, 1984.
53. पातंजलिआन पाणिनि, IV, I, 168. एंड काशिपा आन पाणिनि, V 3. 114.
54. आर. एस. शर्मा, 'टैक्सेशन एंड स्टेट फारमेशन इन नार्दर्न इंडिया इन प्रि-मौर्य टाइम्ज,' सोशल साइंस प्रोविंग्स, i, 1984, पृ. 15-18.
55. शर्मा, शूद्राज आदि, 1980, पृ. 95-98.
56. वही।
57. वही, पृ. 155-56.
58. वही, पृ. 20.
59. वही, पृ. 21.
60. ऐतरेय ब्राह्मण, VIII 12-17.
61. शर्मा, ऐस्पेक्ट्स आफ पालिटिकल आइडियाज. आदि, अध्याय
62. वही, अध्याय IV.
63. वही।
64. डेविड सेडन, सं., रिलेशंस आफ प्रोडक्शन: मार्क्ससिस्ट एपरोचेज टू इकानामिक एन्थ्रोपोलोजी, लंदन, 1978, पृ. 166-67.
65. इलेनर लीकाक, 'मार्क्सिज्म एंड एन्थ्रोपोलोजी'.

14. कानून और राजनीति से वर्ण का संबंध

(ईसा पूर्व लगभग 600 से 500 ईस्वी तक)

एक ओर वर्णव्यवस्था तथा दूसरी ओर कानून और राजनीति के पारस्परिक संबंधों पर विचार किए बिना वैदिकोत्तर राज्यव्यवस्था को भली भांति नहीं समझा जा सकता। बहुत-से कारणों से यह माना जा सकता है कि ईसा पूर्व पांचवीं शताब्दी से राज्यशक्ति के उदय में वर्ण की महत्त्वपूर्ण भूमिका रही, इतना ही नहीं, अलग-अलग अवस्थाओं में उस शक्ति के विकास को भी वर्ण ने बहुत अधिक प्रभावित किया, तथा उसके विभिन्न अंगों को जो स्वीकृति प्राप्त हुई और उसके कानून जिस सांचे में ढले, उसमें भी इस प्रक्रिया का बहुत बड़ा हाथ था।

पौराणिक सिद्धांत-परिकल्पना में वर्णों के उदय और राज्योत्पति के बीच आनुषंगिक संबंध ही दिखलाया गया है।[1] आधे दर्जन पुराणों में कहा गया है कि यद्यपि विभिन्न वर्गों के कर्तव्य निर्धारित थे, किंतु उन्होंने उनका पालन नहीं किया, जिससे उसमं आपसी संघर्ष उत्पन्न हो गया। इस स्थिति को समाप्त करने के लिए ब्रह्मा ने क्षत्रियों के पेशे के रूप में दंड और युद्ध का विधान किया। संभव है, इस प्रकार की सिद्धांत-परिकल्पनाएं गुप्तकाल में की गई हों, जब पुराणों और 'महाभारत' के उपदेशात्मक अंशों को अंतिम रूप प्रदान किया[2] गया। लेकिन चिंतकों के मन में ऐसे विचार तभी उठे होंगे जब या तो युगों पुरानी परंपराओं में उनके लिए कोई आधार रहा होगा, या फिर वर्गों में विभक्त हो रही कतिपय समसामयिक जनजातियों में इस तरह की प्रक्रिया चल रही होगी। इसके अतिरिक्त धर्मसूत्रों और 'अर्थशास्त्र' से लेकर ब्राह्मण विचारधारा के सभी ग्रंथों में राजा के जिस कर्तव्य पर सबसे अधिक जोर दिया गया है वह है वर्णों पर आधारित सामाजिक व्यवस्था की रक्षा।[3] कौटिल्य के अनुसार धर्म प्रवर्तक के रूप में राजा चतुर्वर्ण व्यवस्था का रक्षक है।[4] 'शांतिपर्व' में स्पष्ट शब्दों में कहा गया है कि जाति-धर्म या वर्ण-धर्म का आधार क्षात्रधर्म, अर्थात राज्यशक्ति है।[5] मनु की घोषणा है कि राज्य तभी तक फूल-फल सकता है जब तक वर्णों की शुद्धता कायम

रहती है। यदि मिश्रित वर्णों के वर्णसंकर लोग वर्णों को दूषित करेंगे तो राज्य अपने निवासियों सहित नष्ट हो जाएगा।[6] सच तो यह है कि मनु वर्णव्यवस्था से सर्वथा अलग करके राजा के कर्तव्यों की कल्पना ही नहीं कर सकते। हापकिंस के अनुसार मनु में 'ऐसे स्थल विरल ही हैं जहां अन्य वर्णों से राजा का कोई संबंध जोड़े बिना स्वतंत्र रूप से उसका उल्लेख हुआ हो।'[7] ब्राह्मण विचारधारा के अनुसार यदि कोई व्यक्ति अपनें जातीय कर्तव्यों से च्युत होता है तो उससे महाविपत्ति उपस्थित होती है। पांचवीं शताब्दी के स्मृतिकार नारद के अनुसार, 'यदि कोई जाति पथभ्रष्ट हो जाए और राजा उसे दंडित नहीं करे तो सभी सांसारिक जीव विनष्ट हो जाएंगे।'[8] 'शांतिपर्व' में राजपद को वर्णव्यवस्था का रक्षक कहा गया है। इसमें राजा के विरुद्ध विद्रोह करनेवाले के लिए वही दंड विहित किया गया है जो समाजव्यवस्था में गड़बड़ी फैलानेवाले के लिए निर्धारित किया गया है।[9] जहां तक राज्य द्वारा वर्णव्यवस्था के समर्थन का प्रश्न है, प्राचीन भारतीय चिंतकों के विचार तथा प्लेटो और अरस्तू के विचार सामान्यतः एक से हैं,[10] यद्यपि यूनान में वर्ग बंधन उतना कठोर नहीं माना जाता था जितना भारत में वर्ण का।

वर्णव्यवस्था की रक्षा के राजकीय दायित्व पर धर्मशास्त्रों में जो आग्रह देखने को मिलता है, उसकी पुष्टि पुरालेखीय (एपिग्राफिक) साक्ष्यों से भी होती है। यद्यपि इन अभिलेखों की शैली यत्रतत्र पारंपरिक ढंग की है, फिर भी कुल मिलाकर ये वास्तविक स्थिति पर प्रकाश डालते हैं। अशोक के अधिकारी योद्धाओं (भटमयेषु), ब्राह्मणों और इभ्यों (वैश्यों) के बीच काम करने के लिए नियुक्त किए जाते हैं।[11] ऐसा प्रतीत होता है कि अशोक के अभिलेखों में प्रयुक्त दासभटक[12] (दासभृतक) शब्द शूद्रों का द्योतक है। स्पष्ट है कि अशोक ने समकालीन समाजव्यवस्था के आधार पर अपने अधिकारियों को चारों सामाजिक वर्गों में कार्य करने के लिए नियुक्त किया। यद्यपि अशोक ने बौद्ध धर्मावलंबी होने के कारण वर्ण शब्द का प्रयोग नहीं किया है, पर उसने समाज को जो चार कोटियों में बांटा है, उनसे चार वर्णों का संकेत मिलता है। आगे चलकर ब्राह्मण सातवाहन राजा वसिष्ठीपुत्र पुलुमावि (ईस्वी सन् की दूसरी शताब्दी के मध्य) के नासिक गुफा अभिलेख से ज्ञात होता है कि क्षत्रियों का शत्रु होने पर भी वह वर्णसंकरता का प्रतिरोधक था।[13] उसी के समकालीन विदेशी मूल के शक शासक रुद्रदामन के बारे में कहा गया है कि विभिन्न वर्गों के लोग उसके पास पहुंचे (या उन्होंने उसे निर्वाचित किया)।[14] परिव्राजक परिवार के राजा संक्षोभ के 529 ईस्वी के एक अभिलेख में उसे वर्णाश्रम धर्म की स्थापना में निरत बतलाया गया है।[15] फिर, यशोवर्मन के 532 ई. के मंदसौर प्रस्तरलेख में उसके पूर्वज अभयदत्त को चारों वर्णों के लाभार्थ कार्य करने वाले के रूप में बतलाया गया है।[16] उस अभिलेख में दावा किया गया है कि धर्मदोष ने राज्य को सभी वर्णों की संकरता से मुक्त

किया।[17] इस संदर्भ में हर्ष के बंसखेरा अभिलेख का हवाला भी दिया जा सकता है, जिसमें उसके पिता प्रभाकरवर्धन को वर्णाश्रम धर्म का नियामक कहा गया है।[18] इस प्रकार जहां तक गुप्त राजाओं और उनके उत्तराधिकारियों का प्रश्न है, पुरालेखों में इस काल के कतिपय विख्याततम राजा वर्णाश्रम धर्म की संस्थापना और वर्णों को अपने-अपने कर्तव्य क्षेत्रों तक सीमित रखने में संलग्न दिखलाए गए हैं।[19] अभिलेखीय साक्ष्यों से प्रकट होता है कि केवल सिद्धांत रूप में ही नहीं, वरन् व्यवहार में भी वर्ण-विभाजित समाज को कायम रखना राज्यशक्ति का प्रमुख कर्तव्य था।

जहां तक राजा के वर्ण का प्रश्न है, उसे क्षत्रिय वर्ण का होना चाहिए था। प्रारंभिक साहित्य में राजन्य और क्षत्रिय शब्द पर्यायवाची हैं। लेकिन ऐसे दृष्टांत मौजूद हैं जिनमें अन्य वर्णों के लोग भी राजा हुए हैं। जातकों में कम से कम चार ब्राह्मण राजाओं के उदाहरण मौजूद हैं।[20] आगे चलकर मौर्योत्तर काल और गुप्तकाल में हमें आंध्रों, शुंगों, काण्वों, वाकाटकों, गंगों और कंदबों द्वारा राजवंशों की स्थापना किए जाने के उदाहरण मिलते हैं। इनमें से कुछ राजवंश ब्राह्मण मूल के रहे होंगे, और कुछ—विशेषकर वे जो दकन और दक्षिण भारत में पड़ते थे—ऐसे स्थानीय राजवंश रहे होंगे जो बाद में तरक्की करके सर्वोच्च सामाजिक वर्ण में दाखिल हो गए। जो भी हो, ब्राह्मण राजवंशों के उदय का सादृश्य पूर्ववर्ती काल में नहीं मिलता है। इन शासकों को क्षत्रिय की हैसियत प्रदान करना आवश्यक नहीं समझा गया। लेकिन जो शासक मूलतः शूद्र जाति के थे उन्हें यह हैसियत देना जरूरी माना गया। कलियुग में अधिकतर राजा शूद्र होंगे,[21] यह पौराणिक भविष्यवाणी या तो बौद्ध और अधर्मी शासकों को लक्ष्य करके की गई है या विदेशी मूल के उन राजाओं को ध्यान में रखकर की गई है जो ब्राह्मण जीवनपद्धति का पूर्ण आचरण नहीं कर पाए। कदाचित, विदेशियों और शूद्रों के बीच की विभाजक रेखा उतनी ही क्षीण थी जितनी यूनान में गुलामों और बर्बरों के बीच की थी।[22] 'मनुस्मृति' और 'विष्णुस्मृति' के अनुसार स्नातक (जिसने विद्याध्ययन काल पूरा कर लिया हो) को शूद्र राजा के देश में नहीं टिकना चाहिए। इससे स्पष्ट लक्षित होता है कि शूद्र शासक भी होते थे।[23] लेकिन इस संबंध में दो बातों का ध्यान रखना आवश्यक है। पहली तो यह कि वास्तविक इतिहास में शूद्र शासकों के उदाहरण बहुत कम मिलते हैं। मनु का अभिप्राय शायद यवन, शक और पह्लव राजाओं से है जिन्होंने बाहर से आकर उत्तर-पश्चिम भारत में अपना राज्य कायम किया था। दूसरे, जो भी विवादास्पद दृष्टांत उपलब्ध हैं उनसे प्रकट होता है कि सिंहासनारूढ़ हो जाने पर ऐसा राजा न तो स्वयं शूद्रवत व्यवहार करता था और न उसके साथ लोग वैसा व्यवहार करते थे। चंद्रगुप्त मौर्य, जैन अनुश्रुतियों के अनुसार मयूरपालक का पुत्र था और इस प्रकार शूद्र की कोटि में था, पर

मध्यकालीन अभिलेखों में वह सूर्यवंशी के रूप में महिमान्वित हुआ है ।[24] गुप्त राजे, जो धर्मशास्त्र के नियमानुसार अपनी उपाधि से वैश्य सिद्ध होते हैं, वैवाहिक संबंधों के कारण क्षत्रिय लिच्छवियों और ब्राह्मण वाकाटकों के रिश्तेदार बन गए । एक जावाई ग्रंथ में इन्हें क्षत्रिय वंश का बताया गया है ।[25] कुछ लोग कहते हैं कि हर्षवर्धन वैश्य था । लेकिन ह्वेनत्सांग से मालूम होता है कि वह राजपूत था और बाण बताता है कि वह क्षत्रिय था । इन सारी बातों से प्रकट होता है कि ब्राह्मण आदर्शों पर गठित समाज में निम्न जाति के शासकों को क्षत्रिय वर्ण में सम्मिलित कर लेने की प्रथा चल पड़ी थी । यदि हम विवेच्य काल के छोटे-बड़े सभी राजाओं के वर्ण के आंकड़े निकालें तो पाएँगे कि उनमें से अधिकांश क्षत्रिय हैं और अनेक ब्राह्मण हैं । कहा गया है कि सनातनी विचारधारा को जितना आघात ब्राह्मणों के राजा बनने से पहुंचता था उतना वैश्यों या शूद्रों के बनने से नहीं,[26] पर इस मान्यता का कोई विशेष औचित्य नहीं दिखाई देता । जनमानस में विद्यमान धन की महत्ता के फलस्वरूप मौर्योत्तर काल से धनाढ्य विदेशी शासकों तथा निम्नतर जातियों के धनी लोगों के उच्चतर सामाजिक वर्णों में दाखिल किए जाने का मार्ग सहज ही प्रशस्त हुआ होगा । 'पंचतंत्र' में कहा गया है कि कोई व्यक्ति अर्थ से ही बलवान या पंडित बनता है ।[27] दूसरे शब्दों में, धनी लोग ब्राह्मण और क्षत्रिय जैसे ही श्रेष्ठ समझे जा सकते थे । यदि निम्नतर वर्गों के पुरुषार्थी व्यक्ति शासकवर्ग विरोधी प्रतिक्रिया का लाभ उठाकर या अपने धन के जोर पर सिंहासन प्राप्त कर लेते थे तो ब्राह्मण सिद्धांतवेत्ता चतुराई से पुराने वंशवृक्षों में परिवर्तन करके उन्हें क्षत्रिय वर्ण में शामिल कर लेते थे, और इस तरह प्रचलित समाजव्यवस्था में कोई विशेष व्यतिक्रम नहीं आने देते थे । यह प्रक्रिया हाल तक चलती रही है,[28] पर इसका जोर से आरंभ 6ठी-7वीं सदी से हुआ । प्राचीन रोमवासियों के इस गुण की बड़ी प्रशंसा की गई है कि वे अधिकारहीन वर्गों के प्रमुख लोगों को शासक वर्ग में शामिल करके शेष को बाहर छोड़ देते थे और इस प्रकार अपनी बुनियादी समाज व्यवस्था को अक्षुण्ण बनाए रखते थे । स्पष्ट है कि यह गुण प्राचीन भारत के शासक वर्ग में भी कुछ कम नहीं था ।

राजा के बाद राज्य का सर्वाधिक महत्त्वपूर्ण अंग सेना थी । शस्त्रास्त्र धारण करने, अर्थात् दंड का प्रयोग करने का अधिकार केवल क्षत्रियों को था । मनु के अनुसार आपातस्थिति में यह अधिकार ब्राह्मणों और वैश्यों को भी दिया जा सकता है, पर शूद्रों को कदापि नहीं ।[29] शूद्रों पर थोपी गई नियोग्यताओं को देखते हुए ऐसी आशंका रखना स्वाभाविक ही था कि अवसर पाकर वे अपने हथियारों का प्रयोग कहीं राज्य शक्ति के खिलाफ न करें, क्योंकि राजा उच्चतर वर्णों के विशेषाधिकारों का रक्षक था । केवल कौटिल्य ने ही वैश्यों और शूद्रों से गठित सेना को, उसके संख्या बल के कारण, महत्त्वपूर्ण माना है । ब्राह्मण सैनिकों से बनी सेना

के विषय में उनकी राय अच्छी नहीं जान पड़ती, क्योंकि उनके विचार से, ऐसी सेना को अनुनय विनय द्वारा जीता जा सकता है।[30] सेना को राज्य के एक अनिवार्य अंग के रूप में परिभाषित करते हुए कौटिल्य कहते हैं कि सर्वोत्तम सेना वह है जिसमें केवल क्षत्रिय सैनिक ही हों।[31] इस बात की पुष्टि मेगास्थनीज से भी होती है। भारत की आबादी के पांचवें वर्ग के रूप में योद्धाओं (जो हमारी राय में क्षत्रिय ही हैं) का उल्लेख करते हुए वह कहते हैं कि इनका खर्च राज्य उठाता है और शांतिकाल में ये लोग बहुत सुख-सुविधापूर्वक जीवन व्यतीत करते हैं।[32] 'कामंदकनीतिसार', जिसमें कौटिल्य से काफी सामग्री ली गई है, बतलाता है कि सेना के लिए क्षत्रिय सबसे श्रेष्ठ लोग हैं।[33] इन बातों से शायद यह निष्कर्ष निकाला जा सकता है कि कम से कम मौर्य काल में राज्य के खर्चे पर रखी जानेवाली स्थायी सेना में सामान्यतः क्षत्रिय ही हुआ करते थे। कौटिल्य का कहना है कि सेना में वैश्यों और शूद्रों की भी भरती पर विचार किया जा सकता है, लेकिन मेगास्थनीज इस बात से सहमत नहीं हैं। वह साफ कहते हैं कि किसान (स्पष्टतया कौटिल्य के वैश्य और शूद्र, जिनका सामान्य पेशा कृषिकार्य था)[34] सैनिक सेवा से मुक्त हैं और सेना का काम उनको सुरक्षा देना है।[35] इसका मतलब यह हुआ कि बाहरी आक्रमणों और आंतरिक अत्याचारों के समक्ष वैश्य और शूद्र पूर्णतः निरुपाय थे और फलस्वरूप फसलों को क्षति पहुंचाने वाले जंगली पशु-पक्षियों को भी वे खुद नहीं भगा सकते थे, बल्कि यह काम एक विशेष प्रकार के शिकारी करते थे।[36]

सेना में सबसे महत्त्वपूर्ण पद सेनापति का था। परवर्ती काल के विचारकों के अनुसार, इस पद पर केवल ब्राह्मण या क्षत्रिय ही नियुक्त किए जा सकते थे।[37] कामंदक का कहना है कि पुरोहित, मंत्री और अभिजात वर्ग के लोग सेना के प्रमुख नेता हैं।[38] जैसाकि आगे दिखलाया जाएगा, मंत्री या तो ब्राह्मण होते थे या क्षत्रिय। प्रारंभिक बौद्ध और जैन ग्रंथों से हमें ज्ञात होता है कि क्षत्रियों के अलावा ब्राह्मण भी सेनापति और योद्धाजीवों (योद्धाओं) के पदों पर नियुक्त किए जाते थे।[39]

नौकरशाही का संगठन भी वर्ण पर ही आधारित जान पड़ता है। राज्य के सप्तांग सिद्धांत में राजकाज के इस प्रमुख साधन का बोध करानेवाला शब्द है अमात्य। जातकों में राजा के सखा, सभासद और सेनापति के रूप में अमात्य बहुत ही महत्त्वपूर्ण भूमिका निभाते हैं।[40] अमच्चकुलम् (मंत्रियों का परिवार) शब्द के उल्लेखों की बहुलता को देखते हुए इस बात की संभावना नहीं रह जाती कि निम्न वर्ग के लोग भी अमात्य (मंत्री) बनते होंगे।[41] फिक का कहना है कि खत्तियों (क्षत्रियों) की तरह इन मंत्रियों में भी 'विशेष रूप से विकसित ढंग की वर्ग चेतना' विद्यमान थी।[42] लेकिन उसने इनकी जाति नहीं बताई है।[43] किंतु अमच्च के जो

उल्लेख मिलते हैं उन पर विचार करने से लगता है कि वे कभी-कभी ब्राह्मण और अक्सर क्षत्रिय हुआ करते थे।[44] गहपति (गृहपति) या शिल्पी के राजा का मंत्री होने का एक भी दृष्टांत नहीं मिलता। ऐसा प्रतीत होता है कि मौर्यपूर्व काल में भी वर्णव्यवस्था का द्वार इतना खुला नहीं था कि निम्न वर्ण का कोई व्यक्ति उच्च पद पर पहुंच सके। धर्मसूत्रों से अमात्यों के वर्ण का पता नहीं चलता, लेकिन आपस्तंब कहता है कि नागरिकों और ग्रामीणों की रक्षा के लिए प्रथम तीन वर्णों के लोग नियुक्त किए जाने चाहिए।[45] 'अमात्योत्पतिः' अध्याय में कौटिल्य ने अमात्यों की जाति का स्पष्ट उल्लेख तो नहीं किया है, किंतु उनके लिए जो योग्यताएं विहित की गई हैं उनसे इसका थोड़ा संकेत अवश्य मिल सकता है। कौटिल्य और कौटिल्य द्वारा उद्धृत अन्य चिंतकों ने अमात्यों के लिए अनेक गुण विहित किए हैं। किंतु इन सबने आभिजात्य गुण को आवश्यक बताया है। इस गुण को बतलाने के लिए अनेक अभिव्यक्तियों का प्रयोग हुआ है, जैसे 'जिसके पिता और पितामह अमात्य रहे हों,' 'अभिजन' और 'जानपदोऽभिजातः।'[46] यह संदेहास्पद है कि प्रथम दो वर्णों के सिवा किसी अन्य वर्ण के सदस्यों में आभिजात्य की योग्यता मिल सकती थी।[47] जैसा कि अरस्तू ने कहा है, उच्चकुलोत्पन्न वह है जो वंशपरंपरा से धनी है और जो सद्गुणों से संपन्न है।[48] इनकी आशा निम्न वर्गों के लोगों से करना व्यर्थ है। अभिजात होने के अतिरिक्त अमात्यसंपत माने जाने के लिए जो अन्य योग्यताएं गिनाई गई हैं उनसे इस बात में कोई संदेह नहीं रह जाता कि मंत्री उच्च वर्णों का ही होना चाहिए था।[49] निम्न वर्णों के लोगों के लिए उच्च पदों पर पहुंचने के रास्ते बंद थे, इस बात की पुष्टि मेगास्थनीज के कथन से भी होती है। उसने सभासदों और परामर्शदाताओं के पेशेवर वर्ग का उल्लेख करते हुए यह बताया है कि प्रशासन के कार्यपालिका तथा न्यायपालिका, दोनों विभागों के सभी उच्चतम पदों पर यही लोग आसीन हैं।[50] मेगास्थनीज के ही आधार पर एक परवर्ती लेखक कहता है कि सबसे ऊंचे कुलों में जन्म लेनेवाले और सबसे धनाढ्य लोग राजकाज के संचालन में भाग लेते हैं, न्याय की व्यवस्था करते हैं और राजाओं के साथ परिषद में बैठते हैं।[51] उन लोगों की एक नितांत अलग जाति थी, ये लोग अपनी जाति से बाहर विवाह नहीं कर सकते थे, अपना पेशा या धंधा नहीं बदल सकते थे और एकाधिक धंधे नहीं कर सकते थे।[52] इन नियमों से स्पष्ट है कि इनकी अपनी एक सर्वथा अलग जाति थी, जिसमें न किसी और जाति के लोग प्रवेश कर पाते थे और न जिसमें से ये खुद ही बाहर निकल पाते थे।

जान पड़ता है कि गुप्तकाल में भी राजकाज, न्यायसंचालन, आदि पर उच्च वर्ण के लोगों का आधिपत्य कायम रहा। इसके साक्ष्य समकालीन विधि-ग्रंथों और अभिलेखों से प्राप्त हो सकते हैं। कात्यायन इस बात पर जोर देता है कि अमात्य को ब्राह्मण जाति का होना चाहिए।[53] इसका एक वास्तविक उदाहरण द्वितीय

चंद्रगुप्त के उदयगिरि गुफा अभिलेख से मिल सकता है, जिसमें उत्तराधिकार में प्राप्त मंत्रीपद पर आसीन एक ब्राह्मण का उल्लेख है ।[54]

1889 ई. में हॉपकिंस ने 'महाभारत' में उल्लिखित सैंतीस सदस्यों की ऐसी अमात्यपरिषद की ओर ध्यान आकृष्ट किया जिसके इक्कीस सदस्य वैश्य थे । तब से इस तथ्य को बहुत अधिक महत्त्व दिया जाता रहा है ।[55] ध्यातव्य है कि 'शांतिपर्व' के समीक्षित संस्करण में इस अवतरण को शामिल नहीं किया गया है । अलबत्ता, उसमें आठ मंत्रियों के निकाय के गठन का उल्लेख अवश्य है, और ऐसा निर्देश है कि इन आठ में चार ब्राह्मण होने चाहिए, तीन राजभक्त, अनुशासित और आज्ञाकारी शूद्र तथा एक सूत होना चाहिए ।[56] मंत्री के रूप में तीन आज्ञाकारी शूद्रों की नियुक्ति एक प्रयोग करने योग्य आदर्श माना जा सकता है, जो 'शांतिपर्व' में शूद्रों के प्रति अन्य मामलों में भी अपनाए गए उदार दृष्टिकोण के सर्वथा अनुरूप है । किंतु स्वयं 'मंत्रिन' शब्द का अर्थ मंत्र-तंत्र से युक्त व्यक्ति है, और इसलिए इसका ध्वनितार्थ 'ब्राह्मण' है ।[57]

अब, दूत (राजदूत) को लें । यह पद काफी महत्त्वपूर्ण था, क्योंकि राज्य का एक अंग मित्र था और राजा को पड़ोसी राज्यों से संबंध स्थापित करना पड़ता था । दूत के बारे में यह विहित किया गया है कि उसे 'कुलीन' और 'क्षात्रधर्मरत' होना चाहिए ।[58] महाकाव्य में उल्लिखित दूत के बारे में हॉपकिंस का कहना है कि 'वह कोई पुरोहित या क्षत्रिय जाति का कोई अधिकारी हो सकता है ।'[59] प्रारंभिक बौद्ध और जैन स्रोतों से ज्ञात होता है कि कभी-कभी क्षत्रिय श्रेणी के ब्राह्मण दूत रूप में नियुक्त किए जाते थे ।[60]

गुप्तकाल से कुछ महत्त्वपूर्ण पदों पर कदाचित वैश्य भी आसीन थे । 493-94 ई. के एक गुप्तकालीन अभिलेख में शर्वदत्त नामक दीक्षित गृहस्थ का उल्लेख आया है, जो उपरिक (प्रांतीय शासक) और दूतक (अनुदान निष्पादक) का कार्य करता था ।[61] चूंकि इस अधिकारी को राजमिस्त्रियों का स्वामी (स्थपति सम्राट)[62] कहा गया है, इसलिए लगता है कि वह शायद वैश्य या शूद्र था ।

परिषद, पौर और जनपद जैसी कुछेक सामूहिक संस्थाओं में भी वर्ण का महत्त्व देखा जा सकता है । वैदिकोत्तर परिषद एक महत्त्वपूर्ण समिति थी, जो न केवल कानूनी विवादों का निर्णय करती थी, वरन राजा को भी परामर्श देती थी । निस्संदेह, यह ब्राह्मणों से गठित एक प्रभावशाली निकाय थी ।[63] धर्मसूत्रकार गौतम के परिषद गठन संबंधी नियमों का विधान करनेवाले अवतरण पर टिप्पणी करते हुए मस्करिन् यह राय जाहिर करते हैं कि केवल ब्राह्मण को ही कानून की व्याख्या करने का अधिकार था । अपनी इस मान्यता के समर्थन में वह वसिष्ठ का उद्धरण देते हैं ।[64] बौधायन स्पष्ट कहते हैं कि इस निकाय के दसों सदस्य विप्र होने चाहिए ।[65] अन्यत्र परिषद-सदस्यों के लिए जो योग्यताएं विहित की गई हैं, उससे

हम इस निष्कर्ष पर पहुंचते हैं कि इसकी सदस्यता प्रायः पूर्णरूप से पुरोहितों (ब्राह्मणों) तक ही सीमित थी।

जातकों में उल्लिखित परिसा के गठन, और उसके सदस्यों की जाति के बारे में हमें कोई निश्चित जानकारी उपलब्ध नहीं है। लेकिन एक विद्वान का विचार यह है कि इसमें मंत्री, उपराजन् (उपराजा), सेनापति, सेट्ठि (प्रधान व्यापारी)[66] और पुरोहित होते थे। कौटिल्य की मंत्रिपरिषद, जिसे सामान्यतः आंतरिक मंत्रिमंडल माना गया है, अमात्यों में से लिए गए मंत्रियों से गठित होती थी, और अमात्यों की जाति पर हम विचार कर चुके हैं। अशोक के अभिलेखों से परिसा के गठन के संबंध में कोई संकेत नहीं मिलता। हमारा अनुमान है कि बौद्ध विचारधारा के प्रभाव के कारण इस संस्था में ब्राह्मण पुरोहितों का प्रवेश शायद बंद हो गया था। किंतु जैसा मनु और याज्ञवलक्य की कृतियों से प्रतीत होता है, मौर्योत्तर काल में परिषद के सारे सदस्य ब्राह्मण होते थे।[67]

पौर और जानपद के सदस्यों की जाति के संबंध में किसी निश्चित निष्कर्ष पर पहुंचना कठिन है। सच तो यह है कि इन संस्थाओं का अस्तित्व ही विवादास्पद है।[68] इस मान्यता का कोई आधार नहीं दीखता कि पौरजानपद की एक केंद्रीय सभा थी, लेकिन पौर और जानपद नाम की दो अलग-अलग संस्थाओं के अस्तित्व के पक्ष में जायसवाल ने जो तर्क दिए हैं, उनकी सर्वथा उपेक्षा भी नहीं की जा सकती। सामान्यतः पौर का मतलब नगरनिवासी और जानपद का मतलब ग्रामनिवासी होता है। यदि हम यह मानकर चलें कि पौर और जानपद कहीं-कहीं ऐसी निगमित संस्थाओं के रूप में भी विद्यमान थे, जिनसे राजा परामर्श करता था, तो हमारे सामने समस्या यह तय करने की रह जाती है कि किन जातियों के लोग उनके सदस्य होते थे। 'गौतम धर्मसूत्र' के एक अवतरण के आधार पर जायसवाल का विचार है कि कोई शूद्र भी पौर का सदस्य हो सकता था। लेकिन मस्करिन् ने उक्त अवतरण की टीका करते हुए उसमें प्रयुक्त पौर शब्द का अर्थ समानस्थानवासी, यानी 'एक ही स्थान के रहने वाले' लगाया है।[69] वैश्य लोग पौर के सदस्य होते थे, ऐसा सोचने का हमारे पास कहीं अधिक सबल आधार है, क्योंकि व्यापारियों के इस संस्था के अध्यक्ष होने के साक्ष्य उपलब्ध हैं।[70] गृहपतियों (जायसवाल के अनुसार वैश्यों और शूद्रों) के नैगम के सदस्यों के रूप में काम करने के अनेक दृष्टांत मिलते हैं। संभवतः जातकों में प्रतिबिंबित काल में पौर के अर्थ में ही नैगम शब्द का प्रयोग होता था।[71] मेगास्थनीज के विवरण में, जो जातकों का लगभग समकालीन है, कहा गया है कि कृषक लोग (वैश्य) किसी अन्य प्रयोजन से नगरों के कोलाहल में शरीक होने नहीं जाते हैं।[72] इससे निष्कर्ष निकाला जा सकता है कि पौर के सदस्य केवल नगरवासी होते थे। पालिग्रंथों में राजा भी नैगमों के रूप में सामने आते हैं,[73] लेकिन उनकी संख्या अधिक नहीं प्रतीत होती।

जानपद की सदस्यता के संबंध में हमें दो प्रकार के साक्ष्य मिलते हैं। बौद्ध स्रोतों से ज्ञात होता है कि ब्राह्मण और क्षत्रिय जानपद कहे जाते थे।[74] 'शांतिपर्व' में मंत्री का उल्लेख जानपद के रूप में किया गया है। इससे पता चलता है कि पूर्ववर्ती काल में मंत्री जैसे महत्त्वपूर्ण व्यक्ति भी जानपद की बैठक में भाग लेते थे।[75] लेकिन 'रामायण' के एक श्लोक से यह सिद्ध होता है कि ब्राह्मण और एक विशेष वर्ग के क्षत्रिय (जिन्हें बलमुख्य कहा गया है) इसके सदस्य नहीं होते थे।[76] बौद्ध ग्रंथों में इन संस्थाओं के जो उल्लेख मिलते हैं, वे शायद किसी पूर्ववर्ती अवस्था की वस्तुस्थिति के संकेत देते हैं। आगे चलकर ज्यों-ज्यों वर्ग भेद कठोर होता गया, त्यों-त्यों पौर और जानपद की बैठकों से दोनों उच्च वर्णों के लोग अलग होते गए, क्योंकि वहां निम्न वर्ण के लोग उनके साथ बराबरी में बैठते।

पौर और जानपद के कार्यों से उनके गठन के स्वरूप पर थोड़ा प्रकाश पड़ सकता है। चूंकि पौर और जानपद का एक मुख्य कार्य कराधान पर विचार करना माना जाता था,[77] इसलिए इस बात की पूरी संभावना है कि करमुक्त ब्राह्मण और क्षत्रिय उनके सदस्य नहीं हो सकते होंगे। आगे चलकर उनकी सदस्यता शायद वैश्यों और शूद्रों तक ही सीमित रह गई। इन जातियों के प्रभावशाली प्रतिनिधि इनमें एकत्रित होकर अपनी समस्याओं पर विचारविमर्श करते थे। इस दृष्टि से विचार करने पर प्रतीत होगा कि पौर और जानपद वैश्यों और शायद स्वतंत्र शूद्रों के ऐसे क्षेत्रीय निकाय थे जिनकी राय को राजकाज में कोई वास्तविक महत्त्व प्राप्त नहीं था, वरन जिनकी बैठकें राजा या उनके प्रतिनिधियों द्वारा करों की उगाही के प्रयोजन से बुलाई जाती थीं। जैन स्रोतों से ज्ञात होता है कि गाहावैयों (वैश्यों और शूद्रों) की एक परिसा (परिषद) भी थी।[78] लेकिन इसे कर-उगाही से कोई वास्ता था या नहीं, यह मालूम नहीं है। पौर और जानपद के इस स्वरूप को आधार मानकर विचार करने से यह प्रतीत होगा कि निम्न वर्णों के लोगों से कर-विषयक मामलों में तो परामर्श किया जाता था, लेकिन प्रशासन के मामलों में उनकी कोई पूछ नहीं थी।

प्रारंभिक काल के राज्य का प्राथमिक कार्य शांति और व्यवस्था कायम रखना और न्याय-संचालन करना था। लेकिन इसके लिए जिस तंत्र की रचना की गई थी, वह चारों सामाजिक वर्णों के आपसी संबंधों के आकार पर खड़ा किया गया एक ऊपरी ढांचा (सुपर स्ट्रक्चर) था। वस्तुतः, वर्णव्यवस्था का सबसे प्रकट प्रभाव ब्राह्मण धर्मशास्त्रकारों द्वारा संगठित न्यायव्यवस्था और उनके द्वारा बनाए कानूनों में देखा जा सकता है। ऐसा विधान किया गया था कि न्यायाधीशों (प्राड्विवाक) की नियुक्ति वर्ण के आधार पर की जाए। मनु और याज्ञवल्क्य ब्राह्मणों को सर्वोच्च प्राथमिकता देते हैं। उपयुक्त ब्राह्मण प्रत्याशी न मिलने पर क्षत्रिय और वैश्य न्यायाधीश (प्राड्विवाक) नियुक्त किए जा सकते थे, लेकिन

किसी शूद्र को इस पद पर प्रतिष्ठित करना सर्वथा वर्जित था।[79] 'विष्णुस्मृति' (लगभग 300 ई.) में कहा गया है कि न्यायव्यवस्था के लिए विद्यासंपन्न ब्राह्मण नियुक्त किए जाएं, जो या तो राजा के साथ बैठकर या अकेले इस कार्य को संपादित करें।[80] कात्यायन भी पूर्ववर्ती स्मृतिकारों की व्यवस्था को दोहराते हुए कहते हैं कि किसी भी दशा में शूद्र को न्यायाधीश (प्राड्विवाक) नहीं नियुक्त करना चाहिए।[81] उनके अनुसार उच्च कुल के कुछ व्यापारी न्यायालय में उपस्थित रह सकते थे (सभ्यों के रूप में कार्य कर सकते थे)।[82]

ब्राह्मण विचारधारा की विधिसंहिता की एक प्रमुख विशेषता, जिसकी ओर बहुत कम ध्यान दिया गया है,[83] वर्णविधान है। इसकी झांकी साक्ष्यविधि तथा व्यक्ति, संपत्ति, प्रतिष्ठा, आदि के विरुद्ध किए गए अपराधों के लिए विहित दंडों में मिलती है। साक्ष्य संबंधी कानूनों पर दृष्टिपात करने पर हम देखते हैं कि जातिबहिष्कृत, अर्थात अपने वर्णकर्तव्यों से च्युत, व्यक्ति गवाह नहीं बन सकता,[84] और एक वर्ण का आदमी दूसरे वर्ण के लोगों के मामलों में गवाही नहीं दे सकता था। ऐसा विधान था कि ब्राह्मण ही ब्राह्मण की, क्षत्रिय ही क्षत्रिय की, वैश्य ही वैश्य की, शूद्र ही शूद्र की और स्त्री ही स्त्री की गवाही दे सकती है।[85] इसके अतिरिक्त, यह व्यवस्था भी थी कि दासों और भृतकों की, जो स्पष्टतः शूद्र वर्ण के होते थे, गवाही न ली जाए।[86] गवाही देते समय भी विभिन्न वर्णों के गवाहों को अलग-अलग प्रकार की शपथ दिलाने और उनके साथ अलग-अलग ढंग से व्यवहार करने का विधान था।[87] इसी प्रकार के भेदभाव परीक्षा के विषय में भी बरते जाते थे। याज्ञवल्क्य ने चारों वर्णों के लिए क्रमशः भार, अग्नि, जेल और विष की परीक्षाओं का विधान किया है।[88]

हम्मुराबी या एंग्लोसैक्सनों की विधिसंहिता की तरह धर्मशास्त्रों में भी एक ही अपराध के लिए विभिन्न वर्णों के लिए अलग-अलग प्रकार के दंड का विधान है। हत्या के अपराध में वसूल किए जानेवाले मुआवजे का अधिक या कम होना इस बात पर निर्भर था कि किस वर्ण का आदमी मारा गया है। लगभग पांचवीं सदी ईस्वी पूर्व के दो धर्मसूत्रकारों ने विधान किया है कि यदि अपराधी ने क्षत्रिय की हत्या की हो तो उसे राजा को एक हज़ार गाएं और एक सांड, वैश्य की हत्या की हो तो सौ गाएं और एक सांड और शूद्र की हत्या की हो तो दस गाएं देनी चाहिए।[89] चार परवर्ती विधि निर्माताओं ने भी भेदभावपूर्ण नियमों का विधान किया है।[90] आज के जनतांत्रिक मानस को यह जानकर आघात लगता है कि बौद्धायन, आपस्तंब और मनु इन सबने शूद्र और कुत्ते की हत्या के लिए एक ही तरह के जुर्माने का विधान किया है।[91] अनेक धर्मशास्त्रकारों का विधान है कि निम्न जाति का कोई व्यक्ति उच्चतर जाति के किसी व्यक्ति पर प्रहार करे तो उसका प्रहार करनेवाला अंग काट लिया जाए।[92] मानहानि,[93] चोरी,[94] उत्तराधिकार[95] आदि

के मामलों में भी ऐसे कानूनों के उदाहरण दिए जा सकते हैं। सच तो यह है कि जीवन का आर्थिक, राजनीतिक या सामाजिक शायद ही कोई ऐसा क्षेत्र हो जिसमें विभिन्न वर्णों के बीच कानूनी भेदभाव नहीं किए गए हों। धर्मशास्त्र तथा महाकाव्यों एवं पुराणों के स्मृति अंश ऐसे भेदभावपूर्ण नियमों से भरे पड़े हैं। गुप्तकालीन स्मृतियों में इन कानूनों में कुछ नरमी आई है, जिससे चौथे वर्ण की कानूनी स्थिति में कुछ सुधार हुआ।[96] यह प्रवृत्ति किसी हद तक शायद वैसी ही थी जैसी बैजेंतिया साम्राज्य में जस्टीनियन के शासनकाल (527-65) में देखने को मिलती है, जब दासों की मुक्ति की प्रक्रिया तो सरल बना दी गई,[97] किंतु दंडविधान में वर्गभेद कायम रहा। उदाहरणस्वरूप, अगर कोई धनी आदमी जालसाजी करता था तो उसे निर्वासित कर दिया जाता था, किंतु अगर कोई गरीब वही काम करता था तो उसे खानों में घोर कष्टकर श्रम के लिए भेज दिया जाता था।[98] किंतु गुप्तकाल में कानूनी भेदभाव सीधे आर्थिक स्थिति पर नहीं, बल्कि वर्णविभाजन पर, जिसका आर्थिक स्थिति से निकट संबंध था,[99] आधारित था।

भेदभावपूर्ण विधियों की रचना का जो सिलसिला प्रारंभिक धर्मशास्त्रों से आरंभ हुआ, उसकी पराकाष्ठा हमें मनु में देखने को मिलती है, किंतु इन दोनों के बीच रचे गए कौटिल्य के विधानों में हमें उदारता के तत्वों के दर्शन होते हैं। दरअसल कौटिल्य का उद्देश्य संकुचित जातिगत दृष्टि से ऊपर उठकर साम्राज्य की आवश्यकताओं के उपयुक्त विधियों की रचना करना था। कौटिल्य की राय में नरमी न्यायव्यवस्था का सार है।[100] तदनुरूप उन्होंने वर्गविधान की कठोरता को कुछ कम करने का प्रयास किया है। कुछ अपराधों के दंडस्वरूप उन्होंने ब्राह्मणों के लिए भी मृत्यु का विधान किया है,[101] और कुछ अन्य अपराधों के संबंध में उनका कहना है कि उनके ललाटों को इस प्रकार दाग देना चाहिए जिससे स्पष्ट दिखे कि वे अपराधी हैं।[102] झूठी गवाही देने के लिए वह सभी जातियों के लिए शायद समान अर्थदंड विहित करते हैं।[103] जहां अन्य विधिग्रंथों में विभिन्न वर्गों के लिए ब्याज की विभिन्न दरें विहित की गई हैं, वहां कौटिल्य ने केवल सवा पण प्रतिमास की दर निर्धारित की है।[104] ऐसा प्रतीत होता है कि कौटिल्य शूद्रों के एक वर्ग को आर्य मानते हैं और इसीलिए उस वर्ग के दास बनाए जाने पर सहमत नहीं हैं।[105] दासों और कृषिदासों के प्रति दयापूर्ण व्यवहार करने का आदेश जारी करते हुए अशोक भी इसी दृष्टिकोण का परिचय देते हैं। इन सारी बातों के बावजूद कौटिल्य और धर्मशास्त्रकारों के बीच वर्गविधान के संबंध में शायद ही कोई मूलभूत अंतर हो। यौन संबंध संचालित करने के लिए जो कौटिल्य का विधान है उस पर वर्णव्यवस्था का जबरदस्त प्रभाव है। उनका कहना है कि ब्राह्मण स्त्री के साथ यदि कोई क्षत्रिय व्यभिचार करे तो उसे कठोरतम अर्थदंड दिया जाए, यदि व्यभिचारी वैश्य हो तो उसे सारी संपत्ति से वंचित कर दिया जाए, और यदि शूद्र हो

तो उसे चटाई में लपेटकर जीवित जला दिया जाए।[106] कौटिल्य ने मानहानि, मारपीट और अभक्ष्य वस्तुएं खाने के अपराधों के संबंध में जो विधान किए हैं उनमें भी वर्गविधान के उदाहरण मिलते हैं।[107]

वर्गविधान का प्रयोग व्यवहार में किस हद तक किया जाता था? चूंकि इस तरह का विधान सभी धर्मशास्त्रों की सामान्य विशेषता है, इसलिए मानना होगा कि इसकी जड़ें वास्तविक जीवन में जमी हुई थीं। जैसा कि हॉपकिंस ने एक अन्य संदर्भ में कहा है, 'इनमें अधिकांश बातों के संबंध में विधिग्रंथों में जो समानता दिखाई देती है, उससे इन बातों के सार्वत्रिक चलन का संकेत मिलता है।'[108] प्रारंभिक जैन साहित्य में उपलब्ध समर्थक साक्ष्य भी इसी दिशा की ओर संकेत करते हैं। लगभग चौथी शताब्दी के एक जैनग्रंथ में न्यायव्यवस्था के संदर्भ में चार प्रकार की परिसाओं (वर्गों) का उल्लेख है। इस ग्रंथ से हमें ज्ञात होता है कि जिस अपराध के लिए खत्तिय (क्षत्रिय) परिसा के अपराधी का शिरोच्छेदन किया जाता था, उसी के लिए गाहावै (गृहपति अर्थात् वैश्य और शूद्र) परिसा के अपराधी को छालों के ढेर पर रखकर जला डाला जाता था, माहण (ब्राह्मण) परिसा के अपराधी के शरीर पर या तो अपराधसूचक दाग लगा दिया जाता था या देशनिकाला दे दिया जाता था और इसि (ऋषि) वर्ग के अपराधी को हल्की फटकार दे दी जाती थी।[109] एक अन्य जैनग्रंथ में ऐसा उल्लेख है कि एक ब्राह्मण ने एक धोबी की हत्या कर उसके खून से अपना शरीर रंग लिया। जब धोबियों का समूह राजदरबार में पहुंचा तो न्याय पाए बिना ही वहां से निराश लौट आया, क्योंकि अपराधी ब्राह्मण पहले से ही दरबार में बैठा हुआ था।[110] ईस्वी सन की प्रारंभिक शताब्दियों के जैन साहित्य में उपलब्ध इन साक्ष्यों से प्रकट होता है कि वर्गविधान मात्र विधि पुस्तकों तक सीमित नहीं थे, बल्कि सचमुच उन पर अमल किया जाता था। संभव है, ब्राह्मण विचारधारा के विधिग्रंथों में लिखी सारी बातें अक्षरशः न लागू की जाती रही हों, किंतु जब तक किसी अन्य निष्कर्ष की ओर इंगित करनेवाले पर्याप्त साक्ष्य नहीं प्राप्त होते तब तक यह मानना कठिन है कि इन बातों पर सारतः अमल नहीं किया जाता होगा।

कानून और राजनीति के संदर्भ में वर्णव्यवस्था पर सतही तौर पर दृष्टि डालने से ऐसी धारणा बन सकती है कि सभी प्रशासनिक और कानूनी मामलों में ब्राह्मण को पहला, क्षत्रिय को दूसरा, वैश्यों को तीसरा और शूद्रों को चौथा स्थान दिया जाता था। पर ठीक से देखा जाए तो पता चलेगा कि क्षत्रिय ब्राह्मणों के अधिक निकट थे और वैश्य शूद्रों के।[111] उपेंद्रनाथ घोषाल ने ऐसे अनेक उदाहरण पेश किए हैं जिनसे उत्तर वैदिक काल में ब्राह्मण और क्षत्रिय, इन दो महत्त्वपूर्ण सामाजिक शक्तियों के बीच घनिष्ठ राजनीतिक संबंधों का अस्तित्व और महत्त्व प्रकट होता है।[112] वैदिकोत्तर काल में इसके और दृष्टांत मिलते हैं। यदि ब्राह्मण

साहित्य में ब्राह्मणों की श्रेष्ठता पर जोर दिया गया है तो बौद्ध और जैन साहित्य में क्षत्रियों की प्रमुखता पर बल दिया गया है, हालांकि सेट्ठियों और गृहपतियों से बौद्धों और जैनों को जो आर्थिक सहायता मिलती थी, उसके कारण इन ग्रंथों में इन दोनों का भी कुछ खयाल रखा गया मालूम पड़ता है। न बौद्ध और जैन साहित्य में और न प्राचीन साहित्य की किसी भी अन्य शाखा में वैश्यों या शूद्रों की श्रेष्ठता के पक्ष में कुछ कहा गया है। जातककथाओं में जब भी क्षत्रियों का राज्यसिंहासन छिनता है, वह ब्राह्मणों के अधिकार में ही जाता है।[113] इनमें ब्राह्मणों और क्षत्रियों के संयुक्त नेतृत्व में किए गए अनेक राजविरोधी विद्रोहों के उल्लेख हैं। कौटिल्य ने भी यही बात निम्नलिखित शब्दों में कही है: 'ब्राह्मणों द्वारा समर्थित, मंत्रियों की मंत्रणाओं से अभिमंत्रित तथा शास्त्रों का अनुगमन करनेवाली राजशक्ति (क्षत्र) शस्त्रबल के बिना भी विजय प्राप्त करती है और सदा अपराजेय रहती है।'[114] परवर्ती धर्मशास्त्रों में दोनों उच्च वर्णों के संयुक्त मोर्चे की आवश्यकता का विशद विवेचन किया है और ऐसा करते समय वैश्यों को शूद्रों की स्थिति में डाल दिया गया है। मनु स्पष्ट शब्दों में कहते हैं कि क्षत्रियों के बिना ब्राह्मणों और ब्राह्मणों के बिना क्षत्रियों की समृद्धि असंभव है तथा एक होकर ये इस लोक और परलोक दोनों में समृद्धि पा सकते हैं।[115] राजा का कर्तव्य है कि वह वैश्यों और शूद्रों को तत्परता से स्वधर्मपालन में प्रवृत्त करे, क्योंकि उनके स्वधर्मपालन से विमुख हो जाने से संसार अस्तव्यस्त (व्याकुल) हो जाएगा।[116] यहां सुझाया गया उपाय वैसा ही है जैसा हमें रोम साम्राज्य में देखने को मिलता है। तीसरी सदी में वहां भी गुलामों और निम्न श्रेणी के लोगों को अपने कर्तव्यों पर आरूढ़ रखने का विशेष प्रयास किया गया था। पूर्व मध्यकाल की एक कृति 'ब्रह्मवैवर्त पुराण' में वैश्य या शूद्र द्वारा की गई गोहत्या एक ही कोटि का अपराध मानी गई है।[117] इसमें आगे यह भी कहा गया है कि वैश्य चाहे वैश्य की हत्या करे या शूद्र की, वह समान पाप का भागी है।[118] इस तरह दोनों निम्न श्रेणियों के लोगों के जीवन का मूल्य समान आंका गया है।

जिन स्रोतों को ऊपर उद्धृत किया गया है उनमें से जातकों को छोड़कर शेष के बारे में ऐसा माना जा सकता है कि वे सैद्धांतिक स्थिति को प्रतिबिंबित करते हैं। किंतु दोनों उच्च वर्णों के राजनीतिक गठबंधन और महत्त्व की पुष्टि सामान्यतया साहित्यिक और अभिलेखीय स्रोतों से भी होती है। यह स्थिति गणतंत्री और राजतंत्री दोनों तरह के राज्यों में विद्यमान थी। लगभग छठी से चौथी सदी ईस्वी पूर्व के गणतंत्रों में वर्गशक्तियों के पारस्परिक संबंधों की चर्चा हम कर चुके हैं और देख चुके हैं कि इनमें न केवल निम्न वर्गों की तुलना में बल्कि, ब्राह्मणों तथा गृहपतियों के मुकाबले भी क्षत्रिय अभिजात वर्ग का सामाजिक स्थान ऊंचा था।[119] जहां तक मौर्योत्तर गणराज्यों का प्रश्न है, क्षत्रियेतर लोगों के लिए

मालव्य और क्षौद्रक्य शब्दों के प्रयोग पर पतंजलि द्वारा लगाए प्रतिबंध से प्रतीत होता है कि कम से कम मालवों और क्षुद्रकों के गणराज्यों में निम्न वर्गों पर दोनों उच्चतर वर्गों का आधिपत्य था।[120]

जहां तक राजतंत्रों का प्रश्न है, गुप्तकालीन पुरालेखों (एपिग्राफी) से पता चलता है कि ब्राह्मणों और क्षत्रियों के बीच वैवाहिक संबंधों के द्वारा राजनीतिक गठबंधन किए गए थे। वाकाटक ब्राह्मण राजा का भारशिव नाग परिवार की क्षत्रिय राजकुमारी के साथ विवाह इसका प्रसिद्ध द्रष्टांत है।[121] प्रभावती गुप्त के पूना फलक (प्लेट) से पता चलता है कि चौथी शताब्दी में द्वितीय चंद्रगुप्त की इस पुत्री का विवाह वाकाटक ब्राह्मण शासक द्वितीय रुद्रसेन के साथ हुआ था। मालवा के यशोधर्मन् के मंदसौर अभिलेख में ब्राह्मण रविकीर्ति को गुप्त शासक भानुगुप्त (501-11 ई.) की बहन भानुगुप्ता का पति बताया गया है।[122] कदंब परिवार के ब्राह्मण राजा काकुत्स्थवर्मन ने अपनी पुत्रियों का विवाह गुप्त और अन्य राजाओं के साथ किया था। हम यह भी जानते हैं कि वाकाटक महाराजा देवसेन का ब्राह्मण मंत्री हस्तिभोज एक क्षत्राणी का वंशज था, जिसका विवाह उसके पूर्वज सोम नामक ब्राह्मण से हुआ था।[123]

उत्तर वैदिक काल से ब्राह्मणों और क्षत्रियों का संयुक्त आधिपत्य चलता रहा, पर जान पड़ता है कि मौर्य काल तक इस गठजोड़ में प्रधान भूमिका बौद्धों और जैनों की असनातनी विचारधारा से प्रभावित क्षत्रियों की रही। मौर्योत्तर और गुप्तकालों में यह भूमिका ब्राह्मणों को या धर्मशास्त्रों की सनातनी विचारधारा में पले ब्राह्मणेतर शासकों को प्राप्त हुई। परवर्ती ग्रंथों में सामान्यतया प्रथम स्थान ब्राह्मणों को दिया गया है। जहां क्षत्रियों की प्रमुखता के काल में राज्य का केंद्रीकरण हुआ, ब्राह्मणों की प्रधानता के युग में सामंतीकरण की प्रक्रिया प्रारंभ हुई। ब्राह्मणों की शक्ति और प्रभाव का मुख्य आधार उनको मिलनेवाले अनुदान थे। मनु के विरोध के बावजूद ब्राह्मण चाहे ज्ञानी हो या अज्ञानी, वह अनुदान पाने का पात्र समझा जाता था, और निःसंकोच अनुदान स्वीकार भी कर सकता था।[124] पूर्व मध्यकाल में ब्राह्मणों को देने के लिए ब्राह्मणविंशति नामक एक नियमित कर (टैक्स) देहातों में चल पड़ा।[125] इसकी तुलना हम मध्यकालीन यूरोप में चर्चों द्वारा वसूल किए जाने वाले धर्मशुल्क (टाइथ) से कर सकते हैं। उक्त कर के द्वारा कृषकों पर पुरोहितों के पालन का दायित्व डाला गया था, क्योंकि इस कर के अनुसार उन्हें उत्पादन का बीसवां भाग देना पड़ता था, और राज्य की मान्यता प्राप्त होने के कारण वे इससे बच नहीं सकते थे। लेकिन ब्राह्मणों के प्रभुत्व का सबसे अधिक विकास भूमि अनुदान के कारण हुआ। धर्मशास्त्रों तथा महाकाव्यों और पुराणों के उपदेशात्मक अंशों में अनुदान से प्राप्त होने वाले पुण्यों का प्रचुर वर्णन किया गया है। यदि कुछ पालि ग्रंथों को मौर्य अथवा मौर्यकालीन माना जाए

तो पता चलेगा कि ब्राह्मणों को उपभोग के लिए ग्रामदान की प्रथा बहुत पहले शुरू हो गई थी,[126] लेकिन गुप्तकाल आते-आते इसकी व्यापकता ने गंभीर रूप धारण कर लिया। इस प्रक्रिया के राजनीतिक परिणाम केंद्रभूत राज्य के संगठन के लिए अनिवार्यतः घातक सिद्ध हुए और इसका समर्थन पुरालेखीय साक्ष्यों से होता है।

क्षत्रियप्रधान केंद्रीभूत मौर्य राज्य और ब्राह्मणप्रधान मौर्योत्तर तथा गुप्तकालीन राज्य के बीच और जो भी अंतर रहा हो, दोनों में वैश्यों और शूद्रों को ऊंचे राजपदों से वंचित रखा गया। ऐसा मालूम पड़ता है कि ब्राह्मण और क्षत्रिय शासक थे तथा वैश्य और शूद्र शासित, यद्यपि आबादी में वैश्यों और शूद्रों का प्रबल बहुमत था। हो सकता है, ऐसे कुछ श्रेष्ठियों को विशेष राजकृपा प्राप्त रही हो जो या तो श्रेणियों आदि के प्रधान या बहुत धनाढ्य थे, किंतु कुल मिलाकर दोनों निम्न वर्गों के लोग महत्त्वपूर्ण राजनीतिक संस्थाओं और ऊंचे राजकीय पदों से वंचित ही रखे गए। यह बात शूद्रों पर खासतौर से लागू होती जान पड़ती है। यद्यपि याज्ञवल्क्य, जिनका रुख शूद्रों के प्रति अधिक उदार है, धार्मिक विषयों में उन्हें अधिकारहीन घोषित करते हैं,[127] लेकिन प्रायः निश्चित है कि राजकीय विषयों में भी शूद्रों की वही स्थिति थी।

अरस्तू का कहना है कि यदि बहुत से गरीबों को राजकीय पदों से वंचित रखा गया तो राज्य शत्रुओं से भर जाएगा।[128] प्राचीन भारतीय विचारकों ने ऐसे विचार व्यक्त किए हैं। ऐसी भेदभावपूर्ण व्यवस्था के विरुद्ध निचले वर्गों की प्रतिक्रिया का पता लगना कठिन है, क्योंकि वैश्यों और शूद्रों की दृष्टि से साहित्य रचना की ही नहीं गई। जातकों, कौटिलीय 'अर्थशास्त्र', 'महाभारत' के परवर्ती अंशों, 'मनुस्मृति' और 'विष्णुस्मृति' में जो छिटपुट उल्लेख मिलते हैं, वे बहुत कम और असंतोषप्रद हैं। फिर भी उनके आधार पर थोड़ा बहुत कहा जा सकता है। पहले जातकों के उल्लेख को लें। इनके अनुसार राजा और पुरोहित के लूट-खसोट वाले शासन के विरुद्ध एक विद्रोह के दौरान नैगमों और जानपदों (जिनमें स्पष्टतः वैश्य और शूद्र शामिल थे) ने अपनी भूमिका निभाई थी,[129] किंतु वे पिछलगुए के रूप में थे और नेतृत्व ब्राह्मणों और क्षत्रियों के हाथ में था। इस विद्रोह में लोग लुटेरे पुरोहित और राजा को पीटते-पीटते मार डालते हैं और ब्राह्मण बोधिसत्त को सिंहासन पर बैठाते हैं।[130] एक दूसरी कथा में लोग आततायी राजा को डंडों और पत्थरों से मार डालने पर उतारू हो जाते हैं, लेकिन किसी दैवी शक्ति के हस्तक्षेप से उसके प्राण बच जाते हैं और वह नगर से निर्वासित कर दिया जाता है।[131] इन कथाओं में जनसामान्य पर अत्याचार करने के लिए राजा और पुरोहित के गठजोड़ के साक्ष्य मिलते हैं। जनसामान्य के विद्रोह से शासन तो बदलता है, पर वह उच्च वर्ग के ही एक गुट से दूसरे गुट के हाथों में चला जाता है। 'महाभारत' के

आनुश्रुतिक विवरण में बताया गया है कि परशुराम द्वारा क्षत्रियों के संहार के बाद जो अराजकता फैली उसमें वैश्य और शूद्र नियंत्रण से बाहर हो गए और ब्राह्मण स्त्रियों के साथ बलात्कार करने लगे।[132] इस विवरण का कालनिरूपण कठिन है। यदि इस घटना को मौर्योत्तर काल की माना जाए तो इससे मनु के इस सिद्धांत का औचित्य सिद्ध होता है कि राजा वैश्यों और शूद्रों को कार्य करने के लिए विवश करे। विचाराधीन काल में हमें शूद्रों की राज्यविरोधी प्रवृत्तियों के कुछ संकेत तो मिलते हैं, किंतु उनकी तुलना रोम के गुलामों और स्पार्टा के दासों (हेलाटों) के विद्रोहों से नहीं की जा सकती।

संदर्भ और टिप्पणियां

1. उपरिवत्, पृ. 53.54.
2. वा. पु. i, VIII, 160.
3. तुल., उपरिवत्, पृ. 61-62.
4. अर्थशास्त्र, III, 1.
5. 64, 1-2; तुल. 24-25 और 65, 5-6.
6. यत्रत्वैतेपरिध्वंसाज्जायन्ते वर्णदूषकाः राष्ट्रिकैः। सहतद्राष्ट्रं क्षिप्रमेव विनश्यति II मनु., X, 61; तुल. VII, 35, VIII, 41.
7. म्यूचुअल रिलेसन आफ फोर कास्ट्स इन मनु., पृ. 75-76.
8. ना. स्मृ., XVIII, 14.
9. राज्ञो वधंचिकीर्षेद्यस्तस्य चित्रो वधो भवेत्, आजीवकस्य स्तेनस्य वर्णसंकरस्यच; 86.21.
10. रिपब्लिक, iii, 434; पालिटिक्स, पृ. 274-75.
11. शिलालेख V, 'भटमय' शब्द के संबंध में सेनार की व्याख्या ठीक प्रतीत होती है.
12. शिलालेख IX, XI, XIII और स्तंभलेख VII.
13. खत्तिय-दप-मान-मदनस विनिवतित-चातुवण-सणकरस। सिलेक्ट इंस्क्रिप्शंस, II, सं. 86, 1.6.
14. सिलक्ट इंस्क्रिप्शंस, II, सं. 67, 1.9.
15. वर्णाश्रम-धर्म-स्थापना-निरतेन। वही, पृ. 375,पं. 10.
16. की. इ. इ., iii, सं. 35, पंक्तियां 15-17.
17. वही, पंक्तियां 18-19.
18. ए. इं., iv, 29, पंक्ति 3.
19. एच. सी. रायचौधरी, एडवांस्ड हिस्ट्री ऑफ इंडिया, पृ. 195.
20. बेनीप्रसाद, दि स्टेट इन एंशंट इंडिया, पृ. 500.
21. आर. एन. मेहता, प्री-बुद्धिस्ट इंडिया, पृ. 104.
22. राजानः शुद्रभूयिष्ठाः। वा. पु., ii, 58-40; कू. पु. अध्याय 39, पृ. 303.
23. अरस्तू, पालिटिक्स, पृ. 27, 36.
24. मनु., IV, 61; वि. स्मृ. XXI, 64.

25. के. सी. ओझा ने जर्नल आफ द गंगानाथ रिसर्च इंस्टीट्यूट (जिल्द 9, वर्ष 1951) में प्रकाशित 'ऑरिजिनल होम ऐंड फैमिली ऑफ दि मौर्याज' शीर्षक अपने लेख में मौर्यों की जाति के संबंध में व्यक्त किए गए विभिन्न मतों को साररूप में प्रस्तुत किया है.
26. एच. सी. रायचौधरी, पालिटिकल हिस्ट्री ऑफ एंशंट इंडिया, पृ. 258.
27. रंगस्वामी अय्यंगार, राजधर्म, पृ. 213.
28. अर्थेन बलवान् सर्वोप्यत्र्थाद्भवति पंडित; यस्यार्थाः स पुमांल्लोके यस्यार्थाः सहि पंडितः पंचतंत्र, II, 30-31.
29. डी. डी. कोसांबी, 'एंशंट कोसल ऐंड मगध,' ज. बा. ब्रां रा. ए. सो., XXVII (1952), 184.
30. मनु., VIII, 348.
31. बहुलसारं वा वैश्यशूद्रबलमिति । अ. शा. IX, 2.
32. वही, VI, 1.
33. मैगास्थनीज, XXXIII, जे. डब्ल्यू. मैकक्रिडल, मैगास्थनीज ऐंड एरियन, पृ. 85.
34. IV, 65-67.
35. रामशरण शर्मा, सम इकनॉमिक आस्पेक्ट्स ऑफ दि कास्ट सिस्टम इन एंशंट इंडिया, पृ. 14.
36. मैगास्थनीज, XXXIII, मैकक्रिडल, पूर्वोद्धृत पुस्तक, पृ. 43-44.
37. वही.
38. सेनापतिः कार्यो ब्राह्मणः क्षत्रियोऽथवा । अ. पु. (बिब्लियोथिका) इंडिया, 220.1.
39. का. नी. सा., XV, 20.
40. ब्री. सी. ला, इंडिया ऐज डिस्क्राइब्ड इन अर्ली टेक्स्ट्स ऑफ बुद्धिज्म एंड जैनिज्म, पृ. 155.
41. वही.
42. फिक, दि सोशल आर्गेनाइजेशन आफ ना. ई. इंडिया एटसेटरा, पृ. 143.
43. वही, पृ. 143.
44. वही, पृ. 144; आर. एन. मेहता, पूर्वोद्धृत पुस्तक, पृ. 136.
45. II, 10.26.4.
46. अ. शा., I, 8-9.
47. अ. शा, I, 9.
48. अरस्तू, पूर्वोद्धृत पुस्तक, पृ. 163.
49. अ. शा., I, 9.
50. मैगास्थनीज, XXXIII, जे. डब्ल्यू. मैकक्रिडल, पूर्वोद्धृत पुस्तक, पृ. 85.
51. एरियन, LVI, वही, पृ. 138.
52. मैगास्थनीज, XXXIII, वही, पृ. 85-86.
53. श्लोक 11.
54. कॉ. इं. इं., iii, सं. 6, पंक्तियां 3-4.
55. हॉपकिंस, पोजीशन ऑफ दि रूलिंग क्लास इन दि एपिक, ज. अ. ओ. सो., xiii, (1889), 95; का. प्र. जायसवाल, हिंदू पॉलिटी, पृ. 319.
56. शां. प., 85, 7-10.
57. कोसंबी, ज. बॉ. ब्रां. रा. ए. सो., न्यू. सि., xxii, 47.
58. शां. प., 86, 26-27; मनु., VII, 63 और अन्यत्र.
59. पूर्वोद्धृत पुस्तक, पृ. 163.
60. बी. सी. लॉ., पूर्वोद्धृत पुस्तक, पृ. 155.

61. कॉ. इं. इं., iii, सं. 26, पंक्तियां 23-24.
62. वही.
63. हॉपकिंस, पूर्वोद्धृत पुस्तक, पृ. 148, पादटिप्पणी; हि. क. इं. पी., i, दि वैदिक एज, पृ. 484-85.
64. ब्राह्मण एव धर्मप्रवचने तेषामेवाधिकारत्। गौतम, XXVIII, 50-51; तुल. व. ध. सू. III, 20.
65. बौधायन., I, 1.8.
66. आर. एन. मेहता, पूर्वोद्धृत पुस्तक, पृ. 135.
67. मनु. XII-110-4, याज्ञ. 1.9.
68. जायसवाल, पूर्वोद्धृत पुस्तक, अध्याय XXVII और XXVIII; बी. आर. आर. दीक्षितार, हिंदू ऐडमिनिस्ट्रेटिव इंस्टिट्यूशंस, पृ. 156-58, अ. स. अल्तेकर, स्टेट ऐंड गवर्नमेंट इन एंशंट इंडिया, पृ. 101-9; दीक्षितार, 'नोट्स ऑन दि पौर जानपद' और 'रिप्लाई ऑफ एन. एन. लॉ,' इ. हि. क्वा., VI (1930), पृ. 181, 183-84
69. गौतम., VI, 10.
70. जायसवाल, पूर्वोद्धृत पुस्तक, पृ. 275.
71. वही.
72. मैगास्थनीज, XXXIII, मैकक्रिंडल, पूर्वोद्धृत पुस्तक, पृ. 85.
73. जायसवाल, पूर्वोद्धृत पुस्तक, पृ. 273.
74. वही.
75. कृतप्रज्ञश्चमेधावी बुधौजानपदः शूचिः सर्वकर्मेसु यः शुद्धः स मंत्रं श्रोतुमर्हति। शा. प., 84.38.
76. ब्राह्मणाबलमुख्याश्च पौरजानपदैः सह। अयोध्याकांड, II, 19-20.
77. जायसवाल, पूर्वोद्धृत पुस्तक, पृ. 262-63.
78. जे. सी. जैन, लाइफ इन एंशंट इंडिया, पृ. 71.
79. मनु., VIII, 20-21, याज्ञ., 2-3, विज्ञानेश्वर की टीका सहित.
80. विष्णु, III, 72-73.
81. ब्राह्मणो यत्र न स्यात्तु क्षत्रियं तत्र योजयेत्। वैश्यं वा धर्मशास्त्रज्ञानं शूद्रं यत्नेन वर्जयेत्। श्लोक 67.
82. कात्या., श्लोक 58.
83. इस पहलू पर सबसे पहले बी. एन. दत्त ने अपनी कृति स्टडीज इन इंडियन सोशल पॉलिटी में जोर दिया है.
84. विष्णु., VIII. 2.
85. स्त्रीणाम् साक्षिणः स्त्रियः कुर्याद् द्विजानाम् सदृशः द्विजाः, शूद्राणाम् संतः शूद्राश्च अन्त्यानामन्त्ययौनयः। व. ध. सू., XVI 1.30; मनु., VIII.18; याज्ञ. 11.19.
86. मनु. VIII, 70.
87. गौतम., VIII, 20-23; मनु. VIII, 88-89.
88. II, 98.
89. बौधायन., 1.10.19.1 और 2; आपस्तंब, 1.9.24. 1-4.
90. गौतम., XXII, 14-16; व. ध. सू. XX, 31.33; मनु. XI, 130-31; विष्णु., L 1-7 और 14.
91. बौधा., 1.10.19.6; आपस्तंब., 1.9.25.13; मनु. XI, 132.

92. मनु., VIII, 279, याज्ञ., II, 215; गौतम., XII,1.
93. गौतम., XII, 11-13.
94. विष्णु., IX, 11-14.
95. बौधा.,11.2.3.10; व. ध. सू., XVII, 48-50; विष्णु, III-32, गौतम, X, 31; मनु., IX, 151, याज्ञ., II, 125; अर्थ. शा., III.6.
96. शूद्राज, पृ. 250-51.
97. तुल. वही, पृ. 228-29.
98. जैक लिंड्से, बैजैटियम इन टु योरप, पृ. 111.
99. इस विषय पर लेखक की पुस्तक सम इकनॉमिक आस्पेक्ट्स ऑफ दि कास्ट सिस्टम इन एंशंट इंडिया में विचार किया गया है.
100. यथार्हदंडः पूज्यः, अर्थ. शा., 1.4.
101. ब्राह्मणं तमपः प्रवेशयेत् । अर्थ. शा., IV.9.
102. तस्याभिशष्टांको ललाटे । अर्थ. शा., IV, 8.
103. अर्थ., III.9.
104. सपादपणा धर्म्यामासवृद्धिः पणशातस्य । अर्थ., III.9.
105. शूद्राज. पृ. 163-66.
106. अर्थ. शा., IV, 13.
107. वही, III. 18-19, IV, 13.
108. पूर्वोद्धृत पुस्तक, पृ. 104.
109. जे. सी. जैन, लाइफ इन एंशंट इंडिया, पृ. 71 पर उद्धृत.
110. वही, पृ. 65.
111. आज से कोई सौ वर्ष पूर्व सबसे पहले हॉपकिंस ने 'रिलेशन ऑफ दि फोर कास्ट्स इन मनु' और 'दि पोजीशन ऑफ दि रूलिंग कास्ट इन दि एपिक' नाम की अपनी दो कृतियों में इस बात की ओर संकेत किया था. जी. एस. घुर्ये ने 'कास्ट एंड रेस इन इंडिया' में इस विषय के अध्ययन को आगे बढ़ाया, और श्रीपाद अमृत डांगे ने इसी का उपयोग करके अपनी पुस्तक 'इंडिया फ्रॉम प्रीमीटिव कम्युनिज्म टु स्लेवरी' में नए निष्कर्ष निकाले. इस मूल विषय के विभिन्न पक्षों का और भी अनुशीलन अपेक्षित है.
112. ए हिस्ट्री ऑफ दि हिंदू पब्लिक लाइफ, भाग 1, पृ. 73-80.
113. जातक, iii, 513-14.
114. ब्राह्मणेनैधितं क्षत्रं मंत्रिमंत्राभिमंत्रितं, जयत्यजितमत्यन्त शास्त्रानुगमशस्त्रितं । अ. शा., 1.9.
115. मनु. IX, 322.
116. वही, VIII, 418.
117. कृष्णजन्मकांड (इलाहाबाद, 1920), LXXXV, पृ. 407.
118. वही, पृ. 418-19.
119. उपरिवत्, पृ. 122, पादटिप्पणी. 4.
120. पाणिनि, IV, 1.168 पर पतंजलि और V, 3.114 पर काशिका.
121. कॉ. इं. इं., iii, सं. 56, पंक्तियां 2-7
122. वही, पृ. 152.
123. वही.

124. काणे, हिस्ट्री ऑफ धर्मशास्त्र, ii, 117.
125. इं. एं., vii, 75, 79, 85, पूर्व प्रदत्तदेवब्रह्मदेयब्राह्मणविंशतिरहितम् । ए. इ., viii, सं. 20 ए. (639-40 ई.), पंक्ति 43. 20 बी (640-41) ईस्वी पंक्ति 48.
126. उपरिवत् पृ. 137, बी. सी. लॉ, पूर्वोद्धृत, पृ. 162.
127. याज्ञ. III, 262.
128. एफ. डब्ल्यू. कोकर, रीडिंग्स इन पॉलिटिकल फिलॉसफी, पृ. 66.
129. सुणंतु मेजानापदा नेगमा च समागता··· राजा विलुमादते राट्टम् ब्राह्मणो च पुरोहितो । जातक, iii, 513-14.
130. वही.
131. जातक, vi, 156 एवं आगे.
132. ततः शूद्राश्च वैश्याश्च यथास्वैरप्रचारिणः, अवर्तन्त द्विजाग्याणां दारेषु भरतर्षभ । शा. प., 49-61.

15. कौटिलीय 'अर्थशास्त्र' में धर्म और राजनीति

राज्य की नीति पर धर्म का प्रभाव

प्राचीन भारतीय राज्यव्यवस्था के विकास में वर्ण के अतिरिक्त धर्म का भी महत्त्वपूर्ण योग दिखाई देता है। प्राचीन भारत में धर्म और राजनीति के घनिष्ठ संबंध का संकेत हमें सबसे पहले वैदिक कर्मकांडों में मिलता है। वैदिकोत्तर काल में जब राजतंत्र का आधार सुदृढ़ हो गया तब इस संबंध का रूप भी बदल गया। वैदिक कर्मकांड यदि राजा की सत्ता को सुदृढ़ करते थे, तो साथ ही उस पर अंकुश भी लगाते थे। लेकिन कौटिल्य के 'अर्थशास्त्र' से हमें राज्य द्वारा किए गए जिन धार्मिक विधानों और कार्यों की जानकारी मिलती है, उनका उद्‌देश्य राजा की सत्ता को सीमित करने के बजाय उसे सुदृढ़ करना है। 'अर्थशास्त्र' में धर्म और राजनीति पर कोई स्वतंत्र प्रकरण नहीं है, फिर भी इसमें दोनों के पारस्परिक संबंधों को दर्शाने वाले पुष्कल उल्लेख यत्रतत्र बिखरे पड़े हैं। इनसे प्रकट होता है कि राज्य की आंतरिक नीति के निर्धारण में और बाहरी शत्रुओं से निबटने में धर्म का उपयोग प्रभावकारी ढंग से किया जाता था।

जहां तक आंतरिक नीति का संबंध है, कौटिल्य द्वारा वर्णित राज्य ब्राह्मण समाजव्यवस्था का रक्षक और समर्थक है तथा ब्राह्मण धर्माचरणों का अनुयायी है। ब्राह्मणवाद का जो रूप वैदिक धर्म में विकसित हुआ है, उसे 'अर्थशास्त्र' में वर्णित राज्यव्यवस्था का मूल आधार माना जा सकता है। धर्म क्या है और अधर्म क्या है, इस विषय में इस पुस्तक की मान्यताएं तीन वेदों पर आधारित हैं।[1] वैदिकोत्तर काल में सामाजिक ढांचे की आधाशिला के रूप में प्रतिष्ठित हो जाने वाले वर्णाश्रम धर्म की व्याख्या कौटिल्य उन्हीं शब्दों में करते हैं जिनकी झांकी हमें धर्मसूत्रों में मिलती है।[2] वह इस बात पर जोर देते हैं कि हरेक वर्ण स्वधर्म पर चले, और अपनी व्याख्या के अंत में निष्कर्ष रूप में कहते हैं कि जो व्यक्ति अपने धर्म का पालन करता है वह स्वर्ग और अनंत आनंद की प्राप्ति करता है। यदि वह स्वधर्म का उल्लंघन करता है तो वर्णों की अव्यवस्था के फलस्वरूप विश्व का नाश हो

जाता है ।[3] इससे भी महत्त्व की बात यह है कि कौटिल्य राजा को निर्देश देता है कि वह लोगों को कभी भी अपने धर्म से विमुख न होने दे । कारण, यदि मानव समाज आर्योचित आचरण करेगा, चतुर्वर्णाश्रम धर्म पर आधारित रहेगा और तीनों वेदों की शिक्षा के अनुसार चलेगा तो वह समृद्ध होगा और कभी भी उसका नाश नहीं होगा ।[4] इस तरह राजा से ऐसा समाज कायम रखने की अपेक्षा की जाती है जिसकी सत्ता का मूल स्रोत वेद है । यद्यपि वेदों में वर्णविभाजित समाज का निखरा रूप नहीं मिलता है, पर उनकी दुहाई इसलिए दी जाती है क्योंकि वे देवरचना माने जाते हैं । एक स्थल पर कौटिल्य राजा को धर्मप्रवर्तक कहता है, जिसका अर्थ यह लगाया जाता है कि वह किसी नए धर्म का प्रवर्तक है । इससे यह निष्कर्ष निकाला गया है कि राजा धर्म के मामले में असीम अधिकारों का उपभोग करता था और उसकी सत्ता पर धर्म का कोई अंकुश नहीं था ।[5] पर ऐसा सोचना गलत है । राजा को धर्मप्रवर्तक उस अवस्था में बतलाया गया है जहां वर्णाश्रम धर्म नष्ट हो गया हो ।[6] स्पष्टतः राजा को मनोनुकूल समाजव्यवस्था स्थापित करने की स्वतंत्रता नहीं दी गई है, बल्कि उसे विनष्ट व्यवस्था को पुनरुत्थापित करने को कहा गया है । कौटिल्य राजा से अपेक्षा करता है कि वह उस ब्राह्मण समाज व्यवस्था को कायम रखे और उसका पालन कराए जिसका औचित्य वेदों पर आधारित है ।

कौटिल्य के राज्य की विदेशनीति के निर्धारण में भी धर्म का महत्त्वपूर्ण स्थान है । विजित लोगों का शमन करने के लिए राजा से उनके धार्मिक रीतिरिवाजों और भावनाओं की ओर ध्यान देने को कहा गया है । कौटिल्य कहते हैं कि राजा को विजितों के क्षेत्रीय और धार्मिक त्योहारों तथा आमोद-प्रमोद के प्रति सम्मान का भाव प्रदर्शित करना चाहिए ।[7] उसे स्थानीय देवी-देवताओं की पूजा करनी चाहिए, और वाक्शूर, विद्वान तथा धार्मिक व्यक्तियों को भूमि और द्रव्य दान और करों की माफी देनी चाहिए ।[8] आगे कहा गया है कि उसे अधर्ममय रीतिरिवाजों को मिटाकर धर्ममय रीतिरिवाजों को प्रतिष्ठित करना चाहिए । राजा को चतुर्मास में पंद्रह दिन के लिए, पूर्णिमा के अवसरों पर चार रात के लिए और विजेता के जन्म नक्षत्र या राष्ट्रनक्षत्र के अवसर पर एक रात के लिए पशुवध निषिद्ध रखना चाहिए । राजा को मादाओं तथा बछड़ों के वध और नरजातीय पशुओं के बधिया किए जाने पर भी प्रतिबंध लगा देना चाहिए ।[9] राजा शत्रुदेश में आर्यों के जीवन की रक्षा तथा देवताओं, ब्राह्मणों और तापसों (साधु-संन्यासियों) की संपत्ति का उपभोग नहीं करे ।[10] बिजित लोगों की धार्मिक भावनाओं के प्रति आदर दिखलाने के लिए राजा को सहिष्णु नीति बरतने को कहा गया है, साथ ही उसके लिए यह भी आवश्यक बताया गया है कि वह स्वयं उनके धार्मिक रीतिरिवाजों का पालन करे तथा ब्राह्मण समाज व्यवस्था के मुख्य सिद्धांतों को लागू करे ।

ब्राह्मणों के प्रति कौटिल्य के रुख पर सावधानी से विचार करने की

आवश्यकता है। वे प्रचलित समाजव्यवस्था के वैचारिक संरक्षक थे और उनका मुख्य संबंध धार्मिक कार्यों से था। उत्तर वैदिक ग्रंथों में ब्राह्मण को तीन महत्त्वपूर्ण विशेषाधिकार प्राप्त थे—उन्हें शारीरिक पीड़ा नहीं दी जा सकती थी, वे सम्मान पाने के अधिकारी थे, और वे दान पाने के पात्र थे। कौटिल्य ने भी इन छूटों को आमतौर पर मान्यता दी है। उनके अनुसार ब्राह्मण अपीड़नीय[11] है, जिससे ध्वनित होता है कि उसे शारीरिक पीड़ा देना वर्जित था। लेकिन 'शांतिपर्व' में उसे अदंड्य[12] कहा गया है, जिससे यह संकेत मिलता है कि वह सभी प्रकार के दंडों से मुक्त था। किंतु, 'अर्थशास्त्र' में वह गुरुपत्नीगमन, मद्य-विक्रय और चोरी के मामलों में दंडनीय माना गया है। इन सभी अपराधों के लिए दोषी ब्राह्मण के ललाट पर दोष-चिह्न अंकित किए जाने का विधान किया गया है।[13] इसमें कोई संदेह नहीं कि 'अर्थशास्त्र' में भी सबसे अधिक सम्मान का स्थान ब्राह्मणों को ही प्रदान किया गया है। इसमें कहा गया है कि मानवों में उन्हें वही स्थान प्राप्त है जो स्वर्ग में देवताओं को है।[14] पुरोहित वर्ग के दर्जे के संबंध में व्यक्त किए गए इस विचार की पुष्टि शायद पुरालेखीय साक्ष्यों से भी होती है क्योंकि अशोक के अभिलेखों से लगता है कि उसने पृथ्वी पर देवता समझे जाने वाले ब्राह्मणों के असली भेद खोलकर रख दिए।[15] कौटिल्य यज्ञ में ब्राह्मणों के पौरोहित्य करने और बदले में दान-दक्षिणा पाने के अधिकार को स्पष्ट शब्दों में स्वीकार करते हैं। राज्य न केवल उनके इन अधिकारों को कायम रखता है, वरन कानूनों द्वारा उन पर अमल भी कराता है। यज्ञ दक्षिणा की अदायगी के बारे में विस्तृत नियम बनाए गए हैं। उदाहरण के लिए, यदि पुरोहित की मृत्यु हो जाती है तो यज्ञ के छोटे-बड़े स्वरूप और महत्त्व के अनुसार निर्धारित दक्षिणा उसके उत्तराधिकारी को चुकाने का विधान है।[16] यदि यजमान यज्ञ पूरा होने के पहले ही पुरोहित को पदमुक्त कर दे तो उसे उसके लिए दंड भरना पड़ेगा।[17] किंतु अन्य विधिनिर्माताओं की तरह कौटिल्य भी उन पुरोहितों के हटा दिए जाने के पक्ष में हैं जो निर्धारित स्तर का निर्वाह नहीं करते।[18] इन व्यवस्थाओं का उल्लेख उस प्रकरण में हुआ है जिसमें श्रमिकों और सहकारी उपक्रमों में लगे लोगों के पारिश्रमिकों का विचार किया गया है। इससे प्रकट होता है कि दक्षिणा देना यजमान की इच्छा पर निर्भर नहीं बल्कि यह उसकी जिम्मेदारी थी, जिसका पालन राज्य करवाता था।

ब्राह्मण धर्म से राज्य के गहरे संबंध का इससे भी अधिक महत्त्वपूर्ण साक्ष्य उन नियमों में मिलता है जिनमें अनेक देवताओं को राज्य संरक्षण प्रदान किए जाने और उनकी पूजा की व्यवस्था की गई है। दुर्गनिवेश के संदर्भ में कौटिल्य का कहना है कि नगर का उत्तरी भाग नगर देवता और ब्राह्मणों के लिए सुरक्षित रखा जाए।[19] नगर के मध्य भाग में आधे दर्जन देवी देवता के प्रतिष्ठित किए जाने का विधान है।[20] वास्तुदेवता को चारों कोनों में और संरक्षक देवताओं में प्रत्येक को

उसके लिए निर्धारित अलग-अलग भागों में स्थान दिए गए हैं। आगे ऐसा विधान है कि नगर के मुख्य द्वारों के नाम चार प्रमुख देवताओं के नामों पर ब्रह्मा, ऐंद्र, याम्य और सैनापत्य रखे जाएं तथा राजधानी के अंदर पूजापाठ तथा तीर्थ के स्थान बनवाए जाएं।[21] कोषागारिक के कर्तव्यों से संबद्ध प्रकरण में यह कहा गया है कि तिमंजिले कोष्ठागार में एक संरक्षक देवता प्रतिष्ठित होना चाहिए। कोष्ठागार से संबद्ध सभी भवनों में उपयुक्त संरक्षक देवताओं के पूजापाठ की आवश्यक व्यवस्था रहनी चाहिए।[22] इसी तरह सीताध्यक्ष (कृषि-अधीक्षक) के कार्यों का विवेचन करते हुए कौटिल्य कहता है कि बुवाई के समय भगवान प्रजापति कश्यप को नमस्कार करने और सीता का आशीर्वाद प्राप्त करने के लिए एक मंत्र का उच्चारण किया जाना चाहिए।[23]

'अर्थशास्त्र' में आग, बाढ़ और ऐसी ही अन्य दैवी विपत्तियों के निवारणार्थ अनेक धार्मिक अनुष्ठान बताए गए हैं। यद्यपि यह नहीं बताया गया है कि ये अनुष्ठान राज्य को करने थे या नहीं, किंतु राजपुरोहित के लिए जो योग्यताएं रखी गई हैं, उनसे ऐसा अनुमान लगाया जा सकता है कि इस तरह के अनुष्ठान राज्य की ओर से भी किए जाते होंगे। राजपुरोहित को सबसे ऊंचा वेतन—अर्थात 48000 पण—देने का विधान किया गया है। 'अर्थशास्त्र' की व्यवस्था है कि प्रधान पुरोहित में 'अथर्ववेद' में बताए गए पापशोधक अनुष्ठान करके दैवी और मानवी विपत्तियों का निवारण करने की योग्यता होनी चाहिए।[24] अनावृष्टि में इंद्र, गंगा, पर्वत तथा महाकच्छप की, चूहों का उत्पात होने पर चूहों की,[25] सर्पभय में सांपों की, व्याघ्रहिंसादिभय में पर्वत की तथा राक्षसभय में चैत्य (श्मशानभूमि में दाहकर्म के लिए बने टीले) की[26] पूजा के निमित्त भी उसके पद का उपयोग करने का इरादा दिखाई देता है। इसके अतिरिक्त, प्रधान पुरोहित से सामान्य दिनों में और पूर्णमासी के दिन हवन और देवपूजन में पौरोहित्य करने की भी अपेक्षा की जाती प्रतीत होती है।[27] दुर्दिननिवारण के लिए पुरोहित नियुक्त करने से ही राज्य का उत्तरदायित्व समाप्त नहीं हो जाता है। कौटिल्य का कहना है कि राजा अपने राज्य में ऐसे तापसों को आदर दे और बसाए जिन्हें तंत्रमंत्र की सिद्धि प्राप्त हो और जो इस प्रकार दैवी विपत्तियों का निवारण कर सकें।[28] प्राकृतिक संकटों से प्रजा की रक्षा के निमित्त कौटिल्य ने राजा के दायित्वों का जो संकेत दिया है, वह राजा के दायित्वों के संबंध में आदिम दृष्टिकोण से मेल खाता है। पर इन दायित्वों का निर्वाह राजा स्वयं पुरोहित बनकर नहीं करता है, बल्कि इसके लिए वह अलग पुरोहित नियुक्त करता है।

कौटिल्य ने कुछेक व्यवस्थाओं में मंदिरों की संपत्ति को विशेष संरक्षण प्रदान किया है। गांव में गुरुजनों को मंदिरों और अवयस्कों की संपत्ति की वृद्धि करने को कहा गया है।[29] देवपशु की रक्षा का भी विधान किया गया है। देवपशु को देवता

के नाम पर छोड़ा गया पशु समझा गया है, ऐसे पशु गांवों में जहां-तहां घूमते रहते थे।[30] लेकिन 'अर्थशास्त्र' के एक दूसरे अवतरण के संबंध में टी. गणपतिशास्त्री की टीका से लगता है, कि देवपशु के मालिक देवता और मंदिर थे। देवताओं की प्रतिमाएं, पशु, कर्मचारी, खेत, घर, सोना, स्वर्णमुद्राएं, रत्न और अन्न चुराने या उनपर कब्जा करनेवाले के लिए शिरोच्छेद (शुद्धवध) अथवा कठोरतम अर्थदंड (उत्तम साहस दंड) की व्यवस्था थी।[31] स्पष्ट है कि देवोत्तर संपत्ति की सुरक्षा का विशेष ध्यान रखा जाता था।[32] कौटिल्य ने आमतौर पर धर्म और धार्मिक संस्थाओं से जुड़े सभी स्थानों का विशेष ख्याल रखा है। उसका कहना है कि ब्राह्मणारण्य (ब्राह्मण के रहने के वन), सोमारण्य (सोमवन), देवस्थान, यज्ञस्थान और पुण्यस्थान की बाधा को राजा दूर करे।[33] देवप्रतिमा के रक्षार्थ अनेक नियम विहित किए गए हैं। देवीप्रतिमा के साथ मैथुन करने वाले उन्मत व्यक्ति को 24 पण का दंड देने की व्यवस्था है।[34] सर्वसाधारण द्वारा पूजित वृक्ष की रक्षा का भी विधान किया गया है। ऐसे वृक्ष को गिरानेवाला साधारण वृक्ष गिरानेवाले से दुगुने अर्थदंड का भागी बताया गया है। लेकिन यही दंड सीमानिर्धारक वृक्षों या राजा के वन में उगाए गए वृक्षों को गिरानेवाले के लिए भी विहित है।[35] यह विधान हमें हमुराबी के कानून की याद दिलाता है, क्योंकि उसमें भी देवसंपत्ति और राजमहल की संपत्ति चुराने के लिए समान दंड का विधान है।

पूजापाठ से संबंधित व्यक्तियों और वस्तुओं के संबंध में थोड़ी छूट दी गई है। यज्ञादि कर्म, पूजापाठ और धार्मिक संस्कारों में प्रयोग की जानेवाली सभी वस्तुओं पर शुल्क की माफी दी गई है।[36] श्रोत्रिय, अर्थात वेदज्ञाता ब्राह्मण, फल-फूल और जौ का कुछ अंश अपनी इच्छानुसार अग्रायण (पहले फल) के रूप में ले सकता है, और उसके लिए उसे दोषी नहीं ठहराया जा सकता।[37] इस तरह के उल्लेखों से काफी स्पष्ट हो जाता है कि कौटिलीय राज्य की नीति धार्मिक बातों से प्रभावित है, और उसमें पुरोहितों, देवताओं, मंदिरों और पूज्य वृक्षों का विशेष ध्यान रखा गया है। 'अर्थशास्त्र' में एक स्थल पर राजा को दैवी शक्ति के प्रति उत्तरदायी बनाया गया है। ऐसा विधान किया गया है कि यदि राजा किसी निर्दोष को दंड दे तो उसे चाहिए कि उसने उस दंड के कारण जितना अन्याय किया हो, उसका तीस गुना जुर्माना वरुण को अर्पित करते हुए जल में डाले, और बाद में यह रकम ब्राह्मणों के बीच बांटे। ऐसा करने से राजा अन्यायपूर्ण दंड देने के पाप से मुक्त हो जाएगा, क्योंकि वरुण पापी मनुष्यों का शासक है।[38] कौटिल्य की इस व्यवस्था में तीन महत्त्वपूर्ण बातें निहित हैं। एक तो यह है कि राजा अपने किसी कृत या अकृत कार्य के लिए किसी भी मनुष्य के प्रति उत्तरदायी नहीं समझा गया है। दूसरे, जब वरुण पापी मनुष्यों का शास्ता राजा है तो फिर ऐसे लोगों के संबंध में पार्थिव राजा का अधिकार क्या रह जाता है? चूंकि राजा वरुण के प्रति उत्तरदायी माना गया है,

इसलिए स्पष्ट है कि उसकी सत्ता का स्रोत वही है। तीसरे इस उत्तरदायित्व का निर्वाह किस प्रकार किया जाना है ? देवता की ओर से यह कार्य केवल किसी मानवीय माध्यम से संपादित किया जा सकता है और वह माध्यम है ब्राह्मण। वास्तव में राजा से दंड भी वही वसूल करते हैं और इस प्रकार उस पर अपनी सैद्धांतिक नहीं तो वास्तविक सत्ता का तो प्रयोग करते ही हैं। ध्यातव्य है कि न्याय की हत्या के लिए राजा अर्थदंड का भागी है, यह विचार गुप्तकाल में रचित 'याज्ञवल्क्य स्मृति' में मिलता है।[39] 'अर्थशास्त्र' के पाठ का अध्ययन अभी जिस अवस्था में है,[40] उसे देखते हुए यह कहना कठिन है कि दैवीशक्ति के प्रति राजा के उत्तरदायित्व की परिकल्पना गुप्तकालीन स्मृतिकार ने कौटिल्य से ग्रहण की या 'अर्थशास्त्र' में ही यह परिकल्पना बाद में जोड़ दी गई। किंचित अंतर के साथ ऐसा ही विचार मनु ने भी व्यक्त किया है। उन्होंने कहा है कि दंडधर होने के कारण वरुण जिस प्रकार राजाओं का स्वामी है, उसी प्रकार वह बड़े-बड़े पापियों को दिए जानेवाले अर्थदंडों का भी स्वामी है।[41] लेकिन वह यह नहीं कहते कि न्यायहत्या के लिए राजा कोई अर्थदंड वरुण को चुकाए या नहीं। जो भी हो, यदि हम इस महत्त्वपूर्ण अवतरण को, यह जैसा दिखता है, उसी रूप में ग्रहण करके चलें तो कहना होगा कि ग्रंथकार ने राज्य को किसी हद तक धर्मसापेक्ष रूप प्रदान किया है।

कौटिल्य किस हद तक दैवी राजत्व को स्वीकार करके चलते हैं, यह कहना कठिन है। लोगों को राजभक्त बनाने के लिए उन्होंने सुझाया है कि उनके बीच गुप्तचर राजा के देवरूप का प्रचार करें। नगर और गांव में रहनेवालों को राजा के उन विशेष प्रकट गुणों की प्रतीति कराई जाए जिनके बल पर वह लोगों को दंड देने का अधिकारी है। गुप्तचर लोगों को यह बताएं कि राजा इंद्र के रूप में पुरस्कार देता है और यम के रूप में दंड। उसकी अवहेलना करनेवाले दैवी दंड के भागी बनते हैं। कौटिल्य 'निम्न कोटि' के लोगों के मन से संदेह दूर करने के लिए इसी तरह के तर्क का विधान करते हैं।[42] राजा में दैवी तत्व की यह परिकल्पना कौटिल्य के उस पूर्ववर्ती कथन से भिन्न है जिसके अनुसार राजा अंततः वरुण के प्रति और उसके माध्यम से ब्राह्मणों के प्रति उत्तरदायी है। 'मनुस्मृति' और 'शांतिपर्व' में राजा के इस रूप का पल्लवन किया गया है। इन मौर्योत्तर ग्रंथों में राजा में आधे दर्जन देवताओं के गुण आरोपित किए गए हैं, लेकिन इनकी तरह 'अर्थशास्त्र' में ऐसा कहीं भी नहीं कहा गया है कि राजा नररूप में कार्य करनेवाला महान देवता है। इसके अलावा कौटिल्य का विचार प्रायः उसके समकालीन यूनानी राजतंत्र में राजा के दैवी रूप के संबंध में प्रचलित मान्यता से भिन्न है। जब सिकंदर ने मिस्र को जीता तो मिस्रवासियों की इस मान्यता को स्वीकार कर लेना उसे राजनीतिक दृष्टि से उपयोगी प्रतीत हुआ कि फराव देवता है। बाद के काल में सिकंदर साम्राज्य के ध्वंसावशेषों पर मिस्र, बैक्ट्रिया आदि में जिन यूनानी राजतंत्रों का उदय हुआ

उन्होंने इस परिकल्पना को उपयोगी विरासत के रूप में सहर्ष अंगीकार किया।[43] इनमें सरकारी तौर पर सम्राटपूजा को प्रोत्साहन दिया गया। जो भी हो, कौटिल्य यदि देवताओं के साथ राजा की तुलना करता है, तो उससे पुरोहितों की नहीं राजा की शक्ति बढ़ती है। अलबत्ता, पुरोहितों को इस सिद्धांत से अवश्य लाभ होता है कि राजा वरुण के प्रति उत्तरदायी है।

कौटिल्य केवल ब्राह्मणों का पक्ष ही नहीं लेता है, बल्कि ब्राह्मणवादी जीवनपद्धति के खिलाफ पड़ने संप्रदायों का विरोध करता है। पाषंडों का, जिनमें बौद्ध भिक्षु भी शामिल थे और जो वैदिक व्यवस्था को नहीं मानते थे, कौटिल्य विशेष विरोध करता है। पाषंडों और चांडालों को सीमावर्ती श्मशानभूमि में रहने को कहा गया है।[44] कौटिल्य का विधान है कि यदि पाशुपत और शाक्य भिक्षु आदि परमार्थ संस्थाओं (धर्मशालाओं आदि) में टिकने आएं तो इसकी सूचना गोप या स्थानिक नामक स्थानीय अधिकारियों को दे दी जानी चाहिए।[45] लेकिन यदि ज्ञात चरित्र वाले साधु-संन्यासी और श्रेत्रिय वहां आकर टिकें तो यह सूचना आवश्यक नहीं।[46] कौटिल्य मानते हैं कि पाषंडों के निवासस्थान में संदिग्ध चरित्र वाले लोग आश्रय लेते हैं। अतः गुप्तचरों को वहां ऐसे लोगों की तलाश करने की हिदायत दी गई है।[47] संभवतः पाषंड किसी न किसी रूप में राज्यविरोधी कार्यों से संबद्ध थे, क्योंकि कौटिल्य ने पाषंडों और क्षपणकों के अपराधों के बारे में कतिपय नियमों का विधान किया है। उनके अनुसार, ये लोग अर्थदंड चुकाने के बदले, जितने पण का दंड दिया गया हो, उतनी रात तक राजा के नाम पर तप, अभिषेक (स्नान) या महाच्छवर्धन नामक कर्म करें। लेकिन यदि वे मानहानि, चोरी, मारपीट और स्त्री अपहरण के दोषी हों तो उन्हें ऐसी कोई छूट नहीं दी गई है।[48] पाषंडों की संपत्ति को कोई सुरक्षा प्रदान नहीं की गई है। कौटिल्य की व्यवस्था है कि गुप्तचर पाषंडों के संघ की संपत्ति और मंदिरों की ऐसी संपत्ति राजकोष के लिए जब्त कर सकते हैं, जो श्रोत्रियों के उपभोग के लायक न हो।[49]

कौटिल्य कुछेक वर्गों के परिव्राजकों के प्रति भी ऐसे ही विरोधी रुख का परिचय देते हैं। वह इनकी गतिविधि का भी नियमन करने को कहते हैं।[50] वानप्रस्थों के अतिरिक्त अन्य प्रकार के प्रव्रजितों को ग्रामीण क्षेत्रों में बसने की अनुमति नहीं दी गई है।[51] एक व्यापक नियम में सभी प्रकार के विधर्मी संप्रदायों के लोगों को देवकर्म और पितृकर्म के भोजों में शामिल होने से वर्जित कर दिया है। यदि ऐसे भोज में शाक्य, आजीवक और शूद्र (वृषल) परिव्राजक निमंत्रित किए जाएं तो दोषी व्यक्ति को सौ पण का दंड देना चाहिए।[52] फिर, जो परिव्राजक अशोभनीय आचरण करे उसे दंड देकर राजा उसे ऐसे आचरण से विमुख करे, क्योंकि ऐसा आचरण अधर्म है। और यदि अधर्म धर्म पर हावी हो जाता है तो अंततः इससे राजा का ही नाश होता है।[53]

ऊपर जो उद्धरण दिए गए हैं, उनसे कौटिलीय राज्य की असहिष्णु नीति का परिचय मिलता है। किंतु यह नीति वर्ग उत्पीड़न नीति की कोटि में नहीं आती। अनेक विधान इस असहिष्णुता की तीव्रता को कम कर देते हैं। कई मामलों में पाषंडों और अन्य लोगों में कोई भेद नहीं बरता गया है। ऐसी व्यवस्था की गई है कि पाषंड और चारों वर्णों के लोग, बिना एक-दूसरे को बाधा देते हुए, किसी बड़े क्षेत्र में बस सकते हैं।[54] इसकी तुलना में मनु का रवैया सचमुच बहुत कठोर है। उनका विधान है कि अन्य अवांछनीय तत्त्वों के साथ-साथ पाषंडों (जिन्हें सर्वज्ञ-नारायण ने बौद्ध आदि कहा है) को राजधानी या पुर से तुरंत निकाल देना चाहिए,[55] क्योंकि इनके अधर्ममय आचरण से राजभक्त प्रजा के जीवनचक्र में बाधा पहुंचती है।[56] एक स्थान पर कौटिल्य कहता है कि राजा पाषंडों के कारोबार के प्रति उसी तरह ध्यान दे जिस तरह वह श्रोत्रियों और अन्य लोगों के व्यवसायों पर ध्यान देता है। कौटिल्य का यह भी कहना है कि किसी के बंधु बांधव, चाहे वे श्रोत्रिय हों या पाषंड, राजा की अनुपस्थिति में दूसरों के मकान पर यह कहकर अधिकार नहीं कर सकते कि वे उसमें रहते आए हैं।[57] अतः जहां तक आवास और व्यवसाय का प्रश्न है, सनातनियों और अपधर्मी संप्रदायों के लोगों पर एक ही कानून लागू होता है। किंतु अपधर्मियों (पाषंडों) के आवागमन और निवासस्थानों पर कड़ी निगरानी रखने को कहा गया है। ऐसी सलाह दी गई है कि ग्रामीण क्षेत्र के लोगों से उनके मिलने-जुलने पर पाबंदी रखी जाए। कदाचित पाषंडों से भय रहा हो कि वे लोगों से मिलकर उन्हें ब्राह्मण समाज व्यवस्था के विरुद्ध भड़का सकते हैं। मनु ने भी ऐसी आशंका स्पष्ट शब्दों में व्यक्त की है। धार्मिक नीति के विषय में कौटिल्य के विचारों के इस विवेचन से राज्य का धार्मिक—विशेषकर ब्राह्मणधर्मी स्वरूप सिद्ध हो जाता है। लेकिन कुछ ऐसे साक्ष्य भी मिलते हैं जिनसे प्रकट होता है कि राज्य के हितों के समक्ष धार्मिक मान्यताओं और पुरोहितों के विशेषाधिकारों का स्थान गौण था। यह कहा गया है कि कानून के चार आधार हैं, चरित (रीति), व्यवहार (करार), धर्म (विधिपुस्तकों की व्यवस्थाओं) और राजशासन, और उनमें से प्रत्येक उत्तरवर्ती आधार पूर्ववर्ती आधार से अधिक महत्त्व का है।[58] इसका स्पष्ट अर्थ हुआ कि न्यायशासन में अंततः राजशासन की प्रमुखता है। पर साथ में यह भी कहा गया है कि राजशासन धर्मसम्मत होना चाहिए।[59] तात्पर्य यह है कि धर्मशास्त्र में प्रतिपादित विधियों की व्याख्या राजा के हाथ में दी गई है, ब्राह्मणों के हाथ में नहीं।[60]

राजा के प्रति अधिकारियों की असंदिग्ध निष्ठा पर कौटिल्य का प्रबल आग्रह है कि उच्चाधिकारियों में मुख्य निष्ठा धार्मिक रीतिरिवाजों के प्रति नहीं, बल्कि राजा के प्रति होनी चाहिए। सरकारी विभागों में नियुक्त किए जानेवाले अमात्यों का चरित्र परखने के लिए जो कसौटी रखी गई है, उससे ऐसा निष्कर्ष निकाला जा

सकता है। न्यायाधीश पद पर केवल वही अमात्य नियुक्त किए जा सकते हैं जो धार्मिक प्रलोभनों से परे हों। नियुक्ति का तरीका यह है कि एक पुरोहित, जो राजा के कहने पर भी यज्ञाधिकारविहीन व्यक्ति को वेद की शिक्षा देने से इनकार कर देता है, बर्खास्त कर दिया जाता है। राजा के गुप्तचर अमात्य को राजा के विरुद्ध कार्रवाई करने के लिए भड़काते हैं। ऐसे अमात्य जो इन परिस्थितियों में उत्तेजित न हों, उन्हीं को व्यवहार (दीवानी) और दंड (फौजदारी) न्यायालयों में नियुक्त करने योग्य माना गया है।[61] अतः कौटिल्य का यह मंतव्य सूचित होता है कि न्यायाधीश आदि उच्चाधिकारियों की मुख्य निष्ठा राजा के प्रति होनी चाहिए, और यदि उस निष्ठा के निर्वाह में अयाज्ञों (वैदिक यज्ञ करने के अधिकार से रहित लोगों) को वेदों की शिक्षा न देने जैसी धार्मिक मान्यताओं का उल्लंघन होता हो तो उनका उल्लंघन करने में भी उन्हें संकोच नहीं करना चाहिए। राजसत्ता को प्रमुखता प्रदान किए जाने का यह एक और प्रमाण है। इससे ध्वनित होता है कि राजा चाहे तो केवल उन्हीं लोगों को न्यायाधीश नियुक्त कर सकता है जो आवश्यकता पड़ने पर धार्मिक मान्यताओं की उपेक्षा करके न्याय प्रशासन में राजा के आदेशों को निष्ठापूर्वक कार्यान्वित करें।

कुछ ऐसे संकेत भी मिलते हैं जिनसे लगता है कि ब्राह्मणीय संस्थाओं पर भी राज्य का नियंत्रण था। कौटिल्य ने देवताध्यक्ष नामक एक अधिकारी की व्यवस्था की है, जिसका नाम नगरीय और ग्रामीण क्षेत्रों की विभिन्न प्रकार की देवोत्तर संपत्तियों को एक स्थान पर इकट्ठा करके राजकोष में जमा करना है।[62] यहां तात्पर्य मंदिरों का राज्य को दिए जानेवाले किसी नियमित पावने के संग्रह से है या मंदिरों की जब्त की गई संपत्ति के संग्रह से है, यह स्पष्ट नहीं है। लेकिन चूंकि देवताध्यक्ष के कर्तव्यों का उल्लेख कोषपूर्ति प्रकरण में किया गया है, इसलिए इसमें कोई संदेह नहीं कि यहां राज्य के प्रयोजन के लिए देवोत्तर संपत्ति के उपयोग का मंतव्य है। किंतु इस नीति का अनुसरण केवल ब्रह्मणेतर संप्रदायों की संपत्ति के संबंध में ही किया जाना है। लेकिन पाणिनि के इस अवतरण का कि मौर्यों ने देवमूर्तियां बेचीं, पतंजलि ने जो भाष्य किया है[63] उससे ऐसा निष्कर्ष निकाला जा सकता है कि विशेष परिस्थितियों में राज्य ब्राह्मणीय मंदिरों की संपत्ति को भी स्वायत्त कर सकता था।

राज्य की नीतियों पर धर्म के प्रभाव का ऊपर जो विश्लेषण किया गया है, उससे इस बात में कोई संदेह नहीं रह जाता कि बहुत-सी बातों में धार्मिक मान्यताओं को अलग रखकर कौटिल्यीय राज्य की नीति की परिकल्पना ही नहीं की जा सकती। लेकिन दोनों का आपसी संबंध दो परस्पर विरोधी रूपों में व्यक्त हुआ है। ब्राह्मणीय जीवन पद्धति जिस अंश तक कौटिल्य के राज्य के मुख्य उद्देश्य के—अर्थात वर्णाश्रम धर्म की रक्षा के—अनुकूल है उस अंश तक वह उसका

पक्षधर है, लेकिन जो धार्मिक रीतिरिवाज राज्यशक्ति के विस्तार में बाधक हैं उनका वह त्याग कर देता है। 'शांतिपर्व' में भी एक विचारधारा की यही दृष्टि जान पड़ती है, जिनके अनुसार जो गुरु या मित्र राज्य के सातों अंगों के हितों के विरुद्ध आचरण करे, उसे मार देना चाहिए,[64] अथवा उसका परित्याग कर देना चाहिए।[65]

कौटिलीय राज्य, निस्संदेह, देवताओं और मंदिरों का विशेष ख्याल रखता है, और पुरोहित वर्ग के विशेषाधिकारों के दावे को भी अधिकांशतः मान्य करता है। साथ ही अपधर्मी संप्रदायों के प्रति भेदभावपूर्ण नीति बरतता है। यह नीति मनु के विचार से मेल खाती है, लेकिन लगता है, गुप्तकालीन विधिनिर्माताओं ने इसमें कुछ परिवर्तन भी किए। याज्ञवल्क्य[66] और नारद[67] दोनों ने पाषंडों की श्रेणियों का उल्लेख किया है और राजा से कहा है कि वह इन श्रेणियों के नियमों और रीतिरिवाजों को लागू करे। यह अपधर्मी संप्रदायों के प्रति दोनों स्मृतिकारों के उदार रुख को बतलाता है, जो इस काल में शूद्रों की धार्मिक स्थिति के संबंध में अपनाए गए दृष्टिकोण से मेल खाता है।[68] यद्यपि कौटिल्य ने अपधर्मियों को अर्धस्वायत्त स्थिति प्रदान नहीं की है, फिर भी उनकी भेदभाव की नीति उस आत्यंतिक सीमा तक नहीं पहुंचती जिसके दर्शन हमें 'लॉज' में प्लेटो द्वारा प्रतिपादित राज्यधर्म के सिद्धांत में होते हैं। राज्य की अखंडता और एकता बनाए रखने के लिए प्लेटो राज्यधर्म का विधान करता है, जिसका मतलब यह हुआ कि कुछ धार्मिक विश्वासों और प्रथाओं को सभी वर्गों के लोगों द्वारा आचरित करवाना चाहिए। इनका उल्लंघन करनेवालों के लिए कारावास या मृत्युदंड तक का भी विधान किया गया है। लेकिन ऐसी कोई उत्पीड़न की योजना कौटिल्य के राज्य की नीति को दूषित नहीं करती। यद्यपि कौटिल्य इस बात पर जोर देते हैं कि तीनों वेदों पर आधारित धर्म का पालन किया जाना चाहिए, किंतु वैदिक धर्म के दायरे से बाहर पड़नेवाले लोगों के संबंध में वह जिस नीति की सिफारिश करते हैं, वह सिर्फ यह है कि इन लोगों के निवासस्थानों पर नजर रखी जाए, गांवों में इसके प्रवेश पर प्रतिबंध रखा जाए और राज्यकोष की जरूरतें पूरी करने के लिए इनकी संपत्ति राज्यसात की जाए। उन्हें दंडित तभी करने को कहा गया है, जब वे चोरी, मारपीट, मानहानि और स्त्री-अपहरण जैसे अपराध करें। इन व्यवस्थाओं की तुलना 'लॉज' में वर्णित सांप्रदायिक असहिष्णुता की नीति से नहीं की जा सकती। वास्तव में प्लेटो की इस कृति में पहली बार तर्कपूर्वक धार्मिक उत्पीड़न का औचित्य सिद्ध करने की कोशिश की गई है।

कौटिल्यीय राज्य अपेक्षाकृत सहिष्णु तो है, किंतु कुछ विद्वानों की यह राय सही नहीं है कि वह धर्मनिरपेक्ष है। धर्मनिरपेक्षता का अर्थ राज्य की संगठित नीतियों से धार्मिक प्रभाव का पूर्ण बहिष्कार है, जो कौटिल्य के राज्य में देखने को नहीं

मिलता। भारतीय परंपरा में कौटिल्य का विशेष महत्त्व इस बात में निहित है कि उसके ग्रंथ में राज्य के हित साधन के निमित्त अनेक प्रकार से धर्मदृष्टि की अवहेलना की गई है। इस अर्थ में उन्होंने राज्यव्यवस्थाशास्त्र की रचना तथा उसे धर्म और धर्मदर्शन के प्रभाव से मुक्त करने की दिशा में प्रथम गंभीर प्रयास किया है। लेकिन जिस समाज में वह रहता है, उसका स्वरूप चूंकि मुख्यतः धार्मिक था, इसलिए वह राज्य को धर्म की अधीनता से पूर्णतः मुक्त नहीं करा पाए।

अंधविश्वास और राजनीति

कौटिल्य के राजकौशल के व्यवहारिक रूप का एक महत्त्वपूर्ण उदाहरण यह है कि वह बहुत से धार्मिक रीतिरिवाजों की प्रभावकारिता में विश्वास नहीं करते और राज्य को अपनी आंतरिक और बाह्य स्थितियों को सुदृढ़ करने के लिए सामान्य लोगों की अंधमान्यताओं से लाभ उठाने का सुझाव देते हैं।[69] आंतरिक स्थिति को लें तो वह राज्य को लोगों के अंधविश्वासों पर आधारित अनेक उपायों से अपने कोष की अभिवृद्धि करने का सुझाव देते हैं। उदाहरण के लिए, वह कहते हैं कि राजा किसी-किसी रात को किसी देवता या चैत्य की प्रतिष्ठापना करे या किसी अपशकुन की सूचना दे और तब या तो देवता की पूजा करने या अनिष्ट निवारण के लिए समाज और यात्रा के आयोजन के नाम पर संग्रहीत धन हस्तागत कर ले।[70] मंदिर के उपवन में असमय फूलने-फलने वाले वृक्षों का भी वह अपने लाभ के लिए उपयोग कर सकता है। ऐसी घटना के आधार पर वह कह सकता है कि अमुक देवता का अवतरण हुआ है।[71] राजा का कोई गुप्तचर राक्षस रूप धारण कर किसी वृक्ष पर प्रकट हो सकता है और अपनी तुष्टि के लिए नरभेंट की मांग कर सकता है। इस तरह इस प्रेतबाधा को शांत करने के नाम पर नगरों और गांवों के लोगों से शुल्कों (हिरण्य) की उगाही की जा सकती है।[72] ऐसा जान पड़ता है कि इनमें से कुछ उपायों पर तो सचमुच अमल भी किया जाता था। पतंजलि से ज्ञात होता है कि मौर्य राजाओं द्वारा प्रतिष्ठित देवप्रतिमाओं की बिक्री आय का एक साधन थी, और उनको अर्पित किए जानेवाले चढ़ावे जीविका का काम करते थे।[73]

आगे कौटिल्य यह सुझाव देते हैं कि लोगों को अनेक सिरों वाला सांप दिखाकर उनसे धन इकट्ठा किया जाए।[74] अथवा किसी नाग को औषधि खिलाकर बेहोश कर दिया जाए और भोलेभाले लोगों को उसे देखने के लिए बुलाकर उनसे दर्शनशुल्क वसूल किया जाए।[75] शंकालु लोगों को विषैला पेय पिलाकर या उन पर विषाक्त जल छिड़ककर उन्हें बेहोश कर दिया जाए और तब गुप्तचर घोषित करे कि वे देवता के कोप से संज्ञाशून्य हैं।[76] इसी प्रकार गुप्तचर देवनिंदकों को सांप से डंसवाकर इसे देवकोप बताए। फिर, अपशकुन के निवारणार्थ उपाय करने के

बहाने कोष भरने के लिए लोगों से धन वसूल करे।[77] अंतिम दो उपाय स्पष्टतः बुद्धि से काम लेनेवाले लोगों को अंधविश्वासपूर्ण मान्यताओं को स्वीकार करने और शासक को धन देने पर विवश करने के निमित्त सुझाए गए हैं। इस प्रकार कौटिल्य द्वारा बताई गई सभी युक्तियां लोगों के अंधविश्वासों का लाभ उठाकर उनका धन ऐंठने के निमित्त राज्य द्वारा प्रयोग में लाए जाने के लिए हैं। ये युक्तियां 'कोषाभिभरण' (कोष पूर्ति) प्रकरण में बताई गई हैं।[78] ध्यातव्य है कि कौटिल्य के अनुसार कोष सप्तांग राज्य का एव. महत्त्वपूर्ण अंग है।

कौटिल्य की स्पष्ट मान्यता है कि धार्मिक औपचारिकताएं धनार्जन में बाधा नहीं होनी चाहिए। उनके अनुसार, लाभ में विघ्न पहुंचाने वाले कुछेक तत्त्व हैं—परलोक की आकांक्षा (परलोकापेक्षा), धार्मिकता (धार्मिकत्वम्), मंगलकारी तिथिनक्षत्रों में विश्वास (मंगलतिथिनक्षत्रस्टित्वम्)।[79] इसका अर्थ यह हुआ कि धनाकांक्षी को धर्म के इन तत्त्वों की परवाह नहीं करनी चाहिए। जहां तक फलित ज्योतिष में विश्वास का संबंध है, कौटिल्य स्पष्ट कहते हैं कि सदा नक्षत्र के संबंध में ही पृच्छा करते रहनेवाले बालबुद्धि लोगों से धन दूर भागता है। उनके अनुसार, धन का नक्षत्र तो धन ही है, फिर उसमें तारकों का क्या काम है?[80] इस सिद्धांत के मुताबिक, कौटिल्य राजा से कहते हैं कि जब कभी धार्मिक रीतिरिवाज उसकी उद्देश्यसिद्धि में बाधक हों तो वह उनका परित्याग कर दे। उनका स्पष्ट उद्देश्य शासक को यह विश्वास दिलाना है कि सबकी सब धार्मिक प्रथाएं अंधविश्वास मात्र हैं, और शासकों को चाहिए कि वह अपनी स्वार्थसिद्धि के लिए इनसे लाभ उठाएं।

राज्य के आंतरिक शत्रुओं से निबटने के लिए भी कौटिल्य राज्य को इस नीति से लाभ उठाने का सुझाव देते हैं। वह कहते हैं कि जब कोई राजद्रोही (दूष्य) व्यक्ति वन में यज्ञादि कर्म में लगा हुआ हो तब तीक्ष्ण नामक गुप्तचर उसका वध करके उसके शव को किसी जातिबहिष्कृत व्यक्ति के शव की तरह वहां से हटा दे।[81] गुप्तचरों को हिदायत दी गई है कि वे राजद्रोही व्यक्ति को प्रलोभन दें कि वह भारी कोष अर्जित करने के लिए देवता को अर्पित चढ़ावे खरीद ले। जब वह इसके लिए अपना नवार्जित धन निकाले तब खरीदते समय उसे रंगे हाथों पकड़कर[82] उसका सर्वस्व छीन लिया जाए। कौटिल्य राज्यविरोधियों द्वारा यज्ञादि कर्मों का संपादन निरर्थक बताते हैं। ऐसे विरोधियों को वह निंद्य और अधार्मिक मानते हैं।[83] राजद्रोही व्यक्ति को दंडित करने के लिए वह उस समय को उपयुक्त समझते हैं जब वह धार्मिक कृत्यों में लगा हुआ हो।

लेकिन कौटिल्य यज्ञ और पूजापाठ का उपयोग, खासकर राज्य के बाहरी शत्रुओं से निबटने के लिए करते हैं, वह उन देवस्थानों और तीर्थस्थानों में शत्रु को नष्ट करने की अनेक युक्तियां बताते हैं जिनमें वह भक्तिवश अक्सर जाया करता

है।[84] इन युक्तियों में एक यह भी है कि शत्रु जब देवालय में प्रवेश करे तब उसके सिर पर दीवार या पत्थर गिरवा दिया जाए।[85] देवालय के सबसे ऊपरी हिस्से से उसके सिर पर पत्थरों या शस्त्रों की वर्षा की जाए।[86] मंदिर के बाहरी द्वार का पल्ला या भारी दंड शत्रु पर गिरवा दिया जाए।[87] देवप्रतिमा में छिपाकर रखा गया अस्त्र उसके मस्तक पर गिरा दिया जाए।[88] यह भी कहा गया है कि जब शत्रु किसी देवालय में या साधु-संन्यासी के पास जाए तब गुप्त कक्षों या अन्य स्थानों में छिपे गुप्तचर उस पर प्रहार करें।[89] कौटिल्य ने यह व्यवस्था भी की है कि देवता की पूजा और पितरों के श्राद्ध के अवसर पर शत्रु के आदमियों को विषमिश्रित अन्नजल दिया जाए और शत्रुपक्ष के विश्वासघातियों के साथ षड्यंत्र करके अपनी छिपी सेना से शत्रु पर प्रहार किया जाए।[90] यदि शत्रु दुर्ग को घेर ले तो राजा देवप्रतिमा में बने खोखले स्थान में अपने को छिपा ले।[91]

कौटिल्य शत्रु को फंसाने की एक उत्कृष्ट युक्ति यह बताते हैं कि राजा के गुप्तचर उसे चालबाजी से किसी यज्ञादि कर्म में उलझा दें और जब वह उसमें लगा हुआ हो तब राजा उसकी हत्या कर दें।[92] शत्रु को धोखा देने के लिए विजयेच्छु राजा विपत्ति-निवारण का बहाना करके स्वयं प्रायश्चित कर्म करने लगे और इस प्रकार शत्रु को भी यज्ञादि कर्म के फंदे में फंसा दे।[93] इन युक्तियों को देखने से मालूम होता है कि शत्रुनाश का उपाय करने में राजा को उसकी धार्मिक व्यस्तता का लाभ उठाना चाहिए।

शत्रु को अन्य प्रकार से हानि पहुंचाने के लिए भी धार्मिक छलावरणों का सहारा लेने का विधान किया गया है। उदाहरण के लिए, कौटिल्य कहते हैं कि तापस वेशधारी गुप्तचर शत्रुओं के गोचारकों को प्रसाद के नाम पर मादक पेय पिलाकर उनकी गाएं हांक ले जाएं।[94]

शत्रुदेश पर आक्रमण करने के लिए, कौटिल्य के अनुसार, यह जरूरी है कि लोगों को विजयेच्छु राजा की सर्वज्ञता और देवत्व की प्रतीति कराई जाए। ऐसा राजा अपनी सर्वज्ञता और देवताओं से निकट संबंध (दैवत संयोग) को प्रचारित करके अपने लोगों को उत्साहित और शत्रु की प्रजा को आतंकित करे।[95] इसके लिए कौटिल्य अनेक प्रपंच बताते हैं, जिनमें गुप्तचरों की भूमिका बहुत महत्त्वपूर्ण है। जहां तक सर्वज्ञता की बात है, कौटिल्य कहते हैं कि गुप्तचरों के जरिए मुख्य अधिकारियों और राजद्रोही (दूष्य) लोगों की गतिविधियों का पता लगाकर राजा लोगों के मन पर ऐसी छाप डाले कि वह अलौकिक शक्ति से सारी बातें जान लेता है।[96] वह पालतू कबूतर द्वारा विदेशों की घटनाओं की जानकारी प्राप्त करे, लेकिन लोगों को बताए यह कि उसकी जानकारी का आधार उसकी शकुन पढ़ने की शक्ति है।[97] राजा के देवसान्निध्य (दैवत संयोग) की बात प्रचारित करने के तरीके और भी अधिक हैं। राजा के गुप्तचर सुरंग में से सहसा निकलकर आग के बीच

प्रकट हों और राजा उन्हें अग्निदेव बताकर उनसे बातचीत करे।[98] वह जल से नाग के रूप में प्रकट अपने ऐसे गुप्तचरों की पूजा भी कर सकता है।[99] वह जल में स्वयंमेव ही आग भड़क उठने के चमत्कारी दृश्य प्रस्तुत करे।[100] वह छिपी चट्टान से गुप्त रूप से, किंतु मजबूती के साथ बंधे पटरे के सहारे जल में बैठने का चमत्कार प्रस्तुत करे।[101] अपनी अलौकिक शक्ति का परिचय देने के लिए जल में जादू के कुछ करतब भी दिखा सकता है।[102] इस संदर्भ से प्रचार कार्य के भारी महत्त्व को स्वीकार करते हुए कौटिल्य ने लोगों को राजा के देवत्व की प्रतीति कराने के लिए अनेक प्रकार के प्रचार अधिकारियों की व्यवस्था की है। इस कार्य के लिए सात प्रकार के अधिकारियों को राज्य की सेवा में प्रवृत्त करना है। वे हैं—ज्योतिषी (दैवज्ञ), भविष्यवक्ता मौहूर्तिक, पौराणिक (कथावाचक), ईक्षणिक (संभवतः एक प्रकार के दैवज्ञ, जो प्रश्नोत्तर के क्रम में भविष्य का शुभाशुभ बताते थे), गुप्तचर और साचिव्यकर (राजा के सहचर)। 'अर्थशास्त्र'[103] में अन्यत्र प्रथम चार का उल्लेख पुरोहित वर्ग के सदस्यों के रूप में हुआ है। यह लोकमत तैयार करने में पुरोहितों की महत्त्वपूर्ण भूमिका का प्रभाव है। इन अधिकारियों को राज्य भर में राजा की अलौकिक शक्तियों का व्यापक प्रचार करना है। इसी तरह उन्हें विदेश में भी राजा के समक्ष देवताओं के प्रकट होने और राजा द्वारा स्वर्ग से दंडशक्ति और कोषशक्ति प्राप्त किए जाने के समाचार प्रचारित करने हैं। इन अधिकारियों को शत्रु के आदमियों को यह भी जताना है कि आक्रामक राजा स्वप्नों का अर्थ तथा पशु-पक्षियों की बोली समझता है, अतः उसकी विजय अवश्यभावी है। इसके अतिरिक्त इन अधिकारिय्रों को आकाश से लुआठी दिखाकर और नगाड़े का शोर मचाकर शत्रु की प्रजा को उनके राजा की आसन्न पराजय का विश्वास दिलाने का भी काम सौंपा गया है।[104] कौटिल्य ने एक युक्ति यह भी सुझाई है कि कुछ देवप्रतिमाएं नष्ट करके उनसे लगातार खून की धारा बहती दिखाई जाए, और तब गुप्तचर ऐसा प्रचार करें कि यह शत्रु की हार का लक्षण है।[105]

विजयेच्छु राजा की अलौकिक शक्तियों के प्रचार के लिए सुझाए गए ये विलक्षण उपाय 'अर्थशास्त्र' के तेरहवें अधिकरण (अध्याय) में वर्णित हैं। इस अधिकरण में राजधानी जीतने के उपाय (दुर्गलभ्योपाय) भी बताए गए हैं। इन उपायों में अनेक प्रकार के चमत्कारों का सहारा लेना है, फिर भी इनसे प्रकट होता है कि राजा के देवत्व और सर्वज्ञता में वस्तुतः न स्वयं कौटिल्य का विश्वास है और न वह यही चाहते हैं कि राजा इन निरर्थक बातों में विश्वास करे। तथापि वह यह चाहते हैं कि एक सुसंगठित तंत्र द्वारा चतुराई से प्रचार करवाकर जनमानस पर राजा की सर्वज्ञता और देवत्व की छाप डाली जाए, उसकी अपनी प्रजा उसकी आक्रामक योजनाओं में उसे हार्दिक समर्थन दें और शत्रुदेश की प्रजा अपने राजा के बजाय नए विजेता को अपनी निष्ठा प्रदान करे। एक विद्वान की राय है कि

अर्थशास्त्र' में कुछ स्थलों पर इस तरह के चमत्कारों पर आधारित जिन कटु-युक्तियों की हिमायत की गई है, वे इस ग्रंथ के मौलिक अंश नहीं हैं। उनका यह कहना है कि 'अर्थशास्त्र' के शेष अंशों में तथा 'मुद्राराक्षस' नामक नाटक में विष्णुगुप्त का जो सच्चा चरित्र प्रतिबिंबित होता है, ये युक्तियां उससे संगत नहीं प्रतीत होतीं।[106] ऐसा जान पड़ता है कि ये अंश परवर्ती काल में, भारत में तंत्रवाद का बोलबाला होने पर, इस ग्रंथ में प्रक्षिप्त कर दिए गए। जब तक इस समस्या का समाधान नहीं हो जाता कि कितना अंश असली और कितना नकली है, कौटिल्य के ग्रंथ के इस अंतर्विरोध का कारण यह मान सकते हैं कि जहां राज्यहित का प्रश्न हो, वहां वह किसी प्रकार के धर्मसंकोच में नहीं पड़ते।

ऊपर जो कुछ भी बताया गया है, उससे प्रकट होता है कि 'अर्थशास्त्र' में कौटिल्य द्वारा प्रतिपादित राजनीति की एक विशेषता जनसाधारण को भ्रमित और आतंकित करके राजनिष्ठा बनाने के लिए शासक वर्ग द्वारा योजनापूर्वक उसके अंधविश्वासों का लाभ उठाया जाना है। न केवल लोगों से धन ऐंठने के लिए, बल्कि विजेता की आक्रामक योजनाओं को सफल बनाने तथा शत्रु का नाश करने में उन्हें प्रवृत्त करने के निमित्त भी कौटिल्य ऐसे अनेक हथकंडे सुझाते हैं जो लोगों के अंधविश्वासों के कारण संभव हैं। उन्होंने जिस प्रकार से इन उपायों का विधान किया है उससे इसमें कोई संदेह नहीं रह जाता है कि वह स्वयं ऐसी बातों में विश्वास नहीं करते, बल्कि इन्हें अंधविश्वास मानते हैं। लेकिन चूंकि इन अंधविश्वासों का लोगों के मन पर भारी प्रभाव होता है, इसलिए वह इन्हें राज्य के हितों की सिद्धि का साधन बना देते हैं। उनकी हार्दिक कामना है कि जनसामान्य इन अंध मान्यताओं में विश्वास रखे। इस उद्देश्य की पूर्ति के लिए वह लोगों को संगठित रूप से समझाने-बुझाने और अप्रत्यक्ष रूप से उन पर दबाव डालने के उपाय सुझाते हैं। कौटिल्य के राज्य के प्रचारतंत्र का शायद सर्वाधिक महत्त्वपूर्ण कार्य लोगों के बीच ऐसी भ्रांति फैलाना है कि राजा अलौकिक शक्तियों से संपन्न है। कौटिल्य इस सिद्धांत के अनुसार चलते दिखाई देते हैं कि सतत और प्रभावकारी प्रचार के बल पर झूठ को भी सच दिखलाया जा सकता है। यदि लोग सहज ही ऐसे झूठ में विश्वास न करें तो कौटिल्य का कहना है कि राजा के आदमियों को विभिन्न प्रकार की व्यावहारिक युक्तियों के सहारे और शारीरिक यातना के बल पर उनका मन बदलना चाहिए। कौटिल्य राजा से ऐसी अपेक्षा रखते जान पड़ते हैं कि उन्हें यज्ञ या पूजापाठ में विश्वास नहीं रखना चाहिए, क्योंकि अवसर आने पर उसे बिना किसी भय-संकोच के ऐसी चीजों की अवहेलना करने की सलाह दी गई है। इस पूरे प्रश्न के प्रति कौटिल्य के दृष्टिकोण का सार शायद इन शब्दों में व्यक्त किया जा सकता है—जो कुछ राजा के लिए अंधविश्वास है वही जनसाधारण के लिए सच्चा धर्म है।

'मनुस्मृति' और 'शांतिपर्व' जैसे ब्राह्मण चिंतनधारा के ग्रंथों में राजा को संकटकाल (आपद्धर्म) में धार्मिक मान्यताओं की भी अवहेलना करने की अनुमति दी गई है। 'शांतिपर्व' में तो लोगों को भ्रम में डालने के लिए राजा को अंधविश्वासपूर्ण रीतियों का उपयोग करने का भी सुझाव दिया गया है। जिस प्रकरण में भीष्म राजा को सचमुच अवसरवादी बनने का परामर्श देता है, उसमें वह कहता है कि अर्थकामी राजा शिखा धारण कर धर्मध्वजी होने का अभिनय करे।[107] जाहिर है कि यह उपाय जनसाधारण से धन ऐंठने के निमित्त उसके अंधविश्वास से लाभ के लिए सुझाया गया है। शान्तिपर्व और कौटिल्य में अंतर यह है कि कौटिल्य ने इस प्रकार के बहुत से अन्य उपाय बताए हैं।

ऐसी बात नहीं कि प्राचीन राजनीति में अंधविश्वासों का लाभ उठाने के सिद्धांत का प्रतिपादन अकेले कौटिल्य ने ही किया हो। बिल्कुल यही दृष्टिकोण प्लेटो के 'रिपब्लिक' में भी देखा जा सकता है। उसमें यह झूठा और मनगढ़ंत प्रचार किया गया है कि ईश्वर ने दार्शनिकों में सोना, योद्धाओं में चांदी तथा किसानों और कारीगरों में पीतल और लोहा रखा।[108] प्लेटो ने महसूस किया कि इस कल्पित कथा को एक ही पीढ़ी में जनमानस में सत्य के रूप में प्रतिष्ठित नहीं किया जा सकता, लेकिन दूसरी, तीसरी और उसके बाद की पीढ़ियों में लोगों का विश्वास इस पर जमाया जा सकता है।[109] काल की दृष्टि से तो नहीं, लेकिन स्थान की दृष्टि से एक-दूसरे से बहुत दूर होते हुए भी प्लेटो और कौटिल्य[110] दोनों के विचार में अपनी सत्ता की रक्षा और विस्तार के लिए शासक वर्ग को अंधविश्वासों को प्रश्रय देना चाहिए। रोम के राजनीतिज्ञों की दृष्टि भी ऐसी ही थी। वहां के पुरोहित मंडलों ने अपना प्रभाव खूब बढ़ा लिया था, फिर भी उन्होंने 'और उनमें से भी खासतौर से सर्वोच्च पदों पर आसीन लोगों ने इस बात को कभी नहीं भुलाया कि उनका कर्तव्य समादेश देना नहीं, अपितु दक्षतापूर्ण परामर्श देना है।[111] और रोमन राजनीतिज्ञ यदि इस प्रकार के स्पष्ट प्रपंचों को चुपचाप स्वीकार कर लेते थे तो वह धर्म का विचार करके नहीं बल्कि अपने राजनीतिक स्वार्थों की सिद्धि के लिए। यूनानी पालीबिअस का यह कथन सर्वथा उचित था कि 'रोमवालों के धर्म मे जो अनोखे और जटिल अनुष्ठान प्रचलित थे, उनका आविष्कार मात्र सामान्य जनों को ध्यान में रखकर किया गया था, क्योंकि उनमें बुद्धि का अभाव था और इसलिए उन पर प्रतीकों और चमत्कारों के जोर पर ही शासन किया जा सकता था।'[112] प्राचीन भारत के राजनीतिज्ञ भी ऐसे ही प्रपंचों का प्रयोग करते थे, और निर्भीक तथा सूक्ष्म चिंतक यदाकदा इन प्रपंचों का पर्दाफाश भी कर देते थे। जैसे, बाण ने राजा के देवत्व की अनर्गल परिकल्पना को अस्वीकार करते हुए कहा कि 'यह उन चाटुकारों की करतूत है जो कमजोर और मूढ़ राजाओं के दिमाग में इस तरह की बेतुकी बातें भर देते हैं, किंतु जो शक्तिशाली और समझदार राजाओं को मूर्ख नहीं

बना सकते।'[113]

अंधविश्वास और राजनीति का आपसी संबंध कौटिल्य की कृति की ऐसी विशेषता है जिसकी ओर सामान्यतः ध्यान नहीं दिया जाता। इसीलिए हमने यहां एक अलग प्रकरण में इस पर विचार किया है। किंतु वास्तव में इस अध्याय के प्रथम और द्वितीय प्रकरणों के बीच भेद की कोई स्पष्ट रेखा नहीं खींची जा सकती। कुल मिलाकर देखें तो 'अर्थशास्त्र' में धर्म और राजनीति के आपसी संबंधों के विवेचन से तीन प्रमुख प्रवृत्तियां सामने आती हैं। एक तो यह कि कौटिल्य वर्णित राज्य प्रारंभिक विधिग्रंथों में प्रतिपादित ब्राह्मण विचारधारा का रक्षक है। लेकिन भारतीय मानस की जो एक सामान्य विशेषता है, उसके विपरीत कौटिल्य का राज्य पुरोहित-सत्ता का अनुयायी नहीं है। कारण, वह राज्यसत्ता की नींव को कमजोर बनानेवाले ब्राह्मण और ब्राह्मणेतर धार्मिक रीतिरिवाजों की न केवल उपेक्षा करके चलता है,[114] बल्कि उसका दमन भी करता है। यह दूसरी प्रवृत्ति है। तीसरी प्रवृत्ति यह है कि कौटिल्य राज्य के हितसाधन के निमित्त—विशेषकर विदेशनीति के संदर्भ में—जनसाधारण के अज्ञान और अंधविश्वास से लाभ उठाते प्रतीत होते हैं।

संदर्भ और टिप्पणियां

1. अर्थ. 1.2
2. वही, 1.3
3. वही.
4. वही.
5. तुलनीय, एच. एन. सिन्हा सॉवरेंटी इन एंशंट इंडिया, पृ. 149, 199.
6. चतुर्वर्णाश्रयास्यायम् लोकस्याचाररक्षणात्। न श्यतां सर्वधर्माणम् राजा धर्मप्रवर्तकः।।—अर्थ. III.1.
7. अर्थ. XIII.5.
8. सर्वत्राश्रम पूजानम् च विद्यावाक्यधर्म शूरपुरुषाणाम् च भूभिद्रव्यदानपरिहारान् कारयेत्। वही.
9. अर्थ. XIII.5
10. पर विषयाद्वा विक्रमेणानीतं यथाप्रदिष्टम् राज्ञा भुंजीत अन्यत्र आर्यप्राणेभ्यो देवब्राह्मण तपस्विद्रव्येभ्यूयश्च। अर्थ. 111.16.
11. अर्थ. IV.8.
12. 56.22, 59, 69, 114.
13. अर्थ. IV.8.
14. ये देवा देवलोकेषु च ब्राह्मणः। वही, XIV, 3.
15. यहां सेनर्ट और ह.प्र. शास्त्री का निर्वचन ग्रहण किया गया है. पां.हि. एं इ., पंचम संस्क., 357.

16. अर्थ, III,14.
17. वही.
18. वही.
19. वही, II.4.
20. वही.
21. वही.
22. वही, II.5.
23. वही, II.24
24. अर्थ., 1.9
25. वही, IV.3, म्युनिख पांडुलिपि में अतिरिक्त पाठ मिलता है.
26. वही.
27. वही.
28. वही.
29. वही, II.1.
30. अर्थ., IV. 13, अन्. पृ. 263.
31. वही, IV.10. टी. गण. शास्त्री संस्करण, 11, 166.
32. मनुस्मृति (IX.280) में इस नियम का दायरा बढ़ा दिया गया है. इसमें कहा गया है कि जो कोई भी राजभंडार, सेना या मंदिर का भेदन करे और जो हाथी, घोड़ा या रथ चुराए, उसका वध राजा बेहिचक कर दे.
33. अर्थ., III.9
34. वही, IV.13.
35. वही, III.19.
36. वही, II.21.
37. अर्थ., II.24.
38. अदण्ड्यदण्डनेराज्ञो दण्डस्त्रिंशदगुणे अंभसि । वरुणाय प्रदातव्यो ब्राह्मणेभ्यस्ततः परम् ।। अर्थ. IV,13.
39. II.307.
40. अर्थशास्त्र के अध्ययन की भावी प्रगति इसके पाठ के स्तरीकरण पर निर्भर होगी
41. IX, 243.45
42. अर्थ., I.13.
43. डब्ल्यू. डब्ल्यू. टार्न हेलेनिस्टिक सिविलिजेशन, पृ. 49 एवं आगे. टार्न का यह मत कि राज देवत्व की भावना सिकंदर ने एशिया से ली, भारत के साथ लागू नहीं होता.
44. अर्थ., II.4.
45. वही, II.36, टी. गणपति शास्त्री की टीका पर आधारित.
46. वही.
47. वही.
48. वही, III.16.
49. वही, V.2.
50. वही, II.1.
51. वही, III.20.

52. वही, III.16. शामशास्त्री ने इसका अनुवाद भिन्न तरह से किया है. टी. गण. शास्त्री (11, 99) में निम्न रूप में दिया गया है : 'प्रव्रज्यासु व्रथाचारा राजा दण्डेन वारयेत्। धर्मोह्यधर्मोपहतः शास्तारं हन्त्युपेक्षितः' ।।
53. वही, III.16.
54. IX.225.
55. IX.226. शा. प्र. के ऐसे ही श्लोक, 89.13.14 में पाषंडों का उल्लेख नहीं है.
56. वही, 1.19.
57. वही, III.16.
58. अर्थ. III.1.
59. वही, टी. गण. शास्त्री संस्करण, ii. 10 की टीका पर आधारित.
60. परंतु यह श्लोक जिसमें राजशासन को प्रधानता दी गई है, अर्थशास्त्र में क्षेपक के रूप में प्रतीत होता है. गुप्तकाल तथा बाद की स्मृतियों और पुराणों में यह श्लोक पाया जाता है. उस काल में भूमि अनुदान के लिए शासन का प्रयोग अभिलेखों में होता है. अतएव न्याय करने में शासन की प्रमुखता का तात्पर्य यह है कि भूमि उसकी होगी जो राजशासन दिखलाएगा.
61. अर्थ., I.10.
62. अर्थ., V.2.
63. मौर्यैर्हिरण्यार्थिभिरर्चाः प्रकल्पिताः पाणिनि. 3.99 पर पतंजलि का भाष्य, तुलनीय वा. श. अग्रवाल, इंडिया ऐज नोन टु पाणिनि, पृ. 361-62.
64. 57-5
65. 57.6-7
66. श्रेणिनैगम पाखंडिगणानामप्ययम् विधिः भेदम् चैषाम् नृपयो रक्षेत् पूर्ववृत्तिम् च पालयेत. II.192.
67. X.1-2.
68. शूद्राज, पृ. 268-78.
69. यू.एन. घोषाल, हि. पां. थि. पृ. 101.
70. दैवतचैत्यम् सिद्धपुण्यस्थानामौपपादिकम् वा रात्रौ उत्थाप्य यात्रासमाजाभ्याम् आजीवेत् अर्थ., V.2.
71. अर्थ., V.2.
72. चैत्योपवनवृक्षेण वा देवताभिगमनमनार्तवपुष्यफलयुक्तेन ख्यापयेत्. वही ।
73. भाष्य पाणिनि, V.3.99, तुल. अग्रवाल, पूर्वोद्धृत पुस्तक, पृ. 362.
74. सरगायुक्ते वा कूपे नागमणियतशिरस्कं हिरण्योपहरणे दर्शयेत्, अर्थ., V.2.
75. सर्पदर्शनमाहारेण प्रतिबंधसंज्ञं कृत्वा श्रद्धानानां दर्शयेत् वही.
76. अश्रद्धानानाम् आचमन प्रोक्षणेषु रसमुपचाय्य देवताभिशापं ब्रूयात् वही.
77. अभित्यक्तं दंशयित्वा वा योगदर्शनप्रतिकारेण वा कोशाभिसंहरणं कुर्यात् टी.गण. शा. सं., ii, 197.
78. अर्थ., V.2.
79. वही, IX.4.
80. नक्षत्रमतिपृच्छन्तं बालमर्थोतिवर्तते,
अर्थोह्यर्थस्यनक्षत्रं किं करिष्यन्ति तारकाः । अर्थ., IX.4.
81. अर्थ.. V.2.

82. वही.
83. वही.
84. दैवतेज्यायां यात्रायाममित्रस्य बहूनि पूज्यागमस्थानानि भक्तितः तत्रास्य योगमुब्जयेत अर्थ., XII.5.
85. अर्थ., XII.5.
86. वही.
87. वही.
88. वही.
89. अर्थ., XIII.2.
90. दैवतोपहारश्राद्धप्रहवणेषु वा रसविद्धमन्नपानमवसृज्य कृतोपजापो दृष्टव्यञ्जनैर्निष्पत्य गूढ़सैन्योअभिहन्यात्—अर्थ., XII, 5.
91. अर्थ., XII, 5.
92. अर्थ., VIII,2.
93. एतान् वा योगानात्मनि दर्शयित्वा प्रतिकुर्वीत् परेषामुपदेशार्थम् ततः प्रयोजयेदयोगान् अर्थ., XIII, 2.
94. अर्थ., XIII, 2.
95. विजिगीषु परग्रामभवाप्तुकामः सर्वज्ञ दैवतसंयोगख्यापनाभ्यां स्वपक्षं उद्धर्षयेत् परपक्षं चौद्वेजयेत अर्थ, XIII.1.
96. सर्वज्ञख्यापनं तु गृहगुह्यवृप्रतिज्ञाने मुख्यानां प्रत्यादेशों कंटकशोधनासपाँगमेन प्रकाशनं राजद्विष्टकारिणं । अर्थ.. XIII.1 जां ली के अर्थ. संस्करण, पृ. 242 में 'ज्ञाने' के बदले 'ज्ञानेन' रखा गया है.
97. अर्थ., XIII.1, तुलनीय उदयवीर शास्त्री संस्करण, भाग 2, पृ. 544.
98. दैवतसंयोगख्यापनं तु सुरंगामुखेनाग्निचैत्यदैवंतप्रतिमाच्छिद्रानुप्रविष्टैः अग्निचैत्य-दैवतव्यञ्जनः संभाषणं पूजनं च । अर्थ., XIII.1.
99. अर्थ., XIII.1.
100. वही.
101. वही.
102. वही.
103. कार्तान्तिकनैमित्तिकमौहूर्तिक पौराणिकसूतमागधाः पुरोहितपुरुषाः सर्वाध्यक्षाश्च साहस्राः अर्थ., V.3.
104. परस्य विषये दैवतदर्शनं दिव्यकोशदंडोत्पत्ति अस्य ब्रूयुः । दैवाप्रश्ननिमित्ता वायसांगविधाः स्वप्नमृगपक्षिव्याहारेषु चास्य विजयं ब्रूयुः । अर्थ., XIII;1.
105. दैवतप्रतिमानामभ्यर्हितानां वा शोषितेन अवस्रवम् अतिमात्र कुर्युः तदन्ये देवरुधिरसंस्रावेअत्र शूरवादिकोअन्यत वादृष्टुमुभो आगच्छेत अर्थ. XIII.25.
106. एच. सी. सेठ, 'दि स्पुरियस इन कौटिल्याज अर्थशास्त्र', ए वाल्यूम आफ इस्टर्न एंड इंडियन स्टडीज प्रेजेंटेड टु प्रोफेसर एफ. डब्ल्यू. टामस, पृ. 25.
107. अर्थकामः शिखां कुर्याद्धर्मध्वजोपमाम्. शा. पृ., 120.9.
108. द रिपब्लिक (जावेट का अनुवाद), पृ. 126.27.
109. वही.
110. लेखक कौटिल्य को चंद्रगप्त मौर्य का समकालीन मानने के पक्ष में हैं.

111. सै. बु. ई. XII, भाग I, प्रस्तावना पृ. X में उद्धृत मौमसन, हिस्ट्री ऑफ रोम, 1,179.
112. सै. बु. ई. xii. भाग I. प्रस्तावना, पृ. X उद्धृत मौमसन, पूर्वोद्धत iii, पृ. 445
113. बैशम, वंडर दैट वाज इंडिया, पृ. 8687.
114. सेनर्ट, कास्ट इन इंडिया, पृ. 204.

16. सातवाहन राज्यव्यवस्था

सातवाहनों का शासन दकन में था। ये उन सभी भौतिक उपादानों से सज्जित थे जो इनसे पहले उत्तर भारत में शासन करनेवाले मौर्य राजाओं के पास थे। अर्थात इनके राज्य में सिक्कों और लोहे के औजारों का भरपूर उपयोग होता था। इनके शासन की एक अन्य विशेषता यह थी कि भूमध्य सागरीय क्षेत्रों के साथ इनके राज्य का वृहत् व्यापार था। इसके परिणामस्वरूप रोम के सिक्के यहां प्रचुर प्रमाण में पहुंचते थे, जिससे दकन में बड़े पैमाने पर शहरी बस्तियों की स्थापना हुई। इन तमाम बातों ने नई समस्याओं को जन्म दिया, जिनका समाधान ढूंढ़ना इनके शासन का काम था।

सातवाहन आर्येतर जाति के थे और इनकी परंपराएं मातृवंशीय थीं। ये ब्राह्मण संस्कृति को अंगीकार करनेवाले दकन के सबसे पहले राजवंशों में थे। एक बार नए संस्कारों को ग्रहण करने के बाद ये लोग वर्णव्यवस्था के कट्टर समर्थकों के रूप में आगे आए, किंतु बौद्धधर्म से भी इनका विरोध नहीं था। अभिलेखों से मालूम होता है कि ये बौद्ध भिक्षुओं तथा ब्राह्मणों को द्रव्य और भूमिअनुदान देनेवाले प्राचीनतम शासक थे। इन अनुदानों के फलस्वरूप बौद्ध भिक्षु और ब्राह्मण दोनों समान रूप से सातवाहन राज्यव्यवस्था में महत्त्वपूर्ण तत्व बन गए। मौर्य शासन के अनुभवों से लाभ उठाकर सातवाहनों ने अपने पैर उन क्षेत्रों पर जमाए जो किसी हद तक ठीक से आबाद थे और जिन पर बहुत-से छोटे-छोटे राजाओं और सरदारों का शासन था। जिस शासनपद्धति का उन्होंने विकास किया उसकी प्रकृति स्वदेशी थी और भारत-यूनानियों, शकों, पार्थियनों और कुषाणों द्वारा भारत में लाई गई राज्यव्यवस्था से सर्वथा भिन्न थी।

मैसूर में प्राप्त शिलालेखों और आंध्रप्रदेश के अमरावती में प्राप्त स्तंभलेख के एक टुकड़े से स्पष्ट है कि इन क्षेत्रों के नरेश अशोक की शासनपद्धति से अवगत थे। स्वभावतः, इसके कुछेक तत्व सातवाहनों के अधीन दकन के पश्चिमी हिस्से में भी कायम रहे। अशोक की तरह ही प्रारंभिक सातवाहन शासक राजा कहे जाते थे। यद्यपि गौतमीपुत्र शातकर्णी की माता गौतमी बलश्री का दावा है कि उसके पुत्र और पौत्र महाराज हैं,[1] किंतु गौतमीपुत्र और वासिष्ठीपुत्र पुलुमावि में से किसी ने

भी वास्तव में यह उपाधि धारण नहीं की। साथ ही इन शासकों ने वे आडंबरपूर्ण उपाधियां भी धारण नहीं कीं जो कुषाण राजाओं की विशेषता थी। इसके अतिरिक्त, इन राजाओं ने अपने अधीनस्थ अधिकारियों को अपने आदेशों की सूचना उसी मुहावरे और उसी प्राकृत भाषा में दी है जो अशोक के शासन में प्रचलित थे। हां, सातवाहनों के ये अधिकारी कुमार, आर्यपुत्र या अशोक के अधिकारियों की तरह महामात्र नहीं, बल्कि अमात्य कहे जाते थे।

सातवाहन राज्य अशोक के राज्य की ही तरह आहारों या जिलों में बंटा हुआ था। अशोक के अभिलेखों में आहारों के नाम नहीं दिए गए हैं, यद्यपि जिन अभिलेखों में इनका उल्लेख मिलता है उनके प्राप्तिस्थानों की दृष्टि से सोचें तो लगता है कि ये आहार मध्य प्रदेश तथा पूर्वी उत्तर प्रदेश में पड़ते थे। किंतु सातवाहन-अभिलेखों में गोवर्धन आहार और कुछ अन्य आहारों का उल्लेख बहुधा हुआ है। यह प्रशासनिक इकाई वाकाटक राज्य में कायम रही, और गुप्तकाल तथा गुप्तोत्तर काल के अभिलेखों के अनुसार इन कालों में महाराष्ट्र और गुजरात में भी प्रचलित थी।[2] तीसरी शताब्दी के प्रथम चरण के एक सातवाहन पुरालेख से लगता है कि आहार और जनपद एक ही थे।[3] जनपद का उल्लेख कौटिलीय अर्थशास्त्र में भी हुआ है और अशोक के अभिलेखों में भी। लेकिन नाम की समानता से ऐसा नहीं माना जा सकता कि सातवाहन जनपद (आहार) और अशोककालीन जनपद के आकार भी समान थे। कौटिल्य के अर्थशास्त्र में वर्णित जनपद के आकार को यदि लिया जाए तो अशोककालीन जनपद में संभवतः 3200 गांव होते थे।[4] इस प्रकार यह निश्चय ही बहुत बड़ी इकाई थी।

यद्यपि कौटिल्य ने महामात्रों का उल्लेख विरल स्थानों पर ही किया है, किंतु अशोक के अधीन महामात्र कहे जानेवाले अधिकारियों का एक संगठित संवर्ग (काडर) था, जिसके सदस्यों को तरह-तरह के कार्यों में लगाया जाता था। उनका उल्लेख सातवाहन अभिलेखों में भी हुआ है, और एक प्रसंग में वह बौद्ध भिक्षुओं की देखरेख के लिए जिम्मेदार अधिकारी जान पड़ता है।[5] इस तरह मोटे तौर पर उसकी तुलना अशोक के धम्ममहामात्र से की जा सकती है। लेकिन स्पष्ट है कि सातवाहन राज्य में महामात्र नाम की संस्था उतनी व्यापक और महत्त्वपूर्ण नहीं थी। अशोक के महामात्रों वाला स्थान शायद सातवाहनों के अमात्यों या अमचों को प्राप्त था। भूमि अनुदानों या गुफाअनुदानों से संबंधित सभी राजादेशों की सूचना सातवाहन शासक अमात्यों या अमचों को ही देते थे। जातकों में अमात्यो का उल्लेख सलाहकारों या मंत्रियों के रूप में हुआ है, लेकिन इनके बारे में सबसे विस्तृत जानकारी कौटिलीय 'अर्थशास्त्र' से मिलती है, जिसमें इनका उल्लेख अधिकारियों के ऐसे संवर्ग (काडर) के रूप में हुआ है जिसमें से अन्य सभी उच्च पदाधिकारी लिए जाते हैं। विचित्र बात है कि अधिकारियों के इस महत्त्वपूर्ण वर्ग

का उल्लेख अशोक के अभिलेखों में नहीं हुआ है। जहां तक अभिलेखों का संबंध है, इनका उल्लेख सबसे पहले सातवाहनों के ही राज्य में मिलता है। इन अभिलेखों से प्रकट होता है कि गुप्तकाल की तरह सातवाहनों के अधीन अमात्य पद वंशानुगत नहीं था। विष्णुपालित,[6] शिवदत्त,[7] और श्यामक,[8] कम से कम इन तीन व्यक्तियों ने गौतमीपुत्र शातकर्णी के राज्यकाल में गोवर्धन आहार में अमात्य के पद पर काम किया। फिर, वासिष्ठीपुत्र पुलुमावि के राजत्वकाल में 152 ई. में उसी स्थान पर अमात्य शिवस्कंदि को कार्य करते देखते हैं।[9] 28 वर्षों के दौरान एक ही स्थान पर कार्य करनेवाले इन चार अधिकारियों के नामों से प्रकट होता है कि ये एक परिवार के भी नहीं थे। इनके अतिरिक्त अन्य अनेक अमात्यों के भी उल्लेख मिलते हैं। जैसे परिगुप्त, जो शायद गौतमीपुत्र शातकर्णि[10] के अधीन काम करता था, और सतेरक[11], सर्वाक्षदलन तथा विष्णुपालि, जो कदाचित वासिष्ठीपुत्र शातकर्णि के अधीन काम करते थे।[12] किंतु इनमें से किसी भी उल्लेख से अमात्यपद के वंशानुगत रूप की जानकारी नहीं मिलती। कुछ अभिलेखों में राजामात्य का उल्लेख अवश्य हुआ है, पर अभी तक गुप्तकालीन कुमारामात्य का जिक्र किसी भी सातवाहन अभिलेख में देखने को नहीं मिला है। कुल मिलाकर, अमात्य सातवाहन राज्यव्यवस्था के महत्त्वपूर्ण अंग थे। उन्हें वही स्थान प्राप्त था जो अशोक की शासनव्यवस्था में महामात्रों को और गुप्तों की राज्यव्यवस्था में कुमारामात्यों को था। जहां तक इनके कार्यों का संबंध है, ऐसा कोई प्रमाण नहीं मिलता जिससे प्रकट होता हो कि ये सलाहकार या मंत्री का कार्य करते थे। कम से कम वे किसी संगठित निकाय के रूप में कार्य करते तो नहीं ही प्रतीत होते। लेकिन व्यक्तिगत रूप से वे प्रांतीय शासकों (गवर्नर), कोषागारिकों, भूमिदान निष्पादकों (एक्जिक्यूटिर) आदि अनेक हैसियतों से कार्य करते थे।

अनेक अधिकारी शासनपत्र (लैंड चार्टर) लिखने से संबद्ध थे। एक प्रसंग में हम अमात्य को, दूसरे में प्रतीहार (जिसका प्रथम उल्लेख सातवाहन अभिलेखों में ही हुआ है) को और तीसरे में महासेनापति को शासनपत्र लेखक के रूप में देखते हैं। इसका मतलब यह हुआ कि यह काम किसी एक अधिकारी के जिम्मे नहीं था, यद्यपि गुप्तोत्तर काल में यह काम मुख्यतः सांधिविग्रहिक ही करता था। सातवाहन राजे शासनपत्रों की देखरेख करनेवाले अधिकारी भी रखते थे, जिन्हें पट्टिकापालक कहते थे।[3] इनके अलावा, शासनपत्रों को उत्कीर्ण करनेवाले और भोक्ताओं को अनुदानों की सूचना देने वाले अधिकारी भी रखे जाते थे। लेकिन अशोक के राज्य के राजुक, प्रादेशिक, प्रतिवेदिक, पुरुष, युक्त, आदि किसी अधिकारी का उल्लेख सातवाहन-अभिलेखों में नहीं मिलता। यदि हम इस नकारात्मक साक्ष्य को प्रमाण मानें तो कहना होगा कि सातवाहन शासनतंत्र काफी सरल था।

संभव है, सातवाहन राज्य में अधिकारियों को वेतन नकद दिया जाता रहा हो। कौटिल्य द्वारा 'अर्थशास्त्र' में अनुशंसित इस वेतनविधि का चलन सातवाहन राज्य में था, इसकी पुष्टि कार्षापणों के उन विभिन्न आंकड़ों की लंबी सूची से होती है जो नागनिका के नागाघाट गुफालेख[14] में तथा अन्यत्र दिए गए हैं। इन आंकड़ों से पता चलता है कि विभिन्न यज्ञों के अवसर पर दी गई दक्षिणा की राशि 1,48,000 कार्षापण[15] से भी अधिक थी। नकद भुगतान की पुष्टि रांगे, पोटीन, तांबे और चांदी के उन असंख्य सिक्कों से होती है जो मुख्यतः महाराष्ट्र में, लेकिन किसी हद तक आंध्र और मध्य प्रदेश के कुछ हिस्सों में भी मिले हैं। सातवाहन क्षेत्र में रोम की स्वर्णमुद्राएं प्रचुर मात्रा में प्राप्त हुई हैं। इन मुद्राओं का उपयोग शायद बड़े-बड़े सौदों में या धनसंग्रह के लिए किया जाता होगा। लेकिन सातवाहन सिक्के स्पष्ट ही रोजमर्रा के सौदों में, जिनमें अधिकारियों को वेतन की अदायगी भी शामिल थी, इस्तेमाल किए जाते होंगे। किंतु इस सबसे यह नहीं समझ लेना चाहिए कि अधिकारियों को जिंसों के रूप में वेतन दिया ही नहीं जाता होगा।

सातवाहनों की राजस्वव्यवस्था का कुछ अंदाजा धार्मिक अनुदानों में दिए गए गांवों में प्रदत्त राजस्व विषयक रियायतों से लगाया जा सकता है। कर बसे हुए गांवों या आबाद जमीन पर लगाए जाते थे। नमक सहित समस्त खनिज संपदा राजा की मानी जाती थी। राज्याधिकारियों, पुलिस और सैनिकों को ठहराने का भार किसानों के सिर डाला जा सकता था और इन सरकारी अमलों का खाना खर्चा या जिस तंत्र के ये अंग थे उसके संचालन का खर्च किसानों से वसूल किया जा सकता था। देय-मेय[16] और भोग[17]—जैसे शब्द उपज में राजा के हिस्से के द्योतक हैं। राजा कारुकर[18] भी प्राप्त करता था। इस शब्द का अर्थ कारीगरों से उगाहा गया कर लगाया जा सकता है। यदि ये कारीगर धर्मशास्त्रों की व्यवस्था के अनुसार महीने में एक दिन अपने सरदार (यहां महारठी वासिष्ठीपुत्र सोमदेव)[19] के लिए काम नहीं करते होंगे तो संभव है कि कर की नकद अदायगी करते होंगे। ऐसा मालूम होता है कि राजस्व नकद और माल दोनों रूपों में वसूल किया जाता होगा। साधारण धातु के जो बहुत-से सिक्के मिले हैं उनसे लगता है कि नकद वसूली कम नहीं होती थी। इस बात का समर्थन कोषपाल (ट्रेजरर) के लिए हैरण्यिक, यानी स्वर्णरक्षक, शब्द के प्रयोग से भी होता है।[20]

यहां पर इस बात का विचार करना अनुचित न होगा कि सातवाहन राजनीतिक संगठन पर दकन के उन्नतिशील कलाकौशल और बढ़ते हुए वाणिज्य-व्यापार के क्या प्रभाव हुए। एक अभिलेख में एक अधिदर्शक (ओवरसियर) का जिक्र है, जिसकी देखरेख में कारीगरों ने एक गुफा बनाई।[21] अधिदर्शकों (ओवरसियरों) के इस वर्ग में बौद्ध भिक्षु, गुरुजन, व्यापारी आदि सम्मिलित थे। इन्हें नवकर्मिक और उपरक्षित[22] जैसी अनेक संज्ञाओं से अभिहित किया जाता था। राज्य से इनका कोई

वास्ता था या नहीं, यह स्पष्ट नहीं है। अभिलेखों में बहुधा उल्लिखित विभिन्न प्रकार के कारीगरों और व्यापारियों (नैगमों) के समूहों से व्यवहार करने के लिए सातवाहन राजाओं ने कैसा संगठन कायम कर रखा था, इसका कोई संकेत नहीं मिलता है। लेकिन इतना निश्चित है कि उन्हें अपनी श्रेणियां (गिल्ड) बनाने की पूरी स्वतंत्रता थी, और राजपरिवार के सदस्य भी इन श्रेणियों में धर्मस्व राशियां जमा किया करते थे।

बौद्ध भिक्षुओं और संस्थाओं को दिए गए जिन अनुदानों का उल्लेख 'ल्यूडर्स लिस्ट' में हुआ है उनके अवलोकन से यह धारणा बनती है कि भरहुत और सांची में अधिकतर दान कारीगरों और गंधिक (जिससे गांधी उपाधि निकली) कहे जाने वाले एक व्यापारी वर्ग द्वारा दिए गए। लेकिन नासिक और जुन्नर गुफालेखों से प्रकट होता है कि बहुत-से व्यक्तिगत अनुदान नैकम या नैगम कहे जानेवाले व्यापारियों ने लिखे, हालांकि दाताओं के रूप में गंधिकों, सेठियों और सथवहों के नाम भी आए हैं। यदि व्यापारी धर्मखाते में इस तरह दिल खोलकर दान देते थे तो राज्य खुद अपने मामले में उन्हें कंजूसी क्यों करने देता ? कारीगरों और व्यापारियों से राजा को होनेवाली आय के प्रत्यक्ष साक्ष्य बहुत कम मिलते हैं, किंतु कारुकर शब्द के प्रयोग से लगता है कि गांव में रहनेवाले कारीगरों को भी कर चुकाना होता था। घाटकर (फेरी ड्यूज), जिसे कुछ प्रसंगों में तो हम उषभदात[23] को वसूल करके भेजते देखते हैं, मुख्यतः व्यापारी ही देते होंगे। संभव है, सातवाहन राज्य के विभिन्न समुद्री बंदरगाहों में बने चुंगीघरों की देखरेख के लिए चुंगी अधिकारी भी रखे जाते होंगे, लेकिन हमें वास्तविक स्थिति जानने का कोई जरिया मालूम नहीं है।

सातवाहन राजा बड़े-बड़े सरकारी पदों पर शायद व्यापारियों को रखते थे। उनके अमात्यों के नामों—जैसे शिवगुप्त और परिगुप्त—से लगता है कि वे वैश्य थे। नगरव्यवस्था से व्यापारियों का घनिष्ठ संबंध दिखाई देता है। सातवाहन राज्य में इन नगरों की संख्या सबसे अधिक प्रतीत होती है। अभिलेखों में भरुच, सोपारा, कन्हेरी, कल्याण, पैथन, तगर (तेर), जुन्नर, कर्ले, गोवर्धन, नासिक और धन्यकटक नाम आए हैं। उत्खननों से अन्य अनेक नगरीय या अर्धनगरीय बस्तियों का भी पता चलता है। ये हैं मस्की, ब्रह्मगिरि, चंद्रवलि, ब्रह्मपुरी (कोल्हापुर), जोर्वे, कोंडपुर, बहल, संगंकुल्लु, अमरावती, नागार्जुनिकोंड आदि। हम इनमें अरिकमेदु को भी शामिल कर सकते हैं। टालेमी ने जिस एरिएक एडेनन नामक प्रदेश का वर्णन किया है उसे सातवाहन राज्य मानने के अनेक आधार उपलब्ध हैं। टालेमी द्वारा वर्णित इस क्षेत्र में पांच बंदरगाह और अठारह अंतर्देशीय नगर थे।[24] बहुत संभव है कि इनमें से बहुत से नगर वही हैं जिनकी जानकारी अभिलेखों या उत्खननों से मिलती है। व्यापारी लोग अपना परिचय देने

में अपने माता-पिता के नामों की अपेक्षा अपने-अपने नगरों के नाम बताने को अधिक उत्सुक दिखाई देते हैं। अनेक नैगम बताते हैं कि वे कल्याण के निवासी हैं।[25] हमें सोपारा[26] के एक नैगम, कल्याण[27] के एक लोहार और धेनुकाकटक[28] के एक बढ़ई की भी जानकारी मिलती है। कुछ लोग अपने को मात्र निगमपुत्र, यानी नगरनिवासी, बताते हैं। यहां जो थोड़े-से दृष्टांत दिए गए हैं उनसे प्रकट होता है कि कारीगरों और व्यापारियों का अपने-अपने नगरों और अपने उस नागरिक जीवन पर, जिसमें उनका भी यथाशक्ति योगदान रहता होगा, कितना गर्व था। इस तरह के बहुत-से और भी उदाहरण दिए जा सकते हैं, जो इस बात की ओर संकेत करते हैं कि व्यापारियों के लिए, वे किस जनजाति या परिवार के हैं, इसका उतना महत्त्व नहीं था जितना कि इसका कि वे किस क्षेत्र या नगर के हैं।

इनमें से कम से कम कुछ नगरों का प्रबंध निगमसभा करती थी। उषभदात ने प्रथानुसार इसी सभा में अपने दानपत्र की घोषणा की और पंजीयन करवाया।[29] कभी-कभी किसी नगर के निवासी सामूहिक रूप से भी दान देते थे। अमरावती के तक्षणों में धान्यकटक नगर द्वारा दिए गए अनेक अनुदानों के उल्लेख हैं।[30] स्पष्ट ही निगमसभा के सदस्य व्यापारी ही होते थे, यद्यपि कुछ गृहपति भी इस हैसियत से काम करते थे।[31] स्थानीय प्रशासन में लोकतत्व की प्रधानता पर अनेक लेखकों ने जोर दिया है। मगर यहां खासतौर से ध्यान देने लायक बात यह है कि पुरालेखों और उत्खननों से ईस्वी सन की प्रथम दो शताब्दियों में दकन और विशेषकर महाराष्ट्र में जितने अधिक नगरों के अस्तित्व का पता चलता है, प्राचीन इतिहास के अन्य किसी भी काल में इस क्षेत्र में उतने अधिक नगरों के अस्तित्व की जानकारी नहीं मिलती। यह तो स्पष्ट ही है कि व्यापारी लोग प्राचीन भारत में नागरिक जीवन में जितने बड़े पैमाने पर दकन में हाथ बंटाते थे उतने बड़े पैमाने पर और कहीं नहीं। व्यापारियों और कारीगरों के संघों से—जिन्हें अभिलेखों में सेनि या श्रेणी और निकाय कहा गया है[32]—मिलनेवाले साक्ष्यों को भी ध्यान में रखकर देखें तो कुल मिलाकर लगता है कि सातवाहनों के अधीन नागरिक जीवन का अभूतपूर्व विकास हुआ। व्यापारियों और कारीगरों के संघों का निगमसभा के साथ और निगमसभा का राज्य के साथ क्या संबंध था, इसकी जानकारी हमें नहीं है। लेकिन जाहिर है कि ये संघ राजा के लिए आर्थिक स्थायित्व के महत्त्वपूर्ण आधार थे, और संभव है, उसे नगर प्रशासन में भी सहायता देते रहे हों। विचित्र बात है कि सातवाहनों के उत्तराधिकारियों के अधीन इस्वी सन की छठी शताब्दी के अंत तक व्यापारियों के ऐसे संघों का कहीं कोई जिक्र देखने को नहीं मिलता।

सातवाहनों की एक और विशेषता, जो उनके शासन की समाप्ति के बाद अधिक समय तक कायम नहीं रह सकी, मातृक उत्तराधिकार की परंपरा थी। इस परंपरा का संकेत सातवाहन राजाओं के मातृनामों और ऐसी ही कुछ अन्य बातों से

मिलता है, जहां गुप्त और गुप्तोत्तर राजा 'पितृपादानुध्यात' (अर्थात पिता के चरणों में अनुरक्त) कहे गए हैं, गौतमीपुत्र शातकर्णि को 'अविपनमातुसुसुक' (अनवरत मातृसेवा में रत) बताया गया है।[33] ध्यातव्य है कि गौतमीपुत्र शातकर्णि, वासिष्ठीपुत्र पुलमावि,[34] वासिष्ठीपुत्र शातकर्णि, गौतमीपुत्र श्री विजय शातकर्णि और गौतमीपुत्र श्री यज्ञ शातकर्णि के नामों में उनके पिता के नाम नहीं जुड़े हुए हैं। यह उत्तर भारत में गुप्तों के काल में प्रचलित प्रथा से बिलकुल भिन्न है, क्योंकि इस काल में वहां राजा अपने नामों के साथ पितृनाम जोड़ना और अपने पिता के वास्तविक या काल्पनिक पराक्रमों का सोत्साह वर्णन करना कभी नहीं भूलते।

चूंकि अभिलेखों से ज्ञात पूर्वतम सातवाहन राजाओं—सिमुक और कृष्ण—के नामों के साथ मातृनाम नहीं जुड़े हैं, इसलिए कुछ विद्वान ऐसा सोचते हैं कि सातवाहन राजवंश में मातृवंशीय प्रथाएं आगे चलकर समाविष्ट हुईं। लेकिन जिस स्तरक्रम (स्ट्राटिग्राफिकल पोजीशन) से महाराष्ट्र के कोल्हापुर जिले में ब्रह्मपुरी[35] नामक स्थान पर वासिष्ठीपुत्र विलिवायकुर, माढरीपुत्र सिलवकुर और गौतमीपुत्र विलिवायकुर के सिक्के प्राप्त हुए हैं, उससे यह प्रमाणित होता है कि सातवाहनों के उदय के पूर्व से ही दकन में मातृवंशीय प्रथाएं प्रचलित थीं। यह प्रथा सातवाहनों के समकालीन और अधीनस्थ शासक घराने महारठियों में भी प्रचलित थी। मातृनामिकता सामान्य लोगों में भी प्रचलित थी, जैसे कि गृहपति कौंत (स्पष्टतः कुंतीपुत्र) सांब के नाम से प्रकट होगा।[36] मातृनामों का संभावित कारण मातृक उत्तराधिकार ही प्रतीत होता है, और चूंकि वंशानुगत शासन में राज्य परिवार का ही बृहत्तर रूप होता था, इसलिए राज्य के संबंध में भी उत्तराधिकार की मातृक पद्धति ही लागू होती थी। उत्तराधिकार की ठीक-ठीक रीति क्या थी, यह निश्चयपूर्वक नहीं कहा जा सकता, किंतु मातृनामिकता से संकेत मिलता है कि राजाओं को सिंहासन अपने पिता से नहीं मिलता था। नायर समाज में पुत्री को उत्तराधिकार में मिली संपत्ति का प्रबंध उसका भाई और उसके न होने पर उसका पुत्र करता है। कदाचित यही दृष्टांत गौतमीपुत्र शातकर्णि पर भी लागू होता हो, जो स्पष्ट ही अपनी माता के उत्तराधिकार में प्राप्त राज्य की व्यवस्था करता था। यदा-कदा रानी अपने वैधानिक अधिकार का आग्रह करने से भी नहीं चूकती थी। उदाहरण के लिए, अपने पुत्र के राजत्वकाल के चौबीसवें वर्ष में उसने एक कृषिभूमि के अनुदान से संबंधित आदेश सीधे गोवर्धन आहार के शासक के पास भेज दिया। राजसिंहासन का वैध अधिकारी ही ऐसा व्यवहार कर सकता था, क्योंकि अशोक के अभिलेखों में या अन्य सातवाहन अभिलेखों में हम देखते हैं कि केवल राजा ही शासकों को आदेश भेजता था।

नागनिका द्वारा संपादित वैदिक यज्ञों की लंबी और प्रभावोत्पादक सूची स्त्रियों

के लिए यज्ञादि कर्मों का वर्ज़न करनेवाली वैदिक तथा ब्राह्मण संस्कृति की पितृतंत्रात्मक परंपरा पर मातृतंत्र के प्रभाव की द्योतक हैं। इसके खिलाफ यह दलील दी गई है कि नागनिका ने तो ये सारे यज्ञ अपने पति के साथ संपन्न किए,[37] किंतु संबंधित अभिलेख से यह अर्थ अनुचित खींचतान करके ही निकाला गया है कि इन यज्ञों में वह अपने पति की अर्धांगिनी थी। वास्तव में नागनिका की गरिमामय धार्मिक स्थिति के संबंध में संदेह की कोई गुंजाइश नहीं है, और ऐसा लगता है कि उसकी एक प्रतिमा भी सार्वजनिक रूप से प्रतिष्ठित की गई थी। इस सबके लिए उसे अनेक गांव, विपुल द्रव्य तथा बहुत-से पशु दान करने पड़े थे,[38] जिससे राजकोष निश्चय ही बहुत क्षीण हो गया होगा। रानी नागनिका राजकोष के धन का इस तरह व्यय कर सकती थी, यह उसकी उच्च राजनीतिक स्थिति का असंदिग्ध प्रमाण है। यद्यपि नागनिका तथा बलश्री,[39] इन दोनों रानियों ने अपना पूर्वेतिहास विस्तारपूर्वक दिया है, किंतु उनके भूमि अनुदान राजा द्वारा अनुमोदित नहीं किए गए हैं। इन रानियों का जिन गांवों पर अधिकार था वे उन्हें निर्वाह अनुदानों के रूप में नहीं मिले हुए थे—जैसा कि हम चाहमनों के अधीन देखते हैं—बल्कि शायद मातृक उत्तराधिकार के अंशों के रूप में प्राप्त हुए थे।

सातवाहन अधिकारियों और सामंतों की पत्नियां अपने पति का प्रशासकीय पदनाम धारण करती थीं, जिससे प्रकट होता है कि वे भी अपने पति की बराबरी की प्रतिष्ठा और प्रभाव की दावेदार थीं। महासेनापत्नी[40] और महातलवारी[41] उपाधियां इसके प्रमाण हैं। एक भूमिदान शासनपत्र का प्रवर्तन करनेवाली महिला प्रतिहारी (द्वारपालिका) का भी अनोखा उदाहरण मिलता है।[42] ये सारे तथ्य सातवाहन शासनपद्धति में महिलाओं की महत्त्वपूर्ण भूमिका को स्पष्ट करने के लिए पर्याप्त हैं।

यद्यपि गुप्त राजाओं के अभिलेखों में भी राजमाता का नामोल्लेख हुआ है, लेकिन वाकाटक राज्य की संरक्षिका के रूप में काम करनेवाली द्वितीय चंद्रगुप्त की पुत्री प्रभावती को छोड़ किसी ने भी प्रशासन में कोई उल्लेखनीय भूमिका नहीं निभाई। स्पष्ट है कि गुप्तों तथा गुप्तोत्तर राजवंशों की शासनपद्धति पर सातवाहनों की विरासत का कोई गंभीर प्रभाव नहीं पड़ा। अलबत्ता, पूर्व मध्यकालीन उड़ीसा में प्रशासन के क्षेत्र में महिलाओं ने महत्त्वपूर्ण योग दिया।

लेकिन सातवाहन राज्यव्यवस्था के अनेक तत्व चिरस्थायी सिद्ध हुए। हम गौतमीपुत्र शातकर्णि में अरोपित आलौकिक और अतिमानवीय विशिष्टताओं के उल्लेख से प्रारंभ कर सकते हैं। शक्ति और तेज में उसकी तुलना राम, केशव, अर्जुन, भीम, नाभाग, नहुष, जनमेजय, सागर, ययाति, अंबरीष, पवन, गरुड़, सिद्ध, यक्ष, राक्षस, विद्याधर, भूत, गंधर्व, चारण, चंद्र, दिवाकर और नक्षत्र—जैसे कथा- कहानियों के पात्रों और अलौकिक शक्तियों से की गई है।[43] इन साम्यों से

किसी हद तक राजत्व के दैवी पक्ष का आभास मिलता है, जो गुप्त राजाओं के पुरालेखीय वर्णनों में स्पष्ट रूप से सामने आई है।

सातवाहन राजनीतिक पदाधिकारियों द्वारा 'महा' उपाधि का प्रयोग, वास्तव में, इस उपाधि के प्रयोग के प्राचीनतम दृष्टांतों में से है। बाद में गुप्त राजाओं, अधिकारियों और सामंतों के पदनामों में इसका व्यापक प्रयोग होने लगा। सातवाहन राजा अपने को राजा ही कहते थे, हालांकि उनके अभिलेखों में महाराज का उल्लेख मिलता है। महासेनापति, महारठी, महाभोज, महातलवार आदि अन्य पदनाम भी मिलते हैं, जो सातवाहन सामंतों की उपाधियां माने गए हैं। महारठी जैसे कुछ सामंत सातवाहनों की तरह न केवल मातृनाम धारण करते थे, वरन उनका स्थान भी वंशानुगत होता था,[44] जिससे वे स्वतंत्र रूप से सिक्के जारी कर सकते थे[45] और ग्राम अनुदान दे सकते थे।[46] हम इक्ष्वाकुओं, चुटुसों, विष्णुकुंडिनों आदि को, तथा सातवाहनों की भी अन्य शाखाओं के सदस्यों को, जो स्पष्ट ही मुख्य सातवाहनों के सामंत थे, इनमें से कुछ उपाधियां धारण करते देखते हैं। 'महा' उपसर्ग के प्रयोग के साथ राजपुरुषों के बीच श्रेणिबद्ध और असमान संबंधों का सूत्रपात होता है और उन उपाधियों का आरंभ होता है जो पूर्व मध्यकाल के सामंती श्रेणि विन्यास में व्यापक रूप से प्रचलित हुईं।

किंतु सातवाहन प्रशासनपद्धति का एक महत्त्वपूर्ण अंग, जिसका रूप आगे चलकर विकसित हुआ, ग्रामप्रशासन था, इस व्यवस्था में ग्रामीण लोगों की देखरेख का दायित्व या तो पुलिस और सेना को अथवा धर्मानुदानभोगियों को सौंप दिया जाता था। ग्रामीण क्षेत्रों के प्रशासन में कुछ विद्वान लोकत्व का भी समावेश देखते हैं,[47] किंतु अभिलेखों से इसका कोई संकेत नहीं मिलता। कवि हाल की 'गाथा सत्तसइ' को आधार मानकर यह कहा गया है कि ग्रामणी का अधिकार क्षेत्र पांच या दस गांवों तक भी होता था।[48] लेकिन इस ग्रंथ के पांचवें अध्याय में—रहट्टघड़िय— शब्द के उल्लेख से यह संकेत मिलता है कि ग्रंथ का संकलन किसी समय ईस्वी सन की नवीं शताब्दी में हुआ होगा, जब से उत्तर भारत के अभिलेखों में सिंचाई के इस फारसी तरीके का जिक्र होने लगा। यद्यपि सातवाहनों के धार्मिक अनुदानों के सिलसिले में अनेक गांवों के नाम बताए गए हैं, किंतु परवर्ती काल के शासनपत्रों की तरह, उनमें ग्रामप्रधानों (हेडमेन) और गुरुजनों (एल्डर) का कोई उल्लेख नहीं मिलता। ईस्वी सन की तीसरी शताब्दी के प्रथम चरण के एक अभिलेख[49] के आधार पर यह कहा गया है कि ग्राम का प्रबंध 'गामिक' या 'ग्रामिक' करता था। लेकिन जिसे 'गामिक' या 'ग्रामिक' पढ़कर ऐसा निष्कर्ष निकाला गया है वह महत्त्वपूर्ण शब्द 'गुमिक' प्रतीत होता है, जो गौल्मिक का प्राकृत रूप है।[50] इस शब्द को 'गुमिक' मानना उस संदर्भ से भी संगत जान पड़ता है जिसमें गौल्मिक कुमारदत्त को सातवाहणिहार के शासक महासेनापति स्कदनाग

का अधीनस्थ बताया गया है। उसी क्षेत्र से प्राप्त एक शताब्दी बाद के एक पल्लव ताम्रशासन पत्र में गुमिक या गौल्मिक को उन राज्याधिकारियों की सूची में शामिल किया है जिन्हें अनुदान की सूचना दी गई है।[51] गौल्मिक गुल्म-प्रधान होता था।[52] और ईस्वी सन की प्रथम चार शताब्दियों के स्रोतों के अनुसार गुल्म में नौ पत्तियां, अर्थात कुल मिलाकर 9 रथ, 9 हाथी, 27 घोड़े और 45 पैदल सैनिक होते थे।[53] बहुत संभव है कि इस काल तक युद्ध में रथों का उपयोग समाप्त हो गया था। लेकिन यह स्पष्ट है कि गुल्म सैनिक टुकड़ी थी। मनु का कहना है कि दो, तीन, पांच या सौ ग्रामों के बीच एक गुल्म रखा जाना चाहिए।[54] पुलिस और सेना के मिले-जुले रूपवाला यह दस्ता स्पष्ट ही ग्राम्य क्षेत्र के निकट रहता था और वहां राजशक्ति का मुख्य प्रतीक होता था। ग्रामीण क्षेत्रों की व्यवस्था के लिए गुल्म तैनात किए जाने का प्राचीनतम साक्ष्य ईसवी सन की तीसरी शताब्दी का है और वह मैसूर में कृष्णा के दक्षिण बैलारी जिले में प्राप्त हुआ है। इसके आधार पर यह मानना शायद उचित न हो कि इसका चलन पूर्ववर्ती काल में तथा दकन के उस पश्चिमी भाग में भी था जहां अधिकांश सातवाहन अभिलेख प्राप्त हुए हैं। ईस्वी सन की दूसरी शताब्दी में भी महासेनापति शासनपत्र का प्रारूप तैयार करने जैसे कुछ गैरसैनिक कार्य किया करता था,[55] लेकिन यह ज्ञात नहीं कि इस तरह के अधिकारी पर बड़ी-बड़ी क्षेत्रीय इकाइयों की देखरेख की जिम्मेदारी होती थी या नहीं। सुकथंकर का विचार है कि ये सैनिक अधिकारी भू-सामंत थे, और इनके अधीनस्थ क्षेत्र इन्हें जागीर के तौर पर मिले हुए थे। यह अनुमान सही हो या गलत, लेकिन क्षत्रिय शासकों के रूप में सैनिक अधिकारियों की नियुक्ति की प्रथा अशोक के जनपद प्रशासन से बिलकुल भिन्न है, क्योंकि हम देखते हैं कि अशोक के जनपदशासन का दायित्व 'राजुक' कहे जानेवाले उच्च गैरसैनिक पदाधिकारी पर होता था। निस्संदेह, अशोक को सीमांत क्षेत्रों के लोगों को शांत रखने की समस्या से बराबर जूझते रहना पड़ा, फिर भी उसने उन्हें सैनिक शासन के अधीन कभी नहीं रखा।

सातवाहन ग्राम प्रशासन में बलप्रयोग का तत्व विद्यमान था, ऐसा निष्कर्ष धर्मानुदानभोगियों को दी गई हिदायतों से भी निकाला जा सकता है। हम देखते हैं कि अनुदत्त कृषिक्षेत्रों तथा गांवों, दोनों को चाटों और भटों (सेना और पुलिस के लोगों) के प्रवेश तथा राजकीय अधिकारियों के हस्तक्षेप से मुक्त कर दिया जाता है। यों अनुदानभोगियों को करों की अदायगी से भी मुक्त कर दिया जाता था, किंतु शासनपत्रों में जोर करमुक्ति पर नहीं, बल्कि उपर्युक्त सुविधाओं पर ही दिया गया है। इससे यह धारणा बनती है कि राजकीय पुलिस, सैनिक, परिचर (रिटेनर) और अधिकारी ग्रामीण क्षेत्रों में मनमाना व्यवहार करते होंगे और शोषण के कारगर साधन रहे होंगे। वाकाटक राजाओं के अधीन यह चलन कायम रहा, बल्कि इसमें

और भी तीव्रता आ गई। उन्होंने तो उन वस्तुओं का स्पष्ट निर्देश कर दिया जो ग्रामवासियों को विभिन्न राजकीय परिचरों को सुलभ करानी थीं। कालांतर से यह प्रथा पूर्व मध्यकाल की ग्रामीण शासनव्यवस्था की एक सामान्य विशेषता बन गई।

सातवाहन शासन के सैनिक स्वरूप का एक प्रमाण यह भी है कि उनके अभिलेखों में सैनिक शिविर के पर्याय कटक और स्कंधावार जैसे शब्दों का प्रयोग बार-बार हुआ है। ऐसा मालूम होता है कि हरेक आहार का अपना कटक होता था। गोवर्धन आहार में स्थित बेनकटक[56] इसका एक उदाहरण है। शायद धेनुका कटक या धान्यकटक भी किसी आहार से जुड़ा कटक ही था। विजय-स्कंधावारों से शासनपत्र जारी करने का चलन, जिसका पूर्व मध्यकाल में व्यापक प्रचार हुआ, सातवाहनों ने ही आरंभ किया।

भूमि अनुदान सातवाहन ग्राम प्रशासन की एक महत्त्वपूर्ण विशेषता थी। अभिलेखों से प्रकट होता है कि सातवाहनों ने ब्राह्मणों और बौद्ध भिक्षुओं को राजस्विक तथा प्रशासनिक रियायतें देने का चलन शुरू किया। पुरालेखों में वर्णित भूमिदान का शायद सबसे प्राचीन दृष्टांत नागनिका के नानाघाट गुफालेख से उपलब्ध होता है। रानी नागनिका ने अपने वैदिक यज्ञों के पुरोहितों को दक्षिणा में कई गांव दिए।[57] लेकिन अनुदत्त गांवों में उन्हें कुछ रियायतें भी दी गईं या नहीं, इसका उल्लेख इसमें नहीं है। रियायतों का प्रथम उल्लेख ईस्वी सन की दूसरी शताब्दी के प्रथम चरण में गौतमीपुत्र शातकर्णि के दानपत्र में मिलता है। इन रियायतों में से एक यह भी है कि राज्य ने आबाद खेतों में मिलनेवाले नमक (जो शायद ऐसे सभी खेतों में नहीं ही मिलता होगा) पर अपने अधिकार का परिहार कर दिया है। इससे भी महत्त्वपूर्ण बात यह है कि सैनिकों, पुलिस के लोगों तथा राजपरिचरों को आदेश दिया गया है कि वे अनुदत्त गांवों या खेत के प्रबंध में हस्तक्षेप न करें। इस प्रकार अनुदत्त क्षेत्र पूर्णतः धार्मिक दानभोगियों के हाथों में चला जाता था।

ईस्वी सन की दूसरी शताब्दी के सातवाहन अभिलेखों में प्रयुक्त सर्वजाति परिहार[58] शब्द-समुच्चय से प्रकट होता है कि अनुदानभोगियों को सभी प्रकार की रियायतें दी जाती थीं। राजकीय शासनपत्र के अर्थ में परिहार की जो परिभाषा कौटिल्य ने की है उसके अनुसार उससे जाति विशेष, नगरविशेष, ग्रामविशेष या प्रदेशविशेष पर की गई राजकृपा का बोध होता है।[59] करमुक्ति के अर्थ में परिहार की सिफारिश नए बसे इलाकों के किसानों के लिए[60] तथा कुछ विशेष परिस्थितियों में नाविकों और व्यापारियों के लिए भी की गई हैं।[61] सिंचाई साधनों का जीर्णोद्धार करने वालों को भी इसी अर्थ में पांच वर्षों के लिए परिहार प्रदान करने को कहा गया है।[62] 'अर्थशास्त्र' से हमें परिहार का उपभोग करनेवाले गांवों[60] और परिहार के

सहारे ही जीवनयापन करनेवाले राजकृपापात्रों[64] के उल्लेख भी देखने को मिलते हैं। कौटिल्य विशुद्ध रूप से धर्मनिरपेक्ष उद्देश्य से अर्थात अंततः राजकीय संसाधनों की वृद्धि के प्रयोजन से--परिहार की सिफारिश करते हैं। किंतु सातवाहन अभिलेखों में केवल धार्मिक प्रयोजनों से प्रदत्त परिहारों का उल्लेख है, और सिर्फ चार-पांच मदों में रियायत दी गई है।[65] ईस्वी सन की चौथी शताब्दी के एक पल्लव अभिलेख में अलग-अलग प्रकार के परिहारों (अष्टादश जातिपरिहार) का उल्लेख मिलता है।[66] इस अभिलेख के अनुसार सातवाहन राष्ट्र में भी इन परिहारों का प्रचलन था।[67] लेकिन हम निश्चयपूर्वक नहीं कह सकते कि ईस्वी सन की तीसरी शताब्दी के प्रारंभ से, जबकि यह क्षेत्र सातवाहनों के अधीन आया, कृषकों से ये सारे कर वसूल किए जाते थे या नहीं।

राजस्विक और प्रशासनिक अधिकारों का पूर्ण और स्थायी परिहार किया जाता रहा हो, ऐसी बात भी नहीं थी। ऐसा प्रतीत होता है कि वासिष्ठीपुत्र पुलुमावि ने बौद्ध भिक्षुओं के एक समूह को प्रदत्त गांव उनसे लेकर दूसरे समूह को दान दिया।[68] फिर, जान पड़ता है, गौतमीपुत्र ने भिक्षुओं को प्रदत्त एक क्षेत्र उनसे इस आधार पर वापस ले लिया कि वे उसमें खेती नहीं करते थे और गांव में लोग निवास नहीं कर रहे थे। इसके बदले उन्हें नगरसीमा पर दूसरी जमीन दी गई।[69] जो भी हो, सातवाहन राज्य में स्थायी भूमि अनुदान नहीं दिया जाता था। वैसे तो इस काल में भी हमें अक्षयनीवि[70] धृति (टेन्योर) का उल्लेख मिलता है, लेकिन अभी इसका अर्थ किसी क्षेत्र या वस्तु का स्थायी अनुदान नहीं, बल्कि अनुदत्त क्षेत्र या वस्तु का अक्षय स्वरूप ही मानना चाहिए।

स्पष्ट है कि ग्रामीण क्षेत्रों में अपनी सत्ता बनाए रखने के लिए सातवाहनों ने दंडप्रयोग के साथ-साथ भिक्षुओं और पुरोहितों को अनुदान देने के उपाय से भी काम लिया। बौद्ध भिक्षुओं ने, जो अभिलेखों के अनुसार प्राचीनतम भूमि अनुदान-भोगी प्रतीत होते हैं, निश्चय ही सामान्य लोगों के बीच शांति और सदाचरण के नियमों का प्रचार किया होगा, जिससे प्रजा द्वारा राजसत्ता तथा समाजव्यवस्था को चुनौती दिए जाने के प्रसंग बहुत कम हो गए होंगे। वर्णव्यवस्था के नियमों का पालन करवाने के लिए उत्सुक ब्राह्मणों से गौतमीपुत्र का भी कुछ ऐसा ही प्रयोजन सिद्ध होता होगा। एक अभिलेख में शातकर्णि को एकमात्र ब्राह्मण और वर्णसंकरता का निवारक कहा है। सातवाहन लोग बनावटी प्रतीत होते हैं, और शायद यही कारण था कि उन्होंने ब्राह्मणव्यवस्था को इतना प्रबल समर्थन दिया। सातवाहन अभिलेखों में उल्लिखित चारों वर्ण सातवाहनों के राज्य में, शायद, समान रूप से सुस्थापित नहीं हो पाए थे और संभव है कि वर्णव्यवस्था की रक्षा के लिए राजा को वास्तव में सिर्फ शूद्रों को अनुशासित करने का काम ही करना पड़ता हो, हालांकि गौतमीपुत्र का दावा है कि उसने क्षत्रिय

राजाओं को नीचा दिखाया । इस राजा ने अपने जिम्मे जो कर्तव्य लिया है वह वही है जो कौटिल्य ने राजा के लिए निर्धारित किया है । आगे चलकर अभिलेखों में यही दावा गुप्त राजा, हर्षवर्धन और अन्य शासक भी करते हैं । लेकिन प्रचलित समाजव्यवस्था को कायम रखकर राजनीतिक स्थिरता में योगदान देने के राजकीय दायित्व पर सबसे पहले सातवाहनों ने ही जोर दिया ।

इस अध्ययन से सातवाहनों के राजनीतिक संगठन की जो तसवीर सामने आती है वह अधूरी है । हमें उनकी न्याय पद्धति की कोई भी जानकारी नहीं है, नागरिक प्रशासन की बहुत थोड़ी, तथा राजस्व और सैनिक संगठन की अपर्याप्त जानकारी ही सुलभ है । दूसरी और तीसरी शताब्दियों के अभिलेखों से पता चलता है कि उनका राज्य 'आहारों' और 'ग्रामों' में विभाजित था । 'आहार' ऊपर के स्तर की ईकाई था और गांव नीचे की स्तर की । 'आहार' शायद अमात्य या महासेनापति के अधीन होता था और गांव गौल्मिक के अधीन । क्षेत्रीय इकाइयों के प्रधान के रूप में दो परवर्ती अधिकारियों का उल्लेख हमें बैलारी जिले में ईस्वी सन की तीसरी शताब्दी में मिलता है । इसलिए ऐसा मानना कठिन है कि यह साफ-सुथरी क्षेत्रीय व्यवस्था संपूर्ण सातवाहन राज्य में और पूरे सातवाहन शासनकाल में लागू थी । अनेक पुरालेखीय साक्ष्यों से यह संकेत मिलता है कि भिक्षु और व्यापारी सातवाहन राज्यव्यवस्था के स्तंभरूप थे । लेकिन प्रशासन में उनका वास्तविक योगदान क्या था, यह हम नहीं बता सकते । संभवतः भिक्षु, उन्हें जो विपुल अनुदान मिलते थे, उनके बदले में लोगों के बीच शांति का प्रचार करते थे और व्यापारी इनके तथा राज्य के अन्य खर्चों के लिए आवश्यक साधन जुटाते थे ।

सातवाहन शासन की एक महत्त्वपूर्ण विशेषता उसका दंडात्मक, अर्थात सैनिक स्वरूप है, जिसका अंदाजा एक तो इस बात से मिलता है कि ग्रामीण क्षेत्रों में पुलिस के लोगों तथा सैनिकों के प्रवेश और हस्तक्षेप के वर्जन का उल्लेख अनुदानों में दी गई एक प्रमुख रियायत की तरह किया गया है, और दूसरे, इससे कि हम प्रशासनाधिकारियों के लिए महासेनापति और गौल्मिक जैसे सैनिक पदनामों का चलन देखते हैं ।

सातवाहन प्रशासन पद्धति मौर्यों और गुप्तों के बीच, तथा उत्तर और दक्षिण के बीच की महत्त्वपूर्ण कड़ी प्रतीत होती है । सातवाहनों ने अशोक के प्रशासन के कुछेक तत्व कायम रखे, किंतु साथ ही, उन्होंने अनेक नए और महत्त्वपूर्ण तत्व समाविष्ट भी किए, जिन्हें आगे वाकाटकों और गुप्तों ने अपना लिया । उनके शासन में महिलाओं और व्यापारियों द्वारा निभाई जानेवाली भूमिका अधिक दिनों तक कायम नहीं रही, लेकिन ग्रामीण क्षेत्रों को सैनिक शासन में रखने तथा अनुदान में राजस्विक और प्रशासनिक अधिकारों के परिहार की प्रथाएं उत्तर और दक्षिण दोनों ही दिशाओं में फैलीं । इस दृष्टि से पल्लव प्रशासनपद्धति को सातवाहनों की

विरासत का दक्षिण दिशा म हुआ प्रसार माना जा सकता है। पल्लवों ने गुल्म प्रशासनपद्धति और परिहारों का सिलसिला कायम ही नहीं रखा, बल्कि इनके शासन में चौथी सदी में परिहारों की संख्या अठारह और छठी सदी में पैंतीस तक पहुंच गई।

संदर्भ और टिप्पणियां

1. सिलेक्ट इंस्क्रिप्शंस, II, सं. 86, पंक्ति 10.
2. एच. सी. रायचौधरी का विचार है कि सातवाहन काल के बाद आहार शायद लुप्त हो गए (जी. याजदानी-संपादित, अर्ली हिस्ट्री ऑफ दि देकन, भाग I-IV पृ. 45) लेकिन अभिलेखों से इस बात का समर्थन नहीं होता.
3. जनपदे सातवहणिहारे, से. इं., II, सं. 90, पंक्ति 2.
4. 'स्थानीय' में 800 गांव पड़ते थे (अर्थ. II.-2.1). यह जनपद का अंग था (अर्थ., II. 2.3). जनपद राजस्व के प्रयोजनार्थ चार इकाइयों में विभाजित होता था। (II. 2.34). हर राजस्विक इकाई शायद स्थानीय के बराबर होती थी.
5. वही, सं. 75, पंक्तियां 1-2.
6. से. इं. II, सं. 83, पंक्ति 2.
7. वही, पंक्ति 5.
8. वही, सं. 84, पंक्ति 1.
9. वही, सं. 87, पंक्ति 2.
10. ल्यूडर्स लिस्ट, नं. 1105.
11. वही, 994.
12. क्लेक्टेड वर्क्स ऑफ आर. जी. भंडारकर ii, 242.
13. से. इं., II, सं. 87, 14 के संबंध में सरकार का पाठ 'बटिक···केहि' है जिसका संस्कृत रूप वह पट्टिकापालकै: बताते हैं.
14. से. इं., II, सं. 82.
15. जी. याजदानी, संपा., द अर्ली हिस्ट्री ऑफ दि देकन, I.VI, पृ. 134, पादटिप्पणी 2.
16. से. इं., II, सं. 85, पंक्ति 3.
17. वही, II, सं. 86, पंक्ति 11.
18. वही, सं. 85, पंक्ति 3.
19. वही.
20. ल्यूडर्स लिस्ट, सं. 996, 1033. सं. 1141 में 'भांडाकारिकय' शब्द आया है.
21. वही, 987.
22. वही.
23. से. इं. II, सं. 59, पंक्ति 2.
24. ज. आं. हि. सो, xxii (1952-54), 69.
25. ल्यूडर्स लिस्ट, सं. 1000-1, 1024 आदि.
26. सं. 995.

27. स. 1032.
28. सं. 1092.
29. से. इं., II सं. 58, पंक्ति 4.
30. सी. शिवराममूर्ति, अमरावती स्कल्पचर्स इन द मद्रास गवर्नमेंट म्यूजियम (बुलेटिन ऑफ द मद्रास गवर्नमेंट म्यूजियम, न्यू. सि. जेनरल सेक्शन, IV मद्रास 1956), 275, 285.
31. व्ही. एस. बाखले, 'सातवाहनाज एंड द कंटेपररी क्षत्रपाज', ज. बं. ब्रां. रॉ. ए. सो., न्यू. सि., 1, 57, अर्ली हिस्ट्री ऑफ द देकन, भाग I-IV, पृ. 135 पर उद्धृत.
32. ल्यूडर्स लिस्ट, सं. 1137, 1180, 1133, 1165.
33. से. इं., II, सं. 86 पं. 4.
34. वासिष्ठीपुत्र पुलमावि ने 'पितृस्नेहवश' एक गांव का दान किया था. से. इं. II, सं. 86, पंक्ति 11.
35. परमेश्वरी लाल गुप्त, 'क्वाइंस ऑफ ब्रह्मपुरी एक्सकेवेशंस (1945-46)' दि बुलेटिन ऑफ दि देकन कालेज रिसर्च इंस्टीट्यूट, जिल्द 21, पृ. 45-47.
36. से. इं. II, सं. 90, पं. 3.
37. डी. सी. सरकार, सें. इं. (द्वितीय संस्क.), पृ. 97, पादटिप्पणी 1.
38. से इं., II, सं. 82.
39. वही, सं. 86.
40. वही, सं. 89, पंक्ति 2.
41. वहीं. सं. 98, पंक्ति 9. यह ईस्वी सन् की तीसरी सदी के उत्तरार्ध का इक्ष्वाकु अभिलेख है.
42. से. इं., II, सं. 84, पंक्ति 6. इसे जिस रूप में डी. सी. सरकार ने पढ़ा है उसके आधार पर, तथा द्वितीय संस्करण के पृष्ठ 201 पर दी गई उसी की पादटिप्पणी के अनुसार, इस अभिलेख का यही अर्थ निकलता है.
43. से. इं., II, सं. 86, पंक्तियां 7-9.
44. से. इं., II, सं. 85, पंक्तियां 2-3.
45. परमेश्वरी लाल गुप्त, दि बुलेटिन ऑफ दि देकन कालेज रिसर्च इंस्टीट्यूट, जिल्द 21, 42-45.
46. से. इं., II, सं. 85, पंक्तियां 2-3.
47. जी. याजदानी, संपा., अर्ली हिस्ट्री ऑफ दि देकन, भाग 1-IV, पृ. 135.
48. वही.
49. से. इं., II, सं. 90.
50. ए. इं., XIV. 155, पादटिप्पणी 5.
51. वही, III, सं. 65, पंक्ति 5.
52. से. इं., II सं. 90, पंक्ति 1.3 डी. सी. सरकार इसे 'गमिक' कहते हैं। सुकथंकर इसे 'गुमिक-गौल्मिक' (ए. ई., XIV. 155, पा. टि. 5) कहते हैं, जिसे डी. डी. कोसांबी ने अपनी पुस्तक एन इंट्रोडक्शन टु दि स्टडी ऑफ इंडियन हिस्ट्री, पृ. 276 पर स्वीकार किया है.
53. कोसांबी की पूर्वोद्धृत पुस्तक के पृ. 276 पर उद्धृत महाभारत, 1-2. 15-17, और अमरकोश, II, 8-10.11.
54. VII. 114.
55. से. इं., II, सं. 87, पंक्ति 4
56. से. इं., II, सं.83, पंक्ति 1.
57. से. इं. II, सं., 82.

58. वही, सं. 83, पंक्ति 4.
59. अर्थ. II.10.
60. वही II.1.
61. वही, II.16.
62. वही, III.9.
63. वही, II.35.
64. वही, II.37.
65. से. इं., II, सं. 83, पंक्तियां 3-4.
66. वही, III. सं. 65, पंक्तियां 31-26.
67. वही, 1.27.
68. वही, II. सं. 87, पंक्तियां 2-4.
69. वही, सं. 84, पंक्तियां 3-5.
70. वही, सं. 87, पंक्तियां 2.

17. कुषाण राज्यव्यवस्था

जिस पृष्ठभूमि में कुषाण राज्यव्यवस्था की रचना हुई उसके दो मूलभूत तथ्य थे। एक तो था व्यापार का विस्तार, और दूसरा, विदेशी आधिपत्य से स्वभावतः उत्पन्न होनेवाली समस्याएं। कुषाण राज्य अरब सागर से लेकर गंगा तक फैला हुआ था, और भारतीय व्यापारी मध्य एशिया के कुषाण साम्राज्य से होकर गुजरने वाले मार्ग से रेशम का व्यापार करके खूब लाभ कमाते थे। भारत से बड़े पैमाने पर स्वर्णमुद्राएं सर्वप्रथम कुषाण राजाओं ने ही जारी कीं, जो बहुत हद तक इसलिए संभव हो सका कि इन दिनों भारत को मध्य एशिया से काफी मात्रा में सोना मिल रहा था। किंतु इससे भी महत्त्वपूर्ण बात यह है कि कुषाणों ने सबसे अधिक मात्रा में तांबे के सिक्के जारी किए जो इस बात का द्योतक है कि अर्थव्यवस्था मजबूत हो रही थी और फलस्वरूप कारीगरों और व्यापारियों का महत्त्व बढ़ रहा था।

यों तो मौर्य शासनव्यवस्था में भी विदेशी प्रभाव ढूंढ़ने का प्रयास किया गया है, किंतु कुषाण राज्यव्यवस्था के संदर्भ में यह प्रयत्न शायद अधिक फलप्रद सिद्ध होगा। सीथियन लोग अपने साथ चीन और मध्य एशिया से राजत्व तथा प्रशासन संबंधी नए विचार लेकर आए थे, जिनका उन्होंने भारत की नई मिट्टी में प्रयोग किया। विदेशी शासक होने के नाते उनके लिए आवश्यक था कि बड़े-बड़े राजकीय पदों पर अपने देशभाइयों को रखें तथा नवविजित क्षेत्रों के शासन के लिए किसी न किसी प्रकार के सामंती संगठन का विकास करें, जिसमें सैनिक तत्व को महत्त्वपूर्ण स्थान प्राप्त हो।

मौर्य साम्राज्य के पतन के बाद उत्तर भारत की राजनीतिक एकता के विघटन का जो सिलसिला शुरू हुआ वह दो सौ वर्षों से अधिक समय तक चलता रहा। अंत में कुषाणों ने उस एकता को अंशतः पुनः प्रतिष्ठित किया और प्रायः एक सदी से अधिक काल तक कायम रखा। किंतु कुषाणों के राजनीतिक संगठन में कठोर केंद्रीकरण की वह प्रवृत्ति दिखाई नहीं देती जो मौर्यों के शासनतंत्र की विशेषता थी। कुषाण राज्यव्यवस्था के अध्ययन के मुख्य स्रोत अभिलेख, और किसी सीमा तक, सिक्के हैं। किंतु इनसे उन बहुत सारे राज्याधिकारियों का कोई संकेत नहीं मिलता जिनका उल्लेख अशोक के पुरालेखों और कौटिल्य के 'अर्थशास्त्र' में हुआ है। मौर्य तथा कुषाण शासकों में एक महत्त्वपूर्ण अंतर यह है कि कुषाणों ने

बड़ी-बड़ी आडंबरपूर्ण उपाधियां धारण कीं। भारत में कुषाण शासन के संस्थापक कुजूल कडफिसेस का आरंभ एक छोटे सरदार (यवुग) के रूप में हुआ, किंतु कालांतर से जब कुषाण शक्ति की अभिवृद्धि हुई तो वह, और आगे चलकर, उसके उत्तराधिकारी महाराज और राजातिराज[1]-जैसी उपाधियां धारण करने लगे। इन दोनों उपाधियों का प्रयोग ईस्वी सन की पहली सदी के पूर्वार्ध[2] के पार्थियन[3] राजा गोंडोफार्नीस और अजीलीसिस ने भी किया था, यद्यपि अपने उत्तराधिकारी राजवंश कुषाणों की तुलना में उनकी शक्ति बहुत सीमित थी। पुरालेखों को लें तो महाराज उपाधि का प्राचीनतम उल्लेख खारवेल के पहली शताब्दी ई. पू. के हाथिगुंफा अभिलेख में मिलता है, जिसमें उसके पहले पूर्वज महामेघवाहन का वर्णन महाराज[4] के रूप में हुआ है, यद्यपि सिक्कों में इस शब्द का प्रयोग इससे पहले के काल के भारतीय-यूनानी राजाओं के लिए भी हुआ है। लेकिन राजातिराज उपाधि का रूप भारतीय होते हुए भी उसका मूल विदेशी था, और स्पष्टतः कुषाणों ने इसे अपने पूर्ववर्ती पार्थियन शासकों से ग्रहण किया था। इस उपाधि को धारण करनेवाला प्रथम पार्थियन राजा द्वितीयमिथरीडेटस (123-88 ई. पू.) था।[5] 88 ई. पू. के बाद इसका अनुकरण शायद शक सरदार मौइस ने किया,[6] और यदाकदा पार्थियन राजा भी इसका उपयोग करते रहे। 'कालकाचार्य कथानक' नामक जैन ग्रंथ में, जिसमें भारत में शकों के प्रथम आगमन के बारे में प्रामाणिक अनुश्रुतियां दी गई प्रतीत होती हैं,[7] एक शक साहि के लिए राजातिराज के प्राकृत रूप 'रायाहिराय' का प्रयोग हुआ है।[8] चूंकि शकों और खासकर पार्थियनों जैसे छोटे-छोटे राजा भी अपने को राजातिराज और महाराज कहते थे, इसलिए इन उपाधियों को किसी महत्तर राजसत्ता का द्योतक नहीं मानना चाहिए। यह बात कुषाणों पर भी लागू होती है। निस्संदेह, अशोक का साम्राज्य कुषाणों से बहुत बड़ा था और उसकी सत्ता भी उनसे बहुत अधिक सुदृढ़ थी, फिर भी वह राजा की उपाधि से ही संतुष्ट रहा। इसलिए बड़ी-बड़ी कुषाण उपाधियां—जैसा कि कुछ विद्वानों का विचार है[9]—राजसत्ता के उत्कर्ष की नहीं, वरन विकेंद्रीकरण की प्रवृत्ति की द्योतक हैं। ऐसी उपाधियों से ऐसे छोटे-छोटे राजाओं और सरदारों के अस्तित्व का संकेत मिलता है जिनकी हैसियत सर्वोच्च सत्ताधारी राजा के सामंतों की थी, क्योंकि वह सर्वोच्च शासक अन्य राजाओं के संदर्भ में महाराज कहा जाता है। इसी प्रकार अपने राज्य के अन्य अधीनस्थ राजाओं के मुकाबले वह राजातिराज, अर्थात राजाओं का राजा, कहलाता है। अतएव इन उपाधियों से सामंती या सरदारी संगठन का संकेत मिलता है, जिसमें अनेक करदाता राज्य या सरदार शामिल थे।

कनिष्क समूह के राजाओं को हम अपने नाम के पूर्व सामान्यतः षाहि उपाधि जोड़ते देखते हैं।[10] कनिष्क और उसके उत्तराधिकारियों के मुद्रालेखों में हम इस उपाधि को 'शाओनानोशाओ' के रूप में देखते हैं।[11] इस उपाधि के संस्कृत रूप

षाहाणुषाहि का प्रयोग समुद्रगुप्त की प्रसिद्ध प्रयाग-प्रशस्ति में मिलता है। यद्यपि यह उपाधि मूलतः ईरानी स्रोत से निकली, लेकिन हम निश्चयपूर्वक कुछ नहीं कह सकते कि यह कैसे-कैसे पास पहुंची। मुद्रालेखों में यह उपाधि शुद्ध खोतानी शक भाषा में अंकित है,[12] और 'कालकाचार्यकथानक' में इसके प्राकृत रूप 'साहानुंसाहि' के प्रयोग का श्रेय शकों को दिया गया है। बहुत संभव है कि कुषाणों ने इसे उन शकों से ग्रहण किया जिन्हें परास्त करके उन्होंने मोहेंजोदरो के निकटवर्ती क्षेत्रों में अपनी सत्ता प्रतिष्ठित की थी। उपर्युक्त जैन ग्रंथ में जिस संदर्भ में इस उपाधि का उल्लेख किया गया है उससे इस उपाधि के प्रशासनिक तथा राजनीतिक महत्त्व पर काफी प्रकाश पड़ता है। प्रसंग यह है कि उज्जयिनी के राजा गर्दभिल्ल ने जैन गुरु कालक की भगिनी का अपहरण कर लिया। बहन को मुक्त कराने के लिए 'कालक शक कुल' में गया। वहां सामंतगण 'साहि' और उन सामंतों का प्रभु (सामंताहिवै) 'साहाणुसाहि' कहलाते थे। कालक एक साहि के यहां ठहरा, लेकिन चूंकि यह साहि तथा पचानवे अन्य साहि 'साहाणुसाहि' के कोपभाजन बन गए, इसलिए कालक ने उन्हें सौराष्ट्र चलने को प्रेरित किया। फलतः वहां पहुंचकर उन्होंने उस क्षेत्र को आपस में बांट लिया। पतझड़ आने पर जैन गुरु इन सबको लेकर उज्जयिनी पहुंचे। वहां गर्दभिल्ल को बंदी बना लिया गया और एक साहि रायाहिराय (अधिराज) के रूप में प्रतिष्ठित कर दिया गया। इस प्रकार शक शासक वंश की स्थापना हुई। इस कथा से शक राज्यव्यवस्था की तीन विशिष्ट बातों का पता चलता है, और जान पड़ता है, कुषाणों ने इन तीनों को अपना लिया। एक तो यह कि साहि ऐसे स्वतंत्र राजे नहीं थे जिन पर बाद में किसी ने अपना आधिपत्य स्थापित कर लिया था, बल्कि वे ऐसे सरदार थे जिनकी हैसियत अपने प्रभु अर्थात सामंताहिवै के सामंतों की थी। दूसरे, साहि लोग भी उसी जनजाति के थे जिसका षाहाणुषाहि था, और इसलिए उसकी स्थिति बराबरी वालों के बीच प्रथम व्यक्ति की थी। तीसरे, जैसा कि ऐसे संबंध में स्वाभाविक ही था, अपने प्रभु के प्रति षाहियों की निष्ठा का आधार बहुत कमजोर था और असंतोष का तनिक सा कारण मिलते ही वे अपनी प्रभुभक्ति को तिलांजलि देकर अपना भाग्य अन्यत्र आजमाने को तत्पर हो जा सकते थे। अपने प्रभु के प्रति षाहियों के दायित्वों की कुछ जानकारी हमें प्राप्त है। 90 ईस्वी में यूचियों ने अपने प्रतिनिधि साई को, जो एम. सिलवां लेवी के अनुसार एक षाहि था, पान-चाऊ पर आक्रमण करने भेजा, लेकिन पान-चाऊ ने उसे पराजित कर दिया।[13] इससे प्रकट होता है कि अपने प्रभु की सैनिक सेवा करना षाहि का प्रमुख कर्तव्य था। दुर्भाग्यवश, उपलब्ध सामग्री में न तो छोटे राजाओं, षाहियों आदि के नामों का कहीं कोई उल्लेख मिलता है, और न अपने कुषाण प्रभुओं के साथ उनके संबंधों के स्वरूप का कोई संकेत मिलता है। किंतु बाहर से आकर अपना शासन स्थापित

करनेवाले मुट्ठीभर विजेताओं के सरदारी संगठन का सहारा लेना सही मालूम पड़ता है।

कुषाण राजनीतिक व्यवस्था के सामंती स्वरूप का अनुमान कुछ अन्य उपाधियों से भी लगाया जा सकता है। उदाहरण के लिए, द्वितीय वेम कडफिसेस द्वारा प्रयुक्त 'महीश्वर'[16] उपाधि का अर्थ है। महाप्रभु। 'सर्वलोक-ईश्वर'[17] का मतलब है समस्त संसार का प्रभु। यद्यपि कनिष्कसमूह के कुषाण शासकों ने ये उपाधियां धारण नहीं कीं, लेकिन इनमें अंतर्निहित भावना भिन्न नहीं थी। ध्यातव्य है कि कुषाण शासकों द्वारा सामान्यतः प्रयुक्त राजातिराज तथा षाहि जैसी उपाधियां देशी शासकों ने धारण नहीं कीं, लेकिन कडफिसेस समूह के राजाओं की उपाधि ों के साथ जुड़े ईश्वर शब्द का गुप्तोत्तर राजाओं के बीच आम चलन हो गया। वे अपने को परमेश्वर, अर्थात परमप्रभु कहने लगे।

कुषाणों पर रोम की शासनप्रणाली का भी प्रभाव पड़ा, क्योंकि कनिष्क ने हमकैजर[18] की उपाधि धारण की। संभवतः इसके पीछे उसका मंतव्य रोम की शक्ति को चुनौती देने का था। किंतु यह सस्ती नकल भर थी। रोम की प्रांतीय शासनप्रणाली का, जो रोमवालों की एक महत्त्वपूर्ण उपलब्धि थी, कुषाणों पर कोई प्रभाव नहीं पड़ा। कुषाण लोग मौर्यों अथवा रोमवालों के ढंग पर किसी सुदृढ़ प्रांतीय व्यवस्था का विकास नहीं कर पाए। अपने राज्य के एक बहुत बड़े क्षेत्र पर शायद उनका कोई प्रत्यक्ष शासन और नियंत्रण नहीं था। प्रथम कनिष्क के शासनकाल के तीसरे वर्ष (81 ई.)[19] के सारनाथ बौद्ध प्रतिमा अभिलेख में वनस्पर और खरपल्लान नामक दो क्षत्रपों का उल्लेख हुआ है, जो कनिष्क के साम्राज्य के सबसे पूर्वी प्रांत, अर्थात बनारस के आसपास के क्षेत्रों में शासन करते थे।[20] इससे पूर्ववर्ती काल में उत्तर भारत के कुछ हिस्सों में द्वैध राजत्व का चलन था, यह तो कतिपय यूनानी तथा जैन स्रोतों से मालूम होता है; लेकिन लगता है, कुषाणों ने एक ही प्रांत में दो शासक रखने की विचित्र प्रथा भी प्रारंभ कर दी। स्पष्ट ही इसमें प्रयोजन यह था कि दोनों क्षत्रप एक-दूसरे पर अंकुश रखने का काम करें। लेकिन शायद वनस्पर और खरपल्लान बहुत अधिक दिनों तक समान स्थिति में नहीं रह पाए। एक अन्य अभिलेख में वनस्पर का उल्लेख तो क्षत्रप के रूप में और खरपल्लान का महाक्षत्रप[21] के रूप में किया गया है। यह परिवर्तन कैसे हुआ, कहना कठिन है। दोनों क्षत्रपों की हैसियत बराबरी की हो, इसकी अपेक्षा यह बात सामंती प्रणाली के श्रेणिबद्ध संगठन में शायद अधिक संगत थी कि दोनों में से एक की स्थिति अधिपति की और दूसरे की अधीन की हो। महाक्षत्रप, को भरसक क्षत्रप का प्रभु बना दिया गया और क्षत्रप को प्रशासन कार्य में उसका सहायक बनाया गया। दोनों के नामों से स्पष्ट है कि वे विदेशी थे। एक अनुमान यह है कि वे मथुरा

के महाक्षत्रप षोडास के वंशज थे, जिनकी पूर्वस्थिति कुषाणों ने कायम रखी।[22] यदि हम इस अनुमान को स्वीकार कर लें तो इसका मतलब यह होगा कि कुषाण राजा प्रत्यक्ष रूप से क्षत्रपों की नियुक्ति भी नहीं करते थे, बल्कि उन्हें विजित सरदारों के रूप में अपने अपने स्थानों पर पुनः प्रतिष्ठित कर देते थे। संभव है, कभी-कभी ऐसा भी होता रहा हो, और कभी-कभी क्षत्रपों की प्रत्यक्ष नियुक्ति भी की जाती रही हो। कम से कम इतना तो स्पष्ट है कि सामान्यतः राज परिवार के सदस्य ही इस पद पर नियुक्त किए जाते थे। उदाहरण के लिए, एक महाराज का पुत्र, शायद पश्चिमोत्तर भारत में, क्षत्रप नियुक्त किया गया।[23] कुषाण साम्राज्य में कितने प्रांत थे, यह हमें ठीक-ठीक ज्ञात नहीं है। अनुमान लगाया गया है कि साम्राज्य पांच, या शायद सात, प्रांतों में बंटा हुआ था।[24] लेकिन हमें यह नहीं मालूम है कि यह विभाजन कब तक और कितनी नियमितता से काम करता रहा। इसी तरह इन प्रांतों को प्रशासन प्रथा की दृष्टि से सुपरिभाषित वर्गों में बांटना आसान नहीं है।

अभिलेखों से क्षत्रपों के कार्यों के बारे में पूरी जानकारी नहीं मिलती। व्यक्तियों के रूप में वे, वनस्पर और खरपल्लान की तरह, बुद्ध की प्रतिमाएं प्रतिष्ठित करते थे, या क्षत्रप वैश्पसि की तरह,[25] बुद्ध के बहुत-से स्मारक स्थापित करते थे। वैश्पसि नामक क्षत्रप के विषय में हमें इतना और मालूम है कि स्मारकों के निमित्त ही उसने एक अनुदान अधीक्षक की भी नियुक्ति की थी। लेकिन सिवाय इसके, प्रांतीय शासक के रूप में क्षत्रप के असैनिक कार्यों पर अभिलेखों से कोई प्रकाश नहीं पड़ता। पार्थियन तथा कुषाण क्षत्रपों से पहले के अखामनी क्षत्रपों के कार्यों से[26] कोई निष्कर्ष निकालना उचित न होगा, क्योंकि कुषाणों और ईरानी अखामनी वंश के सम्राटों के बीच पांच सदियों का अंतराल पड़ता है। तथापि, पेशावर क्षेत्र में प्राप्त एक परवर्ती खरोष्ठी अभिलेख में एक क्षत्रप के लिए प्रयुक्त ग्रामस्वामी[27] पदनाम से यह निष्कर्ष निकाला जा सकता है कि क्षत्रप शायद गांवों से राज-कर वसूल करता था और ग्रामप्रधान तथा राजा के बीच की कड़ी का काम करता था[28]। जिस प्रकार बहुत-से लोग कुषाण महाराजों के आध्यात्मिक कल्याण के निमित्त धार्मिक अनुदान देकर उन्हें सम्मानित करते थे,[29] उसी प्रकार एक नवदीक्षित व्यक्ति ने उक्त क्षत्रप के सम्मान में एक 'संघाराम' तथा 'स्तूप' का निर्माण करवा कर उसके प्रति अपनी भक्ति प्रदर्शित की।[30] इससे यह निष्कर्ष निकाला जा सकता है कि यह क्षत्रप व्यक्तिगत रूप से काफी प्रभावशाली था और एक तरह से अपने महाराज से प्रायः स्वतंत्र था।

कुषाणों के अभिलेखों आदि से उनके सैनिक संगठन की ठीक जानकारी नहीं मिलती। उनके अभिलेखों में दंडनायक शब्द का, विभिन्न रूपों में, काफी उपयोग हुआ है। इससे कुषाण राज्यव्यवस्था में सैनिक तत्व के महत्त्व का संकेत मिलता

है। लेकिन, कुषाणों ने भारत की पारंपरिक चतुरंगी सेना के स्वरूप को कहां तक परिवर्तित किया, इसका पता अब तक नहीं चल पाया है। इसमें संदेह नहीं कि वे बड़े कुशल घुड़सवार थे। वे रकाबों का भी उपयोग करते थे, जिसका चलन जैसा कि समकालीन मूर्तियों से प्रकट होता है—सीथियनों ने आरंभ किया। पर यह रकाब लोह या अन्य किसी धातु के बने नहीं थे बल्कि रस्सी के बने होते थे। इस काल में भारत चीन को घोड़े भेजता था, और हान राजाओं के एक कानून के अनुसार घुड़सवारों के लिए पतलून पहनना आवश्यक था। इस नियम का पालन भारतीय कुषाण भी करते थे। मथुरा में प्राप्त कनिष्क की मूर्ति से स्पष्ट है कि बूट और पतलून कुषाण घुड़सवारों के आवश्यक पहनावे थे और ये बहुत अच्छे धनुर्धर भी होते थे। दुर्भाग्यवश हमें न तो कुषाण सेना के संख्या बल के बारे में कोई जानकारी प्राप्त है और न उसके संगठन तथा वितरण के संबंध में कुछ मालूम है।

क्षत्रप अपनी सत्ता का प्रयोग दंडनायक या महादंडनायक कहे जानेवाले अर्धसैनिक अधिकारियों के माध्यम से करते थे। जान पड़ता है, कुषाणराज्यव्यवस्था में दंडनायकों और महादंडनायकों का स्थान काफी महत्त्वपूर्ण था। कनिष्क के राजत्वकाल में लल नामक एक दंडनायक का उल्लेख मिलता है, जो क्षत्रप वेश्यसि के अनुदान-अधीक्षक के रूप में काम करता था।[31] यह सैनिक अधिकारी शासक परिवार का सदस्य था, क्योंकि इसे 'कुषाणवंशवर्धक'[32] कहा गया है। इसके अतिरिक्त, मथुरा में प्राप्त एक कुषाणकालीन अभिलेख में महादंडनायक वालिन[33] का उल्लेख हुआ है। मथुरा के ही एक अभिलेख में एक और महादंडनायक का जिक्र है, जिसका बेटा हुविष्क के अधीन काम करता था।[34] मथुरा में ही प्राप्त तीसरे अभिलेख में, जो कनिष्क के राजत्वकाल के चौथे वर्ष का है, महादंडनायक हुम्मियक चन्यक्क का उल्लेख हुआ है, जिसके नाम पर एक बौद्ध विहार का नामकरण हुआ।[35] इनमें से कुछ उल्लेखों से ऐसा निष्कर्ष निकाला जा सकता है कि ये अधिकारी कभी-कभी असैनिक कार्य सँभालते थे, लेकिन विजित प्रदेशों के प्रशासन में उनके सैनिक कर्तव्य अधिक महत्त्वपूर्ण रहे होंगे। इस मत को स्वीकार करना कठिन है कि दंडनायक सामंत सरदार होता था, और वह राजा को सैनिक तथा असैनिक सहायता देता था।[36] सामंती व्यवस्था में सरदारों को उनकी सेवाओं के लिए अनुदान स्वरूप भूमि दी जाती थी, पर इसका कोई साक्ष्य कुषाण व्यवस्था में नहीं मिलता। यह मत इसलिए प्रस्तुत किया गया है क्योंकि विभिन्न विद्वान इस पद के साथ सैनिक, दंडाधिकारिक (मैजिस्ट्रियल) तथा न्यायिक दायित्वों का संबंध जोड़ते हैं। कोई आश्चर्य नहीं कि नए प्रदेशों पर आधिपत्य जमाने के समय शासन के विभिन्न कार्यों का कोई विशेष पृथक्करण नहीं हो पाया, और एक ही राजकीय अधिकारी ये सारे कार्य संपादित करता रहा। बहुत संभव है कि कालांतर से दंडनायक के सैनिक तथा कार्यकारी पक्ष पृष्ठभूमि में

चले गए हों और न्यायिक पक्ष मुख्य रूप से सामने आ गया हो। परवर्ती शब्द-कोषों में इसी कारण से दंडनायक का अर्थ दंडाधीश बताया गया है। इस प्रकार, जैसे हम नागरिक[37] शासन के क्षेत्र में राजा तथा महाराज, क्षत्रप तथा महाक्षत्रप के उल्लेख देखते हैं वैसे ही सैनिक क्षेत्र में दंडनायक और महादंडनायक के प्रसंग मिलते हैं। यह चीज उस काल में प्रचलित प्रशासनिक स्तरावली से सर्वथा मेल खाती है। गरज यह कि मौर्य राज्याधिकारियों के विपरीत कुषाण अधिकारियों के पदनामों से उनके किसी क्षेत्र-विशेष या कार्य-विशेष से जुड़े होने का बोध नहीं होता बल्कि वे सभी तरह के काम करनेवाले एक ही प्रकार के वरिष्ठ और कनिष्ठ अधिकारियों की श्रेणी हैं। इन अधिकारियों को वेतन देने की प्रथा का उल्लेख कहीं नहीं मिलता। ब्राह्मणों को खिलाने-पिलाने के लिए दिए गए नकद अनुदानों तथा सोने और तांबे के सिक्कों के व्यापक प्रयोग से प्रकट होता है कि उन्हें शायद नकद वेतन मिलता था। इसके अतिरिक्त, कुषाण अधिकारियों की संख्या कम होने के कारण उन्हें नकद वेतन देना कठिन भी नहीं रहा होगा।

जहां तक कुषाण शासन की क्षेत्रीय इकाइयों का संबंध है, समुद्रगुप्त के इलाहाबाद अभिलेख में उनके राज्य के विषय तथा भुक्ति का उल्लेख हुआ है।[38] भुक्ति के चलन की पुष्टि किसी समकालीन स्रोत से नहीं होती, और इसीलिए ऐसा माना जा सकता है कि यहां एक गुप्तकालीन तथ्य को ही कुषाण काल पर घटा दिया गया है; लेकिन 'विषय' के अस्तित्व का समर्थन तीसरी सदी के एक महायान ग्रंथ से होता है, जिसमें देवपुत्र की परिभाषा करते हुए 'विषयों' में शासन करनेवाले राजाओं का उल्लेख किया गया है।[39] मौर्योत्तर तथा गुप्तकाल के अभिलेखों में ऐसी इकाइयों का उल्लेख सामान्यतया भूमि-अनुदानों के प्रसंग में हुआ है, लेकिन कुषाण राजाओं द्वारा भूमि-अनुदान दिए जाने का कोई साक्ष्य अब तक नहीं मिल पाया है। कुषाण राज्य के शहरी क्षेत्रों के प्रशासन की भी हमें प्रायः कोई जानकारी नहीं है। पूर्वोत्तर भारत में कारीगरों और व्यापारियों के संघों (श्रेणियों) के अस्तित्व का साहित्यिक साक्ष्य तो प्रारंभिक पालि ग्रंथों और निस्संदेह, मौर्योत्तर बौद्ध ग्रंथों में ढूंढ़ा जा सकता है, लेकिन इसका सबसे प्रारंभिक पुरालेखीय साक्ष्य कुषाणकाल में ही मिलता है। भीटा में प्राप्त चार कुषाणकालीन मुहरों में निगम[40] का उल्लेख हुआ है, और एक अभिलेख में चार श्रेणियों का जिक्र आया है, जिनमें से एक मथुरा के गेहूं के आटे का व्यापार करनेवाले लोगों की थी।[41] मथुरा की जिन दो श्रेणियों को ब्राह्मणों को खिलाने-पिलाने के लिए नकद अनुदान मिले, वे निश्चय ही अपने सदस्यों की देखरेख करने तथा शहर के कार्य-व्यापार की व्यवस्था करने की सामर्थ्य रखती थीं। यद्यपि इस काल के अभिलेखों से पश्चिमी भारत और दकन के जितने संघों की जानकारी मिलती है, उसकी तुलना में उत्तर भारत के बहुत कम संघों की जानकारी मिलती है, फिर भी इसमें संदेह नहीं कि इन संघों से निगम की

उन प्रवृत्तियों का सूत्रपात होता है जिन्होंने गुप्तकाल में वैशाली तथा उत्तर के अन्य नगरों में व्यापक महत्त्व प्राप्त कर लिया।

निस्संदेह सबसे छोटी क्षेत्रीय इकाई गांव था, जो ग्रामिक के अधीन होता था। जान पड़ता है, मथुरा क्षेत्र में ग्रामिक कुषाण शासनप्रणाली का अभिन्न अंग होता था। मथुरा में प्राप्त वासुदेव के राजत्व काल के एक जैन अभिलेख[42] में ग्रामिक का स्पष्ट उल्लेख हुआ है। मथुरा में ही प्राप्त एक अन्य जैन प्रतिमाभिलेख को भी, जिसमें एक स्थानीय ग्रामिक[43] की दो पीढ़ियों का जिक्र है, कुषाणकाल का ही मानना चाहिए। जाहिर है कि कुषाणों को यह ग्रामसंस्था अपने पूर्ववर्ती शासकों से विरासत में मिली थी और उन्होंने आगे उसे कायम रखा, क्योंकि ग्रामिक का पद बिंबिसार के काल से ही चला आ रहा था। ऐसे साक्ष्य भी मिलते हैं जिनसे प्रकट होता है कि बिंबिसार के राज्य में 80,000 ग्रामिक थे। जैसा कि कौटिल्य के 'अर्थशास्त्र' से ज्ञात होता है, यह पद मौर्यकाल के दौरान कायम रहा। लेकिन नाम कायम रहा, इससे आवश्यक तौर पर यह निष्कर्ष निकाला जा सकता है कि ग्रामिक की हैसियत और उसके कार्य भी सदा एक से रहे होंगे। मौर्योत्तर काल का ग्रामिक किस हद तक पूर्व मौर्यकालीन ग्रामभोजक और मौर्यकालीन ग्रामिक के कर्तव्यों का निर्वाह करता रहा, इस संबंध में हम निश्चयपूर्वक कुछ नहीं कह सकते। लेकिन मनु की कृति में ग्रामिक के जो उल्लेख आए हैं, उनसे इस पदाधिकारी की स्थिति और कार्यों का कुछ अनुमान लगाया जा सकता है। शांति एवं सुव्यवस्था कायम रखना—जिसके लिए आवश्यकता पड़ने पर वह दशाधिप (दस गांवों के प्रधान) से भी सहायता और निर्देश की याचना कर सकता था—तथा अन्न, पेय, ईंधन आदि के रूप में राजस्व वसूल करना उसके मुख्य कार्य थे[44] : और इस मामले में वह पूर्ववर्ती ग्रामप्रधान से भिन्न नहीं प्रतीत होता। इसी प्रकार, उसकी नियुक्ति की पद्धति में भी कोई अंतर नहीं दिखाई पड़ता, क्योंकि ग्रामभोजक की तरह ग्रामिक की नियुक्ति राजा ही करता था। लेकिन मनु के ग्रामप्रधान के पद में हमें दो महत्त्वपूर्ण परिवर्तन दृष्टिगोचर होते हैं। एक तो यह था कि अब गांव की सुरक्षा का दायित्व उस पर नहीं था, जबकि, लगता है, पूर्व मौर्यकाल में यह काम ग्रामभोजक के जिम्मे ही था और मौर्य काल में ग्रामिक और ग्रामीणजन संयुक्त रूप से यह जिम्मेदारी निभाते थे।[45] अब यह कार्य ग्रामीण क्षेत्रों में हर दो, तीन या पांच गांवों पर राजा द्वारा तैनात किया गया एक गुल्म या सैनिक दस्ते के जिम्मे दिया गया।[46] स्पष्ट है कि मौर्योत्तर काल के विदेशी विजेता पुराने ग्रामप्रधानों को सशस्त्र रहने देना निरापद नहीं मानते थे। दूसरे, अब ग्रामिक को वेतन में पूर्व मौर्यकाल की तरह ग्रामीण जनों से प्राप्त जुर्माने की रकमें नहीं दी जाती थीं, और न मौर्य काल की तरह उसे नकद वेतन दिया जाता था। इसके बजाय अब उसे अनुदानस्वरूप जमीन का कोई टुकड़ा दे दिया जाता था।[47] वेतन देने की पहली दो प्रथाओं के कारण उसकी

शक्ति बढ़ नहीं सकती थी, पर तीसरी प्रथा के कारण उसकी अभिवृद्धि होने लगी। जब इस पद के वंशानुगत रूप के साथ इसके पदाधिकारी को भूमिअनुदान मिलने लगा तो कुल मिलाकर ग्रामप्रधान के महत्त्व में और भी वृद्धि ही हुई, जैसा कि इस काल में ग्रामिक के लिए प्रयुक्त 'ग्रामस्य अधिपति[48] (गांव का स्वामी) शब्द-समुच्चय से प्रकट होता है। हमें पद्रपाल[49] कहे जानेवाले एक और अधिकारी की भी जानकारी मिलती है, जो शायद गांव की सामूहिक परती जमीन का प्रधान रहा होगा।

मनु के आधार पर कहा जा सकता है कि कुषाणकाल के ग्रामिक का राजस्व संग्रह से संबंध था, लेकिन इस काल के अन्य राजस्व अधिकारियों की हमें कोई जानकारी नहीं है। इसी तरह, हमें विभिन्न प्रकार के संपत्ति विषयक अधिकारों की भी जानकारी नहीं है। लेकिन इस काल में प्रचलित अनुदान की 'अक्षयनीवि' प्रणाली से हमें कुषाणों की राजस्व पद्धति का कुछ संकेत मिलता है। हुविष्क के मथुरा प्रस्तर-अभिलेख (वर्ष 28–106 ईस्वी ?) में इस प्रणाली के अनुसार दो अनुदान—एक पुण्यशाला[50] तथा 500 पुराण[51]—दिए जाने का उल्लेख है; जिसका मतलब यह है कि ये दोनों अनुदान स्थायी तौर पर दिए गए थे। इस काल में महाराष्ट्र में भी इस प्रणाली के अनुसार नकद राशि के रूप में अनुदान दिए जाते थे। इसकी जानकारी हमें नहपान के काल के नासिक गुफा-अभिलेख[52] से मिलती है। नहपान शक क्षत्रप था और अपने छत्रपत्व के आरंभिक दौर में शायद कनिष्क के अधीन था। पहली शताब्दी ई. पू. से हमें सातवाहन शासक द्वारा दिए गए भूमि अनुदानों के पुरालेखीय साक्ष्य मिलने लगते हैं, लेकिन उत्तर भारत के संदर्भ में हमें ऐसे अनुदानों का कोई पुरालेखीय प्रमाण नहीं मिलता। संभव है कि उत्तर भारत में अक्षयनीवि अधिकार के अनुसार भूमि अनुदान देने का प्रचलन कुषाणों के अधीन आरंभ हुआ हो, परंतु अभी तक इसका कोई पुरालेखीय प्रमाण नहीं मिला है। कुषाण तथा सातवाहन शासकों द्वारा दिए गए अक्षयनीवि अनुदानों से पता चलता है कि देश में सिक्के का प्रचलन बड़े पैमाने पर था। उत्तर और दक्षिण दोनों क्षेत्रों में अक्षयनीवि प्रणाली के अनुसार दिए गए नकद अनुदान बतलाते हैं कि ईस्वी सन की प्रथम दो शताब्दियों के दौरान पश्चिम और उत्तर भारत में सिक्कों का व्यापक उपयोग होता था। साहूकारी के धंधे को धर्म का अनुमोदन प्राप्त था, क्योंकि धार्मिक संस्थाओं को अनुदान में मिली नकद राशि से जो ब्याज प्राप्त होता था उससे वे अपना खर्च चलाते थे। साथ ही तांबे के बहुत सारे सिक्के कुषाण के समय में पाए जाते हैं; इन बातों को ध्यान में रखते हुए हम ऐसा सोच सकते हैं कि राजस्व की वसूली बहुत हद तक नकद राशि के रूप में की जाती थी। मुद्रा पर आधारित अर्थव्यवस्था छोटे-छोटे सामंतों और सरदारों पर अपनी सत्ता कायम रखने में कुषाण राजाओं के लिए काफी सहायक हो सकती थी, किंतु ऐसी अर्थव्यवस्था के

बावजूद अक्षयनीवि अनुदानों के चलन तथा सामंती संगठन के फलस्वरूप विकेंद्रीकरण की प्रवृत्ति को गति मिलना अवश्यंभावी था।

राजा को दैवी स्वरूप प्रदान करने से शायद, विकेंद्रीकरण की शक्तियों को किसी हद तक रोका जा सकता था। अधिकांश कुषाण शासक बौद्ध थे, फिर भी उन्होंने देवपुत्र की उपाधि धारण करके तथा मृत राजा की पूजा की प्रथा चलाकर अपने को देवता के रूप में प्रतिष्ठित करने का प्रयत्न किया। राजा का ऐसा दैवीकरण 'दीघ निकाय' में प्रतिपादित राजत्व की उत्पत्तिविषयक बौद्ध सिद्धांत से असंगत था और प्रारंभिक ब्राह्मणवादी सिद्धांतों के भी अनुरूप नहीं था। यद्यपि उत्तर वैदिककाल की अभिषेक विधियों में विभिन्न देवताओं से प्रार्थना की जाती है कि वे राजा को अपने-अपने गुण प्रदान करें, लेकिन उनमें कहीं भी राजा को देवता नहीं कहा गया है। इसके विपरीत, वैदिक अभिषेक विधियों में राजा के पार्थिव माता-पिता का स्पष्ट उल्लेख है। लेकिन 'शतपथ ब्राह्मण' में राजा को प्रजापति का मानव रूप बतलाया गया है।[53] ऐसी ही परिकल्पना 'अथर्ववेद' में भी मिलती है, जिसमें वैश्वानर परिक्षित को सभी मानव प्राणियों पर शासन करनेवाला राजा बतलाया गया है और उसे सभी मर्त्यजनों से उच्च स्थान पर स्थित देवता के रूप में रखा गया है,[54] लेकिन संहिता का यह अंश बाद में जोड़ा गया। जो भी हो, इतना स्पष्ट है कि कि वैदिक काल में राजा का देवत्व कोई व्यापक रूप से मान्य नहीं था। परवर्ती काल में 'अर्थशास्त्र' में राजा की सत्ता को सुदृढ़ बनाने के लिए धार्मिक हथकंडों का सहारा लिया गया है,[55] लेकिन राजा में देवत्व का आधान नहीं किया गया है। बौद्ध राजा अशोक देवानांप्रिय—देवताओं का प्रिय—कहलाने में गौरव का अनुभव करता था। इस उपाधि को उसके पौत्र दशरथ ने भी कायम रखा,[56] लेकिन मौर्योत्तर काल में इस उपाधि का प्रयोग समाप्त हो गया, और इसके स्थान पर एक अन्य उपाधि देवपुत्र का चलन हुआ। इस उपाधि का उल्लेख 21 ब्राह्मी ('ल्यूडर्स लिस्ट' के मुताबिक) और 3 खरोष्टी (कोनो की सूची के अनुसार) अभिलेखों में हुआ है, और जान पड़ता है, कुषाण शासकों को यह उतनी ही प्रिय थी जितनी कि देवानांप्रिय उपाधि अशोक को। एक अन्य उपाधि 'देवव्रत' का उपयोग केवल पार्थियन राजा गोंडोफरनीस ने किया।

ऐसा लगता है कि जब कुषाण राजाओं ने देवपुत्र की उपाधि अपनाइ, तो एक समकालीन महायानी बौद्ध ग्रंथ 'सुवर्णप्रभासोत्तमसूत्र' में इसका सैद्धांतिक औचित्य सिद्ध करने का प्रयास किया गया। इस बात की ओर सबसे पहले सिलवां लेवी ने ध्यान दिलाया।[58] बौद्ध ग्रंथ में प्रश्न पूछा जाता है कि मनुष्य रूप में उत्पन्न राजा देव क्यों कहा जाता है और उसे देवपुत्र संज्ञा से क्यों अभिहित किया जाता है।[59] उत्तर में बतलाया जाता है कि मनुष्य रूप में उद्‌भूत होने के पूर्व वह देवों के बीच रहता था, और चूंकि जिन तत्वों से उसका निर्माण हुआ उन तत्वों में तैंतीसों देवताओं में से प्रत्येक ने योगदान किया, इसलिए वह देवपुत्र कहलाता है।[60]

मनुस्मृति[61] तथा शांतिपर्व में राजा की दैवी उत्पत्ति की जो इस प्रकार की व्याख्या की गई है, उसमें भी शायद कुषाणों का प्रभाव हो। सुवर्णप्रभासोत्तम सूत्र की तरह मनु ने राजा के लिए देवपुत्र शब्द का प्रयोग नहीं किया है, लेकिन वह कहता है कि उसमें आठ देवों के गुणों का समावेश है[62] और राजा यदि बालक हो तो भी उसकी अवहेलना नहीं की जानी चाहिए, क्योंकि वह मनुष्य रूप में देवता है।[63] शांतिपर्व में, जिसके अनेक श्लोक मनु के श्लोकों के समान हैं और जिसमें राजा की उत्पत्ति के संबंध में सुवर्णप्रभासोत्तमसूत्र के ढंग पर ही प्रश्न पूछा गया है, मूल राजा को ईश्वर का वंशज कहा गया है[64] ये तीनों ग्रंथ, जिनमें से एक बौद्ध परंपरा और दो ब्राह्मण परंपरा के हैं, राजा को ऐसा दैवी रूप प्रदान करते हैं जो पहले कभी नहीं किया गया था, और लगता है कि तीनों को प्रेरणा कुषाण कालीन स्थिति से मिली थी। किंतु, कुषाणों का देवपुत्र कहा जाना भारतीय परंपरा के अनुरूप नहीं था, और इसलिए अन्य समकालीन अथवा परवर्ती भारतीय राजाओं ने इसे ग्रहण नहीं किया।

एफ. डब्ल्यू. टॉमस का विचार है कि देवपुत्र कुषाण राजाओं की राजकीय तौर पर ग्रहण की गई उपाधि नहीं, बल्कि प्रजा द्वारा उनके नामों के साथ सम्मान के भाव से जोड़ा गया विशेषण था। इस विचार को यू. एन. घोषाल ने भी स्वीकार किया है।[65] लेवी की मान्यताओं के आधार पर टॉमस ने यह दिखलाया है कि देवपुत्रों का उल्लेख पूर्ववर्ती साहित्य में भी हुआ है और देवपुत्र देवताओं के एक वर्ग का नाम था।[66] लेकिन यदि पूर्ववर्ती साहित्य में इस शब्द का प्रयोग 'देवता का पुत्र' या 'देवताओं का वर्ग' के अर्थ में हुआ है, इसका मतलब यह नहीं लगाया जा सकता कि कुषाण राजा एक विशेष अर्थ में इसका प्रयोग कर ही नहीं सकते थे। सुवर्णप्रभासोत्तमसूत्र में देवपुत्र उपाधि का जो औचित्य सिद्ध किया गया है तथा राज्यव्यवस्था पर इसी काल के आसपास लिखे ग्रंथों में जिस तरह राजा की दैवी उत्पत्ति समझाने का प्रयत्न किया गया है उससे ऐसा निष्कर्ष निकाला जा सकता है कि इसका प्रयोग कुषाण राजाओं के देवत्व पर जोर देने के लिए किया जाता था। टॉमस का कहना है कि कुषाण सिक्कों में महाराज और राजातिराज जैसी उपाधियां तो आई हैं, लेकिन देवपुत्र नहीं, और इसलिए यह कुषाणों की राजकीय उपाधि नहीं हो सकती। एलेन से परामर्श के आधार पर वह मानते हैं कि कुजल कर कफस (द्वितीय कडफिसेस) के एक सिक्के में कनिंघम ने जिस एक शब्द को देवपुत्र पढ़ा है, वह गलत है।[67] अगर इस दलील को स्वीकार कर लिया जाए तब भी ध्यान देने की बात है कि स्थानाभाव के कारण सिक्के में सभी उपाधियां शामिल नहीं की जा सकतीं। शायद देवपुत्र को इतनी महत्त्वपूर्ण उपाधि नहीं माना जाता था कि महाराज और राजातिराज जैसी अधिकृत और प्रचलित उपाधियों को छोड़कर उसे स्थान दिया जाता। टॉमस की यह दलील भी है कि युचिह को छोड़कर और किसी

भी राजवंश के राजाओं के लिए भारत में इस उपाधि का प्रयोग नहीं हुआ। किंतु इस तर्क से भी टामस की स्थापना का समर्थन नहीं होता। राजातिराज, षाहि, षाहानुषाहि आदि अन्य अनेक कुषाण उपाधियों का प्रयोग भी तो भारतीय राजाओं ने नहीं किया,[68] किंतु क्या इसी कारण से हम उन्हें कुषाणों की अराजकीय उपाधियां मान ले सकते हैं? टामस बतलाते हैं कि चीनी तुर्किस्तान से खरोष्ठी लिपि में भेजे गए संदेशों में राजा की उपाधियों के रूप में महनुअव और महरय शब्दों का तो प्रयोग हुआ है, लेकिन देवपुत्र का नहीं।[69] लेकिन इस दलील से भी उनकी स्थापना का समर्थन नहीं होता है, क्योंकि इन संदेशों के प्रारंभिक संबोधनों से भी संबंधित अंशों में अन्य कुषाण उपाधियों—राजातिराज तथा षाहानुषाहि—का भी प्रयोग नहीं हुआ है। टॉमस की सारी दलील का आधार कुछ स्रोतों में देवपुत्र उपाधि के उल्लेख का अभाव है। पर उसके मुकाबले हमें ऐसे निश्चित साक्ष्य उपलब्ध हैं जिनसे प्रकट होता है कि इस उपाधि का प्रयोग भारत में ही नहीं, मध्य एशिया में भी होता था, जहां के खरोष्ठी लिपि में लिखे खोतनी प्रलेखों में—विशेषकर कालनिर्देश के संदर्भ में—इस उपाधि के अनेक उल्लेख मिलते हैं।[70] कुषाण अभिलेखों में अन्य उपाधियों के साथ देवपुत्र का भी उल्लेख हुआ है, और इसलिए इस पर अन्य उपाधियों से भिन्न दृष्टि से विचार नहीं किया जा सकता। इसके अतिरिक्त, हुविष्क के लिए इसका प्रयोग एक राज्याधिकारी ने किया है, जिसकी उपाधि या पदनाम बकनपति था और जो एक महादंड-नायक का पुत्र था।[71] राज्याधिकारी तो स्वभावतः राजकीय उपाधियों के प्रयोग को ही प्राथमिकता देगा। फिर, प्रसिद्ध प्रयागप्रशस्ति में भी अन्य उपाधियों के साथ देवपुत्र का उल्लेख हुआ है और ध्यातव्य है कि इसका प्रारूप समुद्र गुप्त के लेख्य-रचयिता हरिषेण ने तैयार किया था। जिस उपाधि का आविष्कार प्रजा ने किया हो और जिसका प्रयोग भी प्रजा ही करती रही हो तथा जिसे कुषाण राजाओं ने राजकीय तौर पर स्वीकार न किया हो, ऐसी उपाधि का प्रयोग तो शायद वह नहीं ही करता। और अंत में तीसरी सदी के एक बौद्ध ग्रंथ में, जिसका 392 ईस्वी में चीनी में अनुवाद हुआ, भारत के राजा और यूची से राजा को भी 'स्वर्ग-पुत्र'[72] कहा गया है, और तीसरी शताब्दी के ही एक चीनी स्रोत में भी यूची राजा को 'स्वर्ग-पुत्र'[73] कहा गया है। इन साक्ष्यों का खंडन करना स्वयं टामस को भी कठिन प्रतीत होता है,[74] और इनसे इस बात में कोई संदेह नहीं रह जाता कि देवपुत्र कुषाणों की राजकीय उपाधि थी। लेकिन टामस का यह विचार शायद सही है कि इस उपाधि का मूल चीनी नहीं था। विम कडफिसेस के एक सिक्के पर एक शब्द को कुछ लोग देवपुत्र पढ़ते हैं, लेकिन एलेन और टामस इससे सहमत नहीं हैं। यदि हम इनकी असहमति को उचित मानकर चलें तो देखेंगे कि यह उपाधि केवल कनिष्क समूह के उन राजाओं के संदर्भ में ही प्रयुक्त हुई है जिन्होंने पहली शताब्दी

के उत्तरार्ध में पश्चिमोत्तर भारत से पार्थियनों को मार भगाया। पार्थियन राजाओं ने एक उपाधि अपनाई थी जिससे पता चलता है कि वे देवता को अपना पिता मानते थे। स्रोत चाहे सामी हो या यूनानी, लेकिन इसमें कोई संदेह नहीं कि पहली शताब्दी के पूर्वार्ध के दो पार्थियन राजाओं, द्वितीय फरैटिस तथा तृतीय फरैटिस ने, जो कुषाणों के ठीक पूर्ववर्ती शासक थे, यह उपाधि धारण की थी।[75] स्पष्ट है कि जब प्रारंभिक कुषाण राजाओं ने पार्थियो को जीता तब कनिष्क तथा उसके उत्तराधिकारियों ने पार्थियन उपाधियों तथा पार्थियन राज्य, दोनों को अपना लिया। समकालीन स्रोतों से स्पष्ट है कि कालांतर से इस उपाधि का प्रयोग महत्त्वपूर्ण राजनीतिक हथियार की तरह होने लगा।

कुषाणों ने मृत राजाओं की प्रतिमाएं रखने के लिए देवकुलों के निर्माण का आरंभ किया। विम की विशाल प्रतिमा पर गुदे अभिलेख में देवकुल शब्द आया है,[76] और इसके अतिरिक्त हमें हुविष्क के राजत्वकाल में उसके पितामह के देवकुल के जीर्णोद्धार का भी उल्लेख मिलता है।[77] भास के प्रतिमानाटक के आधार पर कहा गया है कि देवकुल में मृत राजा के सम्मान में उसकी प्रतिमा प्रतिष्ठित की जाती थी,[78] और देवकुल का यह अर्थ सही भी जान पड़ता है। इसी स्रोत के आधार पर यह भी कहा गया है कि यह कोई पूजास्थल नहीं, बल्कि लौकिक प्रयोजनों में बनवाया गया मंदिर था,[79] क्योंकि नाटक में इस मंदिर की न अपनी कोई ध्वजा बताई गई है, न कोई दिव्य शस्त्रास्त्र और न अन्य अनेक प्रतीक उपादान जो साधारण मंदिर से जुड़े होते हैं।[80] इन उपादानों के अभाव से यही निष्कर्ष निकाला जा सकता है कि यह उतना महत्त्वपूर्ण नहीं था जितने कि परंपरागत मंदिर थे। नाटक में देवकुल का ब्राह्मण अभिरक्षक भरत को अपने पूर्वजों की प्रतिमाओं को नमस्कार नहीं करने देता है, पर उसकी दलील है कि क्षत्रिय राजाओं को देवता मानकर उनके आगे झुकना ब्राह्मण के लिए उचित नहीं है।[81] उसका यह कथन ब्राह्मण वर्गगत पूर्वाग्रहों से प्रेरित है, और भरत के क्षत्रिय होने के कारण कोई अर्थ नहीं रखता। देवकुल शब्द का अर्थ स्पष्टतः 'देवताओं का घर' है। हुविष्क के मथुरा अभिलेख से प्रकट होता है कि राज्याधिकारी द्वारा उसके राजा के पितामह के भग्न देवकुल का जीर्णोद्धार पुण्यकार्य माना जाता था, और यह महाराज राजातिराज देवपुत्र हुविष्क की आयु और शक्ति की अभिवृद्धि के लिए संपादित किया गया था।[82] राजा का भौतिक तथा आध्यात्मिक कल्याण साधने का प्रचलित तरीका बुद्ध के स्मृति चिन्हों पर कोई स्तूप बनवा देना या ऐसा ही कोई अन्य पुण्यकार्य संपन्न करना था। मथुरा में भी राजा के पूर्वज के देवकुल का जीर्णोद्धार इसलिए किया गया कि राजा का भौतिक कल्याण हो। इसके अतिरिक्त, अभिलेख की अंतिम पंक्ति[83] से प्रतीत होता है कि दैनिक अतिथियों तथा उन ब्राह्मणों के लिए भी कुछ किया गया,[84] जो स्पष्ट ही इस देवकुल से पुरोहितों के रूप में संबद्ध

थे। राजपूताना के देवगढ़ों में ऐसे पुरोहितों के उदाहरण मिल सकते हैं।[85]

कुषाणों ने देवकुल स्थापित करने की प्रथा कहां से ग्रहण की ? एक अनुमान यह है कि यह प्रथा उन्होंने टाइबर तट पर रोमवासियों से ग्रहण की।[86] लेकिन मृत राजा की पूजा का चलन प्राचीन मेसोपोटामिया में था, और मिस्र में भी जहां फरावों की प्रतिमाओं को रखने के लिए समाधि-मंदिर बनवाए जाते थे। शायद रोमवासियों ने यह चीज अपने इन पूर्ववर्ती मिस्री राजाओं से ही सीखी और बाद में या तो प्रत्यक्ष व्यापारिक संपर्क के फलस्वरूप या किसी अप्रत्यक्ष माध्यम से उनसे यह प्रथा कुषाणों ने ग्रहण की। भास को कौटिल्य का पूर्ववर्ती मानकर उसके आधार पर यह कहना गलत होगा कि यह प्रथा यहां पूर्व मौर्य काल में भी प्रचलित थी,[87] और कुषाण राजा ने उसे सिर्फ अपना लिया। सही स्थिति भिन्न जान पड़ती है। कौटिल्य ने 'देवपितृपूजा' का उल्लेख किया है,[88] लेकिन इसका मतलब यह नहीं है कि पूर्वजों की प्रतिमाओं की पूजा की जाती थी। इसके अतिरिक्त, कौटिल्य ने मृत राजाओं की पूजा का स्पष्ट उल्लेख नहीं किया है। जाहिर है कि यह प्रथा भारत में कुषाण राजा लाए, जिनकी कई प्रतिमाएं आज भी यहां उपलब्ध हैं। भास इसी काल के साहित्यकार जान पड़ते हैं और उनकी कृतियों में मात्र समकालीन स्थिति प्रतिबिंबित हुई है। देवकुल स्थापित करने की प्रथा देवपुत्र उपाधि के अनुरूप थी, और ये दोनों बातें कुषाण राजाओं के दैवीकरण में सहायक सिद्ध हुईं। सिक्कों पर कुषाण राजाओं की जो अर्धप्रतिमाएं उत्कीर्ण हैं, उनके चारों ओर दिव्य प्रभामंडल भी दिखलाया गया है। इससे यह निष्कर्ष निकाला जा सकता है कि कुषाण राजाओं द्वारा देवपुत्र की उपाधि धारण किया जाना तथा देवकुल स्थापित किया जाना राजा को देवरूप देने की सुविचारित युक्ति थी। सोने के टुकड़ों पर द्वितीय कडफिसेस की जो प्रतिमाएं उत्कीर्ण हैं उनमें राजा का स्कंधदेश लपटों के आलोकमय प्रकाश से आवृत्त है और उसका ऊर्ध्वांश ऐसा प्रतीत होता है, मानों यूनानी देवताओं की तरह, वह बादलों को चीरकर निकल रहा हो। कनिष्क के स्वर्ण सिक्कों में कुछ पर प्रभामंडल दिखलाया गया है, किंतु हुविष्क के कुछ विशेष प्रकार के स्वर्ण सिक्कों में से तो प्रायः सभी पर वह देखने को मिलता है। उनमें राजा प्रभामंडल, लपटों तथा बादलों इन तीनों से सज्जित दिखलाया गया है। वासुदेव की प्रतिमा में सिर्फ उसके मस्तक के चारों ओर प्रभामंडल है।[89] हमें मालूम है कि प्रभामंडल विशेषरूप से कनिष्क और हुविष्क के सिक्कों पर अंकित देव-प्रतिमाओं में दिखलाया गया है।[90] इसलिए अपने दिव्य उद्भव का संकेत देने के लिए कुषाण राजाओं ने अपने सिक्कों पर अपनी प्रतिमाओं को प्रभामंडल, बादलों या लपटों से विभूषित रूप में अंकित करवाया।[91]

इंग्लैंड में ट्यूडर शासनकाल में निरंकुशता तथा केंद्रीकरण की प्रवृत्तियों के तर्कसंगत परिणाम के रूप में राजा के दैवी अधिकार के सिद्धांत का विकास हुआ।

उसके विपरीत यद्यपि मौर्य राज्य ने जनजीवन के प्रत्यक्ष क्षेत्र पर नियंत्रण रखने की चेष्टा की पर उसने राजसत्ता के दैवी मूल पर कहीं भी जोर नहीं दिया। लेकिन मौर्योत्तर काल में जब विकेंद्रीकरण की शक्तियां उभड़ीं तब दैवी अधिकार के सिद्धांत का प्रतिपादन बड़े जोरदार ढंग से किया गया। जहां कुषाण राजाओं की बड़ी-बड़ी आडंबरपूर्ण उपाधियां विकेंद्रीकरण की वास्तविकता का बोध कराती हैं, वहां दैवीकरण की युक्ति भी उनकी राजनीतिक दुर्बलता पर आवरण डालने तथा उसे दूर करने का प्रयत्न दिखाई पड़ती है। राजनिरंकुशता को शक्ति प्रदान करने की दृष्टि से राजा के दैवी अधिकार के सिद्धांत में निहित संभावनाओं से इनकार नहीं किया जा सकता, परंतु उसे स्वीकार करने में ब्राह्मणों ने बड़ी तत्परता दिखाई और उसका उपयोग इस प्रकार किया जिससे ब्राह्मण समाजव्यवस्था का वैचारिक समर्थन हो।[92]

कुषाण राजाओं का दैवीकरण उन्हें अपनी प्रजा की निष्ठा प्राप्त कराने में बड़ा सहायक सिद्ध हुआ। राज्याधिकारियों तथा व्यक्तियों द्वारा दिए गए धार्मिक अनुदानों में इस बात के पर्याप्त प्रमाण मिलते हैं। उदाहरण के लिए, तक्षशिला से प्राप्त एक खरोष्ठी अभिलेख में महाराज राजातिराज और देवपुत्र की उपाधियों से विभूषित किसी अनाम कुषाण सम्राट के स्वास्थ्य के लिए एक बैक्ट्रियाई द्वारा तक्षशिला के ही धर्मराजिका स्तूप में बुद्ध के स्मृतिचिह्न स्थापित किए जाने का उल्लेख है।[93] इसी प्रकार अफगानिस्तान में प्राप्त एक अन्य खरोष्ठी अभिलेख में महाराज राजातिराज हुविष्क के पुण्यार्जन के निमित्त शाक्य मुनि के स्मृत्ति-चिह्न प्रतिष्ठित किए जाने का जिक्र मिलता है।[94] गैर सरकारी व्यक्तियों तथा राज्याधिकारियों द्वारा राजाओं के भौतिक तथा आध्यात्मिक लाभ के लिए अनुदान आदि देने की प्रथा की जड़ उत्तर भारत में कभी नहीं जम पाई, लेकिन पश्चिमोत्तर सीमाप्रदेश के परवर्ती कुषाण राजाओं के बीच इसका चलन कायम रहा। उदाहरणार्थ, रोटसिद्धवृद्धि नामक एक विहारस्वामी ने न केवल अपने कुटुंबियों के लाभ के लिए, वरन महाराज तोरमाण शाह जऊव्ल की रानी, राजकुमारों तथा राजकुमारियों के कल्याण के लिए भी एक विहार बनवाया।[95]

कुषाण राजाओं ने दैवी अधिकार का दावा करने के साथ-साथ यह बात भी स्पष्ट शब्दों में बताई कि वे किस धर्म के अनुयायी थे। कुषाण राजाओं के सिक्कों से साफ दिखता है कि वे किस धर्म को मानते थे। उदाहरण के लिए, कुषाण यवुग कुजल कस, जिसकी पहचान प्रथम कडफिसेस के रूप में की जाती है, अपने को ध्रमथिदस[96] कहता है। कुषाणों के सिक्कों में यह उपाधि 'सचध्रमठितस' के रूप में भी देखने को मिलती है। यह बुद्ध के धर्म में उनकी भक्ति का बोध कराता है। इसके अतिरिक्त उनके सिक्कों पर शिव प्रतिमा भी अंकित है[97] किंतु, बौद्ध या शैव धर्म में अपनी स्पष्ट आस्था के बावजूद कुषाणों ने कभी धार्मिक उत्पीड़न की नीति

नहीं अपनाई। इसके विपरीत, लगता है, वे अनेक यूनानी, ईरानी तथा भारतीय देवताओं की पूजा करते थे, क्योंकि हुविष्क के सिक्कों में इन सबकी प्रतिमाएं अंकित मिलती हैं।[98] कनिष्क तथा हुविष्क के राजत्वकाल में जैन धर्म के गृहस्थ तथा पुरोहित दोनों वर्गों के अनुयायियों द्वारा मथुरा में दिए गए जैन प्रतिमाओं के अनेक दानों से प्रकट होता है कि कुषाणों के अधीन यह नगर इस धर्म का विख्यात केंद्र था। इसी प्रकार, यज्ञप्रधान ब्राह्मण-धर्म के प्रति भी सहिष्णुता बरती जाती थी। एक अभिलेख में ऐसा उल्लेख मिलता है कि भारद्वाज गोत्र के किसी ब्राह्मण ने बारह रातों का सत्र पूरा कर लेने पर एक यूप (यज्ञस्तंभ) की स्थापना की।[99] स्पष्ट ही यह धार्मिक सहिष्णुता की नीति थी। किंतु चूंकि बौद्ध धर्म के प्रति कुषाणों ने विशेष झुकाव दिखाया, शायद इसीलिए जब उनके शासन की समाप्ति के आधी सदी बाद उत्तर भारत में उनका स्थान गुप्त राजवंश ने लिया तब प्रतिक्रिया स्वरूप यहां ब्राह्मण धर्म का पुनरुत्थान बड़ी तेजी से हुआ।

कुषाण राज्य-व्यवस्था की इस रूप रेखा से, जो सामग्री के अभाव में सर्वांगपूर्ण नहीं बन पाई है, प्रकट होता है कि कुषाणों ने भारतीय राज्य-व्यवस्था में कतिपय नए तत्वों का समावेश किया। राजा के भौतिक तथा आध्यात्मिक कल्याण के लिए अनुदान देने की प्रथा तथा प्रांतों में दोहरे शासक रखने के चलन और इसी तरह की कुछ और भी नई प्रवृत्तियों के लिए भारत की मिट्टी अनुकूल नहीं सिद्ध हुई। किंतु राजा के देवत्व की परिकल्पना ने परवर्ती शासकों पर अपना प्रभाव अवश्य छोड़ा, क्योंकि हम देखते हैं कि समुद्रगुप्त की तुलना चार विभिन्न देवताओं से की गई है। इसके अतिरिक्त, महादंडनायक का पद तथा अक्षयनीवि अधिकार के अनुसार भूमि अनुदान देना, ये दोनों चीजें गुप्त राज्यव्यवस्था के अभिन्न अंग बन गईं। गुप्त साम्राज्य के पूर्वी, दक्षिणी तथा उत्तरी प्रांतों में हम महादंडनायकों को शासनतंत्र के संचालन में महत्त्वपूर्ण योग देते देखते हैं[100]। सबसे महत्त्व की बात तो यह है कि जान पड़ता है, कुषाण राजनीतिक ढांचे की मुख्य विशेषता, अर्थात श्रेणिबद्ध सामंती व्यवस्था, को समुद्रगुप्त ने अपने साम्राज्य संगठन के एक स्तंभ के रूप में अपना लिया। जहां तक शेष बातों का संबंध है, कुषाणों ने ग्रामिक के माध्यम से गांव का प्रशासन चलाने की पुरानी पद्धति कायम रखी, और अंतर शायद सिर्फ इतना किया कि अब इस अधिकारी को अपनी सेबाओं के प्रतिफल के रूप में कुछ जमीन अनुदान में दे दी जाती थी और वह गांव की रक्षा के दायित्व से भी मुक्त हो गया था। शायद उन्होंने कारीगरों और व्यापारियों के संघों को बढ़ावा दिया, जो परवर्ती काल में काफी शक्तिशाली बन गए।

संदर्भ और टिप्पणियां

1. से. इं., II, सं. 51, पंक्ति, 2; तुल. पृ. 124
2. वही, II, सं. 29, पंक्ति 1.
3. वही, II, सं. 23, पंक्ति 1.
4. L.1.
5. कॉ. इं. इं., ii, भाग I, पृ. xxix.
6. वही.
7. वही, पृ. xxvi-ii.
8. सं. एच. जैकोबी, जि. डि. मो. जे., 1880, श्लोक 62; 'साहि' प्राकृत रूप है.
9. रायचौधरी, पॉ. हि. ए. इं., पांचवां संस्करण, पृ. 518; घोषाल, द मौर्याज ऐंड सातवाहनाज, पृ. 344.
10. ल्यूडर्स लिस्ट, नं. 21, 69 ए., 72, 149 ए., 161; सै. इं., II, सं. 49, पंक्ति 10.
11. कै. क्वा. इं. म्यू., i, 69, 75-79, 84.
12. कॉ. इं. इं., ii, भाग 1, पृ. 1 iii.
13. जि. डु. मो. जि., 1880, पृ. 262, पंक्तियां 33-36.
14. वही, पृ. 267 और अन्यत्र.
15. कॉ. इं. इं., ii, भाग, 1, पृ. 1 XXII में उद्धृत.
16. सै. इं., II, सं. 31, पंक्ति 1.
17. वही.
18. वही, II, सं. 51, पंक्तियां 1-2.
19. वही, II, सं. 37, पंक्तियां 1-10.
20. वही, पा. टि. 4.
21. वही, II, सं. 38, पंक्तियां 1-2.
22. एस. के. चट्टोपाध्याय, अर्ली हिस्ट्री ऑफ नार्दर्न इंडिया, पृ. 84
23. सै. इं., II, सं. 36, पंक्ति 2.
24. बी. एन. पुरी, 'प्रौविंसियल ऐंड लोकल एडमिनिस्ट्रेशन इन दि कुषाण पीरियड', प्रो. इं. हि. कां., 1945, पृ. 64.
25. से. इं., II, नं. 43, पंक्तियां 2-4.
26. हेरोडोटस, दि हिस्ट्रीज (पेंग्विन), पृ. 214-15.
27. ए. इं., XXIV, पृ. 10.
28. 'क्षत्रप' के लिए प्रयुक्त ग्रामस्वामी पदनाम की एक संभावित व्याख्या यह भी हो सकती है कि उसके महाराज ने उसकी सेवा के प्रतिदानस्वरूप उसे ग्राम अनुदान दिए थे। लेकिन इस व्याख्या के समर्थन में और कोई साक्ष्य हमें उपलब्ध नहीं है.
29. ए. इं., XXIV, पृ. 10.
30. उपरिवत्, पृ. 233.
31. का. इं. इं., ii, भाग, I, सं. 76, पंक्ति 2-3 दडनायक और महादंडनायक शब्दों की विभिन्न व्याख्याओं के लिए देखिए, घोषाल इंडियन हिस्टोरियोग्राफी एन्ड अदर एसेज पृ. 177-79. घोषाल, का यह निष्कर्ष सही लगता है कि महादंडनायक का अर्थ सेनापति है, वही, पृ. 179

32. कॉ. इं. इं., II, भाग I, स. 76, पंक्ति 2.
33. ल्यूडर्स लिस्ट, सं. 60.
34. ज. रॉ. ए. सो., 1924, पृ. 402, पंक्ति 5.
35. के. डी. बाजपेयी, प्रौसि. इं. हि. कां., 1958, पृ. 68, पंक्ति 2.
36. बी. एन. पुरी, इंडिया अंडर दि कुषानाज, पृ. 84.
37. बशर्ते कि इस काल के संदर्भ में शासनिक क्षेत्रों के पृथक्करण का बोध करनेवाली ऐसी अभिव्यक्ति का प्रयोग अनुचित न हो.
38. पंक्तियां 23-24.
39. ज. ए., 1934, पृ. 3.
40. आ.स. रि. 1911-12, पृ. 56.
41. से. इं., खंड II, सं. 49, पंक्तियां 12-13.
42. ल्यूडर्स लिस्ट, सं. 69 ए.
43. वही, सं. 48.
44. मनु., VII, 116-18.
45. अलतेकर, स्टेट एंड गवर्नमेंट इन एंशिएंट इंडिया, पृ. 226; अथ., III-10.
46. मनु. VII, 114.
47. वही, VII, 119.
48. वही, VII, 115-16.
49. बी. एन. पुरी, इंडिया अंडर दि कुषानाज, पृ. 84.
50. से. इं., II, सं. 49, पंक्तियां 1-3.
51. वही, पंक्तियां 11-12.
52. वही, II, सं. 58, पंक्ति 1.
53. V. 1.5, 14.
54. XX, 127.7-10.
55. उपरिवत्, पृ. 192-98.
56. ल्यूडर्स लिस्ट, सं, 954-56.
57. से. इं., II, सं. 29, पंक्ति I.
58. ज. ए., 1934, पं. 1 आदि.
59. कथं मनुष्यसंभूतो राजा देवस्तुप्रोच्यते, केन च हेतुना राजा देवपुत्रस्तु प्रोच्यते। बी. सी. लॉ वाल्यूम, ii, 313, में एफ. डब्ल्यू. टॉमस द्वारा उद्धृत.
60. देवेन्द्रानाम् अधिष्ठाने मातुः कुक्षौ प्रवेक्ष्यति। पूर्वं अधिष्ठिते देवैः पश्चाद्गर्भे प्रपद्यते। किं चापि मानुषे लोके जायते श्रीयते नृपः; अपि वै देवसंभूतो देवपुत्रः स उच्यते। त्रयस्त्रिंशैर्देवराजेन्द्रैर्भागोदत्तो नृपस्य हि; पुत्रस्त्वं सहदेवानां निर्मितो मनुजेश्वरः। ज.ए., 1934, पं. 3-4.
61. मनुस्मृति का रचनाकाल सामान्यतः 200 ई. पू. से 200 ई. के बीच माना जाता है। राजधर्म का विवेचन करनेवाले प्रकरणों का संग्रह शायद ईस्वी सन की प्रथम दो सदियों के दौरान हुआ।
62. VII. 7.
63. VII. 8.
64. अध्याय 59.
65. दि मौर्याज ऐंड सातवाहनाज, पृ. 345.
66. बी. सी. लॉ. वाल्यूम, ii, 306-10

67. वही, 307.
68. वही, 319.
69. 'साही' अथवा शाही' उपाधि पूर्वी उत्तर प्रदेश और बिहार की कुछ जमींदार जातियों में प्रचलित है। संभवतः यह पुराने समय से चली आ रही है।
70. वही, 308.
71. का. इं. इं., ii भाग I, पृ. xxiv. दुर्भाग्यवश, मुझे कनिष्क और वासुदेव के उन सिक्कों की विषयवस्तु की कोई जानकारी नहीं है जो रूसी मध्य एशिया में मिले हैं.
72. ज. रॉ. ए. सो., 1924, पृ. 402-3.
73. बी. सी. लॉ. वाल्यूम, ii, 314-15.
74. वही, 318.
75. वही, 319.
76. वही, 305.
77. डी. आर. साहनी, ज. रॉ. ए. सो., 1924, पृ. 402.
78. वही, पृ. 402-3.
79. जायसवाल, ज. बि. ओ. रि. सो., 1923, पृ. 98-99; एच. पी. शास्त्री, वही, पृ. 558-61.
80. जायसवाल, ज. बि. ओ. रि. सो, 1919, पृ. 98-99.
81. वही.
82. वही, पृ. 960.
83. ज. रॉ. ए. सो., 1924, पृ. 402, अभिलेख की पंक्तियां 2-5.
84. वही, पंक्ति 61.
85. वही, पृ. 403.
86. ज. बि. ओ. रि. सो., 1919, पृ. 559.
87. पॉ. हि. ए. इं, पंचम संस्करण, पृ. 5.
88. ज. बि. ओ. रि. सो., 1919, पृ. 560.
89. पॉ. हि. ए. इं., पंचम संस्करण, पृ. 517, पा. टि. 3.
90. एम. ई. ड्रइन, 'दि निंबुस ऐंड साइंस ऑफ डिफिकेशन आन दि क्वाइंस, ऑफ दि इंडो-शिथियन किंग्स, रिव्यू न्यूमिस्मेटिक, 1901, पृं. 154-66, अनु. इं. एं., 1903, पृ. 427.
91. इं. एं., 1903, पृ. 428.
92. वही, 432.
93. राजा के दैवी रूप के संबंध में धर्मशास्त्रों में जो विचार व्यक्त किए गए हैं उनकी वर्तमान व्याख्याओं को अपनी पुस्तक 'ए हिस्ट्री ऑफ इंडियन पॉलिटिकल आइडियाज' (पृ. 566-67. पा. टि. 20) में साररूप में प्रस्तुत करके घोषाल ने उनका विवेचन किया है.
94. से. इं., II. सं. 34, पंक्ति 3.
95. वही, II. सं. 55, पंक्ति 3.
96. ल्यूडर्स लिस्ट, सं. 5.
97. से. इं., II, सं. 19. पंक्ति 1.
98. वही, पृ. 125, पा. टि. 3; पृ. 155.
99. वही, पृ. 155, पा. टि. 5.
100. ल्यूडर्स लिस्ट, सं. 149 ए.
101. घोषाल, 'इंडियन हिस्टोरियोग्राफी ऐंड अदर एसेज', पृ. 178.

18. गुप्त राज्यव्यवस्था

गुप्तकाल में कृषि क्षेत्र का जोर से विस्तार हुआ। इसका प्रमाण इस युग में पिछड़े इलाकों में ब्राह्मणों को दिए गए भूमिदान हैं। इस काल में जमीन पर निजी अधिकारों का विकास स्पष्ट रूप से हुआ। धार्मिक प्रयोजनों के लिए भूमि की खरीद-बिक्री के प्रथम पुरालेखीय साक्ष्य हमें इसी काल में उत्तर बंगाल से प्राप्त होते हैं। स्वभावतः धर्मशास्त्रों (विधिग्रंथों) को इस महत्त्वपूर्ण तथ्य का खयाल रखकर चलना था। फलतः हमें कानून और वास्तविक व्यवहार दोनों क्षेत्रों में भूमि विवादों के निपटारे की अनेक युक्तियों का उल्लेख देखने को मिलता है। भूमिदानों का प्रशासनिक ढांचे पर अभूतपूर्व प्रभाव पड़ा। धार्मिक भोक्ताओं को दिए गए ग्राम अनुदानों के कारण राजस्व और प्रशासन की नई व्यवस्थाओं का उदय हुआ।

यद्यपि गुप्तकाल में विदेश-व्यापार के परिमाण में ह्रास हुआ, फिर भी उत्तर भारत में कला और शिल्प की काफी उन्नति हुई। मुहरों और अभिलेखों में कारीगरों, व्यवसायियों और व्यापारियों तथा इनके संघों का उल्लेख इस काल में अक्सर देखने को मिलता है, और गुप्त शासन के स्थानीय स्तरों पर ये एक प्रमुख तत्व के रूप में सामने आते हैं। गुप्त लोग वैश्य प्रतीत होते हैं, और शायद यही इस नई वस्तुस्थिति का तथा साम्राज्य के विभिन्न भागों में ब्राह्मणेतर और क्षत्रियेतर शासकों और अधिकारियों की नियुक्ति का रहस्य है।

आर्थिक दृष्टि से गुप्तकाल की भव्यता इसलिए है—कि गुप्त राजाओं ने प्रचुर मात्रा में स्वर्ण मुद्राएं जारी कीं। सच पूछिए तो इसी अर्थ में यह काल स्वर्ण-युग माना जाना चाहिए। स्वर्ण मुद्राओं का व्यवहार जमीन की खरीद-बिक्री में होता था, और संभव है, राजस्व की वसूली और उच्चाधिकारियों के वेतन की अदायगी भी स्वर्ण मुद्राओं में ही की जाती रही हो। किंतु तांबे के सिक्कों के अभाव से यह संकेत मिलता है कि छोटे मोटे अधिकारी अधिक संख्या में नहीं रखे जाते थे।

गुप्तकालीन राजनीतिक स्थिति का मुख्य तथ्य है समुद्रगुप्त की दिग्विजय और आगे चलकर पश्चिमी भारत में द्वितीय चंद्रगुप्त के नेतृत्व में की गई अनेक लड़ाइयां। इन अभियानों के फलस्वरूप विजित राजाओं के साथ किसी न किसी प्रकार के संबंध का विकास करना आवश्यक हो गया।

और अंत में हम इस काल में ब्राह्मण विचारधारा के प्राबल्य का उल्लेख कर

सकते हैं। 'मनुस्मृति' में प्रतिपादित ब्राह्मणों के विशेषाधिकारों की नारद ने जोरदार हिमायत की है। इस काल की उपदेशात्मक कृतियों में भूमिदान के पुण्य का खूब गुणगान किया गया है, और पितरों के आध्यात्मिक कल्याण के संबंध में जो परिकल्पना प्रस्तुत की गई है, उससे भूमि अनुदान की प्रवृत्ति को उत्तेजन मिला, तथा बड़े पैमाने पर दिए गए भूमि अनुदानों के फलस्वरूप नई प्रशासनिक समस्याएं उत्पन्न हुईं।

गुप्तकाल में राजत्व के स्वरूप में क्या क्या परिवर्तन हुए, इसका पता लगाना कठिन है। सातवाहनों के विपरीत गुप्तों के राज्य में राजकीय उत्तराधिकार विशुद्ध रूप से पैतृक था। गुप्त सम्राटों ने अपनी माताओं के नामों का उल्लेख तो किया है, किंतु प्रशासन में महिलाओं की कोई कारगर भूमिका नहीं थी। द्वितीय चंद्रगुप्त की पुत्री प्रभावती गुप्ता ने वाकाटक राज्य की संरक्षिका का काम किया, लेकिन गुप्तों के राज्य में ऐसे उदाहरण नहीं मिलते। किंतु ज्येष्ठाधिकार, अर्थात अन्य पुत्रों को छोड़कर केवल ज्येष्ठ पुत्र को ही उत्तराधिकार सौंपे जाने का नियम, सुस्थापित नहीं हो पाया था। कभी कभी ज्येष्ठ पुत्रों के रहते कनिष्ठ पुत्र भी सिंहासन पर बैठते थे, और कुछ विद्वानों के अनुसार 467 ईस्वी में स्कंदगुप्त की मृत्यु के बाद उसके साम्राज्य को सिंहासन के दो दावेदार राजकुमारों के बीच विभाजित करना पड़ा। अग्रज के बाद अनुज के राजा बनने की विचित्र प्रथा गुप्तों के अधीनस्थ राजवंश वलभी के मैत्रकों में तो प्रचलित थी, किंतु स्वयं गुप्तों के बीच नहीं।

सिक्कों और अभिलेखों में गुप्त राजाओं को मुख्यतः योद्धा और सेनापति के रूप में चित्रित किया गया है। इन्हें शिकार और युद्ध बहुत प्रिय थे। राजा मंत्रियों, सेनानायकों, क्षेत्रीय शासकों आदि की नियुक्ति करता था। वह अपने सामंतों और अधीनस्थ राजाओं का अभिनंदन स्वीकार करता था, और परमेश्वर, महाराजाधिराज, परमभट्टारक आदि आडंबरयुक्त उपाधियों से प्रकट होता है कि उसके साम्राज्य में ऐसे छोटे छोटे राजे और सरदार भी थे जिनसे उसे किसी न किसी प्रकार का संधि संबंध स्थापित करना पड़ा था।

गुप्तों के अभिलेखों से लगता है कि गौतमीपुत्र शातकर्णि की तरह वर्णाश्रम धर्म की रक्षा करना गुप्त राजा का भी एक प्रमुख कर्तव्य था। राजा का दूसरा महत्त्वपूर्ण दायित्व प्रजा की रक्षा करना बताया गया है। उसे हजारों स्वर्ण मुद्राओं का दाता कहा गया है। सुरक्षा प्रदान करने के बदले राजा करग्रहण का अधिकारी है, इस पुरानी मान्यता को कतिपय गुप्तकालीन स्मृतियों में दुहराया गया है। लेकिन हम देखते हैं कि अब इस पर उतना जोर नहीं दिया जाता है जितना पहले दिया जाता था। इसके विपरीत, हमें एक नई महत्त्वपूर्ण प्रवृत्ति का आभास मिलता है। कात्यायन के मतानुसार राजा इसलिए कर पाने का हकदार है कि वही भूमि का मालिक है।[1] यह सिद्धांत राजत्व को सामंती स्वरूप प्रदान करता है और इससे

राजा को भूमि अनुदान देने का कानूनी अधिकार प्राप्त होता है, पर यह अधिकार इस अर्थ में सीमित था कि अनुदान देते समय उसे उन सभी लोगों से परामर्श करना पड़ता था और उन सबको दान की सूचना देनी पड़ती थी जिनका अनुदत्त भूमि में किसी प्रकार हित निहित होता था।

गुप्त राजाओं के अधीन राजत्व में जो एक अन्य परिवर्तन लक्षित होता है वह गुणात्मक नहीं, बल्कि परिमाणात्मक है। उसका संबंध राजपद में दैवी शक्ति के आरोपण से है। सातवाहन राजा गौतमीपुत्र शातकर्णि की तरह गुप्त राजाओं की तुलना बार-बार यम, वरुण, इंद्र, कुबेर आदि विभिन्न देवताओं से की गई है। लोगों के पालन और रक्षा के राज कर्तव्य को ध्यान में रखते हुए उनकी तुलना विष्णु से की गई है। अनेक गुप्त सिक्कों पर विष्णु की पत्नी और ऐश्वर्य की देवी लक्ष्मी की आकृति अंकित है। संभव है कि गुप्त राजाओं के वैष्णव मतावलंबी होने से उनके कुछ राजनीतिक उद्देश्यों की भी पूर्ति होती होगी। लेकिन ध्यान देने की बात यह है कि उन्हें देव कहा गया है।[2] इस तरह उन्हें कुषाण राजाओं की तरह देवपुत्र के रूप में नहीं; बल्कि स्पष्ट रूप से स्वयं देवता के रूप में प्रस्तुत किया गया है।

गुप्त राजाओं में दैवी तत्वों के आरोपण के बावजूद यह मानना गलत होगा कि कानूनी तौर पर वे स्वेच्छाचारी थे। सिद्धांततः गुप्त राजा धर्मशास्त्रों में विहित नियमों का पालन करने को कर्तव्यबद्ध था, और व्यवहारतः देखें तो इन विधियों के मुख्य अभिरक्षक और व्याख्याता ब्राह्मण लोग राजसत्ता पर जबरदस्त अंकुश रखते थे। इसके अतिरिक्त राजा को व्यापारियों और शिल्पियों के संघों तथा अन्य सामुदायिक संस्थाओं को भी अपनी सत्ता में साझेदार बनाकर चलना होता था। उसे इनके निर्णयों का अनुमोदन करना पड़ता था और इनके रीति-रिवाजों का पालन कराना होता था। सबसे बड़ी बात तो यह है कि अनुदानभोगी और सामंतगण व्यापक सत्ता का उपभोग करते थे और राजा को इन सबका खयाल रखकर चलना पड़ता था। वस्तुतः मौर्य काल या प्राग्गुप्तकाल की अपेक्षा गुप्तकाल में राजसत्ता पर कहीं अधिक अंकुश लगे हुए थे।

मंत्रिगण भी, जो अमात्य या सचिव भी कहे जाते थे, राजा की स्वेच्छाचारी प्रवृत्तियों पर अंकुश रखते होंगे, यद्यपि अभिलेखों से हमें उनके कार्यों की बहुत कम जानकारी मिलती है और एक निकाय के रूप में उनके अस्तित्व की तो कोई जानकारी नहीं मिलती। करीब आठवीं ई. की एक रचना 'कामंदक नीतिसार' में तो मंत्रिमंडल शब्द का प्रयोग मिलता है, लेकिन किसी अभिलेख में नहीं। निस्संदेह, हरिषेण जैसे इक्के-दुक्के मंत्री काफी शक्तिशाली बन गए थे। कारण यह था कि एक ही व्यक्ति महादंडनायक, कुमारामात्य और सांधिविग्रहिक इन तीन-तीन पदों का भोक्ता होता था। इसके अतिरिक्त, एक ही परिवार के लोग कई पीढ़ियों तक वंशानुगत रूप से इस पद पर आसीन रहते थे। ऐसे परिवारों ने निश्चय ही

राजनीति में महत्त्वपूर्ण भूमिका निभाई होगी।

मंत्रि गुप्त राजाओं की नौकरशाही की उच्चतर श्रेणी के अंग थे। ऊपर की श्रेणी के अन्य अधिकारियों में कुमारामात्य और सांधिविग्रहिक विशेष रूप से उल्लेखनीय हैं। प्राग्गुप्तकालीन अभिलेखों में इनका कोई जिक्र नहीं मिलता। जिस प्रकार अशोक के शासन में महामात्रों और सातवाहनों के अधीन अमात्यों का महत्त्वपूर्ण संवर्ग (काडर) था, उसी प्रकार गुप्त राजाओं के अधीन कुमारामात्यों[3] का विशिष्ट संवर्ग था और राज्य के उच्च पदाधिकारी मुख्यतः इसी संवर्ग में से नियुक्त किए जाते थे। मगध या नगर और तीर भुक्तियों के मुख्यालयों में कुमारामात्य-पद का उल्लेख बार-बार मिलता है।[4] इसी तरह सम्राट[5] या युवराज [6] से संबद्ध कुमारामात्यों का जिक्र भी मिलता है। बंगाल स्थित पंचनगरी विषय का प्रधान एक कुमारामात्य था। किंतु कुमारामात्य कहे जानेवाले ये अधिकारी जहां विषयाधिपों के रूप में सामने आते हैं, वहीं उन्हें हम मंत्रियों, सेनापतियों महादंडनायकों[7] सांधिविग्रहिकों[8] और यहां तक कि महाराजों[9] के रूप में भी देखते हैं। कुछ कुमारामात्यों की अपनी स्वतंत्र सत्ता थी और कुमारामात्याधिकरण नाम का उनका स्थायी कार्यालय होता था। इसके शाब्दिक अर्थ 'लघु अमात्य' या 'राजकुमार से संबद्ध अमात्य' से इस अधिकारी के कार्यों का संकेत नहीं मिलता है, क्योंकि वह जिन अतिरिक्त पदों पर आसीन होता था उनके अनुसार उसके कार्य अलग-अलग प्रकार के होते थे। गुप्त साम्राज्य के अंतिम समय में महाराज नंदन[10] जैसे कुछ कुमारामात्य स्वतंत्र हो गए और उन्होंने अपने नाम से भूमि-शासनपत्र भी जारी किए।

सांधिविग्रहिक का शाब्दिक अर्थ शांति और युद्ध का मंत्री है। इस पद का प्रथम उल्लेख समुद्र गुप्त के काल में मिलता है। उसके हरिषेण नामक अमात्य को हम इस उपाधि से विभूषित देखते हैं। लेकिन शर्वनाथ के छोटे से सामंती राज्य में ऐसे एक अधिकारी का उल्लेख 'महासांधिविग्रहिक' के रूप में हुआ है। अतः यह मानना गलत होगा कि इन अधिकारियों की कोई स्तरावली (हाइराकी) थी। गुप्तकाल में और उसके बाद भी आपस में छीना झपटी करते रहनेवाले छोटे-छोटे राज्यों के बीच जैसा संबंध कायम था उसको देखते हुए ऐसे पद की आवश्यकता तो समझी जा सकती है, लेकिन यह समझ में नहीं आता कि ब्राह्मणों के नाम शासनपत्र जारी करना उसके कर्तव्य में कैसे शामिल हो गया। यह प्रथा गुप्तकाल से प्रारंभ हुई और पूर्व मध्यकाल में खूब प्रचलित हो गई। अल्तेकर का कहना है कि चूंकि विदेश विभाग को दाताओं की वंशावली का विशद ज्ञान रहता था, इसलिए शासनपत्र का प्रारूप (मसौदा) तैयार करने का काम सांधिविग्रहिक को सौंपा गया। लेकिन संभवतः इस अधिकारी का मुख्य कर्तव्य सामंतों से निबटना था, जिनके नाम शायद शासनपत्र भी जारी किए गए होंगे। कदाचित इसीलिए

धार्मिक ग्रहीताओं के नाम शासनपत्र जारी करने का काम भी उसीके सुपुर्द कर दिया गया होगा।

अधिकारियों की नियुक्ति में जाति[11] और वंश का ध्यान बहुत अधिक रखा जाता था। उदाहरण के लिए, कुछेक बड़े-बड़े क्षेत्रों के शासक राजपरिवार के सदस्य थे। ऐसे बहुत-से अमात्य और उपरिकर, अर्थात प्रांतीय शासक हुए जो कुछ विशेष परिवारों के थे। यह तो बहुत स्पष्ट है कि मंत्रियों तथा प्रमंडलों (डिवीजन)और मंडलों (डिस्ट्रिक्ट) के प्रधान अधिकारियों के पद उत्तरोत्तर अधिकाधिक आनुवंशिक होते जा रहे थे। यद्यपि कौटिल्य का कथन है कि अमात्य और सैनिक वंशानुगत होने चाहिए, किंतु मौर्यकाल से इसका कोई भी वास्तविक उदाहरण देना हमारे लिए अशक्य है। लेकिन गुप्तकालीन अभिलेखों से प्रकट होता है कि गुप्त सम्राट के साथ रहकर उसकी सेवा करनेवाले मंत्री और सचिव के पद वंशानुगत थे।[12] यही बात मध्यभारत[13] और वैशाली[14] में अमात्य पद के साथ लागू थी। मध्य भारत में प्राप्त एक उदाहरण में हमें एक ही परिवार से लिए गए पदाधिकारियों की पांच पीढ़ियां देखने को मिलती हैं। इनमें से पहला अमात्य, दूसरा अमात्य और भोगिक, तीसरा भोगिक तथा चौथा और पांचवां महासांधिविग्रहिक[15] था। उसी क्षेत्र से हमें भोगिकों की दो-दो[16] और कभी-कभी तीन-तीन[17] पीढ़ियों के दृष्टांत मिलते हैं। किंतु ये अधिकारी सीधे गुप्त राजाओं की सेवा में नहीं, बल्कि उनके सामंतों की सेवा में थे। मगर पुंड्रवर्धन भुक्ति के शासन की देखरेख करनेवाले उपरिकों के कुलनाम (सरनेम) दत्त[18] से यह संकेत मिलता था कि ये संभवतः एक ही वंश के थे। सिद्धांततः तो इन अधिकारियों का पदारूढ़ रहना न रहना सम्राट की इच्छा पर निर्भर था, किंतु व्यवहारतः ये और इनके वंशज अपनी स्थानीय शक्ति के कारण अपने पद पर कायम रहे। इसके अतिरिक्त, एक ही व्यक्ति के अनेक पदों पर आरूढ़ रहने के कारण भी इन अधिकारियों के प्रभाव और शक्ति की अभिवृद्धि होती थी। उदाहरण के लिए, हरिषेण कई महत्त्वपूर्ण पदों को एक साथ सँभाले हुए था। इसी तरह एक कुमारामात्य महाश्वपति और महादंडनायक भी था।[19]

हमें ठीक-ठीक मालूम नहीं कि गुप्त साम्राज्य में अधिकारियों को भुगतान कैसे किया जाता था। बहुत-सी गुप्तकालीन स्वर्ण मुद्राओं की प्राप्ति, बंगाल में जमीन की खरीद-बिक्री में इनके उपयोग और हिरण्य नामक कर के प्रचलन से यह संकेत मिलता है कि कम से कम उच्च अधिकारियों को नकद भुगतान किया जाता था। इस संबंध में उपलब्ध चीनी साक्ष्य पूरी तरह स्पष्ट नहीं है। फाहियान के एक अवतरण का लेगे ने जो अनुवाद प्रस्तुत किया है उससे विदित होता है कि राजा के सभी अंगरक्षकों और परिचारकों को नियमित वेतन मिलता है।[20] लेकिन बील ने इसका अनुवाद दूसरी तरह से किया है : राजा के सभी मुख्य अधिकारियों के निमित्त

कुछ राजस्व रख छोड़े गए हैं।[21] हाल में एक चीनी विद्वान ने इस महत्त्वपूर्ण अवतरण का अनुवाद इस प्रकार किया है : 'राजा के सभी परिचारकों, रक्षकों और परिचरों को परिलब्धियां (इमाल्युमेंट्स) और पेंशन दी जाती है।[22] यदि हम अंतिम अनुवाद को स्वीकार करें तो परिलब्धियां शब्द के अर्थ की व्यापकता को देखते हुए ऐसा मान सकते हैं कि उसमें राजस्व अनुदान भी शामिल रहा होगा। इस प्रकार, ऐसा प्रतीत होता है कि नौकरशाही को नकद और राजस्व अनुदान, दोनों रूपों में भुगतान किया जाता था।

उच्चाधिकारियों की इन श्रेणियों के अलावा अभिलेखों में दर्जन से ऊपर अन्य छोटे-बड़े अधिकारियों का भी उल्लेख हुआ है, जिन पर हम गुप्त शासन पद्धति के सैनिक, राजस्विक और ग्रामीण पहलुओं की चर्चा के संदर्भ में विचार करेंगे। यद्यपि गुप्त कर्मचारिवर्ग (इस्टैब्लिशमेंट कौटिलीय 'अर्थशास्त्र' में विहित कर्मचारिवर्ग के जितना बड़ा नहीं था, लेकिन साथ ही वह नगण्य या शक्तिहीन भी नहीं था। जमीन की खरीद बिक्री संबंधी प्रलेखों (रेकार्ड्स) से यह स्पष्ट है कि जब तक पुस्तपाल (अभिलेखपाल) इस आशय का प्रमाणपत्र नहीं दे देता था कि अमुक भूमि बिक्री के लिए उपलब्ध है और जब तक विषयपति (जिलाधिकारी) उसका अनुमोदन नहीं कर देता था तब तक वह भूमि बेची नहीं जा सकती थी। अधिकारियों के वशानुगत स्वरूप और नकद भुगतान के चलने के ह्रास से यह संकेत मिलता है कि निहित स्वार्थों का विकास करने की दृष्टि से गुप्त साम्राज्य की नौकरशाही मौर्य नौकरशाही की अपेक्षा कहीं अधिक अनुकूल स्थिति में थी।

II

समुद्र गुप्त की दिग्विजय तथा द्वितीय चंद्रगुप्त और स्कंदगुप्त द्वारा किए गए अनेक युद्धों के बावजूद गुप्तों की सैनिक व्यवस्था के बारे में हमारी जानकारी स्वल्प ही है। गुप्त सिक्कों और अभिलेखों से हम सिर्फ सेना की रचना के बारे में थोड़ा बहुत अनुमान लगा सकते हैं। हालांकि कुछ गुप्त राजाओं को उत्कृष्ट और अद्वितीय रथी कहा गया है, लेकिन उनके सिक्कों पर प्रायः घुड़सवारों की आकृतियां ही मिलती हैं। सिक्कों पर धुनर्धरों की आकृतियां भी मिलती हैं, जिनसे सेना में अश्व-धनुर्विद्या और अश्वारोहियों का महत्त्व प्रकट होता है। अश्वारोही सेना का बढ़ता हुआ महत्त्व मुद्राओं और अभिलेखों से भी सिद्ध होता है। इनमें अश्वपति[23], महाश्वपति[24] और भटाश्वपति[25] का उल्लेख मिलता है। जाहिर है कि ये सब अश्वरोही सेना के नायक थे। पूर्वकालीन गुप्त-अभिलेखों में हस्तिप्रबंध से संबंधित किसी अधिकारी का जिक्र नहीं मिलता। बंगाल से प्राप्त छठी शताब्दी के एक अभिलेख में पिलुपति शब्द का उल्लेख मिलता है, पर हम निश्चयपूर्वक यह नहीं कह सकते कि पूर्ववर्ती गुप्त राजाओं के अधीन इस पद का कोई विशेष महत्त्व

था या नहीं। सेना के अन्य अंगों के सेनापतियों के क्या-क्या पदनाम थे, इसकी जानकारी अभी तक अभिलेखों से नहीं मिल सकी है। महाबलाधिकृत, महाप्रतीहार और गौल्मिक कतिपय अन्य सैनिक अधिकारी हैं। अंतिम दो के नाम प्राग्गुप्त अभिलेखों में भी मिलते हैं, पर पहला कोई नया सैनिक अधिकारी है, जिसका उल्लेख पहली बार इसी काल में मिलता है।

अमात्य, कुमारामात्य, आदि असैनिक अधिकारी सैनिक कार्य करते थे, या इनकी पदोन्नति करके इन्हें ऊंचे सैनिक ओहदों पर नियुक्त किया जाता था। पाटलिपुत्र निवासी एक मंत्री द्वितीय चंद्रगुप्त के पश्चिमी भारत के सैनिक अभियान में उसके साथ गया था। इसी तरह सैनिक अधिकारी भी असैनिक कार्य करते होंगे।

हमें वैशाली जैसे कुछ महत्त्वपूर्ण नगरों में स्थायी तौर पर सेना रखे जाने के बारे में भी थोड़ी-सी जानकारी है। वहां से प्राप्त एक मुहर पर 'श्रीरणभांडागाराधिकरण'[26] शब्द अंकित है, जिससे सिद्ध होता है कि वहां कोई सैनिक भंडार रहा होगा, जो वहां रखे गए सैनिकों के लिए आवश्यक रहा होगा। हमें एक ऐसे युद्ध अधिकरण की भी जानकारी मिलती है जिसका संबंध युवराज से था।[27] इसके अतिरिक्त पैदल और घुड़सवार सैनिकों के प्रमुख[28] का भी उल्लेख मिलता है। वैशाली में राजप्रसाद रक्षकों का प्रमुख भी रखा जाता था।[29]

III

गुप्तों की कर-व्यवस्था उतनी विस्तृत और संगठित नहीं थी जितनी मौर्यों की थी। ग्रामीण लोग जिंसों में कुछ परंपरागत पावने चुकाया करते थे, जिन्हें नापा या तौला जा सकता था, फिर भी जिनका कोई निश्चित प्रमाण कहीं नहीं बतलाया गया है।[30] वे हिरण्य[31] भी अदा करते थे। सोने के पर्यायवाची इस शब्द का इस संदर्भ में क्या अर्थ था, यह हम नहीं कह सकते। कारीगरों को भी कुछ महसूल देने पड़ते थे[32], और व्यापारियों से उनके माल पर सीमा-शुल्क लिए जाते थे, जिनका आरोपण और संग्रह सीमा-शुल्क अधिकारी करता था।[33] इस अधिकारी को शायद साहूकारों, सौदागरों और कारीगरों के निगमों से भी व्यवहार रखना पड़ता था। ऐसे निगम वैशाली, भीटा, इंदौर (बुलंदशहर), मंदसोर आदि में काफी सक्रिय थे।

जमीन की खरीद-बिक्री से संबंध रखनेवाले जिला या विषय स्तर के अधिकारियों की भी हमें कुछ जानकारी है। एक अधिकारी को पुस्तपाल[34] कहा जाता था, जो जमीन की बिक्री का लेखा करता था। 'ग्रामाक्षपटलाधिकृत'[35] या गांव का लेखपाल गांव की जमीन का आलेख रखता था। स्कंदगुप्त के बिहार-अनुदानपत्र में जिन अधिकारियों को संबोधित किया गया है उनमें एक है

पादितरिक[36], जिसका अर्थ निकालना कठिन है, लेकिन उसी में उल्लिखित गौल्मिक[37] कोई छोटा सैनिक अधिकारी था, जिसके मातहत सैनिकों की एक छोटी टुकड़ी रहती थी। किसानों या असामाजिक तत्वों द्वारा किसी प्रकार का उपद्रव किए जाने पर शायद वह संबंधित क्षेत्र के सिविल अधिकारी की सहायता करता था।

कौटिल्य के 'अर्थशास्त्र' में जितने करों का जिक्र हुआ है उनकी संख्या गुप्त अभिलेखों में उल्लिखित करों की अपेक्षा बहुत बड़ी है। इससे ऐसा संकेत मिलता है कि गुप्तकाल में कर भार कम हो गया था। यूनानी विवरणों से प्रकट होता है कि उस काल में किसानों को अपनी उपज का चौथाई हिस्सा कर के रूप में देना पड़ता था, लेकिन अगर हम गुप्तकाल के विधिग्रंथों को तथा बंगाल के जमीन के सौदों के आधार पर देखें तो पाएंगे कि इस काल में राज्यांश पैदावार के छठे हिस्से से अधिक नहीं होता था। 'अर्थशास्त्र' में अनुशंसित आपात करों का गुप्त काल में कोई चिह्न नहीं मिलता। दरअसल कराधान के वे सिद्धांत, जो राजा को उत्पादक के पास जीवन यापन के लिए पर्याप्त पैदावार छोड़ देने का आदेश देते हैं, ईस्वी सन की प्रारंभिक सदियों की देन थे, और संभव है, इस काल के शासकों की राजस्विक नीति पर उनका प्रभाव पड़ा हो। गुप्तों का कोई विशाल कर्मचारिवृंद नहीं था, इसलिए उन्हें उतने करों की आवश्यकता नहीं थी जितने की मौर्यों को थी। विचित्र बात यह है कि वाकाटक अभिलेखों में गुप्त अभिलेखों की अपेक्षा कहीं अधिक करों का उल्लेख हुआ है।

भूमिदानपत्रों में उल्लिखित अधिकांश राजस्व अधिकारी भूराजस्व के आरोपण और संग्रह से संबद्ध प्रतीत होते हैं। बंगाल और गुजरात के आयुक्तकों तथा विनियुक्तकों का संबंध जमीन के सौदों से था। बंगाल में भूमि के हस्तांतरण के लिए आयुक्तकों को यथोचित कार्रवाई करनी पड़ती थी। भूमि के आलेख 'ग्रामाक्षपटलाधिकृत' या 'देशाक्षपटलाधिकृत' रखते थे। ये शायद लेखाकार और पटवारी का काम करते थे। लिपिक का काम करनेवाले दिविर, करणिक, कायस्थ आदि मुख्यतः राजस्व कार्यालय में ही रखे जाते थे और याज्ञवल्क्य ने राजा को कायस्थों के अत्याचार से प्रजा की रक्षा करने की सलाह दी है।

राजस्व शायद मुख्यतः जिंसों में वसूल किया जाता था। धनी किसान संभवतः नकद अदायगी करते थे, क्योंकि इस काल की स्वर्ण-मुद्राएं बहुत बड़ी संख्या में प्राप्त हुई हैं और जमीन खरीदने में तो इनका उपयोग होता ही था। नकद कर वसूल करनेवाले अधिकारी को हिरण्य सामुदायिक कहा है, और बंगाल से प्राप्त छठी शताब्दी के पूर्वार्ध के एक अभिलेख में उसका उल्लेख हुआ है।[38] इस अधिकारी का उल्लेख चूंकि जिंसों में कर वसूल करनेवाले अधिकारी औदरंगिक के साथ हुआ है, इसलिए स्पष्ट ही उसका काम नकद कर [illegible] करना रहा होगा।

जान पड़ता है, व्यापार की वस्तुओं पर लगे शुल्कों की उगाही करने से संबंधित एकमात्र अधिकारी शौल्किक था, यद्यपि बंगाल में एक ऐसे अधिकारी का भी उल्लेख देखने को मिलता है जिसका संबंध व्यापार विभाग से था। छठी सदी के पूर्वार्ध में कुछ ऐसे क्षेत्रों में,[39] जो गुप्तों के अधीनस्थ राजाओं के शासन थे, और्णस्थानिक नामक एक अधिकारी का उल्लेख मिलता है। उसका संबंध बंगाल के ऊन बाजार के नियंत्रण से था। इसी काल में गुजरात में द्रंगिक कहे जानेवाले अधिकारी का जिक्र मिलता है, जिसका काम सीमावर्ती नगरों में सीमा शुल्क वसूल करना था।

IV

अभिलेखों से ज्ञात होता है कि सुव्यवस्थित प्रांतीय और स्थानीय प्रशासन का विकास सबसे पहले गुप्त राजाओं ने ही किया। इस प्रशासन का मुख्य कार्य राजस्व वसूल करना और शांति एवं व्यवस्था कायम रखना था। साम्राज्य के जिन क्षेत्रों पर गुप्त राजाओं का प्रत्यक्ष नियंत्रण था वे प्रांतों में बंटे हुए थे। इन प्रांतों का आकार मौर्य प्रांतों से छोटा किंतु आधुनिक प्रमंडल (डिवीजन) से बड़ा होता था।

गुप्तों के अधीन भुक्ति सबसे बड़ी प्रशासनिक इकाई जान पड़ती है। बंगाल, बिहार, उत्तर प्रदेश और मध्य प्रदेश में ऐसी कम से कम छः भुक्तियां थीं। भुक्ति का प्रधान उपरिक[40] होता था। इस उच्च पद की सही स्थिति अब तक ज्ञात नहीं हो पाई है। शायद मूलतः इसका कुछ संबंध किसानों पर निश्चित वार्षिक कर के ऊपर से लगाए गए उपरिकर नामक अतिरिक्त कर की वसूली से था। यह अधिकारी निस्संदेह गुप्त राजा द्वारा नियुक्त क्षेत्रीय शासक था, लेकिन भुक्ति के शब्दार्थ से ऐसा भासित होता है कि यह क्षेत्र उसे इसलिए नहीं दिया जाता था कि वह इसके हितों को ध्यान में रखकर इस पर शासन करे, बल्कि इसलिए सौंपा जाता था कि वह इसका उपभोग करे। दुख की बात है कि भुक्ति के प्रधान के कार्यों की हमें कोई जानकारी नहीं है।

भुक्ति विषयों या जिलों में विभक्त होती थी। विषयों की संख्या की जानकारी हमें नहीं है। राजगृह, पाटलिपुत्र और गया, ये तीन विषय मगधभुक्ति में शामिल थे, और यदि हम समुद्रगुप्त के नाम से जारी किए गए जाली नालंदा अनुदानपत्र में दिए गए भौगोलिक ब्यौरों को मानकर चलें तो इसमें क्रिमिला विषय[41] भी आता था। इस विषय में मोटे तौर पर आधुनिक मुंगेर और बेगूसराय जिलों के क्षेत्र आते थे। वैशाली तीरभुक्ति का एक महत्त्वपूर्ण नगर था और कोई आश्चर्य नहीं कि यह एक विषय का मुख्यालय भी रहा हो, लेकिन विषय के रूप में इसका उल्लेख केवल एक मुहर[42] में हुआ है, और उस मुहर के लेख को भी जैसा पढ़ा गया है वह सही है या नहीं, यह कहना कठिन है। पुंड्रवर्धनभुक्ति में 'कोटिवर्ष विषय' एक प्रसिद्ध

प्रशासनिक इकाइ था। आरंभ में यह विषय कुमारामात्य के अधीन था, लेकिन बाद में विषयपति को इसका प्रधान बनाया गया। बंगाल और बिहार में सामान्यतया विषयपति विषय का प्रधान होता था और स्थानीय अधिकरण की सहायता से शासन चलाता था। लेकिन पश्चिमी उत्तर प्रदेश में एक विषयपति भाग नामक प्रशासनिक इकाई का प्रधान था। कोटिवर्ष विषय का विषयपति अपनी सत्ता और शासन किस प्रकार चलाता था, इसकी कुछ जानकारी हमें है। उसकी सत्ता का आधार हस्तिसैनिकों, अश्वारोहियों तथा पदाति सैनिकों से युक्त सेना थी और इस सेना का खर्च शायद उस विषय से प्राप्त राजस्व से चलता था।[43] संभवतः प्रत्येक विषय में एक सशक्त सैनिक टुकड़ी रखी जाती थी, जो आवश्यकता पड़ने पर सिविल अधिकारियों की सहायता करती थी।

विषय वीथियों में विभक्त था। बिहार में हमें एक वीथि की जानकारी हासिल है। यह थी नंदवीथि,[44] जिसका मुख्यालय मुंगेर जिलान्तर्गत सूरजगढ़ा गांव से दो मील उत्तर-पश्चिम में पड़ता था। किंतु बंगाल में पड़नेवाली कई वीथियों की जानकारी उपलब्ध है। इस मामले में तो हमें उस समिति के गठन की पूरी जानकारी उपलब्ध है जो वीथि के शासन में भाग लेती थी। गोपचंद्र के काल (छठी शताब्दी के पूर्वार्ध) के मल्लसारुल ताम्रपत्र अभिलेख में स्पष्ट उल्लेख है कि वर्धमानभुक्ति में स्थित वक्कट्टक वीथि के अधिकरण में ग्यारह देहाती बस्तियों के, जिनमें से अधिकतर गांव थे, प्रतिनिधि शामिल थे। इस तरह यह विधिग्रंथों में अनुशंसित अष्ट-सदस्यीय संस्था या दशमिक इकाई नहीं थी। कुछ प्रतिनिधियों को तो गांवों का प्रधानपद इस आधार पर प्राप्त हुआ था कि उन्हें अग्रहार अनुदान मिले हुए थे और कुछ को इस कारण से कि वे खड्गधरों या शायद परिवहन संयोजकों के रूप में अच्छे सैनिक पद पर आसीन थे। शेष लोगों के प्रधानत्व का कारण नहीं बतलाया गया है। इस प्रकार इस समिति में भूस्वामियों और सैनिक कार्यों से संबद्ध लोगों का पर्याप्त प्रतिनिधित्व था और ये सब के सब राजा से संबंधित थे। यह स्पष्ट नहीं है कि वीथि अधिकरण संबद्ध काल को ध्यान में रखकर गठित की गई कोई तदर्थ समिति थी अथवा कोई स्थायी समिति। ध्यातव्य है कि इस सूची में उल्लिखित ग्यारह गांवों में दो उस भूमि की चौहद्दी के हिस्से हैं जिसका हस्तांतरण इस समिति की सम्मति से होनेवाला है। जो भी हो, इसमें तो कोई संदेह नहीं कि वीथी प्रबंध समिति जैसा मंडल उन दिनों काम करता था और भूमिदान पानेवाले लोग तथा सैनिक पदाधिकारी उसके सदस्य होते थे, जिनका कुछ संबंध शायद शांति एवं व्यवस्था कायम रखने तथा स्थानीय विवादों के निबटारे से भी था।

वीथि गांव में बंटी हुई थी। सबसे छोटी प्रशासनिक इकाई गांव ही था। गुप्त अभिलेखों और मुहरों में कई गांवों का उल्लेख हुआ है। गांव के मामलों की

व्यवस्था का मुख्य भार ग्रामिक पर और महत्तम, महत्तर या महत्तक कहे जाने वाले बड़े बुजुर्गों पर था। अभिलेखों में बंगाल[45] और मध्य देश के ग्रामिक का[46] उल्लेख मिलता है। मध्य देश में यह पद वंशानुगत हो गया जान पड़ता है, क्योंकि एक ग्रामिक के पिता और पितामह के नामों का भी उल्लेख हुआ है।[47] संभव है, वह करों की उगाही में मदद करता रहा हो, लेकिन इस ग्रामिक ने अपने राजा के राज्य की सीमा पर एक स्तंभ भी खड़ा किया था।

उत्तर बिहार में ग्रामप्रधान का, जिसे महत्तर कहा जाता था, इतना अधिक महत्त्व था कि उसकी अपनी मुहर भी होती थी। महत्तर से ही महतो उपाधि व्युत्पन्न हुई है। यह उपाधि बिहार के कई हिस्सों में आज भी प्रचलित है और कुछ क्षेत्रों में अब भी इस उपाधि को गांव के प्रधान के अर्थ में लिया जाता है।

बंगाल के भूमि अनुदानपत्रों से महत्तरों के स्थान के संबंध में कुछ महत्त्वपूर्ण जानकारी मिलती है। आमतौर पर वे ब्राह्मण जाति के नहीं होते थे, क्योंकि अनुदानपत्रों में ब्राह्मणों और महत्तरों को अलग अलग संबोधित किया गया है। 448 ई. के बैग्राम ताम्रपत्र में इन्हें 'संव्यवहारिप्रमुखान'[48] के रूप में संबोधित किया गया है, लेकिन सामान्यतया इनके लिए महत्तर शब्द का ही प्रयोग हुआ है। उत्तर बंगाल में महत्तरों की अनुमति के बिना धार्मिक प्रयोजनों से भी जमीन नहीं बेची जा सकती थी। स्वयं कुछ महत्तरों द्वारा इस प्रयोजन से अपनी जमीन बेचे जाने का उल्लेख मिलता है। ऊपर हमने जिस मल्लसारुल ताम्रपत्र का हवाला दिया है उसमें कुछ महत्तरों तथा कई गांवों की दूसरी ऐसी ही महत्त्वपूर्ण हस्तियों के नामो का स्पष्ट उल्लेख हुआ है। तीन महत्तर अग्रहारियों में से प्रत्येक एक-एक गांव से संबद्ध है,[49] जिससे ऐसा संकेत मिलता है कि महत्तर उस गांव का प्रधान होता था जो उसे अग्रहार अनुदान के रूप में प्राप्त होता था। लेकिन दो गांवों में से प्रत्येक में ऐसे दो-दो महत्तरों के नाम दिए गए हैं।[50] इससे यह भासित होता है कि प्रत्येक गांव की व्यवस्था दो पदाधिकारी मिलकर करते थे। इन आग्रहारियों के नामों के अंत में दत्त या स्वामी शब्द जुड़ा हुआ है,[51] जिससे लगता है कि इनमें से कुछ ब्राह्मण और कुछ कायस्थ थे और राजा की किसी सेवा के पुरस्कारस्वरूप इन्हें राजस्वमुक्त गांव दिए गए थे। इनके अतिरिक्त, एक ऐसे महत्तर को भी गांव का प्रधान बतलाया गया है जो आग्रहारी नहीं है।[52]

इस अभिलेख में तीन खाड्गियों (खड्गधारियों) का भी उल्लेख हुआ है, जिनमें से प्रत्येक का संबंध एक-एक गांव से है।[53] इससे जान पड़ता है कि जो गांव इनके अधिकार में थे इन्हें किसी सैनिक सेवा के प्रतिदानस्वरूप मिले थे। अंत में हमें वाहनायक हरि आदि का उल्लेख मिलता है। ये लोग भी एक गांव के प्रतिनिधि हैं।[54] हरि शायद किसी ऐसे गांव का प्रधान था जो राजा को माल ढोनेवाले श्रमिकों की सेवा सुलभ कराता था। जान पड़ता है, बंगाल में महत्तर लोग जिला स्तर पर

और ग्राम स्तर पर निगमित संस्थाओं के रूप में संगठित थे । दोनों स्तरों पर इस संस्था का नाम एक ही था–'अष्टकुलाधिकरण'[55], अर्थात आठ परिवारों का निगमित संगठन । पूरी संभावना है कि इस संदर्भ में आठ की संख्या परंपरा से चली आ रही हो, लेकिन यदि ऐसी कोई परंपरा थी तो उसका मूल हमें ज्ञात नहीं है । ये परिवार एक ही जाति के होते थे या आठ प्रमुख जातियों और पेशों के प्रतिनिधि रूप होते थे, यह स्पष्ट नहीं है । अधिक संभावना इसी बात की है कि सभी परिवार एक ही जाति के होते थे, लेकिन यहां परिवार को आज की छोटी पारिवारिक इकाई के अर्थ में नहीं, बल्कि द्दायाद की बृहत्तर परिधि के अर्थ में लिया जाना चाहिए । बंगाल के अभिलेखों से यह स्पष्ट है कि उनकी सहमति के बिना जमीन का कोई सौदा नहीं हो सकता था, और हम बेखटके ऐसा मान सकते हैं कि अन्य स्थानीय मामलों में भी उनकी आवाज का काफी असर था ।

मध्य भारत के कुछ क्षेत्रों में देहाती इलाकों के स्थानीय मामलों का प्रबंध पंचमंडली नामक पांच सदस्यों की एक संस्था करती थी । एक धार्मिक अनुदान देते हुए दाता ने इस मंडली का अभिवादन किया है । इस संस्था में हमें परवर्ती काल में राजस्थान तथा गुजरात में मिलनेवाले पंचकुलों और आगे चलकर देशभर में फैल जानेवाली पंचायतों का आदिरूप देखने को मिलता है । पंचमंडली के गठन की जानकारी हमें नहीं है, लेकिन इसके निगमित रूप में कोई संदेह नहीं है ।

अंत में विभिन्न जनपदों के संबंध में दो शब्द कह देना आवश्यक है । ये अपनी मुहरें और अपने सिक्के भी चलाते थे । स्पष्ट है कि यद्यपि राजस्विक तथा प्रशासनिक प्रयोजनों के लिए कई जनपद नालंदा में शामिल थे, फिर भी उनका इतना अधिक महत्त्व था तथा उन्हें इतनी स्वायत्तता प्राप्त थी कि वे अपनी अलग मुहरें रख सकते थे । इन मुहरों से उनके निगमित स्वरूप का भी प्रमाण मिलता है । बड़े-बड़े जनपदों की व्यवस्था के लिए पंचमंडली के गठन की सिफारिश की गई है और जान पड़ता है, इसका चलन गुप्तकाल के पूर्व ही प्रारंभ हो चुका था ।

वैशाली के आसपास शहरों या गांवों में एक प्रकार की परिषदें भी काम करती थीं । उदाहरण के लिए, एक परिषद उदानकूप में थी ।[56] लेकिन यह कहना कठिन है कि यह गांव की समस्याओं से निबटनेवाली कोई पंचायत थी या धर्मशास्त्रों में विहित नियमों की व्याख्या करनेवाली विद्वान ब्राह्मणों की कोई समिति । राजा को याज्ञवल्क्य का आदेश है कि वह लोगों से उनके परिवारों, जातियों, श्रेणियों, संघों या गांवों (जानपदान) के नियमों का पालन कराए ।[57] मनु ने भी ऐसे नियमों का महत्त्व स्वीकार किया है ।[58] इस सबसे संकेत मिलता है कि नालंदा क्षेत्र के सभी जानपदों के अपने अलग नियम थे, जिनका आदर राजा भी करता था ।

इन संस्थाओं के अस्तित्व का अर्थ यह नहीं लगाया जाना चाहिए कि ग्रामीण लोग, प्रशासन में लोकतांत्रिक रीति से भाग लेते थे । इसका मतलब ज्यादा से

ज्यादा यही हो सकता है कि थोड़ी बहुत सत्ता का उपभोग राज्य कर्मचारियों से इतर वर्ग के ऐसे लोग भी करते थे जिनके समर्थन के बिना प्रशासन नहीं चल सकता था। समकालीन ग्रंथों[59] में प्रयुक्त 'ग्रामाधिपति' और 'ग्रामस्याधिपति' शब्दों से ऐसा जान पड़ता है कि ग्रामप्रधान को गांव का अधिपति माना जाता था। यदि हम वात्स्यायन के 'कामसूत्र' के साक्ष्य का विश्वास करके चलें तो पश्चिम भारत में, जहां इस ग्रंथ की रचना हुई, 'ग्रामाधिपति आयुक्तक' संज्ञा से अभिहित ग्रामप्रधान अपने क्षेत्र में शायद सर्वशक्तिमान होता था। वह कृषक स्त्रियों को अपना धान्यागार भरने, विभिन्न वस्तुएं अपने कार्यालय में ले जाने और वहां से ले आने, अपने आवास की सफाई और सजावट करने, अपने खेतों में काम करने और अपने कपड़े के लिए कपास, ऊन, सण या पटसन से सूत कातने को विवश कर सकता था[60]।

ग्राम प्रशासन का बढ़ता हुआ दायरा गुप्त प्रशासन का एक महत्त्वपूर्ण पहलू है। इस नई प्रवृत्ति का कारण यह था कि राज्य ने न तो इतने अधिक कर लगाए कि उनकी आमदनी से अधिकारियों का एक बड़ा संगठन कायम रखा जा सकता था और न उसके पास इतनी ताम्रमुद्राएं थीं कि वह छोटे-छोटे अधिकारियों को सुविधापूर्वक वेतन दे सकता। स्वभावतः किसी समय केंद्रीय सरकार द्वारा संपादित किए जानेवाले बहुत-से कार्यों का दायित्व ग्राम प्रशासन पर आ गया, जिस पर किसी एकताबद्ध और समत्ववादी समुदाय का सामूहिक नियंत्रण नहीं था, बल्कि जिसमें भूस्वामियों तथा अन्य प्रभावशाली लोगों का बोलबाला था।

V

गुप्त साम्राज्य के कम से कम बंगाल में पड़नेवाले हिस्से में नगरों की व्यवस्था पुरपात नामक अधिकारी के अधीन थी, लेकिन प्रशासन कार्य में प्रमुख स्थानीय तत्वों का सहयोग भी लिया जाता था। जहां तक उत्तर भारत का संबंध है, मुहरों और अभिलेखों को देखने से प्रकट होता है कि गुप्तकाल व्यापारियों और शिल्पियों के संघों के चरमोत्कर्ष का युग था। वैशाली, भीटा (इलाहाबाद के निकट), इंदौर (बुलंदशहर के पास) और मंदसौर (मालवा स्थित) जैसे नगरों में ऐसे संघ खूब क्रियाशील थे। स्पष्ट है कि नगरों के प्रशासन की अच्छी खासी जिम्मेदारी इनके ऊपर थी।

बिहार प्रांत में स्थित वैशाली एक महत्त्वपूर्ण नगर था। गुप्तकाल में इसके प्रशासन की भी कुछ जानकारी हमें उपलब्ध है। वहां शिल्पियों (कुलिकों) और व्यापारियों (श्रेष्ठियों) के संघ थे। लेकिन वहां से जो मुहरें मिली हैं उनमें सबसे बड़ी संख्या (274) ऐसी मुहरों की है जो श्रेष्ठियों, सार्थवाहों और कुलिकों (शिल्पियों) के निगम की हैं।[61] इस निगम की तुलना आधुनिक व्यापार संघ से की

गई है,[62] लेकिन इसमें कुलिकों के शामिल किए जाने से प्रकट होता है कि वह इससे कुछ भिन्न और अधिक व्यापक संगठन था, जो न केवल आर्थिक गतिविधियां चलाता था, बल्कि नगर के प्रशासन में भी सहयोग करता था। निगम के गठन के संबंध में हमें कोई ठीक जानकारी उपलब्ध नहीं है। जान पड़ता है, हर पेशे के प्रमुख और प्रभावशाली लोग इसके सदस्य होते थे और वे या तो चुनाव द्वारा लिए जाते थे या वंशानुगत आधार पर। दास, दत्त, नंदी, पाल, सेन, सिंह आदि उपाधियों से प्रकट होता है कि निगम में विभिन्न जातियों के सदस्य लिए जाते थे। निगम जिन साहूकारों, व्यापारियों और शिल्पियों का प्रतिनिधित्व करता था उनके लिए शायद वह ऐसे कार्य भी करता था जो आज नगरपालिकाएं करती हैं। जिन नागरिक तथा सैनिक कार्यालयों के मुख्यालय वैशाली में स्थित थे उनके कर्मचारियों को भी शायद निगम की इस प्रकार की प्रवृत्तियों का लाभ मिलता था। एक समकालीन विधिग्रंथ से ज्ञात होता है कि यह निगम अपने नियम स्वयं बनाता था। वे नियम समय कहे जाते थे।[63] किले के अंदर और बाहर पड़नेवाली बस्तियों में निगम की इन रूढ़ियों का पालन करवाना राजा का कर्तव्य होता था।[64] इससे ऐसा संकेत मिलता है कि वैशाली का निगम काफी हद तक स्वायत्तता का उपभोग करता था।

उत्तर बंगाल के संबंध में दामोदरपुर ताम्रपत्र अभिलेखों से इस बात का स्पष्ट संकेत मिलता है कि उस क्षेत्र के नगरों के प्रबंध में व्यापारियों और शिल्पियों के प्रतिनिधियों का योगदान रहता था। इन अभिलेखों के अनुसार पुंड्रवर्धन-भुक्ति स्थित कोटिवर्ष विषय के मुख्यालय के मामलों की व्यवस्था का दायित्व केवल विषय अधिपति पर ही नहीं, बल्कि स्थानीय सौदागरों और व्यापारियों पर भी था और इस प्रयोजन के लिए इन्हें शायद उपरिक की मान्यता प्राप्त थी।[65] नगरश्रेष्ठि ऋभुपाल, सार्थवाह वसुमित्र, प्रथमकुलिक वरदत्त और प्रथमकायस्थ विप्रपाल[66], ये सब कम से कम चार वर्ष तक विषय-समिति के सदस्य रहे—इसकी पुष्टि करनेवाले पुरालैखिक साक्ष्य उपलब्ध हैं। लेकिन इससे ऐसा निष्कर्ष नहीं निकाला जा सकता कि उन्होंने चार साल तक ही सेवा की या उनकी सेवा की अवधि चार साल की ही थी। आयुक्तक को मिलाकर कुल पांच पदाधिकारी होते थे। यह संख्या देहाती और शहरी क्षेत्रों में भी रूढ़ होती जा रही थी। यह स्पष्ट है कि स्थानीय प्रशासन में व्यापार और उद्योगों से संबंधित लोगों को अच्छा प्रतिनिधित्व प्राप्त था। पाल, मित्र, दत्त आदि उपाधियां बंगाल में आज भी व्यापक रूप से प्रचलित हैं, और इस आधार पर हम ऐसा नहीं कह सकते कि विषय की प्रबंध समिति में केवल ब्राह्मण और क्षत्रिय ही होते थे।

VI

गुप्तकाल में शांति एवं व्यवस्था कायम रखनेवाले संगठन का आधार दंडनायक, दांडिक और दंडपाशिक के पद थे। दंडनायक कोई उच्च कार्यपालक अधिकारी प्रतीत होता है, जिसके अधीन पर्याप्त सैन्यबल होता था। इस पद का बिहार और उत्तर प्रदेश में विशेष चलन था। भीटा में इन दंडनायकों की आठ गुप्तकालीन मुहरें प्राप्त हुई हैं।[67] महादंडनायक की मुहरें भीटा[68] और वैशाली[69] दोनों नगरों मे मिली हैं। इनमें से कुछ को अपना पद पिता से उत्तराधिकार में मिला था। इसका उदाहरण हरिषेण है। जान पड़ता है, दांडिक, दंडपाशिक और दंडनायक, ये सभी मुख्यतः पुलिस और मजिस्ट्रेट द्वारा किए जानेवाले कार्यों का संपादन करते थे। 'मनुस्मृति' में दंड और दांडिक की भूमिका पर जो विशेष जोर दिया गया है, उससे ऐसा निष्कर्ष निकाला जा सकता है कि उनके कार्य निषेधात्मक थे—अर्थात प्रतिष्ठित विधियों का उल्लंघन करनेवालों को दंडित करना। पुलिस कार्य, अर्थात आंतरिक सुरक्षा का काम, दंडपाशिक करता था, जिसके अधिकरण का उल्लेख वैशाली से प्राप्त एक मुहर में हुआ है।[70] उड़ीसा का दंडौसी गुप्तकालीन दंडपाशिक का ही ऐसा अवशिष्ट रूप है जो आज अपनी सारी प्राचीन गरिमा खोकर गांव के एक अदना से चौकीदार का काम करता है। ग्रामीण क्षेत्रों में आंतरिक सुरक्षा का ध्यान रखनेवाला दूसरा अधिकारी 'चौरोद्धारणिक' है, जिसने मध्यकाल में एक प्रमुख भूस्वामिवर्ग के रूप में शांति एवं व्यवस्था का ध्यान रखनेवाले चौधरी का रूप ले लिया। उत्तर भारत में यह उपाधि अब भी प्रचलित है, लेकिन इसकी सारी प्रतिष्ठा और शक्ति तिरोहित हो चुकी है। नगरों में मजिस्ट्रेट का काम 'विनयस्थितिस्थापक' करता था। तीरभुक्ति के मुख्यालय में तो यह पद था ही, और शायद अन्य प्रांतीय मुख्यालयों में भी था।

उपर्युक्त अधिकारियों में से अधिकांश का उल्लेख परवर्ती गुप्त भूमिदानपत्रों में हुआ है। चूंकि जमीन को लेकर खड़े होनेवाले विवाद से गांवों की शांति एवं व्यवस्था भंग हो सकती थी, इसलिए भूमि के हस्तांतरण और उसके स्वामित्व में होनेवाले हर परिवर्तन की सूचना इन सभी अधिकारियों को देना जरूरी समझा जाता था।

गुप्तकाल में प्राचीन भारत के कानून और न्यायव्यवस्था के इतिहास में एक नए युग का सूत्रपात हुआ। इस काल में प्रचुर परिमाण में विधि साहित्य का प्रणयन हुआ। इस साहित्य से विधि प्रणाली की स्पष्ट प्रगति का बोध होता है। सबसे पहले इसी काल के स्मृतिकारों को हम कानून की दो शाखाओं—सिविल विधान और दंड विधान, के बीच विभाजन रेखा खींचते देखते हैं। बृहस्पति ने कानून को अलग-अलग अठारह शीर्षकों में बांटा है और बताया है कि इनमें से चौदह का मूल संपत्ति में (धर्ममूल) और चार का हिंसा में (हिंसामूल) निहित है।[71] पहले की

तुलना कौटिल्य के धर्मस्थीय विभाग से और दूसरे की कंटकशोधन विभाग से की जा सकती है। लेकिन जहां कौटिल्य में दंड विधान का प्रशासन महत्त्वपूर्ण जान पड़ता है, बृहस्पति में सिविल विधान का। गुप्तकाल में जमीन पर निजी स्वामित्व का विकास हुआ[72] और अब उसकी खरीद-बिक्री भी होने लगी। इसलिए इस काल के विधिग्रंथों में हमें जमीन के बंटवारे, बिक्री, बंधक और पट्टे के संबंध में विस्तृत कानून देखने को मिलते हैं। इस सबसे प्रकट होता है कि चीजों को बुद्धिपूर्वक देखने-समझने की दिशा में काफी प्रगति हुई थी, किंतु विचित्र बात यह है कि न्यायप्रक्रिया में हम तब भी अंधविश्वासों का कुछ बोलबाला देखते हैं। मनु[73] ने इस प्रक्रिया के संबंध में मात्र दो परीक्षाओं का विधान किया है, लेकिन याज्ञवल्क्य[74] तथा नारद[75] ने पांच और बृहस्पति[76] ने नौ परीक्षाएं सुझाई हैं। इतनी परीक्षाएं विचारपूर्वक रखी गईं या इनके पीछे विभिन्न जनजातीय लोगों के विश्वासों को विधि-ग्रंथों में स्थान देने का मंशा भर था, यह कहना कठिन है; लेकिन इन विधि संहिताओं पर नजर डालनेवाले किसी भी व्यक्ति का ध्यान इस नई चीज की ओर बरबस आकृष्ट हो जाता है। संभव है, इनमें से अनेक मामलों में कठिन परीक्षा की नौबत ही नहीं आती हो, और अपनी सफाई पेश करने के दौरान अपराधी घबराकर अपना अपराध स्वीकार कर ले और इस तरह न्याय का मार्ग सुगम बना दे।

गुप्तकाल के विधिग्रंथों में न्यायालय के गठन और साक्ष्य संबंधी नियम विस्तार से विहित किए गए हैं। राजा से कम से कम तीन सभ्यों की सहायता से विवाद का निर्णय करने को कहा गया है। सभ्यों के रूप में वह ब्राह्मणों को ही चुने, यह आवश्यक नहीं है, लेकिन शूद्रों का चयन वर्जित है। दुख की बात है कि भूमिदानपत्रों से इन न्यायालयों के गठन पर कोई प्रकाश नहीं पड़ता। लेकिन अभिलेखों में विषय-अधिष्ठान स्तर की या ग्राम-स्तर की अष्टसदस्यीय व्यवस्था समिति अथवा वीथिस्तर की प्रबंध समिति का वर्णन करने के लिए जिस 'अधिकरण' शब्द का प्रयोग हुआ है उसे सातवीं शताब्दी की साहित्यिक कृतियों में न्यायालय के अर्थ में भी लिया गया है। 'मृच्छकटिक' में एक ऐसे न्यायालय का वर्णन है जिसमें अधिकरण, श्रेष्ठि और कायस्थ शामिल हैं।[77] इससे पुरालेखों में वर्णित उस समिति का रहस्य किसी हद तक स्पष्ट हो जाता है जिसके सदस्य न केवल नगरश्रेष्ठि और प्रथम कायस्थ हैं, बल्कि सार्थवाह और प्रथमकुलिक भी। इसलिए संभव है कि प्रसंगानुसार विषय, गांव या समिति की पांच, आठ अथवा ग्यारह सदस्यों की स्थानीय संस्थाएं भी जमीन तथा अन्य विषयों से संबंधित विवादों का निबटारा करती होंगी।

जान पड़ता है, दीवानी न्यायालय महत्त्वपूर्ण प्रशासनिक केंद्रों में काम करते थे। नालंदा में प्राप्त दो मुहरें, जिनमें 'धर्माधिकरण' शब्द का प्रयोग हुआ है (एक

में एक नाम–श्री शिलादित्य–का भी उल्लेख),[78] इसी ढंग के न्यायालय से संबंधित जान पड़ती हैं और उनसे नालंदा में ऐसे न्यायालय के अस्तित्व का संकेत मिलता है।

विधिग्रंथों में एक के ऊपर एक कई श्रेणियों के स्थानीय न्यायालयों की व्यवस्था की गई है। इनकी स्थापना तो राजा द्वारा नहीं की जाती है, लेकिन उससे इन्हें मान्यता प्रदान करने को अवश्य कहा गया है। याज्ञवल्क्य तथा बृहस्पति ने स्थानीय न्यायालयों के तीन स्तरों का उल्लेख किया है–कुल, श्रेणि तथा पुग, और बृहस्पति कहता है कि कुल के निर्णय के विरुद्ध श्रेणि में और श्रेणि के फैसले के खिलाफ पुग में अपील की जाए।[79] कात्यायन पुग के स्थान पर गण का उल्लेख करता है और इसी आरोहक्रम में दो और न्यायालय जोड़ देता है, जिनमें से एक तो है कोई प्राधिकृत व्यक्ति और दूसरा स्वयं राजा।[80] स्मृतिकारों के अनुसार, शिल्पियों, व्यापारियों आदि के अपने अलग न्यायालय भी हो सकते हैं, जो अपने-अपने समुदायों के लोगों के आपसी विवादों का निर्णय कर सकते हैं। शिल्पियों, किसानों आदि को कात्यायन का सुझाव है कि वे अपने विवादों का निर्णय अपने महत्तरों से–जिनका उल्लेख गुप्त अभिलेखों में बार-बार हुआ है–करवाएं। गांवों से संबंधित जिस 'अष्टकुलाधिकरण' का उल्लेख पुरालेखों में हुआ है, वह स्पष्ट ही गुप्तकालीन विधिग्रंथों में उल्लिखित कुल न्यायालय का ही प्रतिरूप है। जो भी हो, विधिग्रंथों से ऐसा भासित होता है कि अलग-अलग पेशों के लोगों के संघ न्यायालय के रूप में काम करते थे, जिससे राजा की ओर से न्याय की व्यवस्था किए जाने की आवश्यकता बहुत हद तक दूर हो जाती थी।

गुप्तकाल के अंतिम दिनों में व्यापारियों के निगमों को राजपत्रों द्वारा काफी स्वायत्तता प्रदान की गई। इसका उदाहरण पश्चिमी भारत में 592 ई. में विष्णुषेण द्वारा जारी किया गया राजपत्र था। उसमें व्यापारियों को विभिन्न प्रकार के करों से मुक्त कर दिया गया, उन्हें श्रमिकों आदि से इच्छानुसार व्यवहार करने की स्वतंत्रता दी गई, तथा कुछ कारीगरों से बेठ-बेगार लेने का अधिकार दिया गया।[81] उन व्यापारियों के इलाके में राज्य कर्मचारियों का प्रवेश वर्जित कर दिया गया। व्यापारी इन लोगों के खाने-पीने की सामग्री जुटाने तथा अन्य प्रकार के शुल्क देने से बरी कर दिए गए।[82] उत्तर भारत के संदर्भ में ऐसा कोई राजपत्र प्राप्त नहीं हुआ है, लेकिन आश्चर्य नहीं कि इस क्षेत्र में भी वे जारी किए गए हों।

VII

गुप्तकाल में शासन पद्धति में अनेक परिवर्तन हुए। लेकिन सबसे महत्त्वपूर्ण परिवर्तन अनुदानभोगियों को दी गई राजस्विक तथा प्रशासनिक छूटों और सामंत कहे जानेवाले विजित राजाओं के साथ स्थापित किए गए संबंधों के संदर्भ में हुए।

द्वितीय प्रवरसेन वाकाटक के समय (पांचवीं सदी) से लेकर आगे के काल तक जो भी अनुदान दिए गए उन सबमें राजा गोचर भूमि, चर्म, काष्ठागार, नमक की खान, बेगार, और समस्त भूगर्भस्थ संपदा, अर्थात राजस्व के प्रायः सभी स्रोतों पर अपने अधिकार का परिहार कर देता था।[83] 'रघुवंश' में ऐसा कहा गया है कि धरती की रक्षा करने के लिए राजा को दिए जानेवाले वेतन का एक साधन खानें भी हैं।[84] चौथी और पांचवीं सदियों के कुछ अनुदान पत्रों के अनुसार, ब्राह्मणों को गांव की भूगर्भस्थ निधियों और संपदाओं के उपभोग का भी अधिकार प्रदान किया गया।[85] इसका मतलब खानों पर राजकीय स्वामित्व का परिहार था, और ध्यातव्य है कि यह स्वामित्व राजा की प्रभुसत्ता का एक महत्त्वपूर्ण प्रतीक था।

उतनी ही महत्त्वपूर्ण बात यह है कि दाता गांवों के निवासियों पर शासन करने के अपने अधिकार का भी परिहार कर देता था। गुप्तकाल में इस बात के कम से कम आधे दर्जन उदाहरण मिलते हैं कि मध्य भारत के बड़े-बड़े सामंत राजाओं ने ब्राह्मणों को स्पष्टतः आबाद गांव अनुदान में दिए, और शिल्पियों तथा कृषकों सहित समस्त ग्रामवासियों को अनुदान भोगियों को न केवल सभी परंपरागत कर देने, वरन उनके आदेशों का पालन करने का भी स्पष्ट निर्देश दिया। गुप्तोत्तरकाल के दो अन्य अनुदानों में सर्वाध्यक्ष के पद पर काम करनेवाले सरकारी अधिकारियों तथा स्थायी सैनिकों और छत्रधरों को ऐसा राज्यादेश दिया गया है कि वे ब्राह्मणों के जीवनक्रम में किसी प्रकार की बाधा उपस्थित नहीं करें।[86] इस सबसे राज्य द्वारा अपने प्रशासनिक अधिकारों के परिहार का स्पष्ट प्रमाण मिलता है।

पांचवीं शताब्दी तक चोरों को दंडित करने की सत्ता राजा सामान्यतः अपने हाथों में रखता था, और यह अधिकार राजसत्ता का एक मुख्य स्तंभ था। किंतु बाद के काल में राजा ने न केवल यह अधिकार, बल्कि परिवार, संपत्ति, व्यक्ति आदि के प्रति किए गए अपराधों के प्रति दंड देने की सत्ता ब्राह्मणों को सौंप दी, और इस प्रकार विकेंद्रीकरण की प्रक्रिया अपनी तर्कसंगत परिणति को प्राप्त हुई। मध्य और पश्चिमी भारत में राजपरिवार के कुछ दाताओं ने अनुदान भोगियों को अनुदत्त गांवों में मुकदमों की सुनवाई का अधिकार भी प्रदान किया। उनके शासनपत्रों में अभ्यंतर सिद्धि[87] शब्द का प्रयोग हुआ है, जिसके अलग अलग कई अर्थ लगाए गए हैं।[88] लेकिन इसे गांव के आंतरिक विवादों के निर्णय के अर्थ में लेना अधिक समीचीन होगा,[89] और इस अर्थ को स्वीकार करने के बाद यह मानना पड़ेगा कि इस अधिकार की प्राप्ति के बाद गांव पूर्णतः आत्मनिर्भर हो जाता था। स्पष्ट ही यह तकनीकी शब्द उत्तरी भारत के अनुदानों में प्रयुक्त 'सदंडदशापराधः' शब्द-समुच्चय का पूरक है। लेकिन जहाँ दूसरा शब्द अनुदान भोगी के अधिकारक्षेत्र को आपराधिक मामलों तक सीमित रखता है,[90] पहला शब्द दीवानी

मामलों को भी उसके अधिकार क्षेत्र में शामिल कर देता है। गरज यह कि ऐसे अधिकारों से संपन्न अनुदानभोगी अनुदत्त क्षेत्र को बड़ी आसानी से लगभग स्वतंत्र इकाई बना ले सकता था।

ब्राह्मणों को दिए गए अनुदानों के फलस्वरूप मौर्योत्तरकाल तथा गुप्तकाल में विकेंद्रीकरण की प्रवृत्ति प्रबल होती गई और 'केंद्रीभूत' नियंत्रण के आधार पर स्थित 'राज्य की वह व्यापक क्षमता', जो मौर्यशासन की मुख्य विशेषता थी, तिरोहित होती चली गई। कर उगाहना, बेगार लेना, खानों, कृषि आदि का नियमन करना, शांति एवं सुव्यवस्था कायम रखना और देश की रक्षा करना—ये सभी कार्य, जिनका संपादन अब तक राज्य कर्मचारी करते थे, धीरे-धीरे पहले तो पुरोहित वर्ग के हाथों में और बाद में योद्धावर्ग के अधिकार में चले गए।

बंगाल और मध्य भारत से प्राप्त गुप्त अनुदानपत्रों में ग्रहीता को भूराजस्व के उपभोग का अधिकार सदा के लिए प्रदान किया गया है, किंतु उनमें उसे अनुदत्त भूमि या उसका राजस्व किसी अन्य के नाम हस्तांतरित करने का अधिकार नहीं दिया गया है। ग्रहीता को यह हक देने का शायद प्राचीनतम उदाहरण हमें मध्य भारत में मिलता है। वहां इंदौर में प्राप्त 397 ईस्वी के अभिलेख में महाराज स्वामिदास नामक व्यक्ति ने, जो शायद गुप्त सम्राट का सामंत था, किसी व्यापारी को अपना एक खेत दान करने की अनुमति दी है।[91] मतलब यह है कि स्वामिदास अपने अधिकारक्षेत्र के भीतर किसी भी व्यक्ति को धार्मिक अनुदान देने की मंजूरी दे सकता था। इससे भासित होता है कि सामंत की हैसियत से स्वयं स्वामिदास को भी राजकीय अनुमति के बिना धार्मिक अनुदान देने का अधिकार प्राप्त था। गुप्तों के अन्य सामंतों द्वारा भी धार्मिक अनुदान दिए जाने के प्रमाण मिलते हैं। उदाहरण के लिए, परिव्राजकों और उच्छकल्पों ने कई गांव दान किए थे। लेकिन न तो स्वामिदास वाले उदाहरण में और न अन्य उदाहरणों में ऐसा कोई उल्लेख मिलता है जिससे यह समझा जा सके कि इन सामंतों को जमीन राजा की ओर से मिली हुई थी। इस प्रकार के अनुदान असली उपसामंतीकरण के उदाहरण नहीं हैं। लेकिन इंदौर अनुदान में ग्रहीता को यह अधिकार दिया गया है कि वह जब तक ब्रह्मदेय अनुदान की शर्तों का पालन करता रहेगा तब तक वह उस भूमि का उपभोग कर सकता है, उसमें स्वयं खेती कर सकता है या दूसरों से करवा सकता है।[92] इस शर्त में इस बात के लिए साफ गुंजाइश है कि भोक्ता अगर चाहे तो अनुदान में प्राप्त भूमि पट्टे पर दूसरों को दे सकता है। यह भूमि के उपसामंतीकरण का शायद सबसे प्रारंभिक पुरालेखीय प्रमाण है। यद्यपि इसमें देश के दूसरे हिस्सों में ऐसे उदाहरण नहीं मिलते, किंतु यहां उपसामंतीकरण की प्रक्रिया का सूत्रपात तो हो ही जाता है। यह प्रक्रिया मध्य भारत के पश्चिमी हिस्से में पांचवीं शताब्दी में जारी रही और छठी तथा सातवीं शताब्दियों में वलभी नरेशों के अनुदानों में तो यह चीज

निरपवाद रूप से देखने को मिलती हैं।

यह बात ध्यान देने योग्य है कि गुप्त साम्राज्य के केंद्रीय हिस्सों में, अर्थात आधुनिक बंगाल, बिहार और उत्तर प्रदेश में किसी भी सामंत सरदार द्वारा सम्राट की अनुमति के बिना भूमिदान अथवा ग्रामदान करने का कोई उदाहरण नहीं मिलता। इस प्रकार के जो भी उदाहरण मिलते हैं, सभी इस परिधि के बाहर के सुदूरवर्ती क्षेत्रों में ही मिलते हैं, जहां के सरदार नाममात्र को ही गुप्त सम्राट के अधीन थे। साम्राज्य के केंद्रीय प्रदेशों में यह प्रवृत्ति जब गुप्त सम्राटों का शासन समाप्ति पर था तब से शुरू हुई। कुमारामात्य महाराज नंदन ने छठी शताब्दी के मध्य में आधुनिक गया जिले में एक गांव दान में दिया था,[93] यद्यपि पहले ऐसे अनुदान देना गुप्त सम्राटों का विशेषाधिकार था। लेकिन हमें कुछ अग्रहारिकों का जिक्र मिलता है। जान पड़ता है, ये लोग राजस्व-युक्त गांवों का उपभोग करनेवाले धार्मिक अनुदानभोगी थे। उनका उल्लेख पांचवीं सदी के अंतिम वर्षों के एक गुप्त अनुदानपत्र में हुआ है। फिर, छठी शताब्दी में मुंगेर जिले में भी एक ब्राह्मण अग्रहारिक को कुछ जमीन दिए जाने का उल्लेख मिलता है।[94] स्पष्ट ही अग्रहारिक अनुदत्त गांवों के निवासियों से विभिन्न कर वसूल करने के लिए कुछ कर्मचारी रखता था, यद्यपि समुद्रगुप्त के नाम से जारी किए गए जाली अनुदानपत्रों में भी, जो शायद सातवीं सदी के हैं, मगध भुक्ति स्थित ग्रहीताओं को कोई प्रशासनिक कार्य नहीं सौंपा गया है। मगध के विपरीत, मध्य प्रदेश के गुप्त सामंतों द्वारा दिए गए धार्मिक अनुदानों में उन्हें ऐसे कार्य भी सौंपे गए हैं। दरअसल मध्य भारत के अग्रहारिकों की तुलना में बिहार के अग्रहारिकों का अधिकारक्षेत्र बहुत सीमित था। उस पर लगी एक महत्त्वपूर्ण मर्यादा यह थी कि यदि वह अपने अग्रहार के बाहर से किसी करदाता किसान या कारीगर को बसाएगा तो उसका मतलब ब्रह्मदेय अनुदान की शर्त को भंग करना होगा। अग्रहारिक को अपने अग्रहार के मामलों के प्रबंध की पूरी छूट थी, क्योंकि एक ऐसे अनुदान में कहा गया है कि दाता के वंशजों को अग्रहारिक के लिए कोई बाधा उपस्थित नहीं करनी चाहिए।[95]

गुप्तकाल में इन क्षेत्रों में जो भूमि अनुदान दिए गए वे सामंती परिस्थितियों को जन्म देने में विशेष रूप से सहायक हुए, क्योंकि ये क्षेत्र जंगलों और पहाड़ों से भरे पड़े थे और इसलिए यहां व्यापारिक प्रवृत्तियों तथा मुद्रा के उपयोग की बहुत कम संभावना थी। गुप्त राजाओं द्वारा जारी किए गए अधिकांश सिक्के मैदानी इलाकों में प्राप्त हुए हैं और मध्य प्रदेश में बहुत कम। यदि परिव्राजक और उच्छकल्प नरेश गुप्त राजाओं की अनुमति के बिना भूमि अनुदान दे सकते थे तो निश्चय ही वे अपने सिक्के भी जारी कर सकते थे, जैसा कि सातवाहनों के सामंतों ने किया। लेकिन अब तक इन दोनों सामंत राजघरानों द्वारा जारी किया गया कोई सिक्का नहीं मिला है। स्पष्ट ही, मुद्रा के अभाव से ग्रस्त इन क्षेत्रों में धार्मिक तथा अन्य

प्रकार की सेवाओं का प्रतिदान मुख्यतः भूमि अनुदानों के रूप में दिया जाता था।

दानपत्रों को देखने से ज्ञात होता है कि भूमि अनुदानों के बदले पुरोहितों को दाताओं या उनके पूर्वजों के आध्यात्मिक कल्याण के लिए पूजा प्रार्थना करनी पड़ती थी। इनके सांसारिक कर्तव्यों का निर्देश कदाचित ही कहीं किया गया हो। इसका एकमात्र उदाहरण वाकाटक राजा द्वितीय प्रवरसेन का चम्मक ताम्रपत्र है। इसमें एक सहस्र ब्राह्मणों को एक गांव दान किया गया है और उनके लिए कुछ कर्तव्य भी निर्धारित किए गए हैं।[96] उन्हें हिदायत दी गई है कि वे राजा और राज्य के विरुद्ध द्रोह नहीं करेंगे, चोरी और व्यभिचार नहीं करेंगे, ब्रह्म हत्या नहीं करेंगे, और राजा को अपथ्य अर्थात विष नहीं देंगे; इसके अतिरिक्त वे अन्य गांवों से लड़ाई नहीं करेंगे और न उनका कोई अनिष्ट करेंगे।[97] ये सभी दायित्व निषेधात्मक हैं, जिसका मतलब यह हुआ कि पुरोहित लोग इस शर्त पर भूमि का उपभोग करते थे कि वे प्रचलित सामाजिक एवं राजनीतिक व्यवस्था के विरुद्ध कोई काम नहीं करेंगे। दूसरे दानपत्रों में भोक्ता पुरोहितों ने इन निषेधों को शायद एक सर्वमान्य तथ्य के रूप में यों ही स्वीकार कर लिया, जिससे इनके उल्लेख की जरूरत नहीं समझी गई। लेकिन ऐसा मानना स्वाभाविक ही होगा कि ब्राह्मणों ने अपने उदार दाताओं से जितना पाया, बदले में उन्हें उससे अधिक ही दिया। उन्होंने अपने-अपने अधीनस्थ क्षेत्रों में शांति एवं व्यवस्था कायम रखी, प्रजा को वर्ण धर्म के निर्वाह का पवित्र कर्तव्य समझाया तथा उनके मन में राजा के प्रति, जो गुप्तकाल से विभिन्न देवताओं के गुणों से विभूषित बताया जाने लगा था, यह भाव जगाया कि उसकी आज्ञा का पालन करना पुनीत कार्य है। अतएव, दाताओं का मंशा चाहे जो रहा हो, ऐसा मानना गलत होगा कि इन अनुदानों से सिर्फ धार्मिक उद्देश्यों की ही सिद्धि होती थी। यह ठीक है कि पुरोहित लोग दाताओं तथा उनके पूर्वजों के आध्यात्मिक कल्याण के लिए पूजा-प्रार्थना करते थे और इंग्लैंड के पादरियों की तरह उनके लिए सेना नहीं जुटाते थे, लेकिन अगर जनता को ठीक आचरण करने और प्रचलित व्यवस्था को स्वीकार करके चलने के लिए समझाया जा सकता था तो फिर सैनिक सेवा की जरूरत ही क्या थी?

गुप्तकाल में अधिकारियों को सैनिक और प्रशासनिक सेवाओं के लिए भूमि-अनुदान देने का कोई पुरालेखीय साक्ष्य नहीं मिलता, यद्यपि हो सकता है कि ऐसा प्रचलन रहा हो। राजस्विक अधिकारियों को वेतन के रूप में भूमि-अनुदान देने की मनु की व्यवस्था[98] को गुप्तकालीन स्मृतिकारों ने दुहराया है। पांचवीं सदी में प्रसादलिखित अर्थात राजकृपा लेख की परिभाषा करते हुए बृहस्पति कहता है कि किसी व्यक्ति की सेवाओं, पराक्रम आदि से प्रसन्न होकर राजा ऐसा अनुदान देता है और इस तरह के अनुदान में कोई विषय आदि क्षेत्र दिया जाता है।[99]

गुप्तकाल के कुछ अभिलेखों से ज्ञात होता है कि धर्म कर्म में लगे पुरोहितों और

पंडितों के अतिरिक्त गृहस्थों को भी अनुदान स्वरूप गांव दिए जाते थे, किंतु ये लोग उन गांवों से होनेवाली आय का उपयोग धार्मिक प्रयोजनों के लिए करते थे। सातवाहनों और कुषाणों के अधीन शिल्पियों के संघों को धर्म-कार्यों में लगाने के लिए राज्य की ओर से नकद राशियां दी जाती थीं, लेकिन गुप्तों के शासनकाल में इसी उद्देश्य से अधिकारियों तथा अन्य लोगों को भूमि-अनुदान दिए जाते थे। इसका एक उदाहरण बहुत प्रारंभ में ही, अर्थात 496-97 ई. में मध्य भारत में उच्छ्कल्प महाराज जयनाथ द्वारा दिए गए एक अनुदान में देखने को मिलता है।[100] इसमें दिविर (लिपिक), उसके पुत्र और दो पौत्रों को अग्रहार के रूप में एक गांव दिया गया है, जिसकी व्यवस्था उन्हें धार्मिक प्रयोजनों के लिए करनी है।[101] उस गांव के निवासियों को निर्देश दिया गया है कि वे भोक्ताओं को भाग, भोग, कर, हिरण्य आदि नियमपूर्वक दें तथा उनके आदेशों का पालन करें; लेकिन दाता ने चोरों को सजा देने का अधिकार अपने ही हाथों में रखा है।[102] अब ऐसा अनुमान लगाना असंगत न होगा कि इन गृहस्थ न्यासियों (ट्रस्टीज) ने इन रियायतों का उपयोग सदैव धार्मिक कार्यों के लिए ही नहीं किया होगा; और चूंकि वे न्यासी अपने अत्याचार के लिए प्रसिद्ध दिविर लोग थे, इसलिए ऐसी शंका का और भी बड़ा कारण है। यह कहना कठिन है कि दिविर को यह अग्रहार देने के पीछे कोई ऐसा मंशा था या नहीं कि इसकी आमदनी से अपनी धर्मेतर सेवाओं के प्रतिदान स्वरूप उसे मिलनेवाले वेतन की रही सही कमी पूरी कर दी जाए; लेकिन व्यवहारतः तो वह उससे अपनी थैली भरने से शायद नहीं ही चूकता होगा।

उसी क्षेत्र में इस प्रकार के कई अनुदान जयनाथ के पुत्र शर्वनाथ ने भी दिए। 512-13 ई. में उसने एक गांव चार हिस्सों में दान किया। इनमें से दो हिस्से विष्णुनंदिन के थे, एक व्यापारी शक्तिनाग का और एक-एक कुमारनाग तथा स्कंदनाग का था।[103] यह गांव उद्रंग और उपरिकर के अधिकार के साथ-साथ दान किया गया था और इसमें सरकार के अनियमित अथवा नियमित सैनिकों का प्रवेश वर्जित था।[104] इस महत्त्वपूर्ण प्रशासनिक छूट का कोई उल्लेख उपर्युक्त अनुदान में नहीं मिलता। स्पष्ट है, यहां प्रत्यक्ष भोक्ता वे गृहस्थ लोग थे जिनको यह दान दिया गया था; और उनके वंशजों को भी सदा के लिए दान का उपभोग करने का अधिकार प्राप्त था।[105] किंतु अंततः इसके भोक्ता दो देवता थे, जिनकी पूजा और मंदिरों की मरम्मत के लिए दाता और ग्रहीता के बीच हुए इकरारनामे के मुताबिक यह दान दिया गया था।[106] जो भी हो, इतना स्पष्ट है कि राजस्व तथा प्रशासन संबंधी सत्ता प्रयोग करने का अधिकार इन गृहस्थ भोक्ताओं के ही हाथों में था, और सिर्फ आय का उपभोग मंदिरों के लिए निर्धारित था। इसी राजा ने चोडुगोमिक नामक व्यक्ति को ऐसी ही शर्तों पर आधा गांव दान किया। यह व्यक्ति भी गृहस्थ ही था, और इसने दाता के साथ अनुबंध किया कि अनुदान का

उपयोग पिष्टपुरिका देवी की पूजा और मंदिर के जीर्णोद्धार के लिए किया जाएगा।[107] इन सभी दानपत्रों से यही आभास मिलता है कि अनुदान प्राप्त करनेवाले गृहस्थ लोग दान में दिए गए गांवों के व्यवस्थापक बन जाते थे, और उन पर मंदिरों को चलाने की जिम्मेदारी होती थी।

लेकिन इसी राजा द्वारा 533-34 ई. में जारी किए गए एक दानपत्र को देखने से इस विषय में कोई शंका नहीं रह जाती कि सीधे गृहस्थ लोगों को भी भूमि अनुदान दिए जाते थे। इस दानपत्र के अनुसार, पुलिंदभट नामक किसी व्यक्ति को राजकृपा स्वरूप दो गांव सदा के लिए दे दिए गए और उनके राजस्व तथा प्रशासन संबंधी उपर्युक्त अधिकार भी उसे सौंप दिए गए।[108] ऐसा लगता है कि पुलिंदभट कोई आदिवासी सरदार था। यह तो निश्चित है कि उक्त दानपत्र द्वारा जब ये दो गांव उसे हस्तांतरित किए गए, उसके पूर्व भी एक विशुद्ध धर्मेतर अनुदानपत्र के आधार पर वह इन दोनों गांवों पर काबिज था। संभव है, इस काल में और भी धर्मेतर अनुदान दिए गए हों, परंतु उनका संबंध चूंकि धार्मिक प्रयोजनों से नहीं था, इसलिए उन्हें पत्थर और तांबे जैसी टिकाऊ धातु पर अंकित नहीं किया गया।

गुप्त काल के प्रशासनिक अधिकारियों के कतिपय पदनामों तथा प्रशासनिक इकाइयों की कुछ संज्ञाओं से भी प्रकट होता है कि सरकारी कर्मचारियों को भू-राजस्व अनुदान के रूप में वेतन दिया जाता था। भोगिक तथा भोगपतिक, इन दो पदनामों से भासित होता है कि इन अधिकारियों को ये पद मुख्यतः राजस्व का उपयोग करने के लिए ही दिए गए थे और प्रजा पर राज-सत्ता का प्रयोग करना तथा उसके कल्याण के लिए कार्य करना इनका गौण दायित्व था। कभी-कभी भोगिक अमात्य भी हुआ करता था।[109] क्या पता कि उस अवस्था में उसे भोगिक का पद उसको अपने दूसरे पद से संबंधित कार्यों के लिए वेतन देने के उद्देश्य से ही न दिया जाता हो! इसके अतिरिक्त भोगिक का पद सामान्यतया वंशानुगत हुआ करता था; क्योंकि भोगिकों की कम से कम तीन पीढ़ियों का उल्लेख तो कई स्थानों पर मिलता है।[110] इन तमाम बातों के परिणामस्वरूप भोगिक स्वभावतः शक्तिशाली सामंतप्रभु (ओवरलॉर्ड) हो गया होगा, जिस पर केंद्रीय सत्ता का अंकुश अपेक्षाकृत बहुत कम रह गया होगा। भोगपतिक का उल्लेख वर्धमानभुक्ति में नियुक्त लगभग दर्जन भर अधिकारियों के साथ-साथ हुआ है। यह बात लगभग 507 ई. की है, जब महाराजाधिराज श्री गोपचंद्र के सामंत के रूप में महाराज विजयसेन वहां शासन करता था।[111] इसके बारे में ठीक ही अनुमान लगाया गया है कि यह अधिकारी शायद कोई जागीरदार था।[112]

सामंतवादी संबंधों के विकास में देश-विजय की उस प्रक्रिया से भी बड़ी सहायता मिली जिसमें पराक्रमी राजा छोटे-छोटे सरदारों को जीत कर उन्हें इस शर्त पर पुनः पदासीन कर देता था कि वे उसे कर देते रहेंगे और उसके प्रति अपनी

श्रद्धाभक्ति व्यक्त करते रहेंगे। सामंती संबंधों का विकास समुद्रगुप्त के समय में अपनी पराकाष्ठा पर पहुंच गया। उसने बवंडर के वेग से भारत के विशाल भू-भाग को जीत लिया और अधिकांश विजित राजाओं और सरदारों से उपर्युक्त रीति से अधीनता स्वीकार करवा कर उन्हें अपने-अपने पदों पर छोड़ दिया। परिणामस्वरूप अब सामंतवादी संबंध बहुत बड़े पैमाने पर स्थापित हो गए। जो आदर्श समुद्रगुप्त कायम कर गया उसी का अनुसरण उसके उत्तराधिकारियों ने किया। प्रयाग प्रशस्ति में राजा के प्रति सामंतों के कर्तव्यों को स्पष्ट किया गया है। उसके अनुसार, अपने अपने सिंहासनों पर पुनः प्रतिष्ठित कर दिए जाने के बदले विजित और अधीनस्थ राजाओं से अपेक्षा की जाती थी कि वे सभी कर प्रदान करें, राज्यादेशों का पालन करें, विवाह में राजपरिवार को अपनी कन्याएं दें और विजेता के प्रति श्रद्धा भक्ति प्रकट करें।[113]

समुद्रगुप्त द्वारा विजित नरेशों और सरदारों के लिए सामंत शब्द का प्रयोग नहीं हुआ है। कौटिल्य के 'अर्थशास्त्र' और अशोक के अभिलेखों[114] में इस शब्द का अर्थ स्वतंत्र पड़ोसी है। मौर्योत्तर विधि-ग्रंथों में इसका प्रयोग पड़ोसी भूस्वामी के अर्थ में हुआ है।[115] अधीनस्थ सरदार के अर्थ में सामंत शब्द का प्रयोग दक्षिण भारत में पांचवीं सदी से आरंभ हुआ; क्योंकि शांतिवर्मन के काल (लगभग 455-70 ई.) के एक पल्लव अभिलेख में सामंत-चूड़ामणयः शब्द-समुच्चय का प्रयोग हुआ है।[116] दक्षिणी और पश्चिमी भारत के भी इस सदी के कुछ शासनपत्रों में इस शब्द का प्रयोग इस अर्थ में हुआ है।[117] जान पड़ता है कि उत्तर भारत में इस अर्थ में इसका प्रयोग सबसे पहले बंगाल के एक अभिलेख में और मौखरि सरदार अवंतिवर्मन के बाराबार पहाड़ी के गुफा अभिलेख में हुआ है। अवंतिवर्मन के अभिलेख में उसके पिता को 'सामंत-चूड़ामणि' कहा गया है।[118] पुरालिपिशास्त्र की दृष्टि से यह अभिलेख हरहा अभिलेख के काल, अर्थात 554 ईस्वी से पहले का माना गया है।[119] अतएव अवंतिवर्मन के पिता का काल 500 ईस्वी के आसपास माना जा सकता है। उन दिनों मौखरि गुप्त सम्राट के सामंत थे। सामंत शब्द का प्रयोग यशोधर्मन (लगभग 525-35 ई.) के मंदसोर प्रस्तर स्तंभ अभिलेख में भी मिलता है। इस अभिलेख में उसने सारे उत्तर भारत के सामंतों को पराजित करने का दावा किया है।[120] छठी शताब्दी में वलभी शासक सामंतमहाराज और महासामंत की उपाधि धारण किया करते थे। धीरे-धीरे सामंत शब्द का प्रयोग पराजित सरदारों के अतिरिक्त राज्याधिकारियों के लिए भी होने लगा। उदाहरण के लिए, कलचुरि-चेदि युग के अभिलेखों में 597 ईस्वी से उपरिकों और कुमारामात्यों का स्थान राजाओं और सामंतों ने ले लिया।[121] उत्तरी और पश्चिमी भारत में प्राप्त छठी शताब्दी के कई अभिलेखों में अधीनस्थ सरदार के अर्थ में सामंत शब्द का उल्लेख हुआ है। यद्यपि गुप्त सम्राटों द्वारा जारी किए गए

शासनपत्रादि में इस शब्द का जिक्र नहीं हुआ है, लेकिन हम ऐसा तो निःशंक मान सकते हैं कि गुप्तकाल के उत्तरार्ध में छोटे-बड़े सरदारों और सबके प्रभुसम्राट या राजा के आपसी संबंधों के आधार पर जो राजनीतिक ढांचा खड़ा था उसमें सामंत एक महत्त्वपूर्ण कड़ी का काम करता था।

मौर्य और गुप्त शासनपद्धतियों का अंतर स्पष्ट दिखाई देता है। यद्यपि गुप्त राजा को दैवी गुणों से विभूषित माना जाता था, तथापि जितना शक्तिशाली मौर्य राजा था उतना वह नहीं था। उसकी सेना, नौकरशाही और कर व्यवस्था उतनी विस्तृत नहीं थी जितनी कि मौर्यों की थी। अधिकारियों को जब तब जो भूमि अनुदान मिलते रहते थे उनके कारण उनका पद वंशानुगत और अधिक शक्तिसंपन्न होता जा रहा था। गुप्त शासकों ने ग्रामीण तथा शहरी दोनों क्षेत्रों में सबसे पहली बार ऐसे व्यवस्थित प्रांतीय तथा स्थानीय शासन की शुरुआत की जिसमें भूस्वामियों, सैनिकों तथा पेशेवर लोगों के प्रतिनिधियों को स्थान दिए गए। इस काल में ग्राम प्रशासन को सहसा बहुत अधिक सत्ता प्राप्त हो गई। राज्य कर्मचारियों की संख्या में जो भारी कमी आ गई थी उसका यह स्वाभाविक परिणाम था। न्याय व्यवस्था में भी स्थानीय तत्वों ने महत्त्वपूर्ण भूमिका निभाई और ऐसा जान पड़ता है कि प्रशासन का यह अंग अब पहले की अपेक्षा बहुत अधिक सुसंगठित हो चुका था।

इस काल की दो सबसे महत्त्वपूर्ण प्रवृत्तियों में से एक तो यह थी कि गुप्त राजाओं के मध्यभारत स्थित सामंतों ने धार्मिक ग्रहीताओं को राजस्विक तथा प्रशासनिक छूटों के समेत पूरे के पूरे गांव अनुदान में दिए और दूसरी यह कि गुप्त सम्राटों ने विजित सरदारों के साथ एकपक्षीय अनुबंधात्मक संबंधों की स्थापना की। कुल मिलाकर गुप्त शासन प्रणाली में हमें सामंतवाद की स्पष्ट विशेषताएं दृष्टिगोचर होती हैं। वस्तुतः गुप्त शासनप्रणाली ने परवर्ती काल के उस प्रशासनिक ढांचे की नींव तैयार कर दी जो पूर्णतः सामंतवादी था।

संदर्भ और टिप्पणियां

1. श्लोक 16.
2. से. इं., III, सं. 2, पंक्ति 28. परमदैवत शब्द (वही, सं. 16, पंक्ति 2) का अर्थ संभवतः महान ईश्वरभक्त हैं.
3. विचित्र बात है कि गुप्तकालीन साहित्यिक ग्रंथों में कुमारामात्य पद पर कोई प्रकाश नहीं डाला गया है.
4. यह शब्द-समुच्चय 'तीर-कुमारामात्याधिकरणकस्य' है; भुक्ति शब्द का उल्लेख नहीं हुआ है. आ. स. इं. रि., 1903-4, पृ. 109.

5. वही, पृ. 108.
6. वही, पृ. 107-8.
7. से. इं., III सं. 2, पंक्ति 32.
8. वही.
9. ज. ए. सो. बं., न्यू सिरीज, (1909), 164.
10. ए. इं., X, पृ. 49.
11. निम्नवत्, अध्याय XII.
12. से. इं., III, सं. 17, पंक्तियां 6-7; कॉ. इं, इं., ई., iii, सं. 6, पंक्तियां 3-4.
13. कॉ. इं. इं., iii, सं. 22; पंक्तियां 28-30.
14. आ. स. रि., 1913-14, पृ. 134.
15. कॉ. इं. इं., iii, सं. 22, पंक्तियां 28-30; सं. 23, पंक्तियां 18-20.
16. वही सं. 27, पंक्तियां 21-22.
17. वही, सं. 26, पंक्तियां 22-23.
18. से. इं., III, सं. 18, पं. 3; सं. 34, प. 2; सं. 36, पंक्ति 2.
19. आ. स. रि., 1911-12, पृ. 52.
20. ए रेकर्ड आफ बुद्धिस्टिक किंगडम, अनु. पृ., 45.
21. ट्रैवेल्स ऑफ फाहियान एटसेटरा, पृ. 55.
22. हो चांग. चुन् : फाहियान्स पिलग्रीमेज टु बुद्धिस्ट कंट्रीज, चाइनीज लिटरेचर, 1956, सं. 3, 154.
23. आ. स. रि., 1911-12, पृ. 52-53.
24. वही.
25. वही, 1903-4, पृ. 109. समुद्रगुप्त के अप्रामाणिक नालंदा फलक (प्लेट) में उल्लिखित 'महापिलुपति' पूर्ववर्ती अभिलेखों में नहीं मिलता.
26. वही, पृ. 108.
27. युवराज-भट्टारकपादीय-बलाधिकरणस्य. वही.
28. वही, पृ. 109.
29. वही, पृ. 108.
30. कॉ. इं. इं., iii, सं. 60, पंक्ति 12.
31. ए. इं., xxiii, सं. 8, पंक्ति 3.
32. वही.
33. वही, सं. 12, पंक्ति 29.
34. ए. इं., xxiii, सं. 8, पंक्ति 8.
35. कॉ. इं. इं., iii, सं. 60, पंक्ति 15.
36. वही, सं. 12, पंक्ति 28.
37. वही, पंक्ति 29.
38. से. इं., III, सं. 46, पंक्ति 4.
39. वही.

40. आ. स. इं. रि., 1903-4, पृष्ठ 109.
41. ए. इं., XXV, स. 9, पंक्ति 5.
42. आ. स. इं. रि., 1903-4 पृ. 109.
43. रा. श. शर्मा, इंडियन फ्यूडलिज्म, पृ. 18.
44. ए. इं., xxiii, सं. 8, पंक्ति 3.
45. से. इं., III, सं. 34, पंक्ति 3.
46. कॉ. इं. इं., iii, सं. 24, पंक्तियां 4-6.
47. वही.
48. से. इं., III, सं. 41, पंक्ति 2.
49. वही, सं. 46, पंक्तियां 5-6.
50. वही, पंक्तियां 6-7.
51. वही, पंक्तियां 5-7.
52. वही, पंक्ति 5.
53. वही, पंक्ति 7.
54. वही, पंक्तियां 7-8.
55. वही, सं. 34, पंक्तियां 2-3; ए. इं., सं. XVII, सं. 23, पंक्तियां 5-6.
56. आ. स. इं. रि., 1903-4, पृ. 109.
57. I, 361.
58. VIII, 41; तुलनीय से. बु. ई., XXV, 260, पा. टि. 41.
59. शां. प., 88.3, बहु-ग्राम इकाइयों के प्रधान के लिए मनु., VII, 115-9 और शां. प., 88.3-9 में 'पति', 'अधिपति', और 'अध्यक्ष' शब्दों का प्रयोग हुआ है.
60. V, 5.5, तुलनीय इंडियन फ्यूडलिज्म, पृ. 51, 52.
61. आ. स. इं. रि., 1903-4, पृ. 110.
62. वही, पृ. 104.
63. नारद., X-1.
64. वही, X-2.
65. से. इं., III, सं. 36, पंक्तियां 1-4.
66. वही, पंक्तियां 3-4.
67. आ. स. रि., 1911-12, पृ. 54-55.
68. वही.
69. वही, 1903-4, पृ. 109.
70. आ. स. रि., 1903-4, पृ. 108.
71. II. 5
72. रा. श. शर्मा, इंडियन फ्यूडलिज्म, पृ. 145-52.

73. VIII, 114.
74. II, 95.
75. I, 252.
76. X, 4.
77. बृहस्पति., I, 28-30.
78. मै. आ. रा. इं., सं. 66, पृ. 53. गुप्त राजाओं की मुहरों को तो आसानी से पहचाना जा सकता है, किंतु इन मुहरों को छोड़कर गुप्तकाल और गुप्तोत्तरकाल की नालंदा से प्राप्त सभी मुहरों को से., आ., स. इं. (सं. 66) में बिना सोचे-समझे एक साथ मिला दिया गया है. पुरालिपिशास्त्र के आधार पर दोनों कालों की मुहरों को एक दूसरे से अलग किया जा सकता है.
79. बृहस्पति., I. 28-30.
80. श्लोक 82.
81. ए. इं., XXX, 163-181; ज. इ. सो. हि. ऑ., ii, 281-93.
82. ए. इं., XXX, सं. 36, पंक्ति 6.
83. से. इं., III, सं. 62, पंक्तियां 26-29.
84. XVII, 66.
85. कॉ. इं. इं., iii, सं. 41, पंक्ति 8; से. इं., III, सं. 62, पंक्ति 29.
86. रा. श. शर्मा, "पॉलिटिको-लीगल ऐस्पेक्ट ऑफ दि कास्ट सिस्टम", ज. बि. रि. सो., XXXIX, 325.
87. अभ्यंतर सिद्धिकाः, कॉ. इं. इं., iv, सं. 31, पंक्ति 41.
88. कॉ. इं. इं., iv, 154 पा. टि. 1.
89. वही.
90. वही, iii, 189-90 पा. टि. 4.
91. ए. इं., सं. 16, पंक्तियां 1-9. यह स्पष्ट नहीं है कि दाता स्वयं वह व्यापारी था या कोई और.
92. 'उचितया ब्रह्मदेय-भुक्त्या भुंजतः कृषतः कृषापयतश्च.' वही, पंक्तियां 6-7.
93. ज. ए. सो. बं., V (1909), 164; ए. इं., X, 12.
94. ए. इं., xiii, सं. 8, पंक्ति 3. इस अनुदानपत्र की शब्दावली वही है जो उत्तर बंगाल के अनुदानपत्रों की है, लेकिन ग्रहीता स्थानीय था और दाता भी स्थानीय ही प्रतीत होता है, क्योंकि उसने अपने को मात्र विषयपति छत्रमह कहा है, जिससे यह प्रकट होता है कि ग्रहीता के इलाके में वह भली-भांति परिचित है.
95. वही, X, सं. 12, पंक्ति 6.
96. कॉ. इं. इं., iii, सं. 55.
97. वही, पंक्तियां 39-43.
98. VII, 115-20.

99. व्यवहारमयूख (अनु. पी. व्ही. काणे और एस. जी. पटवर्धन), पृ. 25-7 में उद्धृत.
100. कॉ. इं. इं., iii, सं. 27.
101. वही, पंक्तियां 5-11.
102. वही, पंक्तियां 11-14.
103. वही, सं. 28, पंक्तियां 1-17.
104. वही, पंक्तियां 9-10.
105. वही, पंक्तियां 12-13.
106. वही, पंक्तियां 13-16.
107. वही, सं. 29, पंक्तियां 1-12.
108. वही, सं. 31, पंक्तियां 1-10.
109. वही, सं. 23, पंक्तियां 18-20; 26, पंक्तियां 22-23.
110. वही, iii, सं. 26 पंक्तियां 23-23.
111. से. इं., III, सं. 46, पंक्तियां 3-4.
112. वही, पृ. 360, पा. टि. 9.
113. LI. 22.24.
114. अ. शा., I, 6; पी. इं., II, पंक्ति 5.
115. मनू. (सै. बु. ई.), VIII, 286-9; याज्ञ., पंक्तियां 152-53.
116. आर. बी. पांडे, हिस्टोरिकल ऐंड लिटरेरी इंस्क्रिप्शंस, सं. 29, पंक्ति 31.
117. इन दृष्टांतों का संकलन एल. गोपाल ने ज. रा. ए. सो., भाग 1 और 2, अप्रैल, 1963 में प्रकाशित अपने निबंध 'सामंत—इट्स वैरींग सिग्नीफिकेंस इन एंशिएंट इंडिया' में किया है.
118. कॉ. इं. इं., iii, सं. 49, पंक्ति 4.
119. आर. जी. बसाक, दि हिस्ट्री ऑफ नार्थ ईस्टर्न इंडिया, पृ. 105.
120. से. इं., III, सं. 54, श्लोक 5.
121. कॉ. इं. इं., iv, भूमिका, पृ. (lxi.

19. प्राचीन भारतीय राज्यव्यवस्था के विभिन्न चरण (वैदिक तथा वैदिकोत्तर)

ऋग्वैदिक अवस्था : जनजातीय सैनिक लोकतंत्र

जिन लोगों ने ऋग्वैदिककाल के राजनीतिक संगठन का विकास किया, उनके भौतिक एवं सामाजिक जीवन के संदर्भ से अलग रखकर उस संगठन को नहीं समझा जा सकता। दुःख की बात है कि भारत से आर्यों के इतिहास की जानकारी प्राप्त करने के जितने भी पुरातात्विक प्रयत्न हुए हैं, सब निष्फल रहे हैं, और ऐसा कोई अवशेष हमारे हाथ नहीं आया है जिसे निश्चयपूर्वक ऋग्वैदिक लोगों से संबंधित बताया जा सके। पिछले चालीस वर्षों से चल रहे श्रमसाध्य उत्खननों के बावजूद भारत के प्राचीनतम आर्यों के भौतिक जीवन की रूपरेखा तैयार करने का मुख्य साधन आज भी साहित्य ही है।

यदि हम 'ऋग्वेद' के साक्ष्यों का भरोसा करके चलें तो कहना होगा कि आर्यों और हड़प्पा-सभ्यता के निर्माताओं अथवा आर्यों के अन्य पूर्ववर्ती मानव-समुदायों के बीच मुख्य भौतिक अंतर यह था कि नवागंतुओं के पास घोड़े और रथ थे। जिनके पास घोड़ों द्वारा खींचे जानेवाले रथ थे और जो इन रथों पर आरूढ़ होकर लड़ते थे, वे स्पष्ट ही उस समाज के श्रीमंत वर्ग के लोग थे। यही चीज हमें पश्चिम एशिया में मितानियों और हिकसस लोगों में देखने को मिलती है। दूसरी ओर घोड़ों पर चढ़कर लड़नेवाले साधारण सैनिक समाज के सामान्य जन थे।

वैदिक काल के सामाजिक संगठन में हम रथ निर्माताओं की महत्त्वपूर्ण भूमिका पाते हैं, लेकिन रथ किस चीज के बने होते थे, इसकी जानकारी हमें नहीं है। यदि उनमें किसी धातु का उपयोग होता भी रहा हो तो अब तक उसका पता नहीं चल पाया है।

ऋग्वैदिक लोगों को अयस् नामक किसी धातु का ज्ञान था, लेकिन वह तांबा था या कांसा, यह बताना कठिन है। ऐसा समझा जाता है कि वे कांसे का उपयोग करते थे, और लगभग 1200 ई. पू. से फारस में इस धातु के व्यापक उपयोग को देखते

हुए यह अनुमान निराधार नहीं प्रतीत होता। किंतु सप्तसिंधु क्षेत्र में प्राप्त मात्र एक दो चीजें ही ऋग्वैदिक काल की मानी जा सकती हैं, और इसलिए उनके आधार पर ऐसा निष्कर्ष नहीं निकाला जा सकता कि उस काल में कांसे का व्यापक उपयोग होता होगा। चूंकि अयस् का रंग लालछौंह बताया गया है, इसलिए हो सकता है कि यह धातु तांबा रही हो। ऐसा लगता है कि उनके तीर तांबे (अयोमुखम्) के बने होते थे, और यद्यपि उनके पास घोड़े थे, किंतु उनके जिन औजारों और हथियारों की जानकारी हमें मिलती है, वे ऐसे नहीं थे जिनके सहारे वे बड़े साम्राज्यों की रचना कर सकते थे, जिससे उन्हें विकसित राजनीतिक संगठन के निर्माण की आवश्यकता पड़ती।

ऋग्वैदिक लोग अर्ध खानाबदोश थे और आर्थिक दृष्टि से वे मुख्यत. पशुपालन की अवस्था में थे। उन्हें लोहे का ज्ञान नहीं था और इसलिए हल से बहुत जोत-गोड़कर की जानेवाली खेती वे कम करते थे। कृषि की अपेक्षा पशुपालन जीविका का अधिक महत्त्वपूर्ण साधन था और मवेशी और बैल उनकी सबसे मूल्यवान संपत्ति थे। सामाजिक तथा सैनिक संगठन पर पशुपालन का प्रभाव स्पष्ट देखा जा सकता है। उदाहरण के लिए, एक गोष्ठ (गुहाल) में रहनेवाले लोग एक गोत्र के हो गए। ऋग्वैदिक काल में गोत्र शब्द का अर्थ एक ही पूर्वज के वंशज नहीं होता था। फिर, चूंकि गोधन जनजातीय युद्धों का मुख्य कारण हुआ करता था, इसलिए युद्ध के पर्याय के रूप में गविष्टि—अर्थात गाय की खोज—शब्द का चलन हुआ।

चूंकि वे अर्ध खानाबदोशी की व्यवस्था में थे और गोधन के लिए बराबर आपस में लड़ते रहते थे, इसलिए उन्हें सदा अपने स्थान बदलते रहने पड़ते थे। यह चीज स्वभावतः उनके द्वारा स्थिर और स्थायी राज्यों के निर्माण में बाधक थी और इसी कारण से उनके सामाजिक संबंधों में कठोरता और वर्ग विभाजन नहीं आ पाया। इन परिस्थितियों में छोटे-छोटे जनजातीय मंडलों (प्रिंसिपलिटी) का अस्तित्व कायम होना स्वाभाविक था।

ऋग्वैदिक लोगों का सामाजिक संगठन जनजातीय अवस्था को पार नहीं कर पाया था। राजपद सामाजिक संगठन का आधार था। जनजातीय जीवन की प्रमुखता का संकेत इस बात से मिलता है कि 'ऋग्वेद' में जन और विश् शब्द का प्रयोग बार-बार हुआ है। जन शब्द इसमें 275 बार आया है और विश् 170 बार पांचजनों के अर्थ में हमें पंचजनाः शब्द का उल्लेख भी मिलता है। वैदिक जन सबसे ऊंची सामाजिक इकाई था और यह रोम के समाज के 'जेंस' और यूनानी समाज के 'जेनस' का भारतीय प्रतिरूप था।

जन विशों में विभक्त होता था। जन पूरे समुदाय का द्योतक था और विश् गोत्र का। भारोपीय भाषाओं में हमें इनके समांतर शब्द नहीं मिलते। वैदिक विश्

और रोम के समाज के 'ट्राइबस' तथा 'फिलई' में कोई साम्य है अथवा नहीं, हम नहीं कह सकते । लेकिन इसमें संदेह नहीं कि होमरकालीन यूनान प्राचीन जर्मनी के लड़ाकू दलों की तरह विश् भी कुटुंबी जनों की लड़ाकू टुकड़ी था ।

कुछ विद्वानों की राय है कि विश् ग्रामों में विभक्त होता था, लेकिन इस विभाजन का व्यापक चलन नहीं था, क्योंकि ग्राम का उल्लेख 'ऋग्वेद' में केवल 13 स्थलों पर हुआ है । इस काल में ग्राम का प्रयोग सामान्यतः आज के गांव के अर्थ में नहीं, बल्कि ऐसे छोटे-छोटे जनजातीय लड़ाकू समूहों के अर्थ में हुआ है जिनके सदस्यों को संग्राम के लिए एकजुट और सन्नद्ध किया जाता था ।

संभव है, परिवार सबसे छोटी इकाई रहा हो, लेकिन यह कोई सुस्थित संस्था नहीं बन पाया था और निश्चय ही आज की तरह एकविवाही इकाई तो नहीं ही था । कुल शब्द का प्रयोग 'ऋग्वेद' में स्वतंत्र रूप में नहीं हुआ है । लेकिन कुलपा, या परिवार प्रधान के हिस्से के रूप में एक स्थल पर इसका प्रयोग अवश्य हुआ है । लेकिन कुलपा का वर्णन भी साधारण गृहस्थ के रूप में नहीं, बल्कि योद्धा के रूप में ही हुआ है । गृह की चर्चा ऋग्वेद में अनेक बार परिवार के अर्थ में आयी है । हमें इस बात की जानकारी नहीं है कि ऋग्वैदिक परिवार अपने सदस्यों की संख्या मे कितनी वृद्धि होने तक एक बना रहता था। लेकिन, बेशक, वह एक बड़ी पितृसत्तात्मक इकाई था, जिसमें तीन-तीन पीढ़ियों के लोग एक ही छत के नीचे रहते थे ।

ऋग्वैदिक परिवार पितृसत्तात्मक था, इस बात पर जोर देने की आवश्यकता नहीं है । 'ऋग्वेद' में प्रजा की कामना की गई है । प्रजा शब्द में यों तो पुत्र-पुत्री दोनों शामिल हैं, किंतु लोगों को युद्ध करनेवाले सुवीरों की कामना अधिक रहती थी । लेकिन ऋग्वैदिक समाज के पितृसत्तात्मक स्वरूप को बढ़ा-चढ़ाकर देखना गलत होगा । यदि इस ग्रंथ में पिता शब्द का उल्लेख 335 स्थलों पर हुआ है तो माता का भी 234 स्थानों पर हुआ है । इसके अतिरिक्त, हमें अनेक देवियों का उल्लेख भी मिलता है, जिससे नारी का महत्त्व भासित होता है । ऐसे भी उल्लेख मिलते हैं जिनसे प्रकट होता है कि स्त्रियों को प्रेम संबंध रखने की पूरी छूट थी । वह अपने पति के साथ यज्ञ में भाग ले सकती थी, और कुछ स्त्रियों को तो वैदिक मंत्रों की रचना करने का भी श्रेय दिया गया है । स्पष्ट ही, ऋग्वैदिक काल में पितृ अधिकार इतना प्रबल नहीं हो पाया था कि वह मातृ अधिकार को पूरी तरह लील लेता, और यह चीज जनजातीय समाजों आदि के गठन में प्रतिबिंबित होती है ।

ऋग्वैदिक काल में वंशानुगत पेशे के आधार पर या किसानों तथा कारीगरों के उत्पादन के अतिरिक्त अंश को हड़पकर लोगों द्वारा संचित की गई संपत्ति की बुनियाद पर खड़े सामाजिक वर्गों का स्पष्ट उदय नहीं हो पाया था । एक परिवार के सदस्य अलग-अलग धंधे करते थे। उदाहरण के लिए, एक परिवार में पिता

पुरोहित था, माता अन्न पीसती थी, और पुत्र वैद्य था, किंतु ये सब सुखपूर्वक एक साथ रहते थे। वर्ण शब्द का उल्लेख 'ऋग्वेद' में केवल 23 बार हुआ हैं, लेकिन इनमें इसका उल्लेख सर्वत्र सामाजिक वर्ग के अर्थ में ही नहीं हुआ है। यद्यपि योद्धा और पुरोहित जनजातीय भ्रातृत्व से अलग होते जा रहे थे, तथापि सुस्पष्ट सामाजिक वर्गों के रूप में चारों वर्णों का अस्तित्व कायम नहीं हो पाया था। 'ऋग्वेद' में ब्राह्मण शब्द का उल्लेख 15 बार, क्षत्रिय का 9 बार और वैश्य तथा शूद्र का एक-एक बार हुआ है। यद्यपि परवर्ती वैदिक साहित्य से राजन्यों का प्रभुत्व प्रतिभासित होता है, पर ऋग्वेद में राजन्य शब्द एक ही बार आता है। स्वभावतः इस काल का राजनीतिक संगठन वर्ण पर आधारित भेदभाव से सामान्यतः मुक्त है।

ऋग्वैदिक समाज में जो कुछ भी असमानता पनप पाई, उसका कारण पराजित लोगों पर विजयी लोगों के आधिपत्य की स्थापना थी। विजेताओं ने बहुत से लोगों को दास बना लिया और उन्हें इसी स्थिति में रखा। इनमें स्त्रियों की संख्या अधिक होती थी। वे दासी स्त्रियां पुरोहितों की सेवा के लिए अर्पित कर देते थे। लेकिन शायद विजेता लोग भी दो वर्गों में बंटे हुए थे। एक में रथों से सज्जित शासक समूह के लोग थे और दूसरे में सामान्य जनजातीय बंधुजन, जो अपने श्रेष्ठजनों के अनुगामी थे। इस असमानता से जनजातीय सरदारों की शक्ति में वृद्धि हुई और यह चीज यदा-कदा ऋग्वैदिक सभा आदि में भी प्रतिबिंबित होती थी।

ऊपर हमने जिस भौतिक तथा सामाजिक जीवन की रूपरेखा प्रस्तुत की है, उसके सहारे वैदिक लोग कोई ऐसा उन्नत राजनीतिक ढांचा विकसित नहीं कर सकते थे जिसे प्राचीन भारतीय या आधुनिक अर्थ में राज्य कहा जा सके। सप्तसिंधु देश, जिसमें आधुनिक पंजाब तथा पश्चिमी उत्तर प्रदेश के कुछ हिस्से शामिल थे, छोटे-छोटे जनजातीय मंडलों के अधिकार में था। इन मंडलों में से पांच को हम पंचजनाः के रूप में जानते हैं। यद्यपि ऋग्वैदिक नरेशों के लिए राजन् शब्द का प्रयोग हुआ है, लेकिन ऋग्वैदिक राजत्व का स्वरूप इस प्रकार के राजतंत्र से मूलतः भिन्न था जिसका विकास उत्तर वैदिकयुग और उसके परवर्ती काल में हुआ। वह कोई ऐसा क्षेत्रीय राजतंत्र नहीं था जिसमें क्षेत्र विशेष के छोटे-बड़े, अमीर-गरीब सभी निवासी राजा के विषय में यह मानते हैं कि जिस देश में वे रहते हैं, उस पर प्रयुक्त होनेवाली सत्ता का वह प्रतीक है। ऋग्वैदिक नरेश किसी क्षेत्र के लिए नहीं, बल्कि गौओं के लिए लड़ते हैं। क्षेत्र के पर्यायवाची शब्दों का इस ग्रंथ में विशेष प्रयोग नहीं हुआ है। यद्यपि जन शब्द का प्रयोग 275 बार हुआ है, किंतु जनपद का एक बार भी नहीं हुआ है। राज्य शब्द केवल एक बार आया है और राष्ट्र सिर्फ दस बार। 'ऋग्वेद' के सबसे बाद वाले अंश—अर्थात दसवें मंडल में राजा से राष्ट्र की रक्षा करने को कहा गया है।[1] इससे प्रकट होता है कि राष्ट्र के अंग के रूप में क्षेत्र की

परिकल्पना लोगों के मन में इस काल के अंत में आई। ग्राम शब्द 'ऋग्वेद' में 13 स्थलों पर आया है लेकिन गांव के अर्थ में नहीं। मूलतः इसका अर्थ युद्ध के लिए एकत्र की गई जनजातीय इकाई था। यही कारण है कि जनजाति के सामूहिक चारागाह की देखरेख करनेवाला प्रजापति, जो गोहरण के लिए किए जानेवाले युद्ध में स्वभावतः परिवार प्रधानों का नेतृत्व करता था, बाद में ग्रामणी के रूप में भी सामने आता है। ग्रामणी मूलतः गांव का नहीं, बल्कि ग्राम नामक जनजातीय इकाई का प्रधान होता था। उसे किसी ऐसे अधिकारी के रूप में नहीं देखा जा सकता जिसकी उपाधि से ऐसा संकेत मिलता हो कि वह किसी क्षेत्रीय प्रशासनिक इकाई से संबद्ध था। इस सबसे स्पष्ट है कि ऋग्वैदिक सरदारों के मन में क्षेत्रीय राज्य की कोई कल्पना नहीं थी।

ऋग्वैदिक राजत्व मुख्यतः जनजातीय संस्था था। राजा या सरदार का संबंध बार-बार जनजाति से बतलाया गया है। बुनियादी तौर पर वह जन का शासक है और इसलिए उसे जन का रक्षक—गोप जनस्य या गोपति जनस्य—कहा गया है। गोप या गोपति शब्द से यह ध्वनित होता है कि जो व्यक्ति पहले गौओं के झुंडों का प्रधान था, वही धीरे-धीरे जन का प्रधान बन गया।

कसु के साथ चैद्य, दैववात के साथ श्रृंजय तथा उशीनरों की रानी के साथ उशीनरानि विशेषण जोड़े जाने से भी जनजातीय स्वरूप का संकेत मिलता है।[2] गरज यह कि राजा या रानी की पहचान उनकी जनजाति के नाम से की जाती थी।

वैदिक राजा और उसके भाईबंदों के बीच बराबरी का रिश्ता होता था। राजा की वंशानुगत स्थिति विवाद से परे नहीं थी। कई अवतरणों से ध्वनित होता है कि राजा अपने पद के लिए जनसाधारण का मुखापेक्षी था। 'ऋग्वेद' के दसवें मंडल में एक उपमा इस प्रकार है—'जैसे प्रजा अपना राजा चुनती है।'[3] उसी मंडल के अभिषेक मंत्र से संपूर्ण जनजाति (विशाः) द्वारा व्यक्ति विशेष के राजा के रूप में स्वीकृत किए जाने का संकेत मिलता है।[4] जनजाति के सदस्यों द्वारा राजा के चुनाव के सबसे अधिक उल्लेख 'अथर्ववेद' में देखने को मिलते हैं,[5] लेकिन स्पष्ट है कि यह चलन बहुत पहले आरंभ हो चुका होगा। इस मंत्र से जिस औपचारिक स्वीकृति की ध्वनि निकलती है, उससे प्रकट होता है कि पूर्ववर्ती अवस्था में जनजाति अपने निर्वाचन अधिकार का प्रयोग करती थी।

दूसरी ओर, कुछ उल्लेखों से प्रकट होता है कि राजपद कुछ विशेष परिवारों के लोगों को ही प्राप्त होता था।[6] त्रसदस्यु को राजपद अथवा जनजाति का प्रमुखत्व अपने पितामह से उत्तराधिकार में प्राप्त हुआ था, और उसका पिता शत्रुओं द्वारा किए गए आक्रमण में अपना सिंहासन खो बैठा था। सुदास के परिवार ने तीन पीढ़ियों तक राजपद का उपयोग किया। इस प्रकार जो वास्तविक उदाहरण मिलते हैं, उनसे भी यह प्रकट नहीं हो पाया था कि कोई परिवार तीन पीढ़ियों से अधिक

काल तक राजपद का उपभोग कर सका। स्पष्ट है कि प्राचीनतम काल में यह सिद्धांत सुप्रतिष्ठित नहीं हो पाया था कि ज्येष्ठ पुत्र पिता का उत्तराधिकारी है।[7] होमरकालीन यूनान के 'जेनस' में भी ऐसी स्थिति थी। जाहिर है कि ऋग्वैदिक काल में ज्येष्ठ-पुत्राधिकार सुपरिभाषित नहीं हो पाया था, और यदि यह स्पष्ट रूप से परिभाषित नहीं हो पाया था तो उसका कोई वास्तविक महत्त्व भी नहीं था।

सुप्रतिष्ठित वंशानुगत उत्तराधिकार के अभाव में राजा या सरदार का अधिक शक्तिशाली हो पाना कठिन था। सभा और समिति, जिनका वर्णन हम अध्याय सात में कर चुके हैं, तथा ऐसी दूसरी जनजातीय संस्थाएं राजा के अधिकार को काफी मर्यादित कर देती थीं। राजा पर पुरोहित की सत्ता और प्रतिष्ठा का भी अंकुश रहता था। युद्धक्षेत्र में पुरोहित राजा के साथ रहता था और 'ऋग्वेद' के कई अवतरणों में राजा को ब्राह्मण या पुरोहित का विशेष ध्यान रखने और उसकी रक्षा करने की सलाह दी गई है, क्योंकि—इन अवतरणों के अनुसार—ऐसा करने में ही उसका सर्वतोमुखी कल्याण निहित है और ऐसा करके ही वह अपने शत्रुओं तथा कुटुंबियों की श्रीसंपत्ति का स्वामी बन सकता है। लेकिन इन कोरी शुभेच्छाओं से आवश्यक तौर पर यह निष्कर्ष नहीं निकाला जा सकता कि राजा पुरोहितों के समर्थन पर आश्रित था। वास्तव में पुरोहितों के प्रभुत्व का काल बाद में आया।

लगातार होती रहनेवाली लड़ाइयों के कारण जनजातीय सरदारों की शक्ति की अभिवृद्धि होती रहती थी। इन लड़ाइयों में पराजित लोगों को दास बनाकर वह उनसे सेवा लेता था। लड़ाइयों में उसे लूट का जो माल हाथ लगता था, उसमें से वह पुरोहितों को तरह-तरह के भेंट उपहार—जैसे गायें, घोड़े, सोने की सिलें और सुंदर वस्त्राभरणों से सज्जित दासियां—देता था। बदले में पुरोहित लोग उसकी दानस्तुति करते थे, अर्थात नई नई विधियों से उसका अभिषेक करते थे और उसकी प्रशंसा में ऋचाएं बनाते थे। इस सबसे राजप्रतिष्ठा की अभिवृद्धि होती थी और विजित लोगों तथा जनजातीय बंधु बांधवों के बीच राजा के पराक्रम प्रभुता के नए-नए किस्से प्रचारित होते थे।

संपत्ति प्राप्त होने से जनजातीय सरदार आम लोगों की अपेक्षा अच्छे ढंग से रह सकता था। शायद वह बड़े मकान में निवास करता था, लेकिन साहित्यिक स्रोतों में उसके आवास के जो भव्य वर्णन मिलते हैं, उनके बावजूद ऐसा मानने का कोई आधार दिखाई नहीं देता कि इस काल में ऐसे भव्य भवन बनते होंगे। वास्तव में इस प्रकार के प्रासादों के निर्माण की कल्पना हम बहुत आगे चलकर मौर्यकाल के संदर्भ में ही कर सकते हैं, जब लगभग 2000 वर्षों के अंतराल के बाद उत्तरी भारत के मैदानी इलाकों में पकी ईंटों का उपयोग काफी बड़े पैमाने पर होने लगा।

ऋग्वैदिक लोगों के पास जो साधन और शिल्पज्ञान था, उसके सहारे वे कोई बड़ा प्रशासन तंत्र कायम नहीं कर सकते थे। वे मुख्यतः पशुपालक समुदायों के

लोग थे और उनकी खेतीबाड़ी इतनी अविकसित अवस्था में थी कि उसकी पैदावार के बल पर बहुत से राज्य कर्मचारी नहीं रखे जा सकते थे। राजा तथा उसके कर्मचारियों के भरणपोषण का एकमात्र साधन बलि के रूप में प्राप्त होनेवाला उपज का स्वल्प अतिरिक्त अंश था। 'ऋग्वेद' में राजा को दी जानेवाली भेंट या देवताओं को अर्पित किए जाने वाले चढ़ावे के अर्थ में 'बलि शब्द का उल्लेख अनेक स्थलों पर हुआ है।[8] भेंट के अर्थ में यह शब्द समस्त पद 'बलिहृत' के अंग के रूप में आया है। 'बलिहृत' का प्रयोग राजा नहुष के नाम के साथ 'ऋग्वेद' के प्रारंभिक अंश में और जनजातियों के साथ उसके सबसे बाद वाले अंश में हुआ।[9] भेंट जिस के रूप में शायद विजित लोगों से और राजा के भाईबंदों से भी ली जाती थी। युद्ध में पराजित शत्रु जनजातियों को बलि या किसी न किसी प्रकार की भेंट देने पर विवश किया जाता था। इस भेंट के स्वरूप को देखते हुए मानना पड़ेगा कि ये संबंधित लोगों को अनिवार्यतः देनी पड़ती होगी, लेकिन इस तरह की भेंट नियमित रूप से दी जाती होगी, ऐसा दिखानेवाला कोई साक्ष्य हमें उपलब्ध नहीं है। संभव है, अपने सरदारों के नेतृत्व में विजय प्राप्त करनेवाली जनजातियों के सदस्य उन सरदारों को कृतज्ञतास्वरूप स्वेच्छा से कुछ भेंट-उपहार देते हों, लेकिन न ऐसे भेंट उपहारों की मात्रा पहले से तय की जाती थी, न उनकी नियमित वसूली होती थी और न वे खेती की उपज का कोई निश्चित अंश होते थे। 'ऋग्वेद' में करों का संग्रह करने वाले किसी अधिकारी का उल्लेख नहीं मिलता, यद्यपि कर संग्रह राज्य का महत्वपूर्ण कार्य माना जाता है। संक्षेप में, ऋग्वैदिक समाज को कर प्रणाली का ज्ञान नहीं था।

इसी प्रकार, यद्यपि सेनानी नामक पदाधिकारी का उल्लेख हमें मिलता है, लेकिन जिसका खर्च राजा द्वारा वसूल किए जानेवाले करों से चलता हो, ऐसी स्थायी सेना के अस्तित्व का कोई प्रमाण हमें नहीं मिलता। 'ऋग्वेद' में सेना शब्द का उल्लेख बीस बार हुआ है, लेकिन लगता है, यह जरूरत पड़ने पर जनजाति के साधारण सदस्यों में से खड़ी कर ली जानेवाली सेना थी। वैदिक सभाएं जिनमें जनजाति के सदस्य उपस्थित हुआ करते थे, जिन कार्यों का संपादन करती थीं उनमें सैनिक कार्यों का बड़ा महत्त्व था। स्पष्ट है कि जनजातीय लोग सामान्यतः हथियारबंद रहते थे और आवश्यकता पड़ने पर उन्हें लड़ाई करने के लिए एकत्र कर लिया जाता था। और फिर हथियार भी तो तीरधनुष होते थे जिन्हें रखना आसान था। जिन लोगों के पास रथ और कांसे के हथियार होते थे, वे कुछ अधिक अच्छी तरह शस्त्रसज्जित रहते थे; शेष सब समान थे। अपेक्षाकृत शांतिपूर्ण कार्यों में लगे कुछ लोग भी—जैसे गोचर भूमि की देख-रेख करनेवाला व्रजपति और परिवार के मुखिया का दायित्व संभालनेवाला कुलपा—सैनिक अधिकारियों के रूप में सामने आते हैं। युद्ध में व्रजपति कुलपाओं का नेतृत्व करता था। ग्रामणी भी ऐसे ही कार्य संपादित करता था। इसलिए सैनिक आवश्यकताओं की पूर्ति के लिए

राज्य के पास कोई स्थायी सैनिक अधिकारी नहीं होता था । पुरपति, अर्थात मिट्टी के बने किले के नायक, पर शायद प्रतिरक्षा का कुछ स्थायी दायित्व होता होगा; अन्यथा इस काल का सैनिक संगठन संभवतः काफी सरल प्रतीत होता है ।

निजी संपत्ति की सुरक्षा के लिए कुछ पुलिस अधिकारी रखना आवश्यक था । दूसरों की जमीन पर जबरदस्ती दखल जमाने जैसे अपराध का कोई उल्लेख नहीं मिलता, लेकिन चोरी, सेंधमारी, बटमारी, जुए में बेईमानी और खासकर गोहरण के जिक्र बहुत मिलते हैं । राजा लोगों पर नजर रखने के लिए गुप्तचरों से काम लेता था, जो 'स्पस्' कहे जाते थे । उग्र[10] और जीवगृभ[11] नामक अधिकारियों का काम शायद अपराधियों पर नियंत्रण रखना था, और मध्यमसी विवादों में मध्यस्थ का काम करने वाले अधिकारी का काम करता था ।

लेकिन सजाएं उतनी कड़ी नहीं होती थीं जितनी परवर्ती काल में होने लगीं । मनुष्य की हत्या करने पर क्षतिपूर्ति के रूप में 100 गाएं देनी पड़ती थीं । चोरी के मामलों में दिए जाने वाले दंड में भी जिसकी क्षति होती थी, उस व्यक्ति को संतुष्ट करने के सिद्धांत से काम लिया जाता था । वेदोत्तर काल में चोरी की सजा के तौर पर मृत्युदंड तक दिया जा सकता था, लेकिन ऋग्वैदिक काल में निजी संपत्ति को इतना अधिक महत्त्व प्राप्त नहीं हो पाया था कि उसके संबंध में किए गए अपराध का दंड इतना कठोर होता । संक्षेप में, इस काल में दंड व्यवस्था उतनी सुगठित और कठोर नहीं थी ।

जिन्हें सिविल अफसर कहा जा सकता है, ऐसे अधिकारियों की संख्या विशेष नहीं थी । लगभग आधे दर्जन राज्याधिकारियों का उल्लेख हमें मिलता है—जैसे महिषी (शक्तिशालिनी),[12] अर्थात् पटरानी; पुरोहित; कोषाध्यक्ष; रथी, जो मूलतः राजकीय वस्तुओं और राजकृपा का वितरण करता था, तक्षन् (बढ़ई, जिसका औजार कुल्हाड़ी होता था);[13] और दूत[14] । इन सबका उल्लेख उत्तर वैदिक काल के रत्निनों की सूची में हुआ है । इस सूची में ऋग्वैदिक कालीन सेनानी भी शामिल है, जो शायद कुछ दीवानी कामकाज भी करता था । ऋग्वैदिक राज्य में रथों के महत्त्व के कारण 'ऋग्वेद' के सार भाग में भी रथी को बहुत ऊंचा स्थान दिया गया है । लेकिन कुल मिलाकर इस काल में भी हमें एक ऐसे अपरिष्कृत तंत्र की झांकी अवश्य मिलती है जो शासन की न्यूनतम आवश्यकताओं की पूर्ति कर सकता था । इस काल में हमें किसी विधिसंहिता की कोई जानकारी नहीं मिलती । ऐसी विधियों की रचना और धर्मशास्त्रों में उनका समावेश वेदोत्तर काल से होने लगा । इसी प्रकार इस युग में हम किसी न्याय प्रशासक को भी न्याय व्यवस्था करते नहीं देखते । ऋत् तथा व्रत की चर्चा बहुत मिलती है, लेकिन ऋग्वैदिक काल के किसी भी सरदार ने पारंपरिक कानूनों का वर्चस्व समाप्त करनेवाली कोई दीवानी विधि संहिता कभी लागू नहीं की । चूंकि जनजातीय सभा संगठन पूरी तत्परता से काम

करते थे और सभी जनजातीय मामलों की देखरेख करते थे, इसलिए राजा के करने के लिए कुछ विशेष रह नहीं जाता था। और इसलिए राज्य कर्मचारियों की संख्या बहुत कम थी।

हम पहले देख चुके हैं कि 'सभा', 'समिति', गण तथा विदथ—जैसी जनजातीय संस्थाएं पूर्व वैदिक जनों के जीवन में महत्त्वपूर्ण भूमिका निभाती थीं। सभा और समिति को तो निश्चित तौर पर कतिपय राजनीतिक कार्य संपादित करने पड़ते थे और राजा उनके सहयोग तथा समर्थन के बिना शासन नहीं चला सकता था। गण का भी कुछ राजनीतिक महत्त्व अवश्य था, लेकिन विदथ की राजनीतिक भूमिका निश्चयपूर्वक नहीं बताई जा सकती। जो भी हो, इतना तो निश्चित है कि ये जनजातीय संस्थाएं एक प्रकार का प्रत्यक्ष लोकतंत्र चलाती थीं। इन संस्थाओं के सदस्य इनकी बैठकों में भाषण करते थे और सभी बातों का निर्णय सर्वसम्मति से करते थे। उनके विचारविमर्श का एक मुख्य विषय युद्ध का सफल संचालन होता था। स्पष्ट ही, हर सदस्य योद्धा होता था। हर योद्धा को अपने आयुध आप जुटाने होते थे और लड़ाई में लूटा गया माल उसकी जीविका का साधन होता था। लड़ाई करना स्पष्ट ही जनजातीय संस्थाओं का सबसे महत्त्वपूर्ण कार्य था, और ग्राम, ग्रामणी, सेनानी आदि अन्य ऋग्वैदिक संस्थाओं से भी उसका यही पक्ष उजागर होता है।

'ऋग्वेद' के अध्ययन से जिस राजनीतिक संगठन का आभास मिलता है, वह इतना विकसित नहीं जान पड़ता कि उसे राज्य कहा जा सके। अधिक से अधिक उसे जनजातीय सरदारी माना जा सकता है, जो राजत्व की गरिमा से विहीन था, जिसका कोई सुदृढ़ क्षेत्रीय आधार नहीं था, और जो किसी न किसी प्रकार की कर-प्रणाली, स्थायी सेना, स्थायी अधिकारतंत्र आदि उन तत्त्वों का विकास करने को प्रयत्नशील था जिन्हें प्राचीन भारतीय और आधुनिक दोनों दृष्टियों से राज्य के आवश्यक अंग माना गया है। सरदार की सत्ता का आधार सभा समिति जैसी उन गोत्रीय संस्थाओं का समर्थन था जिनके सैनिक कार्य और दायित्व हमारा ध्यान बरबस आकृष्ट करते हैं। ऋग्वैदिक समाज के पास आदिम साधारण हथियार थे और उसकी कोई स्थायी सेना भी नहीं थी, तथापि उसका स्वरूप मुख्यतः सैनिक था। पशुपालन के अतिरिक्त जनजातियों के सदस्य युद्ध में व्यस्त रहते थे।

उत्तर वैदिक अवस्था : वर्ग विभाजित समाज तथा प्रादेशिक शासन में संक्रमण

उत्तर वैदिककाल के समाज का भौतिक आधार ऋग्वैदिक समाज के भौतिक आधार से कुछ दृष्टियों से सर्वथा भिन्न था। अब आर्यों के क्रियाकलाप का क्षेत्र

पश्चिमी उत्तर प्रदेश था। इनके पहले इस क्षेत्र में तांबे का उपयोग करनेवाले लोग रहते थे, जिनके औजारों और हथियारों के 18 संग्रह यहां मिले हैं। इन औजारों और हथियारों को 1700 ई. पू. से 1000 ई. पू. का माना गया है। इन लोगों को यहां से भगाकर खुद इस इलाके में बस जाने में आर्यों द्वारा काम में लाए जानेवाले लोहे के औजार और हथियार उनके लिए बहुत सहायक हुए। पश्चिमी उत्तर प्रदेश के एटा जिले के अतरंजीखेड़ा नामक स्थान में ऐसे औजार और हथियार बड़ी तादाद में मिले हैं। यों तो इन्हें 1000 ई. पू. के आसपास का माना गया है, लेकिन इसमें कोई संदेह नहीं कि ये 800 ई. पू. से बाद के नहीं हैं। कुरु-पंचाल देश या पश्चिमी उत्तर प्रदेश में रचित उत्तर वैदिक संहिताओं में लोहे के लिए श्याम अयस् शब्द का प्रयोग हुआ है। लौह शिल्प के विकास के फलस्वरूप आर्यों का घुमक्कड़ और पशुपालक जीवन प्रायःसमाप्त हो गया और इस शिल्प की बदौलत वैदिककाल के अंत तक बिहार के विदेह क्षेत्र तक उनका प्रसार संभव हो सका। इसके कारण पश्चिम उत्तर प्रदेश में कृषि को सुस्थिर आधार प्राप्त हुआ, और शासकों को कृषि-उत्पादन का अतिरिक्त भाग नियमित रूप से मिलने लगा जिससे वे क्षेत्रविशेष से बंध गए।

अतरंजीखेड़ा के लोहे के उपकरणों के साथ-साथ पश्चिमी उत्तर प्रदेश, और पंजाब, दिल्ली क्षेत्र तथा राजस्थान के सीमावर्ती हिस्सों में लगभग 700 स्थानों में अलग से भी रंगे हुए भूरे बरतनों के टुकड़े मिले हैं, जिससे प्रकट होता है कि 1000-500 ई. पू. के दौरान यह क्षेत्र स्थायी बाशिंदों से आबाद था।

उत्तर वैदिककाल में छोटे-छोटे समुदायों के आपस में मिलने से बड़ी-बड़ी इकाइयां बन गईं। ऋग्वैदिक काल के क्रिवि तथा पुरु लोगों के आपस में मिल जाने से कुरु जन का निर्माण हुआ। यह जन आगे चलकर पंचालों से जुड़ गया। इन दोनों ने मिलकर पूरे पश्चिमी उत्तर प्रदेश पर कब्जा कर लिया। अब शासकों को अनिश्चित भेंट-नजराने पर निर्भर नहीं रहना पड़ता था, बल्कि शायद उन्हें कृषि उत्पादन का एक निश्चित अंश प्राप्त होता था। नियमित आय होने से वे बहुत सारे पुरोहितों को राज्य की सेवा में लगा सकते थे। इन पुरोहितों ने कर्मकांडों का विकास किया, और वास्तव में उत्तर वैदिक राज्यव्यवस्था का चित्र प्रस्तुत करने का हमारा एकमात्र साधन-स्रोत ये कार्मकांड ही हैं।

निश्चित क्षेत्रों में बस जाने पर वैदिक जन चार वर्णों में भिवक्त हो गए। ब्राह्मणों को, जो मूलतः पुरोहितों के 16 वर्गों में से एक के सदस्य थे, शीर्षस्थ स्थान प्राप्त हुआ, और उन्होंने जिस वैदिक कर्मकांड साहित्य की रचना की उसमें अपने को सामाजिक तथा राजनीतिक दोनों प्रकार के विशेषाधिकारों का पात्र बतलाया। शूद्रों में आर्य और प्राक्-आर्य लोग भी शामिल थे और इनका स्थान बहुत अनिश्चित था, जिसका प्रतिबिंब समाज और राजनीति दोनों में देखने को

मिलता है। क्षत्रिय शासक का काम करते थे और वैश्य मुख्य करदाता थे। राजनीति पर वर्णभेद तथा ब्राह्मणों के प्रभाव की झांकी पहलेपहल उत्तर वैदिककाल में ही मिलती है।

परिवार अधिकाधिक पितृसत्तात्मक होता गया और विवाह पर पितृपक्ष से गोत्रीय प्रतिबंध लगने लगे। मातृ अधिकार की नींव उत्तरोत्तर कमजोर पड़ती गई और राजाओं में बहुपत्नीवाद का चलन आरंभ हुआ। 'ऐतरेय ब्राह्मण' में राजा हरिश्चंद्र की सौ पत्नियों का उल्लेख है। नए पारिवारिक संबंधों का प्रभाव सार्वजनिक संस्थाओं तथा राज्य के अंगों के गठन में देखा जा सकता है।

इस काल में राजत्व का स्वरूप बदल गया। उत्तर वैदिकसाहित्य में वर्णित कर्मकांडों से राजत्व के जनजातीय तथा प्रादेशिक पहलुओं के अंतर्द्वंद्व की स्पष्ट प्रतिध्वनि मिलती है। प्रदेश को परिवर्तनशील माना जाता था, और इसलिए राजा को देवी-देवताओं के समक्ष उसके अपने नाम, माता-पिता के नाम तथा गोत्र के नाम से प्रस्तुत किया जाता था। रथ-धावन, गोहरण तथा द्यूत-क्रीड़ा जैसे अनुष्ठानों का उद्देश्य अपने गोत्र जनों की तुलना में राजा की श्रेष्ठता दिखाना है। राजा की अध्यक्षता में काम करनेवाली पंचालों की परिषद का नाम किसी प्रदेश के नाम पर नहीं बल्कि उस जन के नाम पर रखा गया है।

लेकिन प्रादेशिक तत्व का जोर क्रमशः बढ़ता गया। 'अथर्ववेद' के निर्वाचनगान में ऐसी कामना की गई है कि राष्ट्र या प्रदेश राजा के अधिकार में रहे और वरुण तथा देवता बृहस्पति, इंद्र एवं अग्नि उसे दृढ़ता प्रदान करें।[15] परवर्ती संहिताओं में दो वर्ष तक चलने वाले राजसूय नामक अभिषेक यज्ञ का वर्णन हुआ है। स्पष्ट है कि यह यज्ञ करने के लिए कोई ऐसा निश्चित स्थान आवश्यक था जहां लोग स्थायी रूप से रहें। कुरु-पंचाल देश में जहां राजा का निवास था उस स्थान को आसंदीवत या राजधानी कहा जाने लगा। रत्नहवींषि संस्कार के क्रम में राजा को स्थायी आवासों में रहनेवाले गण्यमान्य व्यक्तियों के पास जाना पडता था। कई अभिषेक मंत्रों से भासित होता है कि राजा को अपनी प्रादेशिक स्थिति का भान था। 'यजुर्वेद' के एक आरंभिक अंश 'तैत्तिरीय संहिता' के अनुसार राजा को 'इस विश् (जनजाति) में', 'इस राष्ट्र (राज्य) में'[16] उपस्थित किया जाता है, जिससे प्रकट होता है कि जनजाति और उस जनजाति का निवासक्षेत्र दोनों एक ही अर्थ के बोधक होते जा रहे थे। उसी संहिता में यह भी कहा गया है कि किसी संस्कार के आंशिक संपादन से राजा विश् को तो प्राप्त कर लेता है, लेकिन राष्ट्र को नहीं, और राष्ट्र की प्राप्ति उस संस्कार के संपूर्ण संपादन से ही संभव है।[17] उसके अतिरिक्त 'यजुर्वेद' के चार पाठों में उल्लिखित एक संस्कार से चारों दिग्भागों और ऊर्ध्वभाग पर भी राजा की प्रभुसत्ता का बोध होता है।[18]

सबसे बाद के वैदिक ग्रंथों को देखने से राजत्व के प्रादेशिक स्वरूप में कोई

संदेह नहीं रह जाता। 'ऐतरेय ब्राह्मण' में देश के विभिन्न भागों में प्रचलित दस प्रकार के शासन का उल्लेख मिलता है।[19] इनमें से कुछ प्रकार के शासन उन अनार्य जनजातियों के बीच प्रचलित रहे होंगे जो अब तक वैदिक प्रभाव से अछूते थे। यद्यपि इन शासन रूपों के लिए प्रयुक्त अधिकांश शब्दों को वैदिककाल के संदर्भ में ठीक-ठीक परिभाषित नहीं किया जा सकता, फिर भी 'एकराज' का अर्थ ऐसा राजा लगाया गया है जिसका राज्य एक समुद्र से दूसरे समुद्र तक फैला हुआ था।[20] यह भी ध्यातव्य है कि 'शतपथ ब्राह्मण' में राजा को राष्ट्रभृत या राज्य का भर्ता कहा गया है।[21]

लोगों के मानस में प्रदेश का महत्व प्रतिष्ठित हो जाने का एक परिणाम यह हुआ कि उत्तर वैदिककाल के अंतिम चरण में उनमें जमीन पर स्वामित्व स्थापित करने और उसे संपत्ति मानने की वृत्ति जगी। अब राजा पुरोहितों के बीच सिर्फ लड़ाई में लूटी गई वस्तुएं—मुख्यतः गोधन तथा दासियां—ही वितरित नहीं करता था, अब वह अपने गोत्र की सहमति से भूमि का हिस्सा भी अनुदान में देने का दावा करने लगा।[22] यद्यपि इस काल में सचमुच ऐसा अनुदान शायद ही कभी दिया गया हो, लेकिन यह राजत्व के नए स्वरूप को उद्घाटित करनेवाली एक चीज अवश्य है।

इस काल में एक नए सामाजिक ढांचे का उदय हो रहा था और उसने स्वभावतः राजत्व को भी प्रभावित किया। राजा जिस प्रदेश पर शासन करता था उसमें बराबर सिर्फ उसी विश् के लोग नहीं रहते थे जिसका राजा सदस्य होता है। इसके विपरीत उसमें ब्राह्मण, क्षत्रिय, वैश्य और शूद्र इन चारों वर्णों के लोग रहते थे, जिनका उदय वैदिक जनजातियों के विघटन और अवैदिक जनों के वैदिक समाज में शामिल किए जाने के परिणामस्वरूप हुआ था। इसलिए यह आवश्यक जान पड़ा कि अभिषेक संस्कारों के द्वारा राजा इन सामाजिक वर्गों का समर्थन प्राप्त करे।[23] स्पष्ट है कि राजा अब क्षत्रिय वर्ग का होता था और जन साधारण पर प्रभुत्व कायम करने के लिए उसके लिए आवश्यक केवल यह था कि वह पुरोहित वर्ग का समर्थन प्राप्त करे। राजा को ब्राह्मणों का रक्षक और जनसाधारण का भक्षक कहा जाता था।[24] कुछ कर्मकांडों में पुरोहितों की श्रेष्ठता पर जोर दिया गया है और कुछ में क्षत्रियों की प्रमुखता पर। लेकिन अंत में एक प्रकार के पारस्परिक समझौते में बंधकर दोनों प्रचलित व्यवस्था के रक्षक के रूप में सामने आते हैं। राजा को ब्राह्मण पुरोहित को यह वचन देना पड़ता है कि वह धर्म के अनुसार आचरण करेगा और धर्म की रक्षा करेगा, और 'शतपथ ब्राह्मण' में कहा गया है कि राजा और श्रोत्रिय दोनों मिलकर धर्म की रक्षा करते हैं।[25]

यद्यपि अभिषेक संस्कारों में राजा के निर्वाचन की मूल पद्धति का अनुसरण किया गया है, किंतु 'ऐतरेय ब्राह्मण' में ऐसे मंत्रों का विधान है जिनके द्वारा एक, दो

और तीन पीढ़ियों के लिए राजपद प्राप्त किया जा सकता है ।[26] 'शतपथ ब्राह्मण' का एक मंत्र तो इसकी अवधि दस पीढ़ियों तक ले जाता है ।[27] हमें राजपुत्र शब्द का उल्लेख भी देखने को मिलता है, जिसका अर्थ कई प्रसंगों में राजा का पुत्र लगाया जा सकता है । एक ही परिवार के लोगों के कई पीढ़ियों तक शासन करने के उदाहरण प्रस्तुत किए जा सकते हैं । इस प्रकार इस काल में राजपद वंशानुगत हो गया था ।

इस काल में एक और नई बात यह हुई कि राजा को दैवी तत्वों से युक्त किया जाने लगा । इस तरह का कोई साक्ष्य 'ऋग्वेद में' शायद ही कहीं मिले, लेकिन उत्तर वैदिककाल के अभिषेक संस्कारों में विभिन्न देवताओं का आवाहन किया गया है कि वे राजा को अपने-अपने गुणों से संपन्न करें । एक दो स्थलों पर राजा को देवता के रूप में भी प्रस्तुत किया गया है ।

उत्तर वैदिक राज्यव्यवस्था का एक उल्लेखनीय पहलू राज्य के दो अंगों अर्थात करप्रणाली और अधिकारितंत्र का विकास है । स्थायी कृषि तथा प्रादेशिक शासन के आरंभ के परिणामस्वरूप स्पष्ट ही राज्य को उपज का काफी बड़ा अतिरिक्त हिस्सा जिंसों में सुलभ होने लगा । राजा के लिए प्रयुक्त 'विश्मत्ता',[28] अर्थात जनसाधारण का भक्षक, शब्द से प्रकट होता है कि वह जनता से वसूल किए गए करों पर निर्वाह करता था । अनुष्ठानों से पता चलता है कि राजन्य और ब्राह्मण मिलकर विश् अर्थात जनजातीय किसानों को अपने वश में लाने की चेष्टा करते थे । विश् और राजन्य तो एक ही जनजाति के होते थे पर ब्राह्मण के उदय का पता ठीक से नहीं चलता है । जो भी हो, राजन्य और ब्राह्मण जबरदस्ती विश् को अपने कब्जे में लाने का यत्न करते थे ताकि वे उपज का हिस्सा कर और दान के रूप में प्राप्त कर सकें ।

नियमित करों के फलस्वरूप इस काल में प्रशासनिक अधिकारियों की संख्या में भी वृद्धि हुई । कम से कम 12 रत्निन् राज्याधिकारी जान पड़ते हैं । स्पष्ट ही इनका खर्च राज्य द्वारा वसूल किए गए करों से चलता था । अपराधों की रोकथाम से उनका संबंध नहीं था, लेकिन जनजातीय संस्थाओं से विरासत में मिले कई विध्यात्मक कार्य वे अवश्य करते थे । उदाहरण के लिए, वे धातुकर्म, रथनिर्माण, मांस आपूर्ति, रथ संचालन आदि की देखरेख करते थे । ऐसे कार्यों के महत्त्व को उस समाज के भौतिक आधार को ध्यान में रखकर अधिक अच्छी तरह समझा जा सकता है जिसके वे अंग थे । ये अधिकारी शायद राज परिचरवृंद के सदस्य थे और वे राजा की घर-गृहस्थी से अलग ऐसे कर्मचारी नहीं थे जिन्हें आज सरकारी नौकर कहा जाता है । इन उच्च पदाधिकारियों में पुरोहित भी शामिल था, जिसे कई सूचियों में शीर्षस्थ स्थान दिया गया है ।

उत्तर वैदिककाल के अधिकतर भाग में सेनानी कोई छोटा अधिकारी ही प्रतीत होता है । इससे लगता है कि स्थायी सेना का महत्त्व अब भी गौण ही था । लेकिन

चूंकि 'शतपथ ब्राह्मण' की रत्निन् सूची में सेनानी को सबसे ऊंचा स्थान दिया गया है, इसलिए लगता है कि वैदिककाल के अंत में सेना महत्त्वपूर्ण तत्व के रूप में उभरी। इस तथ्य की पुष्टि इस बात से भी होती है कि अब रत्निन् सूची में रथ निर्माताओं और सारथियों को भी शामिल कर लिया गया। किंतु इस अवस्था में भी सेना में राज परिवार के दायाद कुटुंबी ही हुआ करते थे। हम कुरुराज को 64 सतत सन्नद्ध योद्धाओं से घिरा देखते हैं और ये सारे योद्धा उसके पुत्र या पौत्र हैं।[29] लेकिन जब पंचाल राज एक धार्मिक संस्कार संपादित करता है, उस समय छः हजार तैंतीस कवचधारी योद्धा खड़े हो जाते हैं।[30] यद्यपि यह एक रूढ़ संख्या है और इसमें अतिरंजना की पूरी संभावना है, फिर भी यहां जितने सैनिकों का उल्लेख हुआ है उनमें शायद ऐसे योद्धा भी शामिल रहे होंगे जो राजा के दायाद कुटुंबी नहीं थे। इस अर्थ में उत्तर वैदिककाल से एक प्रकार की स्थायी सेना रखने की प्रथा का आरंभ होता है।

आंतरिक दंडव्यवस्था—उदाहरण के लिए पुलिस व्यवस्था—के विकास का कोई संकेत उत्तर वैदिक साहित्य से नहीं मिलता। शायद ऋग्वैदिक काल के पुलिस अधिकारी अब भी काम करते रहे। ब्राह्मणों को देश से निष्कासित करने, वैश्यों को निरस्त करने और शूद्रों को पीटने का राजा का दावा किसी दंड संगठन के बिना चरितार्थ नहीं हो सकता था। कुछ विद्वानों का विचार है कि स्थपति तथा शतपति के उल्लेखों से नियमित प्रांतीय शासन प्रणाली के आरंभ का संकेत मिलता है।[31] लेकिन रत्निन् सूची में न इन अधिकारियों का कोई जिक्र है, और न अधिकृत का, जिसे राजा द्वारा नियुक्त ग्रामाधिकारी माना गया है।[32]

प्रादेशिक राज्यों के उदय के फलस्वरूप लोक संस्थाओं के लिए पहले की तरह काम करना कठिन हो गया। राज्य के विभिन्न भागों के लोगों के लिए एक स्थान पर आकर मिलना असुविधाजनक हो गया होगा। जिन लोगों के लिए शक्य था और जो राजधानी में रहते थे वही आसानी से एकत्र हो सकते थे। शासकों के सामने अवैदिक लोगों को स्थान देने की भी समस्या थी। इन सब बातों के फलस्वरूप 'सभा' तथा 'समिति' पर आभिजात्य का रंग चढ़ गया। अब ये संस्थाएं विशुद्ध रूप से पितृसत्तात्मक बन गईं, क्योंकि इन बैठकों में स्त्रियों को स्थान देने का चलन मिट गया। लोकप्रिय संस्थाओं के कुछ काम नए राज्याधिकारियों के हाथों में चले गए और इनके आकार तथा दायित्व, दोनों में कमी आ गई।

संक्षेप में, यद्यपि राजा की शक्ति और अधिकारों तथा प्रशासनिक ढांचे की दृष्टि से ऋग्वैदिक राज्यव्यवस्था की तुलना में उत्तर वैदिक राज्यव्यवस्था ने काफी विकास किया, तथापि अभी वह सप्तांग राज्यसिद्धांत की स्थिति तक नहीं पहुंच पाई थी। वस्तुतः यह ऐसा संक्रमण काल था जब जनजातीय संगठन के स्थान पर धीरे-धीरे वर्ण तथा प्रदेश पर आधारित संगठन की रचना हो रही थी और वैदिक

काल के अंतिम चरण में यह प्रक्रिया पूर्णता की स्थिति के बहुत निकट पहुंच चुकी थी।

प्राक् मौर्य अवस्था : प्रादेशिक राजतंत्र और जनजातीय अल्पतंत्र

इस काल के लिए सामग्री के जो स्रोत उपलब्ध हैं उनका संबंध या तो पूर्वोत्तर अथवा पश्चिमोत्तर भारत से है। कुरु-पंचालों अर्थात पश्चिमी उत्तर प्रदेश ने उत्तर वैदिककाल की राजनीति में अत्यंत महत्त्वपूर्ण भूमिका निभाई थी, किंतु इस काल में हमारे सारे सामग्री-स्रोत उसके संबंध में मौन हैं। इससे प्रकट होता है कि बुद्धकाल में वह अपना पहला महत्त्व खो चुका था। जैसा कि राजघाट (बनारस) तथा चिरांद (छपरा) के उत्खननों से प्रमाणित होता है, पूर्वी उत्तर प्रदेश और पश्चिमी बिहार में इन दिनों लोहे का व्यापक उपयोग होता था। इसके फलस्वरूप बड़े-बड़े प्रादेशिक राज्यों की स्थापना हुई, जो सैनिक दृष्टि से भलीभांति सज्जित थे और जिनमें मुख्य भूमिका क्षत्रिय वर्ग ने निभाई। खेती के नए औजारों और उपकरणों के कारण अब किसान अपनी जरूरत से इतनी अधिक पैदावार कर सकते थे जिससे न केवल शासकवर्ग की, बल्कि अनेक शहरों की आवश्यकताओं की भी पूर्ति हो सकती थी। उत्खननों से प्रकट होता है कि राजगीर, वैशाली, राजघाट, चिरांद और कौशांबी छठी शताब्दी ई. पू. की शहरी बस्तियां थे, यद्यपि श्रावस्ती इससे बाद के काल का नगर था। इस प्रकार 500 ई.पू. के आसपास हम पूर्वोत्तर भारत में बड़े पैमाने पर शहरी जीवन की शुरुआत देखते हैं। इन शहरों के कारण प्रशासन की नई समस्याएं पैदा हुईं। इसके अलावा, इन भौतिक साधनों की सुलभता से उज्जैन, कोसल और मगध के विस्तार में सहायता मिली, और अब इन राज्यों में वैदिकोत्तर क्षेत्रों तथा लोगों का भी समावेश हुआ, जिससे इन राज्यों के निवासियों की एकरूपता में कमी आई।

सिक्कों का चलन पहलेपहल इसी काल में आरंभ हुआ। ये सिक्के तांबे या चांदी के बने होते थे। पांचवीं सदी ई. पू. के आसपास से आहत मुद्राओं का चलन निश्चित तौर पर प्रारंभ हो गया। इससे स्वभावतः आंतरिक व्यापार और लेनदेन की सुविधा बढ़ी। बाजारों में बिकने वाली वस्तुओं में उत्तराखंड में प्राप्त हुए काले पालिशदार बर्तनों का प्रमुख स्थान था। स्पष्ट ही समाज के उच्च वर्गों में इस तरह के बर्तनों के उपयोग का विशेष चलन था। व्यापार और उद्योग एक ओर तो रज्य की आय के अच्छे साधन थे और दूसरी ओर उनसे व्यापारियों के एक वर्ग का उदय हुआ जो सेट्ठि कहे जाते थे। समाज तथा राजनीति में इस वर्ग की उपेक्षा नहीं की जा सकती थी।

जिन बड़े राज्यों का उदय हुआ उनकी प्रवृत्तियों का संचालन केंद्र उनमें स्थित नगर थे। इससे प्रादेशिकता का भाव सुदृढ़ हुआ। पाणिनि के एक अवतरण से

प्रकट होता है कि लोगों की निष्ठा जनपद या जिस प्रदेश के वे थे उसके प्रति होती थी। आगे चलकर कौटिल्य के 'अर्थशास्त्र' में अधिकारियों की नियुक्ति के लिए जो योग्यताएं निर्धारित की गईं उनमें से एक महत्त्वपूर्ण योग्यता 'जानपद'—संबंधित जनपद का निवासी—होना था।

नई भौतिक तथा सामाजिक परिस्थितियों के कारण राज्य के सेना तथा करव्यवस्था जैसे अंगों का तीव्र विकास हुआ। लेकिन इन परिस्थितियों ने पुरानी जनजातीय व्यवस्था के पक्ष में कुछ विफल प्रतिक्रियाओं को भी जन्म दिया, जिनकी परिणति यत्रतत्र गणतांत्रिक प्रयोगों के रूप में हुई।

इस काल के अधिकांश राज्यों पर—जिनमें मगध तथा कोसल सबसे शक्तिशाली थे—क्षत्रिय वर्ग के वंशानुगत राजाओं का शासन था। पाणिनि ने 'राजकृत्वा' (राजा बनानेवाला) शब्द का प्रयोग किया है, और कुछ जातक कथाओं में जनता द्वारा राजा तथा उसके पुरोहित के अपदस्थ और निष्कासित किए जाने का भी उल्लेख मिलता है, लेकिन राजा के निर्वाचन या उसकी पदच्युति के प्रसंग विरल ही आते थे। राजा को सबसे उच्च सामाजिक दर्जा प्राप्त था और स्वयं उसकी संपत्ति की सुरक्षा की विशेष व्यवस्था थी। वह केवल बुद्ध जैसे कुछ धार्मिक नेताओं के आगे सर झुकाता था।

इस काल में हमें कुछ छोटे बड़े अधिकारियों की भी जानकारी मिलती है। प्रारंभिक पालि साहित्य में उच्चाधिकारियों को महामात्र कहा जाता था। महामात्र अधिकारियों का एक महत्त्वपूर्ण संवर्ग (काडर) था, जिसके सदस्य मंत्री, सेनानायक, न्यायाधीश, मुख्य लेखपाल (गणक), अंतःपुर प्रधान आदि विभिन्न प्रकार के पदों पर काम करते थे। यद्यपि आयुक्तक आदि पदनामों का उल्लेख विधिग्रंथों में नहीं मिलता, लेकिन संभव है कि वे धर्मसूत्र व्यवस्था वाले राज्यों में ऐसे ही कार्य संपादित करते रहे हों।

राजा के मंत्रणादाताओं या मंत्रियों का पद पहलेपहल इसी काल में देखने को मिलता है। मगध का वस्सकार और कोसल का दीर्घचारायण बड़े सफल और प्रभावशाली मंत्री थे। ऐसा कोई साक्ष्य नहीं मिलता जिससे माना जा सके कि उच्च अधिकारी या मंत्री राजा के गोत्र के होते थे। आरंभ से ही इन पदों पर पुरोहित समाज के लोग नियुक्त किए जाते थे।

मगध और कोसल दोनों जनपदों में गांवों के राजस्व न केवल प्रभावशाली ब्राह्मणों, बल्कि सेट्ठियों को भी अनुदान में दिए जाते थे। इसके लिए उत्तर वैदिककाल की तरह राजा को अपने गोत्र की सहमति नहीं लेनी पड़ती थी। लेकिन प्रशासनिक अधिकार, जो तीसरी या चौथी सदी से उत्तर भारत में अनुदान में दिए जाने लगे, अभी अनुदानभोगियों को प्रदान नहीं किए जाते थे।

देहाती क्षेत्रों के मामलों की व्यवस्था ग्रामप्रधान करता था। मूलतः जनजातीय

सैनिक टुकड़ी का नेतृत्व करनेवाले ग्रामणी को उत्तर वैदिककाल के ग्रंथों में वैश्य ग्रामणी की संज्ञा दी गई। कालांतर से जब जनजातीय सैनिक टुकड़ियां गांवों में बस गईं तो ग्रामणी स्वभावतः गांव का प्रधान बन गया। वास्तव में ग्राम प्रधान की अध्यक्षता में ग्राम संगठन की शुरुआत इसी काल में होती है। इस प्रधान को गामभोजक, ग्रामणी या ग्रामिक, इन विभिन्न नामों से जाना जाता था। ऐसा उल्लेख मिलता है कि बिंबिसार ने एक बार 80,000 ग्रामिकों को बुलाया था। यद्यपि यह अतिरंजना की संभावनाओं से युक्त रूढ़ संख्या है, फिर भी इससे इस पद के व्यापक चलन तथा ग्रामप्रधान के महत्त्व पर प्रकाश पड़ता है। इससे प्रकट होता है कि उसका संबंध सीधे राजा से होता था। स्पष्ट है कि ग्रामप्रधान का काम कर लगाना और वसूल करना और अपने क्षेत्र में शांति एवं व्यवस्था कायम रखना था, और गांव के लोग कभी-कभी अत्याचारी प्रधानों की अच्छी खबर भी लेते थे।

इस काल में राज्य की शक्ति में जो अभिवृद्धि हुई, वह गैर सैनिक दायित्वों का निर्वाह करनेवाले अधिकारितंत्र में उतनी अधिक प्रतिबिंबित नहीं होती है जितनी कि एक ठोस आधार पर स्थायी सेना के गठन में। सेना को उत्तरोत्तर अधिक महत्त्व दिया जा रहा था, इसका प्रमाण उच्चाधिकारियों की सूची में सेनानायक को दिया गया महत्वपूर्ण स्थान है। सिकंदर के आक्रमण के समय गंगरिदई तथा प्रसाई के राजा—अर्थात मगध के नंदराज—की सेना में 20,000 अश्वारोही, 20,000 पदाति, चार-चार घोड़ों से खींचे जानेवाले 2000 रथ तथा तीन से छः हजार तक हाथी थे। न केवल पूर्वोत्तर भारत में, बल्कि पश्चिमोत्तर भारत में भी जहां आर्यों ने पहलेपहल रथों का प्रयोग आरंभ किया, इस युद्धयान का महत्त्व धीरे-धीरे कम होता जा रहा था।

मगध तथा पश्चिमोत्तर भारत के सैन्यसंगठन में सबसे प्रमुख अंतर हाथियों के उपयोग के संबंध में था। पश्चिमोत्तर भारत की सेना में हाथियों का अनुपात बहुत कम होता था। जहां तक घुड़सवारों का संबंध है, अस्सकेनस (स्वात तथा बूनर के कुछ भाग) के राजा के पास 20,000 अर्थात उतने ही अश्वारोही थे जितने कि मगधराज की सेना में थे। इसलिए स्पष्ट है कि हाथियों की संख्या की अधिकता की दृष्टि से मगध की सैन्यशक्ति अधिक प्रबल थी।

मगध की सेना का संगठन कैसे किया गया था और उसका खर्च कैसे चलता था, यह जानने का हमारे पास कोई साधन नहीं है। स्पष्ट है कि इस विशाल स्थायी सेना का खर्च नंदों के उस विपुल धन से चलता था जिसके लिए वे कथा कहानियों और अनुश्रुतियों में विख्यात हैं। लेकिन जिस करप्रणाली से उन्होंने अपने कोष को इस तरह पुष्ट किया था उसकी जानकारी हमें नहीं है। निस्संदेह, राजस्व व्यवस्था अब सुदृढ़ आधार पर स्थापित हो चुकी थी। क्षत्रिय और ब्राह्मण कर देने के दायित्व से मुक्त थे और इसका सारा बोझ किसानों पर पडता था, जिनमें मुख्यतः वैश्य लोग

शामिल थे। गौतम के साक्ष्य के अनुसार देखें तो मानना होगा कि आरंभ में उपज का बारहवां हिस्सा राजा का अंश होता था, लेकिन बाद में यह छठे हिस्से पर आकर स्थिर हो गया। शूद्रों की श्रमशक्ति का उपयोग उच्च वर्ण के लोग एक प्रकार के कर के रूप में करते थे। करों की उगाही ग्रामप्रधान की सहायता से राजा के एजेंट करते थे। आहत सिक्कों के बहुत बड़ी संख्या में प्राप्त होने से लगता है कि कर नकद और जिंस दोनों रूपों में चुकाए जाते थे। बौद्धग्रंथों से जान पड़ता है कि पूर्वोत्तर भारत में कर धान्य के रूप में चुकाया जाता था। किसानों से राजा के कामकाज के लिए बेगार भी ली जाती थी।

किसानों से उत्तर वैदिककाल से ही कर लिए जा रहे थे; पर अब कर व्यवस्था सुदृढ़ हो गई और नए करदाता भी सामने आए। ये थे कारीगर और व्यापारी। विधिग्रंथों के अनुसार कारीगरों को महीने में एक दिन राजा के लिए काम करना पड़ता था, और व्यापारियों को अपनी वस्तुओं की बिक्री पर शुल्क देना पड़ता था। इन शुल्कों की वसूली शुल्क अधिकारी करते थे, जिन्हें धर्मसूत्रों में शौल्किक और पालि ग्रंथों में शुल्काध्यक्ष कहा गया है। यह नई चीज शहरी अर्थव्यवस्था के कारण आयी।

भारतीय विधि एवं न्याय-प्रणाली का जन्म इसी काल में हुआ। समाज के सुस्पष्ट वर्गों अथवा वर्णों में विभाजित हो जाने से जो समस्याएं उपस्थित हुई थी उनके निराकरण की दृष्टि से पुराना जनजातीय कानून अपर्याप्त पाया गया। इसलिए धर्मसूत्रों ने चारों में से प्रत्येक वर्ण के कर्तव्य निर्धारित कर दिए, और वर्णविभाजन को ही आधार बनाकर बहुत से सिविल (दीवानी) तथा आपराधिक दंडविधानों की रचना की। दीवानी कानून के अमल का दायित्व व्यावहारिक महामात्रों पर था और दंडविधान का राजा के एजेंटों पर। अपराधियों को आनन फानन सजा सुना दी जाती थी और ये सजाएं बड़ी कठोर होती थीं—जैसे कोड़े लगाना, शरीर का कोई अंग दाग देना, शिरोच्छेद कर देना, जीभ काट लेना, पसलियां तोड़ देना आदि। व्यक्ति तथा संपत्ति के विरुद्ध किए जानेवाले अपराधों की रोकथाम के लिए पुलिस संगठन और दंडाधिकरण (मजिस्ट्रेसी) कायम किया गया था; वह अपरिष्कृत और प्रारंभिक ढंग का जान पड़ता है। ग्रामप्रधान राजस्व की उगाही तथा आंतरिक सुरक्षा, दोनों दायित्वों का निर्वाह करते थे।

लेकिन इस नई व्यवस्था ने पुराने पारिवारिक तथा जनजातीय कानून को सर्वथा समाप्त नहीं किया, यद्यपि कई दृष्टियों से इसके सामने उसका महत्त्व सर्वथा गौण हो गया। इसके अतिरिक्त ब्राह्मणीय समाज व्यवस्था तथा राजतंत्री शासन-परिधि में जिन अवैदिक जनजातीय समुदायों तथा क्षेत्रों को शामिल किया गया उनके विषय में एक ओर तो फर्जी तौर पर यह बताया गया कि वे मूलतः ब्राहमण-परंपरा वाले समाज के ही अंग हैं और दूसरी ओर उन्हें अपने समाज का

नियमन अपने उन पुराने रीतिरिवाजों के अनुसार करने की छूट दी गई जिनमें से कुछ 'बौधायन धर्मसूत्र' में उद्धृत किए गए हैं। उनके अधिकारों की इस स्वीकृति ने संघों के रूप में संगठित विभिन्न पेशों के शहरी लोगों के संदर्भ में पूर्वोदाहरण का काम किया। इन संघों का स्वरूप यद्यपि जनजातीय समुदायों से भिन्न था, तथापि उन्हें अपने कानूनों और रीतिरिवाजों का अनुसरण करने की छूट दी गई।

इस काल में शहरी क्षेत्रों के प्रशासन में इन संघों का कोई हाथ था या नहीं, यह बताना असंभव है। जातकों में जो साक्ष्य मिलते हैं, संभव है, उनका संबंध परवर्ती काल की वस्तुस्थिति से रहा हो। निकायों तथा 'विनयपिटक'-जैसे प्रारंभिक पालि ग्रंथों में इस विषय का बहुत कम उल्लेख मिलता है। यद्यपि पांचवीं सदी ई. पू. से शहरों का उदय काफी तेजी से होने लगा था, किंतु मौर्य काल से पूर्व उनके प्रशासन का चित्र प्रस्तुत करने का हमें कोई साधन उपलब्ध नहीं है।

इस काल के राजतंत्रों को 'सभा' और 'समिति' की सहायता सुलभ नहीं रह गई थी। वैदिकोत्तर काल में लोकप्रिय संस्थाओं के विलय के संबंध में दो शब्द कहना आवश्यक है। ये संस्थाएं तत्वतः जनजातीय थीं, इसलिए जब जनजातीय वर्णों में विघटित होकर अपनी पहचान खो बैठीं तो इन संस्थाओं का भी ह्रास हुआ और अंत में ये मिट गईं। यह प्रक्रिया वैदिककाल के अंतिम चरण से ही, जब ये संस्थाएं पतनोन्मुख हो चली थीं, आरंभ हो गई। अब उनका स्थान वर्ण संगठनों ने ले लिया। धर्मशास्त्रकारों ने संगठनों के कानूनों और रीतिरिवाजों को अपने ग्रंथों में स्थान दिया, यद्यपि इनकी प्रवृत्तियां सामाजिक विषयों तक ही सीमित थीं। जैसा कि पांचवीं सदी ई. पू. में एथेंस में क्लाइनीज ने किया, उस तरह भारत में जनजातीय सभाओं को प्रादेशिक आधार प्रदान करने का कोई प्रयास नहीं किया गया। लोकप्रिय संस्थाएं वैदिककाल की तरह के छोटे राज्यों में ही सफल हो सकती थीं। कोसल और मगध जैसे बड़े राज्यों के उदय तथा संचार की कठिनाई के कारण इन सभाओं की नियमित बैठक असंभव हो गई। ये सभाएं जनजातीय थीं, इसलिए ये नए राज्यों में बसनेवाले वैदिकेतर जनों को अपने में खपा नहीं सकीं। इसलिए बदली हुई परिस्थितियां पुरानी राजनीतिक व्यवस्था के अनुकूल नहीं थीं। फलतः यद्यपि हम उत्तर वैदिककाल में पंचालों की 'समिति' का उल्लेख देखते हैं, किंतु उनके उत्तराधिकारियों की ऐसी किसी लोकप्रिय संस्था का कोई जिक्र नहीं देखने को मिलता। उनके स्थान पर धर्मसूत्रों ने परिषद् नामक एक नए और बहुत छोटे निकाय की व्यवस्था की, जिसके सदस्य केवल ब्राह्मण ही हो सकते थे। सभाएं थीं अवश्य, लेकिन शाक्यों, लिच्छवियों आदि के अपेक्षाकृत छोटे गणराज्यों में।

गणतांत्रिक प्रयोग प्राक् मौर्य राज्यव्यवस्था की खास विशेषता है। गणतंत्रों का उदय या तो सिंधु घाटी में या हिमालय की तराई में उत्तर प्रदेश तथा बिहार में हुआ। संभव है, सिंधु घाटी के गणतंत्र वैदिक जनजातियों के अवशेष रहे हों,

यद्यपि लगता है, कहीं-कहीं जनजातीय व्यवस्था और गणतंत्र काल के बीच कुछ काल तक राजतंत्र का भी दौर चला। हिमालय की तराईवाले गणतंत्र, संभव है, उत्तर प्रदेश तथा बिहार के राजतंत्रों से टूटकर अलग हुए राज्यों में कायम हुए हों। हो सकता है, उनके अलग होने के पीछे उस पुरानी जनजातीय समानता की प्रेरणा रही हो जो राजा को विशेष महत्त्व देने को तैयार नहीं थी।

सभी गणतंत्रों में सत्ता कुछ थोड़े से जनजातीय अगुओं के हाथों में थी, अर्थात उनमें अल्पतंत्र (ओलीगार्की) का शासन था। इस शासक वर्ग में वर्णतत्वों का समावेश हो गया था। शाक्यों तथा लिच्छिवियों के गणतंत्रों में शासक वर्ग का एक गोत्र और एक ही वर्ण था। इसमें संदेह है कि इन गणतांत्रिक सभाओं में ब्राह्मण भी बैठते थे। लेकिन मौर्योत्तर काल में मालवों तथा क्षुद्रकों के गणतंत्रों में ब्राह्मणों को भी नागरिकता प्राप्त थी, किंतु गुलाम तथा भाड़े के श्रमिक उससे वंचित थे। सिकंदर के साथियों ने बिआस तट पर एक ऐसा राज्य देखा जिसके सदस्य वही लोग होते थे जो राज्य को कम से कम एक हाथी दे सकते थे। इसे सिंधु घाटी में अल्पतंत्र का विशिष्टतम उदाहरण माना जा सकता है।

शाक्यों तथा लिच्छिवियों का प्रशासनिक यंत्र सरल और अपरिष्कृत था। उसमें राजा, उपराजा, सेनापति और भांडागारिक, यही अधिकारी होते थे। पांचवीं सदी ई. की एक रचना में एक ही मुकदमे की सुनवाई करनेवाले एक के ऊपर एक सात न्यायालयों का उल्लेख हुआ है। यह उल्लेख इतना अधिक परवर्ती और इतना आदर्शभूत है कि इसे मौर्यपूर्व काल पर घटाना अनुचित होगा।

गणतंत्रों और राजतंत्रों में अनेक अंतर थे। मगध तथा कोसल में राजा अपने को किसानों से राजस्व प्राप्त करने का एकमात्र अधिकारी मानता था, लेकिन गणतंत्रों में यह दावा जनजातीय अल्पतंत्र का प्रत्येक सदस्य करता था। 7707 लिच्छवि राजाओं में से प्रत्येक अपने को राजस्व का अधिकारी मानता था। राजस्व एकत्र करने के लिए प्रत्येक का अपना एक भंडार होता था। एक जातक के अनुसार चेत राज्य की राजधानी के 60,000 खत्तियों के साथ भी शायद यही बात रही हो। इनमें से प्रत्येक खत्तिय राजा कहलाता था।[33] इसी तरह, राजतंत्र में राजा की अपनी नियमित और स्थायी सेना होती थी, जिसमें वह अपनी राज्य सीमा के अंतर्गत स्थित सशस्त्र प्रतिद्वंद्वियों या स्पर्धियों को स्थान नहीं देता था; लेकिन जनजातीय अल्पतंत्र के प्रत्येक राजा के पास एक छोटी सी सेना होती थी जो उसके सेनापति के अधीन काम करती थी, अथवा प्रत्येक के पास कुछ हाथी होते थे। हर राजा अपनी इस स्थिति से प्रसन्न था और ऐसे सभी राजाओं में आपस में एक स्वस्थ प्रतियोगिता का भाव होता था। प्रारंभिक गणतंत्रों में ब्राह्मणों के लिए कोई स्थान नहीं था, और न ब्राह्मणों ने ही अपने विधिग्रंथों में उन्हें कोई मान्यता दी। और दोनों तंत्रों के बीच एक बड़ा अंतर यह था कि जहां गणतंत्रों में सभाएं बखूबी अपना

काम कर रही थीं, नए राजतंत्रों में उनका ह्रास और लोप हो चुका था।

मौर्यकाल से गणतांत्रिक परंपरा कमजोर पड़ने लगी। प्राक् मौर्यकाल में भी राजतांत्रिक व्यवस्था गणतंत्र की अपेक्षा बहुत प्रबल थी। इस काल का महत्त्व उत्तर प्रदेश तथा बिहार के बड़े-बड़े प्रादेशिक राज्यों की नई सामाजिक, आर्थिक तथा राजनीतिक परिस्थितियों का मुकाबला करने के लिए सैनिक, राजस्विक तथा न्यायिक अंगों के विकास में निहित था।

संदर्भ और टिप्पणियां

1. ऋग्वेदक, X, 173, 1 और 2.
2. बंद्योपाध्याय, डेबलपमेंट ऑफ हिंदू पालिटी ऐंड पॉलिटिकल थियरीज, पृ. 85, पा. टि.
3. X, 124. 8.
4. विशस्त्वा सर्वा वांछतु, X.173 और आगे.
5. का. प्र. जायसवाल, हिंदू पॉलिटी, अध्याय XXIII, और बंद्योपाध्याय, पूर्वोद्धृत ग्रंथ, पृ. 88-91 में उद्धृत.
6. बंद्योपाध्याय, पूर्वोद्धृत ग्रंथ, पृ. 85.
7. वही, पृ. 86.
8. I. 70.9; V,I.10.
9. VII, 6.5; X, 173.6.
10. ऋग्वेद, VII, 38.6.2; X, 97.11.
11. वही, X, 97, 22.
12. ऋग्वेद V, 37.3.
13. VI. i, 297.
14. वही, 371.
15. VI, 88.2.
16. I, 8.12.
17. II, 3.1.
18. वा. सं., X, 10-14; तै. सं., I.8.13; का. सं., XV, 7; मै. स., II, 6-10.
19. VIII, 12 और 13.
20. ऐ. ब्रा., VIII, 15.
21. IX, 4, 1.1.
22. श. ब्रा., VII, 1.1.4.
23. वा. सं., X, 10-14; का. सं., XV.7.
24. इनके लिए 'विशमत्ता' और 'ब्राह्मणानाम् गोप्ता' या 'ब्रह्मो गोप्ता' शब्दों का प्रयोग हुआ है ऐ. ब्रा. VIII, 17.
25. V.4.4.5.
26. VIII, 7.
27. श. ब्रा. XII 9.3.1 और 3.

28. ऐ. ब्रा. VIII, 17.
29. ऐ. ब्रा., III, 48 (वृद्धद्युम्न के पुत्र और पौत्र).
30. श. ब्रा., XIII, 5.4.16.
31. एच. सी. राय चौधरी, ऐन एडवांस्ड हिस्ट्री ऑफ इंडिया, i (1958), 44.
32. उपर्युक्त पुस्तक, पृ. 45 में उद्वृत प्रश्न उपनिषद्.
33. जातक, VI 513-17; मिलाइए वा. श. अग्रवाल, 'दि जनपद ऐंड दि ग्रीक सिटीस्टेट', इं. हि. क्वा., XXX, 46.

20. प्राचीन भारतीय राज्यव्यवस्था के विभिन्न चरण

मौर्यकालीन अवस्था : केंद्रीकृत नौकरशाही का काल

मौर्यकालीन पुरातत्व से प्रकट होता है कि इस युग में उत्तर भारत में नगरों का विकास काफी बड़े पैमाने पर हुआ। उत्तराखंड में पाए जानेवाले पालिशदार भांडों (नॉर्थ ब्लैक पालिश्ड वेयर) तथा आहत मुद्राओं की बहुलता वाली अधिकांश शहरी बस्तियां इसी युग की हैं। वस्तुतः मौर्यकाल आहत मुद्राओं के इतिहास का चरमोत्कर्ष युग था। प्राचीन भारत की किसी भी मुद्रा शृखला की उतनी अधिक राशियां प्राप्त नहीं हुई हैं जितनी की आहत मुद्रा शृंखला की। यद्यपि ये मुद्राएं लगभग 500 ई. पू. से प्रायः 100 ई. पू. के बीच की हैं, किंतु इनमें से अधिकांश को मौर्यकालीन माना जा सकता है। इससे स्वभावतः व्यापार और उद्योग को बहुत उत्तेजन मिला। फलतः एक ओर यदि उद्योग-व्यापार की समस्याओं का समाधान मौर्य राज्य का मुख्य दायित्व बन गया तो दूसरी ओर इनके कारण सरकार के लिए अपने कर्मचारियों को नकद वेतन देना भी संभव हुआ। मौर्य बस्तियों में पकी ईंटों का काफी प्रयोग किया गया दीखता है। पश्चिमोत्तर भारत में तो पकी ईंटें हड़प्पा सभ्यता के काल से ही काम में लाई जा रही थीं, लेकिन पूर्वोत्तर भारत में ये मौर्यकाल से पहले देखने को नहीं मिलतीं।[1] स्पष्ट ही यह नई निर्माण सामग्री दूर-दूर तक शहरी बस्तियां बसाने में बहुत सहायक सिद्ध हुई और इसने उन बस्तियों को स्थायित्व भी प्रदान किया। उत्खननों में प्राप्त लोहे के फालों, हंसियों तथा अन्य उपकरणों से उच्च शिल्पज्ञान का परिचय मिलता है। इस ज्ञान का उपयोग ऐसे विशाल पालिशदार स्तंभ खड़े करने के लिए किया गया जो पत्थर या धातु के एक ही खंड से बनाए जाते थे और जिन्हें खड़ा रखने के लिए किसी और सहारे की जरूरत नहीं होती थी। कौटिल्य ने परती जमीन आबाद करने, व्यापार के नए मार्ग खोलने और व्यापार तथा उद्योग के नियंत्रण की बात कही है। मेगास्थनीज भी इस बात का साक्ष्य प्रस्तुत करता है कि मौर्य राज्य कृषि, सिंचाई तथा राजधानी की आर्थिक प्रवृत्तियों के नियमन में रुचि लेता था। अशोक के अभिलेखों से लगता है

कि स्तंभ गढ़ने, उन पर रोगन करने तथा उन्हें उचित स्थान पर ले जाने के काम में पूरे देश में राज- मिस्त्रियों, कारीगरों और श्रमिकों को बड़े पैमाने पर नियोजित किया जाता था । गरज यह कि कारण चाहे जो भी हो, सरकार की व्यापक आर्थिक प्रवृत्तियों के संबंध में संदेह की कोई गुंजाइश नहीं है । स्वभावतः इन प्रवृत्तियों का प्रभाव प्रशासन पर पड़ा। राज्य को बहुत बड़ी संख्या में छोटे-बड़े अधिकारी नियुक्त करने पड़े ।

मौर्य राजनीतिक इतिहास का सबसे बड़ा तथ्य मगध साम्राज्य की स्थापना था, जिसमें सुदूर दक्षिण को छोड़कर संपूर्ण भारत शामिल था । यह साम्राज्य तलवार के जोर से स्थापित किया गया था और इसकी रक्षा भी तलवार के जोर से ही हो सकती थी । बाह्य सुरक्षा तथा आंतरिक शांति दोनों के लिए प्रबल सैन्यशक्ति आवश्यक थी । संभव है, आंतरिक शांति को ऊपर से पुराने राजवंश के समर्थकों से और नीचे से शहरी आबादी के नए तत्वों से खतरा रहा हो । साथ ही कृषकों से भी राज्य को डर बना रहता था क्योंकि प्रकृति कोप की चर्चा सुनी जाती है । साम्राज्य के अंदर और उसकी सीमा पर रहनेवाले जनजातीय लोग बराबर परेशानी का कारण बने रहते थे। इस सबके लिए विशाल स्थायी सेना और चुस्त दंडव्यवस्था की आवश्यकता थी, और उधर इस सेना तथा दंडव्यवस्था के संचालकों पर होने वाले खर्च के लिए धन जुटाने के निमित्त राजस्व के नए स्रोतों की खोज करना जरूरी था ।

मौर्य राज्य के स्वरूप पर विचार करते हुए जो बात बरबस हमारा ध्यान आकृष्ट करती है, वह है राजा को दिया गया अत्यंत उच्च और महत्त्वपूर्ण स्थान । कौटिल्य के अनुसार राज-आदेश धर्म सहित सत्ता के अन्य सभी स्रोतों से ऊपर है । यद्यपि उनका कहना है कि यह आदेश धर्म के अनुसार होना चाहिए, क्योंकि राजा धर्मप्रवर्तक है; किंतु स्पष्ट है कि धर्म की व्याख्या करने, बल्कि उसे लागू करने के क्रम में भी, वह अपनी इच्छानुसार धर्म में परिवर्तन कर सकता है । कौटिल्य के विधान के अधीन राजा को बदलती हुई परिस्थितियों के अनुसार धर्म की व्याख्या करने की छूट होगी । यदि कौटिल्य के इस विधान को एक आदर्श स्थिति का वर्णन मात्र मान लिया जाए तो भी अशोक के अभिलेख राज्यादेशों के सर्वव्यापी स्वरूप के स्पष्ट प्रमाण हैं । जनता का सामाजिक तथा धार्मिक जीवन तक इन आदेशों से अछूता नहीं रहा है ।

व्यापक नौकरशाही के कारण कोई भी चीज राज्य की पहुंच के बाहर नहीं रह गई थी। फलतः उसने जीवन के हर क्षेत्र पर अपना नियंत्रण करने का प्रयत्न किया। यदि हम कौटिल्य के 'अर्थशास्त्र' के साक्ष्य को स्वीकार करके चलें तो पाएंगे कि एक विशाल और जटिल नौकरशाही की स्थापना मौर्य शासन की

उल्लेखनीय विशेषता थी। एक स्थल पर कौटिल्य ने अठारह तीर्थों का उल्लेख किया है। शायद ये अठारह तीर्थ ही महामात्र या उच्चाधिकारी कहे गए हैं।[2] यद्यपि 'अर्थशास्त्र' में महामात्र शब्द का प्रयोग बहुत कम स्थलों पर हुआ है और उस ग्रंथ में इस शब्द का वास्तविक प्रतिरूप अमात्य है, किंतु अशोक के अभिलेखों का यह एक सुपरिचित शब्द है। कुछ प्रकार के महामात्रों का उल्लेख 'विनय पिटक' में भी हुआ है, लेकिन अशोक के अधीन इनकी संख्या काफी बढ़ गई। उसके साम्राज्य के हर बड़े नगर और प्रत्येक जिले में एक महामात्र होता था। उन्हें शहरी, देहाती और सीमावर्ती तीनों प्रकार के क्षेत्रों का प्रशासन संभालने का काम देया जाता था। लेकिन उनका सबसे महत्त्वपूर्ण काम धर्ममहामात्रों के रूप में था। इस हैसियत से वे अशोक द्वारा निर्दिष्ट सामाजिक तथा राजनीतिक व्यवस्था को लागू करते थे।

अठारह तीर्थों के अतिरिक्त कौटिल्य ने सत्ताईस अध्यक्षों की भी व्यवस्था की है। इनका संबंध मुख्यतः आर्थिक क्रियाकलाप तथा कुछ सैनिक कर्तव्यों के निर्वाह से है, यद्यपि सामाजिक दायित्वों से भी इन्हें सर्वथा अलग नहीं रखा गया है। इस सूची में उल्लिखित अधिकारियों तथा जिनका जिक्र तीर्थों की सूची में हुआ है उनके बीच कोई समानता नहीं है। इससे प्रकट होता है कि यहां दो अलग-अलग परंपराओं का समाहार किया गया है। दूसरी संभावना यह है कि तीर्थ उच्चतर अधिकारी हैं और उनमें अध्यक्ष लोग भी शामिल नहीं हैं, क्योंकि वेतन सूची में अधिकांश तीर्थों का उल्लेख मिलता है, लेकिन अध्यक्षों में से बहुत कम का। इसके अतिरिक्त हम गोप, स्थानिक, धर्मस्थ, नागरक आदि अनेक अन्य अधिकारियों का उल्लेख भी देखते हैं। उपर्युक्त तीनों सूचियों में से किसी में भी इनका जिक्र नहीं मिलता, लेकिन इन्हें काफी महत्त्वपूर्ण कार्य सौंपे गए हैं। 'अर्थशास्त्र' की सूचियां अधिकारियों की वास्तविक स्थिति को कहां तक प्रतिबिंबित करती हैं, यह कहना कठिन है। लेकिन इसमें कोई संदेह नहीं कि विभिन्न सूचियां अधिकारियों की संख्या में वृद्धि करने की प्रवृत्ति का संकेत देती हैं। मोटे तौर पर इसकी पुष्टि मेगास्थनीज के विवरण और अशोक के अभिलेखों से भी होती है। मेगास्थनीज ने अनेक दंडाधिकारियों (मैजिस्ट्रेट) का उल्लेख किया है और अशोक के अभिलेखों में एक दर्जन श्रेणियों के अधिकारियों का जिक्र हुआ है।

यद्यपि मेगास्थनीज के विवरण तथा अशोक के अभिलेखों में नियुक्ति के नियमों के बारे में कुछ नहीं कहा गया है, किंतु कौटिल्य ने अमात्य कहे जानेवाले उच्चाधिकारियों के संवर्ग (काडर) के लिए कुछ योग्यताओं का विधान अवश्य किया है। उसका विशेष जोर आभिजात्य पर है। इसी संवर्ग में से समाहर्ता, सन्निधाता और धर्मस्थ की नियुक्ति करने की व्यवस्था की गई है। किंतु इस संवर्ग के सदस्य भी कुछ परीक्षाओं में उत्तीर्ण होने पर ही इन पदों पर नियुक्त किए जा

सकते थे। इस प्रकार यद्यपि किसी प्रकार की प्रतियोगिता परीक्षा की व्यवस्था नहीं की गई है, तथापि, नियुक्ति के नियमों से किसी न किसी प्रकार के नौकरशाही संगठन का संकेत अवश्य मिलता है।

यह नौकरशाही पूरी तरह से श्रेणीबद्ध थी, इसका आभास विभिन्न श्रेणियों के अधिकारियों के वेतनमानों से मिलता है। मंत्री, पुरोहित, सेनापति और युवराज जैसे उच्चतम पदाधिकारियों का वेतन निर्धारित करने में बड़ी उदारता बरती गई है। कुछ अधिकारियों को तो 48,000 पण तक वेतन देने की व्यवस्था है, जबकि एक पण में 3/4 तोला चांदी होती थी।[3] इसके विपरीत, 'भृत्यभरणीयम्' प्रकरण (V.3) में दी गई वेतनों की समेकित सूची में निम्नतम कर्मचारियों को 60 पण देने की सिफारिश की गई है। लेकिन अन्य स्थलों में तो उन्हें इससे भी तुच्छ राशि—मात्र 10 या 20 पण—देने की अनुशंसा की गई है। इस प्रकार 1 : 4800 का अनुपात बैठता है, जिससे उच्चतम और निम्नतम सरकारी कर्मचारियों में भारी अंतर का संकेत मिलता है। हमारे प्रयोजन के लिए इससे भी महत्त्वपूर्ण बात यह है कि इस वेतन सूची से पिरामिडनुमा नौकरशाही ढांचे का आभास मिलता है। कुल मिलाकर मौर्यों ने एक अद्वितीय अधिकारितंत्र की रचना की, जो किसी ऐसे विशाल साम्राज्य में ही संभव था जिसे इस तंत्र का खर्च चलाने के लिए उपज का काफी बड़ा अतिरिक्त अंश नकद या जिंसों में प्राप्त होता रहा हो। आधुनिक दृष्टि से इसे शायद उचित न माना जाए, लेकिन यह कोई निजी सुविधाओं के लिए रखे गए सेवकों का समुदाय नहीं था, क्योंकि यह राजा की गृहस्थी का अंग नहीं था।

नौकरशाही सबकुछ राजशक्ति की पहुंच के अंदर ले आई, लेकिन इस शक्ति को वास्तविक ओज राज्य की दंडशक्ति के अभूतपूर्व विकास के फलस्वरूप प्राप्त हुआ। जस्टिन के अनुसार, चंद्रगुप्त मौर्य के पास 6,00,000 सैनिक थे, अर्थात उसकी सेना नंदों की पदाति सेना की तुलना में तिगुनी थी। पदाति, अश्वारोही, रथसेना तथा हस्तिसेना इन चार सामान्य अंगों की शक्ति की अभिवृद्धि दो और नए अंग, नौसेना तथा परिवहन और रसद, करते थे। मौर्य सेना में इन नए अंगों के जोड़े जाने का संकेत मेगास्थनीज और कौटिल्य से मिलता है। शस्त्रास्त्रों का निर्माण करनेवाले शिल्पियों पर राजकीय एकाधिकार के फलस्वरूप राज्य का खड्गबल और भी अपराजेय हो गया था।

संभव है, आंतरिक विद्रोहों को दबाने के लिए कभी-कभी सेना का उपयोग भी किया जाता रहा हो, लेकिन यदि हम 'अर्थशास्त्र' के साक्ष्य के अनुसार देखें तो स्वीकार करना होगा कि पुलिस तथा दंडप्रशासन की कार्यकुशल प्रणाली का विकास सबसे पहले मौर्यों ने ही किया। इस प्रणाली के आधार का काम विस्तृत गुप्तचर व्यवस्था करती थी। शहरी परिवेश में सामान्यतः जिस प्रकार के आर्थिक अपराध होते हैं, वैसे बहुत से अपराधों के निवारण के लिए कंटकशोधन का संगठन

किया गया था। इस संगठन की बहुत-सी व्यवस्थाओं का उद्देश्य मापतोल के गलत पैमानों का इस्तेमाल करनेवाले और ऊंची कीमतें वसूल करनेवाले कारीगरों तथा व्यापारियों के क्रियाकलाप पर अंकुश रखना था। दंडव्यवस्था का संगठन कौटिल्य की कृति की एक बहुत बड़ी विशेषता है। इस पर कोई बाहरी प्रभाव नहीं दिखाई देता। स्पष्ट ही, यह विशुद्ध भारतीय प्रतिभा की देन थी। यही बात लोगों की अपराधिक तथा सरदार विरोधी प्रवृत्तियों पर नजर रखने और उनकी सूचना देने का काम करनेवाले गुप्तचरों के साथ भी लागू होती है।

लेकिन जिन अधिकारियों को दंडविधान के प्रशासन तथा अपराधों की जांच का दायित्व सौंपा गया था, वे आधुनिक अर्थों में विशुद्ध रूप से पुलिस अधिकारी नहीं थे। पुलिस तथा मजिस्ट्रेट दोनों के दायित्व निभाने वाले आधुनिक अधिकारी से सबसे अधिक साम्य हमें प्रदेष्टा में देखने को मिलता है, लेकिन इसके सिर भी कुछ राजस्विक जिम्मेदारियां थीं। दूसरी ओर मुख्यतः राजस्विक कार्यों से संबंधित समाहर्ता, स्थानिक तथा गोप को किसी हद तक पुलिस और दंडाधिकारी से जुड़े कर्तव्य भी पूरे करने पड़ते थे।

राज्य की बढ़ती हुई आर्थिक गतिविधियों और शहरी बस्तियों की आवश्यकताओं के फलस्वरूप नगर प्रशासनतंत्र का निर्माण हुआ। यह ऐसी चीज थी जिसके विषय में पूर्व मौर्य काल में कुछ खास सुनने को नहीं मिलता। मेगास्थनीज ने पाटलिपुत्र के नगर प्रशासन का जो वर्णन किया है उससे स्पष्ट झलकता है कि सरकार को सफाई, विदेशियों की देखरेख, जीवन-मृत्यु का पंजीयन आदि शहरी समस्याओं की चिंता रहती थी। इन बातों पर कौटिल्य ने भी विचार किया है। उन्होंने नगर प्रशासन में स्थानीय लोगों के सहयोग का कोई संकेत नहीं दिया है। इसके विपरीत वह यह व्यवस्था ऊपर से लादता है। नागरिकों के कर्तव्य उन्होंने विस्तार से बताए हैं। शायद कौटिल्य का 'नागरक' ही अशोक के अभिलेखों का 'नगरव्यावहारिक' है। शान्ति एवं व्यवस्था कायम रखना और सफाई की व्यवस्था की देखरेख करना नागरक के कर्तव्य बताए गए हैं। मकान बनाने में लकड़ी का उपयोग बहुत अधिक होता था, जिसके अवशेष कुम्रहार (पटना) के मौर्य ठिकाने में प्राप्त हुए हैं। लकड़ी के इस व्यापक उपयोग के कारण नागरक का एक महत्त्वपूर्ण कर्तव्य इस बात का ध्यान रखना था कि आग न लगने पाए।

नगर कई हलकों में बंटा हुआ था, जिनकी देखरेख की जिम्मेदारी नागरक के नीचे काम करनेवाले स्थानिक और गोप नामक अधिकारियों पर थी। ये लोग अपने-अपने हलकों के घरों आदि का विवरण रखते थे। इन दो अधिकारियों का उल्लेख सर्वप्रथम ग्रामीण राजस्वव्यवस्था के संदर्भ में हुआ है। ग्रामीण प्रशासनव्यवस्था को शहरी क्षेत्रों की आवश्यकताओं की पूर्ति के लिए उन पर भी

लागू किया गया । केवल नागरक ही ऐसा अधिकारी था जिसका संबंध सिर्फ शहरी प्रशासन से था ।

जैसा कि कौटिल्य के 'अर्थशास्त्र' से देखा जा सकता है, मौर्यों के ग्राम-प्रशासन का मुख्य प्रयोजन राजस्व का ठीक निर्धारण और वसूली था । जनपद का प्रधान अधिकारी समाहर्ता प्रमुख रूप से राजस्व निर्धारण के लिए उत्तरदायी था । इस काम में उसकी सहायता स्थानीय और गोप करते थे, जो राजस्व-निर्धारण के लिए विस्तृत आंकड़े एकत्र करते थे । ये अधिकारी केवल राजस्व का निर्धारण और वसूली ही नहीं करते थे, बल्कि अपने-अपने क्षेत्रों में शांति एवं व्यवस्था भी कायम रखते थे । इनमें हम प्रदेष्टा को शामिल कर लें तो देखेंगे कि यही कुछ अधिकारी राजस्व, पुलिस तथा दंड तीनों विभागों से संबंधित सभी सरकारी कामकाज किया करते थे ।

अपने सीमावर्ती प्रदेशों के प्रशासन तथा जनजातीय लोगों से अपने व्यवहार में अशोक ने नरमी के तत्वों का समावेश किया । अंतमहामात्रों से कहा गया कि वे सीमावर्ती लोगों को समझा-बुझाकर धर्म के अनुसार आचरण करने, राजा तथा गुरुजनों की आज्ञा मानने जैसे सामाजिक नियमों का पालन करने और हिंसा से विमुख रहने को राजी करें । लेकिन यदि वे समझाने-बुझाने से उन नियमों का पालन न करें तो उन्हें दंड भय भी दिखाना था । अपने कंदहार अभिलेखों में अशोक ने यह दावा किया है कि लोगों के बीच उसकी यह नीति सचमुच सफल रही ।

प्राचीन भारत में कर प्रणाली के विकास की दृष्टि से मौर्यकाल का युगांतरकारी महत्त्व है । कौटिल्य ने ग्रामीण तथा शहरी क्षेत्रों के किसानों एवं कारीगरों तथा व्यापारियों से वसूल किए जानेवाले अनेक नए करों का उल्लेख किया है। स्वभावतः ऐसी कर प्रणाली कराधान, करों की वसूली तथा वसूल की गई जिंसों को रखने के लिए एक बड़े और कार्यकुशल तंत्र की अपेक्षा रखती थी । मौर्य राजस्वव्यवस्था की विशेषता यह है कि वसूल किए गए करों की जिंसों को रखने और राशियों को जमा कराने को अपेक्षा कराधान को अधिक महत्त्व दिया गया है । राज्य को राजकोष तथा राजभंडार के मुख्य अधिकारी सन्निधाता से होनेवाली हानि की अपेक्षा कराधान व्यवस्था के मुख्य अधिकारी समाहर्ता से होनेवाली हानि को अधिक गंभीर माना गया है । सच तो यह है कि कराधानतंत्र की व्यवस्था सर्वप्रथम मौर्यकाल में ही देखने को मिलती है ।

'अर्थशास्त्र' में करों और शुल्कों की काफी बड़ी सूची दी गई है । यदि ये सारे कर-महसूल वसूल किए जाते रहे हों तो निस्संदेह करदाताओं पर बहुत अधिक बोझ रहा होगा । लेकिन इतने सारे करों को भी राज्य की आवश्यकता की पूर्ति के लिए पर्याप्त नहीं माना जाता था, क्योंकि राजकोष को विशाल सैनिक तथा नौकरशाही संगठन का खर्च चलाना पड़ता था । इसलिए राजकोष को इन करों के

अलावा अन्य उपायों से भी भरा जाता था—जैसे राज्य की देखरेख में परती जमीन आबाद करवाई जाती थी, खनिज पदार्थ निकाले जाते थे, स्वर्णकारों और शराब की दुकानें चलाई जाती थीं तथा बुनाई का काम करवाया जाता था।

ऊपर के विवरण से स्पष्ट हो गया होगा कि मौर्य शासन अत्यंत केंद्रीकृत था। इस काल में गांवों की परिषदें आदि किस तरह काम करती थीं, यह जानकारी देनेवाला कोई प्रत्यक्ष साक्ष्य हमें उपलब्ध नहीं है। हां, कारीगरों और व्यापारियों के संघों को किंचित स्वायत्तता प्राप्त थी और संभव है, पाटलिपुत्र के प्रशासन में स्थानीय लोगों का भी कुछ सहयोग लिया जाता रहा हो। सत्ता के उपयोग में अशोक शायद परिषद् की सलाह लिया करता था और उसके प्रांतीय शासक भी ऐसा ही करते थे। लेकिन इससे कोई विशेष विकेंद्रीकरण नहीं हो पाया। किंतु 'अर्थशास्त्र' विकेंद्रीकरण के कुछ लक्षणों को भासित करता है। उदाहरण के लिए, नई बस्तियों में ऋत्विकों, आचार्यों, पुरोहित तथा अन्य विद्वान ब्राह्मणों एवं अधीक्षकों तथा निम्न श्रेणी के कुछ ग्राम कर्मचारियों को करमुक्त जमीन देने का विधान किया गया है।[4] लेकिन, ऐसी अनुदान भूमि को बेचा नहीं जा सकता था[5] और किसी भी अधिकारी को पूरा गांव देने की अनुशंसा कहीं नहीं की गई है।[6] इसके अतिरिक्त अर्थशास्त्र' में परिहारों, अर्थात् अनुदत्त गांवों में किसानों आदि को विभिन्न प्रकार के राजस्वों से दी गई छूटों के संबंध में जो विशद व्यवस्था की गई है, उसका उद्देश्य ईस्वी सन की प्रारंभिक सदियों में सातवाहनों तथा पल्लवों के अधीन प्रदान किए गए परिहारों से सर्वथा भिन्न है। जहां इन परिहारों का प्रयोजन धार्मिक ग्रहीताओं को पुरस्कृत करना था, 'अर्थशास्त्र' में विहित परिहारों का उद्देश्य राजकोष की अभिवृद्धि है। किंतु, एक चीज ने मौर्य साम्राज्य के उत्तरार्ध में विकेंद्रीकरण की प्रवृत्ति को अवश्य उत्तेजन दिया। तात्पर्य अशोक द्वारा राजुकों को दिए गए विस्तृत न्यायिक तथा कार्यपालिका संबंधी अधिकारों से है। इन अधिकारियों की सत्ता सैकड़ों हजारों लोगों पर होती थी।

मौर्य राज्यव्यवस्था में विकेंद्रीकरण के तत्वों का स्थान गौण है। हमारे सभी अध्ययन स्रोत केंद्रीकृत नौकरशाही नियंत्रण का स्पष्ट संकेत देते हैं। इस राज्यव्यवस्था की यह विशेषता मौर्यों के विशाल साम्राज्य तथा बढ़ती हुई आर्थिक प्रवृत्तियों से भी मेल खाती है। सुगठित पुलिस तथा सैनिक संगठन और राजस्विक तंत्र के साथ मिलकर केंद्रीकरण की इस प्रवृत्ति ने राजसत्ता को अभूतपूर्व शक्ति प्रदान की, जिसकी अभिव्यक्ति 'शासन' में हुई। कौटिल्य ने राजा को कोष तथा सेना की शक्ति को अपने हाथों में रखने का निर्देश दिया है।[7] चूंकि ये दोनों महत्त्वपूर्ण अंग मौर्यकाल में सुस्थापित अवस्था में दिखाई देते हैं, इसलिए जान पड़ता है कि उनसे राजा को, जो उन पर अपना नियंत्रण रखता था, काफी शक्ति प्राप्त हुई होगी।

ऐसा कहा गया है कि मौर्य राज्यव्यवस्था आकीमेनिड और टॉलेमी के नमूने पर आधारित थी। अशोक के स्थापत्य और अभिलेखों में जो विदेशी तत्व दिखाई देते हैं, उनको देखते हुए और फिर भारत की पश्चिमोत्तर सीमा पर फारसी शासन को ध्यान में रखते हुए भारतीय शासनप्रणाली पर आकीमेनिड प्रभाव की बात करना विशुद्ध कल्पनाप्रसूत नहीं प्रतीत होता। लेकिन ऐसा मानना सही नहीं होगा कि 'अर्थशास्त्र' में जिस सर्वसत्तासंपन्न आंतरिक शासन की रूपरेखा प्रस्तुत की गई है, वह ज्यों की त्यों किसी विदेशी राजनीतिक चिंतनधारा से उधार ले ली गई है। वास्तव में यह पूर्व मौर्यकाल में दृष्टिगोचर होनेवाली शक्तियों और प्रक्रियाओं की चरमपरिणति थी। यदि प्रेरणा बाहर से मिली हो तब भी परिवर्तन आंतरिक शक्तियों के कारण ही हुआ। पूर्व मौर्यकालीन धर्मसूत्रकार आपस्तंब राजा को राजधानी स्थापित करने की सलाह देते हैं और वसिष्ठ राजा से अन्तःपुर की देखरेख करनेवाले अधिकारी नियुक्त करने को कहते हैं। यह हमें कौटिल्य द्वारा अनुशंसित नई बस्तियां बसाने की नीति तथा स्त्री-अध्यक्ष की नियुक्ति का स्मरण कराता है।

जातकों में राजा को अनावृष्टि, कन्या के लिए वर के अभाव तथा किसान के बैलों पर आए दुःख विपत्ति के लिए भी जिम्मेदार बताया गया है। स्पष्ट ही इन चीजों पर राजा का कोई बस नहीं था, लेकिन समाज के प्रधान के रूप में इन सारे कार्यों से, जो किसी समय जनजातीय सरदार के दायित्व माने जाते थे, उसका संबंध जुड़ा हुआ था। कौटिल्य ने विभिन्न क्रियाकलापों पर जिस राजनियंत्रण की अनुशंसा की है, वह इस जनजातीय स्थिति से बहुत भिन्न नहीं थी।

राजशक्ति को इतना ऊंचा स्थान दिए जाने का मुख्य कारण पूर्व मौर्यकाल में क्षत्रियों का बढ़ता हुआ महत्त्व था। उनका प्रभाव केवल धर्म और समाज पर ही नहीं, राजनीति पर भी प्रकट हुआ। मगध ने अपनी श्रीवृद्धि की जिस नीति का सतत पालन किया, उसके फलस्वरूप क्षत्रियों के शौर्य की अभिवृद्धि हुई और वे समाज में सबसे आगे आ गए। इस नई परिस्थिति को हम कौटिल्य तथा अशोक, दोनों को स्वीकार करते देखते हैं। हम दोनों को राजनीति, धर्म तथा समाज में ब्राह्मणों के प्रभाव की नींव को कमजोर करते पाते हैं। चूंकि पुरोहितों की सत्ता राजसत्ता पर एकमात्र महत्त्वपूर्ण अंकुश का काम करती थी, इसलिए जिस हद तक उसकी शक्ति कम होती गई, उसी हद तक राजा की सत्ता बढ़ती गई।

मौर्योत्तर अवस्था : राजस्व में देवत्व का समावेश तथा विकेंद्रीकरण

व्यापार तथा कृषि के नए क्षेत्रों का उन्मेष करने में मौर्यों ने जो पहल की थी, उसके नतीजे मौर्योत्तर काल में दिखाई देने लगे। मौर्य शासन का वास्तविक महत्त्व दकन तथा ब्राह्मण प्रभाव से मुक्त अन्य सीमावर्ती क्षेत्रों में मुद्रा, उत्तर भारतीय काले रोगनदार बर्तनों तथा लौह कौशल के ज्ञान के प्रसार में निहित था। इससे दकन में

बहुत बड़ी संख्या में नगरों के उदय का मार्ग प्रशस्त हुआ। उत्खनन और अभिलेख इस बात का साक्ष्य प्रस्तुत करते हैं। लोग रांगे, पोटिन और चांदी के सिक्कों का इस्तेमाल करते थे, जो बहुत बड़ी संख्या में मिले हैं। इससे आंतरिक सौदों और मध्य एशिया, दक्षिण-पूर्व एशिया तथा रोम के साथ विदेश व्यापार को उत्तेजन मिला। विंध्य के दक्षिण में रोम की स्वर्ण मुद्राओं की विपुल राशियां प्राप्त हुई हैं। उत्तर भारत में हमें कुषाणों की स्वर्णमुद्राएं देखने को मिलती हैं, और साधारण सौदों की दृष्टि से इससे भी बड़ी बात यह है कि उनके बहुत से तांबे के सिक्के भी मिले हैं। स्वभावतः प्राचीन भारत के—और विशेषकर दकन के—कारीगरों और व्यापारियों के जितने संघों के नाम इस काल के अभिलेखों में देखने को मिलते हैं उतने के न पूर्ववर्ती काल में मिलते हैं और न परवर्ती काल में। शक-सातवाहन राज्यव्यवस्था पर इस सबकी स्पष्ट छाप दिखाई देती है।

मौर्योत्तर काल के सामाजिक तथा धार्मिक परिवेश की भी उपेक्षा नहीं की जा सकती। जान पड़ता है, शुंग, काण्व तथा सातवाहन, इन देशी राजवंशों ने इस काल में ब्राह्मणवाद के उत्कर्ष के लिए कुछ भी उठा नहीं रखा, यद्यपि दकन के कारीगरों और व्यापारियों तथा कुछ भारतीय-यूनानी और कुषाण जैसे विदेशी मूल के राजवंशों को बौद्धधर्म अधिक प्रिय था। भूमि अनुदान ब्राह्मणों तथा बौद्धों, दोनों को देने थे, ताकि उनका भरण-पोषण होता रहे। राजा को दैवी गुणों से विभूषित बताकर ब्राह्मणों ने सीथियनों द्वारा भारत में लाए गए देवत्वविषयक मान्यताओं के अंकुरित होने के लिए मिट्टी तैयार कर दी। उन्होंने देशी मूल के राजाओं को प्रारंभिक विधिग्रंथों में प्रतिपादित सामाजिक तथा राजनीतिक व्यवस्था के प्रबल पक्षधर और रक्षक भी बना दिया। इसके अतिरिक्त, उन्होंने 'मनुस्मृति' को अंतिम रूप प्रदान किया। इस ग्रंथ ने न केवल उनके लिए मैग्ना कार्टा का काम किया, बरन उसने जातिप्रथा को भी उत्तेजन दिया। मनु के अनुसार, मिश्रित वर्णों की संख्या लगभग साठ, अर्थात मौर्यकाल की तुलना में प्रायः पांच गुनी थी। चूंकि जाति में उसके सदस्यों का बहुत बड़ा प्रवृत्तिक्षेत्र समाहित था और जाति ही उस क्षेत्र का नियमन करती थी, इसलिए अंतर्जातीय झगड़े मिटाने या जिन अपराधों की ओर जाति ध्यान नहीं दे सकती, ऐसे अपराधों का शमन करने के अतिरिक्त सरकार के पास बहुत कम काम रह जाता था।

मौर्य साम्राज्य के पतन के फलस्वरूप राजस्थान तथा पंजाब में कुछ गणतंत्रों का पुनरोदय हुआ, किंतु उनके सिक्कों से प्रकट होता है कि उनमें राजतंत्रात्मक प्रवृत्ति उत्तरोत्तर प्रबल होती जा रही थी। तत्वतः यह छोटे-छोटे राजतंत्रों या सरदारी शासनों का युग था। केवल सातवाहनों और कुषाणों के ही बड़े राज्य थे और छोटे राजाओं के साथ उन्होंने सामंती संबंध स्थापित किए थे। सातवाहन राजे बनावटी ब्राह्मण थे और उनका शासन दकन तथा दक्षिण भारत के ऐसे सरदारों

पर था जो या तो ब्राह्मण संस्कृति में आंशिक रूप से ही रंग पाए थे या उससे सर्वथा अछूते थे। इसलिए सामंती संबंधों की स्थापना सातवाहनों के लिए एक आवश्यकता थी। मध्य एशिया से आनेवाले सीथियनों के लिए यह और भी स्वाभाविक था। इसलिए महारठी इक्ष्वाकु आदि बहुत से शासक सातवाहनों के सामंत थे, और बाद में अपने प्रभु की श्रीसमृद्धि के अवशेष पर उन्होंने स्वतंत्र राज्य कायम किए। कुषाण राजाओं की उपाधियों से अनेक छोटे-छोटे राजाओं तथा षाहियों के अस्तित्व का संकेत मिलता है। ये छोटे राजा और षाहि सर्वोच्च सत्ताधारी की अधीनता स्वीकार करते थे, तथा उन्हें कर और सैनिक सहायता देते थे। स्पष्ट ही, देश के जितने बड़े हिस्से पर मौर्य सम्राट अपना प्रत्यक्ष नियंत्रण रखते थे, उतने बड़े हिस्से पर सातवाहनों और कुषाणों का सीधा नियंत्रण नहीं था।

विकेंद्रीकरण को बढ़ावा देनेवाली दूसरी बात थी बौद्ध तथा ब्राह्मण अनुदानभोगियों को दिए गए राजस्विक अधिकार। यह बात विशेष रूप से दकन के सातवाहन शासन पर लागू होती थी, क्योंकि 'अक्षयनीवि'—अर्थात अक्षय निधि—शब्द का प्रयोग यद्यपि कुषाण अभिलेखों में हुआ है, किंतु इस प्रकार के अधिकारों के साथ दिए गए अनुदान हमें गुप्तकाल से पहले देखने को नहीं मिलते। धार्मिक प्रयोजनों के लिए अनुदत्त भूमिखंडों या गांवों को कई प्रकार के परिहार प्रदान किए जाते थे, अर्थात उन क्षेत्रों को कई तरह की रियायतें दी जाती थीं, जिनमें राजा के अभिकर्ताओं, चाटों तथा भटों के प्रवेश का वर्जन भी शामिल था। इस हद तक ग्रहीताओं को गांवों के मामलों का अपने ढंग से प्रबंध करने तथा शांति एवं व्यवस्था कायम रखने की पूरी स्वतंत्रता रहती थी। ग्रामीण क्षेत्रों में यदि वे अर्ध स्वतंत्र इकाइयों के रूप में काम करते थे, तो साथ ही ग्रामीण लोगों को सामाजिक नियमों का अनुसरण करने तथा अब किसी हद तक दैवी गुणों से विभूषित राजा की आज्ञा का पालन करने की आवश्यकता भी समझाते थे।

मौर्योत्तर राज्यव्यवस्था की एक उल्लेखनीय बात यह है कि दूसरी तथा पहली शताब्दी ई. पू. में उत्तर भारत में कम से कम एक दर्जन ऐसे नगर थे जो लगभग स्वशासी संगठनों की तरह काम करते थे। इन नगरों के व्यापारियों के संघ सिक्के (हालांकि तांबे के ही) जारी करते थे, जो सामान्यतः प्रभुसत्ता संपन्न व्यक्ति या संस्था ही कर सकती है। भारतीय-यूनानी युग से पहले के पांच सिक्कों में निगम शब्द का स्पष्ट उल्लेख मिलता है। इनमें से चार में तक्षशिला के विभिन्न क्षेत्रों के नामों का जिक्र है,[8] और पंचनिगम शब्द का उल्लेख तक्षशिला से प्राप्त छठे सिक्के[9] में हुआ है। यह स्पष्ट है कि तक्षशिला पर यूनानियों के कब्जा करने के ठीक पहले उसका शासन या तो कारीगरों और व्यापारियों का एक ही निगम चलाता था या कोई ऐसी संयुक्त संस्था जिसमें पांच निगम शामिल थे। यह चलन कौशांबी में भी था, क्योंकि इसके एक सिक्के में इसे निगम कहा गया है।[10] गंधिकों—जिसका

शब्दार्थ गंधविक्रेता किंतु वास्तविक अर्थ व्यापारी है–के संघ के सिक्के कौशांबी के इर्दगिर्द के क्षेत्र में भी पाए गए हैं।[11] त्रिपुरी, माहिष्मती, विदिशा, एरन, भगिला, माध्यमिका, वेमक, वाराणसी आदि नगरों के नामों का भी उल्लेख उनकी ताम्रमुद्राओं में हुआ है। इससे इनमें से प्रत्येक नगर का नैगमिक अस्तित्व प्रमाणित होता है, किंतु यह स्पष्ट नहीं है कि उनका शासन कैसे चलाया जाता था। यद्यपि उनके सिक्कों में निगम शब्द कहीं नहीं आया है, लेकिन जान पड़ता है, मौर्य साम्राज्य के विघटन के बाद तथा शकों और कुषाणों के अभ्युत्थान के पूर्व स्वायत्तता प्राप्त इकाइयों के रूप में इन नगरों का उदय हुआ। प्रारंभिक भारतीय इतिहास के किसी भी चरण में हम नगरों या उनके संघों को, मौर्योत्तरकालीन उत्तरी तथा मध्य भारत की तरह, सिक्के जारी करते नहीं देखते।

ईस्वी सन की प्रथम दो शताब्दियों के दौरान जब सातवाहनों तथा कुषाणों ने अपने राज्य स्थापित कर लिए तब इन नगरों का स्वायत्त समाप्त हो गया, किंतु उनके नागरिक जीवन का ओज तब भी कायम रहा। दकन के शहरों में शासकों को व्यापारियों के निगमों का–जिन्हें निगमसभा कहा जाता था–खयाल रखना पड़ता था और इसी तरह कुषाण राज्यप्रदेशों में कारीगरों के संघों का ध्यान रखकर चलना पड़ता था। अभिलेखों से ज्ञात होता है कि उत्तरी तथा पश्चिमी भारत में ये संघ अनुदानों की संपत्ति की देखरेख और प्रबंध करते थे–विशेष रूप से पश्चिमी भारत में यह बड़े पैमाने पर किया जाता था। नगर के प्रशासन में व्यापारियों के भाग लेने के स्पष्ट साक्ष्य उपलब्ध नहीं हैं। लेकिन यदि उन्हें राजाओं द्वारा दिए गए बड़े-बड़े अनुदानों का प्रबंध करने में समर्थ माना जाता था तो कोई कारण नहीं कि उन्हें नगर प्रशासन के दायित्व नहीं सौंपे जाते होंगे। बहुत से व्यापारियों को हम अपने नामों के अभिन्न अंग के रूप में अपने-अपने नगरों के नामों का उल्लेख गर्वपूर्वक करते देखते हैं। इससे उच्च स्तर की नागरिक भावना का प्रमाण मिलता है, जिसका उदय उनमें शायद इसलिए हुआ होगा कि अपने नगरों के प्रशासन में उनका भी हाथ होता था। इस प्रकार जहां मौर्य नगर प्रशासन ऊपर से थोपी गई व्यवस्था थी, मौर्योत्तर नगर प्रशासन का ढांचा नीचे से विकसित हुआ जान पड़ता है। जो भी हो, संघ के आंतरिक मामलों की व्यवस्था उसके अपने रीतिरिवाजों तथा कानूनों के अनुसार की जाती थी, यद्यपि राज्य ने उन्हें कोई विशेष सनद नहीं दी थी। ऐसी सनदें वास्तव में छठी शताब्दी से दी जाने लगीं।

कई बातों में पुरानी केंद्रीकृत शासन प्रणाली कायम रही, बल्कि नए तत्वों के समावेश से उसमें और मजबूती आई। राज्य को आहारों में विभक्त करके उन्हें राजकीय अधिकारियों की देखरेख में रखने की जो प्रणाली अशोक ने आरंभ की थी, वह सातवाहनों के अधीन कायम रही; अंतर केवल इतना था कि अब उन अधिकारियों को महामात्र के बदले अमात्य कहा जाता था। 'सभापर्व' के एक

अवतरण से इन पदों के वंशानुगत होने का संकेत मिलता है।[12] कुषाण शासनव्यवस्था में अमात्यों का जिक्र नहीं मिलता, यद्यपि पश्चिमी भारत के शक शासक अमात्य रखते थे, जो उनके परामर्शदाता (मति सचिव) के रूप में भी काम करते थे और प्रशासक (कर्म सचिव) की हैसियत से भी। कुषाण राज्य में उनका समांतर अधिकारी दंडनायक था, जिसके सैनिक दायित्व गैर सैनिक दायित्वों से कहीं अधिक मत्त्वपूर्ण थे।

भारत-यूनानियों तथा उनके विदेशी उत्तराधिकारियों द्वारा शासित क्षेत्रों में मौर्य शासन व्यवस्था के चिह्न दिखाई नहीं देते। शकों तथा पार्थियनों ने संयुक्त शासन का चलन आरंभ किया, जिसमें युवराज सत्ता के उपभोग में राजा का बराबरी का सहभागी होता था। शक और कुषाण लोग पार्थियनों के माध्यम से अखामनी राजवंश की क्षत्रपीय प्रणाली भी इस देश में ले आए। कुषाणों ने प्रांतों में द्वैध शासकत्व की विचित्र प्रणाली का भी प्रचलन किया। यह केंद्रीय शासन में प्रचलित एक पुरानी रीति का प्रतिबिंब थी। कुषाण राज्य में ग्राम-प्रशासन पहले की ही तरह राजा द्वारा नियुक्त ग्रामिक या ग्रामस्वामी चलाता रहा। स्पष्ट ही ग्रामप्रधान पुलिस तथा राजस्व व्यवस्था से संबंधित कामकाज की देखरेख भी पूर्ववत करता रहा।

लगता है, मौर्योत्तर काल में कर प्रणाली पहले की अपेक्षा सरल हो गई। कौटिल्य द्वारा उल्लिखित बहुत से करों तथा राजस्व अधिकारों का जिक्र मौर्योत्तर अभिलेखों में नहीं मिलता। पश्चिमी भारत तथा दकन के अभिलेखों में बलि, भाग, भोग तथा कर इन चार राजकीय शुल्कों का उल्लेख मिलता है, लेकिन पैदावार के मुकाबले उनका अनुपात क्या था, यह स्पष्ट नहीं है। पश्चिमी भारत के शक राज्य में प्रणय नामक आपात कर तथा विष्टि नामक बेगार प्रचलित जान पड़ते हैं। विष्टि दासों तथा स्वतंत्र मजदूरों दोनों से ली जाती थी, जबकि कौटिल्य ने केवल स्वतंत्र मजदूरों से ही विष्टि लेने का विधान किया है। सिक्कों की बहुलता से ऐसा अनुमान लगाया जा सकता है कि शकों तथा सातवाहनों दोनों के राज्यों में नकद कर लगाए तथा वसूल किए जाते थे।

राजस्व प्रणाली में एक महत्त्वपूर्ण नई बात का संकेत मनु तथा 'शांतिपर्व' से मिलता है। उन्होंने दाशमिक प्रणाली पर राजस्विक इकाइयों के गठन की अनुशंसा की है। सबसे बड़ी इकाई हजार गांवों की होती थी और उसका प्रधान सहस्रपति होता था। सहस्रपति और राष्ट्रीय में शायद कोई अंतर नहीं था।[13] राष्ट्रीय को जिंसों और नकद दोनों रूपों में—लेकिन प्रत्यक्ष रूप से राजा द्वारा नहीं, बल्कि उसे सौंपे गए नगर के राजस्व में से वेतन देने की सिफारिश की गई है।[14] इस प्रकार दाशमिक इकाइयों में राजस्व वसूल करने के लिए जिम्मेदार अधिकारियों को वेतन स्वरूप, प्रसंग के अनुसार, किसी भूखंड, गांव अथवा नगर का राजस्व

अपने पास रखने की अनुमति दी गई है। यहां देखते हैं कि मौर्यों की नकद वेतन देने की प्रणाली के स्थान पर राजस्व अधिकारियों को उन्हें सौंपे क्षेत्रों की आय में से ही अंशत: जिंसों के रूप में वेतन देने की रीति चलाई गई। इसे सामंतवादी प्रथा माना जा सकता है।

सातवाहनों और कुषाणों की सैनिक शक्ति के बारे में हमें कोई जानकारी नहीं है, लेकिन ऐसा प्रतीत होता है कि उनकी शक्ति का आधार घुड़सवार सेना थी, और उस काल की मूर्तियों से प्रकट होता है कि घुड़सवार सैनिक रकाब का उपयोग करते थे। सातवाहन और कुषाण, दोनों राज्यों में शासन का सैन्यीकरण इस काल की एक महत्त्वपूर्ण घटना प्रतीत होती है। आहार का प्रधान शासक महासेनापति होता था और गांव का गौल्मिक। इसी प्रकार कुषाणों के अधीन दंडनायक तथा महादंडनायक नामक अर्धसैनिक अधिकारी प्रशासन की स्थानीय इकाइयों की देखरेख करते थे। कुषाण विदेशी थे, इसलिए उनके शासन के सैन्यीकरण के औचित्य को आसानी से समझा जा सकता है। सातवाहनों के राज्य में यह प्रणाली शायद नव विजित प्रदेशों में प्रचलित थी।

एक अर्थ में मौर्योत्तर काल में राजत्व का धार्मिक पक्ष कुछ क्षीण हुआ, क्योंकि जहां उत्तर वैदिककाल से लेकर मौर्यकाल तक के समस्त साहित्य में पुरोहित अत्यंत उच्च पदाधिकारी के रूप में सामने आता है, अब न तो सातवाहनों और न कुषाणों के अभिलेखों में और न गुप्तों के ही अभिलेखों में उसका कोई उल्लेख देखने को मिलता है।[15] ऐसी दलील दी जाती है कि वैदिक यज्ञों के लोप के साथ पुरोहित अपना स्थान ही खो बैठा। लेकिन सातवाहनों के अधीन यज्ञों का चलन फिर से आरंभ होने पर भी पुरोहित को कोई राजनीतिक महत्त्व प्राप्त नहीं हो सका। हो सकता है, सातवाहन अपना पौरोहित्य आप करते रहे हों। लेकिन कुषाण तथा गुप्त राज्यव्यवस्था में भी पुरोहित का अस्तित्व नहीं था, हालांकि उसके संबंधों में यह नहीं कहा जा सकता है कि वे भी अपना पौरोहित्य आप करते थे। निष्कर्ष यही निकलता है कि इस अर्थ में राजनीति पर धर्म का प्रभाव कम हो गया था। लेकिन राजा को दैवी गुणों से संपन्न बताए जाने का जो चलन प्रारंभ हुआ उसने पुरोहित के पद एवं प्रभाव में हुए ह्रास को बहुत कुछ दूर कर दिया।

इस काल की एक खास विशेषता राजत्व के दैवी पक्ष पर जोर दिया जाना है। पहले राजाओं से देवताओं की तुलना की जाती थी। अब बात उलटी दिशा में चल पड़ी थी और राजाओं की ही तुलना देवताओं से की जाने लगी। यह हमें उस अभिलेख में देखने को मिलता है जिसमें पराक्रम आदि की दृष्टि से सातवाहन राजा गौतमीपुत्र शातकर्णि की तुलना कई देवताओं से की गई है। लेकिन एक विशेष उल्लेखनीय चीज कुषाण राजाओं में देखने को मिलती है। उन्हें देवपुत्र कहा गया है। अशोक को देवानांप्रिय, अर्थात देवताओं का प्रिय कहा गया है, लेकिन कुषाण

राजाओं ने ऐसी उपाधि धारण की जिसका चलन सिर्फ चीनियों और रोमवालों के बीच ही था। उन्होंने देवकुलों की स्थापना, अर्थात मृत राजाओं को मंदिरों में देवताओं की तरह प्रतिष्ठित करने का चलन भी आरंभ किया। जहां मिस्र स्थित यूनानी राजाओं ने स्थानीय प्रभाव के कारण सम्राट पूजा की प्रथा अपनाई थी, कुषाण शासकों ने इसे विदेशी प्रभाव के कारण भारत में दाखिल किया। भारत की मिट्टी में इन प्रथाओं का कोई आधार नहीं था, इसलिए इनमें से कोई भी कुषाण शासन के बाद कायम नहीं रही। इसके विपरीत राजा के साथ ईश्वर की तुलना की जो सातवाहन प्रथा थी, उसके अस्तित्व के प्रमाण गुप्त अभिलेखों में भी मिलते हैं, जिनमें गुप्त राजाओं को विभिन्न देवताओं के गुणों से विभूषित बताया गया है।

जहां तक स्वदेशी पहलू का संबंध है, सिक्कों से प्रकट होता है कि कुछ जनजातीय गणतांत्रिक राज्यों में अलग-अलग देवताओं को राज्य का प्रधान मानने का चलन आरंभ हुआ। उन राज्यों के सिक्के इन्हीं देवताओं के नाम से जारी किए गए हैं। कुनिंदों और औदंबरों ने अपने देवताओं की ओर से जारी किए।[16] इसका एक विशिष्ट उदाहरण यौधेयों का गणतंत्र है। यौधेय लोग अपने देवता ब्रह्मण्य के नाम पर शासन करते थे।[17] भीटा से प्राप्त एक मुहर से भी इस प्रथा के चलन की पुष्टि होती है, क्योंकि उसमें देवता महासेन को एक राज्य प्रदान करने के संकल्प का उल्लेख है।[18] इस सबसे लगता है कि उत्तर भारत के कुछ मौर्योत्तर गणतंत्रों तथा राजतंत्रों में शासक देवता के प्रतिनिधियों के रूप में राजकाज चलाते थे। यह हमें मध्यकालीन दकन में प्रचलित ऐसी ही प्रथा का स्मरण कराता है, क्योंकि वहां कुछ राजे अपने-अपने देवताओं के पट्टेदारों के रूप में शासन करते थे। लेकिन मिस्र के पुरोहित प्रधान तथा धर्मतांत्रिक शासन के विपरीत इन राज्यों के मुख्य देवताओं की इच्छाओं की व्याख्या शायद नहीं की जाती थी। संभवतः शासक संरक्षक देवताओं को अपने राज्य औपचारिक रूप से ही अर्पित करते थे, और फिर औपचारिक रीति से अपने राज्य उसी तरह वापस पा लेते थे जिस तरह कोई भक्त अपने आराध्य देवता को अर्पित नैवेद्य अपने उपयोग के लिए प्रसाद के रूप में वापस पा लेता है। इस प्रथा से अधिक से अधिक इतना ही प्रकट होता है कि राजा या शासक वर्ग राज्य को संपत्ति की कोटि में ही आनेवाली वस्तु मानता था।

पांचवीं शताब्दी ई. पू. के आसपास से समाजव्यवस्था को कायम रखने के लिए प्रायश्चितों के रूप में धर्मादेशों का सहारा लिया जाने लगा। ध्यातव्य है कि 'मनुस्मृति' में इनकी संख्या बहुत बढ़ गई है। उसमें प्रायश्चित धर्म पर 267 श्लोक दिए गए हैं। उसमें जिन विषयों के लिए प्रायश्चित्त सुझाए गए हैं वे बड़े व्यापक हैं। जिन पापों के लिए प्रायश्चित्त सुझाए गए हैं, उनमें न केवल हत्या तथा दुर्वचन जैसे अपराध शामिल हैं, बल्कि वर्णनियमों के उल्लंघन जैसे अपराध भी आ जाते हैं, जिनको आधुनिक कानून कोई महत्त्व नहीं देता। इन प्रायश्चित्तों को

कार्यान्वित करवाने वाले शायद ब्राह्मण थे, जो समाज के मानस में इनका महत्त्व प्रतिष्ठित करने का काम करते थे। मौर्योत्तर काल से राजनीति तथा समाज के क्षेत्र में ब्राह्मणों की प्रवृत्तियों की जो प्रबलता देखने को मिलती है उसका कारण शायद इन प्रायश्चित्तों के कार्यान्वयन से संबंधित उनकी भूमिका ही थी। शायद वे अपराधियों द्वारा प्रदान किया गया दानदक्षिणा प्राप्त करते थे और उनसे आवश्यक प्रायश्चित्त करवाते थे। इस तरह ग्रामीण समाज में कानून तथा व्यवस्था कायम रखने में प्रायश्चित्तों की एक महत्त्वपूर्ण भूमिका थी।

राजा का दैवीकरण, सिविल प्रशासन का सैन्यीकरण, प्रांतीय शासन को सुचारू रूप से चलाने के प्रयत्न, करों की उगाही तथा राजकीय एजेंटों के माध्यम से बेगार का व्यवस्थापन—इन तमाम चीजों ने पुरानी केंद्रीकृत पद्धति को कायम रखने में सहायता दी। लेकिन इन चीजों की व्यवस्था करने के लिए पहले की अपेक्षा कम अधिकारी रखे जाते थे—उतने तो नहीं ही जितने मौर्यकाल में रखे जाते थे। चूंकि राज्य छोटे थे और करों की संख्या कम थी, इसलिए किसी बड़े प्रशासन तंत्र का खर्च चलाना संभव नहीं था। अधिकांश आर्थिक गतिविधियां अब कारीगरों तथा व्यापारियों के संघों या अलग-अलग व्यक्तियों के हाथों में आ गई थीं। अतः मौर्य साम्राज्य में इस तरह के कामकाज की देखरेख के लिए जो बहुत से अधिकारी रखे जाते थे, उनकी आवश्यकता अब नहीं रह गई थी। इसके अतिरिक्त प्रशासन के बहुत से दायित्वों का निर्वाह शहरी क्षेत्रों में संघ तथा ग्रामीण क्षेत्रों में धार्मिक अनुदानभोगी करते थे। ये अनुदानभोगी जनता को वर्णाश्रम धर्म के नियम तथा अहिंसा की भी शिक्षा देते थे, जिससे समाज में शांति और स्थायित्व कायम हुआ। कुल मिलाकर शक-सातवाहन राज्यव्यवस्था में हमें विकेंद्रीकरण के बहुत से तत्व देखने को मिलते हैं। इस सबसे स्वभावतः गुप्त राज्यव्यवस्था की सामंतवादी प्रवृत्तियों का मार्ग प्रस्तुत हुआ।

गुप्तकालीन अवस्था : आद्य सामंती राज्यव्यवस्था

यद्यपि गुप्तकाल में विदेश व्यापार का ह्रास हुआ, तथापि मध्य भारत, दकन तथा दक्षिण भारत के दुर्गम तथा परती क्षेत्रों में उद्यमी ब्राह्मणों को दिए गए भूमि अनुदानों के फलस्वरूप इस युग में आर्थिक क्रियाकलापों का अभूतपूर्व विस्तार हुआ। निजी भूसंपत्ति के अधिकार में उल्लेखनीय वृद्धि हुई। इस नए संपत्ति अधिकार को विधि-पुस्तकों में मान्यता प्रदान की गई, और स्वर्णमुद्राओं से जमीन की वास्तविक खरीद बिक्री के जो दृष्टांत मिलते हैं, उनसे इस बात में कोई संदेह नहीं रह जाता कि यह अधिकार भली-भांति प्रतिष्ठित हो चुका था। शासक वर्ग की आर्थिक समृद्धि का अनुमान इसी बात से लगाया जा सकता है कि प्राचीन भारत

में जितनी स्वर्णमुद्राएं गुप्त राजाओं की मिली हैं, उतनी अन्य किसी राजवंश की नहीं। स्वर्णमुद्राओं के चलन से व्यापारियों और संपन्न कारीगरों की समृद्धि और वृद्धि हुई। स्वर्णमुद्राओं में दिए गए अनुदान कभी-कभी तो इन संघों में ही जमा करवा दिए जाते थे। गुप्तकाल की आर्थिक तथा प्रशासनिक व्यवस्था में ये संघ पूर्ववत महत्वपूर्ण भूमिका निभाते रहे।

गुप्तकाल के राजनीतिक संगठन का सपूर्ण चित्र प्रस्तुत करने के लिए हमें इस बात का ध्यान बराबर रखना होगा कि इस युग में देश के एक छोर से दूसरे छोर तक अनेक छोटे-छोटे राजवंशों का अस्तित्व कायम था। हरिषेण के विवरण में अतिशयोक्तियों के लिए गुंजाइश रखते हुए भी यह मानना होगा कि इनमें से कुछ को समुद्रगुप्त ने अपने अधीन कर लिया और पश्चिमी भारत को तो द्वितीय चंद्रगुप्त ने निश्चय ही जीत लिया। दूरस्थ क्षेत्रों की विजय के परिणामस्वरूप किसी न किसी प्रकार की सामंतवादी व्यवस्था का विकास करना आवश्यक हो गया।

मौर्यों के विपरीत गुप्त राजाओं ने परमेश्वर, महाराजधिराज, परमभट्टारक आदि आडंबरयुक्त उपाधियां धारण कीं, जिनसे उनके साम्राज्य में छोटे छोटे राजाओं के अस्तित्व का संकेत मिलता है। यद्यपि राजपद वंशानुगत था, किंतु सिंहासन का उत्तराधिकारी श्रेष्ठ पुत्र ही होगा ऐसी कोई सुदृढ़ प्रथा कायम नहीं थी, जिस कारण राजा की सत्ता कुछ हद तक परिसीमित थी। नारद ने कौटिल्य के इस सिद्धांत को दोहराया है कि राजशासन कानून के अन्य तमाम स्रोतों से ऊपर है, लेकिन गुप्त राजा को अपने मंत्रियों, सामंतों और सबसे बढ़कर, ब्राह्मणों का खयाल रखकर चलना होता था। 'नारद स्मृति' में ब्राह्मणों ने अपने को तरह-तरह के विशेषाधिकारों का दावेदार बतलाया है और इसमें कोई संदेह नहीं कि स्मृतियों में संगृहित विधियों के वे मुख्य अभिरक्षक और व्याख्याता थे। यद्यपि गुप्तकालीन अभिलेखों आदि में उच्चाधिकारी के रूप में पुरोहित का उल्लेख नहीं मिलता, किंतु उदारतापूर्ण अनुदानों के प्रतिदानस्वरूप उन कृतज्ञ ब्राह्मणों ने, जिन्होंने स्पष्ट ही गुप्त अभिलेखों की रचना की, गुप्त राजाओं की तुलना विभिन्न देवताओं से की, और इस प्रकार सातवाहनों की परंपरा को अक्षुण्ण बनाए रखा तथा उसका प्रसार उत्तर भारत में किया।

समुद्रगुप्त की दिग्विजय के भव्य विवरणों के बावजूद हमें गुप्त राजाओं के सैन्यसंगठन की विशेष जानकारी उपलब्ध नहीं है। जिस तरह क्लासिकी लेखकों ने नंदों तथा मौर्यों की सेनाओं के संख्याबल के संबंध में जानकारी दी है, उस तरह फहियान ने गुप्तों की सेना की संख्या के संबंध में कुछ नहीं कहा है। लेकिन स्पष्ट ही गुप्तों की सेना में एक बहुत बड़ा अनुपात अधीनस्थ राजाओं द्वारा सुलभ कराए गए सैनिकों का था। रथों का पुराना महत्व तिरोहित हो चुका था और अश्वारोही

सैनिकों का महत्व बहुत बढ़ गया था, तथा अश्वधनुर्विद्या ने सैन्य कौशल में प्रमुख स्थान प्राप्त कर लिया था। लेकिन घोड़ों और हाथियों पर राज्य का एकाधिकार नहीं रह गया था। अब शक्तिशाली लोग निजी तौर पर भी हाथी-घोड़े रखने लगे थे।

गुप्त अभिलेखों में उल्लिखित करों की संख्या उतनी नहीं है जितनी कौटिल्य के 'अर्थशास्त्र' में देखने को मिलती है। लेकिन इस काल में भूमिकरों की संख्या बढ़ी, और वाणिज्य-व्यापार संबंधी करों की संख्या में कमी आई। इस काल के दो प्रमुख भूमिकर उद्रंग और उपरिकर थे। लेकिन इन करों में किसान को अपनी उपज का कितना हिस्सा देना पड़ता था, यह मालूम नहीं है। जान पड़ता है, संपन्न किसान नकद कर देते थे—अधिकतर सोने के रूप में, जिसे हिरण्य कहा जाता था। मध्य तथा पश्चिमी भारत में शासक किसानों से विष्टि या बेगार भी लेते थे। इसके अतिरिक्त, मध्य भारत के जो क्षेत्र वाकाटकों तथा अन्य शासकों के अधीन थे, उनमें किसानों को ग्रामीण इलाकों में काम करनेवाले राजकीय अधिकारियों तथा परिचरों के खाने-खर्चे तथा आवश्यक सुविधाओं की व्यवस्था करनी पड़ती थी, जिसके लिए वे उन्हें पशु, खाद्यान्न, उपस्कर आदि भी देते थे।

यद्यपि भूमि अनुदान पत्रों में कई अधिकारियों का उल्लेख देखने को मिलता है, किंतु राजस्विक तथा आर्थिक क्रियाकलापों से संबंधित अधिकारियों की संख्या निस्संदेह उतनी नहीं थी जितनी मौर्य काल में थी। गुप्त नौकरशाही उतनी विशाल और सुसंगठित नहीं थी जितनी मौर्य नौकरशाही थी। जिस संवर्ग से बड़े-बड़े अधिकारी चुने जाते थे, वह कुमारामात्यों का संवर्ग था, जिसे मौर्यकालीन महामात्रों तथा सातवाहन युगीन अमात्यों के संवर्गों का समांतर माना जा सकता है। साम्राज्य के केंद्रीय प्रदेशों में अधिकांश अधिकारियों की नियुक्ति स्वयं राजा करता था और शायद उन्हें नकद वेतन दिया जाता था। चूंकि गुप्त राजे स्वयं वैश्य थे, इसलिए उच्चाधिकारियों का चयन ऊपर के दोनों वर्णों तक ही सीमित नहीं था। लेकिन अब एक ही व्यक्ति अनेक पदों पर आसीन होने लगे और कई पद वंशानुगत हो गए। इससे स्वभावतः प्रशासन तंत्र पर राजा का नियंत्रण ढीला पड़ा।

अभिलेखों से सुव्यवस्थित प्रांतीय तथा स्थानीय प्रशासन का कुछ बोध सबसे पहले गुप्तकाल में ही होता है। साम्राज्य भुक्तियों में बंटा हुआ था और प्रत्येक भुक्ति उपरिक नामक अधिकारी के अधीन होती थी। बंगाल, बिहार, उत्तर प्रदेश तथा मध्यप्रदेश में ऐसी कम से कम आधी दर्जन भुक्तियों की जानकारी हमें है। भुक्ति विषयों में विभक्त होती थी, और विषय का शासन विषयपति संभालता था। पूर्वी भारत में विषय वीथियों में तथा वीथी गांवों में विभक्त होती थी। लेकिन यह पद्धति मुख्यतः उन क्षेत्रों में लागू थी जिन पर गुप्त राजाओं का प्रत्यक्ष शासन

था। अन्यत्र अन्य प्रकार की राजस्विक तथा प्रशासनिक इकाइयां थीं—जैसे देश, मंडल, भोग आदि । ऐसी इकाइयां खासतौर से मध्य तथा पश्चिमी भारत में थीं।

गुप्तकाल में ग्राम प्रशासन में अनेक नए आयाम जुड़ गए। मौर्यकाल में गोप नामक राज्य कर्मचारी गांव की व्यवस्था की देखरेख बड़ी सजगता से करता था। अब राज्य की ओर से ऐसा कुछ नहीं किया जाता था और न गृहस्थियों का पंजीयन ही होता था। गांव के मामलों का प्रबंध महत्तरों अर्थात बड़े बुजुर्गों की सहायता से ग्रामप्रधान करता था। कभी-कभी विषय के प्रशासन में भी महत्तरों का सहयोग लिया जाता था। गुप्त अभिलेखों से यह भी प्रकट होता है कि गांव या वीथी कहे जाने वाले कस्बों के प्रशासन में प्रमुख स्थानीय लोगों का भी हाथ रहता था। उनकी अनुमति के बिना जमीन का कोई सौदा नहीं किया जा सकता था और संभव है अन्य महत्वपूर्ण मामलों में भी इसी रीति का अनुगमन किया जाता रहा हो। इस प्रकार जहां मौर्यकाल में गांव की व्यवस्था ऊपर से की जाती थी, जान पड़ता है, गुप्तकाल में नीचे से की जाती थी।

उत्तर भारत के शहरी प्रशासन की वह पुरानी व्यवस्था, जिसमें अनेक नगरों का अपना स्वतंत्र अस्तित्व कायम था, समाप्त हो चुकी थी, किंतु पेशेवर लोगों के संगठित समूहों को काफी स्वायत्तता प्राप्त थी। मौर्योत्तर काल में ऐसे समूह अपने सिक्के जारी करते थे, किंतु अब अपनी सत्ता को लागू करने के लिए वे सिर्फ अपनी मुहरें जारी करते थे। वैशाली में प्राप्त मुहरों से स्पष्ट ज्ञात होता है कि एक ही निगमित संस्था में कारीगर, व्यापारी और साहूकार, तीनों काम करते थे, और निगम के रूप में स्पष्ट ही वे शहर के मामलों का प्रबंध भी करते थे। किंतु कारीगरों तथा साहूकारों के अलग-अलग निगम भी थे। इनके अतिरिक्त भीटा तथा वैशाली में हमें कारीगरों, व्यापारियों आदि के और भी बहुत संघों का जिक्र देखने को मिलता है। मंदसोर के रेशम बुनकरों के मंघ तथा इंदौर (बुलंदशहर) के तैलकों के संघ का उल्लेख गुप्त अभिलेखों में बार-बार हुआ है। पेशों के आधार पर बने संघ पारिवारिक संगठन से भिन्न होते थे, और जैसा कि मंदसौर के रेशम बुनकरों के संघ से अनुमान लगाया जा सकता है, उनमें काफी गतिशीलता होती थी। ये संघ अपनी रीति-परंपराओं से मार्गदर्शन ग्रहण करते थे और इनके अधिकारी उन रीति परंपराओं का पालन करते थे। राज्य इनके मामले में कोई दखल नहीं देता था। यद्यपि ऐसे संघों का उल्लेख प्राकगुप्तकालीन विधिग्रंथों में भी मिलता है, किंतु उनके कार्य तथा व्यवसाय में साझेदारी से संबंधित सबसे विस्तृत नियमों का विधान गुप्तकालीन स्मृतियों ने किया है। वास्तव में अब निगमित संस्थाएँ इतनी महत्वपूर्ण हो गई थीं कि उनकी ओर विधिवेत्ताओं का भी ध्यान बरबस आकृष्ट हुआ, और उन्होंने ऐसा विधान किया कि राजा न केवल उनके कानूनों और रीति-रिवाजों का सम्मान करे, बल्कि उन पर अमल भी करवाए। यदि संघ के

सदस्य ठीक आचरण न करें तो उसके प्रबंधक स्वभावतः राज्य की दंड शक्ति का सहारा ले सकते थे। व्यापारियों के संघ किस प्रकार तरह तरह की रियायतों का उपयोग करते थे और कारीगरों पर नियंत्रण रखते थे, इसका एक ठोस उदाहरण 592 ईस्वी में जारी किए गए विष्णुषेन के अनुदानपत्र में मिलता है।[19] इसलिए जान पड़ता है कि गुप्तकाल में संघ अपने सदस्यों के मामलों की देखरेख करने के साथ-साथ अपने-अपने शहरों की भी व्यवस्था करते थे। फलतः राज्य शहरों के प्रशासन के दायित्व से अंशतः मुक्त था, और अभिलेखों से ऐसे किसी राज्याधिकारी का जिक्र नहीं मिलता जिसके बारे में कहा जा सके कि वह विशेष रूप से नगर प्रशासन के लिए नियुक्त था।

न्यायव्यवस्था में भी निगमित संस्थाएं महत्वपूर्ण भूमिका निभाती थीं। विधि संहिताओं में एक के ऊपर एक ऐसे तीन न्यायालयों की व्यवस्था है। इन तीनों के बाद ही किसी मामले में राजा के पास अपील की जा सकती थी। वे किन कानूनों के अनुसार न्याय करते थे, इसकी जानकारी हमें नहीं है। किंतु सामान्यतः प्रचलित न्यायप्रणाली उन ब्राह्मण विधि निर्माताओ की कृति थी जिन्होंने गुप्तकाल में विधि ग्रंथों का एक अच्छा खासा संग्रह प्रस्तुत किया। कई दृष्टियों से न्यायप्रणाली में उल्लेखनीय प्रगति हुई। एक तो भूसंपत्ति के विभाजन का चलन आरंभ होने के कारण 'याज्ञवल्क्य' स्मृति' में उत्तराधिकार कानून का विस्तृत विवेचन किया गया। दूसरे, नारद तथा बृहस्पति ने दो प्रकार के कानूनों के बीच भेद की रेखा खींची। उन्होंने चौदह प्रकरणों में संपत्ति संबंधी कानूनों का विवेचन किया और चार में हिंसामूलक विधियों का। तीसरे, नारद, बृहस्पति तथा कात्यायन की स्मृतियों में न्यायालयों के गठन, न्यायप्रक्रिया तथा साक्ष्य संबंधी नियमों पर विस्तार से विचार किया गया। स्मृतिकारों का मत सामान्यतया यह है कि न्यायाधीश तथा परामर्शदाता की नियुक्ति में ब्राह्मणों को प्राथमिकता दी जानी चाहिए। यदि ब्राह्मणों में ऐसे व्यक्ति न मिलें तो उनसे नीचे के दो वर्णों के लोगों को नियुक्त किया जा सकता है, किंतु शूद्रों को कदापि नहीं। स्मृतियों में जिन न्यायाधिकारियों या न्यायालयों का उल्लेख है, उनकी पुष्टि अभिलेखों से नहीं होती। दूसरी ओर जिस एकमात्र न्यायाधिकारी–विनयस्थिति स्थापक--का उल्लेख वैशाली की एक मुहर में हुआ है, उसका कोई जिक्र इस काल की स्मृतियों में नहीं मिलता। गुप्तकालीन स्मृतियों में वर्णित न्यायप्रक्रिया में अभियुक्त का अपराध सिद्ध करने के लिए अनेक परीक्षाओं का विधान किया गया है। इस काल में उनकी संख्या लगभग दुगुनी हो गई है, जिससे दैवी विधान में बढ़ते हुए विश्वास का संकेत मिलता है। स्पष्ट ही लोगों में यह विश्वास ब्राह्मणों ने उत्पन्न किया होगा। संभव है, इन कठिन परीक्षाओं के भय से अभियुक्त अपना अपराध स्वीकार कर लेता होगा, जिससे न्याय करने में सहायता मिलती होगी।

यद्यपि उत्तर बंगाल, बिहार और उत्तर प्रदेश का शासन सीधे गुप्त राजा द्वारा नियुक्त अधिकारी चलाते थे, लेकिन साम्राज्य के अधिकतर हिस्से पर परिव्राजक तथा उच्छकल्प राजाओं तथा समुद्रगुप्त द्वारा पराजित अन्य बहुत से सामंत राजाओं का शासन चलता था। इन सामंत राजाओं के राज्य स्पष्ट ही साम्राज्य के सीमावर्ती क्षेत्रों में पड़ते थे, और ये लोग तीन तरह से सम्राट के प्रति अपने कर्तव्य निभाते थे। ये स्वयं सम्राट के दरबार में उपस्थित होकर उसके प्रति अपनी श्रद्धाभक्ति प्रकट करते थे, उसे अधीनतासूचक कर देते थे, और विवाह में अपनी कन्याएं भेंट करते थे। समुद्रगुप्त की प्रयाग प्रशस्ति में इन तीनों प्रथाओं का उल्लेख है। किंतु इसके अतिरिक्त सामंतगण स्पष्ट ही अपने प्रभु को सैनिक भी देते थे और बदले में युद्ध के समय प्रभु इसकी रक्षा किया करता था। वलभी के मैत्रक, थानेश्वर के वर्धन, कन्नौज के मौखरि, मगध के परवर्ती गुप्तशासक, बंगाल के चंद्र आदि गुप्तों के प्रमुख सामंत थे और बाद में जब गुप्त साम्राज्य का विघटन हुआ तब इनका उदय स्वतंत्र शक्तिशाली राज्यों के रूप में हुआ।

गुप्त साम्राज्य की दूसरी महत्वपूर्ण सामंती प्रवृत्ति पुरोहितों तथा मंदिरों को दी गई राजस्विक और प्रशासनिक रियायतें थीं। यह चलन दकन में सातवाहनों के राज्य से आरंभ हुआ और मध्य भारत में गुप्तों के सामंतों के अधीनस्थ क्षेत्रों तथा वाकाटकों के राज्य में इसने व्यापक रूप धारण कर लिया, यद्यपि स्वयं गुप्त राजाओं ने बहुत कम भूमि अनुदान दिए। नई राजस्विक रियायतों में नमक तथा खानों का हस्तांतरण भी शामिल था, यद्यपि पहले इन दोनों चीजों पर राजा का एकाधिकार होता था और ये प्रभुसत्ता की स्पष्ट प्रतीक मानी जाती थीं। धार्मिक ग्रहीताओं को ग्राम अनुदान सदा के लिए दिए गए, और उन्हें उन सभी करों की उगाही का अधिकार दिया गया जो पहले दाता वसूल करता था; साथ ही वे दाता को उन करों में से कुछ भी देने के दायित्व से मुक्त रखे गए। गुप्तकालीन भूमि अनुदानों की विशेषता यह थी कि ग्रहीताओं को अनेक प्रशासनिक विशेषाधिकार भी प्रदान किए गए। उनके क्षेत्रों में राजकीय चाटों, भटों आदि का प्रवेश वर्जित था। यही बात हमें सातवाहन अनुदानों में भी देखने को मिलती है। लेकिन नई बात यह हुई कि अब उन्हें दशों अपराधों के लिए दोषी लोगों को दंडित करने का अधिकार भी प्रदान किया गया। दूसरे शब्दों में, मजिस्ट्रेट तथा पुलिस के अधिकार भी उन्हें दे दिए गए। इसके अतिरिक्त, अनुदानों के फलस्वरूप जो ग्रामीण जन ग्रहीताओं के अधिकार क्षेत्र में आए उन्हें राजा ने ऐसा निर्देश दिया कि वे अपने नए स्वामियों की आज्ञा का अनुगमन करें और उनके आदेशों का पालन करें।

पुरोहितों तथा मंदिरों को प्रत्यक्षतः धार्मिक और आध्यात्मिक प्रयोजनों से भूमि अनुदान दिए गए। केवल एक ऐसा उदाहरण मिलता है जब ब्राह्मणों को इस शर्त के साथ भूमि अनुदान दिया गया कि वे राज्य का कोई अपकार न करें और

सद्व्यवहार कायम रखें, किंतु व्यवहारतः अनुदत्त क्षेत्रों के प्रशासन का दायित्व केवल ग्रहीताओं पर होता था। वे ग्रामीण समुदायों को वर्ण धर्म के पालन की शिक्षा देते थे, उनके लिए प्रायश्चितों का विधान करते थे और अपने राजकुलोत्पन्न दाताओं को उनके समक्ष दैवी गुणों से संपन्न व्यक्तियों के रूप में प्रस्तुत करते थे। इस प्रकार उन्होंने लोगों पर एक स्वस्थ प्रभाव डाला, जो समाज में स्थायित्व लाने की दृष्टि से बहुत फलप्रद सिद्ध हुआ।

यह स्पष्ट नहीं है कि गुप्तकाल में राज्याधिकारियों को वेतन स्वरूप भूमि अनुदान दिए जाते थे या नहीं। स्वर्णमुद्राओं की प्रचुरता से इस बात का संकेत मिलता है कि उच्चाधिकारियों को नकद वेतन दिया जाता था। लेकिन इस काल के स्मृतिकारों ने स्पष्ट विधान किया है कि राजस्व अधिकारियों के वेतन स्वरूप भूमि अनुदान दिए जाएं और इसी प्रकार से राज्याधिकारियों को भी पुरस्कृत किया जाए। मध्य भारत में प्राप्त अभिलेखों से प्रकट होता है कि मंदिरों को अनुदत्त भूमि की व्यवस्था का भार दिविरों और व्यापारियों को सौंपा जाता था, और कभी-कभी आदिम जनसमुदायों के सरदारों के भरण-पोषण के लिए भी भूमि अनुदान दिए जाते थे।

चूंकि साम्राज्य के बहुत-से प्रशासनिक मामलों की व्यवस्था सामंत तथा अनुदानभोगी लोग करते थे, इसलिए गुप्त राजाओं को उतने अधिकारियों की जरूरत नहीं थी जितने की मौर्यों को थी। इसके अतिरिक्त राज्य आर्थिक मामलों में कोई विशेष दखल नहीं देता था। इससे भी उतने अधिक अधिकारियों की आवश्यकता नहीं रह गई थी। फिर, जितनी बड़ी सेना मौर्यों की थी, उतनी बड़ी स्थायी सेना की भी जरूरत गुप्तों को नहीं थी। मौर्यकाल के विपरीत हम कारीगरों, व्यापारियों और महत्तरों को ग्रामीण तथा शहरी प्रशासन में हाथ बंटाते देखते हैं। इससे भी विशाल प्रशासनिक कर्मचारीवृंद रखने की आवश्यकता बहुत कम हो गई। गांवों ने बहुत अधिक सत्ता प्राप्त कर ली, जिससे केंद्र के करने के लिए बहुत कम बच गया। इसलिए गुप्तों को मौर्यों जितनी बड़ी नौकरशाही की न जरूरत थी और न उन्होंने ऐसी नौकरशाही खड़ी ही की, और गुप्त राजाओं की प्रबल सैन्यशक्ति के बावजूद गुप्तकाल में जो संस्थागत तत्व विकेंद्रीकरण की दिशा में काम कर रहे थे, वे इस तरह के प्राग्गुप्तकालीन तत्वों से कहीं अधिक प्रबल थे। इस काल में कई दृष्टियों से सामंती व्यवस्था का सूत्रपात हुआ जो पूर्व मध्यकाल की राजनीति की सबसे प्रमुख विशेषता के रूप में सामने आई।

संदर्भ और टिप्पणियां

1. लेकिन ऐसी ईंटें कौशांबी में भी मिली हैं.
2. अ. शा., I. 13.
3. आर. पी. कांगले, दि कौटिल्य अर्थशास्त्र, iii, 208.
4. अ. शा., II, 1.
5. वही.
6. वही, V, 3.
7. अ. शा., VIII, 2.
8. जोहन एलेन, 'कैटलाग ऑफ दि क्वाइंस आफ एंशिएंट इंडिया', पृ. XXVII, 214-16.
9. वही, पृ. 216.
10. के. डी. वाजपेयी, 'अथॉरिटी ऑफ मिंटिंग क्वाइंस इन एंशिएंट इंडिया', ज. न्यु. सो. इं., XXV 1963, 20.
11. वही, 19.
12. 5.33.
13. शां. प., 88, 8.9.
14. वही. मिलाइए बी.पी. राय, 'पॉलिटिकल आइडियाज ऐंड इंस्टीट्यूशंस इन दि महाभारत' (पी-एच. डी. शोध प्रबंध, पटना विश्वविद्यालय), पृ. 487.
15. लेकिन ग्यारहवीं तथा बारहवीं सदियों के गाहडवाल अभिलेखों में पुरोहित का उल्लेख मिलता है, जिसका कारण ढूंढा जाना चाहिए.
16. परमेश्वरीलाल गुप्त, 'बैयरिंग्स ऑफ दि न्यूमिस्मेटिक्स ऑन दि हिस्ट्री ऑफ दि ट्राइबल रिपब्लिक्स इन एंशिएंट इंडिया', इं. हि. क्वा. xxvii, 204-07.
17. वही, 207.
18. वही, पा.टि. 51 ए.
19. उपरिवत् पृ. 253.

21. सारांश और उपसंहार

प्रस्तुत पुस्तक में विशुद्ध रूप में राजनीतिक विचारों से संबंधित अध्यायों को अपेक्षाकृत कम स्थान दिया गया है, पर यह उनके महत्व का कोई मानदंड नहीं है। सप्तांग राज्य जैसे कुछेक विचारों में काफी संगति और क्रमबद्धता है, जिनके कारण उन्हें सिद्धांत की कोटि में रखना उचित होगा। वास्तव में, राज्य-विषयक अन्य प्राचीन धारणाओं को ध्यान में रखते हुए सप्तांग राज्यसिद्धांत को राजनीतिक चिंतन के क्षेत्र में प्राचीन भारतीय विचारकों का अद्वितीय योगदान समझना चाहिए। इसमें न केवल सिद्धांत और व्यवहार का उचित सम्मिश्रण है वरन् राज्य-विषयक आधुनिक परिभाषा के कतिपय सामान्य तत्व भी विद्यमान हैं।

जहां तक राज्योत्पत्ति-विषयक सिद्धांतों की बात है, प्राचीन भारतीय ग्रंथों में वर्णित अनुबंध सिद्धांत पाश्चात्य दृष्टिकोण से बड़ा ही आकर्षक दीख पड़ता है। इस सिद्धांत का विकासक्रम हजार वर्षों से अधिक काल तक जारी रहा। इस दौरान यह अनेक अवस्थाओं से गुजरा और हर अवस्था के साथ अनुबंध करनेवाले दोनों पक्षों के दायित्वों का विस्तार होता गया, किंतु इसमें संदेह नहीं कि विशेषरूप से शासितों के ही विभिन्न कर देने के दायित्व की वृद्धि हुई। इस प्रकार प्राचीन भारतीय अनुबंध सिद्धांत की मंशा जनता की नहीं, वरन् राजा की शक्ति और अधिकारों पर जोर देना था। भारतीय राजनीतिक चिंतनधारा के अनुसार, परिवार, संपत्ति तथा वर्णव्यवस्था की रक्षा के विचार ने राज्य की उत्पत्ति में सबसे महत्वपूर्ण भूमिका निभाई। प्राकृतिक अवस्था, दंडशक्ति को जन्म देनेवाली परिस्थितियों, राज्यविहीन समाज में विद्यमान स्थिति, राजा के मुख्य कर्तव्यों से संबंधित अवधारणा आदि के जो आनुश्रुतिक वृत्तांत मिलते हैं, वे सब इसी निष्कर्ष पर ले जाते हैं।

'ऋग्वेद' में राज्य के बारे में सैद्धांतिक विवेचन नहीं है। उत्तर वैदिक ग्रंथों में कुछ क्षत्रिय राजाओं ने आत्मा-परमात्मा के संबंधों के स्वरूप पर चिंतन प्रस्तुत किया है। लेकिन उन्होंने राजनीतिक विचारों के क्षेत्र में कोई योगदान नहीं दिया। वैदिककाल, खासकर इसका पूर्व भाग, मुख्यतः ऐसी सामुदायिक संस्थाओं का काल था जिन्हें आधुनिक अर्थ में राजनीतिक नहीं माना जा सकता। गण, विदथ, सभा, समिति और परिषद जैसी संस्थाओं का स्वरूप मुख्यतः जनजातीय था। इनमें से

विदथ भारतीय आर्यों के बीच सर्वाधिक पुरानी संस्था प्रतीत होता है, जिसमें प्राक्-ऋग्वैदिक काल की स्मृतियां भी शेष दिखाई देती हैं। इसमें महिलाओं की उपस्थिति इस प्रचलित विचारधारा को खंडित करती है कि आर्यों का समाज शुरू से ही पितृतंत्रात्मक था। किंतु परिषद में महिलाओं की सदस्यता शायद आर्य पूर्व विशेषता थी। वैदिक गणों में यह बात स्पष्ट दिखाई नहीं देती, हालांकि महाकाव्यों और पुराणों के कतिपय उल्लेखों से ऐसा संकेत मिलता है कि इस संस्था से महिलाएं संबद्ध थीं। गण उतनी पुरानी संस्था नहीं था जितना कि विदथ, लेकिन विदथ की ही तरह गण में भी युद्ध में लूटी गई वस्तुओं और अन्य प्रकार की संपत्ति पर संपूर्ण समुदाय का हक माना जाता था और गण के सदस्य ऐसी संपत्ति आपस में बांट लेते थे। गण का महत्व इस बात में निहित है कि इसने बुद्धकाल में यत्रतत्र राजतांत्रिक शासन व्यवस्था को समाप्त करके अपना वर्चस्व स्थापित करनेवाले अल्पतांत्रिक राज्यों के समक्ष गणतांत्रिक शासनपद्धति का आदर्श प्रस्तुत किया। इन वैदिक सभाओं के अन्य कार्यों में से, जिनसे कि उनका आदिम सामुदायिक स्वरूप प्रकट होता है, शुद्ध राजनीतिक कार्यों को अलग करना अत्यंत कठिन है। सभा और समिति में राजनीतिक कार्यों का अधिक निखार है, हालांकि इन संस्थाओं को किसी काल और क्षेत्रविशेष से जोड़ना कठिन है। वैदिक सभाएं मुख्यतः स्थानीय संस्थाएं थीं, जिनमें स्थानीय समस्याओं का निबटारा होता था। इन्हें सभी वैदिक लोगों को अपने में समाविष्ट कर लेनेवाली किसी राष्ट्रीय सभा के रूप में देखना दूर की कौडी जोड़ने जैसा होगा।

पूर्व वैदिक सभाओं से अत्यंत प्रारंभिक और अपरिष्कृत प्रशासनिक संगठन का संकेत मिलता है। लेकिन उत्तर वैदिककाल के रत्नहवींषि संस्कार से काफी विकसित प्रशासनिक तंत्र का आभास होता है। इसकी सबसे महत्वपूर्ण विशेषता करों का संग्रह करनेवाले अधिकारी की नियुक्ति है। उस समय की जनजातीय अवस्था में ये कर शायद स्वैच्छिक रहे होंगे। ब्राह्मण और राजा का महत्व बढ़ने से जनजातीय व्यवस्था को और भी आघात पहुंचा। इन्हें रत्निनों की सूची में उच्चतर स्थान दिया गया है। किंतु चूंकि रत्निनों के समूह का स्वरूप मुख्यतः सैनिक था और वह प्रारंभिक भारोपीय समुदायों में प्रचलित बारह सदस्यीय परिषद् से मेल खाता था, इसलिए माना जाएगा कि उसमें आदिम समाज की कुछ विशेषताएं कायम रहीं। गोहरण, अक्षक्रीड़ा, रथदौड़ आदि कर्मकांड उत्तर वैदिक राज्यव्यवस्था में उपस्थित जनजातीय विशेषताओं को प्रतिबिंबित करते हैं। विभिन्न अभिषेक समारोह मूलतः या तो जनजाति के सरदार पद के प्रत्याशी व्यक्ति की योग्यता को परखने के अलग-अलग तरीके थे या याजक के जीवन की एक नवीन अवस्था का संकेत देनेवाले दीक्षा संस्कार थे। लेकिन अब इनका रूप ही रूप रह गया था और सारे तत्व चुक गए थे। व्यवहारतः उत्तर वैदिक-

राज्यव्यवस्था ने काफी हद तक प्रादेशिक और वर्गप्रधान रूप ले लिया था।

वैदिकोत्तर काल में छठी सदी ई. पू. के आसपास से जनजातीय तत्वों पर वर्ण या सामाजिक वर्गव्यवस्था हावी होने लगी और यह कानून तथा राजनीति के क्षेत्र में एक महत्वपूर्ण शक्ति के रूप में सामने आई। राजा, मंत्री या उच्चाधिकारी, परिषद्, पौर, जानपद, सेना आदि राज्य के विभिन्न अंग स्पष्ट ही वर्ण-भावना से प्रभावित होने लगे। धर्मशास्त्र विधियों के उद्‌भव तथा विकास को भी वर्णव्यवस्था ने काफी प्रभावित किया और दीवानी तथा फौजदारी कानूनों में वर्णभेद का पूरा खयाल रखा गया : दोनों उच्चतर वर्णों के बीच सहयोग तथा एकता की आवश्यकता पर जोर दिया गया, यद्यपि वास्तविक राजनीति में कभी क्षत्रियों की प्रमुखता रही तो कभी ब्राह्मणों की प्रधानता। सामाजिक वर्ग के रूप में वैश्यों या शूद्रों को राजनीति में कभी भी प्रमुख स्थान प्राप्त नहीं हुआ।

प्राचीन भारतीय राज्यव्यवस्था के इतिहास की प्रमुख अवस्थाओं को पहचाना जा सकता है। पहली अवस्था जनजातीय सैनिक प्रजातंत्र की अवस्था थी, जिसमें जनजातीय सभाएं मुख्यतः युद्धकर्म में व्यस्त रहती थीं। इन सभाओं में महिलाओं का भी स्थान था। 'ऋग्वेद' का काल प्रधानतः सभाओं का काल था। दूसरी अवस्था वर्ण नामक समाजव्यवस्था के उदय के फलस्वरूप जनजातीय राज्यव्यवस्था के विघटन का काल है। इसमें किसी समय की यायावर जनजातियों ने निश्चित भूभाग में रहना शुरू किया, जिससे राजतंत्र, कर प्रणाली और अधिकारितंत्र विकसित हुए। तीसरी अवस्था में कोसल और मगध के विशाल प्रादेशिक राजतंत्रों तथा पश्चिमोत्तर भारत और हिमालय की तलहटी में जनजातीय अल्पतंत्रों का उदय हुआ। इस काल में हमें पहली बार विशाल स्थायी सेना और भूराजस्व की वसूली करनेवाला सुसंगठित तंत्र दृष्टिगोचर होता है। लेकिन अभी राजा तथा प्रजा के बीच आनेवाला मध्यवर्ती भूस्वामिवर्ग बहुत छोटा था और उसे प्रशासनिक छूट भी नहीं मिली थी। चौथी अवस्था मौर्य काल में आती है। यह राज्य के बढ़ते हुए आर्थिक क्रियाकलापों पर आधारित केंद्रीकृत शासन का युग था, और इस केंद्रीकरण को संभव बनाया था एक विशाल और चुस्त नौकरशाही ने। राजा को प्रायः सर्वसत्तासंपन्न मानने के सिद्धांत के आधार पर जीवन के सभी क्षेत्रों पर राज्य के नियंत्रण का औचित्य ठहराया गया। इस काल में बड़ी चतुराई से धर्म का उपयोग राजनीतिक उद्देश्यों की पूर्ति के लिए किया गया। कौटिल्य ब्राह्मण समाजव्यवस्था का समर्थन करते हैं और उस व्यवस्था से अलग खड़े होनेवाले संप्रदायों का विरोध करते हैं। इसलिए उनके द्वारा अनुशंसित राजनीति को धर्मनिरपेक्ष नहीं कहा जा सकता। लेकिन जहां कहीं विजयेच्छु राजा से ब्राह्मणवादी विचारों का विरोध होता है, वहां उनकी अवहेलना करने में कौटिल्य कोई संकोच नहीं करते। हम कौटिल्य को बड़े साहस के साथ विचारपूर्वक

प्रजा के अंधविश्वासों का उपयोग उसे राज्य के प्रति निष्ठावान बनाने के लिए करते देखते हैं। लेकिन राजा को वास्तव में दैवी रूप देने का कोई प्रयत्न उनके ग्रंथ में दिखाई नहीं देता।

पांचवीं अवस्था की विशेषता विकेंद्रित प्रशासन की स्थापना की क्रमिक प्रक्रिया है। इस काल में दकन तथा उत्तर भारत में भी नगरों, सामंतों तथा सैनिक तत्वों का जोर खूब बढ़ा। विकेंद्रीकरण की यह प्रवृत्ति राजा के देवत्व पर जोर दिए जाने से किसी हद तक प्रतिसंतुलित हुई। कुषाण राजाओं ने विधिवत देवपुत्र की उपाधि धारण की और मृत राजा की पूजा का चलन प्रारंभ किया। सातवाहन राजाओं की तुलना महाकाव्यों में वर्णित उन वीर चरितों से की गई जो देवताओं के रूप में प्रतिष्ठित हो चुके थे। अंतिम अवस्था, अर्थात गुप्त शासनकाल को आद्य सामंती राज्यव्यवस्था कहा जा सकता है। अब भूमि-अनुदान राजनीतिक ढांचे की रचना में एक महत्वपूर्ण भूमिका निभा रहे थे। गुप्तों के सामंतों द्वारा दिए गए भूमि-अनुदानों में पुरोहित वर्ग के अनुदानभोगियों को राजस्विक तथा प्रशासनिक अधिकार भी प्रदान किए गए। गैर सैनिक अधिकारियों को राज्य की सेवा के प्रतिदान-स्वरूप भूमि-अनुदान दिए जाते थे या नहीं, यह कहना कठिन है। यूरोप के राजनीतिक सामंतवाद की मुख्य विशेषता सैनिक सेवा के एवज में भूमि-अनुदान देना था, लेकिन भारत में गुप्तकाल तथा गुप्तोत्तरकाल में ऐसे अनुदान का कोई उदाहरण नहीं मिलता। इसके विपरीत, ईस्वी सन की पहली सदी से प्रशासन के विकेंद्रीकरण को जिस चीज ने बढ़ावा दिया वह थी जाति एवं पेशों पर आधारित शिल्पियों एवं व्यापारियों के संघों तथा गांवों के प्रधानों और महत्तरों की शक्ति में अच्छी खासी वृद्धि।

प्रस्तुत अध्ययन से स्पष्ट हो गया होगा कि प्राचीन भारत में राज्यव्यवस्था तथा राजनीतिक विचारों को जो भी स्वरूप मिला, वह किसी एक तत्व के कारण नहीं। वैदिककाल में जनजातीय व्यवस्था एक महत्वपूर्ण तत्व जान पड़ती है, लेकिन वैदिकोत्तर काल में मुख्य प्रेरणा सामाजिक वर्गों तथा क्षेत्रीय राज्यों की रही। मौर्यों ने जिस प्रशासनतंत्र की रचना की वह राज्य की आर्थिक प्रवृत्तियों एवं गतिविधियों तथा विशाल साम्राज्य की आवश्यकताओं से उद्भूत हुआ था। यदि राज्य-व्यवस्था पर व्यापार का प्रभाव मौर्योत्तर काल में पड़ा तो भूमि अनुदानों ने गुप्तकालीन राज्यसंगठन को प्रभावित किया। मौर्योत्तर राज्यव्यवस्था में कुछ विदेशी तत्व भी प्रकट हुए, लेकिन कुल मिलाकर विकासक्रम का रूप विशुद्ध भारतीय था। धर्म का प्रभाव तो पूरे अध्ययन काल में दिखाई देता है, लेकिन धार्मिक ग्रंथों से भी जिन विचारों और संस्थाओं की जानकारी मिलती है, वे बदलती हुई सामाजिक तथा आर्थिक पृष्ठभूमि को प्रतिबिंबित करते हैं।

परिशिष्ट : 1

प्राच्य निरंकुशवाद का सामाजिक-आर्थिक आधार

यूरोप की विचारधारा में प्राच्य निरंकुशवाद संबंधी सिद्धांत का आभास यूनानी चिंतक प्लेटो और अरस्तु के लेखन में मिलता है। किंतु इस विचार को उन वाणिज्यिक और प्रथम पीढ़ी के औद्योगिक देशों ने लोकप्रिय बनाया जिन्होंने भारत और एशिया के अन्य देशों में अपने उपनिवेश कायम कर लिए थे। एडम स्मिथ, मान्टेस्क्यू, रिचर्ड जोन्स और हेगेल आदि अन्य लेखकों ने इस विचार का प्रतिपादन किया। उन्होंने प्राच्य निरंकुशवाद के सिद्धांत का प्रतिपादन करने के साथ-साथ पूर्वी विश्व की अपरिवर्तनशीलता की चर्चा की। मान्टेस्क्यू की धारणा के अनुसार पूर्वी देशों के विधि-विधान, रीति-रिवाज और आचार-विचार अपरिवर्तनीय थे।[1] हेगेल के विचार में हिंदू जाति सदा से अपरिवर्तनशील[2] और अंधविश्वास से ग्रस्त थी, तथा भारत और चीन, दोनों ही देश, गतिशून्य थे। प्राच्य निरंकुशवाद के साथ-साथ पूर्वी विश्व की गतिहीनता संबंधी विचार ने उन्नीसवीं सदी के उत्तरार्ध और बीसवीं सदी के पूर्वार्ध में न केवल पश्चिमी प्राच्यविदों को प्रभावित किया वरन् कार्ल मार्क्स और एंगेल्स जैसे वैज्ञानिक चिंतकों पर भी असर डाला। पहले मार्क्स और एंगेल्स ने अपने फुटकर लेखों में प्राच्य निरंकुशवाद के विभिन्न पक्षों की चर्चा की और फिर उन्हें एशियाई उत्पादन प्रणाली से संबद्ध कर प्राच्य निरंकुशवाद की तार्किक व्याख्या प्रस्तुत करने का प्रयत्न किया। यह सोचना गलत होगा कि दोनों विचारकों ने एशियाई उत्पादन प्रणाली के संबंध में कोई सुविचारित मत प्रस्तुत किया क्योंकि वे एशियाई उत्पादन-प्रणाली के विभिन्न पक्षों के विषय में उनके विचार बदलते रहे। उनके अनुसार सिंचाई, भूमि में निजी स्वामित्व का अभाव, गांवों की आत्मनिर्भरता और नगरों के अभाव आदि एशियाई उत्पादन प्रणाली के अंग थे। पर प्रत्येक अंग और अंगों के सापेक्ष महत्त्व के बारे में उनके विचार बदलते रहे। प्राच्य निरंकुशवाद इन अंगों पर आधारित माना जाता था। इसलिए इस समस्या के अध्ययन में इन अंगों के अलग-अलग विश्लेषण की आवश्यकता

है, और फिर देखना है कि प्राचीन भारत में उनकी प्रासंगिकता किस अंश तक है।

ऐसे प्राचीन भारत के राजतंत्र पर शोध करनेवाले भारतीय विद्वानों ने साक्ष्यों के आधार पर प्रमाणित किया है कि प्राचीन काल में राजत्व पद पर प्रतिबंध थे और राजा सामान्यतः मनमानी नहीं कर सकता था। पश्चिमी प्राच्यविदों ने प्राचीन भारतीय राजा के निरंकुश होने का जो सिद्धांत चलाया था, उसका खंडन काशीप्रसाद जायसवाल और उपेंद्रनाथ घोषाल सरीखे विद्वानों ने अपनी पुस्तकों में किया। पर प्राच्य निरंकुशवाद एशियाई उत्पादन प्रणाली पर आधारित है, इस सिद्धांत की परीक्षा उन्होंने नहीं की है।

अठारहवीं सदी में मान्टेस्क्यू ने प्राच्य निरंकुशवाद की भौगोलिक और परिवेशीय व्याख्या प्रस्तुत की। मान्टेस्क्यू के शब्दों में : 'एशिया में सदा ही बड़े साम्राज्य रहे हैं, यूरोप में ऐसे साम्राज्य कभी स्थायी नहीं हो सकते थे। एशिया में अपेक्षाकृत बड़े मैदान हैं, पर्वतों और सागरों ने उसे बड़े-बड़े भू खंडों में विभाजित किया है ··· अतः एशिया में सत्ता सदा ही निरंकुश रहेगी; क्योंकि यदि उनको कठोर दासता में नहीं रखा गया तो वे ऐसा विभाजन करेंगे जो देश के स्वरूप से असंगत होगा।'[5] निरंकुशवाद का यह भौगोलिक आधार भारत पर लागू नहीं हो सकता। मिस्र की भांति भारत का भूखंड केवल एक नदी की देन नहीं है। उद्योगीकरण से पूर्व भारत में भौगोलिक दृष्टि से अनेक जीवनक्षम इकाइयां निर्मित हो सकती थीं। भारत का इतिहास ऐसी प्रक्रिया का साक्षी है। यदि अनेक इकाइयां हों तो वे एक-दूसरे को नियंत्रण में रख सकती हैं। मान्टेस्क्यू ने अपने प्राच्य निरंकुशवाद के सिद्धांत के समर्थन में भारत के विधि-विधानों, रीति-रिवाजों और धर्म के अपरिवर्तनीय स्वरूप पर बल दिया है। उसका कहना है कि भारतीय लोग सहज ही सभी प्रकार के विचारों को ग्रहण कर लेते हैं,[6] और एक बार कोई विचार ग्रहण करने पर उसका परित्याग करना सरल नहीं होता। विधि-विधानों, व्यवहार और रीति-रिवाजों में किसी प्रकार का परिवर्तन न होने का कारण यही है कि भारतीय शारीरिक और बौद्धिक दृष्टि से आलसी हैं और स्वभाव से निष्क्रिय हैं।[7] यह भी कहा गया है कि निष्क्रियता का कारण जलवायु की अत्यधिक उष्णता है जो शरीर की समस्त शक्ति और स्फूर्ति का विनाश कर देती है।[8] भारतीयों की निष्क्रियता और दब्बूपन की मान्टेस्क्यू द्वारा की गई परिवेशीय व्याख्या की और अधिक चर्चा करना निरर्थक होगा।

तथापि, एक अन्य व्याख्या अधिक ध्यान देने योग्य है जो परिवेशीय होने के साथ-साथ समाजशास्त्रीय भी है। कभी-कभी शुष्क क्षेत्रों में सिंचाई की आवश्यकता को ही प्राच्य निरंकुशवाद का मुख्य कारण माना जाता है। यह तर्क दिया जाता है कि सिंचाई की सुविधाओं को विकसित करना व्यक्तिगत रूप से परिवारों अथवा स्थानीय प्राधिकरणों के वश की बात नहीं है: यह काम केवल

शक्तिशाली केंद्रीय सत्ता ही कर सकती है।[9] इस तर्क को द्रविक निरंकुशवाद (hydraulic despotism) के सिद्धांत में विकसित किया गया है। सिंचाई व्यवस्था के रखरखाव के लिए अनेक अधिकारियों की आवश्यकता होती है। फलतः, अफसरशाही एशियाई उत्पादन प्रणाली अथवा प्राच्य निरंकुशवाद का महत्त्वपूर्ण अंग मानी जाती है। मध्यकालीन भारत पर सिंचाई संबंधी सिद्धांत लागू किए जाने का विरोध करना उपयुक्त ही है।[10] जिन नृविज्ञानियों और पुरातत्ववेत्ताओं ने गैर-भारतीय परिवेश में इस विषय का अध्ययन किया है उन्होंने सैद्धांतिक रूप से भी यह स्वीकार नहीं किया है कि केंद्रीयकरण और निरंकुशवाद का एकमात्र कारण सिंचाई की आवश्यकता है।[11] इसी को देखते हुए इस सिद्धांत का कुछ ही समय पूर्व तक समर्थन करनेवाले कुछ चिंतकों ने अपने मत को परिवर्तित कर सिंचाई को केंद्रीयकरण का एकमात्र कारण न मानकर अनेक कारणों में से एक माना है।[12]

भारतीय उप-महाद्वीप का केवल उत्तर-पश्चिमी भाग ही शुष्क है, जबकि अधिकांश भाग में पर्याप्त वर्षा होती है। इस भाग में प्राचीन काल में वर्षा और भी अधिक होती रही होगी क्योंकि उस समय वन कटाई का काम इतने बड़े पैमाने पर नहीं होता था। यद्यपि सिंचाई की आवश्यकता तब भी पड़ती थी, किंतु उसका प्रबंध सामुदायिक, प्रांतीय तथा केंद्रीय स्तर पर हो सकता था जैसा कि मौर्यकालीन शासन में पाया जाता है। ऐसा कोई प्रमाण नहीं है कि सिंचाई की आवश्यकताओं की पूर्ति के लिए अफसरशाही का आकार विस्तृत हुआ हो। कौटिल्य ने लगभग 30 विभागाध्यक्षों और अठारह उच्च अधिकारियों का उल्लेख किया है जो विभिन्न आर्थिक और प्रशासनिक गतिविधियों की देखभाल करते थे। किंतु सिंचाई की व्यवस्था के लिए किसी अधिकारी के रखे जाने का उल्लेख नहीं है; ऐसे अर्थशास्त्र सिंचाई संबंधी करों और नियमों का उल्लेख है। मौर्य शासनकाल, गुप्त शासनकाल और रुद्रदामन् के शासनकाल में राज्यपालों ने काठियावाड़ में सुदर्शन जलाशय के तटबंध की मरम्मत का काम करवाया। इस तथ्य से यही प्रकट होता है कि सिंचाई व्यवस्था की जिम्मेवारी प्रांतीय शासन पर थी। परिवारों द्वारा और सामुदायिक प्रयत्नों द्वारा सिंचाई व्यवस्था का निर्माण कार्य किए जाने के भी उदाहरण कम नहीं हैं।[13]

रिचर्ड जोन्स (1830-31) ने यह मत व्यक्त किया कि प्राचीन काल से ही नरेश को भूमि के स्वामित्व का अधिकार प्राप्त था[14] और उसके अधीनस्थ किसानों (रैयत) के सभी अधिकार या तो लगातार युद्धों के कारण घटते रहते थे या नरेश के नियंत्रण में होते थे जो कि सबसे शक्तिशाली व्यक्ति होता था।[15] जोन्स ने यह तर्क कोलब्रुक की डाइजेस्ट ऑफ हिंदू लॉ नामक रचना के आधार पर प्रस्तुत किया जिसमें नरेश के भूमि स्वामित्व के अधिकार को युद्ध में विजय के आधार पर

प्रतिपादित किया गया था। नरेश भूमि का एकमात्र स्वामी होता था। अतः सभी को अपनी जीविका के लिए नरेश पर निर्भर रहना पड़ता था। यही कारण था कि एशियाई निरंकुशवादी व्यवस्था, जिसमें कोई मध्यम तथा स्वतंत्र वर्ग नहीं था, स्थायी हो सकी।[16] कार्ल मार्क्स ने भी इसी सूत्र को पकड़ा। आरंभ में उसने बर्नियर के इस मत को स्वीकार किया कि भारत में समस्त भूमि का स्वामी नरेश होता था। मार्क्स के अनुसार एशियाई व्यवस्था को समझने के लिए यह जानना आवश्यक था कि वहां भूमि का निजी स्वामित्व नहीं था।[17] बाद में उसने भूमि के सामुदायिक स्वामित्व की बात कही और संभवतः अंत में इस निष्कर्ष पर पहुंचा कि भूमि के स्वामित्व का प्रश्न इतना सरल नहीं था। यह पूर्णतः स्पष्ट किया जा चुका है कि मार्क्स ने भारत में भूमि की तीन प्रकार की पट्टेदारी होना स्वीकार किया : (1) सामुदायिक स्वामित्व, जो कि पट्टेदारी का 'मूल स्वरूप' था और भारत के कुछ गांवों में जीवित रह गया था; (2) 'कृष्णा से दक्षिण के क्षेत्र में,' जो ब्रिटिश शासन के अधीन नहीं आया था, भूमि का निजी स्वामित्व; और (3) अवध जैसे क्षेत्र में भूमि का सामंती संपत्ति के रूप में स्वामित्व जो केंद्रीय शासन की दुर्बलता के कारण सामंती जमींदारी के रूप में विकसित हो गया था।[18] इनमें से प्रथम दो प्रकार का स्वामित्व प्राचीन भारत में प्रचलित था जिसका कुछ प्रमाण ग्रंथों और अभिलेखों आदि में मिलता है।[19] साथ-ही-साथ इस बात के ठोस प्रमाण हैं कि आदि मध्यकाल में भूमि पर नरेश का स्वामित्व होता था अथवा वह किसी न किसी रूप में सामंती संपत्ति होती थी।[20]

प्राचीन काल में भी नरेश ही भूमि का स्वामी होता था, यह सिद्ध करना असंभव लगता है। ऐसा प्रतीत होता है कि कौटिल्य के अर्थशास्त्र पर आधारित सर्वशक्तिमान राजा का स्वामित्व केवल बंजर और बेकार भूमि पर ही लागू किया जाता था। ऐसी भूमि को आबाद करने के लिए बस्तियां बसाई जाती थीं और किसान को कृषि योग्य भूमि जीवनपर्यंत आवंटित की जाती थी। ईसा की दूसरी शताब्दी में महाराष्ट्र में, और गुप्तकाल के बाद देश के बड़े भाग में, इस स्थिति में परिवर्तन होने लगा। नरेश को उस कृषि योग्य भूमि का अनुदान देने का अधिकार होता था जो उसके व्यक्तिगत स्वामित्व में होती थी। दूसरी शताब्दी में सातवाहन द्वारा दिए गए एक दानपत्र में 'राजकम् खेतम्' (नरेश के कब्जे की कृषि योग्य भूमि) शब्द का प्रयोग हुआ है।[21] अंततः, अनुदान देने का यह अधिकार उस भूमि पर भी कायम हो गया जो किसान के पास होती थी तथा जिस पर उससे राजस्व लिया जाता था। इस प्रकार तीनों प्रकार की भूमि पर राजा को स्वामित्व का सर्वोपरि अधिकार हो गया : बंजर और बेकार भूमि, राजा की व्यक्तिगत संपत्ति के रूप में विद्यमान भूमि और ऐसी भूमि जिस पर किसान द्वारा राजस्व अदा किया जाता था (इनमें अंतिम दो प्रकार की भूमि कृषि योग्य होती थी)।

भूमि पर राजकीय स्वामित्व स्थापित होने की प्रक्रिया का प्रथम महत्वपूर्ण संकेत मनुस्मृति में मिलता है। मनु ने राजा को 'महिपति' अर्थात धरती का स्वामी कहा है।[22] कात्यायन ने नरेश के लिए 'भूस्वामी', अर्थात् पृथ्वी का स्वामी, शब्द का प्रयोग किया है।[23] संस्कृति और जैन साहित्य में प्रचलित 'नरेश' के पर्यायवाची शब्द उल्लेखनीय हैं। 'क्षितीन्द्र', 'क्षितीश', 'क्षितिपति', 'उर्वीपति', पृथ्वीपति', 'वसुधेश्वर', 'महिमुक्', 'महीपति' आदि शब्द इस तथ्य का बोध कराते हैं कि राजा मानवों का स्वामी और रक्षक होने से कहीं अधिक उनकी भूमि का स्वामी था। आदि मध्यकाल के धर्मशास्त्रों में इस प्रथा का आमतौर पर उल्लेख मिलता है। इन ग्रंथों में भूमि पर राजा के स्वामित्व को महत्त्व दिया गया है। आदि मध्यकाल की साहित्यिक रचनाओं में भूमि की उपमा राजा की पत्नी से दी गई है जिसका वह अपनी इच्छानुसार उपभोग कर सकता था। इस काल में राजा को उचित अथवा अनुचित प्रकार के कर वसूल करने का दावा करता है उसका आधार प्रभुसत्ता, और राजा द्वारा जनसेवा तथा संरक्षण करने के सिद्धांत पर उतना नहीं है जितना भूस्वामित्व और उपभोग के सिद्धांत पर है।

आदि मध्यकाल में कृषि योग्य और राजस्व अर्जित करनेवाली भूमि पर राजा के स्वत्व की इस तथ्य से भी पुष्टि होती है कि राजा 'भोग', 'भोग-कर' अथवा 'राजकीय भोग' का अधिकारी होता था।[24] आरंभ में 'भोग' के रूप में किसान राजा को ईंधन, फल-फूल इत्यादि वस्तुएं भेंट करते थे; बाद में, 'भोग' में क्रमशः आठ अथवा ग्यारह प्रकार की वस्तुएं सम्मिलित कर ली गईं जिनके कारण राजा सभी प्रकार की ग्रामीण संपदा का उपभोग कर सकता था।[25] यह उल्लेखनीय है कि कौटिल्य ने ग्रामीण क्षेत्रों से वसूल किए जानेवाले करों की सूची में भोग को शामिल नहीं किया है जबकि भूमि के अनुदान के संबंध में सीता अर्थात् स्वयं राजा के अधिकारियों द्वारा जोती जानेवाली भूमि से होनेवाली आय का उल्लेख किया है। अतः यह बहुत संभव है कि गुप्त और गुप्तोत्तर काल में राजा किसानों से इस आधार पर भोग की मांग करता था कि भूमि, उसके सर्वोपरि स्वत्व (भोग, मुक्ति) की वस्तु थी।

आदि मध्यकाल में भूमि पर राजा के स्वामित्व के अधिकार के साथ-साथ भूमि के सामंती स्वामित्व की व्यवस्था भी विकसित हुई। राजा ने जिन बिचौलियों को जमींदार बनाया उनके कारण उसका निजी अधिकार सीमित हो गया। आरंभ के भूमि अनुदान शासनों के द्वारा राजा केवल अपने राजस्व संबंधी अधिकारों का दानभोगियों के लिए परित्याग करता था। किंतु बाद के अनुदानपत्रों द्वारा समस्त ग्रामीण संपदा का उपभोग करने के राजकीय अधिकार ब्राह्मणों और अन्य अनुदानभोगियों को दिए जाने लगे। इससे भी अधिक महत्त्वपूर्ण बात यह थी कि अनुदानभोगियों को ऐसा अधिकार दिया गया जिससे वे किसानों को भूमि से

बेदखल कर सकते थे और दूसरों द्वारा जोती और उपभोग की जा रही भूमि को अपने कब्जे में ला सकते थे। यह स्वाभाविक था कि राजा द्वारा दी गई ऐसी सनदों से, जिन्हें 'शासन' कहा जाता था, किसानों और अनुदानभोगियों के बीच भूमि-विवाद होने लगे; ऐसी स्थिति में राजा सनदों को ही मान्यता देता था। मध्यकालीन धर्मशास्त्रों में यह प्रावधान था कि यदि किसी वाद का विचारण करते समय धर्म, व्यवहार, चरित (परंपरा) और शासन के बीच विरोध दृष्टिगत हो तो 'शासन' को सर्वोपरि मान्यता दी जाए।[26] संभवतः यह नियम उन विवादों को निबटाने के लिए बना था जिनका संबंध अनुदानभोगियों की भूमि पर किसानों के पुश्तैनी दावों से पैदा होते थे। इन विवादों में राजशासन की निर्णायक भूमिका होती थी; भूमि पर और प्रकार के दावों का उतना खयाल नहीं किया जाता था। धार्मिक अथवा अन्य अनुदानभोगी राजा से मिली अनुदान भूमि पर अपने विशिष्ट अधिकार स्थापित कर लेते थे; ये अधिकार नरेश और किसानों के अधिकारों से भिन्न होते थे। आदि मध्यकाल में राजा सबसे बड़ा भूस्वामी हो गया पर इससे राजतंत्र निरंकुशवादी नहीं बन पाया। अनुदान के द्वारा उसने जिन छोटे भूस्वामियों को खड़ा किया और राजस्व उगाहने के लिए जिन अधिकारियों को नियुक्त किया वे सब धीरे-धीरे वंशानुगत भूस्वामी बन गए और इस प्रकार राजा की शक्ति को उन्होंने सीमित कर दिया। संभव है कि किसानों और भूस्वामियों के बीच होनेवाले विवाद में राजा कारगर ढंग से हस्तक्षेप करता हो परंतु इसका कोई स्पष्ट प्रमाण नहीं मिलता है। साथ ही साथ गांवों में सामुदायिक अधिकार का जो अवशेष रह गया था उससे भी राजा की शक्ति सीमित होती थी। भूमि पर इन विभिन्न प्रकार के अधिकारों के कारण सरकार की स्थिरता कायम रखने की समस्या पैदा हो सकती थी। यह मत व्यक्त किया गया है कि राजा की प्रभुसत्ता और भूमि के स्वामित्व के संयोजन से प्राच्य निरंकुशवाद की उत्पत्ति हुई। तथापि, प्राचीन अथवा मध्यकालीन भारत का कोई ऐसा दृष्टांत उपलब्ध नहीं है जिससे इस मत की पुष्टि हो सके। राजा को भूमि में स्वत्व अवश्य था पर उस स्वत्व का सामना कभी सामंती स्वत्व और कभी किसानों के स्वत्व से होता था।

प्राच्य निरकुशवाद का एक अन्य कारण और महत्त्वपूर्ण लक्षण ग्रामों की आत्मनिर्भरता बतलाई जाती है। कहा जाता है कि इसके कारण भारतीय समाज निरंकुश शासक के आधिपत्य में अपरिवर्तित रहा। यह विचार सर्वप्रथम प्रसिद्ध दार्शनिक हेगेल ने प्रस्तुत किया था। उसने ग्रामों में विद्यमान ऐसी स्थिर और अपरिवर्तनीय व्यवस्था का उल्लेख किया है, जो किसी की इच्छा के अधीन नहीं थी। फलतः, सामान्य हिंदू के लिए किसी भी प्रकार का राजनीतिक संकल्प अर्थहीन था 'क्योंकि उसकी दशा अपरिवर्तित रहती थी।' उक्त व्यवस्था का वर्णन हेगेल के निम्नलिखित शब्दों में किया जा सकता है :

'जैसा पहले बताया गया है, ग्राम की समस्त आय को दो भागों में विभाजित किया जाता है, जिसमें से एक भाग राजा का होता है और दूसरा किसानों का होता है; किंतु उसका आनुपातिक अंश स्थानीय दंडाधिकारी, न्यायाधीश, जल सर्वेक्षक, धार्मिक अनुष्ठान करानेवाले ब्राह्मण, ज्योतिषी (जो ब्राह्मण ही होता है और शुभ और अशुभ दिनों के संबंध में घोषणा करता है), बढ़ई, कुम्हार, धोबी, नाई, नर्तकी, संगीतकार और भाट (कवि) को भी वितरित किया जाता है।'[27]

जैसा कि सर्वविदित है, कार्ल मार्क्स ने हेगेल की इस उक्ति को अपना आधार बनाया। साथ ही उसने उन्नीसवीं सदी में कुछ ब्रिटिश अधिकारियों द्वारा दी गई रिपोर्टों पर इसी प्रकार का भरोसा किया। इन तथ्यों के आधार पर मार्क्स ने ग्रामों की आत्मनिर्भरता और स्वशासन का सिद्धांत विकसित किया। ग्रामों की आत्मनिर्भरता और स्वशासन, दस्तकारी और कृषि के उपयुक्त मिश्रण पर आधारित था जिसके कारण ग्रामों को बाहरी दुनिया की आर्थिक सहायता पर निर्भर रहने से मुक्ति मिली हुई थी। दस्तकारों को गांवों के बाहर कोई 'मंडी' उपलब्ध नहीं थी। इस प्रकार प्रत्येक गांव अपने आप में सूक्ष्म विश्व बन गया, गांवों का जीवन गतिहीन तथा स्थावर हो गया। गांवों में परस्पर संयोजन की क्षमता नहीं थी जिसके फलस्वरूप प्राच्य निरंकुशता का राज्य उन पर निर्विघ्न कायम रहता था।[28] अभी हाल ही में, मानव विज्ञानियों ने इसी सिद्धांत को परिष्कृत कर 'जजमानी' अथवा 'यजमानी' व्यवस्था का सिद्धांत विकसित किया है। किंतु यह कहना गलत होगा कि भारतीय समाज का ढांचा प्राचीन काल से ही इस व्यवस्था पर आधारित है। केवल मौर्यकाल में ही विस्तृत अफसरशाही तंत्र से युक्त प्राच्य निरंकुशवादी व्यवस्था की संभावना दिखलाई पड़ती है, पर इसका प्रचलन गंगा के मैदानी इलाकों तक ही सीमित होगा। और फिर यह व्यवस्था केवल आत्मनिर्भर ग्रामों में रहनेवाले किसानों से वसूल किए गए करों पर आधारित नहीं थी। ऐसा प्रतीत होता है कि राज्य में पर्याप्त कृषि तथा अन्य उत्पादन दासों और वेतनभोगी मजदूरों द्वारा किया जाता था। यद्यपि गांवों से और राजकीय कृषि क्षेत्रों (सीता) से उत्पादन का काफी भाग इकट्ठा किया जाता था किंतु नगरीय बस्तियों (दुर्ग) से भी जिनमें शिल्पकार और व्यापारी रहते थे अच्छी आय होती थी। वस्तुतः, गांवों की अपेक्षा नगरों से कहीं अधिक प्रकार के कर वसूल किए जाने का उल्लेख है। खनन (खनि)[29] गतिविधियों से भी आय प्राप्त होती थी। कौटिल्य के नीति विधान में शिल्पकारों की अवांछनीय गतिविधियों (कासक रक्षणय)[30] और व्यापारियों की अवांछनीय गतिविधियों (वैदेहक रक्षणय)[31] के विरुद्ध बनाए गए कानूनों का इतना विस्तृत वर्णन किया गया है जिससे यह स्पष्ट होता है कि शिल्पकारों के उत्पाद का बड़ा महत्त्व था। स्पष्टतः, राजकीय शिल्पकारों और शिल्पकार-संघों के उत्पादों का उपयोग नगरवासी ही नहीं वरन् ग्रामवासी भी करते थे।

सामान्यतः, गुप्तकाल तक शिल्पकारों और व्यापारियों का संबंध केवल नगरों से था जैसा कि नगरों की स्थापना के संबंध में कौटिल्य की योजना से स्पष्ट होता है। ऐसा लगता है बसे हुए विकसित क्षेत्रों में नगरों के इर्द गिर्द समूहों में गांव भी बसे हुए होते थे। शहरों के द्वारा गांवों की वस्त्र, तेल, नमक और कृषि उपकरणों आदि शिल्प उत्पादों की आवश्यकता पूरी होती थी: बदले में वे शहरों को कच्चा माल, खाद्यान्न देते थे अथवा नकद देकर सामान खरीदते थे।[32] कौटिल्य ने गांवों के बीच में अनेक प्रकार के शहरी केंद्रों की स्थापना का प्रावधान अपनी योजना में किया है। यह सोचना कि नगर मुख्यतः राजाओं के निवास के लिए ऐसी आबादी के बीच निर्मित किए जाते थे जो मुख्यतः कृषिप्रधान होती थी और जिसका नगरों से कोई आधारभूत संबंध नहीं होता था प्राचीन काल के भारतीय समाज पर लागू नहीं होता है। इस विषय में किसी प्रकार का संदेह नहीं हो सकता है कि ईसा से पांच शताब्दी पूर्व से तीन शताब्दी बाद अथवा उससे भी बाद तक भारत में अनेक नगर कायम रहे। पुरावशेषों, अभिलेखों, सिक्कों और प्राचीन ग्रंथों से पता चलता है कि ईसा से दो शताब्दी पूर्व से दो शताब्दी बाद तक पश्चिमी भारत में अनेक ऐसे नगर थे जो शिल्प और वाणिज्य में समृद्ध थे। दक्कन के व्यापारियों ने अपने नगरों के नामों का सगर्व उल्लेख किया है। ऐसा प्रतीत होता है कि व्यापार का और नगरों का ह्रास गुप्तकाल में प्रारंभ हुआ जो बाद के काल में तीव्र हो गया। इसी काल में राजाओं के सैनिक शिविरों का उल्लेख मिलता है जो 'स्कंधावार' कहलाते थे। पाल राजाओं के नौ और चंदेलों के इक्कीस स्कंधावार थे जहां से भूमि अनुदान संबंधी सनद जारी की जाती थीं।

पूर्व मध्यकाल में नगरों में व्यापार की अवनति होने के बाद शिल्पकार ग्रामों में फैल गए और उन्होंने ग्रामों को आत्मनिर्भर बनाने में योगदान किया। किसानों की अनेक आवश्यकताओं की पूर्ति गांव के शिल्पकार ही करते थे जिसके बदले में उन्हें फसल के अवसर पर निश्चित मात्रा में खाद्यान्न मिलता था। बड़े-बड़े मंदिर और भूस्वामी, जिनकी आय किसानों से वसूल की गई मालगुजारी से होती थी, शिल्पकारों को भूमि का अनुदान दे देते थे और बदले में उनकी सेवाएं प्राप्त करते थे। इस प्रकार, शिल्पकारों में गतिशीलता नहीं रही और वे कृषि की आवश्यकताओं की पूर्ति में ही लगे रहे और पूर्व मध्यकाल से किसानों को अपनी आवश्यकता की वस्तुओं के लिए अधिकांशतः जजमानी प्रथा पर निर्भर होना पड़ा। फिर भी समस्त आर्थिक गतिविधियां जजमानी व्यवस्था तक ही सीमित नहीं थीं और प्रायः हाटों का आयोजन होता था जिनमें फेरीवाले जाते थे। इन हाटों से ग्रामवासी आवश्यकता की वस्तुएं लेते थे। अतः ऐसा नहीं है कि भारतीय समाज के प्रत्येक युग में जजमानी व्यवस्था का जोर था। यहां तक कि मध्यकाल में भी यह प्रथा सर्वव्यापी नहीं थी। मध्यकाल में आबादी की आत्मनिर्भर इकाइयों की

उत्पत्ति और वृद्धि तो हुई किंतु ये इकाइयां इतनी निश्चेष्ट नहीं थीं जितना वर्णित किया गया है।

एशियाई निरंकुशवाद की संकल्पना इस पूर्वानुमान पर आधारित है कि उस व्यवस्था में राजा और अफसरशाही के अतिरिक्त कोई अन्य शोषक वर्ग नहीं होता।[33] जो लोग धर्म की प्रतिबंधक भूमिका के पक्षधर हैं वे भी उसके वर्गीय स्वरूप को भूल जाते हैं। प्राचीन भारतीय व्यवस्था में राजा क्षत्रिय वंश का होता था। ब्राह्मण और क्षत्रिय दोनों ही शोषक वर्गों के प्रतीक थे। आरंभ में इन दोनों वर्णों के हाथ में उत्पादन के मुख्य साधन अर्थात् भूमि अधिकांशतः नहीं होती थी। किंतु वर्ण व्यवस्था की रचना कुछ इस प्रकार की गई थी कि किसानों, शिल्पकारों और व्यापारियों से वसूल किए गए करों और शुल्कों का उपयोग दो उच्च वर्ण के भरण पोषण के लिए होता था। यह तथ्य भी उल्लेखनीय है कि गौतम बुद्ध और बाद के युग में इन दोनों ही उच्च वर्णों को सामान्यतः कोई कर नहीं देना पड़ता था। वैश्यों और शूद्रों की अपेक्षा राजा का दोनों ही वर्णों से अधिक निकट का संबंध होता था क्योंकि इसी से वर्णव्यवस्था द्वारा प्रदत्त उनके विशेषाधिकारों की रक्षा हो सकती थी। जब इन दोनों उच्च वर्णों के विशेषाधिकारों को ऊपर से खतरा आता था तो वे राजा का विरोध भी करते थे। फिर भी, सामान्यतः प्राचीन ग्रंथ यही बतलाते हैं कि इन वर्णों और राजा के बीच, जो क्षत्रिय वर्ण का होता था, सहयोग रहता था। राजा की सत्ता पर आजकल जैसा कोई संवैधानिक प्रतिबंध नहीं था, पर उस पर धर्म के अनुसार शासन करने की जिम्मेवारी थी। धर्म की व्याख्या ब्राह्मण समुदाय करता था। राजा उन शक्तियों की उपेक्षा नहीं कर सकता था जिनके कारण समाज में उसे मान्यता मिलती थी और समर्थन प्राप्त होता था। एशियाई समाज की रूढ़िबद्ध धारणा से यह प्रतीत होता है कि ग्रामीण आबादी राजा के निरंकुश शासन के समक्ष असहाय होती थी। किंतु अनेक बौद्ध और ब्राह्मण ग्रंथों में ऐसी घटनाओं के उदाहरण मिलते हैं जिनमें ब्राह्मणों ने राजा के विरुद्ध जनविद्रोह का नेतृत्व किया। आरंभिक ईस्वी सदियों में अनुदान में दी गई भूमि के स्वामियों के रूप में ब्राह्मणों का भूस्वामियों के वर्ग के रूप में क्रमशः उदय हुआ। यद्यपि इन भूस्वामियों का कोई सुसंयुक्त वर्ग विकसित नहीं हुआ तथापि वे शासक पक्ष के महत्त्वपूर्ण अंग बन गए और इससे राजशक्ति को नियंत्रित करने की संभावना बनी।

पश्चिमी विद्वानों द्वारा प्राच्य निरंकुशवाद के सिद्धांत का प्रतिपादन करने का कारण भारतीय औपनिवेशिक इतिहास के अध्येताओं को स्पष्ट दिखाई देता है। इस सिद्धांत के प्रतिपादन के द्वारा औपनिवेशिक आक्रमण से पूरा लाभ उठाने की चेष्टा की गई। आंकेतिलदुपैरों नामक फ्रांसीसी प्राच्यविद् ने, जो देशभक्ति से निराश था, लिखा है : "इन देशों का शासन निरंकुश है, वहां सम्राट अपनी प्रजा

की समस्त संपत्ति का स्वयं स्वामी होने की घोषणा कर देता है; हम भी ऐसे ही सम्राट बन जाएं, तो हम भी हिंदुस्तान की समस्त भूमि के स्वामी हो जाएंगे। लालच और लिप्सा की पूर्ति के लिए यही तर्क दिया जाता है यद्यपि इसे छिपाने के लिए कोई न कोई बहाना बनाया जाता है। बहाने के इस झूठे आवरण को नष्ट करना होगा।"[34] स्पष्ट है कि कार्ल मार्क्स ने हेगेल से और भारत के संबंध में औपनिवेशिक लेखकों की रचनाओं से प्रभावित होकर ही प्राच्य निरंकुशवाद के सिद्धांत को अपनाया। साथ ही यह भी उल्लेखनीय है कि उसने प्राच्य निरंकुशवाद का अर्थ उत्पादन के साधनों के संदर्भ में खोजने का प्रयत्न किया और हिंदुओं की मानसिकता के संदर्भ में नहीं, जैसा कि मान्टेस्क्यू और हेगेल ने किया।

जिन सामाजिक-आर्थिक मान्यताओं पर 'प्राच्य निरंकुशवाद' का सिद्धांत आधारित है, हमने उनकी आद्य भारत के परिप्रेक्ष्य में परीक्षा करने का प्रयास किया है। हमने सिंचाई, भूमि पर राजा का स्वामित्व, ग्रामों की आत्मनिर्भरता, नगरों के अभाव, बिचौलिए वर्गों का अभाव आदि कारणों का भी उल्लेख किया है। ऐसा लगता है कि प्राचीन भारत में निरंकुशवाद की विद्यमानता की पुष्टि के लिए तथ्यों की अवहेलना की गई और राजनीतिक प्रयोजन से इस सिद्धांत के गढ़ने में प्रेरणा मिली। इसमें संदेह नहीं कि ऐतिहासिक शोध में हुई परवर्ती प्रगति के आधार पर, अठारहवीं सदी में प्रतिपादित किए गए प्राच्य निरंकुशवाद के सिद्धांत की आज आलोचना करना सरल है। तथापि, यह सिद्धांत अभी पूर्णतः अस्वीकृत नहीं हुआ है और उसे धर्म की सहायता से फिर जीवित किया जा रहा है। कुछ विद्वान धर्म का सनातन रूप मान कर भारतीय सामाजिक व्यवस्था का वैसा ही रूप प्रस्तुत करते हैं। यदि हम प्राचीन भारत की आर्थिक और सामाजिक संरचना का अध्ययन करें तो विषय को और अच्छी तरह से समझ सकते हैं। इस संदर्भ में कार्ल मार्क्स को इस बात का श्रेय है कि उसने प्राच्य निरंकुशवाद को पश्चिमी प्राच्यविदों की तरह राजत्व पद तक ही सीमित नहीं रखा बल्कि उसने उत्पादन प्रणाली के विश्लेषण के द्वारा इसके रूप को पहचानने का प्रयत्न किया। भारत के लंबे इतिहास और विस्तृत भूखंड में निरंकुशता कभी-कभी और कहीं-कहीं दिखाई दे सकती है, पर आमतौर पर हमारे मत में इसे देश के संपूर्ण इतिहास पर नहीं थोपा जा सकता है। अपने विश्लेषण द्वारा मार्क्स ने हमें प्राचीन काल में भारत में और एशिया के अन्य भागों में राज्य के सामाजिक-आर्थिक आधार के बारे में सोचने को प्रेरित किया। यदि प्राच्यविद्, जो स्रोतों के अधिक निकट पहुंच सकते हैं, 'निरंकुशवाद' के वृहत्तर पक्ष में रुचि लें तो वे इस विषय में प्रभावी योगदान कर सकते हैं।

संदर्भ और टिप्पणियां

1. द स्पिरिट ऑफ द लाज, अनुवाद थामस न्यूगेन्ट (द हैफ्नर, न्यूयार्क. 1949), 1, पृ. 225.
2. फिलासफी आफ हिस्ट्री, अनुवाद जे सिब्री (न्यूयार्क, 1944), पृ. 154.
3. वही, पृ. 167.
4. वही, पृ. 173.
5. द स्पिरिट आफ द लाज, 1, पृ. 269.
6. वही, 2, पृ. 224-25.
7. वही, पृ. 225.
8. वही, पृ. 224.
9. कार्ल मार्क्स, हिस्टारिकल राइटिंग्ज, 1, (बंबई, 1944), पृ. 593.
10. इरफान हबीब, 'एन एक्जामिनेशन आफ विट्टोफोगेल्स थियरी आफ ओरिएंटल डेस्पोटिज्म,' स्टडीज इन एशियन हिस्ट्री, दिल्ली में 1961 में संपन्न एशियाई इतिहास सम्मेलन (एशिया 1969), पृ. 378-92.
11. विलियम पी मिचेल, 'द हाइड्रालिक हाईपोथिसेस : ए रिएप्रेजल', करेंट एंथ्रोयोलोजी, 14 (दिसंबर 1973), पृ. 532-34.
12. स्टिवर्ड ने, जिसने 1949 में सिंचाई सिद्धांत प्रतिपादित किया (विटफोगल ने 1955 में पहली बार इसी सिद्धांत को प्रतिपादित किया), कालांतर में उसमें संशोधन किया, देखिए वही, पृ. 532 पाद टिप्पणी 11। विटफोगेल के जलीय निरंकुशवाद के संक्षिप्त विवरण और गुण-दोष-विवेचन के लिए देखिए बैरी हिंडस और पाल क्यू हर्स्ट, प्रि कैपिटलिस्ट मोड्स आफ प्रोडक्शन, (लंदन, 1975), पृ. 207-20.
13. आर. एस. शर्मा, लाइट आन अर्ली इंडियन सोसाइटी एंड इकानामी, (बंबई, 1966), अ. 8.
14. रेव. रिचर्ड जोन्स, एन ऐसे आन द डिस्ट्रीब्यूशन आफ वेल्थ एंड आन द सोर्सेज आफ टैक्सेशन (पुनः मुद्रित, न्यूयार्क, 1956), पृ. 114.
15. वही, पृ. 114-15.
16. वही, पृ. 113.
17. कैपीटल, 3, (मास्को, 1962), पृ. 111-12.
18. आर. ए. एल. एच. गुणवर्दन, द एनेलिसिस आफ प्रि कालोनियल सोशल फोर्मेशंस इन एशिया इन द राइटिंग्ज आफ कार्ल मार्क्स, द इंडियन हिस्टारिकल रिव्यू, 2 (1976), पृ. 337.
19. आर. एस. शर्मा, इंडियन फ्यूडलिज्म–सन् 300-1200, (कलकत्ता विश्वविद्यालय, 1965), अ. 4.
20. वही.
21. डी. सी. सरकार, सलेक्ट इंसक्रिपशंस, I (कलकत्ता, 1965), सं. 84, पंक्ति 4.
22. मनुस्मृति, VIII, 39.
23. कात्यायन, श्लोक 26.
24. संदर्भ के लिए देखिए य. एन. घोषाल, कांट्रीब्यूशन टू द हिस्ट्री आफ द हिंदू रेवेन्यू सिस्टम, (कलकत्ता, 1972), पृ. 394.
25. वही.
26. लक्ष्मण शास्त्री जोशी, धर्मकोश, खंड 1, भाग 1 (वाय 1937), कात्यायन का उद्धरण, पृ.

103; हरित का उद्धरण, वही, पृ. 106, बृहस्पति का उद्धरण, वही, पृ. 99. अर्थशास्त्र, III, 1, में भी ऐसा ही श्लोक है जो मुझे बाद में जोड़ा गया प्रतीत होता है ।

27. हेगेल, फिलासफी आफ हिस्ट्री, पृ. 154.
28. कार्ल मार्क्स, हिस्टारिकल राइटिंग्ज, 1, पृ. 594-96; कैपिटल, 1 (मास्को), पृ. 315-52.
29. अर्थशास्त्र, 2, 6.
30. वही, 4, 1.
31. वही, 4, 2.
32. आर. एस. शर्मा, अर्बन डिके इन इंडिया, लगभग 300-लगभग 1000, दिल्ली, 1987.
33. सैद्धांतिक विवेचन के लिए देखिए हिंडस एंड हर्स्ट, प्रि-कैपिटलिस्ट मोड्स आफ प्रोडक्शन, पृ. 197-99.
34. लेजिस्लेशन ओरिएंटल, (1778), पृ. 178 पेरी एंडर्सन, ली नियेज आफ द सब्सोल्यूटिस्ट स्टेट, (लंदन, 1975) में उद्धृत, पृ. 465-66, पाद टिप्पणी 9.

परिशिष्ट : 2

गोपति से भूपति : राजा की बदलती हुई स्थिति का सिंहावलोकन

वैदिक ग्रंथों में 'राजन्' शब्द का प्रयोग अनेक बार होने के कारण यह भ्रांति पैदा होती है कि वैदिक काल में राजा का पद उसी प्रकार से सुस्थापित था जैसे बाद के युगों में राजतंत्र सुप्रतिष्ठित था। वास्तव में 'राजन्' शब्द की उत्पत्ति जनजातीय है। इसकी व्युत्पत्ति भारत-यूरोपीय मूल शब्द से हुई है, जिसका अर्थ है बास की जमीन अथवा धार्मिक भवन निर्माण के लिए उपयुक्त स्थल को चुनने के लिए सीधी रेखा में जाना।[1] 'राजन्' शब्द के समकक्ष लैटिन शब्द 'रेक्स' का अभिप्राय 'सर्वसत्ताधारी' व्यक्ति नहीं है। इस लैटिन शब्द से ऐसे व्यक्ति का बोध होता है जो रेखांकन करता है, मार्ग दर्शन करता है अर्थात् यह बताता है कि क्या सही है।[2] यद्यपि संस्कृत में 'राजन्' शब्द की व्युत्पत्ति सामान्यत: 'राज्' (चमकना) अथवा रञ्ज्/रज् (लाल होना, रंगना, सज्जित करना, अनुरक्त करना) धातुओं से होती है,[3] नैघुंट 2:14 के अनुसार इस धातु का अर्थ जाना[4] भी होता है। इस शब्द का जो अर्थ नैघुंट में दिया गया है वह ग्रीक शब्द 'ओरेगो' के अर्थ के अधिक निकट है जिसका अनुवाद है, 'खींचना', 'लंबा खींचना'।[5] यह उल्लेखनीय है कि नैघुंट ने रज्/रञ्ज शब्द का अर्थ 'जाना' बतलाया है; वह 'राजि' के अधिक निकट है। शतपथ ब्राह्मण में इस शब्द का प्रयोग रेखा[6] के अर्थ में किया गया है और संभवत: इसकी व्युत्पत्ति राज्/रञ्ज्[7] धातु से हुई है। राज्/रञ्ज् और तदुपरांत 'राजन्' शब्द का जो अर्थ लगाया गया है वह बिलकुल भिन्न मालूम पड़ता है। नैतिक और आदर्शवादी आधार पर बाद के ग्रंथों में यह बतलाया गया है कि राजा वह है जो लोगों को खुश रखता है अर्थात् उनका रंजन करता है। पर वैदिक काल में 'राजन्' शब्द का यह अभिप्राय नहीं है। यदि हम 'राजन्' की व्युत्पत्ति 'राज्' (चमकना)[8] धातु से मानें तो भी इसका तात्पर्य होगा अनेक व्यक्तियों में चमकनेवाला व्यक्ति जिससे राजा होने का उसका औचित्य सिद्ध हो। स्पष्ट है कि ऐसा व्यक्ति केवल अपने शारीरिक बल और सौष्ठव तथा सामरिक उपलब्धियों के कारण ही नहीं चमकता वरन् अपने बौद्धिक और भावात्मक गुणों के आधार पर भी चमकता है। इन गुणों के संयोग से ही लोग उसे जनजाति का नेता स्वीकार करते हैं।

चाहे हम 'राजन्' शब्द की व्युत्पत्ति रज्/रञ्ज् से माने अथवा राज् से, हमारी

धारणा के अनुसार आरंभ में इस शब्द से जनजाति के नेता अथवा सरदार का बोध होता था न कि राजा अथवा शक्तिशाली राजतंत्र का जैसा कि सामान्यतः कहा जाता है। यदि भारतीय यूरोपीय[9] उदाहरणों के आधार पर हम 'राजन्' शब्द का अर्थ ऐसे व्यक्ति से लें जो बस्ती बसाने अथवा धर्मस्थल बनाने के लिए रेखा खींच कर जमीन का चुनाव करता है तो ऋग्वेद में सबसे पूर्व उल्लिखित 'राजन्' का आशय कुछ दूसरा ही निकलेगा। वह राजन् जनजातीय नेता होता था जो अपने समुदाय के और कामों के अलावा पुरोहित का काम भी करता था। देवापि और शंतनु का उदाहरण इसकी पुष्टि करता है। 'निरुक्त' के अनुसार देवापि ने अपने छोटे भाई शंतनु के लिए, जो राजा बन बैठा था, वर्षा का आह्वान किया।[10] 'राजन्' शब्द का अर्थ जनजातीय नेता होने की पुष्टि इस तथ्य से होती है कि उसके लिए 'जनस्य गोपा'[11] अथवा 'गोपति'[12] बतलाया गया है। दोनों शब्दों का तात्पर्य गौपालक से है। इस शब्द का राजन् के लिए प्रयोग इस कारण होने लगा क्योंकि जाति अथवा 'जन' की रक्षा करना उसका कर्तव्य था। ऋग्वेद में 'जनराजन्' शब्द[13] का भी प्रयोग किया गया है। ऋग्वेद में उल्लिखित शब्द 'पञ्चजनाः' अर्थात्, पांच जनों, से हम भली-भांति परिचित हैं। ऋग्वेद में 'जन' शब्द का प्रयोग 275 बार[14] हुआ है जिससे उस काल में जनजातीय समाज के अस्तित्व का बोध होता है। स्पष्टतः, 'जन' शब्द का तात्पर्य जनजाति से है, जिसमें अनेक गोत्र अथवा वंश होते थे। उत्तर वैदिक काल में ये जनजातियां खेती करनेवाले कुटुंबों में और क्रमशः सामाजिक वर्गों में बंट गईं। पर ऐसा होने पर भी यदा-कदा 'जनेश्वर' शब्द का प्रयोग प्रायः राजा अर्थात् नरेश के लिए होता रहा जैसा कि हमें महाभारत के मूल पाठ[15] से और रामायण से भी ज्ञात होता है।

वैदिक काल के राजा के जनजातीय स्वरूप को प्रकट करनेवाला एक अन्य शब्द 'विश्पति'[16] था। विश्पति को प्रदेश अथवा आवास गृह का प्रधान माना जाता है, परंतु इसका वास्तविक तात्पर्य ऐसे वंश के प्रमुख से है जिसमें उसके अपने ही कुटुंब के लोग हों। यह अर्थ उन अनेक पाठ्यांशों से निकाला जा सकता है जिनमें राजा, स्पष्टतः प्रजाजन (अथवा केवल जनता) के 'अधिपति' या 'संरक्षक' के रूप में आता है।[17] यह भी उल्लेखनीय है कि ऋग्वेद में 'विश्' शब्द का प्रयोग 170 बार किया गया है।[18] यद्यपि इस शब्द का अर्थ 'वंश' अथवा 'बस्ती' माना गया है, किंतु हमारे मतानुसार दोनों में से प्रथम अर्थ अधिकांश पाठ्यांशों के उपयुक्त है। जो भी हो, वैदिक शब्द 'विश्पति' महाकाव्यों में प्रयुक्त 'विशांपति' का ही पूर्ववर्ती रूप है। महाभारत के मूल पाठ में इस शब्द का अधिकतर प्रयोग संबोधन कारक के रूप में किया गया है (विशांपति)।[19] यद्यपि महाभारत में उसका प्रयोग जनता के अधिपति के रूप में किया गया है तथापि इससे राजा के जनजातीय और पुरातन स्वरूप का उद्‌बोधन अधिक होता है। 'विश्पति' की

तुलना 'विट्पति' से भी की जा सकती है जिसका अर्थ है, मानवों में प्रधान अथवा राजा अथवा राजवंश का सदस्य। इस शब्द का प्रयोग महाभारत में मिलता है।[20] यह भी उल्लेखनीय है कि 'विश्म' को 'नाथः' अथवा 'ईश्वर' से मिलाकर संयुक्ताक्षर बनाया जाता है।[21] शतपथ ब्राह्मण और बाद के ग्रंथों में इन सयुंक्ताक्षरों का वही अर्थ है जो 'विशांपति' का है। परवर्ती वैदिक काल और वैदिकोत्तर काल के ग्रंथों में 'विशांपति', विट्पति', 'विशमत्ता' अथवा 'विशमीश्वर' से यह प्रकट होता है कि ऋग्वेद में 'विश्पति' का प्रयोग सामान्यतः कुल प्रमुख के रूप में हुआ है, किसी बस्ती के अधिपति के रूप में नहीं। पर जब विश् या कुल किसी एक स्थान पर बस गया तब, स्वाभाविक रूप से, विश्पति को उस स्थान का अधिपति माना जाने लगा। यही बात 'ग्रामणी' के संबंध में हुई। ग्राम पहले वंशगत बंधुओं की टुकड़ी में आया। इसका प्रधान ग्रामणी लड़ाई में नेतृत्व करता था। पर जब ग्राम एक स्थान पर बस गया तो ग्रामणी उस स्थान का अधिपति माना जाने लगा।

वंशगत बस्तियों के प्रमुख का अर्थ दर्शानेवाले कुछ अन्य शब्द भी पाए जाते हैं। यद्यपि वे राजा के लिए विशेष रूप से प्रयुक्त नहीं हुए तथापि वे दिखलाते हैं कि आरंभ में छोटे-मोटे कई प्रकार के सरदार होते थे। उदाहरणार्थ, 'व्रातपाः'[22] अर्थात् व्रात का संरक्षक प्रत्यक्षतः राजा के जैसा ही जनजातीय नेता रहा होगा। व्रात सैनिक समूह[23] के रूप में एक कुल के सदस्यों का संगठन था; वैदिक सेना ऐसी कुटुंबीय टुकड़ियों से बनती थी। 'पञ्चव्रात'[24] की तुलना 'पञ्चजना' से की जा सकती हैं, जिसका अर्थ है मानव की पांच जातियां। इससे प्रतीत होता है कि 'व्रात' और 'जन' समानार्थक शब्द थे। हो सकता है कि जन और व्रात प्रत्येक की संख्या पांच से अधिक हो। एक जन अथवा व्रात में कितने लोग होते थे यह कहना कठिन है। कहीं कहीं युद्ध में भाग लेनेवालों की संख्या एक सौ या सवा सौ के लगभग बतलाई गई है। यह अनुमान लगाना कठिन है कि 'गण' की तुलना में 'व्रात' का आकार क्या होता था। एक अवतरण जिसमें योद्धाओं को जमा करने की चर्चा है व्रात का जिक्र पहले करता है और गण का बाद में।[25] 'गण' के नेता को 'गणपति' कहते हैं जिसे एक स्थान पर 'राजन्' भी कहा गया है।[26] 'गणपति', जिसका उल्लेख ऋग्वेद में और उत्तर वैदिक काल के ग्रंथों में[27] प्रायः मिलता है, संभवतः जनजातीय नेता होता था।[28] पूर्व परंपरा के अनुसार महाकाव्यों में प्रयुक्त 'गणेश्वर'[29] भी इसी अर्थ में प्रयोग किया गया होगा।

अंतिम वैदिक काल के ग्रंथों में ऐसे शब्दों का प्रयोग हुआ है जिनमें राजा का क्षेत्रीय और करग्राहक रूप दर्शित होता है। राज्याभिषेक संबंधी संस्कार-विधि में राजा की क्षेत्रीय और जनजातीय भूमिकाओं में परस्पर विरोध दिखाई देता है क्योंकि क्षेत्र का स्थान स्थिर होता था जबकि जाति अपना स्थान बदलती रहती

थी ।[30] किंतु क्रमशः राजा का क्षेत्रीय रूप राष्ट्र में सुस्थापित हो गया, राष्ट्र शब्द की व्युत्पत्ति रज् से हुई है ।[31] ऋग्वेद के दशम मंडल में राजा से राष्ट्र की रक्षा करने का आग्रह किया गया है ।[32] उत्तर वैदिक साहित्य में 'राष्ट्रगोप' शब्द मिलता है जिसका प्रयोग, राज्य के संरक्षक के रूप में, पुरोहित के लिए किया गया है;[33] 'राष्ट्रपति'[34] अर्थात् 'राज्य का स्वामी' का भी इस्तेमाल किया गया है । शतपथ ब्राह्मण में[35] राजा के लिए राज्य के पालक के रूप में 'राष्ट्रभृत' शब्द का भी व्यवहार होता है । इसी ग्रंथ में 'राष्ट्रिन्' शब्द का भी प्रयोग है जिसका अर्थ है, 'राज्य पर अधिकार' अथवा 'कब्जा होना' । एक पुराण[36] में राज्य के रक्षक के लिए 'राष्ट्रपाल' का भी प्रयोग किया गया है ।

यद्यपि समुदाय के अर्थ में, 'जनपद' शब्द का प्रयोग अनेक ब्राह्मणों में किया गया है[37] किंतु परवर्ती वैदिक ग्रंथों में ऐसे शब्द का प्रयोग प्रायः नहीं हुआ है जिससे राजा के जनपद का स्वामी अथवा संरक्षक होने का भाव प्रकट होता हो । महाभारत में ऐसे शब्दों का प्रयोग अवश्य हुआ है जिनको परवर्ती वैदिक काल पर भी लागू किया जा सकता है । 'जनपदेश्वर' और 'जनपदस्य ईश'[39] शब्द मिलते हैं । रामायण में राजा के अर्थ में 'जनपदाधिप'[40] का प्रयोग हुआ है और पाणिनि ने 'जनपदिन्' का प्रयोग किया है ।

परवर्ती वैदिक काल में प्रयुक्त 'राष्ट्रपति' 'राष्ट्रभृत', आदि शब्दों से पता चलता है कि राजा अपने क्षेत्र का संरक्षण करता था, किंतु ऐसे शब्द विरल हैं जो उसके कर-संग्रह प्रकायों को प्रदर्शित करते हों । राजा अथवा देवता को स्वेच्छा से दी गई भेंट का बोध करानेवाले शब्द 'बलि' के संयोग से ही संयुक्ताक्षर 'बलिहृत'[41] बना है । ऋग्वेद में कर देनेवाले राजाओं और जनजातियों के लिए इस शब्द का प्रयोग किया गया है किंतु बाद के ग्रंथों में राजा के लिए 'विशमत्ता'[42] शब्द का प्रयोग हुआ है जिसका अर्थ है, कृषकों का भक्षण करनेवाला अर्थात्, अपने भाई-बंधुओं से जबरन कर वसूल करनेवाला । राजा की यह भूमिका उसके अपने समस्त सजातों को संरक्षण प्रदान करने के दायित्व को कमजोर करने लगी; अब इस बात पर जोर दिया जाने लगा कि वह ब्राह्मणों की रक्षा करे । राजा द्वारा कर उगाहने का भाव वैदिक साहित्य में प्रयुक्त 'भोज' शब्द से भी प्रकट होता है । किंतु इस शब्द का प्रयोग उदार और दानशील व्यक्ति के लिए भी किया जाता है ।[43] ऐतरेय ब्राह्मण में, जो कि अद्यतन ब्राह्मणों में से है और जिसकी रचना लगभग 600 ई. पू. हुई थी, 'भौज्य' का प्रयोग राज्य की विशिष्ट संरचना के लिए हुआ है ।[44] 'भौज्य' की व्युत्पत्ति 'भोज' से ही हुई है ।

राजा रक्षक के साथ-साथ भक्षक होता चला जा रहा था । उत्तर वैदिक काल के अनेक ग्रंथों में वर्णित अभिषेक अनुष्ठानों से स्पष्ट होता है कि जनजातीय कृषक वर्ग राजा के कर उगाहने के प्रयत्नों का विरोध करता था,[45] और प्रकटतः उससे

संरक्षण की अपेक्षा करता था। इस अंतर्द्वंद्व का समाधान वैदिकोत्तर काल में वैचारिक स्तर पर किया गया। उस काल के लौह-हल पर आधारित वर्ग विभाजित समाज में धर्म सूत्रों ने यह सिद्धांत प्रतिपादित किया कि प्रजा को संरक्षण प्रदान करने के पारिश्रमिक के रूप में राजा कर लेने का अधिकारी है।[46] वैदिकोत्तर काल के ग्रंथों और शास्त्रों में ऐसे अनेक शब्दों का प्रयोग हुआ है जिनसे राजा का करग्राहक रूप उभर कर आता है। उदाहरणार्थ, 'बलि षड्भागहारिन्',[47] 'भागभुज्'[48], 'षड्भागभाक्'[49], 'षष्ठवृत्ति'[50] आदि शब्दों का प्रयोग हुआ है।

वैदिकोत्तर काल में जनजातियां ऐसे अनेक पृथक कृषक परिवारों में बंट गईं जिनका अपना-अपना गृहपति होता था। अब जनजातियों की अपेक्षा कृषि उत्पादन करनेवाली इकाइयों के रूप में परिवारों का महत्त्व बढ़ गया। पेशे के आधार पर शिल्पियों और व्यापारियों के समूह बने। साथ ही क्षत्रियों और ब्राह्मणों का वर्चस्व कायम हुआ। नई स्थिति में राजा का जनजातीय रूप महत्त्व का नहीं रहा। अब समाज के विभिन्न वर्णों, पेशों इत्यादि को एक साथ चलाने की समस्या आई। अतएव राजा की छवि दूसरे रूप में दिखलाई गई। उसे नई उपाधियां मिलीं जिनमें इस तथ्य पर बल दिया गया कि वह सभी वर्गों के लोगों का नेता अथवा प्रधान था। 'नृप'[51], 'नृपति'[52], 'नरेश्वर'[53], 'नरेंद्र'[54], 'नराधिय'[55], 'मनुजाधिय'[56] आदि उपाधियों को अधिक महत्त्व दिया जाने लगा। यह उल्लेखनीय है कि जो शब्द राजा के संरक्षक स्वरूप को प्रदर्शित करते थे, उनका प्रयोग आधिपत्य और स्वामित्व के संदर्भ में किया जाने लगा। 'नृपति' में 'पति' शब्द का यही अर्थ प्रचलित था। राजा के लिए प्रयोग किए जानेवाले सभी शब्दों में सामान्यतः उसके स्वामित्व और प्रभुत्व को महत्त्व दिया गया है। उदाहरणार्थ, 'नरेश' का अर्थ है 'नर' का अनुशासक (ईश)।

जनजातीय अवस्था में लगभग सभी लोग जीवनयापन के साधन जुटाने और उत्पादन कार्य में लगे रहते थे। पर वैदिकोत्तर काल आते-आते इस प्रकार का श्रमविभाजन सुनिश्चित हुआ जिसके अनुसार थोड़े-से लोग अनुत्पादक और प्रबंधकीय कार्य में लग गए और अधिकांश लोगों को खेती और शिल्प जैसे उत्पादन कार्य में लगाया गया। वर्ण व्यवस्था के द्वारा इस सामाजिक ढांचे को सुदृढ़ किया गया। ब्राह्मण और क्षत्रियों को धर्म और, शासन चलाने का दायित्व मिला और अन्य वर्णों को पैदा करने और कर देने का। विभिन्न वर्णों का धर्म क्या है, इसका प्रावधान धर्मशास्त्रों में किया गया। इस व्यवस्था के अनुसार राजा धर्म अर्थात् विधि का संरक्षक ही नहीं वरन् धर्म के नष्ट होने पर उसका प्रवर्तक भी बना। अर्थात् वह वर्ण विभाजित समाज का पोषक बना। इसी कारण उसके लिए 'धर्म महाराज' और 'धर्मप्रवर्तक'[57] जैसी पदवियों का प्रयोग किया जाने लगा। 'धर्मराज' की पदवी केवल युधिष्ठिर को ही नहीं दी गई वरन् जैसा कि ईसा की

प्रारंभिक शताब्दियों के अभिलेखों से प्रकट होता है, अनेक राजाओं ने अपना नाम ही 'धर्मराज'[58] रखा। ईसा की दूसरी शताब्दी के अभिलेख[59] बतलाते हैं कि राजा वर्णव्यवस्था का पोषक और संरक्षक है। इसके बाद राजा के इस कर्तव्य की चर्चा अभिलेखों में आमतौर पर होने लगी। कलियुग का सामाजिक संकट आरंभ होने के बाद राजा के इस दायित्व पर सबसे अधिक बल दिया जाने लगा। ईसा के बाद की तीसरी शताब्दी के अंतिम चतुर्थांश से चौथी शताब्दी के प्रथम चतुर्थांश के पौराणिक पाठ्यांशों से पता चलता है कि आंतरिक संकट के कारण वर्णव्यवस्था बिखरने लगी। इस अवस्था को कलियुग की संज्ञा दी गई। कलि से लोगों का उद्धार करना राजा का पुनीत कर्तव्य बन गया। ईसा के बाद की 4-6 शताब्दियों के अभिलेखों में स्पष्ट रूप से और बाद के पुरालेखों में पारंपरिक रूप से राजा को वर्णधर्म का पोषक बतलाया गया है। पल्लव राजा सिंहवर्मन के लिए 'कलियुग दोषावसन्न–धर्मोद्धारेण सन्नद्ध'[60] (कलियुग के दोषों से अवसन्न धर्म के उद्धार के लिए सन्नद्ध) विशेषण का प्रयोग किया गया है।

राजा के लिए प्रयुक्त पर्यायों के विकास की प्रक्रिया में सबसे महत्वपूर्ण परिवर्तन गुप्तकाल के बाद आया, यद्यपि उसका सूत्रपात मनु ने पहले ही कर दिया था। मनु के अनुसार राजा को कर वसूल करने का अधिकार इसलिए प्राप्त है क्योंकि वह 'महीपति'[61] अर्थात्, भूमि का स्वामी है। 'महीपति' की व्याख्या भूमि के संरक्षक के रूप में भी की जा सकती है; किंतु मनु द्वारा 'भूमेरधिपति' (धरती का स्वामी) शब्द का भी प्रयोग किया गया है।[62] क्षेत्रीय स्वामित्व का विचार पूर्व ग्रंथों[63] में भी आया है किंतु राजा के कर वसूल करने के अधिकार से उसे, पहली बार, दूसरी शताब्दी में जोड़ा गया। छठी शताब्दी के शास्त्रकार कात्यायन ने इस स्थिति को और भी स्पष्ट कर उसे निरपवाद रूप दे दिया। कात्यायन के अनुसार, 'भूस्वामिन्'[64] होने के नाते राजा उपज के चतुर्थांश का अधिकारी है। यहां हमें 'महीपति' और 'भूस्वामिन्' के बीच का अंतर समझना होगा। स्वामिन् शब्द का रूप शास्त्रीय है और इस रूप में उसका प्रयोग धर्मशास्त्रों में किया गया है। अतः, शास्त्रानुसार 'भूस्वामिन्' राजा के भूमि के स्वामित्व को दर्शाता है जो कि गुप्तकाल से पूर्व के ग्रंथों[65] में स्वामित्व के अर्थ में प्रयोग किए गए अनेक शब्दों से भिन्न हैं। 'स्व' और 'मिन्'[66] के संयोजन से 'स्वामिन्' शब्द की उत्पत्ति का अर्थ समझने से हमें विशेष सहायता नहीं मिलती क्योंकि पारिवारिक अथवा भावनात्मक संबंध को दर्शानेवाले अर्थ में 'स्व' और तत्संबद्ध शब्द का प्रयोग अनेक भारतीय-यूरोपीय भाषाओं[67] में मिलता है। इससे स्वामित्व और आत्मभाव दोनों का ही बोध होता है। संभव है कि 'स्वामिन्' शब्द, तीन शब्दों अर्थात् स्वा+आम+इन के संयोजन से बना हो जिसका अर्थ होगा, कच्चे माल अथवा संसाधनों का स्वामी।[68] 'स्वामिन्' शब्द की व्युत्पत्ति कुछ भी रही हो, पर यह

शब्द मौर्य काल से पूर्व के ग्रंथों में बहुत कम दिखाई पड़ता है। अर्थशास्त्र के तीसरे अध्याय में कौटिल्य ने इस शब्द का प्रयोग 'दास' और 'भृत्य' के विपरीत अर्थ में किया है।[69] अर्थशास्त्र के तीसरे अध्याय में स्वामित्व के कानूनी (विधिपरक) आधार को सुस्पष्ट रूप से अभिव्यक्त किया गया है। छठे अध्याय में कौटिल्य ने राज्य के साथ अंगों का विवरण देते समय राजा अर्थात् सर्वासत्ताधिकारी के पर्याय के रूप में इसको और भी स्पष्ट कर दिया है।[70] किंतु संभव है कि अर्थशास्त्र का यह भाग बाद में जोड़ा गया हो। राजा को स्वामी तो कहा गया है, पर यह स्पष्ट नहीं होता कि वह भूमि का स्वामी है अथवा नहीं। जूनागढ़ में मिले लगभग 150 ई. रुद्रदामन् के अभिलेखों में 'स्वामिन्' शब्द का प्रयोग किया गया है।[71] आंध्र प्रदेश में मिले 400 ई. के अभिलेखों में इस शब्द की पुनरुक्ति हुई है। यद्यपि इन सभी अभिलेखों में राजा के लिए 'स्वामिन्' शब्द का प्रयोग यह दर्शाने के लिए किया गया है कि वह राज्य का मालिक है, भूमि के स्वामित्व के संदर्भ में उसका कहीं स्पष्ट रूप से प्रयोग नहीं किया गया है। फिर भी, ऐसा प्रतीत होता है कि इस शब्द में भूस्वामित्व का अर्थ भी निहित रहा होगा। कात्यायन के न्यायशास्त्र में इसका स्पष्ट उल्लेख किया गया है।

राजा को 'भूस्वामिन्' की उपाधि देकर इस तथ्य को विधि द्वारा मान्यता दी गई कि वह भूमि का स्वामी है। दूसरी ओर, गुप्त काल में विधि शास्त्रों[72] में वर्णित भूसंपत्ति के विभाजन से संबंधित नियमों से यह प्रकट होता है कि किसानों का भूमि पर वास्तविक कब्जा था। उससे एक प्रकार की न्यायिक द्वैधता उत्पन्न हुई। शबर स्वामी ने जैमिनी कृत मीमांसा की टीका में इस द्वैधता को सुलझाने का प्रयत्न किया है। जैमिनी के मतानुसार भूमि केवल राजा की संपत्ति न होकर[73] सार्वजनिक संपत्ति थी। किंतु इस विचार में प्राचीन काल अर्थात् लगभग 400 ई. पू. की स्थिति की अभिव्यक्ति हुई है। गुप्तकाल में परिस्थिति बहुत बदल चुकी थी। अतः स्वाभाविक रूप से, शबर ने जैमिनी के मत का खंडन किया है। शबर स्वामी का तर्क था कि राजा का भी भूमि पर उतना ही नियंत्रण और अधिकार था जितना दूसरों का।[74] इस प्रकार से नारद और कात्यायन दोनों ने ही भूमि पर राजा के स्वामित्व और अन्य व्यक्तियों के कब्जे की बात कही है और इस प्रकार दोनों स्थितियों में सामंजस्य लाने का प्रयत्न किया है।

कात्यायन द्वारा भूमि पर राजा के स्वामित्व का प्रतिपादन किए जाने के अतिरिक्त, गुप्त काल और गुप्तोत्तर काल के काव्यों और अभिलेखों में ऐसे अनेक शब्दों का प्रयोग किया गया है। उनमें भूमि पर राजा के स्वामित्व और नियंत्रण को जिस रूप में अभिव्यक्त किया गया है उस रूप में पूर्व ग्रंथों और अभिलेखों में नहीं किया गया है। उदाहरणार्थ, 'अवनीश', 'अवनींद्र', 'क्षितिपति', 'क्षितींद्र' 'क्षितीश', 'क्षितेरधिप', 'पार्थिव', 'प्रभुर्भुवः', 'पृथ्वीनाथ', 'भूप', 'भूपति'.

'भूभुज्', 'भूमीश्वर', 'महीपति', 'महीपाल', 'महींद्र', 'महीमहेंद्र', 'उर्वीपति', 'वसुधापति', 'वसुधेश्वर', 'सामंतभूमीश्वर'[75] ऐसे ही शब्द हैं। ऐसे पर्यायवाची शब्द जिनके अंत में 'पो', 'पति' या 'पाल' जुड़ा है, केवल संरक्षण अथवा अधिपतित्व का बोध कराते हैं। महाभारत[76] के मूल पाठ में कुछ ऐसे शब्दों का भी समावेश हुआ है, जो भूमि पर अधिकार अथवा कब्जे का बोध कराते हैं, किंतु पाठ में उनकी विद्यमानता से ही इस विषय में संदेह होता है कि तत्संबंधी अवतरण अधिकारिक हैं अथवा नहीं। जिन प्राचीन विशेषणों से राजा का मुख्य संरक्षक होना प्रकट होता हो परवर्ती श्रोतों में उनका परित्याग नहीं हुआ। पुरानी उपाधियों को नए पर्यायों और नई पदवियों से आच्छादित करने का प्रयत्न किया गया जिसके फलस्वरूप राजा द्वारा भूमि का उपभोग करने और उसका स्वामी होने को अधिक महत्त्व मिला।

आदि मध्यकाल के अनेक अभिलेखों, जैन और ब्राह्मणवादी में ऐसे अनेक शब्दों का प्रयोग हुआ है जो राजा द्वारा भूमि का उपभोग करने और उसका स्वामी होना प्रदर्शित करते हैं। साहित्यिक रचनाओं में भूमि की उपमा राजा की पत्नी से दी गई है जिसका वही पत्नी के समान ही उपभोग करता है। तथापि राजा को भूमि के स्वामित्व की प्राप्ति अनायास ही नहीं हुई; वस्तुतः यह एक लंबी प्रक्रिया थी। इसमें संदेह नहीं कि सामाजिक विकास की आरंभिक अवस्था में राजा कृषि कार्य करते थे। कहा जाता है कि कृषि का आविष्कार[77] पृथु वैन्य ने किया जो कि प्रथम राजा नियुक्त हुआ था और जिसने अपने शासनाधीन समस्त क्षेत्र का नाम 'पृथ्वी' रखा था। महाकाव्यों की कथा के अनुसार विदेह के राजा जनक ने हल चलाया था जिससे सीता निकली थी; और दुर्योधन से भी बलि की भूमि पर हल चलाने का आग्रह किया गया था। भूमि का कृषि के प्रयोजन के लिए उपयोग आरंभ होने के बाद समाज द्वारा राजा को उसके शौर्य तथा प्रशासनिक और अन्य गुणों के प्रति सम्मानस्वरूप सर्वश्रेष्ठ भूमि आबंटित की गई होगी। यह उसी प्रकार किया गया जिस प्रकार उसे लूट का सबसे बड़ा भाग मिलता था और सर्वश्रेष्ठ हाथी और घोड़े भी उसी के हिस्से में आते थे। अभी कुछ समय पूर्व तक जब जमींदार राजा अपने आसामी किसानों के पास जाता था तो प्रायः किसान, सबसे बढ़िया क़िस्म का धान उगाने के लिए, गांव की सबसे श्रेष्ठ भूमि उसे भेंट में देते थे। मिजोरम के लुशाई जनजातियों में प्रथा थी कि जो लोग खेती में निपुण थे और झुम खेती के लिए अच्छी जमीन का पता लगाते थे उनको अपने जनसमुदाय से सर्वश्रेष्ठ भूमि मिलती थी। प्राचीन प्रलेखों अथवा ग्रंथों में जनसमुदाय अथवा समाज द्वारा राजा को भूमि आबंटित किए जाने का उदाहरण नहीं मिला है। तथापि, उसके द्वारा भूमि पर हल चलाने की 'वप्पमंगल' नामक परंपरा जारी रही जिसका उल्लेख पालि ग्रंथों[78] में मिलता है। थाइलैंड का बौद्ध राजा हल चलाने का वार्षिक अनुष्ठान आज भी

संपन्न करता है।

समाज द्वारा भेंट में भूमि दिए जाने के अतिरिक्त युद्ध में भूमि पर जबरन कब्जे, नदी घाटियों की जलोढ़ भूमि और अन्य प्रकार की भूमि को कृषियोग्य बनाने में राजा की पहल के फलस्वरूप भी राजा की भूसंपत्ति में वृद्धि हुई होगी। बाद में, जब जनजातियां विस्तृत और एकीकृत समुदायों के रूप में बस गईं तब जनजातियों के मुखिया, जो राजन कहलाते थे, भूमि पर जनसमुदाय के अधिकार का व्यक्तिगत प्रतीक बन गए। बहुत समय तक यह अधिकार राजा द्वारा अनुर्वर भूमि का अनुदान दिए जाने तक ही सीमित रहा; किंतु कालांतर में वह 'राजकम् खेतम्' अर्थात् राजा के कब्जे की कृषियोग्य भूमि[79] को भी अनुदान में देने लगा। आदि मध्यकाल में राजा, कृषियोग्य और राजस्व अर्जित करनेवाली भूमि का स्वामी होता था, इसकी पुष्टि इस तथ्य से होती है कि राजा, 'भोग', 'भोगकर' और 'राजकीय भोग'[80] वसूल करता था।

ऐसा प्रतीत होता है कि उपरोक्त कारणों से मध्यकाल आरंभ होने तक स्थिति में मौलिक परिवर्तन आया और राजा, जो कि अपनी जाति का मुखिया होता था, एकमात्र भूस्वामी (भूस्वामिन्) में परिवर्तित हो गया और सामान्यतः भूपति कहलाने लगा। वह अपने कर्मचारियों और समर्थकों को अनुदान स्वरूप भूमि देता था किंतु समाज के अग्रणी व्यक्तियों की सहमति से ही ऐसा करता था। जिस लंबी प्रक्रिया के फलस्वरूप राजा, कम से कम सिद्धांत रूप में भूमि का स्वामी बन गया, कि वह प्रक्रिया किन चरणों से गुजरी, यह स्पष्ट नहीं है। किंतु राजा के लिए प्रयुक्त शब्दों और गुणवाचक विशेषणों के अध्ययन से हम यह अवश्य समझ पाए हैं कि जनजातीय अवस्था का गोपति गुप्तकाल में भूपति कैसे हो गया।

संदर्भ और टिप्पणियां

1. एमील बेनवेनिस्ते, इंडो-यूरोपियन लैंगुएज एंड सोसायटी (लंदन, 1973), पृ. 311/312.
2. वही, पृ. 312.
3. एम. मोनियर विलियम्स, संस्कृत-इंगलिश डिक्शनरी (एतदोपरांत संकेत एस. ई. डी.) शब्द देखिए, रञ्ज् अथवा रज्.
4. वही.
5. बेनवेनिस्ते, पूर्वोक्त रचना, पृ. 309.
6. देखिए, राजी, एस. ई. डी.
7. वही.
8. देखिए, राज, एस. इ. डी.
9. बेनवेनिस्ते, उपरोक्त रचना, पृ. 311-12.

10. ए. ए. मैकडोनेल तथा ए. बी. कैथ, वैदिक इंडेक्स आफ नेम्स एंड सब्जेक्ट्स, 2 खंड (लंदन), I, 377.
11. वही, I, 269 और पाद टिप्पणी 2.
12. सोम को 'गोपति जनस्य'–जनता का रक्षक–कहा गया है ऋ.वे. IX, 35.5 वही.
13. देखिए जन (ऋ. वे. I, 53.9) एस. ई. डी.
14. आर. एस. शर्मा, एस्पेक्ट्स आफ पोलिटिकल आइडियाज एंड इंस्टीट्यूशंस इन एंशिएंट इंडिया, दिल्ली, 1968, पृ. 266.
15. जय-संहिता अर्थात् उर-महाभारत, 1, केशवराम के. शास्त्री, गुजरात शोध संस्था द्वारा संशोधित (अहमदाबाद, 1977) (एतदोपरांत ज. सं.), I. 124.1; 187.15.
16. वैदिक इंडेक्स, II, 308, पाद टिप्पणी 6-9 सहित.
17. वैदिक इंडेक्स, II, 305-306.
18. शर्मा, 264.
19. ज. सं. I. 127.15; 145.4; 152.11; 176.33; 187.20; 22; 188.4; 192.17; 194.113. 18; 196.23; 197.25; 198.13; 205.5.
20. देखिए, विट, एस. इ. डी.
21. देखिए, विश, एस. इ. डी.
22. देखिए, व्रात, एस. इ. डी.
23. वही.
24. वही.
25. ऋ. वे. III, 26.6, हमारा मत है व्रात्य ऐसे व्रात का सदस्य था जो आर्य अथवा संस्कृतभाषी नहीं थे; उसी प्रकार का अंतर जन और जन्य में था।
26. ऐतरेय ब्राह्मण, IX.6.
27. ऋ. वे. II.23.2; X.113.9; तैत्तिरीय ब्राह्मण, III. 11.4. 2; ऐतरेय ब्राह्मण, I.21.
28. वही. ऋ. वे. II.23.1.
29. देखिए, गण, एस. ई. डी.
30. शर्मा, पूर्वोक्त रचना, पृ. 273.
31. देखिए, राष्ट्र, एस. ई. डी.
32. ऋ. वे. X.173.1-2, ऋ. वे. के पूर्व भागों में भी 'राष्ट्र' शब्द का उल्लेख है, II. 223.
33. ऐतरेय ब्राह्मण, VIII, 25; वैदिक इंडेक्स II, 223 में उद्धृत.
34. देखिए., 'राष्ट्रपति', एस. ई. डी.
35. VII, 1.1.4.
36. देखिए, राष्ट्र, एस. ई. डी.
37. वही.
38. ज. सं. I, 177.21.
39. वही, I, 148.3.
40. II, 63.48 एस. ई. डी. में उद्धृत, पृ. 410, खंड 2.
41. ऋ. वे. VII. 6.5; 173.6.
42. ऐतरेय ब्राह्मण, VIII, 17.
43. देखिए भोज, एस. ई. डी.
44. ऐतरेय ब्राह्मण, एस. ई. डी. में उद्धृत, पृ. 768, कालम 2.

45. तैत्तिरीय संहिता, VIII, 7.1.12; X, 4.3.22; XII, 7.3.15 'विश्' और 'क्षत्र' के बीच संघर्ष के अनेक उदाहरण उद्धृत हैं, वैदिक इंडेक्स, II,307 पाद टिप्पणी 12. इस समस्या की चर्चा 'द इंडियन हिस्टारिकल रिव्यू', 2, सं. 1, जुलाई 1975 में प्रकाशित मेरे लेख 'क्लास फार्मेशन एंड इट्स मटेरियल बेसिस इन द अपर गैंजेटिक बेसिन' (1000-500 ईसा पूर्व) में की गई है।
46. पी.वी. काण, 'हिस्ट्री आफ धर्मशास्त्र', 3 (द्वितीय आवृत्ति, पुणे, 1973), पृ. 27, 189.
47. मनु, VIII, 308.
48. मार्कण्डेय पुराण, शब्द भागभुज, एस. ई. डी. में उद्धृत.
49. मनु, VIII, 305.
50. मोनियर विलियम्स, शकुंतला, पृ. 187 शब्द षष्ठ वृत्ति, एस. ई. डी. में उद्धृत.
51. ज. सं. I, 176.13; 180.4,12.
52. ज. सं. I, 180.5; 205.16.
53. ज. सं. I, 127; II, 175.14.
54. मनु, शब्द 'नरेंद्र', एस. ई. डी. में उद्धृत.
55. ज. सं. I, 118.4; 136.8; 144.20; 180.4; 197.9; 200.3; 214.1.
56. ज. सं. I, 174.12.
57. कौटिल्य का अर्थशास्त्र, III, I. यह पदवी एक श्लोक में प्रयुक्त की गई है जो, संभवतः अ. शा. का अंतः संबंधित श्लोक है।
58. डी. सी. सरकार, सलेक्ट इंसक्रिपशंस, (कलकत्ता,' 1965), I, खंड 2, सं. 9, पंक्ति 2 व्यक्तिवाचक संज्ञा के रूप में इसका प्रयोग इसी ग्रंथ के खंड 3, सं. 71-बी, पंक्ति 5-6 में हुआ है। अनेक (बौद्ध) और कुशान राजाओं द्वारा 'धर्म स्थित' शब्द का प्रयोग किया गया (वही, पृ. 110, 128)। तथापि, ईसा की दूसरी शताब्दी में अशोक के लिए 'धर्मराज' शब्द का प्रयोग विशेषण के रूप में हुआ है (वही, पृ. 528)।
59. गंतमीपुत्र शातकर्णि को प्राकृत भाषा में विनिवतित-चातुवण-संकरस कहा गया है. सलेक्ट इंसक्रिपशंस, I, खंड 2, सं. 8, पंक्ति 6.
60. सलेक्ट इंसक्रिपशंस, I, खंड 3, सं. 67, पंक्ति 13.
61. VIII, 39 VII, 182.
62. VIII, 439.
63. पी.वी. काणे, संपा., श्लोक 16.
64. वही।
65. महीपति, ज.सं. 1.130.9; 177.8; 194.16; वसुधाधिप, I, 125.29.
66. देखिए, स्वामिन्, एस. ई डी.
67. बेनवेनिस्ते, उपरोक्त रचना, पृ. 269-272.
68. मुझसे चर्चा के दौरान प्रो. आर. सी. पांडेय ने 'स्वामिन्' की व्युत्पत्ति स्वा + आम + इन बताई जिसका तात्पर्य पर्याप्त धन के स्वामी से है। 'स्व' शब्द के भारतीय-यूरोपीय भाषाओं में प्रचलन को देखते हुए स्व+आम+इन अधिक स्वीकार्य व्युत्पत्ति है।
69. अर्थशास्त्र, III, 13
70. वही. तथापि 6.1. खंड 6 को अर्थशास्त्र का परवर्ती भाग माना गया है। अमरकोश में भी इसी प्रकार सात अंगों का वर्णन है जिनमें स्वामिन् का उल्लेख आरंभ में ही किया गया है, II. 8.
71. सलेक्ट इंसक्रिपशंस, I, खंड 2, सं. 67, पंक्ति 4.
72. लक्ष्मण शास्त्री जोशी, संपा., धर्मकोश, I, 1251-1252, 1201 और 1207.

73. VI.7.3 धर्मकोश में उद्धृत, I, 793.
74. VI. 7.3 की टीका उसी में उद्धृत.
75. अमरकोश, II.8 में पार्थिव, भूप, महीक्षित, महीभुक्, चक्रवती सार्वभौम आदि पर्याय मिलते हैं।
76. महीक्षित, ज. सं. I, 55.26; 179.8; 196.17; 205.1; वसुधाधिप, I, 125.29; पार्थिव, I, 127.17; 180.7; 192.6, 23 आदि; पृथ्वीपति, I, 133.14; पार्थिवेंद्र, I, 180.8; भूमिप, I, 175.13; महीप, I, 180.1; महीपति, I, 130.9; 177.8, 194.16, 205.14.
77. देखिए, पृथ्वी, एस. ई. डी
78. टी. डब्ल्यू. रिह्स डेविड्स तथा विलियम स्टेड, पी. टी. एस. पालि-अंग्रेजी कोश, देखिए, वपामंगल।
79. सलेक्ट इंसक्रिपशंस, I, खंड 2, सं. 84, पंक्ति 4.
80. इन संदर्भों की चर्चा यू. एन. घोषाल कृत कंट्रीब्यूशंस टू द हिस्ट्री आफ द हिंद रेवेन्यू सिस्टम में की गई है (कलकत्ता, 1972), पृ. 394.

ग्रंथसूची

वैदिक ग्रंथ

'अथर्ववेद संहिता' (शौनक शाखा),

संपा. सी. आर. लानमान, अनु. डब्ल्यू. डी. ह्विटने, हा. ओ. सि., VII और VIII, हारवर्ड विश्वविद्यालय, 1905। संपा. आर. रोथ और डब्ल्यू. डी. ह्विटने, बर्लिन, 1856। सायण भाष्य सहित, संपा. पंडित एस. पांडुरंग, 4 खंड, बंबई, 1895-98/अनु. आर. टी. एच. ग्रिफिथ, 2 खंड, बनारस, 1916-17.

'आपस्तंब श्रौतसूत्र', रुद्रदत्त की टीका सहित, संपा. रिचर्ड गार्बे, 3 खंड, कलकत्ता, 1882-1902/अनु. डब्ल्यू. कालैंड, 3 खंड, गार्ट्टिजन-लाइपजिग-आम्सटर्डम, 1921-1928.

'ऋग्वेद ब्राह्मण : ऐतरेय और कौशीतकि ब्राह्मण', अनु. ए. बी. कीथ, हा. ओ. सि., XXV, हारवर्ड, 1920.

'ऋग्वेद संहिता', सायण भाष्य सहित, 5 खंड, वैदिक संशोधन मंडल, पूना, 1933-51। प्रथम छः मंडल अनु. एच. एच. विलसन, लंदन, 1850-57/अनु. के. एफ. गेल्डनर, कैंब्रिज, मैसाच्युसेट्स, 1951.

'काठक संहिता', अनु. लेपोल्ड वान श्रोडर, लाइपजिग, 1900-1910.

'कात्यायन श्रौतसूत्र', कर्काचार्य की टीका सहित, संपा. मदनमोहन पाठक, बनारस, 1904.

'खदिर गृह्यसूत्र', मैसूर, 1913. अनु. एच. ओल्डनबर्ग, से. बु. ई., XXIX, आक्सफोर्ड, 1886.

'गोभिल गृह्यसूत्र' अनु. एच. ओल्डनबर्ग, से. बु. ई., XXX ऑक्सफोर्ड, 1892.

'गोपथ ब्राह्मण', अनु. ड्रिके गास्त्रा, लीडेन, 1919.

'छांदोग्य उपनिषद्' मूल अनुवाद और टीका एमिल.सेनर्ट, पेरिस, 1930.

जैमिनीय या तलवकार उपनिषद् ब्राह्मण', i, संपा. रामदेव, लाहौर, 1921.

'तैत्तिरीय ब्राह्मण', संपा. एच. एन. आप्टे, आनंदाश्रम संस्कृत सिरीज, सं. 37, 1898.

'तैत्तिरीय संहिता', संपा. ए. वेबर, इंडिश्चेम स्टुडिएन, बैंड 11 और 12, लाइपजिग, 1871-72, अनु. ए. बी. कीथ, हा. ओ. सि., XVIII और XIX हारवर्ड, 1914.

'(द)' 'तैत्तिरीय संहिता ऑफ दि कृष्ण यजुर्वेद', भट्ट भास्कर मिश्र की टीका सहित, III, मैसूर, 1895.

'निघंटु और निरुक्त', संपा. और अनु. लक्ष्मणस्वरूप, मूल, पंजाब विश्वविद्यालय, 1927.

अंगरेजी अनु. और टिप्पणी, ऑक्सफोर्ड, 1921.

'पारस्कर गृह्यसूत्र', बंबई, 1917.

'पंचविंश ब्राह्मण', अनु. डब्ल्यू. कालैंड, कलकत्ता, 1931.

'बृहदारण्यक उपनिषद्', शंकरभाष्य सहित, अनु. स्वामी माधवानंद, अलमोड़ा, 1950.

'बौधायन गृह्यसूत्र', संपा. आर. शामशास्त्री, मैसूर, 1927.

'मैत्रायणी संहिता', संपा. लेपोल्ड वान श्रोडर, लाइपजिग, 1923.

'सांविधान ब्राह्मण', संपा. सत्यव्रत भट्टाचार्य, कलकत्ता 1895.

धर्मशास्त्र और संबद्ध साहित्य

'अभिलाषितार्थ चिंतामणि या मानसोल्लास', संपा. जी. के. श्रीगोंडेकर, गा. ओ. सि., XXVIII और XXXIV, बड़ौदा, 1925-29.

'अर्थशास्त्र ऑफ कौटिल्य', संपा. आर. शामशास्त्री, तृतीय संस्क. मैसूर, 1924 (जब तक अन्यथा उल्लिखित न हो तब तक इस पुस्तक में इसी ग्रंथ का संदर्भ माना जाए.) अनु. आर. शामशास्त्री, तृतीय संस्क. मैसूर, 1929. सटीक संपा. टी. गणपति शास्त्री, तीन खंडों में, त्रिवेंद्रम, 1924-25. संपा. जे. जॉली और आर. स्मिट, खंड I, लाहौर, 1924. 'अर्थशास्त्र इलि नौका पॉलिटिकी', रूसी में अनु. वी. आई. काल्यानोव, मास्को, 1959. आर. पी. कांगले, 'दि कौटिलीय अर्थशास्त्र', संपादित और अनूदित, 3 भाग, बंबई विश्वविद्यालय 1960-65.

अर्थशास्त्र की टीकाएं

(i) 'जयमंगला' (यह बीच में छोड़-छोड़कर प्रथम अधिकरण के अंत तक है), संपा. जी. हरिहर शास्त्री, ज. ओ. रि., XX-XXIII.

(ii) 'प्रतिपद पंचिका', भट्टस्वामी द्वारा (अधिकरण 2, प्रकरण 8 से), संपा. का. प्र. जायसवाल और ए. बनर्जी-शास्त्री, ज. वि. उ. रि. सो. XI-XII.

(iii) 'नयचंद्रिका', माधव यज्व द्वारा, (अधिकरण VII-XII), संपा. उदयवीर शास्त्री, लाहौर, 1924.

(iv) आचार्य योध्यम उर्फ मुग्धविलास कृत 'नीतिनिर्णीति,' 'ए फ्रैगमेंट ऑफ दि कॉमेंटरिऑन' ए फ्रेगमेंट ऑफ दि कौटिल्याज अर्थशास्त्र उर्फ 'राजसिद्धांत', संपा. मुनि जिन विजय, बंबई, 1959.

आपस्तंब, गौतम, वशिष्ठ और बौधायन धर्मसूत्र का जी. बुलर कृत अनुवाद, से. बु. ई., II और XIV ऑक्सफोर्ड, 1879-82.

'आपस्तंब धर्मसूत्र', संपा. जी. बुलर, बंबई, 1932.

'कात्यायन स्मृति ऑन व्यवहार' (विधि और प्रक्रिया) पुनर्निर्मित पाठ सहित संपादित, टिप्पणी और भूमिका सहित अनु. पी. वी. काणे, बंबई, 1933.

'कामंदक नीतिसार', त्रिवेंद्रम संस्कृत सिरीज, त्रिवेंद्रम, 1912.

'कामंदकीय नीतिसार', संपा. रा. ला. मित्र, बि. इं. कलकत्ता, 1884 (अध्या. 3 में चौखंभा संस्कृत सिरीज, बनारस के पाठ का अनुसरण हुआ है) अनु. एम. एन. दत्त, कलकत्ता, 1896.

'गौतम धर्मसूत्र', संपा. ए. एस. स्टेंजलर, लंदन, 1876, मस्करिन की टीका सहित, संपा. एल. श्रीनिवासाचार्य, मैसूर, 1917.

'तिरुक्कुरल', अनु. वी. आर. आर. दीक्षितार, दि अड्यार लाइब्रेरी, 1949.

'नारदस्मृति' असहाय की टीका के उद्धरण सहित, संपा. जे. जॉली, कलकत्ता, 1885. अनु. जे. जॉली, से. बु. ई., XXXIII ऑक्सफोर्ड, 1889.

'बार्हस्पत्य सूत्रम्' (अर्थशास्त्र), संपा. एफ. डब्ल्यू. थामस, पंजाब संस्कृत सीरिज, लाहौर, 1922.

'बृहस्पति स्मृति', संपा. के. बी. रंगस्वामी अय्यंगार, गा. ओ. सि., LXXXV, बड़ौदा, 1941. अनु. जे. जॉली, से. बु. ई., आक्सफोर्ड, 1889.

'बौधायन धर्मसूत्र', संपा. ई. हुल्ट्ज, लाइपजिग, 1884.

'मनुस्मृति या मानवधर्मशास्त्र', संपा. व्ही. एन. मांडलिक, बंबई, 1886, अनु. जी. बुलर, से. बु. ई., XXV, ऑक्सफोर्ड, 1886.

'याज्ञवल्क्य', वीरमित्रोदय और मित्ताक्षरा सहित, चौखंभा संस्कृत सिरीज, वाराणसी, 1930.

'वसिष्ठ धर्मशास्त्र', संपा. ए. ए. फ्यूरर, बंबई, 1916.

'विष्णु स्मृति या वैष्णव धर्मशास्त्र' (नंद पंडित की टीका से उद्धरण सहित) संपा. जे. जॉली, बि. इं., कलकत्ता, 1881. अनु. जे. जॉली, से. बु. ई., VII, ऑक्सफोर्ड, 1880.

'शुक्रनीतिसार', संपा. जीवानंद विद्यासागर, कलकत्ता, 1890.

'समरांगन सूत्रधार', 2 खंड, संपा. टी. गणपति शास्त्री, गा. ओ. सि., बड़ौदा, 1924-25.

महाकाव्य, पुराण और अन्य ग्रंथ

'अग्नि पुराण', कलकत्ता, 1882. इस ग्रंथ का उपयोग अध्याय 2 को छोड़कर अन्य अध्यायों में किया गया है.

संपा. हरिनारायण आप्टे, आ.सं. सि., 1900 (इसका उपयोग अध्याय 2 में किया गया

है। अन्य अध्यायों में बि.इं., कलकत्ता वाला पाठ उपयोग में लाया गया है.)

'आदि पर्व', समीक्षित संस्क., भंडारकर, ओरियंटल इंस्टीट्यूट, पूना, 1933.

'कालकाचार्य कथानक', संपा. एच. जैकोबी, जेड. डी. एम. जी., 1880.

'कूर्म पुराण' बि.इं., कलकत्ता, 1890.

'पदम चरित', बंबई, विक्रम संवत्, 1885.

'पंचतंत्र', संपा. एफ. एडगर्टन, पूना, 1930.

'भागवत पुराण', कुंभकोणम, 1916.

'बृहन्नारदीय पुराण', कलकत्ता 1891.

'ब्रह्मवैवर्त पुराण', कृष्णजन्म खंड, इलाहाबाद, 1920.

'ब्रह्मपुराण', आ. सं. सि., 1895.

'ब्रह्मांड पुराण', वेंक्टेश्वर प्रेस, बंबई, 1913.

'महाभारत'. कलकत्ता संस्क., संपा. एन. शिरोमणि और अन्य, बि. इं., कलकत्ता, 1834-39। अनु. के.एम. गांगुली, प्रकाशक, पी.सी. राय, कलकत्ता, 1884-96.

'कुंभकोणम' संस्क., संपा. टी. आर. कृष्णाचार्य और टी.आर. व्यासाचार्य, बंबई, 1905-1910. समीक्षित संस्क. संपा. विभिन्न व्यक्ति, पूना, 1927-1966.

'शांति पर्व', चित्रशाला प्रेस, पूना, 1932

'मार्कंडेय पुराण', संपा. रेवरेंड के. एम. बनर्जी, बि. इं., कलकत्ता, 1862. अनु. एफ. ई. पार्जीटर, कलकत्ता, 1904.

'रामायण', अयोध्याकांड, बंबई, 1913.

'रामायण', बालकांड, बंबई, 1912.

'वायुपुराण', संपा. रा. ला. मित्र, 2 खंड, बि.इं., कलकत्ता, 1880.

'विष्णुपुराण', गीता प्रेस संस्क., गोरखपुर, अनु. एच. एच. विल्सन, 5 खंड, लंदन, 1864-70.

शूद्रक रचित 'मृच्छकटिक', संपा. और अनु. आर. डी. कर्मकार, पूना 1937. अनु. आर. पी. ओलिवर, इलिनोइस, 1938.

बौद्ध ग्रंथ

'जातक', टीका सहित, संपा. वी. फॉसबॉल, 7 खंड, (खंड 7 डी. ऐंडर्सन की अनुक्रमणिका), लंदन, 1877-97. अनु. विभिन्न व्यक्ति, 6 खंड, लंदन, 1895-1907.

'दि बुक ऑफ डिसिप्लिन', अनु. आई. बी. हार्नर, 5 भाग, से. बु. ई., लंदन, 1938-52.

'दि लाइफ ऑफ दि बुद्धा', डब्ल्यू. डब्ल्यू. रॉकहिल, लंदन, 1907.

'दीघ निकाय', संपा. टी. डब्ल्यू. राएस डेविड्स और जे. ई. कार्पेंटर, 3 खंड, पा. टे. सो., लंदन, 1890-1911. अनु. टी. डब्ल्यू. राएस डेविड्स, तीन खंड, से. बु. बु., लंदन, 1899-1921.

'दीघ निकाय' (हिंदी), अनु. राहुल सांकृत्यायन और जगदीश कश्यप, बनारस, 1936.

'दिव्यावदान', संपा. ई. वी. कॉवेल और एफ. ए. नील, कैंब्रिज, 1886.

'महावस्तु', संपा. ई. सेनर्ट, 3 खंड, पेरिस, 1882-97.

'मिलिंदपञ्हो', संपा. वी. ट्रेंकनर, लंदन 1928, अनु. टी. डब्ल्यू. डेविड्स, से. बु. ई., ऑक्सफोर्ड, 1890-94.

'विनय पिटक', संपा. एच. ओल्डनबर्ग, 5 खंड, लंदन, 1879-1883.

'सुमंगल-विलासिनी', (दीघ निकाय की टीका), संपा. टी. डब्ल्यू. राएस डेविड्स और अन्य, तीन खंड, पा. टे. सो., लंदन, 1886-1932.

'सुत्त निपात', संपा. बी. फॉसबॉल, 2 खंड, पा. टे. सो. लंदन, 1885-94.

तकनीकी ग्रंथ

'अमरकोश', संपा. ए. डी. शर्मा और एन. जी. सर देसाई, पूना, 1941.

'पतंजलि महाभाष्य', संपा. एफ. किलहॉर्न, 3 खंड, बंबई, 1892-1909.

'पाणिनि-सूत्र-पाठ' और परिशिष्ट, शब्दानुक्रमणिका सहित, एस. पाठक और एस. चित्राओ द्वारा संकलित, पूना, 1935.

'वात्स्यायन कामसूत्र', यशोधर की जयमंगला टीका सहित, संपा. गोस्वामी दामोदर शास्त्री, बनारस, 1929.

सिक्के और अभिलेख

जे. एफ. फ्लीट, इंस्क्रिप्शंस ऑफ दि अर्ली गुप्ता किंग्स', कॉ. इं. इं., III, लंदन, 1885, स्टेन कोनो 'खरोष्ठी इंस्क्रिप्शंस', कॉ. इं. इं. II, भाग 1, कलकत्ता, 1929.

डी. सी. सरकार, 'सेलेक्ट इंस्क्रिप्शंस बियरिंग ऑन इंडियन हिस्ट्री एंड सिविलाइजेशन', I, कलकत्ता, 1942.

'इंडियन एपिग्राफिकल ग्लॉसरी', दिल्ली 1966.

ल्यूडर्स लिस्ट ऑफ इंस्क्रिप्शंस, ए. इं., X.

वी. ए. स्मिथ, 'कैटेलॉग ऑफ दि क्वाएंस इन दि इंडियन म्यूजियम, कलकत्ता', ऑक्सफोर्ड, 1906.

वी. वी. मीराशी, 'इंस्क्रिप्शंस ऑफ दि कलचुरि-चेदि एरा', कॉ. इं. इं., IV, दो खंडों में, उटकमंड, 1955.

हेनरिख ल्यूडर्स, 'मथुरा इंस्क्रिप्शंस', अप्रकाशित निबंध, संपा. क्लौस एल. जेनर्ट, ई. वाल्डस्मिट की परिचायक टिप्पणी सहित, गार्टिजेन, 1961.

विदेशी स्रोत

(1) यूनानी

अरस्तू, 'पॉलिटिक्स', अनु. बी. जावेट, ऑक्सफोर्ड, 1905.

जे. डब्ल्यू. मैकक्रिंडल, 'एंशियंट इंडिया ऐज डिस्क्राइब्ड बाइ मेगास्थनीज एंड एरियन',

कलकत्ता, 1926.

प्लेटो, 'लॉज', अनु. आर. जी. बरी, 2 खंड, दि लोएब क्लासिकल लाइब्रेरी, लंदन, 1926.

'दि रिपब्लिक,' अनु. बी. जॉवेट, न्यूयार्क, 1946.

हेरोडोट्स, 'दि हिस्ट्रीज.' अनु. आबरी दि सेलिकोर्ट, पेंग्विन बुक्स, 1954.

(II) चीनी

एच. ए. गाइल्स, 'दि ट्रैवेल्स ऑफ फाहियान या रेकर्ड ऑफ बुद्धिस्ट किंगडम्स,' (अनूदित) कैंब्रिज, 1923.

जेम्स लेगे, 'ए रेकॉर्ड ऑफ बुद्धिस्टिक किंगडम्स' (चीनी बौद्ध भिक्षु फाहियान का यात्रा वर्णन) अनूदित, ऑक्सफोर्ड, 1886.

टी. टाकाकुसु, 'ए रेकॉर्ड ऑफ बुद्धिस्ट रिलिजन', ऑक्सफोर्ड, 1896.

टी. वाटर्स, 'आन युवान् च्वाङ्स ट्रैवेल्स इन इंडिया', संपा. टी. डब्ल्यू. राएस डेविड्स और एस. डब्ल्यू. बुशल, 2 खंड, लंदन, 1904-5.

सैमुएल बील, 'ट्रैवेल्स ऑफ फाहियान एंड सुंङ: युन' (अनु.) लंदन, 1869.

'दि लाइफ ऑफ ह्येनूत्सांग', लंदन, 1888.

हो चांग, चुन्, 'फाहियान्स पिलग्रिमेज टु बुद्धिस्ट कंट्रीज', चाइनीज लिटरेचर, 1956, सं. 3.

संदर्भ ग्रंथ

ए. ए. मैक्डोनल और ए. बी. कीथ, 'वेदिक इंडेक्स ऑफ नेम्स एंड सब्जेक्ट्स' 2 खंड, लंदन, 1912.

कार्ल ब्रमैन, 'एलिमेंट्स ऑफ दि कंपरेटिव ग्रामर ऑफ दि इंडो-जर्मनिक लैंग्वेजेज', जर्मन से अनु., विभिन्न व्यक्ति, 3 खंड, न्यूयार्क, 1888-95.

टी. डब्ल्यू. राएस डेविड्स और डब्ल्यू. स्टेड, 'पालि-इंगलिश डिक्शनरी', पा. टे. सो., लंदन, 1921.

मोनियर मोनियर-विलियम्स, 'ए संस्कृत इंगलिश डिक्शनरी', ऑक्सफोर्ड, 1951.

लक्ष्मण शास्त्री जोशी, 'धर्मकोश', I, (तीन भाग), वै., जिला सतारा, 1937-41.

वी. आर. आर. दीक्षितार, 'पौराणिक इंडेक्स' (अपूर्ण) मद्रास, 1952.

प्राचीन भारतीय राज्यव्यवस्था और तत्संबंधी विषयों के सहायक ग्रंथ

अतीन्द्रनाथ बोस, 'सोशल एंड रूरल इकोनॉमी ऑफ नार्दर्न इंडिया' (लग. 600 ई. पू.-200 ई.), 2 खंड, कलकत्ता, 1945.

अ. स. अल्तेकर, 'स्टेट एंड गवर्नमेंट इन एंशियंट इंडिया', बनारस, 1949.

'सोर्सेज ऑफ हिंदू धर्म', शोलापुर, 1952.

आर. एन. मेहता, 'प्री बुद्धिस्ट इंडिया', बंबई, 1939.

आर. के. मुखर्जी, 'अशोक', लंदन, 1928.

लोकल गवर्नमेंट इन एंशियंट इंडिया, ऑक्सफोर्ड, 1620.

आगस्ट फिक्, 'इंडोजर्सनिशेन', गार्ट्टिजेन, 1871

आर. जी. बसाक, 'दि हिस्ट्री ऑफ नार्थ-ईस्टर्न इंडिया, कलकत्ता', 1934.

आर. सी. हाजरा, 'स्टडीज़ इन दि पौराणिक रेकर्ड्स ऑन हिंदू राइट्स एंड कस्टम्स', ढाका, 1940.

'स्टडीज इन दि उपपुरानाज', कलकत्ता, 1958.

ई. एम. मेडवेडेव, 'के भाप्रोसु ओ फारमैख जेम्लेब्लादेनियाक्स सेबेर्नोए इंदि V, VI-VII वेकाख', 'प्राब्लेमि वोस्तोकोवेदेनिया, 1959 I,पृ. 49-61.

ई. जे. रैप्सन, संपा. 'दि कैंब्रिज हिस्ट्री ऑफ इंडिया', I, कैंब्रिज, 1922.

ई. डब्ल्यू. हॉपकिंस, 'दि म्यूचुअल रिलेशंस ऑफ दि फोर कास्ट्स एकॉर्डिंग टु दि मानव धर्मशास्त्रम्' लाइपजिग, 1881.

'सोशल एंड मिलिटरी पोजीशन ऑफ दि रूलिंग कास्ट इन एशियंट इंडिया', जा. अ. ओ. सो., III, 57-376.

ए. एल. बाशम, 'द वंडर दैट वाज इंडिया', लंदन, 1954.

एच. आर. हॉल, 'दि एशियंट हिस्टी ऑफ दि नीयर ईस्ट', लंदन, 1936.

एच. एन. सिन्हा, 'सोवरेंटी इन एंशियंट इंडियन पॉलिटी', लंदन, 1936.

एच. एम. काडविक, 'दि हिरोइक एज', कैंब्रिज, 1912.

एच. टी. कोलब्रुक, मिसलेनियस एसेज', संपा. इ. बी. कॉवेल, लंदन, 1873.

एच. सी. राय, 'पोजीशन ऑफ दि ब्राह्मणाज इन दि अर्थशास्त्र', अखिल भारतीय प्राच्य सम्मेलन की कार्यवाही, 1924.

एच. सी. रायचौधरी, 'पॉलिटिकल हिस्ट्री ऑफ एंशियंट इंडिया', कलकत्ता 1950.

एच. सी. सेठ, 'दि स्पूरिअस इन कौटिल्याज अर्थशास्त्र' ए वॉल्यूम ऑफ इस्टर्न एंड इंडियन स्टडीज प्रेजेंटेड टु प्रोफेसर एफ. डब्ल्यू. थामस.

एन. एन. लॉ, 'आस्पेक्ट्स ऑफ एंशियंट इंडियन पॉलिटी', ऑक्सफोर्ड, 1921.

एन. एन. लॉ, 'रिप्लाइ टु दीक्षितार्स नोट ऑन पौर–जानपद' इं. हि. क्वा., VI, पृ. 183.

एन. सी. बंद्योपाध्याय, 'डेवलपमेंट ऑफ हिंदू पॉलिटी एंड पॉलिटिकल थीअरीज', कलकत्ता, 1927.

कौटिल्य ऑर ऐन एक्सपोजीशन ऑफ हिज सोशल एंड पॉलिटिकल थीअरी कलकत्ता, 1927.

एफ. ई. पार्जीटर, 'इंडियन हिस्टोरिकल ट्रेडीशन', लंदन, 1922.

एफ. ऐंगेल्स, 'दि ऑरिजिन ऑफ दि फैमिली, प्राइवेट प्रॉपर्टी एंड दि स्टेट', मास्को, 1948.

एफ. डब्ल्यू. कोकर, 'रीडिंग्स इन पॉलिटिकल फिलॉसफी', न्यूयार्क, 1938.

एफ. मैक्समूलर, 'ए हिस्ट्री ऑफ एंशियंट संस्कृत लिटरेचर', इलाहाबाद, 1917.

ए. बार्थ, 'रिलिजंस ऑफ इंडिया', लंदन, 1882.

ए. बी. कीथ, 'ए हिस्ट्री ऑफ संस्कृत लिटरेचर', ऑक्सफोर्ड, 1928.

'रिलिजन एंड फिलॉसफी ऑफ दि वेदाज', लंदन, 1925.

एमिल सेनर्ट, 'कास्ट इन इंडिया', डिनिसन राश द्वारा फ्रेंच संस्करण 'लेस कास्ट्स डांस एल इंदे' (पेरिस 1896) का अनुवाद, लंदन, 1939.

एम. ई. ड्रोइन 'दि निंबस एंड साइंस ऑफ डीइफेकशन ऑन दि क्वाइंस ऑफ दि इंडो-सीथियन किंग्स,' रिव्यू न्यूमिज्मैटीक,1901, पृ. 154-66, अनु. इं. एं.,1903, पृ. 427 एवं आगे.

एल. डी. बार्नेट, 'एंटिक्विटीज ऑफ इंडिया,' लंदन, 1913.

एलेक्जेंडर गोल्डेनवाइजर 'एंथ्रोपोलॉजी', न्यूयार्क, 1946.

एस. के. आय्यंगार, 'एंशियंट इंडिया,' लंदन, 1911.

'इवोल्यूशन ऑफ हिंदू ऐडमिनिस्ट्रेटिव इंस्टिट्यूशंस इन साउथ इंडिया', मद्रास, 1931.

एस. के. चट्टोपाध्याय, 'अर्ली हिस्ट्री ऑफ नार्दर्न इंडिया', कलकत्ता. 1958.

ए. के. मैती, 'दि इकोनॉमिक लाइफ ऑफ नॉर्दर्न इंडिया इन दि गुप्ता पीरियड', कलकत्ता, 1957.

ए. सी. दास, 'लिमिटेड मोनार्की इन एंशियंट इंडिया', मॉडर्न रिव्यू, II, 1907.

एस. डी. सिंह, 'एंशियंट इंडियन वारफेयर विथ स्पेशल रेफ्रेंस टु दि वैदिक पीरियड', लीडेन, 1965.

एस. वी. विश्वनाथ, 'इंटरनेशनल लॉ इन एंशियंट इंडिया', लंदन 1925.

का. प्र. जायसवाल, हिंदू पॉलिटी', 2 भाग, कलकत्ता, 1924.

'हिंदू पॉलिटी'. बंगलौर, 1943. (जब तक खास तौर से अन्यथा निर्दिष्ट नहीं हो, तब तक सभी संदर्भ इसी पुस्तक के होंगे.)

'मनु एंड याज्ञवल्क्य', कलकत्ता 1930.

के. ए. नीलकंठ शास्त्री, संपा. 'ए. कंप्रिहेंसिव हिस्ट्री ऑफ इंडिया', I, 'दि मौर्याज एंड सातवाहनाज', बंबई 1957.

'दि प्लेस ऑफ अर्थशास्त्र इन दि हिस्ट्री ऑफ इंडियन पॉलिटी', ए. बी. ओ. आई. आर. XXVIII, 1941.

'ऐड्रेस ऑफ दि जेनरल प्रेसिडेंट', अखिल भारतीय प्राच्य सम्मेलन के 16वें सत्र की कार्यवाही, 1, लखनऊ, 1951.

के. जे. विजी, 'एंशियंट हिस्ट्री ऑफ सौराष्ट्र', बंबई, 1952.

के. डी. वाजपेयी, 'न्यू फाइंड्स ऑफ दि कुषाण पीरियड फ्राम मथुरा', भारतीय इतिहास कांग्रेस की कार्यवाही, वल्लभविद्यानगर, 1957, पृ. 68-70.

के. वी. रंगस्वामी आय्यंगार, 'इंडियन कैमेरलिज्म', मद्रास, 1949. 'राजधर्म', मद्रास, 1941.

के. सी. ओझा, 'ओरिजिनल होम एंड फैमिली ऑफ दि मात्र्याज', जा. गं. रि. इं., IX.

गुन्नर लैंडमैन, 'दि ओरिजिन ऑफ इनइक्वलिटी ऑफ सोशल क्लासेज', लंदन, 1938.

चार्ल्स ड्रेकमायर, 'किंगशिप एंड कम्युनिटी इन अर्ली इंडिया,' केलिफोर्निया, 1962.

जगदीश चंद्र जैन, 'लाइफ इन एंशियंट इंडिया ऐज डेपक्टेड इन दि जैन कैनंस', बंबई, 1947.

जगदीशलाल शास्त्री, 'पॉलिटिकल थॉट्स इन दि पुराणाज', लाहौर, 1944.

जार्ज थाप्सन, 'एश्च्यूलस एंड एथेंस', लंदन, 1946.

'स्टडीज इन एंशियंट ग्रीक सोसाइटी', I, लंदन 1949.

जी. एस. घुर्ये, 'कास्ट एंड क्लास इन इंडिया', बंबई, 1950.

'कास्ट एंड रेस इन इंडिया', लंदन, 1932.

जे. पी. शर्मा, 'दि क्वेश्चन ऑफ विदथ इन वैदिक इंडिया', जं. रॉ. ए. सो., 1065, भाग-1 और 2, 43-56.

जे. डब्ल्यू. स्पेलमैन, 'पॉलिटिकल थीअरी ऑफ एंशियंट इंडिया : ए स्टडी ऑफ किंगशिप फ्राम दि अर्लिएस्ट टाइम्स टु सर्का' ए. डी. 300, लंदन 1964.

जेम्स जार्ज फ्रेजर, 'दि गोल्डेन बाउ', लंदन, 1922.

जे.सी. हीस्टरमैन, 'दि एंशियंट इंडियन रॉएल कांसिक्रेशन', हेग, 1957.

टी. वी. महालिंगम, साउथ इंडियन पॉलिटी, मद्रास, 1955.

डब्ल्यू. डब्ल्यू. टार्न, 'हेलेनिस्टिक सिविलाइजेशन', लेखक और जी. टी. ग्रिफिथ द्वारा पुनरीक्षित, तृतीय संस्क., लंदन 1952.

डी. आर. पाटिल, 'कल्चरल हिस्ट्री फ्रॉम दि वायु पुराण', पूना, 1946.

डी. आर. भंडारकर, 'कार्माइकेल लेक्चर्स', 1918.

'सम आस्पेक्ट्स ऑफ एंशियंट हिंदू पॉलिटी', बनारस, 1929.

डी. डी. कोशांबी, 'एंशियंट कोसल एंड मगध', ज. बं. ब्रा. रॉ. ए. सो., न्यू. सि., XXVII.

'एन इंट्रोडक्शन टू स्टडी ऑफ इंडियन हिस्ट्री', बंबई 1956.

'दि कलचर एंड सिविलाइजेशन ऑफ एंशियंट इंडिया इन हिस्टॉरिकल आउटलाइन', लंदन, 1965.

द्वि. ना. झा, 'रेवेन्यु सिस्टम इन पोस्ट मौर्य एंड गुप्ता टाइम्स', कलकत्ता, 1967.

दशरथ शर्मा, 'डिजार्मिंग ऑफ दि पेजेंट्स अंडर दि मौर्याज', इंक्वाएरी, सं. 5, 114-19.

प्राणनाथ, 'इकोनॉमिक कंडीशंस ऑफ एंशियंट इंडिया', लंदन, 1929.

पी. एन. बनर्जी, 'इंटरनेशनल लॉ एंड कस्टम इन एंशियंट इंडिया', कलकत्ता, 1920.

'पब्लिक ऐडमिनिस्ट्रेशन इन एंशियंट इंडिया', लंदन, 1916.

पी. वी. काणे, 'हिस्ट्री ऑफ धर्मशास्त्र', II, पूना, 1941.

ब्रजदेव प्रसाद राय, 'पॉलिटिकल आइडियाज एंड इंस्टिट्यूशंस इन महाभारत' (पी-एच. डी., पटना विश्वविद्यालय के लिए शोधप्रबंध), 1925.

बी. एन. दत्त, 'डाइलेक्टिक्स ऑफ हिंदू रीचुअलिज्म', कलकत्ता 1952. हिंदू लॉ ऑफ इनहेरिटेंस', कलकत्ता, 1957.

'स्टडीज इन इंडियन सोशल पॉलिटी', कलकत्ता 1944.

बी. एन. पुरी, 'इंडिया इन दि टाइम ऑफ पतंजलि', बंबई, 1957.

'प्राविंशियल एंड लोकल ऐडमिनिस्ट्रेशन इन कुषाण पीरियड', भारतीय इतिहास कांग्रेस की कार्यवाही, अन्नामलाई, 1945, पृ. 62-66.

'इंडिया अंडर दि कुषाणाज', बंबई, 1965.

बी. के. सरकार, 'पॉलिटिकल इंस्टिट्यूशंस एंड थीअरीज ऑफ दि हिंदूज', कलकत्ता, 1939.

बी. बी. मिश्रे, 'पॉलिटि इन दि अग्नि पुराण', कलकत्ता, 1965.

बी. सी. लॉ, इंडिया ऐज डिस्क्राइब्ड इन अर्ली टेक्स्ट ऑफ बुद्धिज्म एंड जैनिज्म', लंदन, 1941.

बी. सी. सेन, 'सम हिस्टॉरिकल ऑस्पेक्ट्स ऑफ बंगाल', कलकत्ता, 1942.

बेनीप्रसाद, 'गवर्नमेंट इन एंशियंट इंडिया', इलाहाबाद, 1928.

'दि स्टेट इन एंशियंट इंडिया', इलाहाबाद 1928.

यू. एन. घोषाल, 'दि कांस्टिट्यूशनल सिग्निफिकेंस ऑफ संघ गण इन दि पोस्ट वैदिक पीरियड', इंडियन कलचर, VII, 1945.

'कंट्रिब्यूशंस टु दि हिस्ट्री ऑफ हिंदू रेवेन्यू सिस्टम', कलकत्ता, 1929.

'हिंदू पॉलिटिकल थीअरीज', कलकत्ता 1923.

'ए हिस्ट्री ऑफ हिंदू पब्लिक लाइफ', कलकत्ता 1945, II, (ए हिस्ट्री ऑफ इंडियन पब्लिक लाइफ), बंबई, 1966.

'ए हिस्ट्री ऑफ इंडियन पॉलिटिकल आइडियाज', बंबई, 1959.

'दि स्टेट्स ऑफ ब्राह्मणाज इन दि धर्मसूत्राज', इं. हि. क्वा., XXIII, पृ. 83-92.

योगेंद्र मिश्र, 'ऐन अर्ली हिस्ट्री ऑफ वैशाली', दिल्ली, 1962.

र. च. दत्त, 'सिविलाइजेशन इन दि ब्राह्मण पीरियड' कलकत्ता रिव्यू, LXXXV, 1887.

र. च. मजुमदार, 'कॉरपोरेट लाइफ इन एंशियंट इंडिया', कलकत्ता, 1918.

संपा., 'हिस्ट्री ऑफ बंगाल', I, ढाका, 1943.

और अ. स. अल्तेकर, संपा., 'दि. वाकाटक-गुप्ता एज', बनारस, 1954.

और ए. डी. पुसलकर, संपा., 'हिस्ट्री एंड कलचर ऑफ इंडियन पीपुल', I, दि वैदिक एज', लंदन 1951.

और–II, 'दि एज ऑफ इंपीरियल यूनिटी', बंबई, 1951.

रा. श. शर्मा, 'सम इकोनॉमिक आस्पेक्ट्स ऑफ दि कास्ट सिस्टम इन एंशियंट इंडिया', पटना, 1952.

शूद्राज इन एंशियंट इंडिया', दिल्ली, 1958; द्वितीय संशोधित संस्करण, दिल्ली, 1980.

'इंडियन फ्यूडलिज्म', कलकत्ता विश्वविद्यालय, 1965; द्वितीय संस्करण, दिल्ली, 1980.

'डिजामिंग ऑफ दि पेजेंट्स अंडर दि मौर्याज', इंक्वाएरी, सं. 6, 129-33.

रिचर्ड फिक्, 'दि सोशल ऑर्गेनाइजेशन इन नार्थ-ईस्ट इंडिया इन बुद्धाज टाइम',

कलकत्ता, 1920.

रोमिला थापर, 'ए हिस्ट्री ऑफ इंडिया', खंड I, पेंग्विन, 1966.

लेविस एच. मॉर्गन, 'एंशियंट सोसाइटी', न्यूयार्क, 1907.

वा. श. अग्रवाल, 'इंडिया ऐज नोन टु पाणिनि', लखनऊ, 1953.

विल डूरांट, 'दि स्टोरी ऑफ सिविलाइजेशन', I, न्यूयार्क, 1942.

विल्हम राउ, 'स्टाट अंड गेसेलशाफ्ट इम अल्टेन इंडियन', वाइसबाडेन, 1957.

विलियम स्मिथ, 'ए स्मॉलर हिस्ट्री ऑफ रोम फ्रॉम दि अर्लिएस्ट टाइम्स टु दि डेथ ऑफ ट्राजन', लंदन, 1887.

वी. आर. आर. दीक्षितार, 'दि गुप्ता पॉलिटी', मद्रास, 1952.

'हिंदू ऐडमिनिस्ट्रेटिव इंस्टीट्यूशंस, मद्रास, 1929.

'मौर्यन पॉलिटी', मद्रास, 1932.

'नोट्स आन दि पौर—जानपद', इं. हि. क्वा., VI, 1930.

'वी. गॉर्डन चाइल्ड, 'मैन मेक्स हिमसेल्फ', लंदन, 1948.

'श्रीपाद अ. डांगे, 'इंडिया फ्रॉम प्रीमिटिव कम्युनिज्म टु स्लेवरी', बंबई, 1949.

श्रीमती एस. स्टिवेंसन, 'दि हार्ट ऑफ जैनिज्म', आक्सफोर्ड, 1915.

हीरेंद्रनाथ मुखर्जी, 'इंडिया स्ट्रगल्स फॉर फ्रीडम', बंबई, 1946.

हेनरिख जिम्मर, 'एल्टिंडिश्चस लेबेन', बर्लिन, 1879.

अनुक्रमणी